prima.
Gesamtkurs Latein
Sachbuch

Alles zum antiken Rom

von

Helmut Schareika

C. C. Buchner

prima.palette

Herausgegeben von
Clement Utz (Regensburg).

prima. Sachbuch
Alles zum antiken Rom
wurde erarbeitet von
Dr. Helmut Schareika (Gau-Algesheim a. Rh.).

Über weiteres fakultatives Begleitmaterial zu prima informiert Sie C. C. Buchners Verlag · Postfach 1269 · D-96003 Bamberg.

1. Auflage 1 $^{5\,4\,3\,2\,1}$ 2012 11 10 09 08
Die letzte Zahl bedeutet das Jahr dieses Drucks.
Alle Drucke dieser Auflage sind, weil untereinander unverändert, nebeneinander benutzbar.

www.ccbuchner.de

Satz und Gestaltung: *textus:* Dr. Helmut Schareika, Gau-Algesheim a. Rh. www.textus.de
Druck und Bindung: Pustet, Regensburg

ISBN 978 3 7661 **5016** 5

Bildnachweis:
Vorderer Umschlag: Archiv A. Steinmeyer-Schareika (3), Luciano Pedicini, Verlagsarchiv (2), Scala • © asisi-factory: 5 • akg-images: 88 • akg-images/Hilbich: 140·*o* • akg-images/Erich Lessing: 144·*o*, akg-images/Erich Lessing: 180 • Archiv A. Steinmeyer-Schareika: 5 ·*o*, 14, 15, 17, 19, 21·*r*, 22, 23, 24, 25, 25, 26·*o*, 26·*u*, 32, 33, 33, 44, 45, 46·ul, 46·*o*, 46·ur, 47, 48·*o*, 48·*u*, 50·*u*, 51, 55·*u*, 55·*o*, 56, 58, 60, 62, 64·*o*, 64·*u*, 65, 67·*o*, 67·*u*, 70·*r*,73, 74, 75, 78, 79, 81, 82, 83, 87, 90, 95, 98, 100, 111, 113, 119 (101), 121·*u*, 121·*o*, 122, 123, 125, 129 (124), 132, 133, 134, 138, 141, 146, 147·*o*, 148 (U4), 152, 157, 161, 166, 168, 181, 182, 186, 191, 201, 208, 211, 212, 217, 220, 222, 223, 228, 231, 235, 242 • Archiv *textus:* VerlagsService: 49, 59, 69, 69, 135 (*einzelne*), 140·*m*, *u*, 184, 187, 200, 202·*l*, 216 204, 226, 236, 246; © Colin Gregory Palmer: 254; *aus* Bianchi-Bandinelli, Rom. Zentrum der Macht: 15; © Marie-Lan Nguyen: 29·*r*; *nach* Connolly: 52; *nach* Haywood, Ancient Civilizations: 52; *nach* Tutto su Roma antica, Mailand 1963: 20·*u*; nicht ermittelt: 56, 79, 103; Nicolas von Kospoth: 215; Soprintendenza Archeologica di Roma: 30 • *nach* Arte Romano en España, Barcelona 1969: 57 • Bildarchiv Preußischer Kulturbesitz: 43 • Prof. Jürgen Blänsdorf, Mainz: 229 • *nach* Bucher, Sonnenuhr des Augustus: 144·*u* • Capware, Tecnologie per la Cultura, Napoli: 185 • *nach* A. Carandini (Hg.), Settefinestre, Modena *o.* J.: 40 • André Caron, aus: Maquettes de Rome (http://www.maquettes-historiques.net; *auch auf deutsch*): 99 • A.C. Carpiceci, Pompeji, Florenz 1982: 37; Rom vor 2000 Jahren, Florenz 1981: 54 • W. Czysz, *nach* Die Römer in Deutschland, Stuttgart: 164 • Deutsches Museum München: 50·*o* • © European Language Institute, Recanati, aus: Flip-Posters SPQR (*in Dtld. bei Klett*): 169 • Glyptothek München: 36 • *Grafiken* Helmut Schareika: 6, 34, 39, 45, 65, 147·*u*, 151, 245; *nach* Hacquard, Guide romain antique [*deutsch:* Das antike Rom, Buchner]): 18, *21·l*, *27·r*, *58*, 81, 96, *102*, 105, 125, *128*, 130·*o*, 142, *145*, 158, 159; *nach* Verlagsarchiv: 93 • *aus* Hodge, The Roman House: 20·*o* • *Karten* Helmut Schareika: U2, U3·*u*; *nach* Hacquard, Guide romain antique [*deutsch:* Das antike Rom, Buchner]): 84, 97 170; *nach* Hacquard/Verlagsarchiv: 72; *nach* Haywood, Ancient Civilizations: 77, 177 • *Karte*: *nach* Th. Fischer, Die Römer in Deutschland, Stuttgart 1999: U3·*o* • Otto Lendle: 162 • Araldo De Luca: 28·*r* , 29·*l* • nicht ermittelt: 41, 70·*l*, 71, 80, 85, 122, 127, 155, 160, 172, 174, 178, 207, 219 • Luciano Pedicini: 31, 203, 238 • *nach* Roma antica (Giunti): 108 • RGZM Mainz/René Müller: 180 • RMN – Hervé Lewandowski: 66, 241 • Scala, Florenz: 9, 13, 27·*l*, 28·*l*, 40, 61, 77, 114, 193, 198, 199, 202, 225, 229, 233 • *nach* Tutto su Roma antica, Mailand 1963: 109, 116 • Verlagsarchiv: 12, 35, 53, 130·*u*, 135 (*einzelne*),163, 227

Inhalt

Bild rechts:
Die Silhouette Roms mit dem Kapitolstempel, dem Mittelpunkt der Stadt (Modell, von Norden)

Ein grünes Dreieck ▶ vor einem Wort oder Namen heißt: Sieh unter den ›Stichwörtern‹ ab S. 255 nach, dort findest du Verweise zur Erklärung.
Dasselbe Dreieck vor einer ▶ Seitenzahl verweist auf Seiten, an denen mehr zum jeweiligen Thema gesagt wird.
Generell: In einem Buch wie diesem kommen viele Einzelheiten zur Sprache, über die man nicht immer Bescheid wissen kann, die hier aber auch nicht *alle* erklärt werden können. Daher vergiss nicht: **Frag deinen Lehrer, befrag deine Eltern, sieh in deinen Büchern nach** oder versuche, über das Internet Erkundigungen einzuholen.
Tipp: Wenn dir einmal ein Abschnitt zu kompliziert oder nicht interessant genug vorkommt, so übergeh ihn einfach: Dieses Buch soll dich über mehrere Jahre begleiten, und zu einem späteren Zeitpunkt wird dich dieser Abschnitt wahrscheinlich ebenfalls interessieren.

Zur Einführung

Dieses Buch | führt und entführt in die uns zunächst ganz fern erscheinende Welt der antiken Stadt Rom sowie des römischen Reiches und berichtet von römischer Geschichte und Kultur, vom Leben in der damaligen Zeit und von alledem, was an den ›Römern‹ für uns vielleicht besonderes Interesse besitzt. Aus vielen Gründen gehört dazu nicht zuletzt ihre Sprache, das Latein, das ja überhaupt im Mittelpunkt des Lehrgangs ›prima.‹ steht.

Warum aber sollen wir gerade Interesse an der so weit zurückliegenden Zeit der Römer haben? Die Geschichte der Völker der ganzen Welt ist doch voll spannender Ereignisse und mitreißender Gestalten, bedeutender und weniger bedeutender, deren Taten uns nicht selten den Atem verschlagen.

Diese Frage ist das Thema dieses Buches, und es wird versuchen, sie durchgehend zu beantworten. Mit beantwortet werden soll dabei auch die Frage, für welche Erfahrungen es gut ist, Latein zu lernen.

Beginnen wir einmal mit der Überlegung, warum von den ›Römern‹ mit einem Begriff gesprochen wird, so wie man von ›Berlinern‹ oder ›Londonern‹, ›Freiburgern‹ oder ›Bambergern‹ redet, also Bewohnern einer bestimmten *Stadt*. Mit dem Wort sind, wenn es um die ›alten‹ Römer geht, doch im allgemeinen Sprachgebrauch in der Regel Menschen gemeint, deren Heimat anfangs nur Italien war und die dann um das ganze Mittelmeer herum lebten und heimisch waren – bis in unsere Regionen reichten ihr Herrschaftsgebiet und ihre Wohngebiete. ›Römer‹ sind in dieser Bedeutung also die Bewohner eines *Staates*, des Römischen Reiches.

Wir haben für sie keine Bezeichnung so, wie wir etwa von ›Italienern‹ oder ›Norwegern‹ reden, und es gehört auch kein Land mit entsprechender Bezeichnung zu ihnen. Um die Seltsamkeit zu vervollständigen: Diese Leute hatten auch nicht ›römisch‹ als Muttersprache, sondern eben ›Latein‹. Insgesamt ein merkwürdiger Sachverhalt, oder?

Wenn man den Hintergründen dafür nachgeht, kommt eine ganz besondere Geschichte zum Vorschein. Einmalig – weltweit! – ist dabei, dass von dieser Geschichte nicht nur ihre Träger selbst betroffen sind, sondern eigentlich alle Völker rund um das Mittelmeer sowie in Europa, zum Teil weit darüber hinaus – und das sogar noch heute. (Wie ist das eigentlich bei anderen Völkern, Staaten und Sprachen?)

Von dieser Geschichte finden wir nun überall Spuren; die sind teils monumental oder wenigstens unübersehbar, teils versteckt oder auch selbsterklärend. Wenn wir diesen Spuren folgen, dringen wir wie bei einer Expedition jedoch auch in unbekannte Gebiete vor, die manche Überraschung und manche unerwartete Erklärung für uns bereithalten; nicht selten steht man auch vor Spiegelbildern von Vertrautem, an die man wirklich nie gedacht hätte.

Die Hauptroute unserer Expedition ist durch das Lehrwerk ›prima.‹ vorgegeben. Zu diesem bildet dieses Buch einen speziellen ›Reiseführer‹, einen Führer durch Raum und Zeit, der ergänzend zu dem Sprachlehrgang all das veranschaulicht, was besondere Aufmerksamkeit verdient; er lädt uns zum Verweilen und zu Abstechern ein und führt uns dabei mit ›Insidertipps‹ auch in viele Nebenstraßen und Winkel der Geschichte, sodass dir die zunächst fremde Welt der römischen Menschen vertrauter wird, ohne dass sie von ihrer Faszination einbüßt.

Bei unseren Erkundungen werden wir zunächst mit den Menschen und ihrem persönlichen Umfeld in der fernen Zeit bekannter werden; dann lenken wir unseren Blick hinein in die Stadt Rom und die anderen Städte, aber auch auf die Halbinsel Italien, um das gesellschaftliche Leben kennenzulernen; schließlich schauen wir immer weiter über den Horizont hinaus und werden in die Geschichte geführt, um so zu erfahren, was in ihrem Verlauf passiert ist; so suchen wir Antworten auf die Frage, was dieses einzigartige Phänomen eines Dorfes, das zur Weltmacht wurde, ausmacht und so spannend macht.

Was hat es also damit auf sich, dass die ›Römer‹ Römer heißen? Nun, tatsächlich bezeichnet das Wort zunächst einmal die Bewohner der *Stadt* Rom, aber dann ... Jetzt wird die Sache etwas komplizierter: Gerade auch dem gehen wir in diesem Buch nach und suchen Erklärungen.

Wenn wir uns auf einen solchen Rückblick in die Vergangenheit begeben, können wir sozusagen unser ›Teleskop‹ frei dorthin richten, wohin wir wollen: Wir entscheiden uns hier zunächst einmal für die Zeit der Kaiser Vespasian und Titus, das erste Jahrhundert n. Chr. Das Jahr 79, als Kaiser Titus von seinem Vater Vespasian die Herrschaft übernimmt, ist das Katastrophenjahr, in dem der Vesuv, der Vulkan bei Neapel, ausbricht und Pompeji, Herkulaneum und andere Ortschaften verschüttet. Durch diese unermessliche Katastrophe wurde uns aber andererseits ein unvergleichliches ›Museum‹ hinterlassen, die ausgegrabenen Ruinenstädte Pompeji und Herkulaneum, die uns so viel über die alten Römer und ihr Leben berichten können. Von diesen Stationen aus wollen wir einerseits den Blick in die weitere Vergangenheit bis zu den Anfängen ›Roms‹ richten und andererseits nach vorn in Richtung unserer Zeit schauen, um zu sehen, was aus dem ›alten Rom‹ nach und nach geworden ist. Von kaum etwas anderem finden wir so viele lesenswerte Spuren – bis direkt in unsere Zeit hinein.

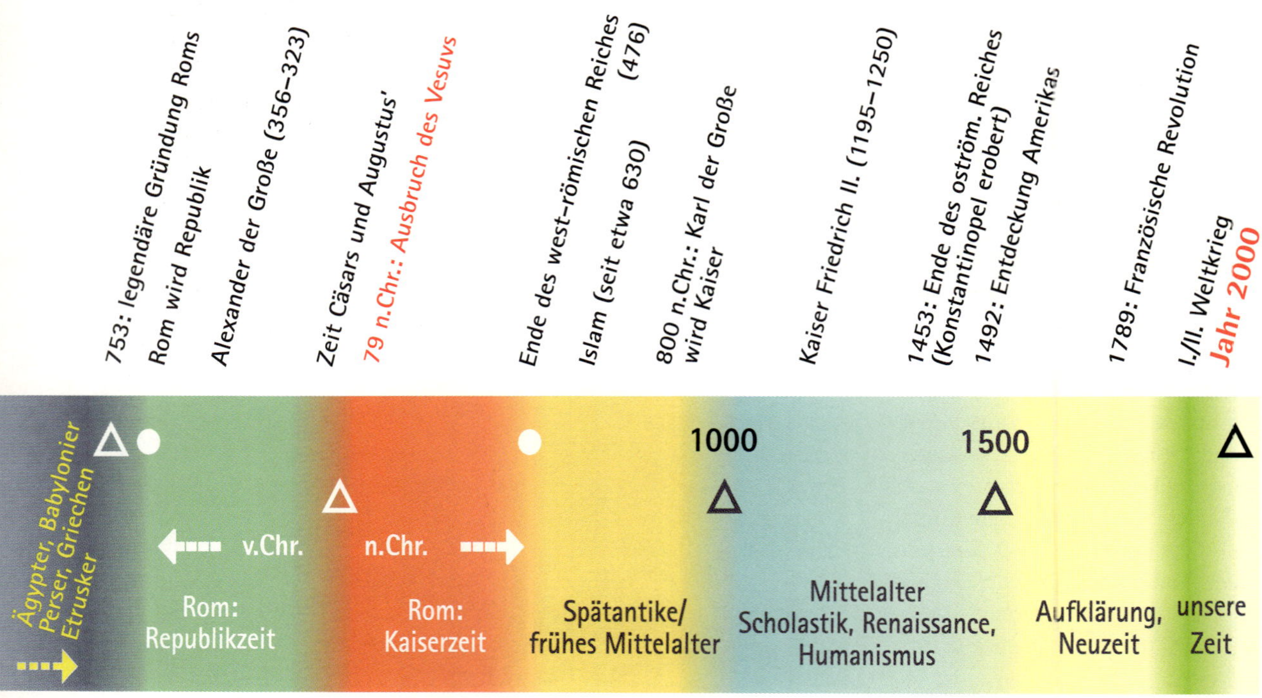

Die Römer und ihr Zuhause

1

:: Das Familienleben: Familia und domus

Römische und moderne Familie | Wenn sogar das Wort *Familie* lateinischen Ursprungs ist (›familia‹) und überdies unsere Wörter *Vater, Mutter, Bruder, Schwester, Schwiegereltern, Neffe* mit lateinischen Wörtern ›urverwandt‹ sind: pater, māter, frāter, soror, socerī, nepōs, dazu andere, heute ungebräuchliche (siehe Tabelle), dann sollte man annehmen, dass auch die Vorstellung von Familie damals der unseren entsprochen hätte. Weit gefehlt.

Urverwandte Wörter | Im 19. Jahrhundert brachten Sprachforscher heraus, dass sich viele Wörter in zahlreichen Sprachen vom Indischen (›Sanskrit‹) über das Griechische und Lateinische bis zum Deutschen auf eine gemeinsame Urgestalt zurückführen lassen. Ob ihnen eine ›Urgestalt‹ zugrunde liegt oder ob es sich um Dialektformen handelt, weiß man natürlich nicht. Die Gruppe dieser Sprachen nennt man **indoeuropäische Sprachen** (▶ S. 176).

Familie im heute weiterhin bestimmenden Verständnis mit der Kernfamilie aus Vater, der arbeitet, Mutter, die das Haus versorgt, und Kindern hat sich in Europa erst seit gut 200 Jahren durchgesetzt. Im Augenblick sind wir in diesem Bereich Zeugen weiterer starker Veränderungen. Erst vor etwa 100 Jahren begann bei uns in Europa der Prozess der rechtlichen Gleichstellung der Frau, der erst seit etwa fünfzig Jahren durch die zunehmende Berufstätigkeit der Frau neuen Antrieb gewann. Großfamilien trifft man noch hier und da an, wo mehrere Generationen zusammenleben, oder dort, wo nach wie vor ›Patriarchen‹ eine Rolle ausüben (▶ S. 9).

Ein ganz entscheidender Unterschied der römischen Familie gegenüber den heutigen Verhältnissen liegt nun in der alles bestimmenden Rolle eines männlichen Familienoberhauptes gegenüber *allen* anderen Mitgliedern; dies ist der pater familiās. Ein weiterer Unterschied besteht darin, dass die Frau *außerhalb* der familia etwa im politischen Leben keine eigenständige Rolle spielt und überhaupt öffentlich keine maßgeblichen oder irgendwie entscheidenden Positionen einnimmt. Rein juristisch werden Frauen – bei einzelnen Rechten – vom pater familiās oder Ehemann weitestgehend dominiert.

Andererseits ist der Raum der Frau aber keineswegs auf das Haus beschränkt (wie etwa im antiken Griechenland), sondern sie ist in der Öffentlichkeit und z. B. bei öffentlichen Veranstaltungen präsent wie die Männer. Auch eine Reihe von Berufen kann sie in der Öffentlichkeit ausüben. Dabei gilt jedoch: Je höher die soziale Stellung der Frau – später bis hin zur Kaiserin –, um so größer waren *dann* ihre Möglichkeiten öffentlichen Einflusses.

↳ Diese eingeschränkte Rolle der Frau findet auch darin ihren Niederschlag, dass es nur ganz wenige von Frauen selbst verfasste Texte gibt.

Die römische familia | Ursprünglich bedeutet der Ausdruck familia im Lateinischen nichts anderes als *Gesinde* und bezeichnet so alle zu einem Hausverband gehörigen Arbeitskräfte; konkret waren das

Links: Den Ablauf der Zeit können wir uns am besten als Strecke vorstellen: Auf dem ›Zeitband‹ hier siehst du die geschichtliche Zeit von der legendären Gründung Roms bis heute in einem Überblick mit Angabe einiger bedeutsamer Etappen dargestellt. Zehn Jahre entsprechen dabei etwas mehr als einem halben (!) Millimeter.

bei den Römern Sklaven (die rechtlich nicht frei waren). Im weiteren Sinn bezeichnet familia außerdem das zugehörige Vieh und den zugehörigen Landbesitz.

Mit eingeschlossen in den Begriff wurden sämtliche auf dem Besitz lebenden Angehörigen des Besitzers, seine Frau (mulier), Kinder (līberī, d. h. die im Verhältnis zu den Sklaven ›freien‹ Angehörigen, also *Söhne* fīliī und *Töchter* fīliae), eventuelle Großeltern (avus, avia) oder Geschwister (frāter *Bruder*, soror *Schwester*) und ggf. Enkel (nepōtēs; auch Bezeichnung für *Neffen*). Familia bezeichnet also die Großfamilie.

Zur familia gehörten dazu noch sämtliche Söhne (fīliī), auch wenn sie schon verheiratet und ausgezogen waren. Deren eigener Hausstand bzw. deren ›Familie‹ in unserem Sinne wurde meist als domus *Haus* bezeichnet.

■ **Der pater familiās** | Über allen Familienangehörigen aber herrschte der pater familiās, dessen Bezeichnung auf Deutsch mit dem gemütlich klingenden ›Familienvater‹ ganz unzutreffend wiedergegeben wäre. Dem Sinn am nächsten käme etwa *Familienoberhaupt* oder (noch besser) *Patriarch*.

> Pater familiās, Familienoberhaupt, wird der genannt, der im Hause (≈ Gesamtfamilie) die rechtliche Herrschaft über das Eigentum innehat ... gleichgültig, ob er einen Sohn hat. (Ulpian, *Dig.* 50.16.125,2)

Der pater familiās hat die *uneingeschränkte* ›Herrschaft‹ über den Familienbesitz (dazu gehören auch die Sklaven). Das bedeutet, dass auch verheiratete Söhne kein persönliches Eigentum besitzen; in allen Finanzfragen sind sie vom *Patriarchen* abhängig. Verfügen können sie über das pecūlium, eine Art Taschengeld, das ihnen der *Patriarch* zukommen lässt oder zugesteht.

Doch nicht nur das. Der pater familiās ist der *uneingeschränkte* rechtliche Vertreter aller Mitglieder der familia (einschl. seiner Frau), aber der Patriarch übt auch strafrechtliche ›Herrschaft‹ über die Familienangehörigen aus, über Frau, Kinder oder Sklaven, d. h. er nimmt ihnen gegenüber die Rolle von Polizei und Gericht ein. In bestimmten Fällen hat er sogar das Recht, über Sohn oder Frau die Todesstrafe zu verhängen. Diese Vollmachten des Familienoberhauptes werden mit dem Begriff patria potestās bezeichnet, also ›väterliche Macht‹.

Verwandtschaftsbezeichnungen (Auswahl)

pater	Vater	māter	Mutter
parēns	Vater, Mutter; Großvater; Vetter		
parentēs	Eltern; Vorfahren; Verwandte; Vettern		
fīlius	Sohn	fīlia	Tochter
frāter (germānus)	Bruder	soror (germāna)	Schwester
avus	Großvater	avia	Großmutter
proavus	Urgroßvater	proavia	Urgroßmutter
patruus	Onkel (v)	mātertera	Tante (m)
avunculus	Onkel (m), ›Oheim‹	amita	Tante (v)
nepos	Neffe, Enkel	neptis	Nichte, Enkelin
patruēlēs	Cousins, Cousinen (v)	cōnsobrīnī, -ae	Cousins, Cousinen (m)
lēvir	Schwager	glōs	Schwägerin
gener	Schwiegersohn	nŭrus	Schwiegertochter (›Schnur‹)
socer	Schwiegervater	socrus	Schwiegermutter
socerī	Schwiegereltern	cōnsocer	Mitschwiegervater
prōlēs	Nachkomme	māiōrēs	Vorfahren
v: väterlicherseits		m: mütterlicherseits	

Der Begriff fīlia familiae bzw. fīlius familiae bezeichnet die Tochter bzw. den Sohn, die der patria potestās unterstehen.

> **Cicero war es**, der vor jetzt über 2000 Jahren meinte, die familia sei quasī sēminārium reī pūblicae, ›gewissermaßen die Keimzelle des Staates‹ (*de off.* 54). Diesen Gedanken hört man auch heute noch oft zitiert. Aber kann man den ganz anderen römischen Begriff familia und Ciceros Lebenswirklichkeit auf die heutige Zeit übertragen? Vor allem muss man dabei auch an die Rolle der patria potestās denken: Der ›Vater‹ besaß Rechte, über die heute nur der Staat verfügt und *nicht* irgendein ›Familienoberhaupt‹.

↳ Allerdings kann der pater familiās nicht schrankenlos frei schalten und walten: Sein Handeln und Lebenswandel stehen wieder unter der Aufsicht eines staatlichen Beamten (des Zensors, cēnsor), der ihn ggf. nach den Gesetzen zur Rechenschaft ziehen kann (▶ S. 96, 138).

Auch bei uns kann man noch hier und da auf solche patriarchalischen Strukturen stoßen, wenn in manchen traditionsorientierten Familien das älteste männliche Familienmitglied noch innerhalb der Familie eine Vorrangstellung genießt (die aber vor dem Gesetz ohne Bedeutung ist).

Patriarch und Angestellte im Jahr 2007
Seine Durchlaucht Leopold der IV. Fürst zu Ehrenstein ist im 92. Lebensjahr verstorben. [...]
Unsere Mitarbeiter betrauern ihren überaus beliebten, väterlich sorgenden und ihnen in Zuneigung verbundenen Dienstherrn. [...]
Sigismund Fürst zu Ehrenstein
(Familienanzeige, gekürzt, Namen verändert)

Nach dem Tode des pater familiās löste sich der Verband der familia auf, wenn mehrere verheiratete Söhne vorhanden waren. Der älteste trat die Nachfolge des Vaters an, die jüngeren begründeten eigene Familien (unterstanden also nicht dem ältesten Bruder). Die verwitwete Frau des pater familiās kam unter die Vormundschaft des Sohnes, desgleichen eventuelle unmündige Brüder oder Schwestern des neuen pater familiās.

Die Frauen | Die römischen Frauen stehen bis zu ihrer Verheiratung ganz unter der Verfügungsgewalt des Familienoberhauptes. Mit der Eheschließung gelangen sie in die manus, in die ›Hand‹, d. h. eben unter die ›Verfügungsgewalt‹ ihres Ehemannes, und sind nunmehr in allen rechtlichen Fragen von ihm abhängig. Weil damit auch ihr Vermögen in die Verfügung ihres Mannes geriet, wurde, um Missbrauch zu verhindern, das Instrument des *Mitgiftvertrages* eingeführt; darin konnte geregelt werden, dass die Frau oder ihr ursprünglicher pater familiās die Vollmacht über ihr Vermögen behielt. In einem solchen Fall wiederum konnte die Frau nicht aus der Familie ihres Mannes erben. Aufgrund der eigenen Verfügungsgewalt über ihr Vermögen ging die Entwicklung schließlich dahin, dass die römische Frau dem Mann rechtlich weitgehend gleichgestellt war.

Die (erbberechtigte) Gattin des Patriarchen nahm als māter familiās keine besondere Rechtsstellung ein, genoss aber besonderen Respekt, vor allem als Hüterin des Herdfeuers (▶ S. 16). Außerdem entschied sie in der Regel selbstständig in allen Haushaltsangelegenheiten. Die Gattin allgemein, auch ohne Erbberechtigung, ist die uxor.

Die ēmancipātiō | Der Begriff ›emanzipiert‹ gehört zum allgemeinen Sprachgebrauch. Sein Ursprung liegt im römischen Recht: Er bedeutet, dass ein römischer pater familiās seinen Sohn oder aber auch einen Sklaven ›aus seiner Verfügungsgewalt‹ (mancipium) entlässt.

Mit der breiten Anwendung dieser ursprünglich eher als Verstoßung gedachten Regelung trugen die stets praktisch veranlagten Römer der Tatsache Rechnung, dass z. B. ein politisch erfolgreicher Sohn schlecht weiter von den Weisungen seines Vaters abhängig sein oder etwa über Kriegsbeute nicht verfügen durfte.

Für einen ›emanzipierten‹ Sohn bedeutete das, dass er hinfort auch über eigenes Vermögen verfügen konnte. Auf die ēmancipātiō, ein recht kompliziertes Verfahren (ein dreimaliger ›Als-ob‹-Verkauf und -Rückkauf des Sohnes), hatte ein Sohn jedoch

Vorbereitung zur Hochzeit: Die Braut wird geschmückt (römisches Wandgemälde aus Pompeji)

keinen Anspruch, und sie wurde auch keinesfalls bei allen vorgenommen. Später wurde die ēmancipātiō auch bei Frauen möglich, die in diesem Falle eine – weitgehende – juristische Selbständigkeit erhielten. (*Emanzipation der Frau* bedeutet heute rechtliche und gesellschaftliche Gleichstellung mit dem Mann, die erst im letzten Jahrhundert durchgesetzt wurde.)

Die gēns | Auch Großfamilien umfassten nicht alle verwandtschaftlich zusammengehörigen Menschen. Mehrere oder viele verwandtschaftlich verbundene Großfamilien bildeten bei den Römern eine gēns, d. h. ein *Geschlecht* bzw. eine *Sippe* – nicht anders als bei uns. In der Vorstellung der Sippenangehörigen hatten sie alle einen gemeinsamen Vorvater oder *Stammvater*. Gewöhnlich trugen alle Sippenangehörigen einen einheitlich *Gentilnamen* auf -ius, z. B. Decius. Je älter die Sippe, also in je früherer Zeit der Stammvater bezeugt war, als um so ehrwürdiger und vornehmer galt die gēns. Ursprünglich zählten zu den gentēs nur adlige Familien, später auch plebejische (▶ S. 124).

Die Namengebung | Von den Etruskern, dem ursprünglich in Italien vorherrschenden und kulturell dominierenden Volk, hatten die Römer die Sitte der trīa nōmina, der drei Namen, übernommen:

- praenōmen: Vorname
- nōmen: Name – dies ist der erwähnte Gentilname auf -ius
- cōgnōmen: Beiname

Beispiele:

↪ Lūcius Aemilius Paullus
↪ C. Cilnius Maecēnās
(ein auf -ās oder -a auslautender Name weist auf die etruskische Herkunft einer Familie)

- Bisweilen trug man noch einen vierten Namen (suprānōmen), etwa als Ehrennamen wegen militärischer Verdienste:

↪ Pūblius Cornēlius Aemiliānus Āfricānus
↪ Lūcius Cornēlius Sulla Fēlīx (›Glücklicher‹)
Mit minor bzw. māior wurde der *jüngere* bzw. der *ältere* Sohn bezeichnet.

- Bei ihren eigentlichen **Vornamen** sind die Römer mehr als einfallslos (und von diesen kommen die meisten auch noch selten vor; siehe Tabelle).
- Bei den Beinamen kommt ein – uns noch öfter begegnender – Wesenszug der Römer zum Ausdruck: Spottlust, satirischer Witz und Hang zum Sarkasmus (beißender Spott). aber auch Selbstironie. Scaurus etwa ist der *Klumpfuß*, Cicerō die *große Kichererbse*, Nasō die *Riesennase*. Häufig verfestigten sich diese Beinamen wieder zur Bezeichnung der Unterfamilien.

Die römischen männlichen Vorvornamen					
A.	Aulus	**L.**	Lūcius	**Q.**	Quīntus
Ap.	Appius	**M.**	Mārcus	**Ser.**	Servius
C.	Cāius (Gāius)	**M'**	Mānius	**Sex.**	Sextus
Cn.	Cnaeus (Gnaeus)	**Mam.**	Mamercus	**Sp.**	Spŭrius
D.	Decimus	**N.**	Numerius	**T.**	Tĭtus
K.	Kaesō	**P.**	Pūblius	**Ti.**	Tiberius

- Adoptierte (▶ s. u.) bekommen den vollen Namen des Adoptierenden und erhalten ein zweites cōgnōmen, das auf -ānus aus dem ursprünglichen Gentilnamen gebildet wird, z. B. ist Gāius Iūlius Caesar Octāviānus der Name des späteren Kaisers Augustus (Gāius Iūlius Caesar sein Adoptivvater, Octāvius sein Gentilname).
- Von Frauen liest man meist, sie hätten nur ihren Gentilnamen in weiblicher Form, etwa Cornēlia, und sonst keinen. Das trifft so nicht zu: Auch die Frauen trugen weitere unterscheidende Namen, z. B. (aufgeführt werden bezeugte Frauen aus Herculaneum; darunter finden sich auch griechische Namen – so wie man bei uns ausländische Namen liebt):

↪ Minūcia Venusta, Octāvia Philadelphia, Petrōnia Vitālis, Salvia Superba, Claudia Mūsa, Līvia Actē, Novellia Prīmigenia.

Bei Frauen finden sich auch Kosenamen in Form des Neutrums, z. B. Corculum, ›Herzchen‹ (cŏr ›Herz‹).

- Freigelassene (▶ S. 124) bekamen Vor- und Familiennamen ihres früheren Herrn mit hinzugefügtem eigenen Rufnamen, etwa Mārcus Remnius M[ārcī] l[ībertus] Nīcānor, d. h. Marcus Remnius, Freigelassener des Marcus, Nicanor.
- Sklaven hatten einen mehr oder weniger individuellen Rufnamen, z. B. Restitūtus ›Ersetzter‹, Suāvis ›Süßer‹ oder Nymphŏdŏtus ›Nymphengeschenk‹ (*Nymphe* bedeutet weibliche Naturgottheit, ›Göttin‹).

Die Adoption | Bei den Römern spielt die Adoption, d. h. die Annahme einer Person ›an Kindes Statt‹ eine wichtige Rolle. Jedoch adoptieren die Römer immer Söhne, und die müssen auch kein ›Kind‹ mehr

sein. Ursprünglich sollte durch die Adoption die Fortsetzung des Familienkultes (▶ S. 16), der an die männliche Linie gebunden war, sichergestellt werden; dazu wurde der Adoptierte von seinem pater familiās anfänglich verkauft. Später wurde die Adoption ein häufiges Mittel nicht nur der Familien-, sondern auch der Staatspolitik, um bestimmte familiäre Verhältnisse zu schaffen. Denn wie heute galt ein Adoptivsohn rechtlich als leiblicher Sohn – bei den Römern sogar ganz unabhängig vom Verwandtschaftsverhältnis zwischen ›Vater‹ und Adoptiertem (so kann etwa auch ein Schwiegervater seinen Schwiegersohn nach dem Tod von dessen Eltern adoptieren); auf diese Weise erhält der Adoptierende Vollmacht über das ererbte Vermögen, als Gegenleistung hilft er z. B. bei der Karriere.

■ **Heirat und Scheidung |** Zahlreiche römische Dichter widmen sich dem Thema Liebe und Erotik (freilich stets aus männlicher Sicht), der Liebhaber verzehrt sich nach seiner Geliebten; viele Romane beschreiben das grausame Schicksal der Trennung von Liebenden und das glückliche Happy End. Wir wissen also bis ins Detail recht gut Bescheid darüber, wie die Römer über diese Dinge dachten und was sie sich dabei alles einfallen ließen.

Trotzdem ist Liebe, anders als in unserem heutigen Denken, keineswegs der entscheidende Gesichtspunkt dafür, dass ein Mann und eine Frau heiraten; in der Regel handelt es sich eher um eine vernunftbestimmte Entscheidung, die der pater familiās trifft. Sinn der Eheschließung ist das Ziel rechtlich anerkannter Kinder, damit die Familie fortbesteht, nicht selten auch die Vermehrung des Vermögens des Mannes durch die Mitgift der Ehefrau. Als ideale Kinderzahl galten drei. Der lateinische Begriff für ›heiraten‹ ist daher aus männlicher Sicht in mātrimōnium dūcere, eigentlich: *in die Mutterschaft führen*; *heiraten* aus Sicht der Frau lautet nūbere (eigentlich ›sich mit dem Schleier [der Braut] verhüllen‹).

mātrimōnium: Ehe (allgemein) • cōnūbium: (gesetzliche) Ehe • coniūnx: Ehegemahl, Gatte, Gattin • coniūgium: Ehe, Verbindung • marītus, marīta: Ehemann, Ehefrau • uxor: Ehefrau, Gattin (nicht erbberechtigt) • ūnivira: die nur einmal verheiratete Frau • concubinātus: Lebensgemeinschaft, Ehe (von Paaren, die keine offizielle gesetzliche Ehe schließen dürfen)

■ Dies ist nicht der einzige Unterschied gegenüber der uns vertrauten Vorstellung von Heirat und Ehe. Entscheidender noch ist, dass die Heirat kein rechtliches Verhältnis gegenüber dem Staat begründet wie bei uns, sie ist reine Privatsache ohne staatliche Registrierung. Und wie zur Eheschließung eine einfache Willenserklärung der Eheleute genügt, erfolgt

Zur Tabelle unten: fēmina bezeichnet die Frau rein biologisch als ›weibliches Wesen‹; ›männlich, Mann, Männchen‹ im biologischen Sinn heißt mās.

FRAU (mulier)		MANN (vir)	
Frauen sollen heiraten und Kinder bekommen, danach richtet sich ihre Bezeichnung aus:		Männer haben Aufgaben in Beruf/Politik und Militär; darum richtet sich ihre Bezeichnung nach dem Alter:	
INFANS (= ›nicht sprechend‹): Kind bis zu sieben Jahren			
▪ **PUELLA**	das junge Mädchen vor der Heiratsfähigkeit	▪ **PUER**	von 7 bis 14 Jahren
▪ **VIRGO**	die junge Frau, die als heiratsfähig gilt (ab 12 bis 14 Jahren; auch älter)		
▪ **UXOR**	die verheiratete Frau	▪ **ADULESCENS**	von 17 bis 30 Jahren
▪ **MATRONA**	die Frau des Hauses	▪ **IUVENIS**	von 30 bis 46 Jahren
▪ **ANUS**	die ältere Frau (die keine Kinder mehr haben kann)	▪ **SENIOR** ▪ **SENEX** ▪ **AETATE PROVECTUS**	von 46 bis 60 Jahren von 60 bis 80 Jahren ab 80 (›*vorgerückten Alters*‹)

eine Scheidung ebenso durch einfache Erklärung; allerdings hat der Ehemann in diesem Fall der Frau die Mitgift zu erstatten. Starb der Ehemann, erbte die Frau sein Vermögen.

■ **Die Formen der Eheschließung |** sind abhängig vom sozialen Stand und ändern sich im Lauf der Geschichte; Männer dürfen gesetzlich ab 14 Jahren, Frauen ab 12 Jahren heiraten, doch schließen Männer die Ehe meist nicht vor 35–40 Jahren.

▌ Seit Augustus sehen die **nuptiae** (Pl.), ›Hochzeit‹ in der Regel so aus, dass ihr spōnsālia (Pl.; ›Verlobung‹) mit gegenseitigem Eheversprechen unter Zeugen vorausgehen; dabei bekam die Braut auch einen Verlobungsring. Am Vorabend vor den nuptiae legt die Braut einen safranfarbenen Schleier (flammeum) an, am Festtag selbst findet eine religiöse Zeremonie im Haus der Braut oder im Tempel statt; dort wird ein Schwein oder ein Lamm geopfert, die Braut spricht ihr Ja-Wort in Gestalt der Formel:

Ubī tū Gāius, egō Gāia. Wo du Gaius bist, bin ich Gaia.

Gaius ist der typische römische Allerweltsvorname (etwa wie im Englischen ›John‹), *Gaia* die weibliche Form dazu (ein umgedrehtes G [Ɔ] steht auf Inschriften oft als Zeichen für ›Frau‹). Als selbstständiger Personenname kommt Gaia jedoch nicht vor.

Nach dieser Zeremonie folgt ein Festmahl, darauf führen Freunde, Freundinnen und Angehörige die Braut in einem feierlichen Zug, bei dem den Zuschauern und Passanten Süßigkeiten zugeworfen wurden, nach Hause, tragen sie dort über die Schwelle, und sie empfängt nun den Schlüssel des Hauses. Am Tag darauf war dann allerdings wieder Alltag – eine Hochzeitsreise oder Vergleichbares kannte man nicht.

↪ Auf diese Zeremonien geht die (vom Christentum übernommene und dann allgemein verbreitete) heutige Form der Eheschließung zurück.

Mit ▶ Augustus wurden ältere Formen der Heirat abgeschafft bzw. immer bedeutungsloser:

▌ **cōnfarreātiō**: Nur beim Hochadel üblich – die Eheleute essen (opfern) in Gegenwart der beiden höchsten Priester und vor Zeugen einen Kuchen aus Dinkel (far, eine Getreideart); hier können nur Männer die Scheidung (diffareātiō) betreiben;

Der symbolische Akt der Eheschließung, die ›dextrārum iūnctiō‹, die ›Vereinigung der rechten (Hände)‹. Im Hintergrund die Göttin Juno als Hüterin der Ehe. Die Braut trägt den Hochzeitsschleier. (Röm. Relief)

▌ **coëmptiō** ›Kauf(-Ehe)‹: Hierbei ging die Frau für einen symbolischen Kaufpreis in die manus (s. o. zu ēmancipātiō) des Mannes über; zugegen waren mindestens fünf Zeugen und ein lībripēns, ›Waagenhalter‹ – der Ehemann schlug mit einem Geldstück an die Waage, wodurch der Kauf gültig wurde;

▌ ūsus ›Gewohnheit(s-Ehe)‹: Nach einjährigem Zusammenleben – mit Zustimmung der Eltern – war man verheiratet; wollte sich die Frau von ihrem Mann trennen, brauchte sie sich nur über drei Nächte hintereinander nicht in ihrem Hause aufzuhalten. Diese verbreitetste Form der Ehe schaffte Augustus ab, weil sie so leicht aufzulösen war.

↪ Verbindungen zwischen einer freigelassenen Frau und einem Freien wurden als concubīnātus (etwa ›Bettgemeinschaft‹) geduldet, später als Ehe mit eingeschränkten Rechten (inaequāle coniugium) anerkannt. Ehen zwischen freien Römerinnen und einem Freigelassenen waren, da ja der Vater ›davorstand‹, überhaupt nur denkbar, wenn der Freigelassene über ein ›überzeugendes‹ Vermögen verfügte. – Unfreie Personen, also Sklaven, konnten keine Ehe eingehen, ein Zusammenleben wurde ggf. geduldet. Kinder aus solchen Verbindungen waren natürlich wieder Sklaven (Sklavenkind: verna, Pl. vernae).

Die Geburt | Ein Kind wird nur dadurch in die familia aufgenommen, dass der pater familiās (also nicht unbedingt der leibliche Vater, sondern z. B. auch der Großvater) oder dessen Beauftragter es nach der Geburt ›vom Boden aufnimmt‹ und so anerkennt (›fīlium tollere‹); andernfalls wird es ausgesetzt – gar nicht so selten bei den Römern. Für diesen Akt der Anerkennung findet am achten Tag nach der Geburt bei Mädchen, am neunten bei Jungen eine Zeremonie statt, bei der das Kind dem pater familiās zu Füßen gelegt wird.

Befindet der pater familiās, dass das Kind missgestaltet oder nicht lebensfähig ist, bedeutet das sein Todesurteil; für diese Fälle gab es in Rom spezielle Orte zur Entfernung des Neugeborenen: eine für uns absolut grausame Vorstellung, doch in der Antike und anderswo eine ›normale‹ Handlungsweise – schließlich gab es auch bei weitem nicht die medizinischen Möglichkeiten wie heute.

Im – normalen – Fall der Anerkennung wird an dem Kind eine Opferhandlung in Form einer Reinigung (lūstrātiō) vollzogen, daher heißt dieser Tag diēs lūstricus; das Kind erhält dabei eine Amulettkapsel (bulla) aus Gold oder Leder an einer Halskette oder einem Band und bekommt seinen Vornamen. Die bulla galt auch als Zeichen der freien Geburt.

Die Erziehung der Jungen | Obwohl – jedenfalls aus früherer Zeit – gerade auch von vornehmen Vätern berichtet wird, die ihre Söhne eigenhändig wickelten und ihnen zu laufen beibrachten, war die Kindererziehung im Wesentlichen Aufgabe der Mütter. Je nach Umständen überließen diese die Kinder jedoch auch einer Amme (nūtrīx) oder älteren weiblichen Verwandten; am liebsten gab man sie dazu auf das eigene Landgut. Waren die Söhne größer, gab man sie zumeist in die Obhut von Sklaven.

Dabei ergab sich natürlich das Problem des Sprechenlernens, dessen sich die Römer wohlbewusst waren: Ammen oder Sklaven, in der Regel fremdländischer Herkunft, sollten möglichst gut Latein sprechen, am besten auch noch sauberes Griechisch, das als Sprache der Gebildeten größte Bedeutung hatte. Seinen Vater redete ein Kind mit domine *Herr* an.

- Mit etwa 7 Jahren begann für den jungen Römer der elementare Schulunterricht (lūdus beim lūdī magister), der bis zum Alter von 12, längstens etwa 14 Jahren dauerte (▶ S. 180). Die ganz Reichen leisteten sich auch Sklaven als Privatlehrer. Die Jungen (und Mädchen, s. u. S. 14) aus entsprechenden Kreisen wurden von einem paedagōgus zur Schule geführt; dieses (griechische) Wort bedeutet eigentlich so viel wie ›einer, der Kinder geleitet‹.
- Nach dieser Phase der ›Primarschule‹ folgte für die Bessergestellten eine weiterführende Ausbildung, und zwar in Rhetorik, d. h. Redekunst (ein griechisches Wort, da diese Kunst aus Griechenland übernommen worden war). Eine berufliche oder fachliche Ausbildung existierte bei den Römern nicht. Im handwerklichen oder in manchen Dienstleistungsbereichen kam man als discēns, Lehrling, zu einem Lehrherrn und lernte durch die Praxis. Hierfür wurden sogar regelrechte Ausbildungsverträge abgeschlossen.

↳ Dieses System hängt damit zusammen, dass in den führenden Kreisen Roms Arbeit als nicht ehrenwert galt; solche Vorstellugen haben natürlich nur Leute, die nicht arbeiten müssen, um Geld zu haben; die reichen Römer hatten, dafür sorgten Kriege und Politik, Sklaven, die arbeiteten. Diese reichen Leute bestimmten das Denken, das uns überliefert ist. Nur als Rechtsanwalt oder Arzt, auch als Schriftsteller, Dichter oder Philosoph, genoss man Renommee. Die große Menge freier Römer mit ehrbaren, tüchtigen Berufen spielte im offiziellen Denken keine Rolle..

Für die Bessergestellten waren vor allem Aufgaben in der Politik vorgesehen; zur Vorbereitung darauf galt die Rhetorik als wichtig und unverzichtbar, denn dabei

Ein Kleinkind mit der bulla (Amulettkapsel). Etruskische Bronzestatue

Phasen im Leben eines Kindes: Die Mutter säugt das Kleinkind, der Vater sieht zu; der Vater trägt den größer gewordenen Jungen auf dem Arm umher; der Junge beim Spiel mit dem ›Rennwagen‹, davor ein Ziegenbock; der Junge im Schulalter trägt dem Vater vor, was er auswendig gelernt hat. Römisches Relief

lernte man, mit der Sprache Sachverhalte darzulegen und seinen Standpunkt zu vertreten.

▶ S. 181 Rhetorik; 182 Universitätsausbildung

■ **Die Erziehung der Mädchen** | Die Rolle der Mädchen waren eindeutig auf das Haus und die Familie festgelegt. Für die Römer hieß das, servāre domum, lānam facere (›das Haus versorgen, Wolle machen‹, s. u.) war alles, was die Frauen beherrschen mussten. Trotzdem wurde ihre Erziehung nicht vernachlässigt, sondern ebenso wie die Jungen erhielten sie von 7 bis 12 Jahren eine Elementarschulausbildung oder hatten auch – je nachdem – Privatunterricht. In den Schulen gab es gemischte (!) Klassen, etwas, was bei uns erst vor wenigen Jahrzehnten flächendeckend eingeführt wurde! Danach aber war es – anders als bei den Jungen – mit der Schulausbildung vorbei. Je nach gesellschaftlicher Position erhielten Mädchen jedoch noch Musik- und Gesangsunterricht oder befassten sich mit Dichtung oder Philosophie. Im Grunde konnten sie sich so individuell freier entfalten, da der Lebensweg der Jungen viel strenger geregelt war und öffentlich kontrolliert wurde.

■ **Kinderspiele** | In ihren Spielen hatten die Jungen im Prinzip kaum andere Vorlieben als heute – außer dass diese in der technischen Form ihrer Zeit entsprachen und die Erfindung der Elektronik noch 2000 Jahre auf sich warten lassen sollte. Von Spielfahrzeugen mit beweglichen Rädern über Mäuserennen – vor Miniaturrennwagen wurden Mäuse gespannt – bis zu kleinen Kampfwagen, die von Hunden, Ziegen oder Ponys gezogen wurden, ist alles vertreten. Beliebt war auch der trochus (Laufrad aus Eisen mit angesetzten geräuschvollen Ringen), der mit einem Stock angetrieben wurde. Und natürlich spielte man Legionär oder Gladiator – die römische Gesellschaft war ja eine durchgreifend militärische Gesellschaft.

Nicht anders als die gemeinsame Erziehung in der Grundschule denken lässt, spielten Jungen und Mädchen auch gemeinsam, sei es Ball, ›Murmeln‹ (dazu dienten Nüsse, nucēs), eine Art Blindekuh, das ›Reiterspiel‹, Brettspiele wie Mühle, Würfel (aleae, tālī). Die Mädchen selbst spielten ganz nach unserem eigenen traditionellen Bild am liebsten mit (auch vielerlei beweglichen) Puppen aus Ton oder (teurer!) Elfenbein, Spielhäusern, liebten Mutter-Kind-Rollenspiele usw.

■ **Sport, Sportspiele, Gymnastik** | Sportliche Erziehung – wichtig auch als Vorbereitung auf den Militärdienst – spielte bei den Römern eine deutlich geringere Rolle als bei den Griechen: Dort stand das Körpertraining, die ›Gymnastik‹, im Zentrum der schulischen Erziehung (daher *gymnásion* → ›Gymnasium‹). Das heißt aber nicht, dass man Spiel und Sport vernachlässigte, denn in der von Krieg bestimmten Lebensumwelt legte man in Rom Wert auf Soldaten, die körperlich fit waren.

▌ Das *Marsfeld* in Rom (campus Mārtius), ein ausgedehntes, erst später bebautes Gelände, diente vielen Zwecken, darunter auch als sportlicher Ausbildungsplatz – Fechten, Waffenlauf, Diskuswerfen, Ringen, Reiten standen auf dem Programm. Geschwommen wurde im Tiber – angeblich auch bei eisiger Kälte, so berichten manche Quellen.

▌ Sonst gab es in den Städten Palästren – palaestrae, ein griechisches Wort – als ›Sporteinrichtungen‹; das waren offene Plätze, die von Säulenhallen mit Ruhe- und Pflegeräumen umgeben waren. Solche Palästren waren in der Regel auch den Thermen angegliedert. Hier gingen die jungen Römer ihren sportlichen Aktivitäten nach. Und wie es auch heute private Tennisplätze gibt, verfügte manche Villa über Ballspielplätze, sphaeristēria, auf denen mit follis (›Ball‹, aufgepumpt), pīla oder pāgānica (mit Stroh bzw. Federn ausgestopfte Bälle) in Gruppen gespielt wurde. Datātim lūdere: Der Ball wird in die Höhe geschleudert, aufgefangen und zurückgeworfen; expulsim lūdere: Der Ball wird in die Höhe geschleudert, die Mitspieler müssen ihn mit den Armen zurück- oder einem anderen Mitspieler zuschleudern (also Volleyball).

- Augustus, der in allen Bereichen einen neuen Erziehungsstil durchsetzen und darunter auch das Interesse für Sport weiter fördern wollte, begründete auch Sportvereine (collēgia iuvenum) und förderte deren Verbreitung. Als eine Art Reiterparade ist in Rom der lūsus Trōiae, das *Trojaspiel*, bekannt, an dem jüngere und ältere Söhne wahrscheinlich der Oberschicht Roms, teilnahmen. (Der Name hat allerdings mit der Stadt *Troja* nichts zu tun.) Es handelt sich dabei um ein öffentliches Sportturnier.

Tod und Bestattung | Alle Kulturen haben sich zwangsläufig mit dem Ereignis des Todes – des privaten in der Familie wie des ›öffentlichen‹ (z. B. Politiker, Schauspieler, Krieg) auseinanderzusetzen. Unser merkwürdig anmutender Ausdruck ›letztes Lebewohl‹ stammt wörtlich von den Römern (suprēmum valē). Wie bei der Hochzeit erkennen wir bei den Römern viele Dinge wieder, die auch bei uns (noch) üblich sind. Dazu gehört auch das Phänomen des Todes als ›Unterhaltung‹ – keinen Werktag oder sogar Feiertag gibt es schließlich bei uns ohne eine Menge Leichen im Fernsehen, dafür hatten die Römer ihre Gladiatorenspiele (▶ 60 ff.).

Doch anders als inzwischen bei uns war der Tod offenbar viel stärker als unausweichliche ernste Gegebenheit im Bewusstsein der Menschen gegenwärtig. Das fand besonders seinen Ausdruck in dem zu Hause praktizierten Totenkult (▶ S. 16).

- Vorstellung vom Tod: ▶ S. 227

- Verschied die Person zu Hause im Kreis der Familie, sollte der nächste Verwandte – möglichst der älteste Sohn – mit einem Kuss den letzten Lebenshauch des Sterbenden aufnehmen. Alle Anwesenden riefen darauf den Toten noch einmal beim Namen. In Rom wurde der Tod dann im Tempel der Venus Libitina verkündet.

- Venus Libitina war ursprünglich eine römische Frühlingsgöttin, die später mit der griechischen Liebesgöttin Aphrodite gleichgesetzt wurde. Als Frühlingsgöttin war sie die Göttin des neu keimenden Lebens – so schloss sich für die Römer der Kreis von Tod und Geburt. – Um ihren Tempel gab es alles, was zur Bestattung nötig war, auch Bestattungsunternehmer hatten in der Gegend ihre Geschäfte.

Oben: Bildnis eines vornehmen jungen Mädchens, vielleicht aus kaiserlicher Familie (Rom, Palatin)

Unten: Jungen in Gegenwart eines Lehrers beim Ballspiel. Wandmalerei aus Rom

Eine Woche verblieb der Tote gewaschen, parfümiert und aufgebahrt im Atrium, dann wurde er – ursprünglich nachts bei Fackelschein – in einem Umzug aus Verwandten, Freunden und Bekannten mit möglichst schrillen Blasinstrumenten und vielen Klageweibern – zum Grab außerhalb der Stadt geleitet; dort wurd der Leichnam eingeäschert, nachdem etwa der älteste Sohn oder ein Würdenträger eine laudātiō, ein Totenlob, gesprochen hatte. Die Überreste der Knochen wurden in Wein gewaschen und in einer Urne beigesetzt. Ein Grabmal – je nach Reichtum aus einem Stein mit Inschrift bis hin zu einem fast tempelartigen Gebäude bestehend – sollte die Erinnerung an den Toten wachhalten.

Zwei Grabinschriften

Den göttlichen Seelen der Minicia Marcella, des Fundanius Tochter; sie lebte XII Jahre, XI Monate, VII Tage.

Lucius Munatius Plancus, Lucius' Sohn, Lucius' Enkel, Lucius' Urenkel. Plancus [war] Konsul, Zensor, zweimal Oberbefehlshaber, Miglied des Bankett-Festkollegiums; er triumphierte* über die Räter, errichtete den Saturntempel aus der Kriegsbeute, teilte in Italien zu Benevent Ländereien zu, gründete in Gallien die Kolonien Lugdunum [Lyon] und Raurica [Augst].

* durfte als Sieger einen Triumphzug abhalten

Auch im alten Rom war der Tod nicht ›umsonst‹ zu haben, Bestattungen kosteten. Einer der wichtigsten Gründe z. B. für kleine Handwerker und Gewerbetreibende, in einem der Berufsverbände (▶ S. 118) Mitglied zu sein, war der, dass diese für eine angemessene Leichenfeier sorgten.

Altehrwürdige, vornehme Familien besaßen Wachsbilder (Totenmasken) ihrer Verstorbenen. Diese wurden von der Familie verbundenen Personen dem Leichenzug vorausgetragen, oder es gab auch den Brauch, während des Zuges Schauspieler Szenen aus dem Leben des Verstorbenen aufführen zu lassen. Wichtige Personen des öffentlichen Lebens erhielten natürlich eine Trauerfeier auf dem Forum.

Es wundert nicht, dass auf der anderen Seite der Gesellschaft die Masse der Sklaven – die ihrerseits auch keine Angehörigen hatten – nach ihrem Tod in Massengräbern regelrecht beseitigt wurden.

Häuslicher Kult und Totenkult | Der häusliche Kult, also die Religionsausübung zu Hause, war in vollem Umfang Sache der Patrizier, also der vornehmsten Familien. Zuständig für die notwendigen Rituale, einschließlich der Gebete und Lieder, ist der pater familiās, der sein Wissen wiederum an den Sohn weitergibt (oder dazu ggf. einen adoptiert, s. o.). Ein eigens zu diesem Zweck ausgebildeter Sklave unterstützt den pater familiās. Im Zentrum der Kulthandlungen steht ein Tieropfer. Der Kult gilt dem Urahnen der Sippe, der auf diese Weise verehrt wird.

Meist im ▶ Atrium des Hauses findet sich ein Hausaltar, ein sog. lārārium. Die Lārēs, Laren, sind die Geister der Grundstücke, die Schutzgötter des Hauses, die als Gottheiten angesehenen Seelen der Verstorbenen. Auf einer Herdstelle am lārārium brennt permanent das heilige Feuer, für das die māter familiās oder mātrōna zuständig ist. Dazu weist das lārārium eine Zahl Nischen auf, in denen Wachsbilder des Lār familiāris, des Herdgottes, und der Penātēs, der Penaten, der ›Vorratsgötter‹ stehen (penus bedeutet ›Vorräte‹). Sie sollen über das Wohlergehen des Haushalts wachen.

Ebenfalls an diesem Hausalter werden die mānēs (eigentlich die ›Guten‹), die Seelen der Verstorbenen, verehrt, damit sie stets besänftigt bleiben. Dazu opfert man ihnen an ihren Geburtstagen Blumen und Speisen, auch bei Festbanketts erhalten sie Speiseopfer.

Während man die Manen so gut im Griff hatte, war das mit den lĕmŭrēs, den Lemuren oder bösen Geistern, schon schwieriger. Bei diesen handelte es sich um die ruhelos als Gespenster umherirrenden Geister derer, die nicht ordentlich bestattet worden waren, oder um Geister von Verbrechern oder Verbrechensopfern. Um sie von den Häusern fernzuhalten, hielten die Römer im Mai ein spezielles öffentliches Fest, die Lĕmŭria, ab, das sechs Tage dauerte. Dabei wurden die Lemuren ›bewirtet‹, d. h. man opferte ihnen von den Speisen, die man aus Anlass

Grabinschrift einer Frau

Fremder, was ich sage, ist sehr wenig: Bleib stehen und lies. | Hier ist das nicht schöne Grab einer schönen Frau. | Die Eltern gaben ihr den Namen Claudia. | Ihren Mann liebte sie von ganzem Herzen. | Zwei Söhne gebar sie, von welchen sie den einen | auf der Erde zurückließ, den andern unter die Erde brachte. | Ihre Sprechweise war sympathisch, ihr Gang anmutig. | Sie versorgte das Haus und spann die Wolle. Ich habe gesprochen. Geh nun weiter (CIL I^2 1211).

Das Lararium in einem Haus in Pompeji: In der Mitte steht der ›Genius‹ des Hauses, das ist der ›Schutzgeist‹ des pater familiās; links und rechts von ihm stehen die Laren. Die Schlange symbolisiert Fruchtbarkeit und Wohlergehen.

des Festes selbst verzehrte. Am Tag nach dem Fest warfen die Vestalinnen (Priesterinnen der Vesta) 30 Puppen aus Weidenruten, die Greise darstellten, von der ältesten Tiberbrücke Roms in den Fluss; vielleicht war das sogar noch ein Überrest ursprünglicher Menschenopfer in grauer Vorzeit.

Aber auch die Laren hatten ihr öffentliches Fest, die Fērālia (oder: Parentālia). An neun Tagen im Februar ruhte das öffentliche Leben, die Tempel waren geschlossen, Geschäfte unterblieben.

Die Rolle der Sklaven | Zur familia gehörten auch sämtliche Arbeitskräfte in Haus und Hof, männliche wie weibliche. Damals handelte es sich bei diesen Arbeitskräften *rechtlich* um Sklaven, d. h. um unfreie Menschen. Das bedeutet, dass sie rein als Gegenstände angesehen wurden, die man eben kaufen und verkaufen konnte. So umfasste der Begriff familia im rein wirtschaftlichen Sinne tote (Land, Sachen) und lebendige (Tiere, Sklaven) Besitztümer (▶ S. 8).

Das bedeutete aber auch, dass man sie im allgemeinen sorgsam und pfleglich behandelte, denn sie sollten ja ordentliche Arbeit leisten. Es versteht sich von selbst, dass die Sklaven je nach Tätigkeit und Stellung ihrem Herrn, ihrer Herrin, näher oder ferner waren. Die Kammerfrau der domina, der coquus, Koch, des dominus, der paedagōgus eines Knaben, der diesem Griechisch beibrachte, oder der Privatsekretär eines Rechtsanwalts hatten jeweils eine andere Position als der Sklave, der auf dem Bauernhof den Mist zu entfernen oder im Bergwerk Eisenerz zu schürfen hatte.

Im Haushalt hatten die Sklaven im allgemeinen spezialisierte Aufgaben, je nach dessen Größe und je nach Reichtum ihrer Herrschaft natürlich.

In gewisser Weise hatten es Sklaven besser als die zahlreichen Tagelöhner in Rom, die sich täglich eine schlecht bezahlte Arbeit suchen mussten, Freie zwar, aber mittellos. Der Sklave hatte ein Dach über dem Kopf und zu essen; dafür konnte er nicht heiraten – wohl mit Genehmigung mit einer Frau zusammenleben – und sich nicht frei bewegen. Kinder von Sklaven (vernae) waren wieder Sklaven und konnten als solche auch verkauft werden. Obwohl Sklaven der Gerichtsbarkeit ihres Besitzers unterstanden, waren sie vor reiner Willkür geschützt; beispielsweise gab es auch Arbeitsschutzgesetze in Sklavenbetrieben.

Rechtsurkunde über die Verwahrung einer Sklavin
Gaius Sulpicius Faustus erklärt hiermit, dass er eine weibliche Person namens Tyche, um welche der Streit geht und welche Pactumeia Prima und Aulus Attiolenus Atimetus bei ihm in Verwahrung geben haben, am Tag vor den Nonen des Mai in Puteoli auf dem Forum vor dem Hordionenaltar des Augustus um drei Uhr in Anwesenheit beider Parteien überstellt und dass Pactumeia Prima diese Frau auf Anordnung des Aulus Attiolenus Atimetus mitgenommen hat. Vollzogen ... [52 n. Chr.] *(aus Puteoli bei Neapel)*

- Prinzipiell bestand für die Sklaven die Möglichkeit, dass sie freigelassen wurden, sie waren dann lībertī. Das konnte ihr Besitzer aus einer Laune heraus verfügen, es im Testament festsetzen, oder ein Sklave konnte sich von erspartem Geld, dem sog. pecūlium (das ihm gehörte), freikaufen – Sklavenhaltung war schließlich kein Ausdruck von Boshaftigkeit, sondern legaler Besitz, der Geld wert war.
- Ausführlicher zu Sklaven und Sklavenhaltung sowie Freigelassenen ▶ S. 124.

Die Klienten | Wer sich frühmorgens dem Haus eines vornehmeren Römers näherte, konnte ein uns ganz unvertrautes Schauspiel beobachten: In mehr oder weniger großen Scharen strömten Menschen – Männer nur – dorthin und begehrten Einlass. Sie fanden sich zur morgendlichen salūtātiō, ›Begrüßung‹, des pater familiās ein, der ihnen gegenüber die Rolle eines patrōnus einnahm. Bei diesen Männern handelte es sich um clientēs, *Klienten*.

In der frühen Kaiserzeit, in der wir uns im Augenblick befinden, handelte es sich bei diesen *Klienten* zumeist um ärmere freie Römer, die ihrem patrōnus, Förderer, mit Dienstleistungen jeder Art gefällig waren. Als Gegenleistung erhielten sie von ihm, wenn nötig, Rechtsbeistand, sowie bei der salūtātiō eine sportula, ein ›Körbchen‹ mit Lebensmitteln oder Bargeld. In der Kaiserzeit war es so, dass ein Großteil der Bevölkerung nur von diesen Zuwendungen leben konnte: Die Reichen leisteten auf diese Weise eine Art Arbeitslosenhilfe.

Ursprünglich (in älterer Zeit), waren die clientēs (›Hörige‹) halbfreie Menschen, vielleicht Fremde, die von einem adligen Landbesitzer, einem ▶ Patrizier, abhängig waren und ihm als Gegenleistung für Land, das ihnen dieser zur Verfügung stellte, gegen die ärmeren ▶ Plebejer beistehen mussten. In dieser Zeit gehörten die clientēs noch zur engeren familia. Später, zur Zeit der Republik, waren es freie Bürger, die sich ihrem patrōnus freiwillig als Gefolgsleute angeschlossen hatten und ihn etwa im öffentlichen Leben, z. B. bei Wahlen, unterstützten.

Der Tagesablauf (▶ S. 101 f.) | Was die industrialisierte Neuzeit – also unsere Zeit – spürbar und unübersehbar von früheren Zeiten unterscheidet, ist die technische Möglichkeit, die Dunkelheit durch Elektrizität weitgehend beherrschbar zu machen. Demgegenüber waren die alten Römer wie andere Völker ganz vom Lauf der Sonne und damit von Tag und Nacht abhängig. Natürlich hatte man Licht – Öllampen, Fackeln, Feuerhaufen –, doch war es einerseits teuer, andererseits nicht beliebig verfügbar. – Dazu kommt, dass die römische Gesellschaft trotz der Bedeutung der Städte eine von der Landwirtschaft geprägte, also bäuerliche Gesellschaft war. Die Notwendigkeiten des bäuerlichen Lebens und die Abhängigkeit vom Sonnenlauf prägten daher das Leben und den Tagesablauf und blieben in den Städten bestimmend – und das war hierzulande bis in das vorletzte Jahrhundert nicht anders.

Das bedeutet: Alle Aktivitäten fanden am Tage statt, in der Nacht herrschte Stille, niemand hielt sich draußen auf – es sei denn in den Städten z. B. betrunkene Nachtschwärmer, die dann aber wieder Angst vor Überfällen haben mussten. Abends wurden auch die Stadttore geschlossen; wer mit seinem Fuhrwerk Pech hatte und den Zeitpunkt der Scvhließung verpasste, musste mit seinem Zugtier bis zum nächsten Morgen warten.

■ Aus dem Orient stammte die Einteilung des Tages in zwölf Tages- und zwölf Nachtstunden. Die Stundenzählung begann um Mitternacht und dann wieder mittags. ›Sieben Uhr‹, d. h. die *siebte Stunde* (septima hōra) war also entweder unser zwölf ›Uhr‹ (aus hōra) Mittag oder Mitternacht. Da die Tage bzw. Nächte im Sommer oder Winter unterschiedlich lang waren, waren auch die Stunden im Ablauf des Jahres unterschiedlich lang. Die Zeitmessung spielte kaum eine Rolle; lange Zeit begnügte man sich mit den Angaben *vormittags* (ante merīdiem) oder *nachmittags* (post merīdiem), ganz Genaue sagten dann auch noch *frühmorgens* (mānē) oder *spätabends* (suprēmā). Erst spät gab es Sonnenuhren (164 v. Chr.), noch später übernahm man von den Griechen Wasseruhren, die nach dem Prinzip unserer Sanduhren funktionierten; Ärzte etwa brauchten sie beim Pulsmessen, die Griechen ihrerseits hatten z. B. vor Gericht damit die Redezeit für Verteidigung und Anklage kontrolliert.

■ Mit dem Morgengrauen stand der Bauer, und so hielt es der Römer überhaupt, auf, nach Sonnenuntergang ging er schlafen. Die nötigen Arbeiten, das betraf auch den Schulunterricht für die Kinder, erledigte man bis zur Mittagszeit. Entsprechend lagen die – bei den Römern drei – Mahlzeiten (▶ S. 30) früh am Morgen (ientāculum, ein kleiner Imbiss), am späten Vormittag (prandium, eine größere Zwischenmahlzeit) und nachmittags etwa zwischen zwei und drei Uhr (cēna – Hauptmahlzeit und Nachtessen).

Eine Morgentoilette war nicht üblich, die Tunika war auch das Nachtgewand; die Körperreinigung erfolgte abends. Der vornehme Römer hatte morgens zunächst seine clientēs (s. o. S. 18) zu begrüßen und erledigte dann bis mittags seine Geschäfte – meist Geldgeschäfte – in der Regel auf dem Forum; die Zeit bis zur cēna verbrachte er in der Stadt häufig in den Thermen (▶ S. 53); sonst gehörte diese Zeit den persönlichen Beschäftigungen.

:: Die Häuser: Architektur und Einrichtung

Eines hat sich seit den Römern sicher nicht geändert: Wer etwas darstellt, das zeigte sich damals wie heute an den Häusern, in denen man sich zu wohnen leistete (leisten konnte). In der Stadt allerdings entfaltete man keine Pracht nach außen (das wurde in der Spätzeit anders), sondern die domus, das Haus der Römer, war in der Regel hinter einer hohen Mauer verborgen, die dem Schutz vor ungewollter Zudringlichkeit von außen, insbesondere der Abwehr von Gesindel diente. Hinter den Mauern waren architektonischer Fantasie und Luxus im Rahmen des herrschenden Geschmacks außer durch den Reichtum keine Grenzen gesetzt. Wer nach außen glänzen wollte, konnte das, da ja z. B. Luxuslimousinen noch fehlten, mittels prächtiger, luxuriöser Sänften (lectīcae) und stattlicher, oft bunt uniformierter Sänftenträger (lectīcāriī) sowie nicht selten durch sein Gefolge (z. B. von clientēs, ▶ 18) tun.

Je nachdem ob die Römer in der Stadt oder auf dem Lande (so die weitaus meisten) lebten, standen ihnen folgende Haupttypen von Häusern zur Verfügung:

- die italische domus;
- die nach griechischem Vorbild erweiterte domus mit Peristyl (Säulenhof);
- die īnsula, ›Häuserinsel‹: der Wohnblock, das Mietshaus;
- die vīlla rūstica, der Gutshof mit Wirtschaftsgebäuden – einfacher oder vornehmer;
- die vīlla urbāna, die vornehme Villa auf dem Lande; dagegen ist eine vīlla suburbāna die in unmittelbarer Stadtnähe, auch vor der Stadtmauer, gelegene vornehme Villa;
- die vīlla maritima, das vornehme Sommerdomizil am Meer;
- in der späten Kaiserzeit (Spätantike): das praetōrium, Herrenhaus, eine Art ›Feudalschloss‹;
- kleinere, bescheidenere Bleiben, casae, von der Lehmstrohhütte bis zu einfachen Steinhäusern; über diese wissen wir so gut wie nichts, auch erhalten ist davon praktisch nichts.
- Zum ›Streifenhaus‹ ▶ S. 164

In dem Verzeichnis der römischen Stadtbezirke (regiōnēs) aus der späteren Kaiserzeit beispielsweise werden für Rom nicht ganz 47 000 īnsulae und gerade einmal 1800 vornehme Privathäuser aufgeführt. Mit īnsula sind in *diesem* Fall vermutlich ganze Wohnblock-Karrees gemeint, sodass aus der Zahl wahrscheinlich eine noch größere Zahl Mietshäuser abzuleiten ist.

Pompeji: Hinter solchen Außenmauern versteckten die Römer ihre prächtige domus und ihr Privatleben. Im Vordergrund einer der beständig aktiven Straßenbrunnen.

Hervorzuheben ist, dass die Häuser auch in der Stadt, soweit es sich um weniger betuchte Bürger handelte und wo es der Platz erlaubte, in der Regel Gärten oder Äcker aufwiesen, die für die Selbstversorgung mit Nahrungsmitteln und die Tierhaltung (Kleinvieh, Geflügel) große Bedeutung hatten. Die Adligen verfügten praktisch allesamt über Landgüter (▶ vīlla urbāna), von denen sie wenigstens einen Teil ihrer Lebensmittel bezogen.

Die italische domus | Das Wort domus bedeutet zunächst so viel wie ›Bau‹ und bezeichnet mit entsprechenden Ergänzungen alles vom einfachen Haus bis zum Palast (ein weiteres übliches Wort für *Haus* ist aedēs [Pl.], dazu aedificāre *bauen*). Die Grundform ihres Haustyps hatten die Römer von den Etruskern übernommen. Dabei handelt es sich um ein rechteckiges mit Ziegeln überdachtes Gebäude, das kleiner oder größer sein konnte und dessen Dach in der Mitte eine von Ziegeln abschüssig umrahmte Öffnung aufwies. Dieser Öffnung entsprach auf dem Boden eine gemauerte, umrandete Vertiefung.

Der Sinn der Öffnung (complūvium – ›pluit‹ *es regnet*) war, Regenwasser in ein Auffangbecken (implūvium) hereinzulassen; von diesem führte ein Abfluss zu einer Zisterne (unterirdischer Hohlraum), in der das Regenwasser gespeichert wurde. Da es natürlich nicht immer erwünscht war, dass Regen unkontrolliert hereinprasselte, ließ sich das complūvium mithilfe eines vēlum (Tuch, Markise) verschließen.

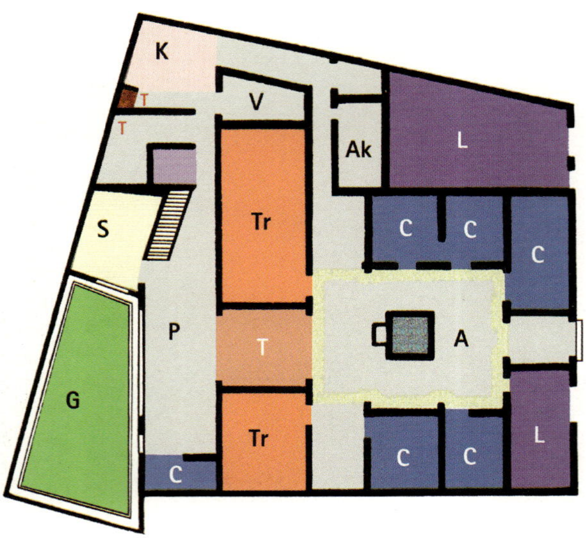

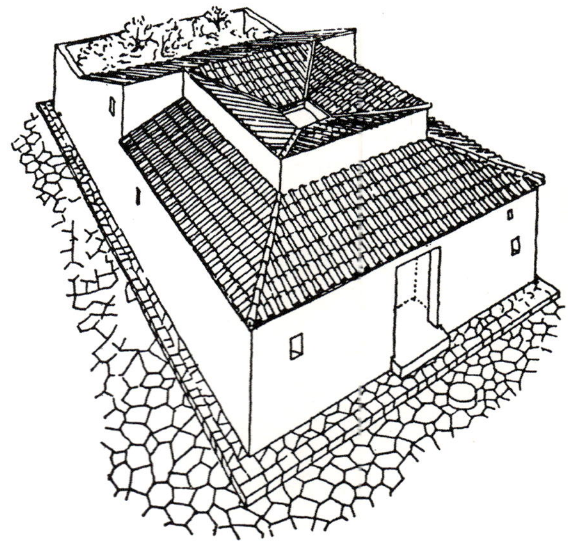

Ursprünglich spielte sich in dem um das complūvium herum liegenden Raum, dem ātrium, das gesamte Familienleben vom Kochen bis zum Schlafen ab. Später wurden an den Seitenwänden zur Eingangsseite einige Räume abgetrennt, die vorzugsweise als Schlafzimmer dienten. Vor der dem Eingang gegenüberliegenden Wand wurde – zunächst durch eine Holzwand – ein persönlicher Raum für den Hausherrn abgetrennt, das tablīnum (von tabula *Brett*). Hinter diesem schloss üblicherweise ein von Mauern umgebener Garten diesen Haustyp ab. Das ātrium nahm auch den Hausaltar auf und diente gleichzeitig als Speisezimmer.

Dieser Haustyp war in römischen Städten stets vertreten, wurde im Lauf der Zeit freilich je nach Bedürfnissen, Reichtum und Grundstücksgröße abgewandelt und vergrößert. Eine besondere Rolle unter den Räumen spielte das trīclīnium, der Speisesalon (▶ S. 33).

Das Peristylhaus | Die zunehmenden Eroberungen Roms hatten ab dem 2. Jahrhundert v. Chr.

Oben: Die Grundform des italischen Hauses
Links: Grundriss des ›Hauses des Chirurgen‹ in Pompeji. Im rechten Teil erkennt man die Grundelemente des italischen Hauses mit dem Atrium (A) und Compluvium als Kern. C: Schlafräume (cubicula). Oben und links auf dem Plan gibt es nun zusätzliche Räume. K: Küche, T (rot): Toiletten, V: Vorratskammer, Ak: Abstellkammer, S: Sommertriklinium, G: Garten, P: Peristylhof. Vom ursprünglich größeren Tablinum (T) wurden zwei Triklinien (Tr) abgetrennt. Der Eingang, an der Straße zwischen Läden (L), hat einen Korridor (vestībulum) bekommen.

so viel Reichtum ins Land gespült und den Römern das (berechtigte) Gefühl vermittelt, sie seien Herren der Welt, dass sie die eroberten Annehmlichkeiten auch zu Hause genießen wollten. Den Haustyp der Griechen hatten sie ja schon immer schicker gefunden, jetzt durften sie dahinter nicht zurückstehen. Doch – typisch römisch – sie ließen mit der neuen Mode das Eigene nicht fallen, sondern passten das Neue daran an: Es entstand der neue Typ der domus mit einem angefügten griechischen Haus, das einen Säulengarten, griechisch peristȳlium, hatte, also einen Innenhof und ›darum herum Säulen‹ (das bedeutet Peristyl). In diesem neuen Haustyp ist das Tablinum sowohl zum bisherigen Atrium als auch zum neuen Peristyl hin offen, zusätzlich verbindet ein Korridor (faucēs) die beiden Teile. Dieser neue Teil konnte nun weitere repräsentative Elemente wie z. B. einen Salon oder ein Bad aufnehmen; bei Bedarf gab es auch ein zweites Geschoss. Nach griechischer Sitte konnten die Säulen aus teurem Marmor gestaltet sein, mit der Architektur übernahm man von den Griechen auch weitere Ausstattungsmerkmale wie Mosaiken und Wandmalereien. Man hatte die Welt auch zuhause! Mit den neuen Kunsttechniken kamen deren Themen und Inhalte verstärkt nach Italien, Mythen und andere Geschichten.

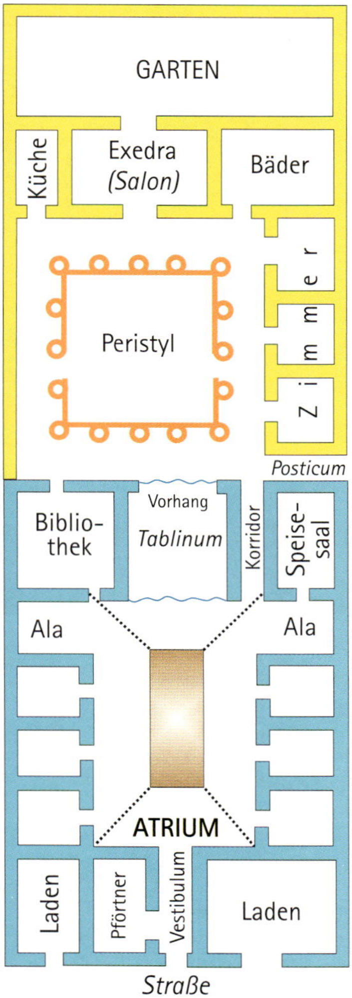

Auch diesen Zwitterhaustyp, der die Bewohner ebenso wie das Atriumhaus hinter hohen Mauern an der Straße verbarg und oft ganze Straßenviertel einnahm, wie uns Pompeji zeigt, wandelten die Römer nach ihren praktischen Bedürfnissen und Grundstücksgegebenheiten ab. Ohne Pompeji wäre uns kein Eindruck von der Prachtentfaltung dieser Architektur geblieben, wo uns, wie am Beginn gesagt, eine Momentaufnahme aus der Zeit der Kaiser Vespasian und Titus erhalten ist.

Mehr noch als die einfachere domus bot das Peristylhaus Gelegenheit, mehrere Triklinien (Speisesalons) einzuplanen, nicht zuletzt auch spezielle Sommertriklinien im Garten (▶ S. 25).

Herculaneum: Blick in das Atrium des ›Hauses mit der hölzernen Zwischenwand‹ (hinten sichtbar, original). Oben das Impluvium, unten das Compluvium.

Die īnsula | Davon, wie die Masse der Stadtbewohner lebte, gewinnen wir im Zentrum des alten Roms, wo immer wieder alles überbaut wurde, nur noch an einer Ecke einen guten Eindruck, vor allem aber in Ostia, der alten Hafenstadt der Römermetropole. Manche römische Dichter zeichnen uns auch ein lebendiges Bild von den Wohnverhältnissen dort, wir wissen von fast unablässigen Bränden, Häusereinstürzen, von Enge, Gestank, unhygienischen Verhältnissen usw. Der in dieser Hinsicht berüchtigtste Stadtteil Roms war die Subūra.

Diese īnsulae waren nicht gerade Wolkenkratzer, aber bis zu sieben Stockwerke, also mehr als 20 m hohe Gebäude aus Ziegelbauweise, meist verputzt. Nicht selten waren auf den Dächern noch Bretterverschläge eingerichtet, in denen ebenfalls Leute wohnten. Zwar gab es zur Sicherheit insbesondere auch gegen Brände und Einsturz Bauvorschriften, doch da die Wohnungen vermietet wurden und daher Gewinn abwerfen mussten, ließ manches zu wünschen übrig. Jedenfalls weiß man, dass Wuchermieten genauso an der Tagesordnung waren wie die fehlende Lust, Miete überhaupt zu zahlen. Trotzdem war ein Gutteil der Gebäude zweifellos ordentlich bewirtschaftet und entsprach zeitgemäßen Standards.

Zur Eintreibung der Miete bedienten sich die Römer übrigens sehr häufig eines auch an anderer Stelle, z. B. bei Steuerzahlungen, angewandten Mittels: Der Besitzer ›verpachtete‹ die Mieteinnahmen an jemand, der ihm die Summe vorstreckte, und der konnte dann auf eigenes Risiko die Mieten in der von ihm gewünschten Höhe eintreiben; oder es war so, dass ein Hauptmieter des ganzen Gebäudes die Wohnungen mit Gewinn untervermietete.

Der Hauptmangel der Wohnungen lag im Fehlen einer sanitären Entsorgung; zwar gab es eine Wasserversorgung mittels öffentlicher Brunnen (▶ S 50), die aber wohl auch nicht ausreichten, und auch das System von Kloaken – Entwässerungsröhren – erweiterte sich beständig. Doch außer dem Erdgeschoss waren die oberen Stockwerke – selten jedoch der erste Stock – nicht daran angeschlossen; also landete alles, vom Brauchwasser bis zum Nachttopfinhalt, auf der Straße, offenbar gern auch über die Fenster (eigentlich waren dafür im Hof Kübel vorgesehen).

Die Wohnungen im Erdgeschoss dienten zum Teil als Wohnungen, waren dann meist großzügig ausgestattet, wurden häufig jedoch auch als Läden oder Werkstätten genutzt; dazu wurde in die relativ hohen Räume eine Zwischendecke aus Brettern eingezogen, sodass unten der Betriebsraum war, oben Schlafgelegenheiten, zu denen man über Leitern gelangte. Das Leben fand auf der Straße statt.

Ein Wohnblock in Roms Hafenstadt Ostia: Vorn ein einfacheres Mietshaus mit Läden im Erdgeschoss, das hintere ist aufwendiger und hat eine Luxuswohnung mit Dachgarten; dazwischen ein Innenhof (rekonstruiertes Modell).

Küchen – freilich jeweils für eine ganze Etage – sind bis in die oberen Stockwerke nachgewiesen; es gab jedoch auch tragbare Herde ähnlich unseren Campingkochern, die freilich mit Kohle arbeiteten.

Ein weiteres Problem neben den fehlenden sanitären Einrichtungen bildete das Fehlen von Heizungen. Zwar verfügten die Römer über eine hochentwickelte Technik zur Beheizung von Bädern (▶ S. 54), und diese fand auch in manche reiche Privathäuser Eingang, doch in den Mietwohnungen – cēnācula – schuf man sich Wärme allenfalls mittels glühender Kohlen, die in einem Kohlebecken verglommen – und dabei ungesunden Rauch und Ruß verbreiteten.

Ein empfindlicher Mangel war schließlich zumindest zeitweise die Überbelegung mit Mietern, sei es wegen Wohnungsmangels, sei es weil Mieter wegen der zu hohen Mieten durch Untervermietung Geld sparen wollten.

▮ Daraus, dass sich im Erdgeschoss dieser Miethäuser zumeist Läden oder Werkstätten befanden, ergibt sich, dass in Wohnvierteln dieser Art keine Trennung von Schlafen und Arbeiten existierte, sondern dass in diesen Vierteln ein lebhaftes, buntes, quirliges und lautes Treiben herrschte. Im Grunde hat sich an dieser Lebensform zumindest in den älteren Vierteln mancher italienischer Städte wie etwa Neapel bis heute nichts geändert.

> In Rom wohnen! Überall halten da schmächtige Stützen die Wände mühsam aufrecht, der Verwalter hat zu tun, dass sie nicht einstürzen. Wenn ein Spalt in der alten Wand klafft, kleistert er ihn zu und meint zu uns, nun könnten wir sicher schlafen – dabei steht schon der Einsturz bevor! ... Und wenn einer ›Wasser!‹ ruft ... und die dritte Etage schon in Flammen steht, ahnst du ganz oben noch lange nichts, wo nur das Ziegeldach vor dem Regen schützt und die Tauben ihre Eier legen: Als letzter brennst du hier ab.
>
> Juvenal, *Satiren* III 193 ff.

Die vīlla rūstica | Die Römer sind ihrem Ursprung nach ein Bauernvolk, die ganze Geschichte hindurch war die übergroße Mehrheit von ihnen in der Landwirtschaft tätig und lebte auf dem Lande. Mit dem, was dort produziert wurde, wurden die Städter und Soldaten ernährt.

Die hier vorfindlichen Gebäude reichten von der Hütte bis zum eindrucksvollen Gutshof. Die Bezeichnung dafür ist vīlla rūstica, d. h. *Landvilla*. In ihrer typischen Form besteht diese Villa aus einem ummauerten Grundstück (um Tiere und Eindringlinge abzuhalten), innerhalb dessen das mehr oder weniger herrschaftliche Wohngebäude und die Wirtschaftsgebäude lagen, dazu meist ein Badegebäude mit Heizung. Zahl und Art der Wirtschaftsgebäude hingen von der Art der Produktion ab – es gab z. B. reine Schweinezuchtbetriebe oder reine Weinbaubetriebe. Um das Hauptgrundstück herum lagen Ackerland, Wiesen, Weingärten und / oder Wälder. Wichtig war die Nähe eines Flusses, Baches oder Teiches zur Wasserversorgung. Zu den vīllae rūsticae führten Stichstraßen von den staatlichen Überlandstraßen oder den Hauptstraßen (▶ S. 168).

▮ Unter den Wohn- bzw. Herrenhäusern dieser Gutshöfe sticht ein Typ hervor, der später prägend werden sollte: Bei diesem zeigt die Frontseite zwei Eckflügel (Risaliten) mit oder ohne Türme, die durch einen Querbau miteinander verbunden waren. Der Querbau wies in der Mitte eine repräsentative Freitreppe als Zugang auf, die zunächst zu der dem Querbau oft vorgelagerten Säulenhalle führte. Hinter dem Querbau seinerseits konnte entweder ein Innenhof oder ein überdachter zentraler Saal liegen, um den herum sich die übrigen Räume, auch auf zwei Stockwerken, gruppierten.

▮ Unter den reichen Römern, die solche Güter bewirtschafteten, gab es nun solche, die mit ihrer familia beständig auf dem Gut lebten – in dem Fall benötigten Kinder einen Hauserzieher –, oder auch solche, die sich vorwiegend in der Stadt aufhielten, also etwa in Rom. Umgekehrt besaß jeder vornehme Stadtrömer auch sein Landgut (oder mehrere); das war besonders für die ▶ Senatoren (und ▶ Konsuln) von Bedeutung, da sie keine Handelsgeschäfte treiben durften, also ihr Geld als ›Bauern‹ verdienen mussten – die aber keine echten Bauern waren, weil sie selbst gar nicht arbeiteten: Ihre Geschäfte auf dem Landgut verwaltete ein vīlicus, Verwalter, der von Stand gewöhnlich ein Sklave war. Er hatte seinem Herrn regelmäßig die Geschäftsbücher vorzulegen, und diesem war es dann ein besonderes Vergnügen, persönlich kontrollieren zu kommen, was sein Gut ›abgeworfen‹ hatte. Bei der Gelegenheit

Die vīlla rūstica von Boscoreale in der Nähe des Vesuvs (rekonstruiertes Modell). Im Innenhof sind große Wein- oder Ölamphoren eingelassen.

vollzog er auch religiöse Opfer und erfüllte dabei die vorgeschriebenen Riten.

Diejenigen, die beständig auf dem Land lebten, hatten, wenn sie keine Stadtwohnung besaßen, in der Stadt ihre Freunde, bei denen sie unterkommen konnten.

▶ S. 35 Kap. ›Das Leben auf dem Lande‹

Die vīlla urbāna oder maritima | Bei den so bezeichneten Gebäuden handelt sich um zumeist luxuriöse Residenzen entweder auf dem Lande oder in möglichst spektakulärer Lage am Meer. Der hauptsächliche Unterschied zur vīlla rūstica besteht zunächst darin, dass sie keine landwirtschaftlichen Produktionsstätten sind, daher fehlen die Elemente des Gutshofs. Ihr Zweck liegt darin, ihren Besitzern weitestgehend angenehme Aufenthalte in möglichst schöner Lage zu ermöglichen, besonders im Sommer, wenn es in der Stadt zu heiß wird. Der Besitzer und seine Gäste sollen dabei nichts von dem Luxus vermissen, den er in der Stadt gewöhnt ist – daher ›vīlla urbāna‹.

In ihrer baulichen Gestaltung und luxuriösen Ausstattung sind diese Villen – manche Kaiservillen sind kleine Städte – letztlich von den hellenistischen (▶ Hellenismus) Palästen des Orients inspiriert: Dabei ist der Fantasie des Architekten keine Grenze gesetzt – außer durch Geschmack und Budget des Bauherrn. In den entsprechenden oberen Kreisen hatte man dann auch nicht nur eine solche Villa; ein ▶ Cicero etwa, obwohl nicht zu den alteingesessenen reichen Familien gehörend, brachte es auf neun; bei den Kaisern muss man nicht zählen.

Eine Prachtvilla am Meer (Wandbild in Pompeji)

An der Küste zwischen Rom und Neapel reihte sich an vielen Stellen eine vīlla maritima an die nächste, besonders an Vorgebirgen in dramatischer (aber zugänglich gemachter) Lage und am gesamten Golf von Neapel. Viele Villen verfügten über Bootsanlegestellen – nicht anders als heute –, und die vielen Liebhaber der Fischzucht mit ihren künstlichen Fischteichen hatten hier die Gelegenheit, diese mit Meerwasser zu versorgen und entsprechende exotische Spezies zu halten, um sie zu gegebener Zeit beim Gastmahl auftischen zu können.

Mobiliar und Innenausstattung | Im Gegensatz zu diesem Luxus blieb die Ausstattung mit Mobiliar alle Zeiten hindurch auch in reichen Häusern eher karg und spärlich; der Luxus zeigte sich freilich im Material (Edelmetalle, Edelhölzer) und dem mehr oder weniger künstlerischen Aufwand (Muster und Figürchen in jeder Art, aufgesetzt oder eingearbeitet), mit dem die Gegenstände hergestellt wurden. Nicht anders als heute umgab man sich auch gern mit exotischen Importwaren. Kostbares Geschirr verbarg man entweder in Truhen oder stellte besondere Prunkstücke zum Protzen auf Tischen zur Schau. Überhaupt dienten Tische, mēnsae, im Haushalt mehr zum Abstellen von Gegenständen. In Pompeji z. B. blieb in einem Haus ein ganzer Geschirrsatz erhalten, in einigen anderen Fällen ganze kostbare, prunkvolle Silberservice.

An Mobiliar gab es Tische und Stühle, Kisten und Truhen (z. B. für Kleidung), seltener Schränke (zur Aufbewahrung wichtiger Gegenstände, u. a. Bücherrollen). Dazu kamen evtl. Kohlebecken zum Heizen. In den Speiseräumen (triclīnia) hatte man entweder getischlerte oder gemauerte Lieger für jeweils drei Personen (▶ S. 33), auf denen Polster und Kissen für die gewünschte Bequemlichkeit sorgten, dazu kleine dreibeinige Abstelltische.

Die Betten in den Schlafräumen waren standardmäßig mehr als spartanisch: Zwischen ein einfaches rechteckiges Holzgestell mit Füßen waren kreuz und quer Gurte gespannt, auf diesen hatte man Decken und Polster. Wer sich

Schlafzimmer in einem Stadthaus in Herculaneum

ein Bett nicht leisten konnte, kämpfte auf Strohsäcken um den nötigen Schlaf.

Beliebt waren gepolsterte Lehnstühle und Armsessel (cathedrae), der normale Sitzgegenstand war jedoch ein Schemel (scamnum). Auch Klappstühle oder -sessel (sēllae) fanden Verwendung, aber offenbar nur in repräsentativerer Ausführung für höhere Beamte oder Generäle.

Licht bei Dunkelheit schufen abgestellte oder hängende Öllampen oder Laternen. Diesen Objekten selbst, soweit es sich nicht um Massenware handelte, und mindestens ebenso den niedrigeren oder höheren Kandelabern, an denen man die Lampen aufhängte (in der Funktion unserer heutigen Stehlampe) galt jeder erdenkliche künstlerische Eifer: ›Design‹ und kostbares Material waren alles.

Die Gärten | Der häusliche Garten (hortus) war auf verschiedene Weise in die Architektur des Hauses eingepasst, entweder am Ende dem Eingang gegenüber, im Peristyl oder an beiden Stellen (s. o.). Die Wissenschaft der Archäobotanik, die sich erst in den letzten Jahrzehnten entwickelt hat, ist durch Untersuchung der Böden und der in ihnen enthaltenen Reste dazu in der Lage, überraschend genaue Rekonstruktionsbilder der antiken römischen Gärten zu liefern. So wissen wir bis ins Einzelne, welche Pflanzen – Zier- und Nutzpflanzen wie Küchenkräuter – in den Gärten angebaut wurden. An Ausgrabungsstätten werden oft solche Gärten nachgestaltet, sodass man in diesen Fällen sogar Duftbouquets aus der Antike spüren kann.

Doch der Garten war für die Römer nicht nur der Ort, wo Pflanzen und Gemüse wuchsen, er war mehr. Von seiner Ausgestaltung, ob groß oder klein, können wir manche Sehnsüchte und Traumvorstellungen der Römer ablesen. Die Reichsten z. B. gestalteten ihre Gärten gern als wahre Museen etwa mit griechischen Statuen aus; das waren gewöhnlich Kopien, denn die meisten Originale waren längst verschwunden, ohnehin gab es sie jeweils ja nur einmal. So realisierten diese Römer ihren Traum, im wahren Land der Kultur, in Griechenland, zu leben – wenigstens in der Illusion. Andere bemalten die Mauern ihrer Gärten, so klein diese sein mochten, mit Panoramen exotischer Landschaften, insbesondere des Nils in Ägypten - ein kleines Land Utopia (›Traumland Nirgendwo‹) der Fantasie.

Manche Familien besaßen auch am Stadtrand größere Gärten, die sie für z. B. Obstbäume nutzten; oft gab es hier auch offene Triklinien für sommerliche Gastmähler.

Die Wasserversorgung | Die Entwicklung jeder Hochkultur hängt nicht zuletzt von der Verfügbarkeit von Wasser ab. Die Ersten, die in Italien Fernwasserleitungen bauten, waren wieder – vor den Römern – die Etrusker. Sie hatten auch den Bogenbau erfunden, die Voraussetzung dafür, Gelände mit Brücken überspannen zu können. Durch ein System solcher Wasserleitungen (▶ S. 50) erhielt Rom schon früh das nötige Wasser, das es zur Entwicklung zur Großstadt brauchte; auch viele andere Städte wurden auf diese Weise versorgt. In der Kaiserzeit (um

Pompeji: Ummauerter Hausgarten mit Brunnenanlage; die Wände tragen Bilder mit einer Fantasielandschaft.

110 n. Chr.) wurde den Bewohnern Roms Wasser über zehn Aquädukte zugeführt.

Über Rohre unterschiedlichen Durchmessers wurde das Wasser in die Stadt verteilt – in die öffentlichen Brunnen (die waren zwar über die ganze Stadt verteilt, reichten aber kaum aus), die Thermen und auch – zu hohen Preisen – in Privathäuser. In diesen war Wasser kostenpflichtig, an den Brunnen umsonst. Es gab Gesetze, dass in den īnsulae ausreichend Wasser zur Brandbekämpfung vorzuhalten sei, doch man scherte sich nicht darum. Genehmigungen, die Bleiwasserrohre für Wohnblocks – gegen teures Geld – anzuzapfen, wurden von der Behörde nur sehr selten erteilt, und wenn, dann nur besonders betuchten Hausbesitzern.

▶ S. 50 Kapitel ›Wasserversorgung‹

■ Der Sanitärstandard | Besser als in den īnsulae war der Sanitärstandard natürlich in den Privathäusern: Toiletten lagen oft neben der Küche, damit das dort anfallende Brauchwasser genutzt werden konnte; nur reichste Häuser indes hatten eigene Badeanlagen, ansonsten nutzten alle die öffentlichen balnea, Thermen. Im Übrigen wusch man sich mithilfe von Wasserbecken, die in reicheren Häusern aus Marmor und prachtvoll ausgestaltet waren.

Die übergroße Mehrzahl der Menschen war auch auf die öffentlichen Toiletten, lātrīnae, angewiesen. Dabei war für die Römer die heute oft fast ängstlich betonte Individualhygiene offenbar kein Thema, man erledigte sein Geschäft ›kommunikativ‹ in Etablissements für mehrere Personen. Fließendes Wasser sorgte für Sauberkeit; die ansonsten angebotenen ›Schwämme am Stiel‹ hätten jedoch unseren Bedürfnissen wohl kaum standgehalten – eher käme vielleicht sogar uns der Gedanke an ein Selbstmordwerkzeug – jedenfalls wird von einem verzweifelten Sklaven berichtet, der versuchte, sich mit einem solchen Gerät zu ersticken.

Links: (Einzige) Toilette in einer Prachtvilla in Herculaneum
Oben rechts: Öffentliche Toilettenanlage in Ostia (einst überdacht); zur Reinigung lagen Schwämme an Stöcken aus.

■ Küche und Kochen: ▶ S. 30 Kapitel ›Die Esskultur der Römer‹

:: Die Kleidung – Tradition und Mode

■ Kleidung (indūtamenta) | Man stelle sich vor: Mehr als 1000 Jahre lang weitgehend die gleiche Mode! Geht denn das? Bei den Römern ja, im Wesentlichen jedenfalls. Zudem trugen Männer und Frauen zunächst im Prinzip die gleiche Kleidung.
■ Als Grundbekleidung übernahmen sie die etruskische *tebenna* und nannten sie tŏga (eigentlich nur ›Decke‹, von tegere *bedecken*). Ursprünglich war sie von praktischer Kürze, da man sie zu allen Tageszeiten und Gelegenheiten trug, und rechteckig. In ihrer späteren halbkreisförmigen Gestalt ist sie eine römische Erfindung. Hergestellt wird sie aus – selbstgewebtem – Wollstoff in gräulich-weißer Naturfarbe. Als Zeichen der Trauer trägt man dunkle Togen, Auguren (staatliche Vorzeichendeuter) gelbe, Senatoren und Kinder helle mit purpurfarbenem Rand (tŏga praetexta).

Nach und nach wird die Toga länger, bis sie schließlich als reine Fest- und Amtskleidung dient. Nichtfreie und insbesondere Ausländer dürfen die Toga nicht tragen; togātī ist daher auch der Ausdruck für die freien Römer, speziell in ihrer Rolle als *Zivilisten*. Gesellschaftlich spielt die Toga eine Rolle ähnlich unserem – fast verschwundenen – Frack. Die Toga anzulegen war fast eine Wissenschaft für sich, und man wurde darin beobachtet, wie man sie trug. Eine unkorrekt getragene Toga wirkte mindestens so wie heute ein Ketchupfleck mitten auf dem Schlips. So soll Augustus einmal empört ausgerufen haben, als die Leute zu einer Volksversammlung in dunklen Kapuzenmänteln (lacernae) erschien (Sueton 40):

›Das sind die Römer, die Herren der Welt, das Volk in der Toga!‹ Natürlich konnten sich aber die Versammelten keine teure Toga leisten, auch keine elegantere paenula, den meist auf Reisen getragenen Kapuzenmantel aus Leder oder Filz.

▌ Ganz nach der Mode trägt man auch ein săgum (Kurzmantel) oder (in der späteren Kaiserzeit) eine caracalla (gallischer Langmantel). In der Spätantike kommt die dalmătica hinzu, eine weite Tunika mit langen Ärmeln; sie wird zum Gewand der christlichen Amtsträger.

▌ Im täglichen Leben wird also die Toga von der tŭnica – in verschiedenen Längen – abgelöst; unter der Toga dient sie auch als Unterbekleidung. Von Schnitt, Machart und Vielseitigkeit her ist die Tunika die Vorläuferin des T-Shirts. Bei ihr finden sich auch farbige Wollgewebe. Unter der Tunika trug man ein um den Unterleib geschlungenes Tuch. Gegen Kälte half das Zwiebelverfahren: Der fröstelnde Augustus soll bis zu vier Tuniken übereinander getragen haben. Nach seinem Vorbild werden übrigens auch fasciae crūrāles, *Wickelgamaschen*, also eine Art Socken, Mode.

▌ Ganz unbrauchbar war die Toga natürlich beim Gastmahl: Sich dabei zu bekleckern, war mehr oder weniger unvermeidlich, da man mit den Fingern aß. Zur Vermeidung von derlei Misslichkeiten trug der feine Herr daher eine Zeitlang zum Mahl eine sog. synthesis (griech.), ein leichtes, engeres Gewand aus feinem, buntem Stoff, das er notfalls leicht wechseln konnte. Bei einem Festessen für Senat und Ritterstand verteilte Kaiser Caligula (37–41 n. Chr.) als besondere Geste der Gefälligkeit an die Männer Togen. Und nicht anders als bei uns ging man ›vornehm‹ ins Theater – in der Toga.

> Elfmal hast du dich, Zoïlus, bei *einem* Mahl erhoben und elfmal wechseltest du die Garderoben [...].
> Martial V 79, 1 f.

▌ Bei den Frauen war die Toga am Ende der Republikzeit, also im 1. Jahrhundert v. Chr., außer Gebrauch gekommen – sie dient nur noch als Mädchenkleidung (und Prostituierte *müssen* sie tragen – wohl damit sie »nicht zu viel aus sich machen« konnten). Auch Frauen bevorzugen längst die Tunika, die sich im wesentlichen außer in der Länge nur durch die Stoffe und deren Farben von der Männertoga unterscheidet.

Die feinere Dame hingegen hatte schon früher angefangen, sich an der griechischen Mode zu orientieren: Sie trägt eine stŏla (griechisch *stŏlē*), ein an der Taille eng anliegendes, unten besticktes, oft raffiniert genähtes Faltengewand, darunter auch ein Tuch und, so sie wollte, eine fascia pectorālis, einen BH. Geht die Dame aus, trägt sie über der stŏla eine palla oder ein pallium, einen viereckig geschnittenen Kurzmantel. Komplettiert wird die Garderobe oft durch einen Schleier bzw. ein Kopftuch (vēlum).

Etwa ab Vespasian kommen in Rom feinste indische Stoffe und bald auch chinesische Seide auf. Diese befriedigten die Vorliebe der Frauen für feine, dünne Stoffe noch mehr. Und da die römischen Damen nicht wie die Griechinnen ihre Domäne im Haus hatten, waren sie es, die das Straßenbild farbig belebten.

Links: Vornehmer Römer in der feierlichen Toga
Unten: Die Toga, dieses gewaltige, halbrunde Stück Stoff, musste kunstvoll über der Tunika drapiert werden; besonders wichtig war der ›Bausch‹ (umbō) vorne.
Siehe auch Seite 15: Jugendliche in der Tunika

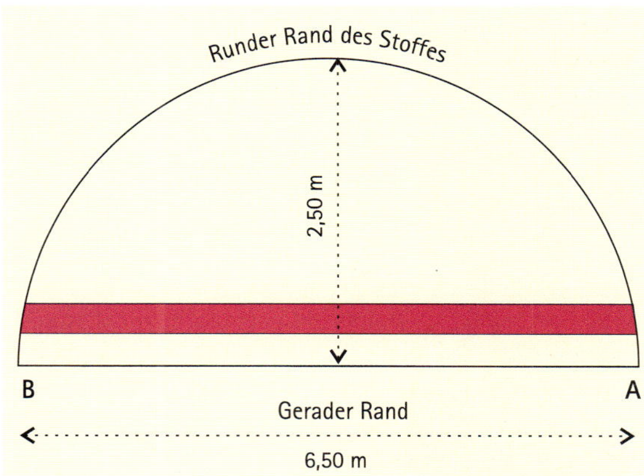

■ In Passform gearbeitete Kleidung, wie bei uns üblich, kommt erst spät auf und verdrängt dann die in Falten arrangierten Gewänder. Die bei den Galliern üblichen Hosen (brācae, davon engl. *breeches*) hingegen fanden bei den Römern nie recht Gefallen, außer hier und da im Norden Italiens.

■ **Schuhe, Schmuck, Frisur |** Ähnlich wie die Kleidung war das Schuhwerk der Römer nicht besonders vielfältig ausgestaltet. Man trug die gleichen Grundformen wie heute: Sandalen (soleae, sandalia) in Form einfacher Ledersohlen mit mehr oder weniger aufwändigem Riemenwerk, leichte Hausschuhe für die Dame oder den modebewussten Herrn (soccī), Straßenschuhe (calceī), vor allem die Soldaten Halb- oder längere Stiefel (caligae). Patrizier konnte man an hohen roten Lederschuhen (calceus mullĕus) mit Elfenbeinschnallen erkennen, Senatoren an schwarzem Schuhwerk.

■ Der Fantasie im Schmuck der Frauen dagegen war, wie zu erwarten, keine Grenze gesetzt. Alle kostbaren Materialien – Gold, Silber, Edelsteine jeder Art und Herkunft, Bernstein, Perlen – sind vertreten, alle denkbaren Formen – von Haardiadem und Haarnadeln (crīnālēs) über Ohrhänger (inaurēs), Ketten (monīlia), Armreifen (armillae) bis hin zu Ringen (ānulī) – finden sich in schlichter oder verschnörkelter Gestalt. Das hauptsächliche Schmuckstück jedoch, auch bei nicht begüterten Frauen bilden die Fibeln, fibulae, das sind Spangen, Broschen oder Schnallen, schlichte und kostbare, jeder Art, auch aus Bronze. Sie dienten dazu, die Kleidung zusammenzuhalten, denn – man glaubt es kaum – Knöpfe waren in der Antike nicht gebräuchlich (erst ab dem 14. Jahrhundert).

Aus der antiken ›Klatschliteratur‹ wissen wir übrigens, dass natürlich auch damals manche Dame ein Vermögen zur Schau trug, so etwa Lollia Paulina, spätere Kaisergattin, die sich um die 40 Millionen Sesterzen umhängte (eine Riesensumme; Plinius der Ältere, NH IX 117)).

Männer trugen Schmuck gewöhnlich allenfalls als militärische Auszeichnung (Arm-, Halsketten, catēllae). Goldene Ringe zu tragen war ein Privileg der ▶ Ritter (iūs ānulī aureī).

■ Während die Römer offenbar einige Zeit brauchten, um ihr Haar als Zierde zu entdecken (erst um 300 v. Chr. tauchten in Rom wohl die ersten Frisöre auf), entwickelten die Coiffeure und Haarkünstler ihr Metier später zu ungekannten Höhen. Die römische Porträtkunst hat uns unzählige Beispiele dafür hinterlassen, wobei natürlich insbesondere die Frauen auftrumpfen. Der Dichter Ovid meinte, man könne ›die in Rom üblichen Frisuren genauso wenig zählen wie Eicheln am Eichelbaum oder Bienen auf Sizilien ..., und jeder Tag bringt eine neue Frisurenmode mit sich‹ (*Ars amat.* II 149 ff.). Die Kunstwerke, die sie auf dem Kopf tragen, sind nicht mehr mit den Dutts oder Knoten der frühen Zeit zu vergleichen; spöttisch wurden diese teils turmhohen ›tutulī‹ von der Männerwelt daher auch gern mit Burgtürmen verglichen.

So vielfältig die Art der Frisuren, so einfallsreich waren die Methoden, die Haare zu behandeln. Schon früh war es Mode, sich Haare mit einer Spezialseife aus Gallien blond zu färben. Pomaden, Mixturen und Essenzen, Brenneisen (calamistrum), Perücken natürlich und anderes taten ein Übriges. Das Leid, das der Schönheit vorherging, war nicht weniger sprichwörtlich als heute. Einen Einblick in diese Welt der Kosmetik erlauben uns die erhaltenen Rezepte des Leibarztes des Kaisers Trajan und seiner Frau Plotina, Criton.

Für Parfums und Cremes waren natürlich auch auf ihr Äußeres bedachte Männer empfänglich;

Links: Dame in stola (Faltengewand) und Mantel (pallium), der über den Kopf gezogen wird; römische Statue
Oben und rechts oben: Dame aus flavischer Zeit mit kunstvoller Frisur; Porträtbüste
Rechts: Lucius Verus (130–169) Kaiser gemeinsam mit Mark Aurel, eine ›wild-gepflegte‹ Erscheinung; Marmor

allerdings zogen sie sich dann, wenn es einem Gegner passte, leicht den Vorwurf des Weichlings zu.

Wie bei den Damen gab es auch bei den Männern Trendsetter in puncto Frisur und Bartmode. Während man in ältesten Zeiten langes Haupthaar und ›Mattenbärte‹ trug, kam erst ab dem 2. Jahrhundert v. Chr. der Brauch auf, sich regelmäßig mit dem Rasiermasser (novācula) zu rasieren und die Haare kürzer zu tragen; die tägliche Rasur wurde noch später üblich – wieder waren die Griechen Vorbild (die ersten Barbiere – tōnsōrēs – kamen überhaupt aus dem griechischen Sizilien).

Das erste Barthaar weihte der junge Mann den Göttern, je nach sozialem Stand in einem goldenen oder einem einfacheren Behältnis, das er dazu am Tempel niederlegte. Weil es Kaiser ▸ Hadrian gefiel, eine Gesichtsnarbe mit Vollbart zu verdecken, wurde der dann wieder Mode – bis in die Zeit ▸ Konstantins. Schlau waren die Philosophen – die hatten den Bart als Berufstracht immer beibehalten; auch als Zeichen der Trauer trug man Bart, und wer angeklagt war, hoffte, mit einem Bart Mitleid bei den Richtern zu erwecken.

Bei Porträts von Persönlichkeiten des öffentlichen Lebens waren die Frisuren so bis ins Einzelne festgelegt, dass einzelne Elemente regelrecht zur Wiedererkennung des Dargestellten dienten. Besonders wichtig ist das auf Münzbildern: Diese tragen meist Namensbeischriften, sodass man dann mit deren Hilfe viele Porträtbüsten gerade auch von Kaisern identifizieren konnte.

Kopfbedeckungen | Hüte waren nicht üblich. Frauen trugen öfter eine mītra, ein haubenartig geknüpftes Tuch, das die Frisur halten sollte, oder einen langen Schleier; häufig zogen sie hinten den Mantel etwas über den Kopf. Speziell auf Reisen benutzte man alternativ zum cucullus (Kapuze) den petasus, einen Hut mit breiter Krempe. Der pilleus, eine Filzkappe, galt als Kopfbedeckung des freien Römers (servōs ad pilleum vocāre bedeutet *Sklaven die Freiheit geben*), kam aber auch nur bei schlechter Witterung zum Zuge.

Galla, dich flickt dein Putztisch aus hundert Lügen zusammen; | während in Rom du lebst, rötet dein Haar sich am Rhein. | Wie dein seidenes Kleid, so hebst du am Abend den Zahn auf, | und zwei Drittel von dir liegen in Schachteln verpackt. | Wangen und Augenbrauen, womit du Erhörung uns zuwinkst, | malte des Mädchens Kunst, die dich am Morgen geschmückt. | Darum kann kein Mann zu dir ›Ich liebe *dich*‹ sagen, | Was er liebt, bist nicht du! Was du bist, liebt kein Mann!
(Versen des Dichters Martial nachgestaltet, von Karl August Böttiger: Sabina (32) oder Morgenscenen im Putzzimmer einer reichen Römerin, Leipzig 1803)

Körperpflege und Hygiene | waren im Kern nicht weniger weit entwickelt als heute. Als wichtigstes Utensil dienten Spiegel und Kämme, Kästchen und Fläschchen, Büchsen und Schatullen. Allerdings waren Glasspiegel noch unbekannt, man benutzte polierte Metallspiegel. Diese bilden gerade wegen ihrer häufigen bildlichen Verzierung eine überaus interessante Quelle für vielerlei Informationen über ihre Benutzerinnen und ihre Umwelt. Sogar körperhohe Spiegel waren bekannt, und man berichtet uns, sie hätten, wenn sie aus Silber oder Gold waren, in der frühen Kaiserzeit etwa so viel gekostet, wie in alten Zeiten die ganze staatliche Mitgift für die Töchter gefallener Generäle betrug.

Zur Erhaltung der Haut legte sich die Dame nachts Masken auf, meist aus Brotteig (manchmal mit Eselsmilch) oder aus Bohnenmehl; mit weißer und roter, mit Speichel angerührter Schminke wurde das Gesicht bemalt; falls nötig,

halfen nachgemalte Augenbrauen, und – besonders raffiniert – feine zartblaue Striche imitierten das Durchschimmern der Adern durch die weiße Haut. Was Wunder, wenn Spottverse (siehe Seite 29 oben) gedichtet wurden!

Zähnen und Zahnfleisch suchte man mit Zahnpulver und Tinkturen Frische zu geben; auch falsche Zähne waren seit Urzeiten bekannt, jedenfalls verboten schon die ▶ Zwölftafelgesetze im 5. Jahrhundert v. Chr., Toten Gold mit ins Grab zu geben – außer dem Gold, das zum Einsetzen falscher Zähne nötig ist (Cicero, *De Legibus* II, 24). Beliebt waren Zahnstocher aus dem aromatischen Mastixholz, und sogar das Harz dieses Baumes kaute man der Mundfrische wegen – Kaugummi lässt grüßen!

Zahnersatz mit Golddrähten

:: Die Esskultur der Römer

Bei der römischen Küche ist zunächst einmal eines überraschend: Wir wissen so viel über sie, dass wir praktisch kochen können ›wie die alten Römer‹ selbst. Während aus Monumenten Ruinen wurden und alte Texte angestaubt wirken können: Diese Köstlichkeiten des römischen Lebens können wir uns direkt auf den Tisch holen, in die Nase steigen und im Munde zergehen lassen, sozusagen: das alte Rom leiblich erleben. Aber nicht verschwiegen sei: Die römische Küche bietet auch manche ›Delikatessen‹, bei denen wir eher die Nase rümpfen oder bei denen sich uns der Magen umdreht, etwa Haselmäuse …

■ Die Mahlzeiten | Normal sind drei Mahlzeiten:

- das ientāculum (Frühstück, bei Sonnenaufgang) – meist nur Brot mit etwas Käse und ein paar Oliven, dazu Wasser; in der Kaiserzeit empfehlen Diätärzte nur ein Glas Wasser – um schlank zu bleiben;
- das prandium (zweites Frühstück, gegen die Mittagszeit) – ein reichhaltigeres Mahl; (meist kaltes) Fleisch oder Obst kamen dazu, auch etwas (verdünnter) Wein wurde dabei getrunken;
- die cēna (Hauptmahlzeit, am Ende des Tages vor Einbruch der Dunkelheit) – je nach Umständen oder Anlass wurde mehr oder weniger ausgiebig gespeist. Im Falle von Einladungen wurde die cēna zum festlichen Bankett ausgestaltet.

↳ Als Bezeichnung für die cēna war in älterer Zeit vesperna üblich, also ›Abendmahlzeit‹, ›Vesper‹ (vesper dt. *Abend*).

■ Speisen aus aller Welt – frisch auf den Tisch | Zur Zeit der römischen Kaiser war die ursprüngliche einfache Bauernküche längst von raffiniertester Kochkunst abgelöst geworden, welche die erlesensten Zutaten – die nicht ungewöhnlich, exotisch und teuer genug sein konnten – und immer neue, ausgefallene Zubereitungsarten benutzte. Auch hier hatten die Römer vom Orient gelernt und insbesondere wieder von den Griechen, die schon Jahrhunderte zuvor überall als Meisterköche galten. Daher war Griechisch auch die Sprache der feinen Küche – so wie bei uns immer noch Französisch Sprache der ›haute cuisine‹, der ›hohen Küche‹ und der feinen Restaurants ist.

Aus dem gesamten Reich ließen die vornehmen Leute Luxuslebensmittel nach Rom importieren, seien es Barben (Fische) aus dem Roten Meer oder Straußenvögel aus Afrika, Schinken aus Gallien, Gemüse aus dem Rheinland. Die Zucht von fleischliefernden Tieren, seien es Wild, Schweine oder Vögel in Gehegen oder Käfiganlagen, nicht weniger Fische in Teichen oder Meerwasseranlagen, war geradezu zu einer Industrie geworden; angefangen hatte das als Hobby bisweilen sehr spleeniger Reicher, die dann, wie berichtet wird, etwa ihre Fische doch lieber auf dem Markt erwarben, als ihre schuppigen Lieblinge im Topf enden zu sehen. Da die Römer anfangs vor allem Hasen in Gehegen hielten, bekamen diese Anlagen den Namen leporāria (lepus: *Hase*), auch wenn Antilopen darin gehalten wurden, später hießen sie auch vīvāria (vīvus: *lebendig*).

Nicht weniger wollten die Römer aber auch in allen Ecken der Welt, wo sie siedelten, von Germanien oder Spanien bis nach Nordafrika oder Palästina, ihre gewohnten Speisen auf dem Tisch vorfinden. So entstand ein gewaltiges Transportwesen zu Lande und zu Wasser allein auch für den Lebensmittelhandel. Sogar höchst empfindliche Artikel wie Austern wurden über weiteste Strecken offenbar (zumindest halbwegs) frisch transportiert. Durch zahlreiche archäologische Funde weiß man sehr gut über diese Transporte Bescheid, über Warenarten, Verkehrsrouten, ja Firmennamen von Produzenten und Transporteuren. So wissen wir, dass es auch schon richtige Markenartikel gab.

Die bäuerliche Küche | Die Grundlage der Nahrung bildet die puls, ein aus Getreide mit Wasser oder Milch, auch Fett, zubereiteter gekochter Brei, der statt Brot gegessen wird. Während andere Völker Brot(fladen) backen, bleiben die Römer bis in die Spätzeit der Republik bei dieser Art ›Polenta‹. Diese Gewohnheit trug ihnen auch bei sich selbst den Spitznamen ›pultiphagī‹, *Brei(fr)esser*, ein.

Außer puls isst man einfach zubereitetes Gemüse. Fleisch ist zu teuer, für Rinder gilt ursprünglich ein Tabu – man benötigt sie als Arbeitstiere. Wenn es – aus besonderen Anlässen – in reicheren Familien Fleisch gibt, Geflügel, Ziege, Schaf, Schwein, dann im Rahmen eines Opfers an die Götter. Dieses Opfer zelebriert der pater familiās.

Zum Essen versammelt sich die familia (▶ S. 7) im Atrium; man sitzt am Tisch, der pater speist meist im Liegen. Getrunken wird Wasser, auch ein wenig Wein – doch der ist Jugendlichen und (in früherer Zeit) den Frauen verboten.

Luxus bricht sich Bahn | Mit den Eroberungen des 2. Jahrhunderts beginnen auch die Römer, die griechisch-orientalische Kochkunst zu übernehmen. An der hatten sich ihre Nachbarn, die Etrusker, schon seit Jahrhunderten gütlich getan, weswegen sie für die Römer immer, auch viel später noch, als pinguēs (fett) und obēsī (verfressen) galten. Damit sie von dieser Nachbarschaft nicht verführt würden, hatten sie den cēnsōrēs, den Zensoren (ein öffentliches Amt, ▶ S. 128), die Aufgabe übertragen, den Bürgern in die Töpfe zu gucken, damit die bei Festmählern nicht über die Stränge schlügen.

In einer Komödie beklagt ein Koch die ›neumodische‹ Sitte, die Speisen reich mit Kräutern zu würzen (Plautus, Pseudolus 810–825). [Übs. W. Binder/W. Ludwig]
„Ich würze meine Speisen nicht wie jenes Volk,
Das ganze Wiesen auf den Platten herserviert,
Als gält es Rindvieh zu bewirten, ...
Und dieses Kraut dazu noch mengt mit anderem Kraut,
Das Koriander, Fenchel, Knoblauch, schwarzen Kohl,
Sauerampfer, Mangold und Spinat zusammenwirft
... Darunter reiben sie den gottverdammten Senf,
... Wenn sie würzen, würzen sie
Statt mit Gewürz mit Hexenkraut, das dem, der's isst,
Bei noch lebendigem Leibe das Gedärm zerfrisst.
Drum dauert auch der Menschen Leben nur so kurz,
... Was selbst das Vieh nicht fressen mag, das isst der Mensch."

Eine Schale puls, Brot und Feigen, davon konnte jeder satt werden. Wandmalerei aus Pompeji.

Die ganze Zeit der Republik über versuchte man, mit immer wieder neuen Gesetzen (!) luxuriöse Verschwendung (die galt offiziell als ›unrömisch‹) zu unterbinden – ohne Erfolg: Die Leute gehorchten lieber dem Magen als dem Gesetz. Es wird berichtet, dass sich der sonst voll gesetzestreue ▶ Cicero einmal bei einem Staatsessen hörbar beschwerte, bei dem tatsächlich nur Gemüse und Pilze auf der Speisefolge standen.

Merkmale der neuen ›Haute cuisine‹ | Die neue römische Küche sah schließlich etwa so aus:

- Fast allen Speisen – Fleisch, Gemüse, Eiern, Salaten, Süßspeisen – wurde das sprichwörtliche gārum (auch: liquāmen ›Flüssiges‹, Brühe) beigefügt, eine pikante Würzsoße aus Fischen, die in Fabriken Spaniens, Nordafrikas, auch Italiens hergestellt wurde; sie gibt den Speisen eine pikante salzige Note.
- Fast genauso wichtig war dēfritum, eingekochter süßer Traubenmost, speziell für die Soßen, aber auch zum Süßen – Zucker hatte man noch nicht.
- Kräuter jeder Art, Pfeffer, Honig (beides teuer!) gehörten ebenfalls zu fast allen Speisen. Auf ein spezielles Kraut aus Libyen, lāser oder silphium, war man so versessen, dass es zu Neros Zeiten ausgerottet war.
- Fleisch wurde gesotten oder gebraten, reichlich pikante Soßen gehörten dazu. Zum Essen wurde es

mangels Gabeln – die kannte man nicht! – zerkleinert.

- Man liebte die Kombination verschiedener Fleischsorten auf Platten, oft ›fantasievoll‹ aufeinandergetürmt.
- Der Gesamtgeschmack ging ins süßlich-scharfe wie heute in der indischen Küche.
- Favoriten beim Fleisch waren Schwein und Hase, Rind gab es erst spät und recht selten. Nie jedoch aßen die Römer Pferdefleisch!
- Käse gehörte immer dazu, manche Sorten wurden von weither importiert; Milch selbst verabscheuten die Römer.
- Kuchen und Gebäck gehören ebenfalls zur Leidenschaft der Römer, desgleichen Obst. Feigen gehören – oft zusammen mit Brot gegessen – fast zu den Grundnahrungsmitteln.
- Getrunken wurden Wasser, Wein, ›Würzweine‹ (Liköre), posca (ein Erfrischungsgetränk aus Wasser und Weinessig).

Ende eines Gelages: Vorn wird ein betrunkener Gast hinausgetragen. Wandgemälde aus Pompeji

Speisenfolge eines Luxusmenüs | Das folgende aus Anlass eines Staatsbanketts zur Zeit Cäsars servierte Menü wurde im Staatsarchiv Roms dokumentiert – wohl weil so etwas zu der Zeit eher noch selten war – und fand sich dort noch Jahrhunderte später (nach Macrobius, 4./5. Jahrhundert n. Chr.):

BANKETT AUS DER ZEIT CÄSARS

GUSTATIO (Vorspeise)
Tafelaustern, Lazarusklappen, Venusmuscheln, Lerchen
Poularde mit Spargel
Austern und Miesmuscheln in Sauce
schwarze oder weiße Meertulpen

PRIMA CENA (Erster Hauptgang)
Klappmuscheln, Miesmuscheln, Seenesseln
gebratene Feigenfresser [Singvögel]
Reh- und Wildschweinkoteletts
Hühnerpasteten
Feigenfresser [s. o.] in Spargelsauce
Stachel- und Purpurschnecken

ALTERA CENA (Zweiter Hauptgang)
Sau-Euter natur oder geschnetzelt
Wildschweinkopf
gebratene Entenbrust und -hals
frikassierte Wildenten
Braten von phrygischen Hasen und Hühnern

MENSAE SECUNDAE (Nachspeisen)
Mehlspeisen
Gebäck und Torten

Arme und Sklaven. Die Ärmeren begnügten sich weiter mit puls (oder später Brot) und einfachem Gemüse; Sklaven hatten Anspruch auf eine tägliche Ration von 1 kg Getreide (zum Selbermahlen), etwas gepökelten Fisch, Oliven, Öl. Darüber hinaus hatte man das, was einem der patrōnus bei der salūtātiō (s. o.) überließ.

Die Küche und ihre Einrichtung | Sogar in palastartigen Villen waren die Küchen nicht sehr geräumig und sonst fast nischenartig. Sie verfügten über einen gemauerten Herd mit Backofen, an den Wänden hingen Regale für das Kochgeschirr und sonstige Dinge. Zur Zubereitung der Speisen bei größeren Festmählern dienten offenbar auch weitere Räumlichkeiten, der Hof, Gänge usw. Einen Rauchabzug gab es nicht, der Ruß setzte sich überall in der Küche ab. Das sieht man auch noch an Küchen der früheren Neuzeit. Einbauküche mit Dunstabzug – weit gefehlt! – Die Lagerung der Speisen erfolgte im relativ kühlen

Herd mit (originalem) Geschirr in einer vornehmen Villa von Pompeji

Keller; die besonders Reichen besorgten sich im Winter auch Schnee vom Apennin, der sich dort eine Weile hielt. In Germanien waren seit Urzeiten receptācula, Erdhöhlen, üblich, die dort auch die Römer übernahmen.

Die Küche verfügte auch über den oft einzigen Wasseranschluss des Hauses, das war also recht komfortabel. Aus dem Grund lag die Toilette des Hauses auch in der Regel neben der Küche.

Im altitalischen Haus (▶ S. 20) wurde noch im Atrium gekocht.

Speiseraum und Gastmahl | Mit der neuen Wohnkultur legten sich die Römer auch eigene Speiseräume für die cēna, das festliche Gastmahl, zu, die sog. Triklinien (trīclīnium: *Dreiliegenraum*; griech. Wort). Die Liegen oder Speisesofas sind entweder gemauert oder bestehen aus Holzgestellen. Auf ihnen liegen Matten, Polster und Kissen. Das Triklinium ist oft gerade so groß, dass die drei von den Griechen (und über sie aus dem Orient) stammenden Speisesofas hineinpassten; diese Einrichtung war schon bei den Etruskern üblich, ebenso wie die nun eingeführte Sitte, beim Essen zu liegen (accumbere).

- Auf jedem Sofa haben drei Personen Platz. Besteht die Gesellschaft ggf. aus mehr als neun Teilnehmern, werden weitere Dreiergruppen an Sofas aufgestellt. Größere Häuser verfügen oft über zwei Triklinien für Sommer und Winter; beliebt sind auch gemauerte Triklinien im Garten unter Bäumen. (Es gibt aber auch ›Biklinien‹, also Räume mit zwei Dreier-Speiseliegen.)
- Auf den Liegen herrscht eine genaue ›Liegeordnung‹. Der Ehrenplatz ist der lectus cōnsulāris, die ›Konsulsliege‹ (die Bräuche entstanden in Rom, wo die ▶ Konsuln lebten und eingeladen werden konnten).
- Erst in späterer republikanischer Zeit dürfen (verheiratete) Frauen an den Banketts teilnehmen; bei den Etruskern durften sie das schon immer.
- Die Gäste legen ihre Togen ab (▶ S. 33), ebenso die Schuhe, werden parfümiert und mit Blumen bekränzt. Man isst mit den Fingern und bringt sich seine eigene Serviette (mappa) mit. In der darf man dann auch Speisereste mit nach Hause nehmen!
- In der Kaiserzeit reicht das Triklinium nicht mehr aus, die Gesellschaften sind zu groß: Man ordnet die Speiseliegen in den Sälen halbkreisartig in C-Form (und nennt das Sigma – der griechische Buchstabe Σ hatte zu der Zeit meist die Form eines C) an oder breitet Polster auf dem Fußboden aus.
- Je nach Reichtum des Gastgebers sorgte ein Trupp von Sklaven mit genau zugewiesenen Aufgaben – vom Begrüßer über den Fleischzerteiler bis zum Wasserschalenreicher – für das Wohl der Gäste. Es werden immer wieder kleine Portionen der verschiedenen Gänge nachgereicht, denn es gibt ja keine Ablage. Auf dem kleinen Tisch haben die Pokale und ein paar Gewürze Platz.

Marmornes Triklinium aus Moregine bei Pompeji (rekonstruiert, mit originaler Wandmalerei).

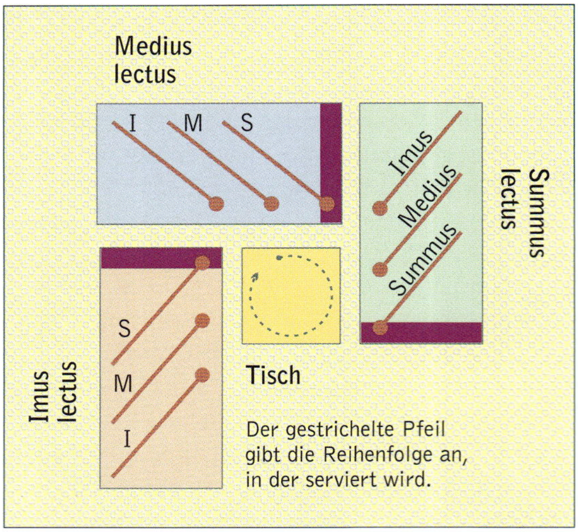

Die Liegeordnung der Gäste bei einer normalen cēna: Der *oberen, mittleren, unteren Liege* (summus, medius, īmus lectus) entsprechen auf jeder Liege drei ebenso bezeichnete *Plätze* (locī). Auf dem īmus lectus speiste die Familie, der medius lectus enthielt die Ehrenplätze. Der īmus locus dort war der Vorzugsplatz direkt gegenüber dem Gastgeber auf dem īmus lectus..

Der Ablauf der cēna | Das Festmahl begann am Nachmittag und war (ursprünglich) bei Anbruch der Dunkelheit zu Ende. Manchmal ging die cēna auch in eine comissātiō, einen Umtrunk, über.

Die cēna beginnt mit der Opferung der ersten Speisehappen an die Götter, nachdem die Speisen – oft unter Musikbegleitung – aufgetragen wurden. In der Regel besteht die Speisefolge aus vier Gängen (▶ S. 32), ab ōvō ūsque ad māla, *vom Ei bis zu den Äpfeln* (d. h. von der Vorspeise bis zum Nachtisch, meist raffinierter als ›nur‹ Ei und Apfel). Je nach Anlass, Status oder Laune des Gastgebers war die cēna begleitet von Musik- und Tanzdarbietungen, Akrobatenkunststücken, Dichterlesungen oder was immer jenem einfiel.

Martials kleines Gastmahl

Es fehlt kein Vorgetränk, wenn vor dem Essen du zu trinken pflegst, nicht leichter kappadokischer Salat, nicht schwerer Lauch; verborgen unter halben Eiern liegt der Thun, gereicht wird grüner Kohl auf schwarzer Schüssel, an dem man sich die Finger brennt, wenn man ihn hält, obgleich er eben erst aus dem erstarrten Garten kam; ein Würstchen liegt auf weißem Bohnenbrei und rotes Pökelfleisch bei hellen Bohnen. Wenn du den Nachtisch dann begehrst, erhältst du Trauben, die schon schrumpfen, und Birnen, die man syrisch nennt; im milden Rauch geröstete Kastanien [...]. Der Wein bekommt die Qualität beim Trinken. Wenn Bacchus dann, wie üblich, Appetit erregt, stehn treffliche Oliven zur Verfügung [...], auch heiße Erbsen, warme Bohnen.

Martial, 5,78; Übs. W. Hofmann

↳ Zu einem besonderen Spaß konnte die comissātiō geraten: Unter Vorsitz eines ›Trinkkönigs‹ (arbiter bibendī: *›Trinkschiedrichter‹*) hatten die Gäste dessen Weisungen beim Trinken (Art, Menge, Tempo) zu folgen, Beiträge zur allgemeinen Unterhaltung zu leisten, Trinksprüche auszubringen. Natürlich verschwand der Marmor oder die Mosaiken des Fußbodens dabei unter Strömen von Wein ...

Die Mahlzeit des Armen

pane(m) vinu(m) radic(em) pauperis cena:
»Brot, Wein, Rettich ist des Armen Mahl«

Text auf einer römischen Öllampe

Die Köche | Bei den Römern waren die Frauen oder weibliche Bedienstete für Küche und Kochen zuständig. Wo es sich aber um ›bessere Kreise‹ oder bedeutendere Anlässe handelte, kochten Berufsköche, die selbstverständlich zum Sklavenstand gehörten. Die ersten Köche in Rom waren griechische Kriegsgefangene – griechische Köche waren wegen ihrer Kunst berühmt. Da Spitzenrestaurants mit Meisterköchen (wie heute) nicht existierten, musste man sich für die Gastmähler im privaten Rahmen einen Koch kaufen (oder auch mieten; dafür gab es in Rom einen eigenen Markt); und Köche waren teuer: »Ein Koch ist heute teurer als drei Pferde«, spottet ein Autor. Bei großen Anlässen gab es einen Chefkoch, archimagīrus (wieder ein griechisches Wort), der seine Unterköche (cocī) und Gehilfen dirigierte.

Verständlich, dass Köche von ihren Herren sehr geschätzt wurden – schließlich hing ihr Wohlbefinden von diesen ab.

Ein selbstbewußter Koch

Seine Kunst allein ist für den Koch nicht genug: Ein Sklavengaumen sein
will ich nicht: Ein Koch muss die Kehle seines Herrn haben. Martial, XIV 220 ›Der Koch‹

Leben auf dem Lande – Leben in der Stadt

:: Das Leben auf dem Lande

Wir leben heute in einer Welt, in der die großen Städte – die Metropolen oder Megastädte – in allen Erdteilen die Menschen anziehen. Während um 1900 15 % der Erdbevölkerung in Städten lebte, waren es 2000 über 50 %. Die Bevölkerung der Städte wächst dreimal so schnell wie die übrige Weltbevölkerung, die Zahl der Megastädte mit mehr als 10 Millionen Einwohnern stieg von 1950 bis 2003 von zwei auf zwanzig. Das Ganze ist Ausdruck der großen Anziehungskraft der Städte als kultureller Zentren, aber auch der Armut und Verarmung der Verhältnisse auf dem Lande in vielen Bereichen der Welt.

Ähnliche Prozesse gab es auch im antiken Italien und in den anderen Gegenden um das Mittelmeer herum. In Krisenzeiten verließen die Menschen das Land, gaben also das Bauerndasein auf und zogen in die Städte. Wie heute ging es ihnen dort nicht unbedingt besser, doch wurden sie auf verschiedene Weise staatlich (d. h. vom Senat oder von den Kaisern) versorgt (▶ S. 131).

Rechts: Kleinbauer mit Ochsengespann und Pflug; etruskische Bronzestatuette

Der Kleinbauer Simylus (›Plattnase‹)
(Geschildert wird ein üppiger Obst- und Gemüsegarten)
Doch das alles *[was man im Garten sieht]* ist nicht des Besitzers, sondern der Leute Ertrag *[der Leute in der Stadt, an die er die Dinge verkaufen muss]*. Wer ist knapper dran als er? Alle acht Tage schleppt er die Bündel Gemüse im Korb zum Verkauf in die Stadt. Von dort, am Nacken erleichtert, an Pfennigen schwer, kehrt er nach Hause zurück, kaum einmal begleitet von der Ware des städtischen Fleischmarktes: Die rötliche Zwiebel und das Beet mit geschnittenem Porree zähmen den Hunger, dazu die Kresse, die mit scharfem Biss das Gesicht sich verziehen lässt.
Moretum 79–85 (1. Jh. n. Chr.)

Die Kleinbauern | Trotzdem lebte im Römischen Reich fast die gesamte freie Bevölkerung auf dem Lande. Die Masse dieser Kleinbauern litt fast immer unter Existenznot, entsprechend bescheiden waren ihre materiellen Lebensumstände. Wenn sie Glück hatten, besaßen oder bewirtschafteten sie einen hortus, ein Stück Land zum Anbau von ein paar Feldfrüchten, und eine casa, eine Hütte aus Lehm und Stroh; die etwas besser Gestellten hatten vielleicht ein Haus mit Steinfundamenten. Eine Ziege, ein Schaf, ein paar Hühner, ein Hund, der Bauer und seine Frau, dazu die Kinder: Alle lebten sie in einem Raum und ernährten sich von puls (Getreidebrei) und Gemüse, holera (Kohl), fabae (Bohnen), lactūca (Lattich ≈ Salat) oder anderem.

Die meisten und besten Produkte jedoch schafften sie, wenn möglich, in die Städte auf den Markt, um vom Ertrag das Nötigste zu erwerben.

Noch Ärmere verdingten sich als Arbeiter oder Tagelöhner bei reicheren Grundbesitzern; sie waren frei, aber es ging

ihnen wie den Sklaven, eher waren sie oft noch schlechter dran als diese.

Von diesen Menschen haben wir verständlicherweise keine direkten Spuren: Was sie besaßen, ist Staub geworden und von Archäologen kaum noch auffindbar; was sie dachten und fühlten, ist nicht – oder kaum – direkt überliefert, denn sie waren weder Dichter noch Politiker noch Geschichtsschreiber. Doch was sie bewirkten, ist trotzdem nachvollziehbar: Die meisten waren in den Anfangszeiten des Imperiums, viele auch später, Soldaten und haben dieses Römische Reich erobert, oft māgnīs itineribus, *in Eilmärschen*, wie es z. B. bei ▶ Cäsar heißt, und das bedeutet: unter unsäglichen Strapazen.

Dafür genossen die Bauern auch – einerseits – ungeteiltes Lob seitens der Reichen:
Fortissimī virī et mīlitēs strēnuissimī ex agricolīs gīgnuntur minimēque male cōgitantēs.
Äußerst tapfere und kräftige Männer gehen aus den Bauern hervor, die überdies nichts Schlechtes im Sinn haben. (Cato [2. Jh. v. Chr.] zit. bei Plinius d. Ä., NH 18, 26)
Doch Land wurde ihnen vorenthalten, teilweise geraubt. Das klagte Tib. Gracchus, ein Politiker, der im 2. Jahrhundert v. Chr. ihre Partei ergriff, an:
›*Die Männer, die für Italien kämpfen und sterben, sie haben nichts außer Luft und Licht. Heimatlos, gehetzt irren sie mit Weib und Kind durch das Land. Die Feldherren lügen ... Herren der Welt werden sie [die Soldaten] genannt und haben nicht eine Scholle zu Eigen*‹. (bei Plutarch, *Tib. Gracchus* 9)

Doch, merkwürdigerweise, manchmal finden sich an anderer Stelle Spuren von ihnen, nämlich bei einzelnen Leuten, die sich sonst überhaupt nicht für sie interessierten: Mal im Gedicht eines intellektuellen Städters (wie ▶ Vergil), mal als Reliefbild auf einer fein gemeißelten Marmorplatte für eine kostbar ausgestaltete Villa (siehe rechts oben).

Aus vielen Gründen befand sich die Landwirtschaft auch zur Zeit Vespasians gerade wieder in einer Krise. Auf der einen Seite gab es zahlreiche unbestellte Felder – das Land war ja besitzmäßig unter die Reichen aufgeteilt –, auf der anderen die armen Bauern. So blieb dem Kaiser nichts anderes übrig, als diesen Leuten Landbesetzungen zu ›erlauben‹. Eine dauerhafte Abhilfe wurde damit aber

Ein Bauer bringt Waren zum Markt; über den Rücken der Kuh hat er zwei Lämmer gebunden. Marmorrelief

nicht geschaffen: Die landwirtschaftliche Produktion in Italien befand sich in Konkurrenz mit der in Gallien, Spanien und anderswo.

Die ›vīllae rūsticae‹ (Landgüter) | Seit sich Grund und Boden Italiens im Besitz von Großgrundbesitzern (in der Kaiserzeit gehörte dazu auch der Kaiser) befanden (▶ S. 36), hatte das kleinere bäuerliche Anwesen größeren Landgütern Platz machen müssen.

Wo es sich von der Bodenbeschaffenheit her anbot, setzten solche bäuerlichen Betriebe überall markante Punkte in der Landschaft. Durch ein gut ausgebautes System öffentlich nutzbarer Privatstraßen waren sie mit den Nebenstraßen (viae vīcīnālēs) und darüber mit den Hauptstraßen (viae pūblicae) des römischen Reiches verbunden (▶ 168).

Der Kaiser als Grundbesitzer | Schon früh gingen römische Kaiser dazu über, ihre politischen Gegner durch Beschlagnahme von deren Vermögen ›kaltzustellen‹. Später wurde es unausgesprochene Pflicht für Grundbesitzer ohne persönliche Erben, ihr Land

Ich habe *[auf den Feldern]* viele Sämänner gesehen, welche das Saatgut zunächst mit Natron und dann mit schwarzem Ölschaum besprengten, damit der Spross in täuschenden [d. h. durch die Behandlung künstlich verbesserten] Schoten größer und bei möglichst niedrigem Feuer beschleunigt weich werde.
Vergil: *Georgica* I 193–196
(Beschrieben wird eine chemische Behandlung von Saatkorn zur Verbesserung der Erträge.)

dem Kaiser zu vermachen. Der Grundbesitz eines entmachteten Kaisers ging an seinen Nachfolger über (die später oft durch Staatsstreiche an die Macht kamen). Das führte zwangsläufig dazu, dass der Kaiser schließlich zum größten ›privaten‹ Grundbesitzer des Reiches wurde.

Gut, Landgut:
fundus, praedium, (selten) lātifundium, saltus (mit großen Weideflächen)
auch: vīcus, vīlla, ager, rūs

Der normale (Groß-)Grundbesitzer | lebte in der Regel in der Stadt, sofern er sich nicht aus irgendeinem Grund direkt dem Landleben verschrieben hatte; das war aber eher die Ausnahme, die Geschäfte überließ er seinem Verwalter, dem vīlicus (der von Stand her Sklave war). Nur zum Einholen von Rechenschaftsberichten oder Prüfung von Rechnungen begab sich der Besitzer in der Regel auf sein Gut. Davon besaß er aber normalerweise mehr als eines.

Je nach landschaftlicher Lage und Klima eignete sich das Gut vielleicht auch für einen Sommerurlaub oder für eine Zeit der Zurückgezogenheit, in der der Besitzer seinen Neigungen – ōtium nannte man das, ›Muße‹ – nachging.

Besonders beliebt waren natürlich Güter in der Nähe von Städten, die vīllae suburbānae. Sie boten die günstige Gelegenheit, auf dem Lande zu leben, aber auch in der Stadt präsent zu sein und deren kulturelle Vorzüge zu genießen. Hier konnte der Römer seine Idealvorstellung von sich selbst vielleicht besonders gut verwirklichen: Städter zu sein, aber sich als Bauer zu fühlen.

Der Römer: Mit ganzer Seele Bauer | Diese Selbsteinschätzung der Römer findet sich in allen Jahrhunderten ihrer Geschichte. So bestimmte denn auch ein Gesetz im Jahre 218 v. Chr., dass ▶ Senatoren keinen Handel treiben dürften, sondern ›Bauern‹ bleiben müssten. Die murrten zwar teilweise, verlegten sich aber schließlich darauf, ihre Geschäfte mit Landerwerb zu machen. Immer wird daher offiziell das Lied des einfachen Landlebens und der bäuerlichen Bescheidenheit gesungen; der Römer hält sich an den bäuerlichen Festkalender und ehrt die überlieferten bäuerlichen Gottheiten; ob das seiner konkreten Lebensführung entspricht, ist eine andere Sache. Er kann es sich jedenfalls leisten, sich nach Wunsch in die Idylle des Landlebens zurückzuziehen. Obwohl er keine Hand rührt, kann er das Gefühl genießen, Bauer zu sein – weil er das Land besitzt und die Menschen auf seinem Besitz dirigiert. Diese Menschen bilden *seine* familia rūstica.

Die familia rūstica | Weil diese Menschen nach *seinen* Anweisungen für *sein* Einkommen, d. h. seine Existenz, sorgen, ist familia im Lateinischen manchmal sogar der ›vornehme‹ Ausdruck für ›Vermögen‹ oder sogar ›Lebensunterhalt‹.

- Der Verwalter muss die Bediensteten (≈ familia) in Trab halten; er muss dafür sorgen, dass geschieht, was der Herr befiehlt (Cato).
- Für kaum zehn Tage habe ich Lebensunterhalt (≈ familia). Terenz, *Heautontimorumenos* 909

Die sog. ›Mysterienvilla‹ bei Pompeji (Name nach Wandmalereien im Innern), eine der prachtvollsten Vorstadtvillen mit zugehörigem Landwirtschaftsbetrieb; Rekonstruktionszeichnung

▮ Die familia rūstica bestand aus Arbeitern und Bediensteten, Frauen und Männern, von denen die Männer teils Sklaven, teils Freie waren (operae: ›Arbeitskräfte‹), oft Tagelöhner (mercēnāriī, operāriī), teils aber auch benachbarte Kleinbauern, die sich Geld dazuverdienen mussten.

▮ Diese wurden vom vīlicus (Verwalter) beaufsichtigt und zur Arbeit eingeteilt; auch der vīlicus war Sklave. Seine Frau, die vīlica, hatte die weiblichen Arbeitskräfte zu beaufsichtigen und kümmerte sich um die innerhäusliche Wirtschaft.

▮ Manchmal stand dem vīlicus ein āctor, ein ›Buchhalter‹ zur Seite; je nach Größe des Gutes unterstanden ihm auch magistrī officiōrum bzw. operum, d. h. Aufseher über die freien und unfreien Arbeiter.

▮ Zur Versorgung dieser Arbeiter gab es dann wieder eigene Sklaven bzw. Sklavinnen, die sich um Verpflegung, Kleidung, ärztliche Betreuung usw. kümmerten.

▮ Das zugeteilte Getreide mahlen und Brot backen mussten die Sklaven jedoch selbst – eine zu aufwändige Arbeit für andere Sklaven.

▮ Die Sklaven wurden normalerweise so behandelt, dass ihnen kein Schaden zugefügt wurde; sie sollten ja zufrieden sein und gesund ihre Arbeit tun – und teures Geld hatten sie ja auch gekostet, wie heute Maschinen.

▮ Andererseits griff man bei aufsässigen Sklaven durchaus zu brutalen Zwangsmaßnahmen. Dazu gehörte, dass sie in ergastula (speziellen ›Zuchthäusern‹ auf dem Lande), oft angekettet, oder draußen im ›Block‹ (cōdex: ›Baumstamm‹) arbeiten mussten. Besonders Sizilien mit seinen weiten Getreideplantagen war dafür berüchtigt.

▸ S. 124 Kapitel *Die römische Gesellschaft*

> Über die Behandlung der Sklaven bzw. Landarbeiter, überhaupt die römische Landwirtschaft generell, wissen wir gut durch römische Schriftsteller Bescheid, die dazu Fachhandbücher geschrieben haben. Besonders bekannt sind Cato (Zeit der Republik, um 200 v. Chr.) und Columella (Anfang der Kaiserzeit, 1. Jh.).
> *Ein Beispiel zur Ernährung:*
> [Der in Ketten gelegte Sklave soll bekommen] ›vier Pfund Brot [≈ 1 1/4 kg] pro Wintertag und fünf, sobald die Arbeit im Weinberg beginnt. Wenn die Feigen reif sind [Mitte August], reduziert man wieder auf vier Pfund‹ [denn dann lässt der Sklave davon genug ›mitgehen‹] (Cato).

Die colōnī | Mit der unter den Kaisern zunächst einsetzenden Friedenszeit in Italien selbst wie außerhalb (weniger Kriege) tritt bald ein neues Problem zutage: Die ›Zufuhr‹ von Sklaven geht immer stärker zurück – hauptsächlich waren das ja Kriegsgefangene gewesen. Deren Rolle übernahmen auf dem Lande immer mehr die sog. colōnī.

Colōnus bedeutet ursprünglich nichts anderes als ›Bauer‹ (davon engl. *clown*), dann insbesondere ›Siedler‹, womit die aus dem Militärdienst entlassenen Soldaten gemeint waren, die dabei ein Stück Land zugewiesen bekamen. Zur Bewirtschaftung ihrer riesigen Ländereien und Güter kamen die Großgrundbesitzer schließlich auf die Idee, immer mehr Land an freie Bauern (oder auch freigelassene Sklaven) zu *verpachten*.

So wurde aus dem colōnus der Pächter, der an den Landbesitzer jährlich eine Pacht zu entrichten hatte. Diese colōnī waren rechtlich der Form nach freie Bürger; doch da sie keine Wahl hatten, ihr Pächterdasein gegen etwas anderes zu tauschen, wurden sie bald von den Großgrundbesitzern abhängig. Sie durften das Gut nicht einmal für einen Tag verlassen oder z. B. nach außerhalb des Gutes heiraten.

Schließlich mussten Söhne von colōnī zwangsweise die Aufgabe ihrer Väter übernehmen: So wurden aus ihnen *Hörige*, die in voller Abhängigkeit von ihren Herren standen, allerdings (beschränkten) eigenen Besitz haben durften. Damit war die Form von Abhängigkeit entstanden, die als ›Leibeigenschaft‹ dann das ganze Mittelalter über kennzeichnend war und in manchen Gegenden Europas bis ins 19. Jahrhundert andauerte!

Das Landgut – Agrarbetrieb und Wohnsitz | Die vīlla rūstica, hatte also eine doppelte Zweckbestimmung: Sie war einerseits Wirtschaftsbetrieb mit entsprechender landwirtschaftlicher Spezialisierung – Ackerbau, Weidewirtschaft, Schweinezucht, Weinbau usw. –, andererseits musste sie den Ansprüchen des Besitzers an einen Wohn- oder Herrensitz genügen. Dementsprechend bestand ein solches Gut aus einem Wohntrakt und aus den Wirtschaftsgebäuden, also Ställen, Schuppen, Verarbeitungsgebäuden, Höfen usw. In der Regel war das Gut dann von einer Mauer umgeben.

↪ Überall, wo Römer ihre Herrschaft errichteten,

beschlagnahmten sie das freie Land und teilten davon den Soldaten, die nach 25 Jahren aus dem Dienst schieden, Landstücke zur Bewirtschaftung zu. Je nach Rang errichteten diese dort größere oder kleiner Höfe, vīcī oder vīllae rūsticae. In allen Gebieten des ehemaligen römischen Reiches wurden solche Anlagen ausgegraben. Der ›Rest‹ des Terrains wurde entweder ager pūblicus (›Staatsland‹) oder ging in den Besitz des Senats oder des Kaisers über.

Auffällig an dem Anwesen ist die relativ große Küche: Zweifellos traf man man hier auch zusammen und verrichtete gemeinsame Arbeiten.

Die Anlage und Ausstattung des Hofes zeigen insgesamt, dass er der (Oliven-)Ölgewinnung und Weinproduktion diente. Sonstiger Feldfrüchteanbau und Viehhaltung dienten wohl im wesentlichen der Selbstversorgung.

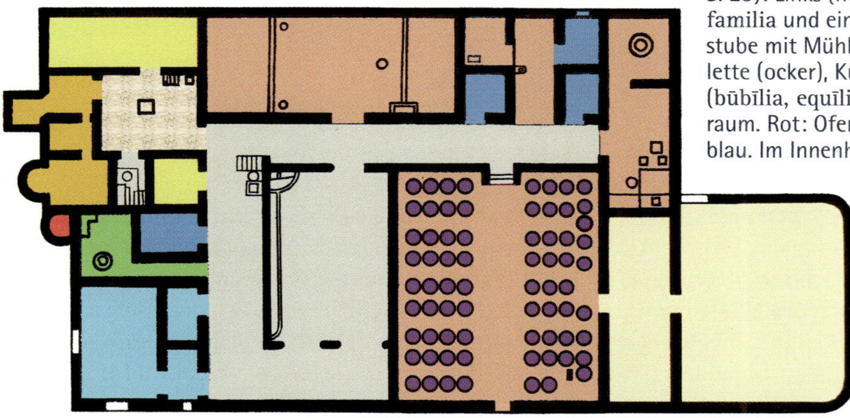

Grundriss der vīlla rūstica von Boscoreale (s. Modell auf S. 23): Links (hellblau) der Speiseraum der familia und eine Schlafkammer, darüber Backstube mit Mühle (grün), Baderäume und Toilette (ocker), Küche (hellbraun); oben ein Stall (būbīlia, equīlia); ebenfalls gelb ein Geräteraum. Rot: Ofen. Weitere Schlafräume: dunkelblau. Im Innenhof (grau) Tränke und Zisterne. Rotbraun sind die Wirtschaftsräume mit Weinkelter und Olivenpresse, an den großen Hof mit den eingelassenen Wein- bzw. Ölamphoren (cella vīnāria) grenzt das nūbilārium (Getreideschuppen, von nūbēs ›Wolke‹), rechts außen ein offener Hof zum Dreschen (Tenne).

Beispiel einer vīlla rūstica | Ein anschauliches Bild einer solchen Villa im italischen ›Mutterland‹ liefert der ausgegrabene Gutshof von Boscoreale in der Nähe des Vesuvs, der beim Ausbruch des Vulkans 79 n. Chr. verschüttet wurde.

Der Wohntrakt (für die familia rūstica) bildet hier mit dem Wirtschaftstrakt zusammen eine architektonische Einheit (in der Fläche 40 m × 20 m), liegt aber – bis auf einige Schlafräume – für sich auf einer Seite des Innenhofs (auf der Abb. links). Treppenreste im Erdgeschoss zeigen, dass die Villa über ein weiteres Stockwerk verfügte, in dem zweifellos die Privaträume des Besitzers lagen.

In einer Zeile mit dem Wohntrakt liegen die Ställe. Dies zeigt, dass wir es bei dieser Villa noch mit einem älteren Typ zu tun haben, der hier ursprünglich nur ein Zimmer zum Wohnen und Schlafen aufwies (ganz so wie in alten Zeiten in Bauernhäusern hierzulande).

Neben dem Innenhof verfügt die Villa über einen weiteren umfriedeten Hof (cohors, cōrs oder chōrs, davon z. B. engl *court*) außerhalb, der als Nutzgarten diente; an diesen grenzte auch das tablīnum (links unten).

Agrarische Großbetriebe | Nicht anders als heute verlegte man sich auch bei den Römern auf Spezialisierung und Massenproduktion, da dies den Großgrundbesitzern den meisten Gewinn versprach. Ein Beispiel für einen solchen Großbetrieb ist ein Gutshof in Mittelitalien, der schwerpunktmäßig Schweine züchtete (▶ S. 40). Das Schwein war überhaupt der Hauptfleischlieferant für die Römer. Vom Rüssel bis zum Schwanz kam alles in den Topf.

Die ersten Großbetriebe gab es in Süditalien und auf Sizilien; aus ihnen wurden oft gewaltige Güter. Später brachten die römischen Gutsbesitzer solche Ländereien auch in Afrika, Gallien, in Griechenland und Kleinasien (heutige Türkei) in ihren Besitz. Die dort angebauten Produkte, vor allem Getreide, Wein und Öl, überschwemmten die Märkte Italiens; die Folge waren tiefgreifende Krisen der Landwirtschaft.

Was man anbaute und züchtete | So begann man, sich in Italien insbesondere statt des traditionellen Getreides, das ursprünglich überall auf den heimischen Feldern wogte, anderen Produkten zuzuwenden, vor allem Obst – große Plantagen (›pōmāria‹; pōmum: Obstfrucht) entstanden –, sowie Wein

Die Villa von Settefinestre in der Toskana, ein großer Schweinezuchtbetrieb (zeichnerische Rekonstruktion)

und Oliven (trotz der Konkurrenz), und man spezialisierte sich wieder auf Weidewirtschaft, Viehzucht sowie auf spezielle Tierzuchtanlagen (▶ S. 30), Rehe, Wildschweine, Fasanen, Hühner, Murmeltiere usw.). Das Stichwort in Italien hieß: ›Qualität‹. Die Reichen pflegten diese ausgefalleneren Dinge, besonders auch exotischen Fisch, den schlichteren Produkten vorzuziehen.

In manchen Fällen sollten Gesetze den heimischen Anbau schützen: In Gallien etwa wurden Anbaubeschränkungen zum Schutz italischen Weins eingeführt.

Andere Regionen hingegen verödeten und verarmten. Das ursprünglich griechische Sizilien etwa leerte sich nach der Annexion (d. h. der Unterwerfung) durch die Römer von Menschen und wurde überdies etwa auch seiner Kunstschätze beraubt; so ist Sizilien bis heute vorwiegend Kornland.

↳ Kunstschatzraub – gern nahmen Eroberer bis in die neueste Zeit Kunstwerke fremder Völker mit nach Hause, oder Reiche kauften von unwissenden einheimischen Findern.

Die Kirsche brachte der Feldherr Lucullus 73 v. Chr. aus Kleinasien nach Italien; erst 120 Jahre später war sie bis nach Britannien gelangt. Aprikosen kamen im 1. Jh. aus Armenien und waren sündhaft teuer. Geradezu als Grundnahrungsmittel waren Feigen verbreitet und wurden entsprechend angebaut. Oliven waren ursprünglich in Italien nicht heimisch und setzten sich erst spät durch (mit dem Baum kam das Wort von den Griechen). Wein kam – schon sehr früh – über Griechenland und die Etrusker aus dem Vorderen Orient.

■ Bedeutsam war die Bienenzucht, mit der man gut Geld verdienen konnte. (Rohr-)Zucker war unbekannt (wurde erst in späterer Zeit mehr als Arznei importiert), meist süßte man mit eingedicktem Traubenmost (săpa, dēfrutum). Begehrt war Honig (mel) aus Sizilien.

Was die Römer noch nicht kannten
Italien ohne Tomaten? Nein, die gab es in der Antike noch nicht. Ebenso wenig Kartoffeln, Mais, Paprika, Orangen, Zitronen; Reis nur als Luxusimport.

■ Geräte sowie Anbau- und Zuchtmethoden |

■ In Viehhaltung und Viehzucht stehen Schaf (ovis) wegen der Wolle (Kleidung!), Ziege (capra) wegen der Milch und Schwein (porcus, sūs) wegen des Fleisches im Mittelpunkt. Die Rinderhaltung (bovēs) nimmt erst später zu, ursprünglich hatten Kühe fast heiligen Charakter – ihnen wurden sogar Opfer dargebracht –, und man durfte sie nicht töten. Pferde (equī) dienten den Begüterten zum Reiten und fanden insbesondere beim Militär Verwendung.

■ Als Getreide bürgerte sich Hartweizen (frūmentum) erst spät ein; ursprünglich war Dinkel (far; bei uns heute selten, wird aber neu entdeckt) das Hauptgetreide, dazu kam Gerste

Korb mit Feigen, auf einem Mosaik aus Nordafrika

(hordeum). Gemüse und Salat wurden in der Bezeichnung nicht unterschieden, es gab bei weitem nicht so viele Sorten wie heute. Am verbreitetsten waren Bohnen (fabae), Lupinen (lupīna), Linsen (lentēs), Kohlsorten (Kohl: holus, brassica), Rettich (rādīx), Lauch (oder Porree: porrum).

Obst(bau) und Wein(bau) waren stets höchst beliebt. Unter ›Apfel‹ (mālum) etwa verstand man alles, was so aussah, also auch Quitten, Granatäpfel, Pfirsiche, Aprikosen.

Eine frühe Geschichte erzählt, dass ein etruskischer Kaufmann namens Arruns aus Rache an den Römern die Gallier zu einem Einfall nach Italien überreden wollte. Dazu belud er einen Wagen mit Wein, Oliven, Feigen und anderem Obst, um ihnen den Überfall auf diese Weise ›schmackhaft‹ zu machen – zweifellos waren diese Dinge dort ausgesprochen begehrt.

Der Schriftsteller Columella (▶ S. 38) nannte die landwirtschaftliche Tätigkeit ›hominum boumque labōrēs‹, also ›Arbeiten, die Menschen und Ochsen tun‹. Damit ist schon (fast) alles über die Arbeiten auf dem Lande gesagt.

Der Pflug als Ackergerät war schon lange vor den Römern bekannt (der aber den Boden gerade einmal aufkratzte: arātrum ohne Räder; currus mit Rädern, in Gallien erfunden), auch eine Art Egge wurde eingesetzt (irpex: mit Zähnen; crātēs: aus Weidengeflecht); diese Geräte wurden von Ochsen gezogen und von Menschen gelenkt. Außerdem gab es die notwendigen Hand-Arbeitsgeräte (Hacken, Hauen, Sicheln, Sägen u.a.m.) in verschiedenen auf den jeweiligen Zweck zugeschnittenen Formen; das waren Eisengeräte, für deren Qualität schon die Etrusker berühmt waren und mit denen Italien früh lebhaften Export betrieb.

Zur Verarbeitung der Erträge benutzte man Pressen (prēlum: für Wein; trapetum: für Oliven) oder Mühlen (molae: Mühlsteine, kleine zur Handbedienung, größere zum Antrieb durch Ochsen oder Esel; pistrīnum: Stampfmühle, angetrieben durch Esel oder – ausgediente – Pferde, auch durch Sklaven als Strafmaßnahme), Dreschgeräte für das Getreide usw.

Bei dem schon erwähnten Schriftsteller Cato lesen wir seitenlange Aufstellungen über die Geräte, die ein Bauernbetrieb braucht, um rationell arbeiten zu können; alles war bestens durchorganisiert.

Was man aber auf den Feldern oder in den Höfen nicht sah, waren Zugpferde zum Ziehen schwerer Lasten (das dazu für Pferde nötige Halsgeschirr, das Kummet, wurde erst im Mittelalter erfunden!) oder Maschinen. Erst aus dem 4. Jahrhundert n. Chr. ist aus Gallien eine Art Mähmaschine (›vallus‹) bekannt; sie wurde von Ochsen geschoben (!) und offenbar außerhalb Galliens nicht eingeführt. Immer also stützte man sich in der Antike auf menschliche Arbeitskraft (▶ S. 111, 243 Technik).

Die Ackerbaumethoden zeigten die jahrhundertealte Erfahrung. Pflügen, Düngen, Eggen, Säen, Jäten, also das Unumgängliche, wurden ergänzt durch Praktizierung der Brache (nicht bestellter Boden konnte sich ›ausruhen‹) und der Fruchtwechselwirtschaft (um Bodenermüdung und Ausbreitung von Schädlingen vorzubeugen); auf Viehweiden experimentierte man mit dem Anbau verschiedener Futtergräser.

Wissen aus dem Bereich der heutigen Chemie wurde bei der Nutzung von Natron bzw. Soda für die Behandlung von Saatgut eingesetzt.

Dies alles sind für uns kaum besonders aufregende Tatsachen; sie zeigen aber deutlich, wieso das Denkern der Römer ganz anders geprägt war als unser heutiges mit Dieseltraktor, Elektrizität, PKW und Internet.

Säen und Pflügen auf dem Landgut; im Hintergrund Olivenbäume. Mosaik aus Nordafrika

Ländliche Heiligtümer | Die Tempel für die Götter lagen in den Städten, manchmal auch in der freien Natur an besonders herausragenden Stellen wie Vorgebirgen oder Flussmündungen. Neben diesen Tempeln traf man auf dem Lande auf eine Vielzahl kleiner Heiligtümer (sacellum: ›Kapelle‹) oder auch einfacher freistehender Altäre. Oft lagen sie an Flussufern oder Wegkreuzungen und waren nicht den ›großen‹ Göttern, sondern den ländlichen Gottheiten (▶ S. 224) oder Nymphen geweiht. An deren Festtagen waren diese heiligen Stätten in ausgelassener Festesfreude umvölkert. In der Stadt bildeten diese ländlichen Heiligtümer ein beliebtes Motiv, das die Wände römischer Wohnzimmer schmückte: Auch so zeigte der urbane Römer seine Verbundenheit mit dem Land und dem Bauerntum – und gleichzeitig demonstrierte er seine Frömmigkeit.

Eines der überall auf dem Lande gefeierten Feste galt z. B. der Anna Perenna, einer uralten Frühlingsgottheit. Nach der Sage hatte sie den hungernden Plebejern während der Ständekämpfe Anfang des 5. Jahrhunderts v. Chr. zwischen Patriziern und Plebejern (▶ S. 85) täglich in Gestalt einer alten Frau Kuchen gebracht (ănus: *alte Frau*; perennis: *ewig*).

:: Das Leben in der Stadt

In der Kaiserzeit | zählte Italien etwa 1200 Städte (deren Größe im Einzelnen nicht abzuschätzen ist). Allen voran besaß Rom im 1. Jahrhundert n. Chr. zwischen 500 000 und 600 000 Einwohnern, war also so groß wie heute etwa Leipzig, Hannover oder Stuttgart. Berechnungen, die teils eher auf Vermutungen beruhen, besagen, dass vielleicht ein Zehntel der Bevölkerung in Städten lebte, also 90 % auf dem Lande. Diese 90 % ernährten die Städte mit.

Später wird die Einwohnerzahl Roms unter den Kaisern wohl über zwei Millionen erreichen! Stolz meinen die Römer, keine Stadt der Welt sei mit ihrer Urbs (›die Stadt‹ sagten sie einfach) zu vergleichen, und nennen sie Caput mundī, ›Haupt(stadt) der Welt‹. (Da sie die zahlreichen zum Teil schon damals viel größeren Städte im fernen Asien nicht kannten, war ihr Glaube felsenfest.)

Die Stadt des Augustus | Die Pracht und Weltläufigkeit des antiken Roms, die wir heute noch nachempfinden können, wenn wir die Stadt besuchen, waren in ihr erst ab der Umbruchszeit unter dem Kaiser Augustus zu finden. Vor ihm war Rom zwar schon eine bedeutende Großstadt und das Herz Italiens sowie des Römischen Reiches, doch besondere Pracht oder Großartigkeit entfaltete Rom nicht. Nur wenig hatte die Nobilität (der Adel) für die Entwicklung der Stadt getan. Den durch Augustus schließlich eingeleiteten durchgreifenden Wandel beschrieb dieser selbst mit den Worten: »Eine Stadt aus Ziegelsteinen habe ich vorgefunden und eine aus Marmor hinterlassen.«

Anders als in den meisten griechischen Städten im Osten hatte es in Rom keine Stadtplanung gegeben. Der Zustrom an Menschen in der Republikzeit (▶ S. 84, also vor Augustus) hatte dann zu einer unerträglichen Enge geführt. Dem hatte man nämlich kaum durch eine Ausdehnung der Stadt auf die Hügel zu begegnen gesucht, sondern durch den Bau von Hochhäusern meist aus Fachwerk. Die alten

An den Iden ist das heitere Fest der Anna Perenna | nicht weit von deinem Ufer, Tiber, wo du dahinziehst. | Das Volk kommt und trinkt, überall auf den grünen Wiesen | verstreut, ein jeder liegt da mit seinem Begleiter. | Unter der Sonne verharrt ein Teil, einige stellen Zelte auf, | andere machen sich aus Zweigen eine Laubhütte; | ein anderer Teil hat Rohrstöcke senkrecht als Stützen aufgestellt | und von oben herab die Togen darauf ausgebreitet. | Dennoch ist ihnen heiß von Sonne und Wein, auf die Jahre wünschen sie Prost, | sooft sie die Kelche ergreifen, trinken sie nach dem Takt. | Hier findest du einen, der so viele leert, wie Nestors* Jahre zählen, |und eine, die nach Bechern so alt ist wie die Sibylle.** | Dort singen sie, was sie im Theater aufgeschnappt haben, | und bewegen zu den Worten rhythmisch die Arme | oder sie stellen die Becher ab und tanzen improvisierte Reigen, | mit aufgelösten Haaren tanzt die herausgeputzte Freundin. | Wenn sie zurückkehren, taumeln sie daher, ein Schauspiel für die Leute, | Glück wünscht die Schar denen, die ihnen begegnen. | Und neulich (es scheint mir wert zu berichten) begegnete mir | ein besonderer Zug: Eine betrunkene alte Frau*** zog einen betrunkenen alten Mann hinter sich her!

Ovid, *Fasti* III 523–542

* hochbetagter weiser Held in Homers Epen
** die sagenhafte Jahrhunderte alte weissagende Priesterin
*** das neue und das alte Jahr: Der März war ursprünglich der erste Monat im Jahr.

Das Zentrum der antiken Mega-Stadt Rom zu Beginn des 4. Jhs n. Chr.: Links in der oberen Hälfte liegt das Forum Romanum, rechts davon erkennt man das gewaltige Kolosseum. Unterhalb davon erstreckt sich der Palatin mit den Kaiserpalästen, ihm vorgelagert der Circus Maximus. Von rechts schlängelt sich der Aquädukt Aqua Claudia herein. Links unten erkennt man den Tiberbogen mit der Brücke Pōns Fabricius. Hier war schon in früher Zeit ein Übergang (Furt) auf der Handelsroute von Süden nach Norden. (Ausschnitt aus dem Modell Roms)

Bauten wie z. B. die Tempel blieben ebenso unangetastet wie die schmalen Straßen. Rom war also nicht nur eng, sondern auch übeldunstend, ohne Luft und ohne Licht.

↳ Man muss bedenken, dass Grund und Boden verteilt waren, d. h. sich teils in öffentlichem, teils in privatem Besitz befanden. Die Besitzer waren vielfach Angehörige des Senats, und der entschied wieder über Bebauungspläne.

Um das zu ändern, entwickelte schon ▶ Cäsar einen kühnen Plan für ein neues Rom. Sogar der Tiber sollte umgeleitet werden, doch daraus wurde nichts. Immerhin begann Cäsar mit dem Bau eines neuen Forums (Cäsar-Forum) sowie der Restaurierung vieler Bauten am alten Forum Romanum (z. B. der Basilica Iūlia). Jetzt bekam auch Rom sein erstes steinernes Theater (fünfhundert Jahre nach den Theaterbauten der Griechen!), das ▶ Pompejus, ein weiterer wichtiger Politiker der Zeit, errichten ließ.

Nach Cäsars Ermordung griff Augustus dessen Pläne auf, verwirklichte sie aber weit weniger radikal: Er scheute die immensen Kosten sowie die Streitereien um den Baugrund, und er wollte die Römer nicht gegen sich aufbringen, die an ihrer urbs aeterna, ihrer ›ewigen Stadt‹, hingen.

- Ein hübsches Beispiel dafür bietet das sog. Augustus-Forum: Der Kaiser konnte es nicht so ausbauen wie geplant, weil man ihm die nötigen Grundstücke nicht verkaufen wollte. An der Rückseite verlief das Forum schräg, und eine noch heute stehende hohe Brandmauer musste den Platz mit seinem Mars-Tempel gegen das dahinter liegende dichtbebaute Wohnviertel schützen.

Im Ergebnis sah Rom trotzdem ganz anders aus als vorher: Es gab breitere, begradigte Straßen, die öffentlichen Gebäude wurden erneuert, Aquädukte zur Wasserversorgung restauriert, überall strahlte weißer Marmor aus Luna in der Toskana. Rom war auch äußerlich zur Weltstadt geworden. In den folgenden Jahrhunderten bauten die Kaiser Rom planmäßig immer weiter aus und bereicherten die Urbs mit den Bauten, die auch heute noch als Ruinen ihr Gesicht mit prägen.

Die Verwaltungsgliederung Roms | Augustus sorgte auch für eine Neuordnung der Stadtbezirke. Buchstäblich mit Zirkel und Lineal wurde die Stadt in vierzehn Bezirke (regiōnēs) eingeteilt. Innerhalb der regiōnēs wurden Stadtteile (vīcī) festgelegt, die aus īnsulae (Wohnblocks) und domūs (vornehme Villen) bestanden. So wie die Häuser Schutzgottheiten (lārēs) besaßen, waren für jeden vīcus spezielle Lārēs compitālēs zuständig, Schutzgötter der Wegekreuzungen, für die jährlich die Compitālia gefeiert wurden, ein Nachbarschafts- und Wegefest. Als ›Stadtteilvorsteher‹ dienten zwei höhere Beamte (cūrātōrēs urbānī), die von 48 gewählten Angehörigen der Bevölkerung (vīcomagistrī) unterstützt wurden; deren Aufgabe bestand darin, sich um Angelegenheiten und Probleme des Stadtteils zu kümmern.

Das erhaltene Stück der ältesten Stadtmauer Roms, der sog. ›Mauer des Servius‹ (heute direkt am Zentralbahnhof Termini) aus dem Anfang des 4. Jhs. v. Chr.

Zur Zeit Vespasians und Titus' gab es in Rom 265 solcher vīcī. Unter Konstantin, rund 250 Jahre später, waren es 423. Diese 423 vīcī zählten 46 602 īnsulae, 856 Bäder und 1790 domūs. Diese Zahlen zeigen auch gut das Verhältnis der reichen Privatleute in den domūs gegenüber den ungleich bevölkerungsreicheren īnsulae mit ihren mehrstöckigen Mietskasernen. Positiv wirkt die Zahl der Badeanlagen im Vergleich zur Gesamtbevölkerung.

Bezeichnungen für römische Städte | Die Römer unterschieden Städte von der Bezeichnung her folgendermaßen:

- urbs: Das war der Begriff für eine bedeutendere oder größere Stadt; oft nannte man Rom auch nur ›urbs‹. (Im Englischen steht dafür in der Regel *city*.)
- oppidum: So wurden kleinere Städte z. B. in der Provinz bezeichnet. (Im Englischen sagt man dafür *town*. Das Deutsche macht diese Unterscheidung nicht.)
- mūnicipium: Dieses Wort gebrauchte man, wenn man die verwaltungsmäßige Selbständigkeit einer freien Stadt in Italien mit eigenen Gesetzen und eigener Stadtverwaltung hervorheben wollte, deren Bürger gleichzeitig (!) das römische ▸ Bürgerrecht hatten.

Dieser Status war zur Zeit der Republik bei der Eroberung Italiens ein wichtiges politisches Instrument Roms, fremde Städte auf seine Seite zu ziehen.

- cīvitās: Dieses Wort bezeichnet zunächst das (römische) ▸ Bürgerrecht und war auf Rom und die Städte innerhalb und außerhalb Italiens beschränkt, die das römische Bürgerrecht verliehen bekamen. Es wird dann auch zur Bezeichnung für ›Stadt‹; hiervon sind die modernen Wörter *city, cité, città, ciudad* (engl., frz., ital, span.) usw. abgeleitet.
- Eine ganz eigene Sonderstellung behielt stets die Stadt Neāpolis–Neapel: In der ehemals griechischen Stadt durfte bis in die Kaiserzeit offiziell Griechisch als Amtssprache gesprochen werden.

Das Gesicht römischer Städte | Römische Städte hatten natürlich genauso unterschiedliche Gesichter wie unsere heute. Zunächst stach schnell ins Auge, ob es sich um eine sehr alte Stadt handelte; dann war ihr Straßennetz eher winklig und unregelmäßig. Die älteste Stadt der Römer (aber nicht Italiens!) war natürlich Rom, in ihr galt daher – angesichts des Traditionsbewusstseins der Römer – vieles auch als ›altehrwürdig‹.

Jüngere Städte waren – seit ▸ hellenistischer Zeit – eher ›am Reißbrett‹ geplant und verfügten über ein rechtwinkliges Straßennetz. Alte etruskische Städte z. B. waren fast alle vom ersten Typ und lagen darüber hinaus oft wie Adlerhorste auf felsigen Bergkuppen. (Noch heute sind sie in Italien unübersehbar; ▸ Abb. S. 78.)

700 Jahre später (als links): Die ›Porta Asinaria‹ (›Eselstor‹), eines der neunzehn Stadttore Roms, Teil der späteren Aurelianischen Stadtmauer (Ende 3. Jh. n. Chr.).

▪ Die urbēs bzw. oppida waren immer von **Stadtmauern** bzw. einer **Befestigung** umgeben. Die wurden zwar später in Friedenszeiten nicht unbedingt bestens instandgehalten, hatten aber auch da ihre Aufgabe: Mit Einbruch der Dunkelheit wurde ›dichtgemacht‹. Wer z. B. mit seinem Fuhrwerk zu spät kam, musste vor dem Stadttor bis zum nächsten Morgen warten. Auf diese Weise wurde kriminelles Gesindel ferngehalten, und wenigstens nachts war man vor dem ohrenbetäubenden Lärm der Gespanne geschützt.

↳ Im 6. Jahrhundert v. Chr. wurde in Rom die nach dem König Servius Tullius benannte **Servianische Stadtmauer** errichtet; sie hatte einen Umfang von über 11 km. (Von ihr finden sich noch heute ansehnliche Reste.) Später, nachdem Rom über 300 Jahre eine offene Stadt gewesen war, baute Kaiser **Aurelian** nach 270 n. Chr. die seinen Namen tragende, nunmehr über 19 km lange Mauer. Sie hatte 19 Stadttore, alle 30 m stand ein Wachtturm von 20 m Höhe.

▪ Die Stadtmauern entlang wurde innen und außen ein freier Raum gelassen, das **pōmērium**. In diesem Raum nahmen ursprünglich die ▸ Auguren die Vogelschau (auspicia) vor. Er bildete so etwas wie eine ›Bannmeile‹: Der Raum innerhalb dieses **pōmērium** galt als heilig, weshalb dort z. B. auch niemand (ohne Ausnahme!) Waffen tragen durfte.

▪ Dieser Raum blieb viele Jahrhunderte über unverändert; erst unter Sulla und später unter einigen Kaisern wurde das pōmērium in der Ausdehnung vergrößert.

▪ Den Mittelpunkt einer römischen Stadt bildete sein **Forum**, der zentrale Markt- und Versammlungsplatz, und meist ein sog. **Kapitol**, also eine Dreiergruppe von Tempeln für Jupiter, Juno und Minerva (wie auf dem am Kopf des Forums gelegenen, Capitōlium genannten Hügel in Rom selbst).

▪ Das **Forum** war umsäumt von öffentlichen Gebäuden wie Cūria (Versammlungsort des Stadtrats, in Rom des Senats), Basiliken und Läden (die auch aus Bretterverschlägen bestehen konnten). Der Platz selbst bot den Raum zur Aufstellung z. B. von Ehrenstatuen für geehrte Persönlichkeiten.

▪ Weitere **Tempel** für verschiedene Götter verteilten sich über die Stadt, nicht anders als heute die Kirchen.

▪ Die **Basiliken** (basilicae, griech., eigentlich ›Königshallen‹) lagen in der Regel am Forum. Das waren öffentliche Hallen, die insbesondere als Gerichtsgebäude dienten, außerdem als Handelsbörsen für Kaufleute, aber auch einfach als Treffpunkte zum Spazierengehen nicht nur bei schlechtem Wetter. In den Basiliken waren häufig auch weitere Kunstwerke untergebracht.

↳ Die Basilika bildete auch einen eigenen Bautypus: Sie bestand aus einem Zentralschiff (Z) mit zwei Seitenschiffen (S) sowie einer Apsis. Vor der Apsis befand sich ein Podium, das z. B. bei

Grundriss einer Basilika: die hohe Halle verfügte über eine Balkendecke gegen Sonne oder Regen.

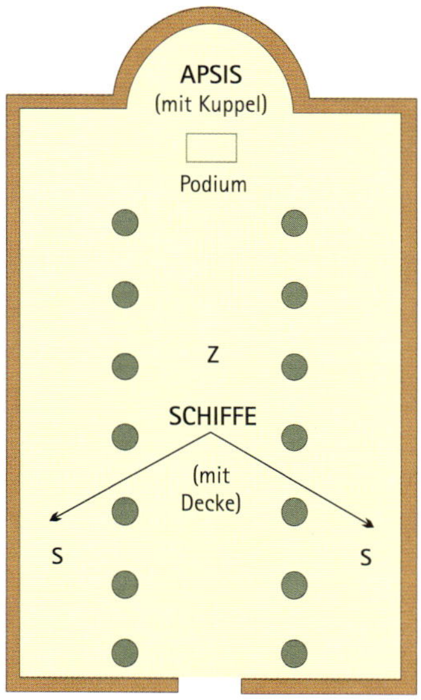

Gerichtssitzungen Verwendung fand oder wo Redner ihre Rede hielten.

Nachdem sich das ▶ Christentum als Religion durchgesetzt hatte, dienten die Basiliken den Christen als Versammlungsorte für den Gottesdienst. Darauf geht die Form der christlichen Basilikakirche zurück.

In nicht wenigen Städten existierten **öffentliche Bibliotheken**. Das Sammeln von Büchern – ob privat oder für solche Zwecke – war eine teure Angelegenheit, da diese ja durch Abschreiben vervielfältigt wurden (▶ S. 183). Die Bibliotheken waren für jedermann öffentlich zugänglich.

In Rom ließ Kaiser ▶ Trajan an dem nach ihm benannten Trajansforum eine prachtvolle Lateinische und Griechische Bibliothek (mit zwei Flügeln) anlegen.

Die berühmteste Bibliothek der antiken Welt lag in Alexandria (Ägypten): Hier gab es praktisch alle Bücher (über 700 000 volūmina), die je erschienen waren, auch fremdländische. 47 v. Chr. wurde sie im Krieg zerstört. Eine kleinere Bibliothek (im sog. *Mouseion*, davon ›Museum‹) mit 40 000 Rollen wurde um 390 n. Chr. zerstört.

Die Versorgung der Bevölkerung mit den notwendigen Waren erfolgte auf Märkten, zunächst auf dem Forum selbst. In Rom selbst diente das Forum später ausschließlich als politischer Versammlungsplatz und Treffpunkt. An Großmärkten gab es dort außerdem das forum holitōrium (Gemüsemarkt), das forum boārium (Rindermarkt), den Schweinemarkt auf dem Marsfeld u. a. Unweit des Vesta-Tempels befand sich das forum piscārium, der Fischmarkt. Auf dem forum coquīnum konnte man sich (jedenfalls in der Republikzeit) Köche (›coquī‹) für Gastmähler mieten, und statt eines ›süßen Kaufhauses‹ gab es in Rom das forum cuppēdinis, den Markt für Naschereien und Leckereien.

Für die Versorgung u. a. mit Fleisch gab es in den Städten ein sog. macellum, eine Lebensmittelkaufhalle: Dort wurden auch Gefügel, Fisch, Gemüse, Küchenkräuter angeboten. Um dieses macellum sowie vor allem um das Forum gruppierten sich dann die meisten anderen Läden der Stadt, die auf bestimmte Artikel spezialisiert waren.

Die ausgegrabenen Reste der 79 n. Chr. vom Vesuv mit der Stadt verschütteten Basilika von Pompeji; das Podium befand sich aus dieser Ansicht im Hintergrund vor der Apsis.

Die Einkaufsstraße im oberen Teil der Trajansmärkte, im Mittelalter ›Via Biberatica‹, ›Pfefferstraße‹ (von pīper), genannt. Hinter jedem Eingang war ein eigener Ladenraum, direkt darüber wohnten die Inhaber mit Familie.

Blick in einen Laden wie in der Straße nebenan; in diesem wird Wein verkauft. Ein Tischchen mit Sitzbank lädt zu einer Pause ein. Die Treppe hinten führt zur über dem Laden gelegenen Schlafkammer (Modell, Rom).

■ Markttag war alle neun Tage (nūndinae: Markttag; novem ›neun‹, diēs ›Tag‹; ▶ S. 103).

An diesem Tag strömten die Bauern von überall her in die Städte, um ihre Waren zu verkaufen (▶ Abb. S. 36) und zu hören, was es Neues gab. Gesetze mussten drei aufeinanderfolgende Markttage lang öffentlich ausgehängt bleiben, um gültig zu werden. Weil an diesen Tagen wirklich alles auf den Beinen war, boten die nūndinae auch *die* Gelegenheit für Wahlkandidaten, Wahlkampf zu treiben und Wählerstimmen zu ergattern.

↪ Dieser Zyklus geht auf eine aus älteren Zeiten herrührende ›Woche‹ von acht Tagen zurück. Am neunten Tag genossen Arbeitskräfte und Schüler einen freien Tag, der daher auch zur Abhaltung des Marktes geeignet war. Wie bei uns nutzte man den Tag aber etwa auch zu Verwandtenbesuchen. (Bei der Bezeichnung werden die freien Tage am Anfang und Ende mitgezählt, daher *neun*; vgl. deutsch ›alle acht Tage‹ ≈ *nach einer Woche*.)

■ Soweit möglich, setzte man wegen Geldmangels freilich auf Selbstversorgung: Auch in Rom hielt, wer konnte, Hühner im Hinterhof oder zog Kohl oder Rüben selbst.

■ Die Subūra | in Rom ist zunächst einmal eine Straße, dann die Bezeichnung für ein darum herumliegendes enges, quirliges Stadtviertel, das als der lauteste Stadtteil Roms galt, mit schmalen Gassen, einsturzgefährdeten Häusern, halbdunklen Läden und Werkstätten sowie zwielichtigen Spelunken. Dort wohnten die einfachen Leute, und es hatte den Ruf eines Unterschlupfes der Halbwelt und als ›Rotlichtviertel‹. Bekannt war der Stadtteil aber auch für seinen Blumen- und Lebensmittelmarkt.

■ Ein Super-Einkaufszentrum | Seinen Weltstadtcharakter zeigte Rom auch mit einem einzigartigen Super-Kaufhauskomplex, für dessen Bau Kaiser ▶ Trajan (vier Jahrzehnte nach der Vesuvkatastrophe) im Zuge der Ausgestaltung der Stadt sorgte, die sog. Trajansmärkte. Noch heute bieten sie unweit des Forum Romanum, architektonisch in das weitläufige Forum Trāiānī einbezogen, einen imposanten Anblick.

In dem fünfstöckigen Warenhauskomplex waren etwa 150 Läden zusammengefasst. Die einzelnen Stockwerke waren für verschiedene Warengruppen bestimmt: Unten gab es Obst und Blumen, in der zweiten und dritten Etage fanden sich Gewürze und Delikatessen im Angebot. Im vierten Stock waren Büros von Behörden, dort wurden die Lebensmittelzuteilungen an die mittellose Bevölkerung ausgegeben.

Die fünfte Etage belegten die Fischhändler, die dort ihre fangfrische Ware in mit Meer- oder Süßwasser gefüllten Bassins an die bessere Kundschaft verkauften: eine richtige Einkaufserlebnislandschaft – gerade so, als wäre dort ein modernes Einkaufszentrum mit Ladenstraßen, Brunnen und Plätzen vorweggenommen worden.

Kaiser Trajan ließ im Herzen Roms dieses Super-Einkaufszentrum errichten, die sog. Trajansmärkte. Oberhalb des zweiten Stockwerks verläuft eine weitere Straße für die Einkaufenden und die Versorgung der Läden.

Imbissstände und Kneipen | Von den mehr als beengten Verhältnissen, die in den römischen Wohnblocks herrschten, war schon die Rede (▶ S. 22) und ebenso von den darin herrschenden unzulänglichen Kochmöglichkeiten. Nicht selten brachen in ihnen Brände aus. Auch aus diesen Gründen spielten Tavernen (tabernae, popīnae) und Imbissrestaurants (thermopōlia, etwa ›Warmspeisenverkaufstände‹) im Leben der römischen Städter eine große Rolle: Buchstäblich auf Schritt und Tritt war es möglich, in einer solchen ›Bude‹ einen warmen Wein, eine posca (Erfrischungsgetränk aus Wasser und Weinessig), eine Erbsen- oder eine Art Gulaschsuppe, auch ein gegrilltes Stück Fleisch zu sich zu nehmen.

Ladenbesitzer machten durch Aufschriften, gemalte Werbung oder – wie hier – duch Reliefs auf ihre Läden aufmerksam . Nicht anders als heute suchte man Aufmerksamkeit durch etwas Besonderes: Hier sollen zwei Affen die Kundschaft locken. Das Bild zeigt das ›Schild‹ eines Gemüsehändlers in Roms Hafenstadt Ostia.

Bei diesen Imbissständen handelte es sich um zur Straße hin offene Läden mit einer gemauerten Theke; diese besaß große Einlassungen für Kessel und sonstige Gefäße, aus denen die Speisen geschöpft wurden. Im Hintergrund und an den Seiten fanden sich Regale, in denen in Amphoren das Weinangebot und sonstige verzehrbare Dinge gelagert wurden. Manche dieser thermopōlia verfügten hinten noch über ein Gastzimmer, in dem man auf Schemeln am Tisch speisen – oder Würfel spielen – konnte.

Wer es noch eiliger hatte, konnte sich bei fliegenden Händlern mit tragbaren Kesseln auf Feuerbecken mit einer warmen Speise versorgen.

↳ In der Kaiserzeit wurden in Rom die Tavernen der plēbs (des einfachen Volkes) argwöhnisch von den Behörden bespitzelt: Dort, wo sich das Volk traf, witterten sie prinzipiell Aufruhr oder zumindest Unruheherde. Daher kam es sogar vor, dass vom Kaiser Gesetze gegen den Verkauf warmen Essens erlassen wurden!

Isicia amulāta ab ahēnō (‚Eingedicktes Kesselfleisch') – Pfeffer, Liebstöckel, Majoran, eine Spur Teufelsdreck [Gewürzkraut], ein wenig Ingwer, Honig sowie liquāmen [Flüssigwürze] werden zusammengerührt; hineingegeben wird gehacktes Fleisch, das Ganze gekocht und anschließend mit Stärkemehl gebunden (aus dem *Kochbuch des Apicius*).

- Was es im alten Rom (und sonst in den Städten) nicht gab, waren feinere Restaurants. Zu festlichem Beisammensein oder zu anderen Anlässen lud man – d. h. die betuchteren Leute – privat ein (▶ S. 34).

Da finde sich einer zurecht! | Wie konnte man sich in römischen Städten zurechtfinden? Die nicht aus ganz alter Zeit stammenden Städte waren (▶ 44) schematisch mit sich kreuzenden Straßen angelegt; die konnte man dann relativ leicht abzählen:

- Als Grundlinie verlief (wie generell bei der Geländevermessung) von Nord nach Süd ein sog. **cardō** (ein cardō ist eigentlich ein ›Angelpunkt‹ wie oben und unten an einer Tür); die entsprechende Hauptstraße war dann der cardō māximus.
- Von West nach Ost verliefen die **decumānī**, die

Ein thermopōlium in Pompeji, zur Straße hin offen; im Hintergrund erkennt man ein Lararium (▶ S. 17)

Hortī – Parkanlagen | Rom wurde ›auf sieben Hügeln‹ erbaut, und je weiter die Stadt anwuchs, umso mehr eroberten auch Wohngebiete die Hügel. Manche Reiche legten aber auch ausgedehnte Parks – hortī (›Gärten‹) – an, die blühende Oasen der Ruhe bildeten. Die ältesten waren die Gärten des Sallust und des Lucullus im Norden der Stadt. Diese und andere ausgedehnte Parks prägen bis heute das Bild der ›ewigen Stadt‹.

Hauptachse war der decumānus māximus (auch dieses Wort stammt aus der Geländevermessung und bezeichnet eigentlich bestimmte ›Zehner‹abstände; decem: *zehn*).

Dazu parallel verlaufende Nebenstraßen waren dann die cardinēs und decumānī. Clīvī waren Gehwege, gradūs hießen Treppenwege, angiportūs waren Gässchen; oft sagte man zu Nebenstraßen auch platēae (griech.; daraus unser Wort *Platz*). Viele Straßen verfügten über Bürgersteige, auch über Übergänge in Zebrastreifenart, genauer: erhöhte Trittsteine, auf denen man dem Straßendreck ausweichen konnte – von dem versammelte sich mehr, als den Bürgern gut tat.

Nur wenige Straßen trugen **Namen**, in Rom etwa die uralte Via Salāria (Salzstraße) nach Norden, die Sacra via (*Heilige Straße*) über das Forum und die Via Nova (*Neue Straße*) in Forumsnähe. **Hausnummern**? Gab es keine! Um jemand zu finden, brauchte man eine möglichst genaue Wegbeschreibung mit irgendwelchen markanten Punkten (Gebäude wie z. B. Tempel, Brunnen, Tore usw.) und musste sich dann durchfragen. ›Ad pirōs‹ war z. B. eine Antwort, ›*bei den Birnbäumen*‹. Zum Schluss fragte man am besten nach der Person direkt. Denn was sollte man etwa mit einer Angabe:

Tōnstrīx Subūrae faucibus sedet prīmīs,
cruenta pendent quā flagella tortorum.
Die Friseurin wohnt unmittelbar am Eingang zur Subura, | wo die blutigen Peitschen der Folterknechte hängen. (Martial, II 17)

Ein Leben ohne Hausnummern, Postleitzahlen, Telefonnummern, Kontonummern, Jahreszahlen (▶ S. 104), Datumszahlen, Versicherungsnummern ... Wer kann sich das heute vorstellen?

Fliegender Speisenverkäufer, der Kessel und Feuerbecken vor sich aufgebaut hat. Nach Wandmalerei aus Pompeji.

Moloch Straßenverkehr | Die Straßen in der Stadt waren erst spät unter den Kaisern weitestgehend gepflastert; was ein gewisser Segen gegen den Dreck war, entpuppte sich als Inferno unter dem Lärm der Karren und Wagen. Cäsar sperrte die Stadt Rom von morgens bis nachmittags für den Wagenverkehr, trotz Fahrverbot, Einbahnstraßen und Parkstreifen kam es zu endlosen Staus. Später wurde das Fahrverbot am Tage in Städten auf ganz Italien und 180 n. Chr. sogar auf das ganze Römische Reich ausgeweitet. Lebhaft und satirisch schildern manche Dichter diese Zustände:

›Hier raubt Mangel an Schlaf meist Kranken das Leben! Wo lässt es sich beim Gerolle der Wagen in winkligen Gassen in gemieteten Wohnungen schlafen? [Im Straßenverkehr] stößt der mit dem Arm oder Brett, der andre trifft dir den Kopf mit dem Balken, der nächste mit einer Tonne! Da werden in einem Wagen Fichten gefahren und bedrohen die Leute! Bricht dann noch die Achse und stürzt die Last übers Menschengewoge, was bleibt von den Körpern zurück? Wer findet die Glieder der Knochen?‹.
(Juvenal, *3. Satire*)

Gräberstraßen | In der Antike herrschte der strenge Brauch, dass Tote außerhalb der Stadt zu begraben seien. Dazu nutzte man die aus den Städten herausführenden Ausfallstraßen, meist dienten dann ganz bestimmte Straßen speziell als Gräberstraßen. In Rom war dies die bekannte nach Südosten verlaufende Via Appia (▶ S. 169): Noch heute ist sie über mehrere Kilometer von Ruinen von

Grabmonumenten gesäumt. Das konnten kleine Grabsteine, aber auch riesige Bauten sein. Das Grobmonument einer Caecilia Metella war so gewaltig, dass es im Mittelalter einem Grafen als Festung dienen konnte.

Fast wie eine Autobahnkreuzung: So stellte sich ein Maler die Aquädukte bei Rom vor: Kreuzung mehrer Aquädukte (Gemälde von Zeno Diemer, um 1910/1920).

■ **Aquädukte und Brunnen – die Wasserversorgung |** Strom kommt ›aus der Steckdose‹, Wasser ›aus dem Hahn‹. So sind wir es gewöhnt. Nun, Strom gab es im alten Rom natürlich noch nicht, aber in puncto Wasserversorgung war man eigentlich nicht weniger weit als wir heute. Die technischen Leistungen muten eher noch größer an.

Der Wasserhahn (zu dem Wasser durch meist in die Erde verlegte oder auch offenliegende Bleirohre geführt wurde) war etwas, in dessen Genuss freilich wieder nur die ganz Reichen kamen, die übrige Bevölkerung war auf öffentliche Brunnen angewiesen. Die gab es aber buchstäblich ›an jeder Straßenecke‹, sodass auch sie das Gesicht einer römischen Stadt prägten. Noch heute beobachten wir in vielen italienischen Städten Brunnen allerorten.

↳ Zur Zeit des Kaisers Konstantin (um 300 n. Chr.) gab es in Rom über 1200 öffentliche Brunnen!

An geradezu jeder Straßengabelung oder -kreuzung ein Brunnen mit frischem Wasser, hier Pompeji (im Hintergrund erkennt man den Vesuv).

■ Jede Hochkultur bedarf zum Funktionieren einer ausgefeilten Wasserversorgungstechnik. Die ersten Hochkulturen im Vorderen Orient (Mesopotamien – heute Irak) sowie in Ägypten entstanden infolge der gemeinschaftlichen Regulierung der Flüsse Euphrat und Tigris bzw. des Nils, die regelmäßig Überschwemmungen mit sich brachten. Bei uns heute sind es vor allem gigantische Staumauern, die Flüsse zu Seen aufstauen und damit die Wasserversorgung sichern.

■ Als in Rom der Tiber mit seinem Wasser und die Grundwasserbrunnen nicht mehr ausreichten, wurde der erste Aquädukt (auf Brücken geführte Wasserleitung), die Aqua Appia, gebaut. Bis zur Zeit des Kaisers Konstantin entstanden allein um Rom herum 19 Aquädukte, die Wasser aus den Bergen und Seen herbeiführten.

■ Wer sich Rom näherte, genoss an vielen Stellen einen Anblick ähnlich dem wie wir heute bei Autobahnbrücken- und -kreuzen: Dort gab es nämlich auch sich übereinander kreuzende Aquädukte. Es ist nicht bekannt, dass man sich damals über eine Verschandelung der Umwelt beklagte (obwohl *Raubbau* an der Natur von manchen durchaus heftig kritisiert wurde).

■ In der Technik konnten die Römer auch hierbei auf die Errungenschaften der Etrusker zurückgreifen. Enorme Wasserleitungen hatte es zwar auch schon vor ihnen gegeben, doch erst die von ihnen erfundene Bogentechnik machte die bauliche Überwindung von Flüssen und Talsenken möglich.

▮ So entstanden atemberaubende teils kilometerlange, teils mehrstöckige Konstruktionen. In manchen mehrstöckigen Aquädukten floss übereinander Wasser aus verschiedenen Quellen. Berühmt sind außer den Aquädukten Roms auch der am Fluss Gard in Südfrankreich (›Pont du Gard‹) oder der Aquädukt von Segovia (Spanien). In Deutschland blieben Teile eines Aquädukts in der Eifel erhalten.

▮ Da es keine Pumpen gab (Wasserräder, die man seit Urzeiten nutzte, waren nicht für alle Zwecke tauglich), musste allein das Gefälle, über das Druck erzeugt wurde, dafür sorgen, dass das Wasser an seinem Bestimmungsort ankam. Der Pont du Gard beispielsweise hatte nur ein Gefälle von 7 mm (!) auf 100 m.

▮ Im kaiserlichen Rom diente fast die Hälfte des Wassers zur Versorgung der öffentlichen Anlagen (Thermen, Brunnen, Bäder), immerhin knapp ein Fünftel allein für das Kaiserhaus und der Rest (ein reichliches Drittel) privatem Bedarf (Hausanschlüsse). Keine Stadt der Antike verfügte jemals über soviel Wasser.

Dabei verschwand auch ein gewaltiger Teil des Wassers wieder ungenutzt in den Rinnsteinen oder Abwasserkanälen: Die öffentlichen Brunnen liefen Tag und Nacht ohne Pause – zunächst eine enorme Verschwendung aus heutiger Sicht, es lag aber auch eine nützliche Funktion darin (s. gleich zur Entsorgung).

Lesetipp:
Robert Harris, *Pompeji*
Ein spannender Kriminalroman um ›mafiöse‹ Machenschaften um einen Aquädukt bei Pompeji in den Tagen des Vesuvausbruchs *(anspruchsvoll!)*

▮ Bau und Instandhaltung der Aquädukte verschlangen natürlich riesige Summen. Zu ihrer Verwaltung gab es einen eigenen ›Minister‹ (den prōcūrātor aquārum). Als das römische Reich zerfiel, verfielen auch die Wasserleitungen – zum Schluss funktionierten in Rom nur noch elf.

▮ Das Wasser musste nicht nur herbeigeführt, es musste auch in der Stadt verteilt werden. Dazu dienten sog. Wasserkastelle (castellum dīvīsōrium: ›Verteilerkastell‹), meist ein Turm an der Stadtgrenze, in dem das Wasser in einem Becken aufgefangen und darüber verteilt wurde. Wie das funktionierte, lässt sich gut am Beispiel Pompejis zeigen:

Der römische Aquädukt von Segovia, der heute die Stadtmitte durchquert. Er ist 28 m hoch und 728 m lang und stammt aus dem 1./2. Jh. n. Chr.

▮ Die Röhrenöffnungen am Boden leiteten Wasser zu öffentlichen Trinkwasserbrunnen oder anderen kommunalen Verbrauchsstellen; die seitlichen Öffnungen bedienten private Verbraucher. Je höher die Öffnungen lagen, umso eher versiegte die Versorgung bei Wassermangel; über dieses System erfolgte auch eine Preisregulierung: Wer zuerst ›automatisch abgeschaltet‹ wurde, zahlte weniger.

▶ S. 68: *Die ›Düwelskall‹ bei Köln*

▮ Die Entsorgung der Abwässer war im alten Rom und in den römischen Städten so durchdacht geregelt, dass sie noch vor gut 150 Jahren (um 1840) in Europa offiziell als unerreicht galt: Ein Kanalisationssystem trug Abwässer, allerdings mit allem, was – einschließlich Fäkalien – hineingeriet und hineingeworfen wurde, über unterirdische Steinröhren längs den Straßen fort. Nur wenige reiche Häuser hatten selbst einen Abflusskanal, so entsorgte man die Dinge in Mietshäusern in Abwassertonnen oder über Öffnungen in den Rinnstein (s. Zeichnung). Da hatte es sein Gutes, dass diese – auch aus den Öffnungen stinkende – Brühe vom reichlichen Wasser der Brunnen fortgeschwemmt wurde. Freilich

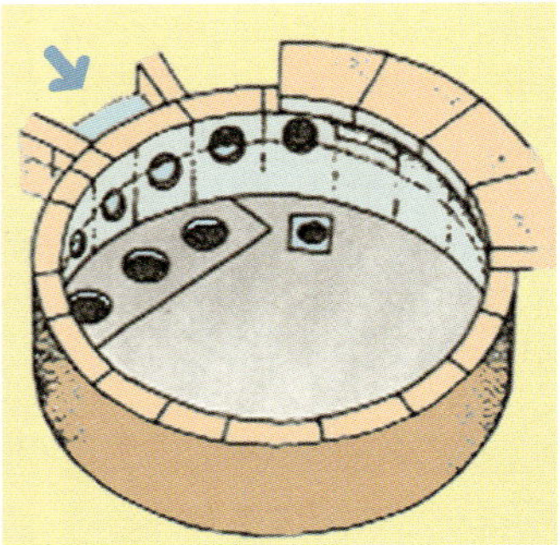

Das Wasser kam aus den Aquädukten in ›Verteilerkastellen‹ (Wassertürmen) in großen Becken an. Wurde das Wasser knapper, floss zuerst aus den oberen Öffnungen nichts mehr. Über die unteren wurden öffentliche Brunnen versorgt.

landete dann alles in den Flüssen und bildete dort ein ungelöstes Problem – mit romantischer Stimmung am Fluss war es für die Römer in den Städten also (zwangsläufig) nicht weit her. Die Anfänge der Abwasserentsorgung in Rom gehen mit der Cloāca māxima schon auf die Etrusker zurück (▶ S. 74).

■ Brücken | So wie viele Städte verdankt Rom seine Entstehung der Lage an einem Fluss mit der Möglichkeit, diesen relativ leicht zu überqueren. Spätestens als sich die dortigen Siedlungen zu einem Gemeinwesen vereinigten (manche erklären die Bedeutung des – etruskischen – Ortsnamens Rōma mit ›Ort am Fluss‹), suchte man wohl die Möglichkeit eines beständigen Übergangs in Form von Brücken. Der Name der ältesten Brücke Roms, des pōns sublicius, bewahrt noch die Tatsache, dass es sich dabei um eine Pfahlbrücke gehandelt hat (sublica: ›Pfahl‹; die mittlerweile als traditionsbewusst bekannten Römer ließen es übrigens nur zu, dass diese hölzerne Brücke mit Holzwerkzeugen repariert wurde).

So entsorgte man Abwässer, Abfälle und ›Toilettenprodukte‹ in den römischen Städten – wenn sie nicht direkt aus den Fenstern geworfen wurden, wie sich der Dichter Juvenal beklagt.

■ Römische Städte – jede ein ›Rom im Kleinformat‹ | So, wie die Römer in alle Welt ihre Sprache mitnahmen und diese Welt damit verwalteten (nur die selbstbewussteren Griechen oder Ägypter machten nicht mit; vgl. oben zu Neapel, ▶ S. 44), hatten sie ihre Rezepte, ihre Bauweise, ihre Kleidung usw. mit im Gepäck. In den Dingen, die sie als ›römisch‹ betrachteten, waren sie sich weitgehend einig. Das kommt daher, dass alle, die im Lauf der Zeit dazukamen, immer so sein wollten wie ›die in Rom‹, und dass sie so alles aus dem Blickwinkel *einer Stadt*, nämlich Roms, betrachteten. So konnten neugegründete Städte auch nichts anderes sein als ein möglichst getreues Abbild dieser Metropole. Und wenn die neue Stadt schon nicht gleich groß, gleich prächtig, gleich reich sein konnte: Sie sollte wenigstens das Gleiche im Kleinformat bieten – Forum, Tempel, Thermen, Basiliken, Villen, Kunstwerke, Theater und vielerorts Amphitheater. Auf diese Weise entstand in allen Ländern rund um das Mittelmeer ein zunächst weitgehend einheitliches Gesicht einer römischen Kultur.

Auch zur Verbindung der Tiberinsel (auf der ein ▶ Aesculāpius-Tempel lag, dessen Säulenhallen als ›Krankenhaus‹ dienten) mit der Stadt wurden Brücken gebaut.

- Die Insel, so erzählten sich die Römer, soll entstanden sein, als im Jahre 509 v. Chr. der letzte ▶ König gewaltsam vertrieben wurde: Man warf das auf königlichen Äckern geerntete Getreide auf einem Haufen in den Tiber, sodass sich diese Insel gebildet habe.

Wieder einmal von den Etruskern lernten die Römer die Technik des steinernen (Bogen-)Brückenbaus, und am Höhepunkt der Kaiserzeit verfügte die Urbs über eine Reihe (teils marmorverkleideter: s. oben zu Augustus ▶ S. 42) imposanter Steinbrücken, die das Gesicht der Stadt ebenfalls mitprägten.

↳ Der Brückenbau gehört mit zu denjenigen Leistungen, mit denen sich die Römer in ihrem gesamten Reich teils bis heute ›verewigt‹ haben, sei es in Trier, in Avignon (Frankreich), Cordoba (Spanien), El-Kantara (Algerien) oder anderswo. In Europa sind noch um die 300 Brücken aus der Römerzeit in Funktion (▶ S. 167).

:: Öffentliche Bäder – Erholung für alle

Die Anfänge: Bäuerliche Reinlichkeit | Man kann nicht sagen, dass die Römer die Bühne der Weltgeschichte als Reinlichkeitsapostel betreten hätten: Zu Zeiten, da im ▶ hellenisierten Orient schon eine entwickelte Badekultur herrschte, begnügte sich der bäuerlich geprägte Römer auch in der Stadt mit einer einmaligen Ganzkörperwäsche wöchentlich, sonst tat es das Benetzen von Gesicht, Armen und Beinen. Immerhin waren in den Boden eingelassene Badewannen nicht unbekannt, sonst benutzte man Becken. Überdies schlief der Römer auch in der am Tage getragenen Tunika.

Erst als die Römer sich bewusst wurden, dass sie zu Herren der Welt geworden waren, gewöhnten sie sich eine intensive Körperpflege an – dann aber vollendet.

Die Römer und die Thermen | Auch Badeanlagen – thermae, balnea – haben nicht die Römer erfunden, schon die Griechen kannten sie und nutzten sie gern. Die Römer jedoch haben große prunkvolle Thermenanlagen zu einem Element städtischer Kultur gemacht. Thermen wurden zum unverzichtbaren Bestandteil des römischen Lebens. Von Rom aus nahmen die Römer ihre Bäder sozusagen in alle Welt mit, und nicht selten erinnern sogar Ortsnamen im ›Ausland‹ an diese zivilisatorische Errungenschaft (z. B. *Aachen* ≈ Aquae Grannī, *Bath* in England, *Aix* ≈ Aquae in Frankreich). Auch alle Militärlager verfügten über Badeanlagen und die (größeren) Villen über private Bäder von z. T. beträchtlicher Größe.

Während die Araber und später die Türken infolge ihrer Begegnung mit dem Oströmischen (Byzantinischen) Reich die römische Badekultur als antikes Erbe mit dem *Hammam* (Dampfbad) in die islamische Kultur übernahmen, ging diese Errungenschaft der Römer im Westen verloren. Öffentliche Badestuben finden sich wieder im Mittelalter, erst ab dem 19. Jahrhundert wurden in Großstädten wieder Badeanlagen für die Bevölkerung eingerichtet.

Anlage und Betrieb der Bäder | Egal ob privates Bad oder ›Superthermen‹ wie die monumentalen kaiserlichen Bäder, der Anlage liegt stets ein einheitlicher Ablauf des ›idealen‹ Badevorgangs zugrunde: Einem *Schwitzbad* (sūdātōrium) folgen das *Warmbad* (caldārium), das *Laubad* (tepidārium) und schließlich das *Kaltbad* (frīgidārium). Am Ende

Rekonstruktionszeichnung der Caracallathermen in Rom: Einfriedungstrakte: 1. Umfassungsmauer; 2. Exedra mit Zisterne und Vortragssälen; 3. Form eines halben Stadions, darunter Zisterne (80 000 *l*); 4. Bibliothek; 5. Parkanlage Zentralgebäude: 6. Eingang mit Vorraum; 7. Umkleidehalle (apodytērium); 8. Sportplatz (palaestra); 9. Nische mit Athletenmosaik; 10. (u. a.) Schwitzbad (sūdātōrium); 11. Warmbad (caldārium); 12. Laubad (tepidārium); 13. Basilika – Kaltbad (frigidārium); 14. Schwimmbecken (nātātiō); 15. Gymnastikhalle; 16. Vortragssaal.

stehen Massagen und das Einreiben mit Öl oder Parfums. Diese Abfolge war nicht verpflichtend, sondern stellte nur ein ideales ›Gesundheitsprogramm‹ dar. Ihm entsprechen jeweils getrennte Räume für die einzelnen Becken (oder Wannen) sowie evtl. nötige Nebenräume.

▮ Die ersten Anlagen dieser Art – öffentlich oder privat – finden sich in römischen Städten, wie zu erwarten, nach dem allgemeinen Kulturbruch im 2. Jahrhundert v. Chr., als die Römer ihre Ansprüche und ihren Lebensstandard generell erhöhten (▶ S. 31). In der Regel waren die einzelnen Räume nach dem beschriebenen Muster hintereinander angeordnet, die Besucher absolvierten sie in dieser Reihenfolge. Am Ende der republikanischen Zeit verfügte Rom über etwa 170 öffentliche Bäder.

▮ Während als Nebenräume ursprünglich Umkleiden (apodȳtēria) ausreichten, kamen im Lauf der Zeit und mit dem Anwachsen der Ansprüche immer weitere Elemente und Angebote dazu: Die Großthermen der Kaiserzeit sind regelrechte ›Fitness Center‹ und Bildungszentren. Sie bieten die neuesten architektonischen und technischen Errungenschaften und verfügen über ein Außenschwimmbad (piscīna), Sportanlagen, ›Boccia‹bahnen, Restaurantbetriebe, Imbiss-, Getränke- und Backwarenstände; es gibt Vortragssäle, Bibliotheken, Diskussionsräume, Gärten, Brunnenanlagen.

▮ Natürlich sind diese Erholungs-, Sport- und Bildungszentren mit Kunstwerken jeder Art und jeder Thematik ausgestattet, mit marmornen Wandverkleidungen und Fußbodenmosaiken; genauso wenig fehlten Porträts und sonstige Bildnisse der stiftenden Kaiser und ihrer Familienangehörigen.

▮ Männer und Frauen badeten getrennt; Frauen hatten oft den doppelten Eintrittspreis zu zahlen (wenn ihnen eigene Badestunden reserviert waren) oder mussten mit kleineren Räumen vorlieb nehmen. In den Kaiserthermen war der Eintritt oft frei, man zahlte nur für Dienste, die man in Anspruch nahm. Kinder waren frei.

▮ Zum Betrieb einer solchen Badeanlage war natürlich eine bestimmte Technik nötig: Neben der Wasserzufuhr und der Abwasserentsorgung war das vor allem die **Heizung** – sowohl die Aufwärmung des Wassers als auch die Beheizung der Räume. Damit stets Wasser zur Verfügung stand, waren Zisternen (Wasserreservoirs) nötig, zur Heizung bedienten sich die Römer einer aufwändigen Technik.

Das Caldarium (Warmbad) in den Caracallathermen in einer Rekonstruktionszeichnung (≈ Nr. ⓫ auf Seite 53)

▮ Das Wasser wurde in eigenen Heizräumen (praefurnia) auf offenem Feuer in Kesseln erhitzt, zur Raumheizung diente eine von der Wasseraufbereitung her versorgte Fußbodenheizung; besonders luxuriös waren zusätzliche Wand- und sogar Deckenheizung. Dies erfolgte über Hohlräume (hypocaustum) unter dem von Pfeilern (suspēnsūrae caldāriōrum) getragenen Fußboden und über ein Hohlziegelsystem (tēgulae mammātae) an Wänden und Decken.

▮ Geheizt wurde mit Holz – wer schon einmal ein Lagerfeuer angezündet hat oder einen Holzkamin kennt, kann sich ausmalen, welche Unmengen dafür nötig sind. So trug auch der Betrieb der Thermen nicht unwesentlich zur Abholzung der Wälder bei.

▮ Wo nötig, sorgten Wasserräder mit Druck für die Höhenangleichung des benötigten Wasserflusses.

▮ Es versteht sich von selbst, dass zur Unterhaltung dieser Anlagen auch eine Unmenge an Personal erforderlich war: Technisches Personal (Heizer, Handwerker), Aufsichtspersonen, Bademeister, Masseure,

Reinigungskräfte usw. Allein für die Caracallathermen schätzt man um die 10 000 Bedienstete. Darüber hinaus wurden die Reicheren natürlich von Sklaven – darunter auch Ärzten – begleitet, die sich um deren persönliche Belange zu kümmern hatten.

Im Inneren der gewaltigen Ruinen der Caracallathermen; hinter dem Gewölbebogen rechts liegt das Caldarium.

↳ Die Thermen wurden so überhaupt zum gesellschaftlichen Treffpunkt, den man aufsuchte, um mit Freunden zu plaudern oder um Geschäfte zu bereden. Der Zeitpunkt dafür war normalerweise vor der allgemeinen ›Siesta‹, also vor etwa 14 Uhr, dem Zeitpunkt der cēna.

Freilich waren die Thermen offenbar nicht nur Orte erfreulicher Begegnungen. Der satirische Dichter Martial (II 14) nimmt einen gewissen Selius aufs Korn, der ›nichts unversucht, nichts ungewagt lässt‹, um von Bad zu Bad zu eilen und sich dort bei Gastgelagen als Schmarotzer gütlich zu tun. Dabei nimmt er in Kauf: ›... thermīs iterumque iterumque iterumque lavātur‹ – ›... und nochmal und nochmal und nochmal nimmt er ein Bad‹.

Thermenanlagen in Rom | Das Bild des kaiserzeitlichen Roms auf S. 43 zeigt anschaulich, welch gewaltige Komplexe die späteren kaiserlichen Thermen darstellten (*oben links*: Konstantinsthermen; *oben Mitte*: Trajansthermen; *unten Mitte*: Deciusthermen; die anderen sind hier nicht sichtbar). Die sonst über die Stadt verstreuten kleineren Bäder sind für sich nicht erkennbar. Wer einmal Rom besuchen kann, wird noch von den Ruinen etwa der Thermen Caracallas oder Diokletians beeindruckt sein.

Agrippa, Feldherr, Freund und Schwiegersohn des Kaisers Augustus, ließ in Rom die ersten Großthermen bauen. Für sie wurde ein eigener Aquädukt, die Aqua Virgō, errichtet. Aber auch ein großes freies Schwimmbecken (stāgnum: ›Teich; Becken‹) gehörte dazu. Es war so groß, dass später sogar Bootpartys darauf abgehalten wurden (ein großes Boot wurde von kleineren gezogen), und so konstruiert, dass überschüssiges Wasser über einen Kanal in den Tiber abgeleitet wurde; dieser Kanal war von Spazierwegen mit Bänken zum Zeitvertreib gesäumt.

Die gewaltigen Thermen des Kaisers Caracalla messen außen auf jeder der vier Seiten 350 m; die Zisterne unter dem Halbstadion (Abb.: ❸) fasste 80 000 Liter Wasser (das ist der Inhalt von etwa 40 heutigen Sportschwimmbecken von 50 m × 20 m zusammen!).

Solche Mosaiken mit Meereswesen schmückten viele Fußböden der Caracallathermen: Man erkennt einen Delphin und einen Hippokampen (das ist ein Seepferd mit langem Fischschwanz), darauf reitet ein nackter Amor (Liebesgott).

Zum Vergleich: Ein Fußballspielfeld (nur die Spielfläche) misst 68 m × 105 m.

■ Mit gleichem Grundriss, aber noch gewaltiger (420 m × 380 m) entstanden 100 Jahre später die Diokletiansthermen: 3000 Personen konnten die Anlage gleichzeitig (!) besuchen.

Das römische Bad in der englischen Stadt Bath wird teilweise, wie dieses mit Säulenhallen umgebene (und ursprünglich überdachte) Schwimmbecken noch heute benutzt. Eine Besonderheit war, dass es mit warmem (!) Wasser aus der sog. Heiligen Quelle gespeist wurde.

■ **Die Stabianer Thermen von Pompeji |** Pompeji besaß drei Thermenanlagen, darunter die älteste Anlage, die wir überhaupt von den Römern kennen, die Stabianer Thermen (heutiger Name nach der Ausfallstraße ins benachbarte Stabiae). Sie weisen eine Abteilung für Männer sowie eine für Frauen auf und verfügen darüber hinaus über eine größere palaestra (Sport-, Gymnastikplatz) mit Bocciabahn, Außenschwimmbecken mit fließendem Wasser und umgebenden Säulenhallen zur weiteren Entspannung.

Im Auskleideraum der Stabianer Thermen von Pompeji: Die Kleider wurden in den Wandnischen abgelegt. Hinter dem Gitter erkennt man eine erhalten gebliebene Liege und eine Bank.

■ **Thermen in den Provinzen |** Von ihnen sei hier nur erwähnt, dass man in vielen ausgegrabenen Gutshöfen (vīllae rūsticae) der römischen Provinzen, gerade auch in Gallien und Germanien, Badeanlagen fand. Von den städtischen Anlagen sind aus Deutschland insbesondere die monumentalen prachtvollen **Kaiserthermen in Trier** (Gallia Belgica) aus der Zeit des Kaisers Konstantin (nach 300 n. Chr.) zu erwähnen. Im Badeort *Bath* (bei den Römern: Aquae Sūlis) in Südwestengland sind noch heute Teile einer römischen Badeanlage in Betrieb.

:: Unterhaltung – Spannung – Nervenkitzel: zwischen Theater und Amphitheater

In den bisherigen Kapiteln war schon öfter davon die Rede, dass die Römer dieses oder jenes von den Griechen oder aus dem Orient übernommen hätten. Das trifft auch für manche Formen der Unterhaltung zu – bis auf eine: Die Gladiatorenkämpfe und überhaupt Veranstaltungen im Amphitheater entstanden auf dem Boden Italiens. Sie waren so ›typisch italisch‹ (man sagt *nicht*: ›italienisch‹, denn das bezieht sich auf das moderne Italien), dass sie ihrerseits mit der Ausbreitung des römischen Reiches nach Griechenland und in den Orient dort niemals Fuß fassen konnten. Was die Veranstaltungs*orte* für Gladiatorenspiele usw. betrifft, hatten die Römer jedoch eine geniale Idee, deren Wurzeln ihrerseits doch wieder in Griechenland liegen: das *Amphitheater*.

■ **Spiele – Feste – Feiertage |** Zur Zeit der ▶ Republik wies der römische Kalender etwa 80 Fest- und Feiertage, zumeist religiösen Charakters, auf; in der ▶ Kaiserzeit waren daraus mehr als 180 Festtage geworden – eine kaum glaublich scheinende Zahl, die ja insgesamt etwa ein halbes Jahr ausmachte! Diese Feier- und Festtage bildeten den Rahmen für die zahlreichen Unterhaltungs- und Vergnügungsangebote, denen sich die Römer gegenübersahen.

Während in den ganz frühen Zeiten diese Veranstaltungen wohl tatsächlich in einen ernsthaften religiösen Rahmen eingefügt waren (für uns würde das etwa bedeuten: von der Kirche veranstaltet), war diese Beziehung später nicht mehr gegeben. Weißt du noch, dass eine ›Kirmes‹ (›Kirchmesse‹, Kerb, Kerwe, Kerwa: Kirchweih) ursprünglich ein Erinnerungsfest zur Kirchweihe mit Messe (Gottesdienst) war?

Die römischen Formen der Massenunterhaltung waren von unserer Unterhaltungsindustrie nicht mehr weit entfernt, und den öffentlich umjubelten ›Star‹ oder ›Champion‹ kannten die alten Römer schon lange. Den ursprünglich religiösen Charakter ersieht man etwa an der Teilnahme der Priester und an religiösen Riten, die oft noch eine Rolle spielten.

Wagenrennen im Circus Maximus: Eine Quadriga macht sich daran, die Wendesäule (oberhalb sichtbar) zu umrunden (Mosaik aus Barcelona)

Circus und lūdī circēnsēs (Wagenrennen) | Ein circus (›Kreis‹, obwohl von länglicher Form) war die am häufigsten vertretene Anlage zur Abhaltung von Wettspielen; in ihm fanden Pferde- und Wagenrennen, aber auch Faustkämpfe und andere athletische Wettbewerbe statt. Scheinkämpfe zu Pferde sind ebenso wie solche auf Elefanten überliefert, desgleichen Reiterakrobatik mit knienden, springenden oder liegenden Artisten (›Voltigieren‹).

Seine Form ergibt sich logisch aus dem ursprünglichen Zweck des Rennens (s. Abb.). Als ›circus‹ genügte ein ebenes Gelände, möglichst mit leicht ansteigenden Seiten für die Zuschauer. Eine vergleichbare Anlage hatten die Griechen mit ihrem *Stadion*, das auch unseren Stadien zugrundeliegt.

Ursprünglich war das Ziel des Rennens nur durch einen Streifen aus Kalk (calx) markiert, später kennzeichneten zwei Säulen (›mēta‹: *Ziel, Spitzsäule*) die Wendepunkte. Diese mussten mehrmals umrundet werden. Schließlich wurde der circus noch in der Mitte durch einen Erdwall bzw. eine Trennmauer geteilt (›spīna‹: *Gräte*). Auf dieser wurden auch Götterstandbilder aufgestellt. Der Start der Pferde bzw. Wagen erfolgte aus Boxen (›carcerēs‹: *Schranken*) heraus.

ad carcerēs ā calce revocārī *wieder von vorn anfangen* (Redewendung)

Auf der den Boxen gegenüberliegenden Rundseite befand sich ein Triumphbogen, durch den die Teilnehmer einzogen.

- Zirkusdarbietungen finden im Rahmen der lūdī pūblicī (*öffentliche Spiele*) statt. Den Auftakt bildet dabei eine lange karnevalsähnliche Prozession durch die ganze Stadt. An der Spitze ziehen die höchsten Beamten auf einem Wagen, ihnen folgt ihr Anhang (▶ clientēs), dann die ganze Jugend Roms. Den Schluss bilden Priester und Teilnehmer. Alles vollzieht sich unter Musik und brausendem Jubel.
- Der berühmte Circus Maximus am Fuße des Palatin-Hügels war der ›größte‹, nicht nur in Rom; neben ihm gab es u. a. noch den Circus Flāminius unweit der Tiberinsel und den Circus Gāī et Nerōnis auf dem Gelände des heutigen Vatikans.
- Der Circus Maximus war 645 m × 124 m groß (also doppelt so breit und sechsmal so lang wie ein heutiges Fußballfeld) und fasste über 150 000 (zur

Zeit Cäsars), nach Erweiterungen 260 000 (unter Vespasian) und schließlich sogar 383 000 Zuschauer! Er stammte noch aus der ▶ Königszeit und besaß ursprünglich Zuschauerränge aus Holz – kein Vergleich mit der grandiosen Marmoranlage der Kaiserzeit, deren prunkvolle kaiserliche Ehrentribüne (pulvīnar: *Götterpolster*) den gesamten Hügel prägte.

▮ Es war üblich, das Ziel siebenmal zu umrunden. Im Circus Maximus zu Rom dienten zunächst sieben bewegliche Eier (septem ōva ≈ ›sieben Runden‹), dann sieben bronzene Delphine auf der spīna zur Anzeige der schon zurückgelegten Runden. Ein Rennen ging dort somit über 8400 m und dauerte bei bis zu 75 km/h auf der Geraden weniger als zehn Minuten.

▮ Die Wagenlenker (agitātōrēs) treten in Teams (factiōnēs: *Parteien*) in verschiedenfarbiger Kleidung als *Rote, Blaue, Grüne, Weiße* (factiō russāta, veneta, prasina, albāta) an. Ihre Fans (fautōrēs) sind nicht weniger entfesselt als viele Anhänger von Bundesligaclubs. Die Teams werden von reichen Sponsoren, oft Sponsorenvereinen, unterhalten.

▶ Circus Maximus auf dem Rom-Modell S. 43

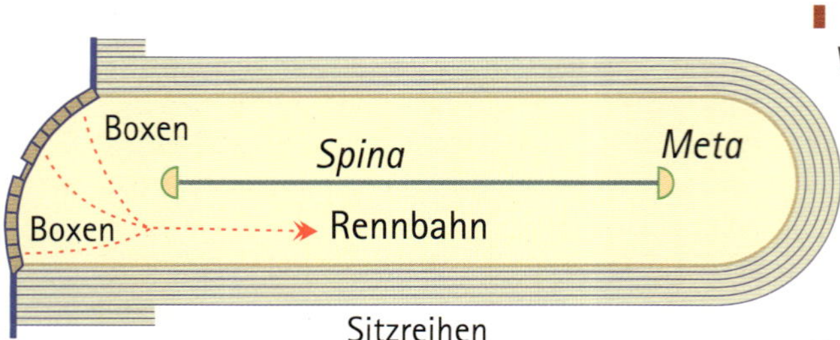

Schematische Darstellung eines römischen **circus**.

▮ Als Rennwagen gab es bīgae, trīgae und quadrīgae, also Zwei-, Drei- und Viergespanne. Die Devise war: Sieg um jeden Preis; man setzte auf Glück: Mochte doch der gegnerische Wagen umstürzen.

📖 **Lesetipp:**
Lew Wallace, *Ben-Hur*
Der Roman mit dem gigantischen Wagenrennen zwischen den beiden verhassten ehemaligen Freunden, dem Römer Metellus und dem Juden Ben-Hur, grandios verfilmt mit Charlton Heston

Das Colosseum in Rom von außen. Die Straße davor wurde inzwischen in einen Fußgängerbereich umgewandelt.

Jeder versuchte, hart im Innenkreis zu bleiben. Die aurīgae (Wagenlenker) hatten die Zügel um den Leib geschlungen, und um sich im Notfall zu befreien, hatten sie scharfe Messer. Eine Viertelmillion Menschen skandierte hitzig schreiend und ohrenbetäubend den Namen ihres jeweiligen Favoriten – ein wahrer Hexenkessel. Verständlich, dass auch häufig Prügeleien unter den Fans vorkamen.

▮ So waren auch Unfälle nicht selten, mancher Wagenlenker verlor schon jung sein Leben. Die meisten waren Berufssportler. Die Kosten für die Teams waren immens, für Pferde, Personal, Training – vielleicht am besten zu vergleichen mit den heutigen ›Rennställen‹ (so heißen sie immer noch) der ›Formel 1‹ (Autorennen).

▮ Für die Finanzierung solcher Spiele hatte der Veranstalter aus seinem Privatvermögen aufzukommen, er erhielt aber auch öffentliche Zuschüsse. Der Eintritt war zumeist frei, oft gab es Essen und Trinken umsonst. Sklaven und Freie – die letzteren trugen bei diesen Anlässen die Toga – immerhin nicht in der Begeisterung voneinander zu unterscheiden, die hier einmal alle vereinte.

▮ Dem Sieger winkte die Siegespalme – aber vor allem Geld, wie auch dem Zweiten und Dritten. Der Vierte ging leer aus. Von einem ›Roten‹ (russātus), Gaius Apuleius Diocles, wird berichtet, dass er mit 18 begann und mit 42 Jahren aufhörte, als er 4257 Rennen gefahren, 1462 Preise gewonnen und seinem Team 36 863 120 Sesterzen eingebracht hatte.

Das Colosseum in Rom innen. Heute liegen die Kelleranlagen unterhalb der früheren Arena frei.

Ausdrücke von Siegerinschriften:

- occupāvit et vīcit ≈ von Anfang an Erster und Sieger
- successit et vīcit ≈ zuerst Zweiter, dann Sieger
- ērūpit et vīcit ≈ zuerst abgeschlagen (›brach aus, zog vorbei‹), dann Sieger

Je nach Art des Sieges war die Siegprämie höher oder geringer (in obiger Reihenfolge).

▮ Unter den Fans fehlte die Damenwelt nicht – das gesellschaftliche Ereignis bot – trotz der Gegenwart von Zehntausenden – für alle Seiten Gelegenheit, Kontakte zu knüpfen. Der Dichter ▶ Ovid beschreibt, wie er sich im tosenden Getümmel eines Rennens an seine Geliebte heranmachte.

▮ Auch Politik wurde mit den Rennen gemacht: Sie lenkten das Volk von seinen Nöten und Missständen ab, manche Kaiser waren Mitglied einer der factiōnēs oder nahmen sogar selbst am Rennen teil. Das bot den Massen aber oft auch die willkommene Gelegenheit, einen Kaiser ihre Ablehnung spüren zu lassen.

▮ Natürlich wird auch mit aller Leidenschaft gewettet (überhaupt ein römischer Volkssport, ▶ S. 63, 66). Manches große Vermögen wechselte den Besitzer, manch Armer verlor ›sein letztes Hemd‹.

▮ Das Amphitheater | Eine in unserer Vorstellung gegenüber den Wagenrennen als noch typischer römisch geltende Veranstaltung waren die mūnera gladiātōria, die *Gladiatorenspiele* (mūnus: *hier* ›Leistung eines Sponsors‹). Sie fanden vorwiegend im Amphitheater statt und waren eine überaus blutrünstige Angelegenheit.

▮ Ihren Ursprung haben die Gladiatorenkämpfe wohl bei den Etruskern; anfangs – sozusagen in Urzeiten – vermutlich eine Form von Menschenopfern, wurden daraus Kämpfe aus Anlass der Bestattung wichtiger Personen – die Unterlegenen wurden mitbestattet. Beim ersten für die Römer überlieferten Gladiatorenkampf sollen 264 v. Chr. im Rahmen einer Bestattungsfeier auf dem forum boārium (›Rinderforum‹) drei Kämpferpaare gegeneinander angetreten sein.

▮ Die ersten Kämpfe zur rein öffentlichen Unterhaltung wurden als politische Werbeveranstaltung knapp 150 Jahre später auf dem Forum Romanum vom ▶ Volkstribunen C. Sempronius ▶ Gracchus durchgeführt. Er sorgte dafür, dass auch die Mittellosen ohne Eintrittskarte zuschauen konnten, indem er ein von der Stadtverwaltung aufgestelltes Holzgerüst wieder abreißen ließ, das ›Schwarzsehen‹ verhindern sollte.

▮ Seine Entstehung verdankt das Amphitheater einer so genialen wie genial genutzten Idee: Während eines Wahlkampfes ließ ein Freund Cäsars (namens Curio) zwei drehbare, Rückwand an Rückwand errrichtete Holztheater bauen (damals gab es überhaupt nur Holzgerüst-Theater, während die Griechen schon jahrhundertelang kunstvolle steinerne Theater in die Landschaft legten; ▶ S. 64 Theater). Nach den (parallel stattfindenden) Theatervorführungen wurden die Theater mitsamt den Zuschauern zueinander gedreht – und fertig war nach Entfernung der Bühnengebäude das ›Amphi-

arēna *Sand, Sandkampfplatz* (auf das Oval wurde bei Kämpfen Sand gestreut) • cāvea *Zuschauerraum* • cūneī *›Keile‹*, d. h. Sitzreihensegmente, durch Treppenaufgänge voneinander abgetrennt • vomitōria (vomere *speien*) *Zugänge* (zum ›Ausspeien‹ der Massen) von den Außengalerien (im Kolosseum drei übereinander) zu den Sitzrängen • vēla erunt *es wird Sonnensegel geben*: Ankündigung von Sonnenschutzmaßnahmen durch entsprechende Vorrichtungen

theater‹ für die Gladiatorenkämpfe (Amphitheater ≈ ›Herum-‹, also ›Rund‹theater). Cäsar übernahm die Idee und erbaute (ebenfalls aus Holz) gleich ein Amphitheater. Das erste steinerne Amphitheater Roms stammt erst aus der Zeit des Augustus!

▮ Das Amphitheater ist damit eine *rein römische* Architekturkonstruktion, die freilich auf griechische Grundideen zurückgreift.

▮ Dazu gehört als imposantestes das *Flavische Amphitheater* in Rom aus der Zeit Vespasians (80 n. Chr.), das seit dem Mittelalter **Kolosseum** hieß (weil neben ihm die ›Koloss‹ genannte Riesenstatue Kaiser Neros, ▶ S. 205, stand; ▶ auch S. 221). Bis zum 5. Jahrhundert wurde es instand gehalten und genutzt. Das Kolosseum, nach wie vor das großartigste Baumonument Roms, fasste 50 000 Zuschauer, ist 48,50 m hoch und hat einen Umfang von 524 m (Achslängen: 188 m und 156 m).

▮ Diese Anlage war eine wahre ›High-Tech‹-Konstruktion: In den neun Meter in die Tiefe reichenden Untergeschossen waren unter anderem die Tierkäfige mit Aufzügen untergebracht, dazu Apparaturen, mit denen man die Arena unter Wasser setzen konnte, um dort regelrechte Seeschlachten abzuhalten.

▪ Die erste Seeschlacht dieser Art hatte übrigens ▶ Cäsar veranstaltet. Dazu ließ er das Marsfeld in Rom unter Wasser setzen. Unnötig zu sagen, dass man nicht mit Attrappen kämpfte, sondern dass es blutig um Leben und Tod ging.

▮ Prunkvolle Amphitheater finden sich über den ganzen Westen des Römischen Reiches und Nordafrika verstreut, z. B. in Capua, Verona, Pozzuoli (Italien), Arles, Nîmes, Lyon, Trier, Avenches-Aventicum (Frankeich-Westdeutschland-Schweiz), El Djem (Tunesien, röm. Thysdrus). Sie gehören sozusagen zum Grundbestand römischer Identität. Im Osten (Griechenland, Kleinasien ≈ heutige Türkei, Syrien usw.) hingegen übernahm man weder das Amphitheater noch Gladiatorenspiele. Hier fanden Wettrennen (und auch Tierhetzen; s. u.) in den Stadien statt. Für Wagenrennen gab es an wenigen Orten wie Konstantinopel oder Delphi Hippodrome (›Pferderennbahnen‹, griech.).

> In der griechischen und römischen Antike war Krieg der Normalzustand, Frieden der Ausnahmezustand. Ob Griechen oder Perser, Römer oder Karthager, man metzelte einander zu Tausenden oder Zigtausenden ab oder verkaufte die Besiegten in die Sklaverei. Da unter den Siegern auch die einfachen Leute stets vom Sieg profitierten, machten sie trotz allem mit, sicher froh, nicht selbst betroffen oder getötet worden zu sein. Dies erklärt für uns vielleicht bis zu einem gewissen Grad die unglaublich roh erscheinende Einstellung der ›alten Römer‹ zu bestialischen und perversen Grausamkeiten und das regelrechte Vergnügen daran. Aber ähnlich rohe Einstellungen zum Kriegsgegner sind ja auch in unserer Zeit noch nicht (ganz) überwunden.

Gladiatorenspiele und Tierhetzen | Wie die Wagenrennen im Circus waren die Gladiatorenkämpfe bald elementarer Bestandteil der römischen Massenunterhaltung. Auch sie fanden stets im Rahmen religiöser oder religiös eingerahmter öffentlicher Feiertage statt und wurden von einem privaten Veranstalter (›ēditor‹) ausgerichtet, der später zumeist der Kaiser war (als Privatmann!). So floss der in Kriegen erbeutete Reichtum den Massen als Unterhaltung und willkommene Ablenkung vom sozialen Elend zu.

▮ In den Arenen wurden nicht nur die Gladiatorenkämpfe veranstaltet, sondern als Ergänzung dazu oder zur Abwechslung auch sog. ›vēnātiōnēs‹, d. h. Tierhetzen. Je betuchter der Veranstalter, je höher die Ansprüche, um so vielfältiger und exotischer war auch das Aufgebot an Tieren. Tausende, Zig-

Das Stadion von Aphrodisias in Kleinasien, einer der reichsten römischen Städte dort.

Jüngst aber, in unseren Zeiten, wurde ein gewisser Selurus, Sohn des Ätna *[der Vulkan auf Sizilien]* genannt, nach Rom geschickt, der als Anführer einer bewaffneten Schar lange Zeit hindurch die Umgegend des Ätna in häufigen Raubzügen durchstreift hatte. Diesen sahen wir in einem auf dem Markte [Forum] angestellten Fechterkampf von wilden Tieren zerrissen werden; denn auf ein hohes Gerüst gestellt, als stände er auf dem Ätna, fiel er auch, als jenes plötzlich auseinandergerissen wurde und zusammenbrach, in leicht zerbrechliche Käfige wilder Tiere hinab, die man absichtlich unter dem Gerüst in Bereitschaft gesetzt hatte.

Strabon, *Geographika* VI 2, 6 (1. Jh. -/+)

Gladiatorentypen

Samnīs (Samnite)	der älteste Typ: schwer bewaffnet mit Helm, Langschild, Beinschiene, Schwert
Thraex (Thraker)	mit kleinem Rundschild, Helm, zwei Beinschienen, Armschutz rechts, Krummsäbel (sica)
oplŏmăchus (Schwerbewaffneter)	Gegner des Thraex
rētiārius (Netzkämpfer)	mit Dreizack und Netz, Leibgurt, Armschutz
secūtor (Verfolger)	Gegner des rētiārius
Gallus (Gallier) *oder* **Murmillō**	kleiner Helm (darauf ein Fischbild: murmilus), kleiner Schild, wahrscheinlich Schwert
Varianten: eques, essedārius	der Gladiator trat zu **Pferde** oder auf einem **Kampfwagen** (esseda, neben dem Wagenlenker) auf
dīmachaerus	Gladiator mit Schwert in jeder Hand
laqueārius	Lassowerfer
andābăta	Blindkämpfer (mit Helm ohne Visier)
bēstiārius	kein eigentlicher Gladiatorentyp, sondern *Tierkämpfer* bei Tierhetzen

tausende Löwen, Panther, Giraffen, Kamele, Elefanten, Antilopen, Bären, sonstiges Wild jeder Art wurde aus den entferntesten Gegenden von Tierhändlern über Meer, Fluss und Land in Schiffen und Wagen herbeigeschafft, um als blutiges Opfer aufgepeitschter Vergnügungssucht in den Arenen der römischen Städte zu enden, sei es in möglichst unnatürlichen Paarungen aufeinandergehetzt, sei es als Opfer bewaffneter Tierkämpfer (bēstiāriī, s. u.).

Gegen diese Tiermetzeleien wirkt ein heutiger spanischer Stierkampf *fast* wie ein harmloses Blindekuh-Spiel.

▮ Zu Gladiatoren machte man möglichst athletische Kriegsgefangene, Sklaven oder auch Verbrecher; manchmal verpflichteten sich auch freie Bürger. Der lanista, der Besitzer und Trainer einer Gladiatorentruppe (familia !), unterhielt meist regelrechte Gladiatorenkasernen, in denen die Arenakämpfer ausgebildet wurden; von dort aus wurden sie teuer vermietet oder auch an Veranstalter verkauft (s. oben links).

▮ Reiche Römer – so auch Cäsar – hielten sich anfänglich gern eine Gladiatorentruppe als Leibwache; das wurde von den Behörden und später den Kaisern natürlich nicht gern gesehen; die Kaiser brachten das Gladiatorenwesen schließlich unter ihre

Szenen aus der Gladiatorenarena: Triumphierender Sieger, Kämpfer in Aktion, hingemetzelter Besiegter. Mosaik (Rom, Villa Borghese).

Zuständigkeit. Gladiatoren waren also nicht grundsätzlich eingesperrt, sondern bewegten sich frei wie andere ›Berufe‹ auch, standen dabei aber natürlich unter dem Befehl ihres Besitzers bzw. lanista.

▪ In den Gladiatorenschulen (lūdī gladiātōriī) lebten die Athleten nach strengen Regeln und wurden über Jahre in allen Kniffen ausgebildet. Sie hatten eine ›Diät‹ einzuhalten (Bohnen- und Hirsebrei, angeblich gut für die Muskelentwicklung), Ärzte gab es in der Gladiatorenkaserne genauso wie Leichenkammern und eine Waffenschmiede. Besonders wichtig war natürlich der eigene Übungsplatz.

▪ Historische Berühmtheit erlangte die Gladiatorenschule von Capua (zwischen Rom und Neapel): Hier wurde **Spartakus** ausgebildet, von hier floh er 73 v. Chr. mit 70 Gefährten, sammelte ein Heer von Sklaven und Entrechteten um sich, schlug viele Male die römischen Legionen, eroberte große Teile Süditaliens und brachte in diesem Sklavenkrieg den römischen Staat an den Rand des Abgrunds. Erst 71 v. Chr. wurde er vom römischen Heer geschlagen, 6000 gefangene Sklaven wurden längs der Via Appia gekreuzigt (Todesstrafe).

Schlägerei im Amphitheater von Pompeji 59 n. Chr.: Dieses Bild (Wandgemälde aus Pompeji) erläutert ein Bericht des Historikers ▶ Tacitus: Die Fans von Pompeji und des benachbarten Nocera gerieten einmal blutig aneinander, es gab sogar Tote. Darauf verbot der Senat in Rom (dort wurden solche Dinge entschieden) die Abhaltung von Gladiatorenkämpfen in Pompeji auf zehn (!) Jahre, der Veranstalter wurde in die Verbannung geschickt (vgl. S. 152).

▪ Recht bald bildeten sich verschiedene Gladiatorentypen und Kampfkonstellationen heraus; damit sollte der größtmögliche Zuschauerkitzel bewirkt werden.

▪ Von seinem Besitzer hing es ab, ob ein Gladiator nach vielen Erfolgen vom Kampf freigestellt oder sogar in die Freiheit entlassen wurde. Ob frei oder nicht: Erfolgreiche, gutgebaute Gladiatoren waren die Lieblinge nicht zuletzt auch weiblicher Fans!

mūnus sine missiōne: Kampf ohne Ende *(der Unterlegene wird sofort ersetzt)* • pollice versō: Daumen gedreht (nach unten) – *Todesurteil* • mitte!: lass ihn (leben)! • iugulā!: erwürg ihn! • hoc habet!: den hats erwischt! • occide, verberā, ūre: bring ihn um, prügle ihn, brat (›verbrenn‹) ihn!

Der Ablauf der Gladiatorenspiele | Am Abend vor dem Kampf erhalten die Gladiatoren regelmäßig ein üppiges öffentlich veranstaltetes Festmahl, Fans – Männer wie Frauen – können sich dabei unter sie gesellen und (zum letzten Mal womöglich?) aus der Nähe bestaunen.

▪ Am Morgen darauf beginnt zunächst ein ›Vorprogramm‹: Es wurden – in Rom war das so – die Hinrichtungen ›ad bēstiās‹ vollzogen, die Augustus erfunden hatte, d. h. auf zum Tode Verurteilte – es konnten auch Frauen sein – werden ausgehungerte Löwen, Tiger, Bären, Stiere usw. losgelassen. Mittags treten dann die glādiātōriī merīdiānī (merīdiēs: *Mittag*) an. Diese ebenfalls zum Tode verurteilten

Numeriī Popidiī Rūfī fam(ilia) glad(iātōria) pūgn(ābit) Pompēīs. Vēnātiō. Ex XII k(alendīs) māī. Māla et vēla erunt.
Numerius Popidius Rufus' Gladiatorentruppe kämpft in Pompeji. Mit Tierjagd. Ab 19. April. Es gibt Obst und Sonnensegel.

(Inschrift aus Pompeji)

Als grausam und unmenschlich pflegt manchen das Gladiatorenschauspiel vorzukommen, und ich weiß nicht, ob das so zutrifft, wie es jetzt abläuft. Als sich aber Straftäter auf Leben und Tod bekämpften, gab es vielleicht für die Ohren viele *[andere Möglichkeiten]*, aber für die Augen konnte es jedenfalls keine gediegenere Schulung gegen Schmerz und Todesfurcht geben.

Cicero, *Tusc.* II 41

Schauspiele lassen Wunden als schön empfinden und entflammen Todesverachtung, denn selbst bei Sklaven und Verbrechern ist Ruhmesstreben und Siegesdrang zu erkennen.

Plinius der Jüngere, *Pan.* 33

Mörder, Diebe usw. ›durften‹ wie ausgebildete Gladiatoren gegeneinander kämpfen, ohne in dem Gemetzel jedoch eine Überlebenschance zu haben. Dies war die ›Billigversion‹ der Spektakel, denn diese Menschen kosteten ja niemand etwas.

Erst nachmittags füllen sich die Sitzplätze richtig, denn gegen Abend beginnt das ›Profiprogramm‹. Nun ziehen auch die Honoratioren der Stadt, der Veranstalter (ēditor), später zudem der Kaiser ein. Alles vollzieht sich unter festlicher, jedenfalls schmetternder Musik – darunter auch Orgeln! – und tosendem Applaus. Auf ein Zeichen hin erscheinen die Gladiatoren im Marschzug und begrüßen den Veranstalter bzw. den Kaiser mit den bekannten Worten: ›Moriturī tē salūtant – *die Todgeweihten grüßen dich!*‹.

Kaiser ▶ Claudius antwortete auf diesen Gruß einmal, offenbar etwas geistesabwesend, mit ›Aut nōn‹, also etwa ›Oder auch nicht‹ (gemeint: ›Übertreibt mal nicht!‹). Die Gladiatoren meinten daraufhin, sie müssten nicht kämpfen. Nur mit größter Mühe wurden sie gewaltsam dazu getrieben, ihre Kämpfe auszufechten.

Nach verschiedenen Prozeduren – Untersuchung der Kämpfer, Waffentests, Anwärmkämpfen, Auslosung der Kämpferpaare – beginnen die Kämpfe, auf die das Publikum seit der Ankündigung hingefiebert hatte. Auch hier werden natürlich Wetten abgeschlossen.

Obwohl das Publikum mit seinem Votum über Leben und Tod des Unterlegenen entscheiden konnte, war dem Veranstalter natürlich am Leben seiner Leute gelegen: Zu teuer waren diese schließlich.

Ihr Ende fanden die blutigen Vergnügungen des Amphitheaters erst mit dem Untergang des (West-) Römischen Reiches (▶ Grafik S. 151; S. 207), als es auch kein Geld mehr dafür gab – etwa 200 Jahre, nachdem das Christentum zur Staatsreligion erhoben wurde. Auch die christlichen Kaiser nutzten die Massenhysterie aus, um sich beim Volk beliebt zu machen oder zu halten.

Umschwärmte Helden

Suspīrium puellārum Celadus thraex – *Nach dem Thraker Celadus schmachten die Mädchen*

Crēscēns rētiārius pūpārum nocturnārum medicus – *Der Netzkämpfer Crescens ist der Arzt für die Puppen der Nacht* *(Graffiti aus Pompeji)*

Rekorde oder Wahnexzesse?

Von Anfang an suchten sich die römischen Spieleveranstalter, im Aufgebot von Tieren und Kämpfern zu übertrumpfen. Sie hatten schnell gemerkt, wie diese Geschenke an die Massen ihre Popularität steigerte – aber auch die oberen und gebildeten Schichten verhielten sich in nichts anders. Von einzelnen kam Kritik, doch praktisch alle erlagen dem Massenwahn und einer Faszination des öffentlichen Massenmords. Ein paar Beispiele ›wahnsinniger‹ Rekorde:

- Pompejus veranstaltete einen Tierkampf mit 500–600 Löwen, 18 Elefanten und 410 anderen afrikanischen Wildtieren;
- Augustus ließ im unter Wasser gesetzten Circus Flaminius 36 Krokodile erlegen;
- Caligula ließ bei einer Veranstaltung 400 Bären und noch einmal 400 Wildtiere Afrikas erlegen;
- 200 v. Chr. kämpften bei einem Begräbnis 25 Gladiatorenpaare gegeneinander;
- 174 v. Chr. wurden für ein anderes Begräbnis an drei Tagen 74 Gladiatoren aufgeboten;
- Cäsar ließ an mehreren Tagen hintereinander 320 Gladitorenpaare antreten;
- Augustus berichtet stolz, dass bei acht von ihm veranstalteten Spielen 10 000 Gladiatoren eingesetzt wurden;
- die Kämpfe zur Einweihung des Kolosseums dauerten 100 Tage;
- Trajan ließ während eines Festes, das 123 Tage dauerte, 10 000 Gladiatoren kämpfen.

Übrigens: Auch Frauen traten als Gladiatorinnen in der Arena an – was die Zuschauer als besonders delikat empfanden.

Ein Erbe Griechenlands: die Olympischen Spiele | Im Jahre 146 v. Chr. schlugen die Römer einen Aufstand der Griechen nieder, zerstörten Korinth bis auf den letzten Grashalm und machten aus Griechenland (Achaea) und Makedonien

Über diesen Zugang erreichten Wettkämpfer und Zuschauer jahrhundertelang in Olympia vom Heiligen Hain aus das Wettkampfstadion.

(Macedŏnia) Provinzen. Zu dem Zeitpunkt wurden in Olympia auf der Peloponnes (jetzt in Achaea) schon seit über 600 Jahren als offizielles Ereignis die Olympischen Spiele abgehalten, die für Griechen aus der ganzen Welt offenstanden. Während sie – alle vier Jahre – stattfanden, herrschte überall in der griechischen Welt Frieden, jeder konnte unbehelligt zur Teilnahme dorthinreisen.

Die Spiele gerieten nun ebenfalls unter die Kontrolle Roms, das sie nunmehr für alle Bürger des römischen Reiches öffnete. Die Römer selbst jedoch interessierten sich – anders als der griechische Adel – nicht so sehr dafür, man schickte lieber Berufsathleten zu den Spiele.

Aber man modernisierte auch die Einrichtungen, so wurde z. B. in dem Leonidaion genannten älteren Luxushotel im nicht überdachten Innenhof in römischer Zeit ein künstlicher See und ein Garten angelegt. Im Jahre 394 n. Chr. kam jedoch fast 1200 Jahre nach den ersten Wettkämpfen das Aus für Olympia: Der römische Kaiser Theodosius I. verbot die Spiele.

Bühnenstücke – Bühnenkunst: Theater und Odeon | Eine ähnlich lange Tradition wie die Gladiatorenkämpfe haben in Rom Bühnenaufführungen im Theater; beides wurde auch anfänglich oft im selben Bauwerk – lange waren das Holzkonstruktionen (s. o.) – aufgeführt. Nachdem auch die Römer Steintheater bauten, gehörte ein solches Bauwerk (theātrum, ein griechisches Wort) so gut wie zu jeder römischen Stadt; häufig trat noch ein kleineres Gebäude ähnlicher Konstruktion hinzu, das ōdēum (Odeon, griech. ōdeion); dieses diente zu musikalischen Darbietungen in exklusiverem Kreis.

Das erste steinerne Theater Roms wurde von ▶ Pompejus 55 v. Chr. erbaut (für 20 000 Zuschauer!). Man gelangt noch heute in diesen Bau hinein, wenn man in Rom beim Campo de' Fiori bestimmte ältere Hotels betritt, deren Etagen ganz verwickelt und über viele Ecken durch Räumlichkeiten des alten Theaters führen: Das ganze Viertel wurde – wie man es auch in anderen Fällen sieht – hineingebaut. In der Grundform bewahrt dieses Theater die Struktur und Elemente des Theaters, das die Griechen für ihre Zwecke entwickelt hatten. Während die griechischen Theater jedoch mit ihren Sitzreihen in Hügel-

Das römische Theater von Orange (Arausio) in Südfrankreich gehört zu den besterhaltenen Theaterbauten. In dieser Form finden sie sich in der gesamten römischen Welt.

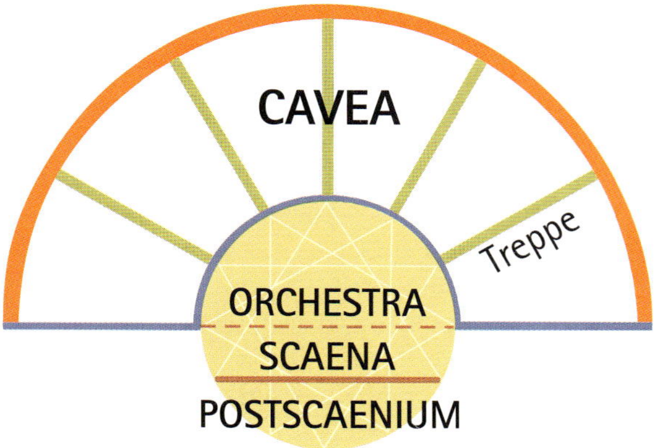

Die Form des römischen Theaters geht auf das griechische Theater zurück, bei dem die ›Orchestra‹, der Tanzplatz des Chores, und der Raum für die Schauspieler rund war. Später fügten schon die Griechen ein Bühnengebäude hinzu, um die Stücke interessanter gestalten zu können.

flanken hineingebaut waren, wurden die römischen im flachen Gelände errichtet und brauchten also rückwärts Unterbauten für die Sitzreihen. Daraus entstand eine ebenso imposante Gebäudeform wie das Amphitheater:

- Grundform: halber Kreis
- cāvea: Zauschauerraum
- orchēstra (griech. Wort; bei den Griechen rund, bei den Römern fast halbiert): Tanz- und Spielfläche (→ unser Wort Orchester; in unseren Opernhäusern wurde daraus der ›Orchestergraben‹);
- scaena (›Szene‹; griech. Wort): Bühnengebäude
- proscaenium (pulpitum): gegenüber der orchēstra erhöhte Spielbühne (Bühnenfläche)
- postscaenium: Rückteil des Bühnengebäudes

▮ Das Bühnengebäude diente meist zur Darstellung nebeneinanderliegender Häuser, vor denen die Handlung spielte und aus denen die Akteure heraustraten. Ganz unterschiedliche technische Apparaturen dienten dazu, z. B. Personen über der Bühne schweben oder in den Himmel entschwinden zu lassen. Auch die unterschiedlichsten Kulissen wurden aufgebaut, je nach Erfordernis der Spielhandlung.

▮ Prachtvolle Theaterbauten finden sich in allen Provinzen des römischen Reiches, von Gallien über Afrika bis Kleinasien. Rom selbst hatte mehrere Theater, darunter auch das heute noch sichtbare Marcellus-Theater.

▮ Auch Theateraufführungen finden im Rahmen öffentlicher Spiele (lūdī pūblicī) an Festtagen statt, und zwar morgens. Der Eintritt ist frei, alle – Männer, Frauen, Kinder, Sklaven – haben Zutritt. Wie viele bei uns heutzutage nur im Abendanzug ins Theater gehen, trug man (alle!) in Rom die festliche Toga.

▮ Veranstaltet wurden Theateraufführungen von Privatpersonen, Beamten oder später den Kaisern. Für die Kosten gab es öffentliche Zuschüsse.

▮ Der Veranstalter (dator lūdī) verpflichtet einen Regisseur (dominus gregis; grex ≈ Schauspielertruppe), dieser seinerseits Schauspieler (āctor, histriō, lūdiō) und Tänzer (saltātor). Der Schauspielerberuf galt – wie viele andere – als unehrenhaft, wurde also von Sklaven ausgeübt. Frauen wurden von Männern dargestellt, im Spiel trug man markante Kostüme, die auch die Rolle mit charakterisierten (also nicht anders als heute). Das Spiel auf der Bühne wurde von Flöten untermalt.

▮ An künstlerisch oder literarisch ›gehobeneren‹ Stücken fand das breite römische Publikum nie recht Gefallen; man liebte derbe, oft improvisierte Stücke, die eher auch nicht ›stubenrein‹ waren. Üblich war, dass Schauspieler, wenn sie – oder ihre Rolle – nicht gefielen, von der Bühne geprügelt wurden und überhaupt die Aufführungen in allgemeine Schlägereien ausarteten. Demgegenüber war es mehr als harmlos, dass man sich Speisen und Getränke mitbrachte und Lärm oder Schmatzen keinesfalls störte ...

▮ Schließlich erhielten die Beamten das Recht, nicht nur z. B. Tänzer, die sich ›unanständig‹ benahmen, aus Italien auszuweisen, sondern auch Zuschauer in die Verbannung zu schicken. Aufführungen unter Soldatenbewachung

Schauspieler in der Ankleide: Gerade wird ihm die Maske aufgesetzt. Wandmalerei aus Pompeji.

Typen von Theaterstücken

seriöses Theater:	
griechische Vorlage und griechischer Stoff	**Komödien** und **Tragödien**, sog. **fābulae palliātae** (pallium: griechischer Mantel)
griechische Vorlage und römischer Stoff	**Tragödien** (**fābulae praetextae**); **Komödien** (**fābulae togātae**) (die Schauspieler tragen die vornehme toga praetexta oder die einfache toga, also das römische Gewand)
populäres Theater:	komische und derbe Sketche, Mimen (mīmus; oft parodistisch), Pantomimen (pantomīmus; nur getanzt, ohne Worte)

waren die Regel; es war aber nicht sichergestellt, dass die Soldaten sich nicht an den Schlachten der römischen ›Hooligans‹ beteiligten.

■ **Die aufgeführten Stücke** | Seinen Ursprung hatte römisches Theaterspiel in früher Zeit in szenischen Darstellungen bei Bestattungen, auch wieder mit den Etruskern als Vorbild, vor allem aber auch in komödien- oder possenhaften Darstellungsformen besonders in Unteritalien, wo italische Völker und Griechen (▶ ›Großgriechenland‹) früh in Kontakt miteinander geraten waren. Dann kam die Übernahme der literarischen Formen des griechischen Theaters hinzu (▶ S. 198, 234).

■ Die volkstümlichen, oft krawallhaften Stücke (mīmus) – Ehebruchs-, Räuber- und Banditenstücke, Märchen- und Zauberpossen, Intrigen, Alltagsthemen u. a., oft mit Anspielungen auf öffentliche Personen – lebten von festen Typen, etwa Dossennus (der schlaue Bucklige), Maccus (der Vielfraß), Buccō (der Aufschneider), Pappus (der einfältige Alte), der betrogene ›gehörnte‹ Ehemann (der auch hier schon Hörner trug), der Rechtsanwalt u. a. Es gab den sanniō (Grimassenschneider) oder den scurra (Witzemacher). Manche hatten eine Glatze (mīmus calvus), andere einen Spitzhut (wie heute noch im venezianischen Karneval; mīmus apiciōsus) oder ein Flickengewand (centulus). Auch den Striptease (nūdātiō mīmārum) auf der Bühne hatten die Römer schon erfunden, nachdem in solchen Stücken ab der Kaiserzeit die Frauenrollen von weiblichen Schauspielern übernommen worden waren.

Typische Figur mit fettem Wanst aus ein volkstümlichen römischen Komödie (Atellanen-Komödie).

■ ▶ S. 197 zur Theaterliteratur

■ **In der Kneipe – das tägliche Vergnügen** | Nicht jeder Tag war Feiertag, nicht überall wurden Vergnügungen geboten, wie oben beschrieben, wenngleich sich der, der es sich leisten konnte, auf den Weg in die Stadt machte. Für die tägliche Ablenkung, das tägliche Vergnügen sorgten die in den belebteren Vierteln nicht gerade dünn gesäten Tavernen (tabernae) oder Speisekneipen (popīnae, ▶ 48), wo es Getränke und Speisen gab, wo man sich aber auch gerade wie bei uns einfach bei Wein – beliebt waren sog. Würzweine (vīna piperāta als Schnaps- oder Likörersatz: Schnapsbrennen war noch nicht bekannt) – und Musik traf und vergnügte.

Vīnum paradoxum
Zutaten für einen solchen Schnaps: in Wein eingekochter Honig, Pfeffer, Harz vom Mastixstrauch, Lorbeerblätter, Safran, geröstete Dattelkerne, in Wein eingeweichte Datteln, Asche, insgesamt dazu reichlich Wein. *(nach Apicius)*

Man kann sich vorstellen, wie es in einer Weltstadt wie Rom aussah, wenn es beispielsweise schon in dem biederen Provinzstädtchen Pompeji auf der ›Hauptmeile‹ auf 700 Metern um die zwanzig Kneipen gab, acht allein gedrängt auf fünfundsiebzig Metern. Die Öffnungszeiten waren wie bei uns behördlich geregelt – von vormittags bis abends, oft bis nachts. Die Kneipen waren höchst einfach eingerichtet.

Viele Kneipen waren mit Bordellen für die ›käufliche Liebe‹ verbunden, vor allem aber waren die Kneipen Orte eines regelrechten Volkslasters, von Wetten und Glücksspiel. Nicht nur die kleinen Leute

In der Gaststube eines thermopōlium oder einer pōpīna (›Kneipe‹). Wandmalerei aus Pompeji.

verkehrten in diesen Kneipen, es wird auch von manchen nachtschwärmenden vornehmen Leuten und selbst Kaisern berichtet. Von Kaiser ▶ Hadrian ist sogar ein (ironisch gemeintes) Gedicht auf einen befreundeten Dichter erhalten:

> Egō nōlō Flōrus esse,
> ambulāre per tabernās,
> latitāre per popīnās,
> cūlicēs patī rotundōs.
> Ich möchte nicht der Florus sein,
> Immer wandern durch Tavernen,
> Mich verstecken in den Kneipen,
> Unter dicken Schnaken leiden. (*Historia Augusta*)

Gesellschaftsspiele | In den Kneipen spielen die Leute natürlich auch Brettspiele (die überhaupt beliebt sind), darunter eine Art Schach (latrunculī: ›Räuberlein‹) oder das heute in Griechenland oder im Orient als *tavli* bzw. *tavla* und bei uns meist als *Backgammon* bekannte tabula bzw. lūdus duodecim scrīptōrum, außerdem Würfelspiele:

- Würfeln (ālea, tesserae) erfolgte mit bis zu vier Würfeln aus dem Becher (turricula: ›Türmchen‹); der beste Wurf war eine Venus (nach der Liebesgöttin), also etwa dreimal sechs Augen, der schlechteste ein ›Hund‹ (canis) (nur Einser). Kaiser Augustus beklagt sich einmal, dass er 20000 Sesterzen (▶ S. 133: Geld) beim Würfeln verloren habe, und ▶ Claudius, ebenso diesem Laster verfallen, schrieb sogar ein Buch über die Würfelkunst.
- Wetten und Geldspiele waren eigentlich verboten, aber darum nicht weniger Gegenstand verbreiteter Leidenschaft. Nicht verboten war es dagegen, Spielsalons zu betreiben – man hatte es so leichter, ›ertappten‹ Spielern das Vierfache ihres Einsatzes als Strafe abzunehmen, also eine Art ›indirekter‹ Steuer.
- Vor allem in den Sportanlagen der Thermen (▶ S. 53) war der trigōn beliebt, ein Ballspiel, bei dem sich die Spieler im Dreieck aufstellten und den Ball mit der Linken werfen und auffangen mussten.
- Auf Gehwegplatten oder an sonstigen antiken Bauten sieht man nicht selten in den Boden geritzte ›Spielbretter‹, die dort aber wohl eher von Kindern genutzt wurden.

›Speisekarte‹ auf einem Spielbrett für ein Würfelspiel. Der Text lautet: ›Wir haben als Speisen | Huhn, Fisch | Schinken, Pfau | Jäger‹. Alle Speisen beginnen mit P, die ›Jäger‹ bezeichnen vielleicht bestimmte Spieler. Der Pfau war bei den Römern eine beliebte Luxusdelikatesse, den es in einer einfachen taberna sicher nicht gab. – Statt korrekt habēmus steht hier in volkstümlicher Aussprache abēmus, statt pavōnem paōnem, und die venātōrēs beginnen mit einem B.

Intermezzo – Die Vergangenheit als ›Text‹

:: Nachrichten aus der Vergangenheit

Woher wissen wir eigentlich all diese Dinge aus der Vergangenheit, etwa über die Römer?

Letztlich gehen *alle* Informationen, über die wir verfügen, egal, wann die Ereignisse stattfanden, auf *Berichte* von Menschen zurück, die entweder als *Augenzeugen* dabei waren, oder auf Menschen, die von Ereignissen (als *Ohrenzeugen*) nur gehört haben. Beide Arten von ›Zeugen‹ gaben bzw. geben ihr Wissen entweder *mündlich* oder *schriftlich* (wo Schrift existiert!), häufig auch in *Bildform* weiter. Alle diese ›Informationsketten‹ können natürlich ihr Medium (mündlicher oder schriftlicher Bericht) im Lauf der Zeit auch wechseln, selbstverständlich auch mehrfach.

Zu den schriftlichen Formen der Information gehören Bücher, Briefe, heute mit CDs usw. auch elektronische Medien. Bilder, die oft informativ *scheinen*, bergen meist Rätsel; in der Regel sind weitere Textinformationen nötig, damit man sie voll versteht. Mündliche Informationen sind ›flüchtig‹ und werden nur unter eigenen Bedingungen, vor allem eigentlich nie mit identischem Wortlaut weitergegeben.

Zu den Informationen in Textform gehören auch Inschriften auf Steinen. Diese ›sprechen‹ entweder (sofern man die Sprache versteht: Die Inschriften der ▶ Etrusker z. B. kann man immer noch nicht verstehen) oder sind manchmal kaum erklärlich, weil man den Zusammenhang nicht kennt.

Mit dem Thema ›Steine‹ – besser: Ruinen, also Steinen, die erkennbar von Menschenhand geformt wurden – stoßen wir auf eine große Gruppe von ›Erzählern‹ oder ›Berichterstattern‹, aber mit einem großen Nachteil: Steine sind bekanntlich vollkommen stumm, wenn sie nicht mithilfe passender Berichte ›zum Sprechen gebracht‹ werden können, aber eben *nur* auf diese Weise. Natürlich kann man Steinen allein manche mehr oder weniger allgemeine Information entnehmen (weil sie ja menschlichen Zwecken dienten, ein Haus ist eben ein Haus), doch auch dann ›sagen‹ sie uns von selbst etwa über ihre Bewohner sowie deren Leben und Denken rein gar nichts oder jedenfalls nichts Konkretes.

Die ›Düwelskall‹
Ein hübsches Beispiel dafür liefert der lange ›Römerkanal‹ in der Eifel, ein Aquädukt, teilweise unterirdisch verlaufend, mit dem die römischen Ingenieure Köln mit Wasser versorgten (obwohl der Rhein ja auch genug davon lieferte, aber man zog das frische Eifelwasser eben vor): ›Als der ursprüngliche Zweck des Eifelkanals völlig in Vergessenheit geraten war, umspann der Volksmund das rätselhafte Gemäuer mit vielen Sagen von der ›Düwelskall‹ [›Teufelsrinne‹] und dem ›Heidengraben‹ und von unterirdischen Gängen, die zu unermesslichen Schätzen führen. Am nettesten ist, was die *Gesta Treverorum* und das *Annolied* vor fast tausend Jahren zu berichten wussten: Danach sei der Eifelkanal eine Leitung gewesen, durch welche die Trierer vor Zeiten ›amicitae causā‹ (›aus lauter Freundschaft‹) guten Moselwein nach Köln geschickt hätten. Muss das eine gute alte Zeit gewesen sein! Zweitausend Liter Moselwein in der Sekunde! O Mosella!‹ (Fritz Wündisch).

Das Gesagte macht deutlich, dass man ohne die Möglichkeit, fremde Informationen zu verstehen, über die Geschichte des Menschen, also über das, was uns umgibt, *nichts, gar nichts* wüsste. Und da spielt gerade das Lateinische – nicht allein, aber mit an erster Stelle – mit seiner außergewöhnlichen Geschichte für uns eine ganz besondere Rolle (▶ S. 174, 247).

Es ist klar, dass dieses unendlich lange Flechtband, das uns auf diese Weise mit der Vergangenheit verbindet und einen unüberschaubaren ›Text‹ bildet (texere: *weben, flechten*), ganz unterschiedlich geflochten ist. Dieser ›Text‹ ist

- zunächst einmal alles andere als vollständig – das

Der sog. Lapis niger, ›schwarzer Stein‹, gefunden unter dem Forum Romanum in Rom, gilt als die älteste lateinische Inschrift, sie stammt aus dem 6. Jh. v. Chr. Alle vier Seiten tragen Text, den man lesen (ältestes lateinisches Alphabet), aber nur schwer verstehen kann. Deutbar sind z. B. Wörter wie SAKROS ESED = sacer sit (›verflucht sei‹), IOUXMENTA KAPIA[T] = iūmenta capiat (›soll die Zugtiere nehmen‹), KALATOREM = calātōrem (›Ausrufer, Priesterdiener‹), REGEI = rēgī (›dem König‹), IOVESTOD = iūstō (›zu Recht‹). Vermutlich handelt es sich um einen Grenzstein vor einem heiligen Bereich, den man nicht mit Fuhrwerken befahren durfte. Trotz aller Fragen ist der Stein ein wichtiges Dokument für die Frühzeit Roms und für die Wissenschaft.

weitaus meiste ist verloren!

- Nicht Weniges wurde bewusst oder aus Dummheit vernichtet: Finden wir in unserem ›Text‹ wenigstens noch Spuren davon oder können wir etwas rekonstruieren?
- Der vorhandene Text besteht aus ›wahren‹, aber auch aus ›falschen‹ Berichten – also müssen wir im Prinzip auch feststellen, was ›wahr‹ oder ›falsch‹ ist.
- Der Text kann aus Unverständlichem (wie z. B. Geheimschriften oder nicht entzifferten Schriften oder nicht bekannten Sprachen) bestehen– das müssen wir verstehbar machen.
- Großes Problem: Ist das Erhaltene das Wichtigste oder Interessanteste, oder handelt es sich dabei vielleicht um etwas ganz Einseitiges oder Unwichtiges? Wie bekommen wir das heraus?
- Eins ist ganz besonders knifflig an diesem langen Text: Wo beginnt die Grenze zu dem, was wir unter Mythen und Sagen, Märchen und Legenden verstehen? Was unterscheidet einen Roman, also ›Geschichtenschreibung‹, von Geschichtsschreibung, also Berichten über ›Geschehenes‹? Was können solche Geschichten aber vielleicht trotzdem an Informationen über die Geschichte enthalten?

Von all diesen Fragen werden in diesem Buch (oder im Sprachlehrgang) eigentlich kaum welche noch grundsätzlich zu lösen sein. Du erfährst insgesamt das, was heute allgemein als richtig gilt. Aber trotzdem werden an vielen Stellen diese Fragen durchschimmern, und oft werden sie Anlass zu Diskussionen geben. Also: Geschichte bleibt immer etwas Spannendes, und je besser man die Informationen verstehen lernt – dazu gehört auch die Kenntnis der Sprache –, um so besser kann es gelingen, Fragen auf den Grund zu gehen und Rätseln auf die Spur zu kommen.

:: Was die Wissenschaft beiträgt

Mit all den eben erwähnten Fragen beschäftigt man sich natürlich nicht erst in unserer Zeit, sondern das hat schon immer auch die Wissenschaft getan – und die gibt es in unserem Kulturkreis seit den alten Griechen und Römern; auch die Araber, Erben der Antike wie wir, haben sich mit diesen befasst und

Kaiser Augustus hinterließ, in Bronze graviert und in Marmor gemeißelt, einen langen erhaltenen ›Tatenbericht‹ (Rēs Gestae). Aber kann man die Worte des Herrschers und Politikers für bare Münze nehmen?

vieles zur Antike überliefert, was uns betrifft. Auch vonseiten der Kirche hat man sich vor und während des Mittelalters damit beschäftigt, sodass zu unserem ›Text‹ auch schon sehr alte Erklärungen von Geschichte gehören, die ihrerseits wieder besondere Erklärungen verlangen. Und so wird irgendwann auch wieder das erklärungsbedürftig sein, was die heutige Wissenschaft zu unseren Themen sagt.

So geht es immer weiter, das Flechtband der Geschichte wird immer länger und dichter. Wenn du dich also hier mit den ›alten Römern‹ beschäftigst, lernst du nicht nur Latein und etwas über die Antike, sondern du bekommst auch etwas mit von dem, was in den ›Laboratorien‹ der Wissenschaft wie z. B. an den Ausgrabungsstätten der Archäologen oder in der Auseinandersetzung zwischen den Textwissenschaftlern abläuft. Und: **Du gehörst zu denen, die lernen, etwas von dieser Geschichte mit genauerem Wissen wieder weiterzugeben.**

3 Aus Rom wird Rom

Die ersten beiden Kapitel dieses Buches haben den Blick auf Rom und in die römische Welt gerichtet, um zu zeigen, wie das Leben dort etwa zur Zeit der Kaiser Titus und Vespasian (▶ S. 6) aussah. Dabei ging der Blick manchmal auch schon voraus, öfter auch zurück. Erst nach einer langen geschichtlichen Entwicklung ist aus ›Rom‹ das geworden, was wir unter Rom kennen: die beherrschende Stadt der italischen Halbinsel und das Zentrum eines Weltreichs.

Phoiniker (Phönizier) und Griechen hatten sich im Mittelmeerraum ausgebreitet, Die Phoiniker (violette Gebiete; sie stammten aus dem Gebiet des heutigen Syrien am östlichen Rand) taten das als Händler und schufen sich mit Karthago eine mächtige Metropole im Zentrum. Die Griechen (grüne Gebiete) siedelten überall und gründeten zahleiche Städte. – **Links:** Ein Gesicht aus der Zeit um 500 v. Chr.: Phoinikerin aus Sardinien; **rechts:** Der ›Wagenlenker von Delphi‹, eine griechische Bronzestatue aus der Zeit um 475 v. Chr.

Wir wollen jetzt das Fernrohr zunächst auf die Anfänge richten und anschließend die Entwicklung betrachten, die in die Kaiserzeit führte und bei der aus dem Latinerstädtchen Rom die Weltmetropole Rom wurde. Dabei konzentrieren wir uns in diesem Kapitel auf das, was in Italien geschah.

■ Die Welt ums Mittelmeer vor Rom | Lange bevor Rom auf den Plan der Geschichte trat, hatten sich im Osten des Mittelmeeres schon die ersten Hochkulturen mit großartigen zivilisatorischen Leistungen entwickelt (ganz zu schweigen von Indien oder China): Das waren die Königreiche im Vorderen Orient (Mesopotamien, Persien) und in Ägypten, in Kleinasien (Hethiter u. a.), auf Kreta und in Griechenland (Mykene). Es gab große Städte und Paläste, kontrollierte Landbewässerung durch Flüsse (Euphrat und Tigris, Nil), durchorganisierte Staatsverwaltung, geschriebenes Recht, Fernstraßen,

Astronomie und Schrift, hochentwickelte Kunst und Architektur.

Am westlichen Rand des Orients entstand die Kultur der griechischen Stadtstaaten wie Athen und Sparta und das Reich Karthagos, als Rom noch ein unbedeutendes Gebilde war. Während die Etrusker in Italien Städte bauten, Fernstraßen schufen und Fernhandel zu Lande und zur See trieben, versammelten sich in Rom Männer in Fellkleidung auf der Wiese, um die Belange ihres Bauernstädtchens zu diskutieren. Als Alexander der Große sein Weltreich im Osten erobert hatte – von Ägypten über Persien bis Indien – wurde Rom von griechischen Schriftstellern kaum dem Namen nach erwähnt.

Doch nach und nach wurde Rom plötzlich zum Konkurrenten aller vorherigen Mittelmeermächte und überrundete alle – außer Persien, den Ländern weiter im Osten und außer Ägypten.

:: Aus latinischen Bauern werden Römer

▮ Im Herzen Italiens bildet sich am Fluss Tiber nicht sehr weit von der Küste früh ein bedeutender Verkehrsknotenpunkt, der später am Rand des Machtbereichs der vor allem nördlich davon siedelnden Etrusker liegt. An dieser Stelle machte der Tiber einen kleinen Bogen, in dessen Mitte eine Insel lag. Bis hierher war der Tiber tief genug für Boote; hier bot er dann auch eine Untiefe, eine Furt, zum Überqueren. Hier passierten alle diejenigen, die vom Süden nach Norden zogen oder auch vom Meer her einen bequemen Übergang über den Apennin zum Adriatischen Meer hin suchten.

▮ Die Etrusker waren ein einheimisches Volk, das vermutlich durch schon frühe Kontakte von außen – vor allem wahrscheinlich Einwanderer aus Kleinasien – kulturelle Impulse erfuhr und sich zur bedeutendsten (west-)europäischen Kultur der Zeit zwischen 900 und 500 v. Chr. entwickelte. Besonders nahmen sie Einflüsse Griechenlands (das eher zum Osten gehörte) auf und konnten so später diese Errungenschaften an die Römer weitergeben.

▮ Die Gebiete außerhalb Etruriens wurden vor allem von zugewanderten nicht-einheimischen Stämmen besiedelt, die – anders als die Etrusker – miteinander verwandte indoeuropäische Dialekte sprachen (▶ S. 176). Zu ihnen gehörten die Latiner,

Im Nahen Osten hatten die Perser ab 550 v. Chr. von ihrem Kernland aus nach und nach alle Gebiete vom griechischen Kleinasien bis an die Grenzen Indiens im Osten und bis Ägypten im Südwesten zu einem Riesenreich vereinigt und eine beeindruckende Hochkultur geschaffen. Die verschiedenen Farben – außer grau – kennzeichnen ursprünglich fremde Gebiete, die nach und nach von Kyros, Dareios und Xerxes einverleibt wurden (diese Situation zeigt die Karte). 480 v. Chr. scheiterte Xerxes in der Seeschlacht von Salamis (vor Athen) gegen die Griechen und musste weitere Eroberungspläne aufgeben. Alexander der Große eroberte im 4. Jh. v. Chr. das gesamte Perserreich. Die Römer blieben dort – bis auf kleinere Kriege im Westen gegen Nachfolgereiche der frühen Perserkönige – immer ›außen vor der Tür‹ und übten hauptsächlich friedliche ›Koexistenz‹, lange auch gegen Ägypten, die letzte Bastion der Alexandernachfolger. – Abb.: Persischer Krieger aus Susa.

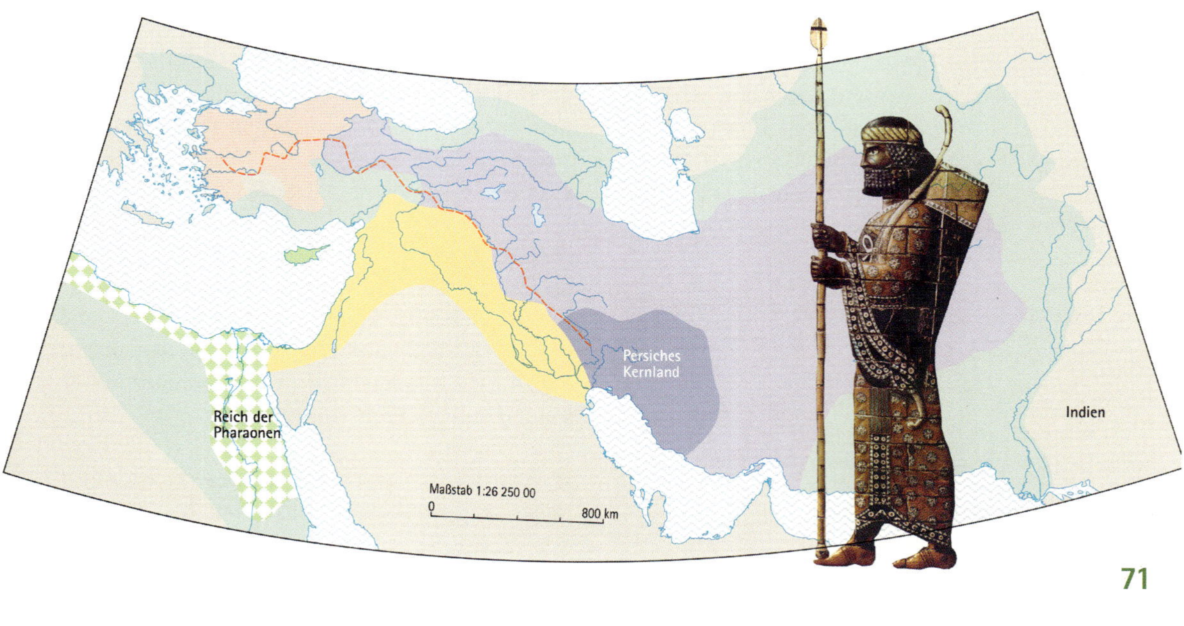

die in dem Gebiet um das spätere Rom im Einflussbereich der Etrusker siedelten. Sie waren Ackerbauern und Viehzüchter.

▮ Diese Latiner im später Latium genannten Gebiet sprachen *latinisch*, das war die Ursprungssprache des späteren Lateinischen. Sie besiedelten die Hänge mehrerer Hügel in der Nähe des genannten Tiber-Knicks.

▮ Das Gebiet der sumpfigen Senke zwischen den Hügeln – das spätere forum (Rōmānum) – wurde zu einem gemeinsamen Ort; hier finden sich die frühesten Gräber. Schon vorher hatte es wohl in der Nähe der Furt einen Markt – das spätere forum boārium (*Rindermarkt*) – gegeben.

▮ Die Siedlungen auf den ›Sieben Hügeln‹ in der Nähe dieser Tiberbiegung werden der Ausgangspunkt für die Stadt Rom sein. Ihr Name ist vermutlich etruskisch *(Rumon)* und bezeichnet ursprünglich, nimmt man an, die Tiberbiegung mit der Insel und den dort befindlichen Übergang. Der steile Kapitolsfelsen (clīvus Capitōlīnus, Capitōlium) diente der neuen Stadt als Schutzburg (arx); über eine solche verfügten damals die meisten städtischen Siedlungen.

Rom in Mythen und Sagen | Aus dieser frühen Zeit der Geschichte Roms existieren keine direkten Nachrichten oder Dokumente. Wie schon erwähnt, kommen die Römer in den Berichten anderer Völker, etwa der Ägypter, nicht vor (wohl aber z. B. die Etrusker oder ›Sikuler‹ aus Sizilien).

Allerdings haben sich spätere römische Schriftsteller, Geschichtsschreiber und Dichter bemüht, überlieferte Erzählungen und in Archiven bewahrte Berichte jeder Art zu suchen und aufzuschreiben, aus denen sie die Herkunft und Geschichte der Römer zu rekonstruieren versuchten. Dabei wurde nicht zwischen sagenhaften und historischen Ereignissen unterschieden – sonst hätte man auch für viele Jahrhunderte kaum etwas aufzuschreiben gehabt.

Lesetipp:
Carstensen, Richard: *Die Sagen der Griechen und Römer*
Carstensen, Richard: *Die Sagen der Griechen*
Carstensen, Richard: *Die Sagen der Römer*
Fink, Gerhard: *Die schönsten Sagen der Antike*

▶ S. 237 f.: *Mythen und Sagen bei den Römern*

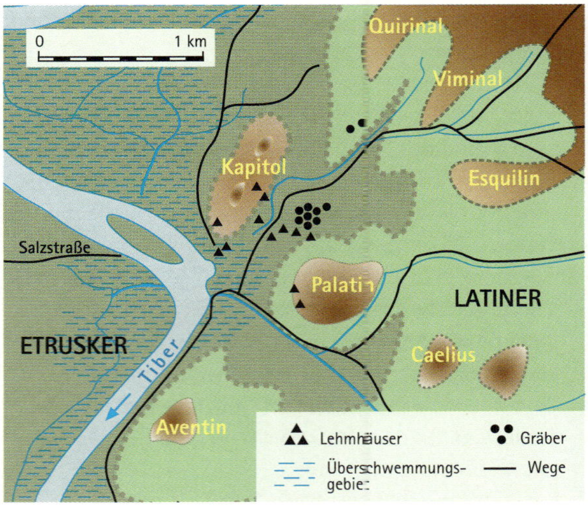

Östlich der Tiber-Senke erheben sich die Sieben Hügel Roms. Das Gebiet zwischen Kapitol und Palatin wurde zum späteren Forum Romanum.

Ruinen erzählen | Im 19. Jahrhundert war Heinrich Schliemann, ein reicher Kaufmann, losgezogen und hatte sich einen Jugendtraum erfüllt – in der Türkei und in Griechenland hatte er Ausgrabungen durchgeführt und dann geglaubt: Die Geschichten Homers über Agamemnon und Achilleus waren wahr. Jedenfalls hatte er Troja und Mykene entdeckt (heute sieht man das sehr viel komplizierter).

Seitdem überlegt man sich viel genauer, was an fantastisch scheinenden Geschichten eventuell doch faktisch wahr sein könne, und hat tatsächlich mithilfe der Archäologie viele überraschende Entdeckungen gemacht.

▮ So haben Grabungen und Untersuchungen auf dem Palatinshügel und an anderen Stellen in Rom in den letzten Jahrzehnten ergeben, dass die Sagen um die Gründung Roms einen tatsächlichen, wahren Kern enthalten müssen und sogar zeitlich recht zuverlässig sind. Schon ab dem 10. Jahrhundert v. Chr. etwa war der Bereich besiedelt, und tatsächlich kann man im 8. Jahrhundert v. Chr. dort eine befestigte Stadt nachweisen, vielleicht die Siedlung, die in der römischen Überliefereung später ›Rōma Quadrāta‹ heißen sollte, *quadratisches Rom* – das bezieht sich wohl auf das Viereck, von dem aus die bei Stadtgründungen übliche Vogelschau zur Weissagung durchgeführt wurde.

Was faktisch geschah | Auf diese Weise, mit teilweise geradezu kriminalistischen Methoden, ergibt das Puzzle aus historischen Informationen ein geschichtlich einleuchtendes Bild:

- Die in sieben Dörfern auf den Hügeln siedelnden Latiner gründeten einen Bund, das sog. ›Septimontium‹. Zwischen ihnen und den auf benachbarten Hügeln siedelnden Sabinern wurden irgendwann die Stammesgrenzen aufgehoben, ab da heirateten sie sich auch (›Raub der Sabinerinnen‹). Anders als die Römer es später darstellten, dominierten aber die Sabiner diesen Bund. Dieser Zwei-Stammes-Gegensatz kommt in der Legende der Zwillinge Romulus und Remus zum Ausdruck. Hinter dem sagenhaften Mord an Remus bei der Stadtgründung verbirgt sich die Tatsache, dass einer der beiden Stammeskönige, also der Latiner oder der Sabiner, bei der Vereinigung zugunsten des anderen zurücktreten musste.
- Romulus, der als Latinerkönig gilt, aber zu den Sabinern zu rechnen ist, trägt einen etruskischen Namen. Auch das zeigt, dass die Etrusker damals über beherrschenden Einfluss verfügten. Nach Romulus folgen ausdrücklich drei Sabinerkönige (Numa Pompilius, Tullus Hostilius und Ancus Marcius), dann ausdrücklich drei Etrusker (Tarquinius Priscus, Servius Tullius und Tarquinius Superbus). Die Könige herrschen über etwa 250 Jahre, bis der letzte Etruskerkönig vertrieben wurde und die Zeit der Republik beginnt. Hierzu schreibt der Dichter Properz in der Zeit des Augustus: »100 Männer in Fellkleidung waren der Senat« (IV I, 14).
- In der Zeit der Könige gibt es beständige Auseinandersetzungen zwischen den Stämmen und Städten der Region um die Vorherrschaft, konkreter: um Land für Äcker und Vieh; hier gilt: wer nicht obsiegt, dem droht der Untergang. Rom ist gezwungen mitzuspielen und ... gewinnt die Oberhand.
- Von besonderer Bedeutung ist dabei der Sieg über die Rivalin Alba Longa: Diese Stadt am Fuß der Albaner Berge war die eigentliche Hauptstadt der Latiner; nach der (später ausgebildeten) Sage war sie von Iulus, dem Sohn des Äneas, nach dessen Flucht aus Troja (▶ S. 74) gegründet worden. Tatsächlich bezeugen archäologische Funde in Latium frühe Kontakte zu Kleinasien.
- Was Rom betrifft, kann man sagen: Es hat sich diesen frühen (sagenhaften) Teil seiner Geschichte durch Kriege gegen seine Nachbarn ›angeeignet‹. Die Geschichte der Abkunft von Äneas wird unter Augustus eine große Rolle spielen. – Alba Longa wird von der Landkarte getilgt, die Einwohner in diesem Fall allerdings nicht getötet, sondern nach Rom verschleppt, wo sie als Arbeitskräfte auf dem Acker und im Handwerk integriert werden: Schon früh lernt Rom, variabel und flexibel mit dem Gegner zu verfahren – einer der Gründe des römischen Erfolges.

Nach Funden und archäologischen Hypothesen (Vermutungen) rekonstruiertes Modell der frühesten Hütten auf dem Palatin.

> Die griechischen (Stadt-)Staaten waren schließlich untergegangen und von Makedonien besiegt, weil sie ihr Bürgerrecht nur solchen zuerkannten, die Eltern mit Bürgerrecht hatten. Dadurch gerieten die Bürger (die auch die Soldaten stellten) immer weiter in die Minderzahl. Durch Kriege miteinander schwächten sie sich immer weiter, bis sie nicht mehr konnten.
>
> Tacitus, *Annalen* XI 24,4

- In dieser Zeit entsteht die erste Tiberbrücke (Pōns sublicius: ›*Pfahlbrücke*‹) und damit ein ständiger Zugang zum anderen Ufer; das führt zur Ausweitung der Stadt trāns Tiberim (> heute ›Trastevere‹), ›jenseits des Tibers‹, auf den Ianiculum-Hügel. Und Rom öffnet sich zum Meer hin: Der Hafen Ostia wird geschaffen. Allerdings bleiben die Römer noch fast 350 Jahre Landratten, die sich lieber auf festem Boden bewegen und Seehandel und solche Dinge anderen überlassen.
- Große Bedeutung haben weiterhin die Salinen zur Salzgewinnung an der Tibermündung (übrigens immer ein Zankapfel beim Streit um die Vorherrschaft in dem Gebiet); sie werden ausgebaut, die

Der Trojanische Krieg
Der Krieg um Troja ist ein sagenhaftes Ereignis, das von den Griechen und der gesamten Antike als geschichtliche Wirklichkeit aufgefasst wurde. Der Krieg und viele Geschehnisse um ihn bilden Gegenstand vieler Erzählungen mit Helden und Göttern als Hauptgestalten. Am bekanntesten davon sind die *Ilias* und die *Odyssee* des Dichters ▶ Homer.

Der Krieg wurde – nach der Sage – von den vereinigten Griechen unter Führung Agamemnons gegen die Stadt Troja an der Nordwestküste Kleinasiens geführt, weil der trojanische Königssohn Paris die schöne Griechin Helena geraubt hatte. Nach zehn Jahren Belagerung gelang es den Griechen, unter Einsatz des hölzernen Pferdes, einer List des Odysseus, die Stadt einzunehmen und zu zerstören. Wer konnte, flüchtete; unter den Flüchtlingen war auch Äneas, der nach langer Fahrt in Italien in Latium anlandete und den die Römer in ihren Sagen als ihren Stammvater betrachten.

Die Sagen hielten über die Jahrhunderte hin die Fantasie der Menschen wach. Heinrich Schliemann fand im 19. Jahrhundert – im festen Glauben an die Zuverlässigkeit Homers – im Nordwesten Kleinasiens eine Ruinenstadt, die seitdem bei sehr vielen als das Troja der Sagen gilt, ohne dass sich das ›beweisen‹ ließe. Die Ausgrabung Trojas zeigt aber in jedem Fall, dass auch hinter den trojanischen Sagen tatsächliche historische Ereignisse stecken – welche, weiß man aber nicht.

alte Salzstraße, Via Salāria, nach Norden wird immer wichtiger.

■ Erst in der Zeit der Etruskerkönige erhält Rom die endgültigen Strukturen und das Aussehen einer echten Stadt. Der in der Überlieferung **Tarquinius Priscus** (Tarchu ist ein etruskischer Name) genannte König sucht, der Stadt etruskische Lebensart nahezubringen, und gibt Religion, Verwaltung und Beamten in Form von Riten und äußeren Würden- sowie Machtzeichen ein rein etruskisches Gepräge; dieses werden die Römer stets beibehalten! Ebenso erhält Rom mit dem Bau des Forums und des Circus Maximus, mit Läden und Schulen ein urbanes (städtisches) Gesicht; die noch heute in Betrieb befindliche Cloāca māxima zur Entwässerung der Forumssenke geht auf seine Initiative zurück.

■ Auf unruhige Zeiten könnte die Tatsache deuten, dass der Führer eines privaten Kriegertrupps (oder Bandentrupps?) mit dem etruskischen Namen Mastarna (*Macstarna*, darin steckt lat. magister, und dahinter verbirgt sich der **Servius Tullius** der Überlieferung) die Macht an sich reißt. Unter ihm jedenfalls erreicht die Stadt die Ausmaße des späteren republikanischen Roms. Ihm werden auch die ersten Stadtmauern (von der noch Reste stehen, etwa am Termini-Bahnhof, ▶ Abb. S. 44) sowie eine politische Verfassung als auch wichtige Verwaltungsmaßnahmen zugeschrieben. Genau weiß man das letztlich nicht, aber faktisch passierte all dies jedenfalls *vor* dem 4. Jahrhundert v. Chr.

■ Der letzte König, **Tarquinius Superbus** (der ›Hochmütige‹) leitet zwar eine weitere Entwicklung und Ausgestaltung Roms ein, ist aber offenbar ein skrupelloser Machthaber, der die Verfassung, damit die Rechte der anderen Gruppen, missachtet und so die adligen Grundbesitzer ebenso wie die einfachen Bauern und Handwerker schikaniert; sie stellen sich gegen ihn und vertreiben ihn in einer revolutionären Erhebung: Das Königtum wird abgeschafft und die Republik eingeführt.

■ Die Verhältnisse in der Königszeit | Die Gründung Roms und die Einführung der Königsherrschaft bedeuteten, dass die Latiner, Sabiner und eventuelle sonstige beteiligte Stämme oder Gruppen mit ihrem Zusammenschluss eine neue Stufe der Gesellschaft erreicht hatten: Nicht mehr der Stamm (gēns), der aus einzelnen Familien bestand, mit einem Stammes-

Einmündung der heute noch ›in Betrieb‹ befindlichen Cloāca māxima in den Tiber – das Tonnengewölbe hatten die Etrusker erfunden. Im Innern ist der Kanal mannshoch.

ältesten an der Spitze (dem ältesten aller patrēs familiās), war die höchste Einheit. Stattdessen bildeten alle zusammengeschlossenen Stämme eine Körperschaft, das ›Volk‹ (**pŏpulus**). Dieser Begriff umfasst zunächst aber nur die **patrēs** der einzelnen Familien, die diesen Zusammenschluss bilden, da sie die bestimmende Rolle einnehmen. (Die Bedeutung hat also mit unserem Wort ›Volk‹ zunächst *gar* nichts zu tun.)

- Wahrscheinlich haben die Latiner mit dieser Bezeichnung einen Begriff der Etrusker ›übersetzt‹: Deren Bund aus zwölf Städten (▶ S. 80) hieß im Lateinischen z. B. immer Bund der zwölf populī.

Erst unter Kaiser Augustus erhielt die mythische Geschichte von Äneas als Urvater Roms größere, öffentliche Bedeutung; zuvor hatte sich schon Cäsar die Geschichte zunutze gemacht. Hier opfert Äneas dem Gott Mars auf dem ›Friedensaltar‹ (Āra pācis) des Augustus (▶ S. 135; 146–147).

▮ Mit populus sind also zunächst nur die Grundbesitzer aus altem Geschlecht, die sog. patriciī, gemeint. Anfangs – so hieß es später – waren das die 100 Familien, die sich zuerst in Rom niedergelassen hatten. Deren patrēs bildeten einen Senat (senātus: ›Ältestenrat‹). Als auch Nicht-›Patrizier‹ zu Grundbesitzern aufgestiegen waren, wurden diese als cōnscrīptī (›Eingetragene‹, d. h. Senatoren nicht von Geburt) ebenfalls aufgenommen.

▮ Der populus seinerseits wurde sozusagen quer zu den früheren Stammesbindungen neu gegliedert (in tribūs und cūriae) und trat in Volksversammlungen zur Beschlussfassung über verschiedene Angelegenheiten zusammen. Aus den früheren Stämmen hatte sich damit etwas Neues formiert, der Beginn staatlicher Strukturen:

- **tribus** (›Drittel‹): Die gentēs wurden anfänglich in drei Stammesgruppen gegliedert – Ramnēs, Titiēs, Lucerēs.
- Jede Tribus war in zehn **cūriae** (co-viriae: *›Männergruppen‹*) eingeteilt, jede cūria bestand aus zehn gentēs.

POPULUS untergliedert in **3 TRIBUS** ◀ *Ramnes / Tities / Luceres* — jede: **10 Kurien** ▶ **30 Kurien**

(Erinnerung an die drei ursprünglichen Bevölkerungsgruppen Roms)

▮ Die Gesellschaft setzt sich folgendermaßen zusammen:

- Ganz oben stehen die **Patrizier**-Familien; sie bestimmen, ›was läuft‹;
- zu ihnen gehören abhängige Leute, meist Stammesfremde oder Fremde, die unter dem Patronat der Patrizier stehen (**clientēs**); gegen den gewährten Schutz leisten sie verschiedene Dienste zum Nutzen ihres jeweiligen Patrons (clientēs später: ▶ S. 17);
- die zahlenmäßig größte Schicht bilden die **Plebejer**; es sind Kleinbauern, Landarbeiter oder Handwerker; man kann vermuten, dass es sich bei ihnen ursprünglich um besiegte und dann als zugehörig geltende Latiner (Sabiner ... u. a.) handelt;
- gesellschaftlich gleich stehen ihnen im wesentlichen sog. Freigelassene, d. h. frühere Sklaven;
- an unterster Position befinden sich noch die Sklaven: Es war schon immer üblich, im Kampf unterlegene Gegner zu Sklaven, also zu Arbeitskräften ohne alle Rechte zu machen; außerdem konnte man in Sklaverei geraten, wenn man seine Schulden an die Reichen nicht mehr zahlen konnte; oder man war als Sklave geboren (verna).

▮ An der Spitze des Staates steht ein gewählter König (**rēx**: *Lenker*); das Amt ist also *nicht* erblich. Gewählt wird der rēx von einer Versammlung der 30 Kurien (cōmitia cūriāta), vorschlagen darf ihn der Senat. Aufgaben des Königs: oberster Priester, oberster Armeebefehlshaber, oberster Richter, Präsi-

Eine solche Zusammensetzung der Gesellschaft finden wir in der ganzen Antike, bei fast allen Völkern, in den meisten Gegenden. Im Einzelnen gibt es zwar gewisse Unterschiede, doch eins ist gleich, die große **Ungleichheit**: Auf der einen Seite stehen immer wenige Reiche und Privilegierte mit viel Land, auf der anderen die Masse derer, die kaum etwas oder gar nichts besitzen.

dent des Senats; der Begriff für die oberste Macht ist **imperium**.

- Der König übt seine Macht nicht nach Gutdünken aus, sondern er führt aus, was Senat und Kurien beschließen; das geschieht in einem komplizierten Geflecht verschiedener Kompetenzen (Zuständigkeiten). So sind es die Kurien, die bei ihren Versammlungen Gesetze annehmen oder über Krieg und Frieden entscheiden, doch muss der Senat diese Beschlüsse absegnen. Ebenso haben die Kurien bei Staatsverbrechen das Wort in letzter Instanz.
- Der König hat seinerseits die Vollmacht über die Auspizien (auspicia). Bei diesem genau festgelegten Ritual holen als Sachverständige geltende Leute (also nicht unbedingt Priester) in wichtigen Fragen die Meinung der Götter ein, indem sie den Flug der Vögel begutachten oder z.B. prüfen, ob die heiligen Hühner gut genug fressen. Damit soll Klarheit über die Zukunft gewonnen werden. Diese ausgefeilten Verfahren, die sozusagen als Wissenschaft galten, haben die Römer von den Etruskern übernommen.

Wenn die Vögel nicht wollen, wie sie sollen
Eine Begebenheit aus den Punischen Kriegen (3. Jh. v. Chr.)
Im ersten punischen Krieg wollte P. Claudius eine Seeschlacht eröffnen und ließ dazu nach überkommenem Brauch das Vogelorakel befragen; der Hühneraufseher meldete jedoch, die Vögel wollten nicht aus dem Käfig herauskommen. Da befahl er, sie ins Meer zu werfen, und sagte dazu: ›Wo sie schon nicht fressen wollen, sollen sie wenigstens saufen.‹
Valerius Maximus, *Facta et dicta*, I, IV 3

(Wenn die Hühner brav gefressen hätten, wäre das als gutes Vorzeichen zu werten gewesen.)

- Weitere Aufgaben nehmen die Kurien auch in Form von Versammlungen auf dem Kapitol wahr, wo sie unter Vorsitz des obersten Priesters, des Pontifex māximus, sowohl über zivile, aber auch religiöse Rechtsfragen ebenso befinden wie über die Einsetzung von Priestern.

↪ Das ›königliche‹ Rom ist also keine Monarchie (mit erblichem Königtum), sondern eine Republik der Aristokraten (mit gewähltem ›Präsidenten‹), genauer: der Großgrundbesitzer (und damit der Allerreichsten).

Besitz und Lebensform | In der Vorstellung der Römer später geht auf Romulus eine Aufteilung des römischen Gebietes in drei Teile zurück. Diese drei Teile sollten immer eine Rolle in der römischen Politik spielen.

- Das Gesamtgebiet ist der ager Rōmānus (ager: *Grund und Boden, Grundstück*).
- Ein Teil kommt dem König zu, der ager rēgius. Dieser ager ist gleichzeitig rēs sacra, d.h. *heiliger, unantastbarer Bereich.*
- Ein Teil wird als ager prīvātus (prīvus, -a, -um: *einzeln, eigenständig*) den Patriziern zugewiesen. Da die anderen – Plebejer und clientēs – zu den gentēs gehören und in Abhängigkeit von den patriciī leben, brauchen diese kein eigenes Land.
- Ein dritter Teil schließlich ist ager pūblicus; er steht allen gentēs als Weideland zur Verfügung. Hier hat der Begriff rēs pūblica seinen Ursprung, mit dem unsere ›Republik‹ nur noch indirekt zu tun hat.
- Auf ihrem Grund und Boden ist die gēns unabhängig, sozusagen ein Staat im Staat. Der pater familiās der ältesten gēns ist das Oberhaupt, er teilt den Boden unter die einzelnen familiae auf und spricht selbständig Recht über alle Angehörigen der gēns, soweit es sich um ›private‹ Dinge handelt. Dazu gehört unter Umständen auch die Todesstrafe.

↪ In der Frühzeit soll es z.B. Ehefrauen unter Todesstrafe verboten gewesen sein, Wein, also Alkohol, zu trinken. Richter war der pater familiās.

- Auf dem ager pūblicus züchtet die gēns ihr Vieh (wahrscheinlich gemeinsamer Besitz), auf dem ager prīvātus betreibt man Landwirtschaft. Die Römer sind und bleiben **Bauern**.
- Außerdem ist der pater familiās oberster Priester des ›privaten‹ Hauskults, der die religiösen Riten durchführt und die Opfer anleitet. (Die Opfer bieten übrigens eine willkommene Gelegenheit zum Fleischgenuss, das ist ihr praktischer Zweck.)

Zwei etruskische Krieger im Kampf. Fragment eines Terrakottareliefs auf einem Tempelgiebel aus der Frühzeit.

↪ Diese Rechte des pater familiās blieben zumindest formell auch die ganze Zeit der Republik über unverändert.

■ Cīvis et mīles – die römische Armee | Auch die Verteidigung bzw. Kriegführung gründete sich auf die gentēs: Sie haben nicht nur Rechte, sondern auch Pflichten. Dazu gehört die Pflicht, bei Notwendigkeit Soldat zu sein. Wer in welcher Form Soldat werden musste, änderte sich im Lauf der römischen Geschichte mehrmals. Cīvis et mīles – so lautete denn eines der Ideale der alten Römer: *Bürger und Soldat*. Das ▶ Bürgerrecht war daher auch später immer an diese Verpflichtung geknüpft.

■ In der Anfangszeit galt: Jede cūria stellte 100 Fußsoldaten (daher centūria, *Zenturie*, von centum = 100) und zehn Reiter (daher decūria, *Dekurie*, von decem = 10). Das ergab bei den drei Tribus (30 Kurien) 3000 Fußsoldaten (mīlitēs) und 300 Reiter (celerēs, eigentlich ›Schnelle‹, dann in der damaligen Zeit Name der ›Ritter‹).

■ Ritter sind natürlich die Patrizier; meist kämpfen sie aber gar nicht zu Pferde. Nach den Sagen hat man den Eindruck, dass häufig noch Einzelkämpfe zwischen zwei Kämpfern ausgefochten wurden, die so zur Entscheidung führten. Die Bewaffnung war nicht festgelegt.

■ Es kam durchaus vor, dass eine einzelne gēns selbständig einen Krieg führte. Darin kommt zum Ausdruck, dass die gentēs zunächst einmal ihre Interessen im Blick hatten (▶ S. 74 Mastarna).

■ Ende der Königsherrschaft – und nun? | Mit der Vertreibung der Könige um 500 v. Chr. (nach der Überlieferung: 509) haben die Römer einen weiteren entscheidenden Schritt zum ›Römerwerden‹ getan: Sie lösen sich vom bestimmenden politischen Einfluss der Etrusker und machen sich auf den Weg, ihre eigene Identität zu schaffen. Losgelöst vom etruskischen Einfluss, pflegen sie wohl vor allem das, was ihre bäuerliche Kultur ausmacht, und müssen nun ihre Rolle gegenüber den anderen Städten um sie herum neu finden. Es ist kein Zufall, dass Rom in dieser Zeit seinen ersten außenpolitischen Vertrag schließt – mit Karthago (in Nordafrika), der späteren erbitterten Gegnerin.

■ Am Ende der Königszeit umfasst das Herrschaftsgebiet Roms (der ager Rōmānus) etwa 900 km², das ist ziemlich genau die Größe des heutigen Berlin. Immerhin: Mit ein paar Hütten auf dem Palatin (▶ Abb. S. 73) hatte es vielleicht 500 Jahre zuvor ange-

Das Herrschaftsgebiet Roms um 700 (dunkelgrün) und 500 v. Chr. (hellgrün)

fangen, 250 Jahre waren seit dem Zusammenschluss der dortigen Dörfer zur Stadt Rom vergangen.

▮ Trotzdem: Rom war weiterhin ein unbedeutender, unbekannter Flecken am Rande der ›zivilisierten‹ Welt – die ihrerseits etwa aus Persien, Ägypten und – ebenfalls noch ganz am Rande – den aufstrebenden griechischen Städten bestand.

▮ Grundlage des Selbstverständnisses der Bewohner bleibt das Bauerntum, sie treiben noch keine umfassenden Handelsgeschäfte wie die Etrusker und bringen keine Händlerklasse hervor. Dadurch fehlen den Römern weiterreichende Kontakte größeren Umfangs, und sie verfügen über keine äußere Quelle irgendwelchen Reichtums. Man ist zufrieden, mit dem, was man hat, und tauscht im Rahmen des Möglichen das Eigene gegen nützliche Angebote.

▮ Es gibt zu der Zeit noch keine einheitliche Verkehrssprache, weder im engeren Raum Latiums noch gar in Italien (auch etruskisch war nicht ganz einheitlich). In Rom sprach man einen der zahlreichen Dialekte. Doch werden die Römer später darauf bestehen, dass von ihnen unterworfene oder ihrem Verbund beigetretene Völker ihren Dialekt, das spätere Lateinische, als offizielle Sprache anerkennen.

Die alte Etruskerstadt Pitigliano (moderner Name, etruskisch vielleicht Statnes) in der Toskana zeigt schön, wie die Etrusker ihre Städte geschützt auf hohen Felsen bauten.

Dieses Latein ist jedoch nicht die Sprache eines kulturellen Zentrums (wie etwa in Griechenland Athen oder Sparta), sondern ›die Sprache einer Bauernaristokratie, die über ein Straßennetz verfügt‹, wie man gesagt hat. Die Sprache war aber von Anfang an *ein* grundlegendes Element ihrer Einheit.

▮ Als Bauern verfügten die ›Römer‹ zweifellos – wie das auf der ganzen Welt üblich ist – über Gesang und (mündliche) Verskunst. Sie hatten aber offenbar kein Bedürfnis, sich in irgendeiner Weise in Form schriftlicher Literatur oder bildender Kunst auszudrücken. Solches findet man bei ihnen erst viel später.

Aus dieser Zeit stammt die erste bekannte lateinische Inschrift (auf einer Spange; manche meinen heute: eine Fälschung):
Manios med fhefhaked Numasioi.
Mānius mē fēcit Numeriō.
Manius hat mich für Numerius gemacht.

▮ Da die Römer keine Händler waren, gab es auch sonst kein Bedürfnis, etwas schriftlich festzuhalten. Doch das Interesse an Schrift kam allmählich auf, zeifellos angeregt durch die Etrusker, die sich der Schrift schon längst zu verschiedenen Zwecken bedienten.

▮ Nach und nach treten nun aber neue innere Gegensätze zutage bzw. sie verschärfen sich, nämlich die zwischen den Grundbesitzern einerseits und den einfachen Leuten andererseits – also zwischen *Patriziern* und *Plebejern*.

:: Die Etrusker – die erste Hochkultur Europas

Während die übrigen Bewohner Italiens, auch die Latiner, in der Zeit, von der wir sprechen, vormals aus dem Norden oder dem Osten (über die Adria) zugewandert waren, waren die Etrusker schon zuvor in der Toskana, dem Gebiet, das noch heute ihren Namen fortführt, heimisch gewesen. Von dort aus dehnten sie sich nördlich in die Po-Ebene und bis in die Gegend des heutigen Venedigs, nach Süden noch bis über das heutige Neapel hin aus. Überall in diesen Gebieten findet man ihre Städte, ihre Spuren; auch auf Korsika oder Sardinien waren sie zu finden – das Kernland blieb aber immer die Toskana (lat. Etrūria, Bewohner Tūscī, auch Etrūscī).

Ihre hochentwickelte Stadtkultur begann sich etwa ab 900 v. Chr. vorzubereiten, also vor der Zeit der legendenhaften Gründung Roms. Gut möglich ist, dass um diese Zeit (oder schon vorher) eine Gruppe von Menschen aus dem Osten (Kleinasien) eingewandert war – es gab ja rege Kontakte über das Meer. Möglich, dass sie infolge ihrer höher ent-

Solche Hohlwege verbanden in Tuffstein-Gegenden die etruskischen Städte miteinander.

wickelten Kultur führende Positionen und dabei auch die Sprache übernahmen.

▪ Falls es so war, ließe sich das gut mit den Normannen vergleichen: Die kamen als ›Wikinger‹ nach Frankreich in die (später so genannte) Normandie, wurden dort ›Normannen‹ und nahmen dabei französische Sprache und Kultur an; beides brachten sie dann als Eroberer wiederum nach England, wodurch das Englische einen so breiten romanischen Wortschatz erhielt. Sie brachten ihre Kultur aber etwa auch nach Süditalien und Sizilien.

Unübersehbar ist nämlich, dass die Etrusker ihre eigene Sprache hatten (und beibehielten), ihre Religion und sonstige ›Weltvorstellungen‹, einschließlich erzählter Geschichten, aber offenbar größtenteils aus dem Osten von den Griechen empfingen – alles war durch und durch griechisch geprägt.

Da von der reichen Literatur der Etrusker bis auf ein paar kümmerlichste Fetzen nichts erhalten ist – leider ging auch das verloren, was z. B. noch im 1. Jahrhundert v. Chr. ins Lateinische übersetzt wurde –, lassen sich nur die zahlreich erhaltenen Bildwerke der Etrusker als von den griechischen angeregt ohne das eigene Element interpretieren.

Auch die antiken Werke *über* die Etrusker – vom griechischen Philosophen und Wissenschaftler Aristoteles bis Kaiser Claudius – sind allesamt verloren.

Die etruskische Sprache – vor allem in Inschriften dokumentiert – kann man zwar immer noch nicht verstehen, aber lesen: Das Alphabet ist aus dem griechischen abgeleitet. Der Hauptteil der erhaltenen Texte besteht aus etwa 8000 Grabinschriften, dazu kommen Wörter auf Vasenbildern oder Gemälden; auch viele Namen der griechischen Götter und Sagengestalten finden sich darunter wieder versammelt.

Die Etrusker waren ursprünglich (wie alle Völker Italiens) auch Bauern und Viehzüchter, entwickelten sich aber bald zu Städtern, da sie reiche Handelsbeziehungen über das ganze Mittelmeer – von Westen bis Osten – unterhielten und hier und da auch Handelsstützpunkte errichteten. Um handeln zu können, braucht man allerdings etwas, was andere in ausreichender Menge haben wollen, und da reichen Äpfel und Birnen nicht aus.

Zum einen war es Getreide, das die Etrusker exportierten, später auch Öl und Wein; Etruriens Boden galt in der Antike als sprichwörtlich fruchtbar. Weitere Reichtümer bildeten Wald (also Holz) und Salz.

Die hauptsächliche Grundlage für den Handelsreichtum der Etrusker bildeten jedoch die enormen Eisenerzvorkommen (auch Kupfer, Silber, Blei und Zinn) im Herzen der Toskana, an der Küste und auf Elba. Noch Jahrhunderte später beschrieben römische Reisende die von den Tausenden von Schmelzöfen zerstörte Landschaft. Etruskische Waren finden sich in der ganzen antiken Welt, von Britannien oder der Ostsee bis nach Nordafrika, Ägypten und den Nahen Osten. Ihr erfolgreicher Seehandel trug ihnen z. B. bei den Griechen die Bezeichnung ›Piraten‹ ein. Natürlich legten sie bestens organisierte Häfen an, die mit Heiligtümern zusammen Punkte internationalen Austauschs und internationaler Begegnung waren.

Die Etrusker hatten also am Ende der Bronzezeit bzw. zu Beginn der Eisenzeit ›international‹ genau die richtige Ware anzubieten. Das taten sie und kauften ›Kultur‹ ein, was ihnen – d. h. den führenden Schichten – ein üppiges Leben in jedem Luxus ermöglichte; Goldwaren aus Phoinikien oder Schmuck-Keramik aus Ägypten fanden sich überall. Ihre hauptsächlichen Handelspartner in Griechenland waren zunächst Korinth und später Athen.

Auf all das konnten die Römer nur neidisch hinabsehen – aber die verbrämten das lieber mit bäuerlichem Stolz, und das taten sie bis

Handel im Mittelmeer: Phönizischer Topf-Ständer (aus poliertem Ton) mit Topf obenauf: aus einem etruskischen Grab in Tarquinia; um 700 v. Chr.

ans Ende ihrer Geschichte, nachdem sie auch die Etrusker schon längst ›geschluckt‹ hatten (erst 91/89 gaben die Etrusker offiziell mit der Annahme des römischen Bürgerrechts ihre eigene Sprache auf – was viele *Rasenna*, so nannten sie sich selbst, als endgültige Kapitulation empfanden). Ihren etruskischen Namen trugen die meisten weiter und waren stolz darauf (das sind oft Namen auf -ās oder -enna/-inna). Unter Augustus waren die Etrusker als eigenständige Gruppe verschwunden.

In ihren Gräbern setzten die Etrusker ihr fröhliches Erdenleben nach dem Tode im Bild fort: Fest mit Musik und Tanz.

Die Etrusker bildeten keinen einheitlichen Staat, sondern lebten in voneinander unabhängigen Städten, so wie Rom anfangs eine Stadt für sich war. Jede Stadt hatte ihren *lauchume* (lat. lucumō *König*), die sie um die gleiche Zeit wie die Römer die Ihren vertrieben (das war also nicht ein auf Rom beschränkter Akt!). Recht früh gründeten die Etrusker auch den erwähnten (▶ S. 75) Zwölfstädtebund (wohl nach einem Vorbild griechischer Städte in Kleinasien). Der aber hatte keine besonderen Rechte, sondern führte nur jährliche Versammlungen durch (wo, hat man immer noch nicht sicher herausgefunden), auf denen über alles und jedes geredet wurde. Er bestand wohl auch aus mehr als zwölf Städten in wechselnder Zusammensetzung; bei den Treffen gab es große volksfestartige Märkte mit zahlreichen Schaustellern und öffentlichen Spielen.

Was die Etrusker einte, waren Sprache, Religion und sonstige gemeinsame kulturelle Gewohnheiten. Im 8./7. Jahrhundert beherrschten sie die (von der griechischen abgeleitete) Schrift.

- Die Etrusker betrieben Politik auf der internationalen Bühne; sie schlossen Bündnisse mit den Karthagern und kämpften mit diesen (siegreich) gegen die Athener.
- Die gesellschaftliche Gliederung war wie bei den Römern: adlige Reiche, mittellose Unterschicht in wohl vielfältiger Abhängigkeit von der Herrenschicht, auch selbständige Kleinbauern, Sklaven. Ihr Klientenwesen (▶ clientēs) haben die Römer wohl von den Etruskern übernommen.
- Anders als die Römerinnen waren die Etruskerinnen offenbar sehr selbständig und emanzipiert; sie nahmen am öffentlichen Leben genauso wie an Festlichkeiten (einschließlich Gelagen) teil und besuchten Sportwettkämpfe. In der familiären Namengebung traten sie neben den Männern in Erscheinung. Aus diesen und anderen Gegebenheiten machten griechische und römische Tugendbolde dann Geschichten wie die, dass die etruskischen Frauen ihre Aussteuer durch Prostitution zusammenbrächten oder dass sie mit Männern unbekleidet Sport trieben. Aber auch die etruskische Welt war im Kern männerdominiert.

So sah der Römer seine Frau gern

Vornehme Römer sind bei etruskischen Adligen zu Gast. Das Gespräch kommt auf die Tugendhaftigkeit der Frauen. Man beschließt – ›incaluerant vīnō‹ [›der Wein war ihnen zu Kopf gestiegen‹] –, einen Kontrollritt nach Hause zu unternehmen: Die Etruskerinnen vergnügen sich beim Trinkgelage, die Römerin (Lucretia) macht zu Hause in der Runde ihrer Dienerinnen – in tiefer Nacht – Handarbeiten.

bei Livius, *Ab urbe condita*, I 57

- Der weit fortgeschrittenen etruskischen Kultur entsprechen hohe technische Fertigkeiten. Für ihr Transportwesen verfügen sie über ein effektives Straßensystem. Die Landwirtschaft ist in jeder Hinsicht hoch entwickelt. In der Architektur beherrschen die Etrusker das Tonnengewölbe (▶ Abb. S. 74). Von allem werden die Römer profitieren, das Knowhow übernehmen und die Infrastruktur weiterentwickeln.

Etruskischer Tempel. Nachbau in einem Park in Rom

▪ In ihrer Kunstproduktion bestimmt der jeweilige Geschmack, was Etrurien importiert, die Importe bestimmen den Charakter der heimischen Produktion. Es ist schwer – außer bestimmten Figuren, die nur etruskisch sein können (wie die Unterweltsdämonen *Tuchulcha* mit Raubvogelschnabel und Schlangen sowie der geflügelte *Vanth*) – etwas Originäres, ›ursprünglich Etruskisches‹ auszumachen.

↪ Genau dies wird auch für die spätere römische Kunstproduktion typisch sein (▶ S. 199).

▪ Eine Ausnahme bildet der Tempelbau, der auch das Vorbild für die römischen Tempel abgibt: Er weist keinen Säulenumgang wie der griechische Tempel auf, sondern eine Vorhalle zur Beobachtung der Himmelserscheinungen, dahinter den geschlossenen kubusartigen Raum für das Götterbild.
▪ Ebenso bestimmend werden die Etrusker im Hausbau sein: Die Römer übernehmen den von ihnen perfektionierten Haustyp mit dem Atrium als Hauptraum und dem daran anschließenden überdachten Hof, dessen Dach eine Öffnung in der Mitte aufweist (implūvium, ▶ S. 20).
▪ Typisch für die etruskischen Städte ist, dass sie wie Adlerhorste auf hochragenden Felsen sitzen (▶ S. 78). An diesen werden die römischen Straßen später eher in der Ferne vorbeiführen: Die Römer konnten sich in dem von ihnen beherrschten Reich kürzestmögliche Verbindungen leisten. Den Etruskern war die Sicherheit erstes Gebot.
▪ Die Etrusker pflegten ihre Toten häufig in einer Art eigener Totenstädte zu bestatten; die Gräber jedenfalls ahmen oft die Wohnung zu Lebzeiten nach. Die Römer werden von diesem Brauch beibehalten, dass sie ihre Gräber an den Zufahrtstraßen außerhalb der Städte anlegen.
▪ Nicht selten sind im Lateinischen etruskische Wörter zu finden wie z. B. vēles *Leichtbewaffneter*, caeremōnia *Zeremonie*, fenestra *Fenster*, satura *Spottgedicht*, servus *Sklave*, fullō *Tuchwalker*, Aprīlis *April*, sūbulō *Flötenspieler*, autumnus *Herbst*, persōna *Maske, Person*, histriō (darstellender) *Tänzer*, urbs *Stadt* u. a. Aber natürlich lassen sich nicht mehr alle Lehnwörter der Art feststellen.
▪ Nach der Vorstellung der Etrusker war alles voll von Göttern, alles in der Welt durch ihr Wirken vorherbestimmt. Ihr oberster Gott, *Tinia*, hatte einerseits eher Züge eines Unterweltsdämons und auch den Charakter je nachdem eines Fruchtbarkeitsgottes oder Kriegsgottes. Infolge zunehmenden Kontakts mit den Griechen übernahmen sie deren Götterolymp und passten die Namen an: So wurde aus Tinia eine Entsprechung zu Zeus, der Hera entsprach *Uni*. Deren Name klingt wieder nach der römischen Iūnō, und tatsächlich musste eine ›normale‹ etruskische Stadt in ihren Mauern je einen Tempel für Tinia, Uni und Menerva haben – bei den Römern waren das dann entsprechend Jupiter (Iūpiter), Juno (Iūnō) und Minerva mit ihrem Dreiertempel auf dem Kapitol in Rom.

↪ Weitere Entsprechungen: *Apulu* – Apollon-Apollō, *Turan* – Aphrodite-Vĕnus, *Artumes* – Artemis-Diāna, *Nethuns* – Poseidon-Neptūnus, *Fufluns* – Dionysos-Bacchus, *Hercle* – Herakles-Herculēs u. a. m.

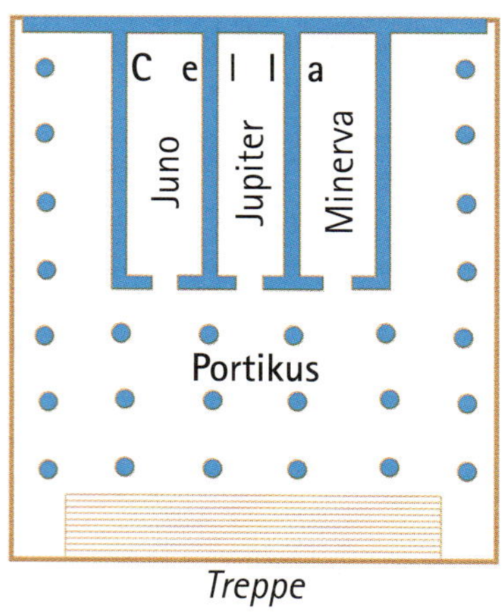

Grundriss des ersten Tempels auf dem Kapitol in Rom: In der Art etruskischer Tempel umgibt eine offene Säulenhalle die Cella im Innern, in dem die Götterbilder stehen. Von der Vorhalle aus werden Himmel und Vogelflug beobachtet.

Als 396 v. Chr. die Römer die Etruskerstadt Veji erobert und sich unterworfen hatten, wurde Vejis Stadtgöttin Iūnō Rēgīna gemäß dem etruskischen Ritual von Veji nach Rom überführt (dort erhält sie einen Tempel auf dem Aventin). Die Römer erzählen sich später die Geschichte, ein Soldat habe sie gefragt, ob sie nach Rom gebracht werden wolle (Vīsne Rōmam īre, Iūnō?) – und sie habe freudig Ja gesagt (Valerius Maximus, *Facta et dicta* I, VIII 3; Livius V 22, 5).

Der etruskische Apollon vom Tempel in Veji in der Nähe Roms (6. Jh. v. Chr.)

Die etruskische Religion ist eine Offenbarungsreligion (wie Christentum und Islam): Damit die Etrusker das Leben meistern konnten, hatten – so glaubten sie – ihnen einst das ›weise Kind‹ Tages sowie die Nymphe Vegoia Vorschriften offenbart; die wurden alle penibel schriftlich festgehalten und bildeten die Grundlage der zahlreichen heiligen librī zu nahezu jedem Thema bzw. der sog. disciplīna etrūsca. Diese Lehren, insbesondere Leberschau, Vogelschau, Blitzdeutung, wurden auch elementarer Bestandteil der römischen Religionspraxis.

Eine ›aufgeklärte‹ römische Meinung

Der Unterschied zwischen uns [Römern] und den Etruskern, die in der Beobachtung von Blitzen die größten Experten sind, besteht darin, dass wir glauben, Blitze entstehen aufgrund des Zusammenpralls von Wolken; sie dagegen meinen, Wolken stießen zusammen, damit Blitze hinausgeschleudert werden. Sie schreiben also alles den Göttern zu und sind daher nicht davon überzeugt, dass Blitze nicht etwas andeuten, weil sie entstehen, sondern dass sie entstehen, um etwas anzudeuten.

Seneca, *Quaestiones naturales*, II 32, 2)

:: Magna Graecia – Die Griechen in Italien und Sizilien

Während also die Etrusker schon in recht frühen Zeiten einen großen Teil Italiens besiedelten, sich dort im Austausch mit der Welt des Ostens (vor allem Griechenland und Phönizien) kulturell weiterentwickelten und nach und nach einen Großteil Italiens beherrschten, war gewissermaßen der Osten auch nach Italien gekommen: Um die Zeit der sagenhaften Gründung Roms herum (753 v. Chr.) gründeten Griechen auf Sizilien die Stadt Syrakus; etwa gleichzeitig und im Laufe der nächsten 150 Jahre wurden viele weitere Städte in Süditalien und auch auf Sizilien gegründet und besiedelt, vom heutigen Tarent (Taras) am Stiefelabsatz über Kymai/Cumae in der Nähe Neapels bis hin zu Agrigent (Akragas) wieder auf Sizilien. Und noch viel weiter siedeln die Griechen und gründen Städte: bis hin nach Frankreich und Spanien.

Die (vielfältigen) Gründe für dieses ›griechische Kolonisation‹ genannte Ereignis können wir hier übergehen; jedenfalls einigten sich die ankommenden Griechen zunächst meist mit den ansässigen Einwohnern und entfalteten ein reges Leben, indem sie die besiedelten Gebiete mit ihrer Kultur prägten. Es ist nicht ganz falsch, dieses ›Großgriechenland‹, Māgna Graecia, genannte Gebiet als die ›Neue Welt‹ der Griechen zu betrachten und die Rolle der späteren Weltstadt Syrakus (auf Sizilien) damals mit dem heutigen New York zu vergleichen.

Als die ersten Römer noch zu Fuß durch den Tiber wateten, besaßen diese Griechen seetüchtige Schiffe, die ihnen zu Tausenden die Auswanderung über Hunderte von Kilometern ermöglichten. Sie trieben Handel untereinander und mit anderen Völkern, wurden ihrerseits wieder von ›ihrem‹ Osten –

Man muss sich klar darüber sein, wo eigentlich das ›Fernrohr‹ steht, mit dem man in die Geschichte blickt. In unserem Fall: Haben die Etrusker griechische Götter und Mythen, überhaupt griechische Vorstellungen zu sich *geholt*? Oder haben die Griechen die Etrusker mit ihren Göttern und Vorstellungen *erobert*, d. h.: Hat sich die Welt der Griechen ausgeweitet? Diese Frage wird sich noch mehrfach stellen.

das war Persien – angeregt, erfanden das erste Geld, entwickelten Literatur (Homer mit *Ilias* und *Odyssee*), Philosophie, Dichtkunst, Drama (Tragödie und Komödie), Töpferkunst, plastische Kunst und Tempelbau und prägten damit auch den ›Westen‹ in Süditalien.

Da die späteren ›Römer‹ in dieser Zeit nur unbedeutende Hütten bzw. eine unbedeutende Landstadt bewohnten, ist über gegenseitige Kontakte wenig bekannt. Aber es überrascht nicht zu hören (Plinius der Ältere, *Nat hist.* XXXV 154; 157), dass 493 v. Chr. zwei Griechen – Damophilos und Gorgasos hießen sie – aus der Magna Graecia oder Sizilien nach Rom geholt wurden, damit sie dort den Tempel der Ceres, des Liber und der Libera auf dem Aventin mit Plastiken ausschmückten – eine Aufgabe, die vorher regelmäßig Etrusker besorgten (wie Vulca, ein Meister aus Veji, der zuvor noch die Kultstatue für den Tempel des Jupiter Capitolinus gefertigt hatte).

Die Nähe des Raumes führte zwangsläufig zu gegenseitiger Kenntnisnahme, zu Kontakten, zum Kennenlernen, zu Befruchtung (zumindest auf einer Seite) und so zu Beeinflussung. Die Römer befanden sich also bei ihrem Römer-Werden von Anfang an im Spannungsbereich der ›gräzisierten‹ Etrusker einerseits – mit eigenen italischen Traditionen (räumlich gehörten sie zu diesen) – sowie der Griechen selbst andererseits. Es war unumgänglich, dass sie sich in die davon geprägte Welt einfügten und deren Errungenschaften übernahmen.

Zeus als Stier entführt die phoinikische Königstochter Europa über das Meer nach Kreta. Griechische Vase (6. Jh.) die nach Etrurien exportiert und dort gefunden wurde.

:: Roms Weg in Italien

Rom war also – auf einem eigenen Weg – einerseits Teil der italisch-etruskischen Welt, und andererseits befanden sich inzwischen auch die Griechen in Süditalien und auf Sizilien in relativer Nähe. Um sie herum – außer im Westen, wo das Meer lag – siedelten darüber hinaus zahlreiche verwandte Stämme mit meist ähnlicher Sprache und auf ähnlichem kulturellem Stand. Ihre Namen: Marser, Volsker, Falisker, Päligner, Samniten, Aurunker, Osker, Umbrer, Hirpiner, Lukaner…

Im Westen jedoch, auf dem Meer, waren, seit die Bewohner Italiens zurückdenken konnten, die Karthager aktiv gewesen. Das waren Phoiniker, Leute aus Phoinikien (auch: Phönizier, Phönizien; ▶ Karte und Abb. S. 70), die schon vor den Griechen den Weg nach Westen gesucht hatten, um dort Handel zu treiben. Die Römer nannten sie später Poenī, Punier. Ihr Hauptstützpunkt war bald die Stadt Karthago in Nordafrika (bei Tunis im heutigen Tunesien). Schon früh hatten sie auch Niederlassungen auf Sizilien, Sardinien, Korsika bis hin nach Spanien über die ›Säulen des Herakles‹ hinaus, wie man die Straße von Gibralter in der Antike nannte. Auch in Rom gab es um 500 v. Chr. eine ›phoinikische Gemeinde‹.

> Zwei bedeutende ›Geschenke‹ haben uns übrigens die Phoiniker hinterlassen: das Alphabet, das (verändert) über Griechen, Etrusker und Römer zu uns kam, sowie den Namen ›Europa‹: Die Tochter eines phoinikischen Königs wurde nach der Sage von Zeus, der die Gestalt eines Stieres angenommen hatte, nach Kreta entführt und damit nach Europa gebracht. Hinter dieser Sage verbergen sich frühe Beziehungen zwischen dem Vorderen Orient und unserem Kontinent.

Weiter im Norden grenzten die Etrusker an die Kelten. Das waren Völkergruppen, die sich von ihrem ursprünglichen Gebiet (das reichte vom heutigen Tschechien und Bayern über Mittelrhein und Saar bis hin nach Nordfrankreich) in fast alle Himmelsrichtungen ausdehnten – im Westen bis nach Spanien und weiter, im Osten bis in den Balkan und schließlich bis nach Kleinasien. Waren die Etrusker in Norditalien auch zunächst weit in keltisches Gebiet hinein vorgedrungen, mussten sie später wieder vor ihnen zurückweichen und sich zurückziehen. Irgendwann standen die Kelten – Gallier (Gallī) nannten sie die Römer – dann auch vor Rom und besetzten es, und fast … (▶ S. 87)

Wer hat das Sagen in Rom? – Die ›aristokratische Republik‹ der Patrizier | Die neue Herrschaftsform der Republik nach der Vertreibung der Könige zeichnete sich vor allem durch folgende Merkmale aus:

- An die Stelle des Königs tritt ein Prätor, praetor, dessen Rolle später von den Konsuln, cōnsulēs, übernommen wurde (zwei gleichzeitig);
- als zweites Entscheidungsorgan gibt es den Senat (er setzt sich aus den Patriziern zusammen); seine Mitglieder amtieren **auf Lebenszeit**;
- eine Volksversammlung wählt *jährlich* eine Reihe

Rom zur Zeit der Republik, umgeben von der sog. Mauer des Servius. Röm. Ziffern: die (jetzt) 4 städtischen Tribus.

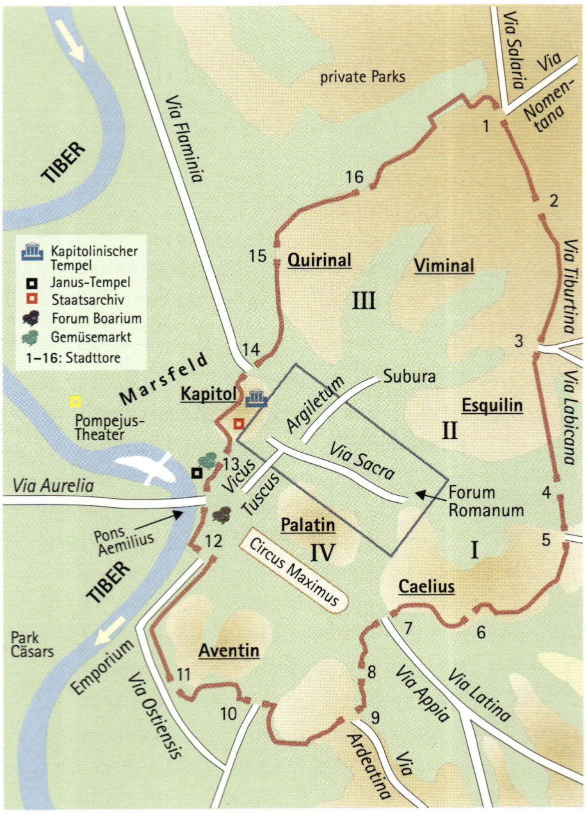

POPULUS

STÄDTER: 4 städtische Tribus *(Palatina, Collina, Suburana, Esquilina);* darin dominieren die Großgrundbesitzer.

BAUERN: 17 ländliche Tribus (31 im 3. Jh.)

Beamte, an der Spitze die Konsuln, deren Amtszeit **auf ein Jahr begrenzt** ist.

- Eine Reihe von Regelungen soll sicherstellen, dass die Alleinherrschaft einer Person auf alle Zeit unmöglich ist.

↳ Da der Senat die Beschlüsse der Volksversammlung bestätigen muss und da die Beamten faktisch seine Beschlüsse durchzuführen haben, liegt die Macht in der Hand der Patrizier, d. h. der Großgrundbesitzer bzw. der Vermögendsten.

▶ S. 85, 126 Kap. *Innere Konflikte…* und *Die politischen Institutionen in Republik und Kaiserzeit*

Rom breitet sich aus | In den etwa 250 Jahren nach der Bildung ihrer Republik (also von 509 bis etwa 270 v. Chr.) durchzieht eine Reihe von Konflikten Rom selbst im Innern und das Verhältnis Roms zu seinen Nachbarn innerhalb Italiens. Unter ›Italien‹ ist dabei in der gesamten Antike das Gebiet der italischen Halbinsel zu verstehen, das von Stiefelspitze und Stiefelabsatz bis zu einer Linie von der nördlichen Toskana bis nach Rimini (Ariminum) an der Adriaküste reicht; dahinter liegt Gallia (cisalpīna ›diesseits der Alpen‹).

Der Name Italien – Itālia – ist nach neuesten Theorien wahrscheinlich ebenso wie der Name Rōma etruskischen Ursprungs und bedeutet ›Kälberland‹. In genau derselben Bedeutung hielt man es bisher – und das taten schon die Griechen – für ein (nicht-etruskisches) ›italisches‹ Wort. Über verwickelte Wege steckt dahinter auch das lateinische Wort vitulus ≈ *vitello* (ital.) ›Kalb‹.

Im Zuge dieser Auseinandersetzungen unterwarf sich Rom zunächst – anfänglich rein zur Verteidigung gezwungen – die näheren Nachbarstämme in Latium, anschließend nach und nach die übrigen Völkerschaften Italiens. Dies war aber nicht immer nur ein Prozess direkter Unterwerfung, sondern im Zuge der Konflikte kam es genauso zu wechselnden Bündnissen und freiwilligen Zusammenschlüssen. Es kämpften – da es ja keine ›Staaten‹ gab – eben immer einzelne Städte oder Städtebündnisse, auch nach gentēs organisierte Bergvölker, gegen- bzw. miteinander: Rom gegen Italiker, Rom mit Etruskern, Griechen mit Italikern, Rom gegen Etrusker, Griechen mit Rom gegen Griechen usw. Zum Schluss sind 272 v. Chr. auch alle Griechenstädte Unteritaliens ›Bundesgenossen‹ (sociī – so sagt man meistens, gemeint ist: *Verbündete* aufgrund geschlossener Verträge).

Roms Politik war dabei einerseits genauso klug und zum Teil maßvoll kriegerisch wie sie andererseits terroristisch und brutal war. Wenn z. B. heute noch die Gebiete des Apennins nördlich von Neapel fast menschenleer sind, so liegt das zum Teil daran, dass damals Rom das freiheitsbewusste Volk der Samniten in drei Kriegen weitgehend ausgerottet hat. Das Gleiche gilt etwa für manche heute idyllischen Gebiete der Toskana, wo in den römischen Bürgerkriegen (▶ S. 97) vorwiegend etruskische Städte ausgerottet wurden, weil sie nicht auf den späteren Sieger gesetzt hatten.

■ Innere Konflikte und politische Kompromisse | Oben (▶ S. 75, 84) war von den verschiedenen Schichten der römischen Gesellschaft die Rede, mit den Patriziern und den Plebejern als Hauptgruppen. Es konnte nicht ausbleiben, dass diese heftig aneinandergerieten, und das taten sie auch wiederholt.

Während die Patrizier als Großgrundbesitzer sich als von göttlicher Abstimmung bezeichneten und sich rundum für die Besten hielten (in Rom werden sie sich stets optimī bzw. ›Optimātēs‹ nennen), galten die Plebejer als Nichts, wofür man den Begriff ›terrae fīliī‹ hatte, ›Söhne der Erde‹ (Min. Fel. 23,7 u. a.); das heißt so viel wie ›ohne vornehme Herkunft‹. Die Patrizier beanspruchten also seit jeher alle Rechte für sich. Die Verschuldung der Plebejer wuchs und wuchs, die Patrizier brachen eine Zusage nach der anderen, die die Plebejer entlasten sollte.

Das führte nach der Überlieferung im Jahre 494 v. Chr. dazu, dass sich die Plebejer zusammenschlossen und auf den Heiligen Berg (Mōns Sacer; oder auf den Aventin) auszogen, um eine eigene Stadt zu gründen. Da die Patrizier ohne die Plebejer nicht viel machen konnten – schließlich waren es diese, die arbeiteten –, sahen sie sich zu Zugeständnissen bereit, denen in der Zeit danach weitere folgten, weil die Konflikte nicht aufhörten.

- 494: Auszug der Plebejer, 493 Rückkehr; Einrichtung der **Concīlia plēbis tribūta** (Volksversammlungen nach Tribus), diese wählen zwei **Volkstribunen** (ab 471 vier oder fünf, noch später zehn), deren Amt neu geschaffen wird; ihre Aufgabe: Schutz der Plebejer vor Willkürhandlungen der Patrizier und Beamten, Einspruchsrecht bei Bestrafung, Veto gegen Senatsbeschlüsse. Der Volkstribun ist unantastbar.

Die älteste römische Wandmalerei aus dem 3. Jh. v. Chr. (aus Rom) zeigt vermutlich Friedensabschlüsse zwischen Rom und italischen Stämmen. Links oben eine Stadtmauer.

- Die Beschlüsse der Volkskomitien (**plēbis scīta**, davon *Plebiszit* ›Volksbeschluss‹) gelten nur für Belange der Plebs und werden von den Patriziern erst nach etwa 200 Jahren, zu Beginn des 3. Jahrhunderts, als allgemeine Gesetze anerkannt.
- 493: Tempel der Cerēs, des Līber und der Lībera (Kultzentrum der Plebejer).
- Die Patrizier setzen weiter auf Gewalt, der Widerstand ergibt schließlich:

- 451–49: die **Zwölftafelgesetze** werden auf Bronzetafeln auf dem Forum aufgestellt; erstmals werden (in Rom) Gesetze schriftlich niedergelegt, Patrizier und Plebejer darin ›vor dem Recht‹ gleichgestellt. Gleich danach wurden die Fachleute, welche die Gesetze aufgeschrieben hatten, verjagt, weil sie vorher mit dem Recht Missbrauch getrieben hatten.
  ↳ Patrizier und Plebejer dürfen nach wie vor nicht untereinander heiraten, erst 445 wird das erlaubt.
- 367/66: Schuldenermäßigung für die Plebejer, Höchstgrenze für Grundbesitz aus staatlichem Boden (um Großgrundbesitzer in Schranken zu halten).
  ↳ Inzwischen sind auch manche Plebejer reich geworden; deren Interessen unterscheiden sich aber nun kaum mehr von denen der Patrizier.
- 367: Erstmals wird ein Plebejer Konsul.
- 339: Eine lēx rogāta, d.h. ein durch Volksversammlung beschlossenes Gesetz, muss nicht mehr vom Senat abgesegnet werden.
- 300: Erstmals wird ein Plebejer Priester.

Die Römer haben sich zu Beginn ihrer Geschichte aus ihren Konflikten heraus also *keine* Art verbindliches ›Grundgesetz‹ geschaffen, welches das staatliche Leben regelte (anders als es zur gleichen Zeit griechische Staaten wie Athen oder Sparta taten). Die Plebejer wollten das zwar, die Patrizier hatten jedoch kein Interesse daran. Man schuf sich von Fall zu Fall Regelungen, mit denen man dann ›erst einmal weitermachen‹ konnte.

Das republikanische Rom war damit immer eine Art ›geteilte Stadt‹. Vor allem ging es den Patriziern bzw. dem Adel darum, auf keinen Fall radikale Veränderungen zuzulassen. Bis zum Ende der Republik setzten die Patrizier (und mit ihnen die reichen Plebejer) im Zweifelsfall auf Gewaltmaßnahmen – bis das Kaisertum die Republik in der Form einer permanenten Militärdiktatur ablöste.
▶ S. 126 Kap. zu den politischen Institutionen

Die Entwicklung des Militärs | Eine mit entscheidende Voraussetzung dafür, dass die Römer nach und nach eine immer umfassendere Vormachtstellung in Italien einnehmen konnten, war ohne Zweifel ein funktionierendes, erfolgreiches Heer. Und da kam bei den Römern letztlich zusammen, was für solche Erfolge nötig ist: Moral, Kampfgeschick, Technik und Glück.

Gekämpft wurde im alten Italien, wie überhaupt in der Antike, im Sommer; zum Herbst/Winter wurden die Feldzüge unterbrochen, und man kehrte nach Hause zurück.

Irgendwann in der Umbruchszeit von der Königsherrschaft zur Republik wurde auch die Organisation der Armee umgestellt (▶ S. 77). Was blieb, war das Prinzip: Wer Bürger ist, ist auch Soldat. Ebenfalls blieb das Prinzip der Rangordnung nach Grundbesitz bzw. Vermögen; die **Zenturiatskomitien** sind damit gleichzeitig Heeresversammlung; die muss (auf dem Marsfeld) zusammentreten, wenn auf dem Kapitol die rote Kriegsfahne gehisst wird.

- Zunächst gab es in Rom 192 centūriae (Zenturien), die in der Heeresversammlung antraten, darunter:
  - 18 aus Reitern
  - 80 aus Schwerbewaffneten
  - 90 aus Leichtbewaffneten
  - 4 (je 2) aus Pionieren und Musikanten

  Aus diesen wurden die Legionen zusammengestellt, eine Legion umfasste etwa 4000 Mann (Besitzlose wurden nicht eingezogen).
- Bürger von 14 bis 46 Jahren (iūniōrēs: Junioren) gehen ins Feld, die Älteren von 41 bis 60 (seniōrēs) haben die Stadt zu schützen (lēgiōnēs urbānae).
- Die Bewaffnung war ursprünglich ›Privatsache‹, jeder bewaffnet sich nach seinem Vermögen. Nur die Reichen haben also eine komplette Bewaffnung (wie z.B. Brustpanzer oder Beinschienen) und können sich ›das Beste‹ leisten. Später stellt der Staat Offizieren und Soldaten einen Mantel (sagium), Stiefel (caligae) und einen Metallhelm (cassis).
- Da Militärpflicht Bürgerpflicht war, gab es ursprünglich keinen Sold. In den vielen Feldzügen schon vor dem zehnjährigen Krieg gegen Veji (406–396), aber erst recht in diesem selbst wurden die armen Bauern ruiniert, da sie nicht mehr ihre Felder bestellen konnten (der Krieg gegen Veji ging sogar Sommer und Winter durch). Aufgrund dessen wurde ein Sold eingeführt – der erste Schritt zum späteren römischen Berufssoldatentum, das in den Bürgerkriegen eine so verderbliche Rolle spielen sollte (▶ S. 97).

↳ Insgesamt weiß man aus den ersten Jahrhunderten über das Militär nicht viel Genaues. Zu den Truppen Roms kamen dann im Lauf der Zeit die Soldaten der neuen Verbündeten hinzu, sodass die Armee zahlenmäßig anwuchs.

Die Phasen der Einigung Italiens unter Roms Führung | Wenn man als erste Etappe des Weges, auf dem Rom zu dem wurde, was wir unter Rom verstehen, die Einigung der italischen Halbinsel unter der Führung der Stadt am Tiber betrachtet, zeigen sich als wichtigste Punkte:

- 507: Die Römer schlagen den Versuch der Etrusker (König Porsenna) zurück, sie erneut unter ihre Kontrolle zu bringen.
- 496: Rom besiegt die verbündeten Latiner, 488–86 die Volsker, 458 die Äquer.
- 405–396: Zehnjährige Belagerung der Etruskerstadt Veji mit Niederlage von Veji (dieses Ereignis ist deutlich dem zehnjährigen Krieg der Griechen gegen Troja nachgebildet). Aus den allesamt viel späteren Berichten gewinnt man den Eindruck, Rom habe sich über diesen Krieg aus dem eigenen Elternhaus emanzipiert und innere Selbständigkeit mit eigenem Selbstgefühl gewonnen.
- **In dieser Situation gerät Roms Schicksal auf Messers Schneide: Die Gallier** (▶ S. 83/84), die in alle Richtungen ausschwärmen, **sind auch bis nach Rom vorgedrungen.**
- 390: Niederlage der Römer am Fluss Allia, Rom wird besetzt; nur gegen ein Lösegeld zieht König Brennus ab – das bringt ihm mehr ein als die Zerstörung, ist seine Überlegung.
- 357: Sieg über die wieder vordringenden Gallier bei Rom am Fluss Anio.
- 340–338: Erneut Aufstand der Latiner. Rom siegt, die besiegten Städte werden durch verschiedene Verträge an Rom gebunden.
- In drei Kriegen ringt Rom mühsam die **Samniten** nieder, ein Bergvolk aus den Abruzzen (343–341, 326–304, 298–290). Im 3. Krieg vereinen sich Samniten, Etrusker, Kelten, Sabiner, Lukaner, Umbrer, doch sie unterliegen, die Samniten sind ausgeblutet. 291 werden in Venusia (Apulien) 20000 Römer angesiedelt.
- 285–282: Nochmals schlagen die Römer weiter im Norden die Gallier/Kelten zurück und erobern deren Gebiet. **Damit sind die Römer Herren über Mittelitalien.**
- 282–272: Die bedeutende Griechenstadt Tarent am Stiefelabsatz wird von Rom politisch provoziert und sieht ihre Interessen bedroht; Tarent verbündet sich mit König Pyrrhos von Epeiros (Nordgriechenland). 272 ist Rom nach Sieg über alle Gegner und Friedensschluss **auch Herrin über Unteritalien** (ohne Sizilien).

Oben und rechts in der Mitte: Etruskische Bronzestatuetten des 5. Jhs. v. Chr.: Ähnlich wird man sich das Erscheinungsbild auch römischer Krieger vorzustellen haben.

Alle unter einem Dach – Ruhe im Haus? | Tatsächlich scheint in Italien nunmehr Ruhe eingekehrt zu sein, alle befinden sich unter einem Dach. Das Haus ist bunt und zeigt noch weiterhin die alte Architektur. Immerhin gibt es ein gemeinsames Klingelschild für das Haus Italien: ROMA. Die Leute leben vielleicht eher zusammen wie in einer Pension statt in einer Familie. In teilweise überaus blutigen Prozessen sind sie zusammengekommen, aber besser oder anders haben sie es eben nicht gekonnt.

Nach und nach und immer mehr sprechen sie auch offiziell *eine* Sprache: Latein. Aber die ist im Augenblick auch noch nicht richtig fertig.

In der Pension, wenn man genauer hinsieht, gibt es dann ganz unterschiedliche Zimmer:

Die Gänse vom Kapitol
Die Gallier hatten die Römer an der Allia so aufgerieben, dass die Bevölkerung flüchten musste und sich nur tausend Bewaffnete auf den Burgberg der Stadt, das Kapitol, zurückziehen konnten, um von dort aus die Stadt noch zu verteidigen. Doch die Gallier fanden einen geheimen Zugang und schickten sich an, die Verteidiger nachts zu überfallen und auszulöschen. Das war die Stunde der heiligen Gänse der Göttin Juno: Sie erhoben ein mächtiges Geschnatter, das die Römer weckte. Ihrem Führer Marcus Manlius gelang es, den ersten heraufkletternden Gallier gerade noch vom Felsrand zu stürzen, der die Nachfolgenden mit in die Tiefe riss: Die Burg war gerettet! Zum Dank an die Göttin und die wachsamen Vögel wurde hinfort jährlich eine Gans in feierlicher Prozession durch Rom getragen – daneben ein ans Kreuz (wie ein Verbrecher) geschlagener Hund: Diese untreuen Tiere waren ihrer Aufgabe nicht nachgekommen und hatten geschlafen.

Solche mit Aussicht und solche nach hinten, herrschaftliche mit Prunk und schlichte mit dem Nötigsten, großzügige Suiten und Winkel im Kohlenkeller. Verlassen wir aber das Bild:

▌ Folge der römischen Siege und der daraus hervorgehenden Verträge war das Recht der Römer, überall **Kolonien** (colōniae) gründen zu dürfen. Die Hauptstadt Rom bildete somit überall Ableger von sich selbst. Die Bewohner dieser Kolonien sind römische Bürger mit vollem römischen ▶ Bürgerrecht.

▌ In geschickter Politik verteilten die Römer das römische Bürgerrecht auch an die eingegliederten Städte, und zwar wohldosiert; es gab

- mūnicipia sine suffrāgiō – Städte ohne Stimmrecht (der Bürger in Rom);
- mūnicipia cum suffrāgiō – Städte mit vollem Bürgerrecht (Stimmrecht in Rom) wie Kolonien, das ist ein besonderes Privileg;
- Städte ›latinischen Rechts‹: Hier erhalten die Beamten nach ihrer Amtszeit das volle römische Bürgerrecht;
- cīvitātēs foederātae – *verbündete Städte*: diese können autonom sein oder erkennen Roms Oberhoheit an; in dem Fall bekommen sie beschränkte Bürgerrechte.

Das römische Bürgerrecht | zu besitzen bedeutet im Wesentlichen:
- der Militärpflicht nachzukommen;
- in Rom wählen zu dürfen und gewählt zu werden;
- in Rom (nur dort!) gegen den Staat klagen zu dürfen;
- keine direkten Steuern – außer Grundsteuern auf Grundbesitz – zahlen zu müssen (sofern diese nicht erhoben wurden; ▶ S. 131–133).

- Mūnicipia wählen ihre Beamten selber, in praefectūrae wird die Verwaltung von Rom eingesetzt.
- Cīvitātēs dēditīciae oder stīpendiāriae sind ›auf Gnade und Ungnade unterworfene‹ Städte; zum Ausdruck des Besitzrechts Roms an ihnen müssen sie Rom Tribut (tribūtum, stīpendium) zahlen.
- Auch Stammesgruppen können das römische Bürgerrecht erhalten.

↳ Durch diese auf den Einzelfall angepassten Maßnahmen erreichen die Römer zweierlei:
- Sie können die Gegner gegeneinander ausspielen;
- sie erweitern die eigene Zahl: ›Römer‹ müssen also nicht mehr in Rom geboren sein, sondern können von überallher stammen, wohin Roms Machtarm reicht.

Auf diese Weise verbindet und vermischt sich im ›Römer‹ also auch vieles von dem, was Italien an Traditionen zu bieten hatte.

▌ Nicht zu vergessen: Die bestimmende Macht im römischen Herrschaftsgebiet bleibt bei dieser Konstruktion der Senat in Rom, d.h. die Nobilität, die aus reichen Patriziern und inzwischen auch reich gewordenen Plebejern besteht. Danach folgen – in der weit übergroßen Mehrheit – freie mittlere und kleinere Bauern, Kaufleute, Handwerker, Tagelöhner, Ausländer und nicht zuletzt: das Heer der Sklaven. Von allen werden wir noch manches hören.

:: Der Schritt zur Weltmacht – die Punier stören Roms Interessen

Das römische Herrschaftsgebiet umfasst jetzt etwa 130 000 km³ (das ist die Halbinsel bis zur Linie der Flüsse Macra (am Tyrrhenischen Meer)–Aesis (an der Adria) bzw. etwa der heutigen Städte La Spezia–Ancona), also weit weniger als die Hälfte des heutigen italienischen Staatsgebietes; damit verfügt Rom über fast 300 000 waffenfähige Bürger (zum Vergleich: die sog. Friedenspersonalstärke der deutschen Bundeswehr betrug vor einigen Jahren bis zu 340 000, heute etwa 250 000 Mann).

Das Mittelmeer vor einer Neuordnung | Theoretisch hätte es sich Rom nunmehr in seinem italischen Haus bequem einrichten können. Aber die

Die prōvincia | Prōvincia bedeutete ursprünglich nur ›militärischer Oberbefehl‹, dann wurde damit das Gebiet bezeichnet, über das jemand einen Oberbefehl ausübt. Jetzt gewinnt es die Bedeutung ›Besitztum Roms‹.

- Die Verwaltung erfolgt nach einem Gesetz, das der siegreiche General ausarbeitet und der Senat genehmigt.
- In diesem Gesetz wird auch festgelegt, welche Stadt tributpflichtig ist und welche autonom (diese heißen cīvitās lībera oder immūnis und dürfen selbst Geld prägen).
- In beiden Fällen haben die Einwohner *kein* römisches Bürgerrecht.
- Ein vom Senat gewählter Gouverneur (praetor) verwaltet die Provinz für ein Jahr (dann kommt der nächste).
- Die Verwaltung einer Provinz ist ein Ehrenamt, es gibt also keine Bezahlung (außer ›Entschädigungen‹ für den Aufwand oder ›Geschenke‹ der Provinzbewohner). In Wirklichkeit aber können die Gouverneure die Provinzen gnadenlos aussaugen, und nicht wenige tun das. Das schändlichste Beispiel stammt gerade aus Sizilien: Verres wird alles rauben und abschleppen, was nicht niet- und nagelfest ist, Steuern, aber vor allem auch Kunstgüter. Allerdings wird er (von ▶ Cicero angeklagt) zu Verbannung und Schadenersatz von 40 000 000 Sesterzen verurteilt – kein Regelfall.

↳ Neu eroberte Gebiete werden ab jetzt zu Provinzen erklärt.

↳ Später unter den Kaisern wird zwischen *kaiserlichen* und *senatorischen* Provinzen unterschieden: Aus den einen zieht der Kaiser Reichtümer ab, aus den anderen die vom Senat gewählten

(Mittelmeer-)Welt war inzwischen auch voll neuer Ideen, sie war zusammengewachsen, man war dichter aneinander herangerückt.

Im Osten hatte einige Jahrzehnte zuvor der Makedone Alexander der Große ein Reich von Griechenland über Persien bis nach Indien, dazu Ägypten, erobert und überall griechische Städte gegründet.

Die Idee zu einem solchen Großreich war aus Persien gekommen, das seit Menschengedenken Reich eines Großkönigs war, wie er hieß. Es kann als sicher gelten, dass sich Alexander (er war dann auch Großkönig von Persien), wäre er nicht 323 in Babylon (ein Stück südlich des heutigen Bagdads im Irak) im Grunde zufällig im Alter von 33 Jahren an Krankheit gestorben, im Anschluss daran nach Westen gewandt hätte, um auch diesen Teil der Welt nach seiner Idee zu erobern.

Weil ein rechtmäßiger Nachfolger fehlte, zerfiel zwar sein Reich, aber die Idee blieb lebendig und suchte weiter nach Entfaltung…

In Form verschiedener Verträge hatten Rom und Karthago, die Macht am anderen Rand des Mittelmeerbeckens, über etwa 250 Jahre ihre Interessen abgesteckt (und sich sogar gerade noch miteinander gegen Pyrrhos verbündet). Danach war das westliche Mittelmeer für Roms Handel tabu, Sizilien hingegen – dort existierten griechische und punische Städte – sowie Karthago selbst bliebenzugänglich; Sardinien und Korsika sowie die Balearen (Mallorca) waren punisch. Reibungen waren vorprogrammiert.

Links: Alexander der Große in der Schlacht gegen den Perserkönig (Ausschnitt aus einem monumentalen Mosaik aus Pompeji). Augustus wählte sich Alexander zum Vorbild, auch indem er in seiner Frisur Alexanders Haarschere nachahmte.

Lesetipp:
Alexander der Große. Das Leben des antiken Herrschers, erzählt und illustriert von M.-Th. Davidson und Chr. Heinrich
Lechner, Auguste: *Alexander der Große*

Hunger nach mehr… | Es kam Rom mehr als gelegen – ja, man hatte auf die Gelegenheit hingearbeitet –, dass die Stadt in innersizilische Streitigkeiten verwickelt wurde. Am Ende des sich anschließenden **1. Punischen Krieges (264–241)** war Rom auch Herrin über Sizilien.

Sizilien war zwar durch Skylla und Charybdis (also die Meerenge) nur wenige Kilometer von Italien getrennt, lag mithin dicht vor der Haustür. Aber es lag da*vor* und gehörte eben nicht zum italischen Haus selbst. Es wohnten dort auch keine Italiker, sondern eigene Stämme wie Elymer und Sikaner, aber vor allem siedelten dort Griechen in zahlreichen Städten, die wie Syrakus (Sizilien) oder auch Tarent (Süditalien) regelrechte Weltstädte waren. Syrakus hatte sogar einmal – etwas vor der Zeit Alexanders – ein Reich beherrscht, das ganze Teile

Siziliens und Süditaliens einbezog. Und seit Urzeiten waren dort auch die Punier ansässig und bewohnten ihre Städte, etwa ›Ziz – *Blume*‹, griech. Pánormos (›Allhafen‹), heute Palermo.

Sich Sizilien einzuverleiben hatte also einen ganz anderen Charakter als die bisherigen Eroberungen. **Sizilien wurde zur ersten römischen Provinz** und damit zum reinen Objekt der Ausplünderung durch Rom. Die römischen Statthalter ließen dort im Lauf der Zeit fast keinen Stein auf dem anderen, das ehemals blühende, hoch kultivierte griechische Land wurde stark entvölkert, viele Städte verfielen (▶ S. 95 Sklavenkriege).

Römisches Kriegsschiff (Zweiruderer). Man kämpfte mithilfe einer Enterbrücke, so musste man das fremde Schiff nicht aus der Ferne vernichten, sondern enterte es und kämpfte wie zu Lande Mann gegen Mann. Reliefdarstellung

> [Der Autor lobt die] Trefflichkeit des Landes ... hinsichtlich des Getreides, des Honigs, des Safrans und einiger anderer Erzeugnisse ... liefert es Rom ... alles leicht und ohne Mühe. Darum nennt man [Sizilien] auch die Vorratskammer Roms.
>
> Strabon, *Geographika* VI 2, 7 (Zeit des Augustus)

■ **Rom wird ›seetüchtig‹** | Ein Nebeneffekt dieses Krieges gegen Karthago und um Sizilien, für die Zukunft aber ungemein bedeutsam, sind die Erfahrungen, die Rom mit dem meererfahrenen Karthago im Seekrieg macht. Gleich zu Anfang des Konflikts entwickeln die Römer die Taktik der Enterbrücke (corvus ›Rabe‹, wegen des Schnabels), d. h. sie übertragen den Landkampf auf das Meer, und siegen (▶ S. 161: Schiffsbau, Flotte). Nach manchen Problemen baut Rom (aus privaten Mitteln) eine neue schlagkräftige Flotte als Ersatz für die im Lauf des Krieges zerstörte.

■ **... und kein Ende des Hungers** | Die Triebkräfte zur Eroberung weiterer Gebiete sind entfesselt und nicht mehr beherrschbar: Zunächst noch stoßen die unterschiedlichen Interessen der beiden Großen aufeinander, anschließend will Rom alles. Die Triebkräfte: Wareneinkauf, Warenverkauf, Absatzmärkte, Rohstoffe – darunter vor allem Sklaven. Für alles gilt: Eigene Kontrolle erleichtert die Geschäfte – und: Rauben ist billiger.

▌ In ähnlicher Weise wie Sizilien jagt Rom den Puniern Sardinien und Korsika ab.

▌ Dass Karthago nun nach Westen (Spanien) ausgreift, wo Rom eigentlich nichts verloren hat, stört die Römer trotzdem. Rom will Karthago keine Spur Bewegungsfreiheit lassen. Da landet der karthagische General **Hannibal** den unerwarteten Coup: In einem der grandiosesten Unternehmen der Militärgeschichte zieht er mit Zehntausenden von Soldaten, Reitern und 37 Kriegselefanten durch Spanien, Gallien, über die vereisten winterlichen Alpen nach Italien und bringt Rom in vielen Schlachten mit zehntausenden Opfern an den Rand des Untergangs. Allein bei **Cannae** in Apulien (Südostitalien) verlieren die Römer am 2. August 216 v. Chr. 60 000 Leben.

▌ Doch Hannibal verzichtet darauf, Rom den letzten Stoß zu versetzen – warum, weiß man nicht und lässt sich nie mehr klären; nicht zuletzt verliert er die Unterstützung der Politiker in Karthago selbst. Er flieht ins Exil nach Kleinasien und wird dort von den Römern bis zum Selbstmord gejagt.

▌ Dieser **2. Punische Krieg von 218 bis 201** endet nach vielen wechselnden Ereignissen (z. B. erobern die Karthager zwischenzeitlich Sizilien zurück) mit einer vollkommenen Umkrempelung der Situation im westlichen Mittelmeer. Karthago atmet noch, liegt aber am Boden und ist nicht mehr selbständig handlungsfähig. **Rom herrscht überall.** Auch das aber genügt dem Senat nicht (▶ Catos Wort ›Karthāgō dēlenda!‹, ›*Karthago muss zerstört werden*‹):

▌ Mit dem **3. Punischen Krieg 149–146 v. Chr.** wird Karthago am Ende dem Erdboden gleichge-

↪ Die Karte auf dem vorderen Umschlagdeckel zeigt, welche Provinzen Rom wann erobert und seinem Reich nach und nach hinzugefügt hat.

macht, die Überlebenden versklavt. Die Arbeit wurde so gründlich erledigt, dass man beim heutigen Tunis kaum noch Reste findet – von einer Stadt, die Rom an Pracht weit hinter sich gelassen hatte. Aus dem Rest des karthagischen Gebiets wird die römische **Provinz Āfrica.** Von ehemals zwei Supermächten ist eine Hypermacht übriggeblieben. Die kann nun schalten und walten, wie sie will.

▮ Auch in den anderen Richtungen der Windrose ist Rom daher kriegerisch aktiv und behält in kaum nachvollziehbarer kriegerischer Energie die Oberhand – nachvollziehbar nur, wenn man einrechnet, dass jeder Krieg Rom auch neue ungeheure Reichtümer zuführt:

- Im Norden wehrt Rom die Kelten ab und drängt sie zurück;
- im Osten ringt Rom mit seinen Flotten die Seeräuber in der Adria nieder und stößt in das Vakuum Illyriens (heute Kroatien, Albanien) vor;
- im Südosten verkündet Rom zunächst (196 v. Chr.) ›Freiheit für Griechenland‹, zieht sogar seine Truppen ab (194), doch in verschiedenen Etappen verlieren Makedonien und die griechischen Stadtstaaten, in Kriegen niedergekämpft, ihre Freiheit, und nach einem Aufstand aller Griechen gegen Rom werden mit der völligen Zerstörung der berühmten griechischen Stadt Korinth – im selben Jahr 146 wie Karthago – aus Griechenland unter den Bezeichnungen Macedŏnia und Achaea römische prōvinciae (unter römischem Provinzrecht, s. o.). Noch unbehelligt bleiben vorerst die hellenistischen Reiche des Vorderen Orients.
- Auch solches passiert: Rom *erbt* das Königreich Pergamon, weil König Attalos keinen Nachfolger hat, und wird so auch Herrin über einen Teil Kleinasiens (Provinz Asia).
- In Gallien rühren sich einheimische Stämme in unerwünschter Weise (die Griechenstadt Massalia [lat. Massilia, jetzt: Marseille] wird angegriffen), am Ende steht im Jahre 118 die Gründung der ersten gallischen Provinz, der Gallia Narbōnēnsis.

Seeräuber | waren in der gesamten Antike eine Plage für den Handelsverkehr auf dem gesamten Mittelmeer. Überall, wo staatliche oder entsprechende Macht nicht recht hinreichte, breiteten sie sich aus. Es gab aber auch Fälle, in denen Piraten zielstrebig Politik gegen Rom betrieben, etwa in Spanien, und fast überall fanden sie Freunde und Bündnispartner.

Im 1. Jahrhundert v. Chr. stand fast das gesamte Mittelmeer unter ihrer Kontrolle, Piraten aus Sizilien plünderten sogar Ostia, den Hafen Roms. Erst dem General Pompejus gelang es 67 v. Chr., die Piraten für mehrere Jahrhunderte wirksam zu beseitigen: In drei Monaten brachte er um die 850 Schiffe auf, tötete 10 000 Männer und nahm 20 000 Gefangene.

Nicht selten nahmen Piraten auch Geiseln und ließen sie gegen Lösegeld frei. Dieses Schicksal ereilte sogar einmal den berühmten G. Julius ▶ Cäsar – was den Piraten aber schlecht bekam, da er sie nach der Freilassung verfolgte und aufspürte.

:: Kultur für den Geist und die gute Stube

Nachdem Rom in einer ersten Phase zur führenden Macht Italiens geworden war (▶ S. 87 f.), hatte es sich in einem nächsten Schritt durch die Niederwerfung Karthagos zur Herrin des westlichen Mittelmeerbeckens aufgeschwungen (von da an nannten die Römer es gern mare nostrum, ›*unser Meer*‹) und sich anschließend Griechenland (d. h. im Norden Makedonien und im Süden die Stadtstaaten-Bündnisse) gefügig gemacht und politisch einverleibt.

Damit war Rom in ein riesiges Gebiet vor- und eingedrungen, das schon über ein einigendes Netz verfügte: die überall schon verbreitete griechische Lebensart und Kultur – und mit der stand Rom ja ohnehin selbst von Anfang an durch seine unmittelbare Nachbarschaft zu Etrurien oder die Nähe zu Großgriechenland im Süden Italiens in prägendem Kontakt.

Denn angefangen von der griechischen Kolonisation (▶ S. 82) hatten die Griechen überall um das Mittelmeer herum, schon bevor Rom gemauerte Häuser besaß, Hunderte von Städten über Sizilien und Süditalien hinaus bis Nordafrika (z. B. Bereníke-*Bengasi*/Libyen), Frankreich (z. B. Nikaia-*Nizza*, Massalia-*Marseille*) oder Spanien (z. B. Emporion-*Ampurias*) gegründet und ihre Lebensart verbreitet. (Das Gleiche war übrigens am Schwarzen Meer passiert.) Mindestens genauso einflussreich – wenn nicht mehr – waren die Handelsbeziehungen gewesen, durch die mit den Waren auch die Gedanken verbreitet wurden.

Die Römer mussten die eroberten Gebiete also nicht in ihrem Sinne grundlegend neu gestalten, denn sie waren ja selbst im Laufe dieses Prozesses der Ausbreitung genauso wie die anderen Mittelmeeranwohner durch dieselben Einflüsse geprägt worden. Das heißt: Sie brachten kaum etwas Neues in die ihnen neu unterworfenen Gebiete, sondern brachten von dort etwas Neues nach Hause. **Rom machte in dieser Zeit also selbst einen tiefgreifenden Wandel durch – es wurde eine ›hellenistische‹ Stadt, freilich von ganz eigener Prägung.**

Besonders wichtig bei diesem Prozess war (▶ S. 88) die Frage des römischen Bürgerrechts, also sozusagen der ›Staatsangehörigkeit‹. Durch die Gewährung dieses Rechtes vermehrten sich die Römer in dieser Zeit gewissermaßen schon rein ›unbiologisch‹ auf enorme Weise. In anderen Fällen schloss man mit Städten oder auch Stämmen ggf. Heiratsverträge ab, denn ohne die war eine Eheschließung zwischen Römern und Nichtrömern verboten.
Warum? Nun, eine erlaubte Eheschließung berührt das Erbrecht (also die Frage, wer was an wen beim Tod vererben darf) und hat damit im Zweifelsfall höchst weitreichende Folgen. Nichts war in der Antike, wo es immer vor allem auch um Grund und Boden ging, wichtiger als das! Übrigens wird es noch Jahrhunderte dauern, bis *alle* Einwohner des römischen Reiches das Bürgerrecht erhalten (▶ S. 149).

Ein Gefühl von Tabula rasa | Beim griechischen Philosophen ▶ Aristoteles findet sich der Vergleich der Seele eines Menschen mit einer leeren Wachstafel, in welche die Erfahrungen eingeprägt werden, die man in seinem Leben macht. Eine solche *leere Tafel* (zum Schreiben) bezeichnet man auf lateinisch mit tăbula rāsa. Irgendwie müssen die meisten Römer – es gab auch andere – etwa ab 250 v. Chr. das Gefühl gewonnen haben, bei ihnen herrsche ›Tabula rasa‹: Mit zunehmender Intensität der Außenkontakte, vor allem aber mit zunehmendem Hereinströmen von Kriegsbeute und Reichtümern, mit zunehmendem Aufschwung des Handels mit der ganzen Welt kam ein nie dagewesener Nachholbedarf an allen Gütern auf, materiellen und kulturellen. In einer von bäuerlicher Schlichtheit (zumindest dem Worte nach) beherrschten Umwelt ist das freilich auch absolut verständlich.

Innere Veränderungen | Hand in Hand mit diesem Anwachsen der Bedürfnisse gingen außerdem tiefgreifende Veränderungen in der Gesellschaft des städtischen Roms vor sich.

- Patrizier und reiche Plebejer waren gesellschaftlich (die Patrizier blieben freilich die Vornehmsten) zur nōbilitās, zum *Adel*, zusammengewachsen; zu diesem Adel gehörte man, sofern man eines der höchsten Ämter bekleidet hatte. Politisch bildeten sie die Partei der optimātēs. Ihnen gegenüber stand die Partei der populārēs, die *Volkspartei*, die jedoch auch von reichen Plebejern (sogar Patriziern) angeführt wurde.
- Parallel dazu gelangt ein neuer Stand zu Macht und Ansehen, die *Ritter*, equitēs, also eigentlich ›Reiter‹. Das waren die nicht-patrizischen Angehörigen der obersten Klasse, die im Krieg ursprünglich die Reiter stellten (▶ S. 77), sowie diejenigen Patrizier, die es nicht in den Senat brachten. Reiter brauchte man im Krieg inzwischen jedoch so viele, dass man diese aus anderen Schichten rekrutierte. Die Angehörigen der ›Ritter‹klasse wurden nun entweder Politiker oder – vorzugsweise – Kaufleute bzw. Händler (was dem senatorischen Adel 218 v. Chr. per Gesetz verboten wurde, damit er nicht zu reich und mächtig wurde). Sie rissen nach und nach fast die gesamte Wirtschaft an sich und wurden so überaus einflussreich.
- Da equitēs mit den Senatoren nach dem althergebrachten System wieder als clientēs ›verbandelt‹ sein konnten, blieben die Geldströme im Einzelnen natürlich unkontrolliert.
- Auf einem anderen Betätigungsfeld engagierten sich die ›Ritter‹ als sog. pūblicānī, *Steuerpächter*. Die Erfindung dieses Berufes besagte, dass man dem Staat aus seinen privaten Vermögen die Steuersumme für bestimmte Gebiete oder Menschen vorstreckte und so das Recht erwarb, die Steuern dort mit entsprechendem Personal und mit ›Aufschlag‹ einzutreiben. Viele equitēs schlossen sich dabei sogar zu regelrechten Aktiengesellschaften zusammen – hier entdeckt man also im ›alten Rom‹ ganz moderne Züge.

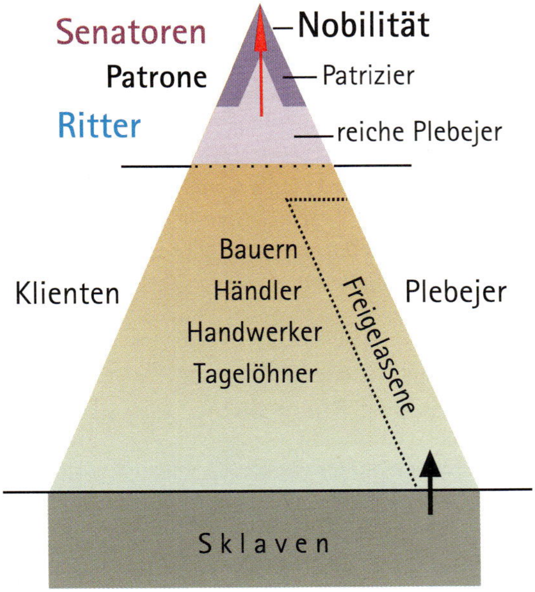

▮ Natürlich betätigen sich Ritter auch gern als argentāriī bzw. mēnsāriī, also als Bankiers. Rom wird zum größten Finanzzentrum der Mittelmeerwelt, einer antiken Wall Street (dort liegt in New York die Aktienbörse), d.h. nicht nur alle Wege, auch alle Geldströme führen dorthin.

▮ Besonders im Zuge des 2. Punischen Krieges hatte sich in Rom eine bedeutende Kriegsindustrie herausgebildet, in der vor allem auch Sklaven beschäftigt wurden.

▮ Gleichzeitig verödete im 2. Punischen Krieg durch die jahrelangen Kriegshandlungen (Hannibal) ein Großteil des Landes im Süden Italiens, ein erster Grund für die Abwanderung des Bauernstandes in die Städte.

▮ Von den unbeschreibbar vielen Kriegsgefangenen kamen viele natürlich als Sklaven auch nach Italien (auf der griechischen Insel Delos wurden täglich mehrere Zehntausend Sklaven versteigert). Die wurden nun auf immer größer werdenden Landgütern als Landarbeiter eingesetzt, ein weiterer Grund dafür, dass die früheren Klein- und auch Mittelbauern ihren Boden verloren und in Massen als prōlētāriī (S. 96) in die Städte, insbesondere Rom, abwanderten, wo sie recht und schlecht zu leben suchten.

↳ Leidtragende der Umwälzungen waren also nicht nur die versklavten Fremden, sondern in Italien gleichermaßen die freien Einheimischen, ob römische Bürger oder nicht.

■ Geistiger Wandel und kulturelle Bereicherung |

Die beschriebenen Veränderungen hatten sich lange unsichtbar oder für uns nicht nachvollziehbar darin ausgewirkt, wie die Römer ihr Leben einrichteten. Ab 200 v. Chr. aber, zum Teil schon vorher, brechen sich die Veränderungen unübersehbar Bahn. Dabei ist natürlich die Hauptstadt Rom Vorbild und Filter für alles, was neuen Geschmack und Stil betrifft – und wird es die meiste Zeit bleiben. Woher der Gesinnungswandel? Natürlich lässt der neue Reichtum die alten Vorstellungen von Schlichtheit und Einfachheit verschwinden, nachdem sich nun der Fernhandel in alle Richtungen des Mittelmeeres ausdehnt und Luxus hereinströmt. Nicht von ungefähr werden 211 v. Chr. die ersten römischen Silberdenare geprägt (etwa 450 Jahre nach den ersten griechischen Silbermünzen!).

▮ Die höhere römische Gesellschaft öffnet sich dem östlichen ≈ griechischen Tafelluxus. Griechische Köche kommen als Kriegsgefangene nach Rom, man feiert nun üppige Bankette mit raffiniertesten Speisen, für die man früher die Etrusker verachtet hatte.

▮ Griechische Privatarchitektur hält in Rom Einzug: An die einfachen italischen Häuser mit Innenhof werden griechische Peristylhäuser, also solche mit Garten und Säulenumgang dazu, angebaut oder sie werden statt derer neu konzipiert und errichtet.

▮ Die Innenausstattung der Häuser hinsichtlich Material und Ausschmückung wird üppiger und kostbarer (Marmor, Stuck, Malereien); künstlerisches Vorbild ist direkt Griechenland.

▮ Literarische Salons machen in Rom auf, ausgestattet mit Liegesofas, in denen Literatur vorgetragen und darüber diskutiert wird.

▮ Schon vorher hatte die Aneignung griechischer Literatur in Form eigenständiger kreativer Übersetzungen oder Nachschöpfungen begonnen:

- Livius Andronicus (≈280–207 v. Chr.) aus Tarent in Süditalien (Magna Graecia) kam nach Rom und übersetzte Homers *Odyssee* (▶ S. 94) ins Lateinische, dazu griechische Komödien und Tragödien.
- Ebenfalls ab der Mitte des 3. Jahrhunderts v. Chr. sind die ersten lateinisch schreibenden, in Rom wirkenden Dichter bekannt: Plautus (Komödien), Naevius (Epos über den Punischen Krieg), Terenz (Komödien), Ennius (›Satiren‹) u. a. (▶ S. 187 ff.). Ihre Werke sind zum Teil ganz erhalten. Ihre Vorbilder unter anderem: Die lebendigen volkstümlichen Bühnen der Magna Graecia (▶ S. 82).

■ Bemerkenswert: Alle Genannten sind der Herkunft nach keine Stadt-Römer: Plautus kam als Habenichts aus Umbrien, Naevius aus Kampanien (wurde wegen Angriffen auf die römische Aristokratie verbannt), Terenz war Nordafrikaner (freigelassener Sklave), Ennius stammte, von römischen Sponsoren gefördert, aus Kalabrien.

Homer: Der griechische Dichter Homer lebte vermutlich im 7. Jahrhundert v. Chr. Auf ihn werden die **Ilias** und die **Odyssee**, große und spannende Erzählungen in Versform, zurückgeführt. Die Ilias hat eine Episode aus dem zehnjährigen Trojanischen Krieg (▶ S. 74) mit den Helden Achilleus und Agamemnon, mit Hektor und Andromache, zum Inhalt, die Odyssee die zehnjährigen Irrfahrten, Abenteuer und Heimkehr des Odysseus. Die Etrusker waren mit diesen Geschichten schon früh vertraut, jetzt werden sie den Römern vermittelt.

Lesetipp:
Franz Fühmann: *Die Sage von Trojas Fall*
Franz Fühmann: *Irrfahrt und Heimkehr des Odysseus*

■ Typisch römisch: Als die Römer 168 v. Chr. den entscheidenden Sieg über Griechenland errungen hatten, verschleppten sie etwa 1000 gebildete ›Achäer‹ (ein Name für ›Griechen‹) aus besseren Kreisen nach Italien und verteilten jetzt diese Beute-Intellektuellen, wie man sagen könnte, in den kulturell aufgeschlossenen führenden Familien zur Förderung des eigenen Kulturniveaus.

■ Auch den in Griechenland ausgeformten dreistufigen Bildungsgang machte man sich in Rom in diesem Zusammenhang eigen (lūdī magister: Grundschullehrer – grammaticus: Sekundarschullehrer – Rhetorikstudium).

■ Natürlich gingen diese Übernahmen in Rom nicht ohne öffentliche Diskussion und Widerstand ab. Ein gestandener und selbstbewusster Gegner eines ›blind übernommenen‹ Griechentums, insbesondere der Philosophie, war Cato der Ältere (234–149). Zu seinen Einstellungen passt, dass er u. a. ein Werk ›Orīginēs‹ (›*Ursprünge*‹ Italiens und Roms) verfasste; erhalten ist sein Werk *Über die Landwirtschaft*.

■ Seltsamerweise erfasste die Neuausrichtung des kulturellen Lebens nicht die äußere Ausgestaltung der Hauptstadt z. B. mit Repräsentativbauten. Da geschah kaum etwas. Zu erwähnen sind allenfalls die Basilica Porcia (unter Cato), Basilica Opīmia (121), Basilica Aemilia (179), Pōns Aemilius (179). Die Angehörigen des Senats waren hauptsächlich damit beschäftigt, sich etwa durch die Anlage großer Landgüter unter Aneignung des ager pūblicus (Staatsland) selbst zu bereichern. Und dann traten bald auch Ereignisse ein, die wieder wenig Zeit für die Errichtung von Prachtbauten ließen: Die neuen Probleme im Inneren, die in soziales Chaos und die Bürgerkriege mündeten.

:: Zerfleischung im Innern: Soziales Chaos und Bürgerkrieg

Man muss sich immer wieder klarmachen: Rom hatte zwar sehr viele Menschen als Bürger (und erst recht als Untertanen und Sklaven) hinzugewonnen; diejenigen, die im Reich das Sagen hatten, waren aber nach wie vor einige Hundert Mächtige in Rom. Unter denen befand sich nun wieder ein kleiner Kreis, der vom Senat als Heerführer oder Generäle mit der Kriegführung beauftragt war. Ursprünglich waren die jeweiligen kriegerischen Aufgaben zeitlich stets streng begrenzt gewesen, inzwischen wurden die militärischen Posten aber meist auf längere Zeit, auf mehrere Jahre zum Teil, vergeben. Es ist verständlich, dass man erfahrenen, erfolgreichen Leuten Vertrauen schenkte und kein Risiko eingehen wollte. Man machte sich damit aber auch von diesen Militärkommandanten abhängig. Nicht zuletzt bezahlten die ja auch ›ihre‹ Soldaten aus der Kriegsbeute. So waren denn etliche mächtige Heerführer nach oben gekommen, die großen Einfluss ausübten und den Kurs Roms steuerten.

Die Gier, welche die führenden Schichten erfasst hatte, machte schließlich vor nichts halt – auch nicht vor politischem Mord.

■ Soziale Kluft und politische Rettungsversuche | Die weitere Bereicherung der Reichsten und die zunehmende Schlechterstellung der nichtbegüterten Freien insbesondere durch Verschuldung und dadurch erzwungenen Landverkauf hatte die Lage in Rom und Italien explosiv werden lassen. Nicht weniger gärte es überall innerhalb der Sklavenschaft auf den Latifundien (d. h. den Großgütern).

■ Besonnene Politiker versuchen, die Lage durch Maßnahmen zugunsten der landlosen prōletāriī zu stabilisieren. Besonders die Brüder **Tiberius Sem-**

Im Jahre 1960 errichteten Bürger der heutigen Stadt Enna auf Sizilien dem ›Herold der Freiheit‹ Eunus ein Bronzedenkmal.

pronius Gracchus und **Gaius Sempronius Gracchus**, beide zu Volkstribunen gewählt, tun sich hervor: Vor allem sollen an die Landlosen Staatsland verteilt und ihnen als Startkapital eine staatliche Beihilfe gewährt werden. Der Senat sieht seine Interessen bedroht und manipuliert dagegen, Tiberius bootet ihn – gesetzwidrig – bei der Entscheidung aus und wird deswegen 133 erschlagen. Immerhin bekamen die prōletāriī (zuerst einmal) ihr Land. Gaius Gracchus versuchte weitere Reformen und ließ sich, als er gescheitert war und auch vom Senat verfolgt wurde, 121 von einem Sklaven töten; 3000 Anhänger werden durch Sondergerichte umgebracht.

Gaius Gracchus' Forderungen zielten noch weiter: Die Latiner sollten das volle, die Italiker das einfache Bürgerrecht erhalten (dagegen wandten sich außer dem Senat auch die niederen Volksschichten, die eifersüchtig Angst hatten, mit Menschen zu teilen, die das Bürgerrecht noch nicht hatten). Als der Tribun M. Livius Drusus diese Forderungen erneut erhob, wurde auch er im Jahre 91 ermordet.

Jetzt proben auch die italischen Verbündeten Roms, die sociī, den Aufstand: Sie gründen einen eigenen Staat Italia mit der Hauptstadt Corfinium (in den Bergen zwischen Rom und Adria). In diesem sog. **Bundesgenossenkrieg (91–89)** fehlte nicht viel, und Rom wäre unterlegen gewesen. Doch durch geschickte Gewährung des Bürgerrechts brachte Rom das Bündnis ins Wanken – dīvide et imperā! (*bring auseinander und herrsche*) – und siegte.

Ganz Italien ist jetzt endgültig unter Roms Herrschaft vereint, sämtliche Bewohner Italiens verfügen jetzt über das römische Bürgerrecht, überall ist Latein Amtssprache.

Ungefähr zur Zeit des ersten Gracchus kommt es auf Sizilien zum **1. Sklavenkrieg (136–132)**: Zeitweise über 200 000 aufständische Sklaven schließen sich dem Syrer **Eunus** an, der als Antiochos ein eigenes Königreich ausruft. Die Bedingungen auf den Gütern Siziliens waren so brutal, dass die Sklaven revoltieren. Nach verlustreichen Kämpfen bleibt Rom Siegerin, über 20 000 Sklaven werden umgebracht (gekreuzigt).

Nicht nur die Sklaven erhoben sich. Auch die Armen schlossen sich in Banden zusammen und streiften durch das Land, raubten die Höfe aus und plünderten die Vorräte. ... Es gab keine römischen Beamten mehr, die für Recht gesorgt hätten.

Der Geschichtsschreiber Diodorus Siculus

In Spanien dauerten noch die dortigen Unabhängigkeitskriege an, fanden aber 133 mit dem Sieg Roms ein Ende.

Etwa 30 Jahre danach kommt es auf Sizilien 104–101 zum **2. Sklavenkrieg** unter Führung des Salvius, der unter dem Namen Tryphon ebenfalls ein Königreich errichtete. Auch hier siegen nach blutigen Verlusten schließlich die Römer.

↳ Allein 1000 gefangene Sklaven werden als Gladiatoren nach Rom transportiert.

Zeitgleich dazu werden die Römer in der Provence (Südfrankreich) heftig attackiert; die Kimbern bringen in Arausio (Orange) Tausende römischer

Landverteilung in Bolivien 2006

Boliviens Präsident Evo Morales hat eine Landverteilung an arme Indio-Bauern auf den Weg gebracht. Im Rahmen der Bodenreform soll mehr als ein Fünftel des staatlichen Landbesitzes umverteilt werden. Morales, der erste Indio an der Spitze Boliviens, übergab 60 Besitzurkunden über insgesamt 3,1 Millionen Hektar an Ureinwohner des ärmsten Landes Südamerikas. Mit der Landreform stößt Morales auf den scharfen Protest der Großgrundbesitzer. Für die Reform wurde zwar kein Land beschlagnahmt. Die Regierung hat aber angekündigt, letztlich Privatland zu beschlagnahmen oder umzuverteilen, das nicht produktiv genutzt wird, illegal in Besitz genommen wurde oder zu Spekulationszwecken verwendet wird. Nach Schätzungen der römisch-katholischen Kirche besitzt eine kleine Gruppe spanisch-stämmiger Familien rund 90 Prozent des gesamten Farmlandes. Der Rest des nutzbaren Landes verteilt sich auf die rund drei Millionen Indio-Bauern.

(*nach Zeitungsberichten vom 6. Juni 2006*)

Gefangener um (105 v. Chr.). In Rom bricht Panik aus: Wieder drohen die Kelten (113–101).

▌ Im Jahre 88 greift König Mithridates in Kleinasien Rom an und ruft die Griechen zum Aufstand auf. In Ephesos (an der heutigen türkischen Westküste) und Umgebung werden 80 000 Römer umgebracht.

▌ Wieder etwa 30 Jahre nach Salvius kommt es 73–71 in Italien zum Sklavenaufstand unter **Spartakus** und zum Krieg. Der Aufstand bricht in Capua (Nähe Neapels) in einer Gladiatorenkaserne aus. Spartakus war Thraker (heutiges Nordgriechenland). Zeitweise beherrschen er und seine Heere fast ganz Süditalien. Auch er wird nach blutigen Schlachten mühevoll niedergerungen, seine Kämpfer kilometerlang an der Via Appia gekreuzigt.

▌ In Rom unternimmt **Catilina** 63–62 einen Putschversuch gegen die Senatsherrschaft. Der wird von ▶ Cicero aufgedeckt. Der Senat erklärt den Staatsnotstand (d. h. Ausnahmezustand). Vermutlich versuchte Catilina, sich in den Zeiten eines völligen politischen Durcheinanders aus Eigeninteresse (er war verarmter Patrizier) an die Spitze sozial Unzufriedener zu setzen. Am Ende wird Catilina mit seinem Heer von Senatstruppen besiegt.

▌ In Rom herrscht ein Zustand der Anarchie, also der Rechtlosigkeit und Gewalt; tägliche Straßenkämpfe politischer Gruppierungen beherrschen die Szenerie. Politischer Mord ist an der Tagesordnung.

Die Heeresreform des Marius | Wie die im Abschnitt zuvor geschilderten Ereignisse – übrigens: nur eine ganz kleine Auswahl aus dem chaotischen Geschehen überall im Römischen Reich – zeigen, war an allen Ecken und Enden der Einsatz des Militärs gefragt. Ein Heer braucht Soldaten.

▌ Bisher herrschte immer noch die uralte Regel: Soldat wurde nur, wer über einen gewissen Besitz verfügte. Dazu wurden die Bürger von den ›Zensoren‹ (cēnsōrēs, die machten etwa die Arbeit unserer Finanzämter) in Gruppen eingeteilt (›Zenturien‹, ▶ S. 86). Wer nichts besaß (also die prōlētāriī: Das Wort bedeutet, diese Leute besaßen nur prōles, ›Nachkommenschaft‹), musste nicht Soldat werden. Jetzt gab es aber infolge der wirklich massen-haften Verarmung der einfachen Leute kaum noch welche, die etwas besaßen.

▌ In dieser Situation wurde eine **Heeresreform** durchgeführt; sie trägt den Namen des Konsuls **Marius**, der sie (im Jahr 104 v. Chr.) veranlasst hat. Neben militärtechnischen Änderungen (▶ S. 158 ff.) gibt es vor allem folgende Neuerungen:

- Auch Proletarier werden jetzt in die Armee eingezogen; mangels anderen Verdienstes verpflichten sie sich immer wieder bis zur Höchstdauer und werden so zu Berufssoldaten;
- statt wie bisher der Einberufung im Frühling und der Entlassung im folgenden Herbst gibt es jetzt ein sog. **stehendes Heer**, das immer unter Waffen ist;
- die Soldaten bekommen einen Sold (Gehalt), nach 16 Jahren Militärdienst haben sie Anspruch auf eine zivile Versorgung (eine Pension oder Landzuteilung). Da dafür der General zuständig ist (er verfügt letztlich über die Kriegsbeute), entsteht eine enge Verbindung zwischen Truppe und oberstem Befehlshaber. Die Soldaten fühlen sich mehr diesem verbunden als dem Staat.

Während Armee und Befehlshaber also ursprünglich und lange Zeit hindurch ›für den Fall des Falles‹ einberufen bzw. bestellt wurden, werden beide jetzt zum *dauerhaften* Machtfaktor im Staat. Es zeigt sich bald angesichts der Verbindung zwischen Senatsklasse und Generalsamt, dass das nicht gutgehen kann.

▌ Schon lange versuchen optimātēs (Senatspartei) und populārēs (Volkspartei) die Volksmassen, die trotz allem zu Abstimmungen zusammengerufen werden, in ihrem Sinn zu manipulieren und die Öffentlichkeit Roms von ihren jeweiligen Zielen zu überzeugen.

▌ Diese ›Parteien‹ sind keine Organisationen wie

Der Aufbau der römischen Legion seit der Heeresreform unter Marius.

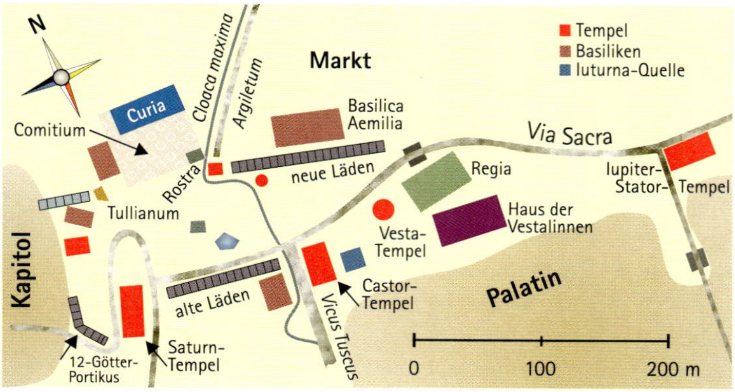

Das Forum Romanum (▶ Karte S. 84) war der Mittelpunkt Roms, das Zentrum politischer Entscheidungen und des öffentlichen Lebens. In der Kaiserzeit wurde es immer prachtvoller ausgebaut, aber auch immer enger (▶ S. 99).

heutige politische Parteien mit Mitgliedern und Parteifunktionären. Vielmehr stehen an ihrer Spitze verschiedene politische Wortführer, oft gute Redner, die ihre eigenen Interessen oder die einer ›Freundes‹gruppe vertreten; immer aber, egal ob optimātēs oder populārēs, sind es die Interessen der reichen Machtgruppen.

▮ Unter diesen Politikern sind nur wenige ›Idealisten‹ auszumachen, die ehrlich und loyal den offiziellen Prinzipien von Ehre und Rechtmäßigkeit treu bleiben wollen; auch sie vertreten freilich nur die nōbilitās (▶ S. 92). Einer von diesen ist sicher ▶ Cicero; auch er wurde schließlich ermordet.

▮ Es konnte nicht ausbleiben, dass in diese Auseinandersetzungen der beiden Hauptparteien auch das Generalsamt mit hereingezogen wurde. Die ersten großen und verhängnisvollen Gegenspieler dabei waren Marius selbst und ▶ Sulla.

:: Ein Reich ist entstanden – die Republik am Ende

■ Generäle übernehmen die Macht | Marius selbst hatte sich unter anderem Verdienste in seinem Kampf in Nordafrika sowie gegen die Kelten (Kimbern und Teutonen) erworben, die er 101 v. Chr. besiegte. Marius war Führungsfigur der Popularen und setzte sich auch für Landgesetze zugunsten der Besitzlosen ein.

Sulla seinerseits gelang es, den Osten durch Siege über Mithridates und Frieden mit ihm zu beruhigen. Hinter ihm stehen die Reaktionärsten der Optimaten.

▮ Im politischen Hin und Her zwischen ›Volk‹ und ›Senat‹ spielen sowohl Marius wie Sulla – äußerlich das Konsulamt bekleidend – eine gleichermaßen brutale Rolle mit nie dagewesenen Verwicklungen bis hin zur militärischen Eroberung Roms durch Sulla gegen Marius. 82–79 kommt es zur offenen Diktatur Sullas mit umfassender politischer Verfolgung (sog. ›Proskriptionen‹, d. h. Veröffentlichung von Listen mit Leuten, die offiziell ermordet werden dürfen; 90 Senatoren und 2600 Ritter werden umgebracht). Sulla macht während seiner Herrschaft einschränkungslos den Senat zur Machtinstanz, bis er freiwillig abtritt.

▮ Die inneren Wirren gehen bald mit gleicher Brutalität weiter. Neue Männer – Generäle im Konsulamt – treten auf den Plan: Pompejus, Crassus, Cäsar. Wieder repräsentieren sie unterschiedliche Gruppierungen, aber sie finden diesmal – zunächst – eine gemeinsame Lösung für das Durcheinander: das sog. Triumvirat, d. h. ›Dreimännerkomitee‹. Mit ihren Armeen hinter sich machen sie den Staat zum Privatobjekt und teilen ihn unter sich auf.

▮ Einige Jahre funktioniert das, doch nach dem Tod des Crassus wird Cäsar durch die **Eroberung ganz Galliens (58–51)** zu mächtig. Der Bürgerkrieg geht weiter – hier Cäsar, dort Pompejus mit dem Senat (49–46). Schließlich erobert Cäsar Rom und Italien (und besiegt Pompejus und Pompejus-Anhänger später auch militärisch – beide Parteien kämpfen gegeneinander in Griechenland, Ägypten und Spanien! Dabei setzt Cäsar in Ägypten Kleopatra als Königin ein): 46 feiert Gajus Julius Cäsar mehrere Triumphe in Rom und wird zum Diktator (▶ S. 131) auf zehn Jahre ernannt. Die Republik ist am Ende: 710 Jahre nach der legendären Gründung Roms und 466 Jahre nach Vertreibung der Könige wird Cäsar Diktator auf Lebenszeit, Rom hat *faktisch* wieder einen König (44 v. Chr.).

■ ›Ich bin Cäsar, nicht Rex!‹ | Cäsar wird mit Ehrungen und Ehrentiteln überhäuft, aber *einen* Titel wehrt er ab: Rēx, *König*. Zu groß war nach wie vor der politische Hass auf das Königtum. Als er einmal mit ›rēx‹ begrüßt wird (wie es häufiger geschieht), gibt er zurück: ›Caesar sum, nōn rēx‹ – ohne in dem Moment ahnen zu können, dass der Titel Caesar–›Kaiser‹ einmal viel höher stehen wird. Auch das öffentlich dargebotene Königsdiadem weist er zurück.

▮ Trotzdem, das Wort ›Republik‹, rēs pūblica, das auch die schlimmsten Gesetzesbrecher im Munde führten, hörte er wohl nur mit Verachtung. Nach Jahrzehnten des Bürgerkriegs, in dem sich alle unter wechselnden Standarten gegenseitig abzuschlachten trachteten, war Rom endgültig nicht mehr handlungsfähig, das Reich nicht mehr zu regieren.

▮ Cäsar, selbst Gesetzesbrecher im Chaos des Bürgerkrieges, hat offenbar eine Vision: Das große Reich kann nicht mehr als Beuteobjekt einer stadtrömischen Senatorenclique regiert werden, es braucht eine gerechte, ordentliche Verwaltung und allseitige Entwicklungsmöglichkeit. Dieser Vision ist er offenbar kompromisslos gefolgt; so, wie es ihm seine Erfolge ermöglichten, hat er diese für seine Ziele genutzt.

▮ Seine selbstsüchtigen politischen Gegner sahen dem, obwohl Cäsar von den meisten Seiten Anerkennung entgegenschlug, nicht tatenlos zu: **An den Iden des März 44 v.Chr. wurde Cäsar im Senat von Verschwörern ermordet.** Der Bürgerkrieg ging in eine weitere Runde.

Porträt: Cäsar

Cāius Iūlius Caesar wurde am 13. Juli 100 v.Chr. geboren und am 15. März 44 v.Chr. ermordet. Wenn man über das antike Rom spricht, steht sein Name gewöhnlich mit an erster Stelle: Egal, wie man ihn und sein Wirken beurteilt, er gehört zu den bedeutendsten Gestalten der Geschichte überhaupt, sein Wirken war in jedem Fall maßgeblich für die weitere Geschichte des Römischen Reiches insgesamt. Ein äußeres Zeichen dafür ist, dass sein Name Caesar über den Titel der römischen ›Cäsaren‹ zum Herrscherbegriff *Kaiser* (bzw. russisch *Zar*) wurde.

Cäsar war erfolgreicher militärischer Oberbefehlshaber (Eroberer Galliens), Politiker und (politischer) Schriftsteller. Offenbar war sein Handeln von der Weitsicht geprägt, dass Rom durchgreifender politischer Änderungen bedurfte, damit das innere Chaos überwunden werden konnte. Die persönlichen, meist egoistischen Einzelinteressen der führenden Leute Roms mussten zugunsten einer vernunftgesteuerten Politik für das gesamte Reich überwunden werden. Zu seiner Zeit konnte das nur eine Art Alleinherrschaft sein, welche freilich die Interessen der einzelnen Machtgruppen berücksichtigen musste. Welches ›Konzept‹ Cäsar dafür hatte – wenn er eines hatte –, wissen wir nicht, und darüber sind sich die Geschichtsforscher auch nicht einig. Jedenfalls begann er schon ›auf dem Schlachtfeld‹ mit der Durchsetzung von Reformen beispielsweise der Provinzverwaltung und des Strafrechts.

So wie seine Ermordung Zufall war – bei der Menge der Gegner aber auch ein zu erwartendes Ereignis –, waren seine Erfolge bis zu diesem Zeitpunkt keineswegs zwangsläufig. Aber es gelang ihm, sich mit Gespür für die jeweilige Situation, immer gestützt auf seine Truppen, durchzusetzen. Dass diese Truppen immer hinter ihm standen, war ein wesentlicher Grund für seinen Erfolg.

Nicht weniger trug dazu aber auch das unglaubliche Vermögen bei, das er als Statthalter in Spanien und Gallien zusammenbrachte und mit dem er Politik – und Anhänger – finanzierte. Zudem bekleidete er alle republikanischen Staatsämter; seine Ermordung schließt sich daran an, dass er einen Monat zuvor zum ›Diktator‹ auf Lebenszeit ernannt wurde (dictātor war eigentlich ein auf ein halbes Jahr befristetes Amt für Notzeiten).

Wesentlich für seinen Rückhalt war schließlich auch, dass Cäsar die Interessen des Volkes berücksichtigte: Er nahm Landzuteilungen vor, sorgte für Brot und gründete Kolonien (Städte) in den eroberten Gebieten; die Provinzbewohner schützte er

Links: Das Bildnis Cäsars aus grünem Basaltstein stammt aus Ägypten, wo Cäsar eine Beziehung mit der letzten ägyptischen Königin, Kleopatra, einging. Mit ihr hatte er den Sohn Caesarion; Oktavian (Augustus) ließ ihn später ermorden, um als nur adoptierter Sohn besser Cäsars Nachfolge beanspruchen zu können.

gegen die übermächtigen Steuereintreiber. Gegenüber besiegten politischen Gegnern versuchte er, den Weg der Einigung zu gehen. In der öffentlichen Debatte akzeptierte er jede, auch scharf gegen ihn gerichtete Meinung und setzte sich mit Gegnern durch Argumente auseinander. Kennzeichnend war für ihn dabei, dass er z. B. einen Anhänger seines schärfsten politischen Feindes Pompejus damit beauftragte, eine öffentliche Bibliothek zu organisieren, in der ohne Ausnahme alles Geschriebene zur Verfügung stehen sollte.

Cäsars Ermordung brachte keine Lösung. Anhänger und Gegner waren nicht dazu in der Lage, Rom zu einer geordneten Politik zu führen. Vor diesem Hintergrund trat Augustus auf den Plan.

Nach Cäsars Tod wird am Ostende des Forums (hier oben links) ihm zu Ehren der Cäsar-Tempel errichtet, neben diesem entstehen Triumphbögen des Augustus: Der Platz, der ein Symbol der Republik war, wird mit Symbolen der neuen Alleinherrschaft ausgestattet. Vorn links erkennt man das Dach der Cūria, des Senatsgebäudes. – Das Modell stellt den Zustand um 300 n. Chr. dar.

Augustus – Erbe, Prīnceps, Alleinherrscher |

Mit Cäsar griff in jedem Fall die Idee um sich, dass es nicht weiterging wie bisher, dass ein anerkannter Führer an der Spitze stehen müsse. Tatsächlich übernahm der Senat, den Cäsar in seinem Sinne zum Teil neu besetzt und erweitert hatte, das Handeln und führte Cäsars Weisungen aus. Mithilfe der römischen Erbgesetze hatte Cäsar seinen Großneffen C. Octavius adoptiert und zum Erben – gerade auch zum politischen Erben – eingesetzt.

- Trotzdem gelingt es Marcus Antonius, einem Anhänger Cäsars und mit diesem im Jahre 44 Konsul, die Macht zu übernehmen. Wie man es von Rom inzwischen kennt, gibt es wieder mehrere starke Männer: Sie bilden das **2. Triumvirat: Antonius, Lepidus und Oktavian** (Octavius hatte sich umbenannt, ▶ S. 10), also wieder ein ›Dreimännerkomitee‹; dieses Mal wird es jedoch vom Senat anerkannt und damit beauftragt, in einer Frist von fünf Jahren den Staat wieder auf die Beine zu bringen. Das Reich wird zur Verwaltung unter den Triumvirn aufgeteilt.
- Wieder kommt es zu blutigen politischen Verfolgungen in Rom (›Proskriptionen‹); die Opfer sind 200 Senatoren und 2000 Ritter, auch ▶ Cicero wird ermordet.
- Wie fast nicht anders zu erwarten, folgen erneut kriegerische Auseinandersetzungen, zunächst mit den Cäsarmördern (denen Straffreiheit gewährt worden war), dann unter den Triumvirn, Landschlachten (Philippi in Nordgriechenland), Seeschlachten (Aktion–Actium in Westgriechenland). Die Oberhand nach allen Wirren behält schließlich Oktavian (der wiederholt zum Konsul bestimmt worden war) mit seiner privaten Armee. Sein Sieg wird noch dadurch gekrönt, dass das alte, ehrwürdige Ägypten durch die Niederlage Antonius' und Kleopatras (die waren dort jetzt ein Paar und hatten die Herrschaft inne) die Selbständigkeit verlor und römische Provinz wurde.
- Oktavian kehrt im Triumphzug nach Rom zurück. 120 000 seiner Soldaten erhalten Land zugeteilt und werden damit aus dem Dienst entlassen. Oktavian gibt dem Senat alle Vollmachten zurück (27 v. Chr.). Dadurch wird der *gesetzliche* Rahmen der **Republik wiederhergestellt** – wirklich? Scheinbar nur: In Rom herrschen jetzt andere Verhältnisse, nur nicht offen: In Wahrheit ist aus der Republik eine Alleinherrschaft geworden. Am 16. Januar erhält Oktavian den Ehrennamen **Augustus** (›Ehrwürdiger‹, ›Hochheiliger‹). Damit sind die ersten Grundlagen für die jetzt beginnende römische **Kaiserherrschaft** gelegt.

↳ Herrscht jetzt endlich Frieden im Römischen Reich?

Das Römische Reich hat nun etwa die Hälfte seiner Geschichte hinter sich. Ab jetzt bekommt es das Gesicht, das wir hauptsächlich mit ihm verbinden: das Gesicht des römischen Kaiserreichs mit Prunk und Prätorianergarde. Jetzt wird aus Rom eine wirkliche Weltstadt aus Marmor, jetzt formt sich Rom seine eigene Welt. Doch mit dem Rom, als das es begann, hat es nichts mehr zu tun.

Porträt: Augustus

Nach Cäsars Ermordung war es Marcus Antonius, der als dessen Mitstreiter und Anhänger in Rom die Macht übernehmen konnte. Augustus, 45 v. Chr. von Cäsar als Sohn und Erbe adoptiert, befand sich zum Zeitpunkt des Mordes im Ausland, kehrte jedoch umgehend zurück – erst jetzt erfuhr er auch von der Adoption –, um seine Erbansprüche geltend zu machen. Zu diesem Zeitpunkt war Augustus gerade 18 Jahre alt! Antonius wollte ihn nicht anerkennen, so waren Auseinandersetzungen unvermeidlich. Es gelang Augustus, auch Cäsars Unterstützung durch das Volk zu ›erben‹, nicht zuletzt (wie schon Cäsar) durch Unsummen an Schenkungen. Nach dreizehn Jahren Machtpolitik und Hin und Her hatte Augustus alle Gegner, einschließlich Antonius, ausgeschaltet und war nicht nur einer der reichsten Männer Roms, sondern auch – infolge der Übertragung der maßgeblichen Ämter durch den Senat an ihn – Alleinherrscher.

Cāius Octāvius Octāviānus (63 v. Chr.–14 n. Chr.), ab 27 v. Chr. vom Senat mit dem Ehrentitel ›Augustus‹ (der ›Ehrwürdige‹) versehen, unternahm nun die Neuordnungen des Reiches, die Cäsar – in dieser oder anderer Form – im Sinn gehabt hatte. Dabei sah er auch darauf, Cäsar ›in den Schatten zu stellen‹, d. h. er folgte – logischerweise – seinen eigenen Vorstellungen. Es gelang ihm nun, das Reich zu befrieden: Die pāx Augusta, der Augustusfrieden, ist es, die zum Kennzeichen seiner Rolle in der Geschichte wurde. Auch die Eroberungskriege sah Augustus – wenigstens zunächst – weitgehend als abgeschlossen an.

Tatsächlich kehrten Rom und das Imperium nunmehr zum ›Alltag‹ zurück, ein alle wirtschaftlichen Bereiche erfassender Aufschwung setzte ein, Rom machte sich daran, nun auch den gesamten Mittelmeerraum nicht mehr nur zu erobern, wie bisher, sondern – in seinem Sinne natürlich – politisch zu ordnen. Das heißt: Planmäßige gleiche öffentliche Verwaltung und Rechtsanwendung, Ausbau und Verbesserung der öffentlichen Einrichtungen wie z. B. der Verkehrswege und Ausbau der Städte. Dabei erlangte Rom auch ein weitgehend eigenes kulturelles Selbstverständnis, zwar in Achtung des vorher kulturell dominierenden Griechentums, aber in zunehmend eigenständiger Ausgestaltung der kulturellen Bedürfnisse und Leistungen.

Dies geschah, *obwohl* Augustus in kulturellen Fragen, auch etwa in denen der Familienpolitik, konservativ-rückwärtsgewandt, zum Teil rückschrittlich, war. Ganz im Gegensatz zu Cäsar schrieb er z. B. Bibliothekaren bis ins Einzelne vor, welche Bücher aus Bibliotheken zu entfernen waren (Zensur). Doch setzte er sich hier mit eigenen Vorstellungen letztlich nicht durch, was für die Römer aber kein Schaden war. Erfolglos war er auch im privaten Bereich, doch das war für den Staat überhaupt nicht belanglos: Es gelang ihm nicht, eine eigene Familiendynastie (mit eigenen Söhnen als Nachfolgern) und eine neue Herrscherkultur zu begründen. Die alten Gegensätze schwelten weiter und kamen schließlich etwa in der Diktaturherrschaft der Militärkaiser zum Ausbruch.

Freilich lässt sich der Fortgang der Geschichte nicht Augustus zuschreiben, sondern ist als zwangsläufige Folge der – inneren und äußeren – Probleme des Riesenreiches zu sehen, welches das Imperium darstellte. Diese Probleme wirkten sich auf verschiedene Weise aus: Im Innern verbrauchte man Reichtümer, ohne sie genügend erneuern zu können; Wirtschaftskrisen und Verarmung folgten; an den äußeren Grenzen erschienen fremde Völker, die ihre eigene Rolle spielen wollten und welche bei der Abwehr das Reich nach und nach mehr Kräfte kostete, als es – trotz vielen Mühen und Maßnahmen – aufbringen konnte.

Mitte: Rest eines Reiterstandbilds des Augustus (Athen)

Alltag, Festtag und Beruf

:: Tages- und Jahreslauf

Ein eigenes Verhältnis zur Zeit | Frührömische Schlichtheit: Wenn es Mittag war, trat der Herold des Konsuls auf das Forum, blies ins Horn und rief ›Merīdiēs est!‹. Das zeigte ihm der Sonnenstand, der ja zu Mittag immer gleich ist. Darüber hinaus war man in frühen Zeiten mit den Angaben ante merīdiem und dē merīdiē (*vormittags/nachmittags*) voll zufrieden.

Als man es dann doch genauer wissen wollte, holte man sich – ganz so, wie man es von den Römern kennt – 264 v. Chr. aus Katana–Catina (heute Catania) auf Sizilien eine Sonnenuhr nach Rom und las mithilfe deren Stabes nun die Uhrzeit ab. Erst 100 Jahre später merkte man, dass die Markierungen jedoch auf Catania ausgerichtet waren, das vier Grad südlicher als Rom liegt.

Als der Visionär Cäsar dem Imperium einen verlässlichen Kalender gab – den nach ihm benannten Julianischen Kalender, der bis 1582, in Deutschland bis 1700 und in Russland noch bis nach der Revolution 1918 galt –, beauftragte er den griechischen Astronomen Sosigenes aus Alexandria damit. Zu dem Zeitpunkt hatte das amtliche Wirken der seit Jahrhunderten für den Kalender zuständigen pontificēs māximī dazu geführt, dass man inzwischen um drei Monate vom Sonnenlauf abwich; so ließ Cäsar das Jahr 46 v. Chr. als ›Schaltjahr‹ 445 (!) Tage lang sein (normal dann: 365 ¼ + ein Schalttag alle vier Jahre). Dieses Jahr war der ›annus cōnfūsiōnis ultimus‹, das *letzte Jahr der Unordnung.*

Bäuerlicher Lebensrhythmus | In einer bäuerlichen Gesellschaft der Frühzeit wie der römischen wird der Lebensrhythmus tiefgreifend von Tag und Nacht – also der Sonne – sowie den Jahreszeiten bestimmt. Als ›Mess-Instrument‹ für die Jahreszeiten hatten (und haben) die Menschen die Tage der Tag- und Nachtgleiche (Frühlings-/Herbstanfang) bzw. der Sonnenwende (längster Tag/längste Nacht: Sommer-/Winteranfang).

Als auffälliges zyklisches Phänomen fügt sich dann noch der Mondumlauf (29 ½ Tage von Neumond zu Neumond; andere Zyklusberechnungen von ca. 27 ¼ Tagen). Beide Zyklen – die der Sonne und des Mondes – sind als Grundlage zur exakten Festlegung eines Jahres ungeeignet. Ob Sonnenjahr oder Mondjahr (beide Systeme gab es in der Antike): Irgendwann gab es keine Übereinstimmung mehr mit der tatsächlichen Sonnenjahrzeit. Babylonier und Ägypter haben sich schon früh damit auseinandergesetzt und Lösungen versucht.

Weitere ›einschneidende‹, also den Zeitablauf markierende Ereignisse waren Ernte oder Viehwurf; je nach angebauter Frucht (Getreide, Wein, Oliven usw.) oder gehaltenem Vieh fielen diese immer wiederkehrenden Ereignisse (z. B. Lämmer im Frühjahr, Weinlese im Herbst) auf unterschiedliche oder gleiche Zeitpunkte.

An vielen Punkten der Sonnen- und Mondphasen und der daran geknüpften Ereignisse aus bäuerlicher Tätigkeit (Aussaat, Ernte usw.) wurden schon in Urzeiten der Menschheitsgeschichte Feste gefeiert. Solche Festereignisse, die meist mit religiösen Kulten verbunden waren, blieben für den Jahresablauf der Römer praktisch immer bestimmend, auch wenn sie – spätestens in der Kaiserzeit – ihr Gesicht änderten und viele weitere hinzutraten.

Macht der Natur | Zu den elementaren Bedingungen, welche die Natur selbst bestimmt, treten die mehr oder weniger ausgeprägten Möglichkeiten des Menschen, die Natur zu beherrschen.

▪ Tag und Nacht lassen sich nicht beeinflussen: Mit Sonnenaufgang geht man hinaus, mit Sonnenuntergang geht man schlafen. Leuchtmittel – offener Feuerschein durch Holzbrand, Fackeln, Öllampen – sind nur begrenzt tauglich oder vorhanden. Öllampen zu betreiben – auch wenn man das Öl wie die Römer mit Schweineschmalz oder Rindertalg streckte – ist nicht für alle gleichermaßen erschwinglich, schon gar nicht für einfache Bauern. (Als Lampenöl nahm man vor allem Olivenöl aus zum Essen nicht geeigneten Früchten, aber auch etwa Walnussöl von wild wachsenden Früchten.)

▪ Petroleum kam erst Mitte des 19. Jahrhunderts in den Handel; allerdings kannten schon die Babylonier ›natpu‹ (davon ›Naphtha‹, das ist leichtes Roherdöl) und nutzten es auch als Leuchtmittel. Die Römer ihrerseits fanden petrae ōleum (›Felsöl‹) auf dem Sinai und nutzten es wohl auch als Radschmiermittel.

▪ Man ist im wesentlichen an den Ort gebunden, wo man lebt: Straßen und Wege sind unzureichend oder unbequem, Fahrzeuge – soweit nicht Lastkarren – nur Reichen vorbehalten, Pferde erst recht, Ochsen untauglich. Vorwiegend bewegte man sich also auch über weite Strecken zu Fuß.

▪ Von einem waren Reiche sogar eher betroffen als Arme: In der ganzen Antike war das Reisen durch einsame Gegenden nicht nur im Römischen Reich wegen Banditenumtrieben eine höchst unsichere Sache und daher nicht sehr geschätzt (▶ S. 216).

▪ Auch in den Städten stand es um die Beleuchtung nicht besser; mit Einbruch der Dunkelheit wurden, so vorhanden, Stadttore geschlossen und ›Bürgersteige hochgeklappt‹. Sich als einsamer Nachtschwärmer draußen zu bewegen, war wegen Überfallgefahr ebenfalls höchst risikoreich – trotz Ansätzen von Straßenbeleuchtung in der Großstadt Rom.

Die Einteilung des Tages | Die Tageseinteilung in zweimal zwölf Stunden stammt aus dem Orient (Babylonien) und gelangte über die Etrusker zu den Römern.

▪ Die Stunden werden jeweils von Sonnenaufgang bis Sonnenuntergang und von dort wieder bis Sonnenaufgang gezählt. Daraus ergibt sich, dass die Länge der einzelnen Stunde je nach Jahreszeit – abhängig vom Sonnenlauf – unterschiedlich ist. (Nur am Frühlings- und Herbstanfang sind Tag- und Nachtstunden gleich lang und entsprechen unseren 60-Minuten-Stunden!)

▪ Mittag bzw. Mitternacht ist dann logischerweise immer die septima hōra, die *siebte Stunde*.

▪ Beim Militär rechnet man zusätzlich mit vier Nachtwachen (vigiliae) zu je drei Stunden; die dritte beginnt also stets um Mitternacht.

Die Monate | Dass Mondjahr (354 Tage) und Sonnenjahr (365 Tage + ca. 1/4 Tag) nicht übereinstimmen, stört – wenn es stört – deswegen, weil mit den Mondzyklen fixierte Daten erst nach 33 Jahren wieder auf den gleichen Punkt des Ablaufs der Jahreszeiten fallen.

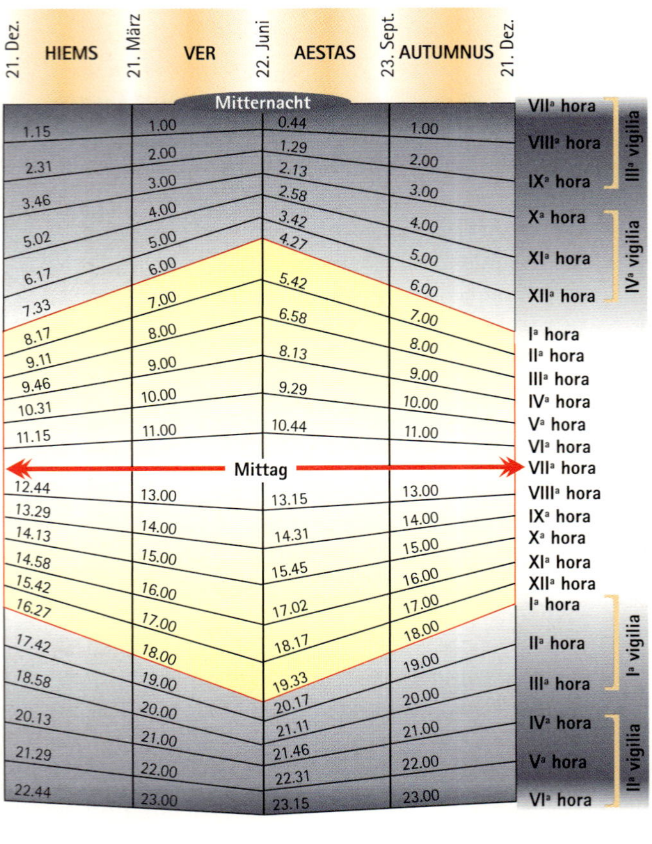

Die Stunden sind je nach Jahreszeit unterschiedlich lang; sie werden nach Sonnenaufgang bzw. -untergang gezählt. Die Nacht ist in vier ›Nachtwachten‹, vigiliae, eingeteilt.

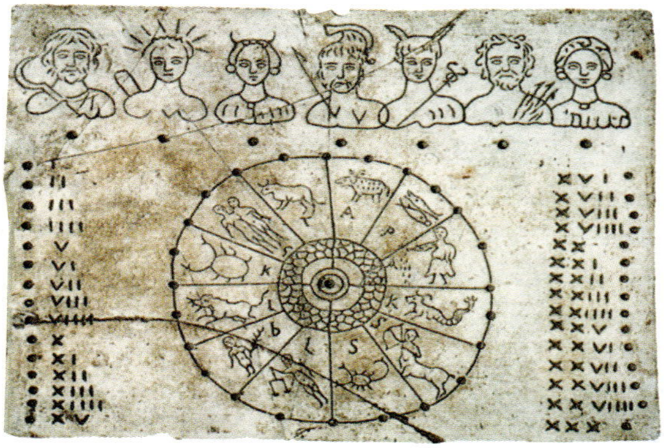

Kalendertafel mit Zeichnungen der Planetengötter für die einzelnen Wochentage, den Tierkreiszeichen und den Zahlen von I bis XXX.

- Ein Relikt solcher Berechnungsweisen kennen auch wir, es stammt sogar aus römischer Zeit: Dass es bei uns z. B. 35 verschiedene Ostertermine gibt (zwischen 22. März und 25. April), hängt damit zusammen , dass Ostern auf *den* Sonntag fällt, der auf den Tag des ersten Vollmonds im Frühling folgt. Da Ostern (als religiöse Feier der Auferstehung Christi) das älteste christliche Fest ist, hat man daran nicht gerüttelt. Das Weihnachtsfest hingegen musste fest fixiert sein, weil es an der Grenze von Herbst zu Winter liegen musste, wo die Tage wieder länger zu werden beginnen. Es wurde am 25. Dezember erstmals 336 n. Chr. in Rom gefeiert – eigentlich das römische Staatsfest der Geburt des Sōl Invictus, des ›Unbesiegten Sonnengottes‹ (mit dem hier Christus so gleichgesetzt wurde), aber auch Geburtsfest des persischen Mithras (▶ S. 231).

Dass auch unser ›Monat‹ etwas mit dem Mond zu tun hat, ergibt sich schon aus der Bezeichnung: Sie ist ursprünglich von ›Mond‹ abgeleitet. Auch mit dem lat. mēnsis ist ursprünglich der Mondmonat gemeint. Darauf geht die auf uns unnötig kompliziert wirkende **Monatseinteilung** der Römer zurück:

- Kalendae, *Kalenden*: der 1. Tag des Monats
  - Ursprünglich wurde dieser Tag vom pontifex ›ausgerufen‹ (altlat. kalāre); es ist der Neumondstag, an dem der Mond ganz abgedunkelt ist.
- Nōnae, *Nonen*: der 2. bis 7. Tag im März, Mai, Juli und Oktober, sonst der 2. bis 5. Tag; als Datum: der 7. oder 5. Tag
  - Ursprünglich das erste Mondviertel ab Neumond
- Īdūs, *Iden*: der 8. bis 15. Tag im März, Mai, Juli und Oktober, sonst der 6. bis 13. Tag; als Datum: der 15. oder 13. Tag
  - Ursprünglich der Tag mit Vollmond
- Kalendae, *Kalenden*: vom 16. oder 14. Tag bis zum Monatsende.

Wie gibt man also ein Datum an? Indem man von den Nonen, Iden oder Kalenden *rückwärts* zählt – einfach eine Frage der Gewohnheit: Der 21. Juni ist beispielsweise der XI. Tag *vor* den Kalenden des Juli (den 1. Juli muss man bei den XI Tagen aber mitzählen), oder: diēs ūndecimus ante Kal(endās) Iūliās.

Unsere Wocheneinteilung wurde bei den Römern erst 321 n. Chr. von Kaiser Konstantin eingeführt. Damit wurden am siebten Tag, dem diēs sōlis (›Sonntag‹) alle Geschäfte verboten. Vorher war seit Urzeiten eine Geschäftswoche von acht Tagen (nūndinae, ▶ S. 47) üblich. Diese wurde vom ersten Tag des Jahres an in Kalendern mit A bis H durchgezählt.

Die 12 Monate des Jahres

31 Tage	IANUĀRIUS	benannt zu Ehren des Gottes Ianus (Gott des Anfangs und Endes, der Übergänge)
28 oder 29*	FEBRUĀRIUS	Monat der Sühnefeste (februa)
31 Tage	MĀRS	zu Ehren des Mars (ursprünglich ein italischer Gott der Vegetation)
30 Tage	APRĪLIS	Ursprung des Wortes wohl etruskisch
31 Tage	MĀIUS	Gott des Wachstums
30 Tage	IŪNIUS	zu Ehren der Iuno (Göttin der Geburt, Schirmherrin von Rom)
31 Tage	QUĪNTĪLIS	44 v. Chr. zu Ehren Cäsars in IŪLIUS umbenannt
31 Tage	SEXTĪLIS	8 v. Chr. zu Ehren des Kaisers in AUGUSTUS umbenannt
30 Tage	SEPTEMBER	
31 Tage	OCTŌBER	
30 Tage	NOVEMBER	
31 Tage	DECEMBER	* Im Februar gab es den Tag ›bis sextus ante Kal. Mārtiās‹; er wurde also als *Schalttag* doppelt gezählt (bis heißt *zweimal*)

Etwas Sprachgeschichte …
Das Wort *Mond* (und damit *Monat*) sowie das lateinische Wort mēnsis (›Monat‹) sind mit ›messen‹ verwandt (lat. mētīrī), bedeutet also eigentlich ›(Zeit-)Messer‹.

… und ein römischer Merkvers zu den Monaten
Sex Māius Nōnās, Octōber, Iūlius et Mārs; quattuor at reliquī. Dabit Īdūs quīlibet octō.
›Mai, Oktober und Juli haben sechs Tage Nonen, doch die übrigen vier. Die Iden allesamt haben acht.‹

- Die Reihenfolge der Monate in der Tabelle (S. 103) gilt erst ab 153 v. Chr. Vorher begann das Jahr im März, trotzdem blieb ab dem Monat Quīntīlis die Benennung nach Ordnungszahlen (*fünfter* usw.).
- Dass der ›December mēnsis‹ eigentlich den ›zehnten‹ Monat bezeichnet, weist darauf hin, dass die Bezeichnung uralt ist: Vor dem sagenhaften König Numa Pompilius gab es ein Mondjahr von zehn Monaten (mit 304 Tagen) – Tradition war da stärker als Logik.

Erst im Jahre 304 v. Chr. – die Plebs musste sich ja wirklich alles erkämpfen – wurde in Rom ein Kalender schriftlich fixiert und öffentlich aufgestellt. Damit war die Festlegung von Fest- und Feiertagen der Willkür der zuständigen Priesterschaft entzogen – ein wichtiges politisches Ereignis.

Jahr und Zeitrechnung | Bis zu ▶ Cäsar war das römische Jahr ein Mondjahr von 355 Tagen (nach der Sage auf König Numa zurückgehend). Um Übereinstimmung mit dem Sonnenjahr zu erzielen, fügte man im Februar im Zweijahresrhythmus 22 bzw. 23 Schalttage ein (also 355 – 377 – 355 – 378). Damit hatte man gegenüber dem annähernd korrekten Sonnenzyklus von 1461 Tagen (4 × 365 ¼) einen Tag zu viel. Diese Abweichung sowie eine Vernachlässigung der Kalenderkorrekturen durch die Priester während der Bürgerkriege führten zu der Situation zu Cäsars Zeit und der Kalenderreform vom 1.1.45 v. Chr.

Jahre kann man zwar wie alles zählen, aber zur *Zeitrechnung* benötigt man einen Fixpunkt (unser Fixpunkt: das Jahr 1 beginnt mit der religiös hergeleiteten Geburt Christi). Für so etwas interessierten sich die Römer erst später.

- Unser System wurde vor etwa 1500 Jahren in Rom eingeführt; die Minuszählung für Ereignisse *vor* Christi Geburt gibt es erst seit etwa 200 Jahren.

Mit Beginn der Republik fingen die Römer an, die **Jahre nach den amtierenden Konsuln** zu benennen. (Ähnlich hatten es schon die Griechen getan; vielleicht hatten die Römer das System von den Etruskern). Das hatte natürlich nur Sinn, wenn man gleichzeitig Listen führte – das waren die fāstī cōnsulārēs. In diese Listen nahm man auch markante Ereignisse des Jahres (wie Triumphzüge) auf.

Diese Listen wurden von 508 v. Chr. bis 541 n. Chr., also fast 1050 Jahre lang, geführt. Anfangs wurden sie auf dem Kapitol aufbewahrt und stets sorgsam gehütet. Augustus ließ einen Triumphbogen errichten, auf dem sämtliche Listen seit Beginn der Aufzeichnungen eingemeißelt wurden. Die fāstī bildeten die Grundlage für die Forschungen römischer Geschichtsschreiber (›Annalisten‹, ▶ Livius).

Gerade dieses System, das unserem Denken wohl als das komplizierteste erscheint, war und blieb bei den Römern das populärste und wurde üblicherweise verwendet: ›M. Tulliō Cicerōne C. Antōniō cōss.‹ war also das Jahr 63 v. Chr., in dem Cicero und C. Antonius Konsuln waren (cōss. ≈ cōnsulibus; Zeitangabe im Ablativ).

- Für das Jahr, in dem C. Julius Cäsar zusammen mit M. Calpurnius Bibulus – einem erbitterten politischen Gegner – Konsul war, machte man sich gern einen Scherz mit der Angabe ›Iūliō [et] Caesare cōnsulibus‹. Wieso? Nun, neben dem mächtigen Cäsar hatte Bibulus nicht viel zu bestellen …

Ein weiteres Verfahren war die Zeitrechnung post exāctōs rēgēs **›nach der Vertreibung der Könige‹** (also nach 509 v. Chr.); diese Zählung findet sich ab dem Ende des 4. Jahrhunderts v. Chr., war aber nie offiziell.

- Interessanter Nachahmungsversuch: Nach der französischen Revolution 1789, in der das Königtum beseitigt wurde, wollte man ebenfalls die Zeitrechnung mit dem Revolutionsjahr neu beginnen.

Ab der Zeit des Augustus gab es das System der Berechnung ab urbe conditā **›nach der Gründung**

Hier sind bei weitem nicht alle Einzelheiten des Durcheinanders bei der römischen Kalenderordnung angegeben. Man sieht aber: Eine exakte Zeitmessung und Zeitrechnung war den Römern zwar nicht unwichtig, aber sie hatten immer damit zu kämpfen. Nach heutigen Bedürfnissen wäre wohl nicht einmal ein ausgetüfteltes Computerprogramm denkbar, das dieses Chaos beherrscht hätte!

der Stadt‹; da man dieses Datum (753 v. Chr.) jedoch unterschiedlich bestimmte, gab es zunächst verschiedene Zeitzählungen.

Der normale Tageslauf | Auf dem Land wie in der Stadt – in der Stadt freilich weniger streng – waren die Aktivitäten der Römer also im wesentlichen vom Sonnenlauf abhängig. Auch in der Kaiserzeit änderte sich an dem gegebenen Rahmen nicht viel. Nur das Bad am Tagesende verlagerte sich stärker in die Thermen.

- Grundlegender Rahmen: Gearbeitet wurde von Sonnenaufgang bis zur 8. Stunde (die hōra octāva endet zwei Stunden nach Mittag). Viele begannen schon vor Sonnenaufgang zu arbeiten. Da es keine Industrieviertel oder reinen Handwerkerviertel einerseits, keine ›Schlafstädte‹ wie heute andererseits gab, wurde es also in der ganzen Stadt, mit Ausnahme der Villenbezirke, fast noch vor Hahnenschrei geschäftig und laut: Überall lagen Werkstätten und Läden im Erdgeschoss der īnsulae.
- Das Schuljahr begann nach fünf Tagen Ferien vom 19./17. bis 24./22. März (Quīnquātrūs-Fest). Alle neun Tage (an den nūndinae, ▶ S. 47) war schulfrei, Sommerferien gab es wohl keine (aber auch keine Schulpflicht, sodass Kinder reicher Leute den Sommer auch auf dem Lande verbringen konnten). Der Schultag hatte sechs Stunden: Damit die Schüler mittags zum Essen nach Hause gehen und danach noch einmal wiederkehren konnten, begann man sehr früh morgens. Im Winter saßen die Kinder daher schon vor Beginn der 1. Stunde (also vor Sonnenaufgang um 7.30 Uhr unserer Zeit) in der Schulstube (meist einem Ladenraum, pergula, am Forum oder sonstigen Plätzen; ▶ S. 181).
- Bei den vornehmeren Leuten begann der Tag mit der salūtātiō, zunächst der Kinder und Sklaven, dann der ▶ clientēs (die warteten oft schon, bevor es Tag wurde). Zwischendurch befasste sich der dominus mit seiner Buchhaltung und traf Anordnungen für das Tagesgeschäft.

Der Tageslauf des Römers im Sommer und im Winter: Der kürzere Wintertag erlaubte nur weniger Arbeit.

Dies ging bis zur 3. Stunde (das wäre bei uns am Frühlingsanfang 8 Uhr).

- Wer öffentlichen Tätigkeiten nachging – Politiker oder Rechtsanwälte – oder sonstwie Kontakt zu Geschäftspartnern suchte, begab sich jetzt auf das Forum mit seinen Basiliken (Hallen) und Läden. Ab jetzt waren die Händler – z. B. die Buchhändler von Rom in einer Seitengasse des Forums – auch auf vornehmere Kundschaft eingestellt.
- Politische Versammlungen (cōmitia, ▶ S. 126) begannen schon zur 2. Stunde.
- Das lebhafteste Treiben herrschte von der 5. bis zur 7. Stunde (also über Mittag), mit der 8. Stunde endeten allgemein die Aktivitäten: Wer es bis jetzt nicht geschafft hatte, kam zu spät.
- Freilich: Wer seine Dienste anbot und auf Kunden wartete (wie Kneipenwirte oder Händler mit frischen Waren), hörte auf, wenn der Kundenstrom abebbte.
- Wer einer Tätigkeit nachging wie Handwerker oder Arbeiter, dessen Arbeitstag endete mit der 6. (Sommer) oder 7. Stunde (Winter); der Arbeitstag dauerte damit etwa zwischen sechs und sieben Stunden (nach unseren 60 Minuten).
- Sklaven arbeiteten zwischen Sonnenaufgang und Sonnenuntergang, aber normalerweise geregelt; Bergwerkssklaven z. B. arbeiteten nach staatlich festgelegten Normen mit Anspruch auf Pausen.
- Nach ›Geschäftsschluss‹ eroberten dann die einfachen Leute (vor allem die beschäftigungslose Masse der prōlētāriī) Straßen und Plätze zum Zeitvertreib – wenn sie es nicht wie die Betuchteren machten, die sich spätestens jetzt noch in die Thermen begaben, um vor der cēna, die zu Hause eingenommen wurde (▶ S. 33), noch ein Bad zu nehmen und Freunde zu treffen.
- Unterbrechungen erfuhren diese Abläufe natürlich, wenn es etwa aus Neugierde – wegen irgendwelcher sensationeller Ereignisse oder Politikerreden – zu Volksaufläufen kam.

↪ In der Kaiserzeit wird in Rom spürbar weniger gearbeitet als zur Zeit der Republik. Der Grund liegt darin, dass die Masse der Bürger vom Staat – dem Kaiser – oder Privatleuten durch Lebensmittelzuwendungen ernährt wird. Es gibt für diese Menschen aber auch keine produktive Arbeit mehr, d. h. was sie tun oder herstellen könnten, wird von keinem gebraucht.

- Trotzdem wird irgendwann insgesamt viel mehr verbraucht, als produziert wird oder verfügbar ist – Folge: Die Provinzen und deren Menschen werden immer stärker ausgepresst, die Preise steigen.

:: Feste ohne Ende

Die Römer unterschieden nicht zwischen religiösen und ›weltlichen‹ (nichtreligiösen) Festen: Jedes Fest war in irgendeiner Form in einen religiösen Rahmen eingebunden, in dem Priester und Riten eine Rolle spielten. Die *Anlässe* für Feste waren natürlich unterschiedlich: von den Festen im bäuerlichen Kalender über Götterfeste bis hin zu staatlichen (insbesondere militärischen) Anlässen. In der Kaiserzeit kamen dann die unzähligen Geburts- und Ehrentage der Kaiser und ihrer Familien hinzu (wie noch ›Kaisers Geburtstag‹ im Deutschen Kaiserreich).

↳ ›Feiertag‹ bedeutete im Alten Rom nicht, dass automatisch arbeitsfrei war (oder gar, dass die Läden geschlossen blieben). ›Arbeitsfrei‹ galt nur für die, die es sich leisten konnten oder denen es vom Patron bzw. Herrn erlaubt wurde.

Natürlich hatten die einzelnen Gebiete oder Zentren im Römischen Reich jeweils ihre eigenen Feste mit zumeist eigenen Gottheiten, je nach der Lebensweise der Menschen. Oft trugen Feste oder Gottheiten auch nur unterschiedliche Namen. In diesem Buch wird hauptsächlich das berichtet, was die Hauptstadt Rom zu bieten hatte (▶ Religion).

Einteilung und Charakteristik der Fest- und Arbeitstage | Im römischen Kalender sind die Tage nach folgender Festlegung eingeteilt; es gibt:

- fēriae pūblicae (diēs fēstī): religiöse Feiertage (statīvae: *feststehende*; indictīvae: *bewegliche*); insgesamt 45;
- in jedem Monat ist der Tag der **Iden** (Īdūs; Jupiter geweiht; Festtage waren auch die Hälfte der Kalenden und ein Viertel der Nonen (▶ S. 103);
- diēs fāstī (unter religiösen Gesichtspunkten *erlaubte Tage*): Gerichtsverhandlungen und Geschäfte sind zulässig; auch für Hochzeiten wurden diese Tage ausgesucht;
- unabhängig davon bestimmt der ▶ Pontifex maximus in jedem Jahr eine Zahl arbeitsfreier Tage, an denen keine Gerichtsverhandlungen und Volksversammlungen stattfinden (die sog. diēs nefāstī: *gesperrte Tage*); auch diese Tage werden nach religiösen Gesichtspunkten festgesetzt.
- Von dieser Grundeinteilung prinzipiell unabhängig sind lūdī solemnēs (*öffentliche Festspiele*) und lūdī votīvī (einmalige Feste aus einmaligen Anlässen: An Fantasie, Feste zu feiern, hatten die Römer nicht den geringsten Mangel).

Die politische Bedeutung der Feste | Neben dem grundsätzlich religiösen Ursprung und Charakter der Feste – man muss bedenken, dass das Bewusstsein dafür sehr häufig (fast) ganz verloren ging (nicht anders als bei uns) –, ist die politische Bedeutung der römischen Festkultur ganz besonders wichtig.

- Schon in der Republik hatten die Politiker, die gewählt werden wollten, erkannt, dass sie mit der Finanzierung und Abhaltung von Festspielen die Wählergunst für sich gewinnen konnten (ob das heute genauso funktioniert, wenn bei Wahlkämpfen Luftballons verteilt werden …? Auch heute spricht man ja von Wahlgeschenken).
- Als dann Rom ab dem 2. Jahrhundert v. Chr. zunehmend von entrechteten, arbeitslosen Bauern bevölkert war, wurde es geradezu notwendig, diese bei Stimmung zu halten. Nicht nur Lebensmittel (Getreide) wurde ihnen von Staats wegen ausgeteilt, sondern auch immer mehr Vergnügungen.
- Erst recht ging es in der Kaiserzeit nicht, die Vergnügungslust der Massen *nicht* ernstzunehmen; mochte es auch an Geld für alles Mögliche fehlen, hieran sparte kein Kaiser. Und so kritisierte der Dichter ▶ Juvenal satirisch die entpolitisierten Massen:

> … Schon längst, seit wir unsere Stimmen keinem mehr verkaufen, hat das Volk die Sorgen verscheucht; denn dieses, das einst Oberbefehl, Ämter, Legionen, alles verlieh, hält sich jetzt zurück und wünscht sich ängstlich nur zwei Dinge: Brot und Zirkusspiele.
>
> Juvenal, X 77–81
>
> *(›Stimmen verkaufen‹: Vorher, in der Zeit der Republik, war das Volk wenigstens so frei, dass Amtsbewerber die Wähler mit Versprechungen ködern mussten.)*

Der römische Festkalender | Zur Zeit der Republik feierten die Römer etwa 65 Feste im Jahr, in der Kaiserzeit waren es bis um die 180. Manche Feste haben die Form öffentlicher Spiele (in der Tabelle lila unterlegt), also Theater-, Zirkus- oder Gladiatorenspiele.

DIE WICHTIGSTEN FESTEN FEIERTAGE UND ÖFFENTLICHEN SPIELE

(G) Riten gegen **böse Geister** (von Göttern oder Toten)
(L) **Ländliche** Riten
(K) **Kriegerische** Riten

Monat, Tag	Name des Festes	besondere Merkmale
Januar 11,15	**CARMENTĀLIA (G)**	zu Ehren der Nymphe Carmenta, die über das Schicksal der Kinder bestimmt
Februar 15	**LUPERCĀLIA (G)**	Reinigungsopfer für die Felder und Fruchtbarkeitsfest
13-21	**FERĀLIA(G)**	Tage der Toten
23	**TERMINĀLIA (L)**	Überprüfung und Segnung der Grenzen auf dem Lande (Gott Terminus)
März 1	**MĀTRŌNĀLIA (G)**	Fest der Mütter, Gelübde und Geschenke
15	**EQUIRRIA(K)**	Reiterfest zu Ehren des Mars
17	**LĪBERĀLIA(L)**	Frühlingsfest zu Ehren des Gottes Liber (verschmolzen mit Dionysos)
19	**QUĪNQUĀTRUS (K)**	Reinigungsopfer für die Armee vor dem Feldzug
April 4-10	**LŪDĪ MEGALĒNSĒS**	204 v. Chr. zu Ehren der Kybele *(Magna Mater)* eingerichtet: Theater und Zirkusspiele (Pferde und Wagen); organisiert von den **kurulischen Ädilen**
April 15	**FORDICĪDIA (L)**	Opferung einer trächtigen Kuh auf dem Kapitol für jede der 30 Kurien
12-19	**LŪDĪ CEREĀLĒS**	sehr alt; zu Ehren der Ceres; fröhliches Fest, an dem sich jeder in Weiß kleidet; Zirkusspiele und große Prozession (**Volksädilen**)
21	**PALĪLIA (L)**	Jahrestag der Gründung Roms
25	**RŌBĪGĀLIA (L)**	Sonnenfest. Opferung rotbrauner Hunde *(robigo* = Rost, vergöttlicht), deren Farbe an den Glanz der Sonne erinnert
April 28 – Mai 3	**LŪDĪ FLŌRĀLĒS**	173 v. Chr. zu Ehren der Flora eingerichtet; ausgelassenes Fest; Theater und Zirkusspiele (**kurulische Ädilen**)
Mai 9-14	**LEMŪRIA (G)**	zur Vertreibung der Geister
Juli 6-13	**LŪDĪ APOLLINĀRĒS**	eingerichtet während des 2. Punischen Krieges zu Ehren Apollons. Theater, Rennen, Kämpfe wilder Tiere (**Praetor urbanus**)
Juli 19, 21	**LŪCĀRIA (L)**	Fest der Wälder zum Schutz der Holzfäller gegen die Baumgeister
23	**NEPTŪNĀLIA (L)**	Errichtung von Hütten aus frischem Laub (vergleichbar dem jüdischen Laubhüttenfest)
August 21	**LŪDĪ CŌNSUĀLĒS (I)**	gehen auf Romulus zurück; organisiert von den **kurulischen Ädilen**
August 23	**VOLCĀNĀLIA (L)**	Erntefest; Fischfangwettbewerb; der pater familiās wirft lebende Fische in das Feuer (Vulkan, Gott des Feuers) um Scheunenbrände abzuwenden
September	**LŪDĪ RŌMĀNĪ / MĀGNĪ**	eingerichtet von Tarquinius Priscus zu Ehren Jupiters; große Prozession, Rennen, Kämpfe, Theater (**kurulische Ädilen**)
Oktober 11	**MEDITRĪNĀLIA(L)**	Weinlesefest: man kostet zum ersten Mal den neuen Most
15	**OCTŌBER EQUUS (K)**	Ende des Feldzugs
19	**ARMILŪSTRIUM (K)**	Reinigungsopfer für die Waffen
November 4–17	**LŪDĪ PLEBĒIĪ**	sehr alt; Zirkusspiele und Theater; organisiert von den **plebejischen Ädilen**
Dezember	**LŪDĪ CŌNSUĀLĒS (II)**	
Dezember 17–23	**SATURNĀLIA (L)**	Fest der Wintersonnenwende (Saturn ist der Gott der im Boden verborgenen Samenkörner), um der Sonne beim Wiederaufstieg an den Himmel zu helfen
❖	**LŪDĪ CAPITŌLĪNĪ**	**Mehrere Spiele** trugen diesen Namen, in erster Linie die nach dem Rückzug der Gallier 389 v. Chr. eingerichteten. Sie sind Jupiter geweiht (**kurulische Ädilen**).
Einmal pro Jahrhundert	**LŪDĪ SAECULĀRĒS**	Sühnefeiern, organisiert vom Kollegium der *Quindecemviri*; Spiele ab 249 v. Chr., Ursprung früher; faktisch unregelmäßig abgehalten, z. B. 17 v. Chr. unter Augustus

Alle diese Feste waren Volksfeste voller Ausgelassenheit. Viele waren Tempelfeste mit einem Ritus am Tempel, immer standen auch Opfer verschiedener Art im Mittelpunkt – wobei Fleischopfer an die Götter als Festschmaus für die Beteiligten zu verstehen sind. Nachrichten über Feste sind in besonderen Festkalendern bewahrt und gut erhalten.

■ So gut wie jedes hatte seine besonderen althergebrachten Bräuche wie die Robigālia am 25. April mit Sackhüpf- und Laufwettbewerben; die Consuālia mit einem Maultierreiten; die Lūdī piscātōriī (Spiele der Tiber-Fischer) am 8. Juni, bei denen dem Vulkan, dem Feuergott, lebendige Fische aus dem Tiber geopfert wurden. Dieses Fest endete dann als allgemeiner Fisch-Bratschmaus, hatte aber, wie andere Bräuche, auch seinen urzeitlichen Ursprung in Menschenopfern, wie berichtet wird (›pisciculī prō animīs humānīs‹).

■ Vulcānus hat als Gott übrigens gar nichts mit Vulkan-Bergen zu tun; er war der Gott des Feuers und dann auch der Schmiede. Ein Vulkan (wie der Ätna auf Sizilien) hieß etwa mōns īgnēs ēructāns *›feuerspeiender Berg‹*.

■ Besonders berühmt war das Fest des Octōber Equus, des *Oktoberpferdes*, am 15. Oktober: Dies war das traditionelle Datum, an dem die Feldzüge zum Herbst beendet (oder unterbrochen) wurden. Aus diesem Anlass fanden Pferdewettrennen von Zweispännern auf dem Marsfeld (Campus Mārtius) statt; das rechte Ross des siegreichen Pferdepaares wurde als Opfer an Mars geschlachtet, sein Kopf abgetrennt und mit Kuchen drapiert. Darauf kämpften die Anwohner der Via Sacra und der Subura um die Trophäe; gleich wer gewann, der Kopf wurde gut sichtbar im Stadtviertel der Sieger auf einer Mauer angebracht.

■ Das wichtigste und volksnächste dieser Feste (unter voller Beteiligung der Sklaven) waren wohl die Saturnalien während der Wintersonnenwende, wo die Tage wieder länger wurden und die Menschen damit das neu aufkeimende Leben begrüßten (17.–23. Dez.). Begonnen wurden die Saturnalien in Rom mit einem Opfer am Saturntempel auf dem Forum, dem folgte ein convīvium pūblicum, ein öffentliches Gastmahl, an dem jeder teilnehmen konnte. Während der Festtage ruhte das Geschäftsleben: Läden und Schulen waren geschlossen, Gerichtsprozesse waren ausgesetzt, man verkleidete und maskierte sich.

Dieses Fest hatte überhaupt manches von unserem Karneval, es wurde gefeiert als Fest der ›verkehrten Welt‹, an dem z. B. die Sklaven Redefreiheit erhielten und zu Hause von ihren Herren an Tischen bedient wurden; sogar die strengsten spendierten dazu eine Extraration Wein. Auch die sonst verbotenen Glücksspiele um Geld sind während der Saturnalien erlaubt! Eine weitere Sitte bestand darin, dass man sich in den familiae und unter Freunden gegenseitig beschenkte (Puppen, Kerzen) und sich gegenseitig besuchte.

Die Saturnalien sind eine der Wurzeln des christlichen Weihnachtsfestes, das wegen seiner Popularität noch in der Antike von den christlichen Amtsträgern übernommen wurde.

■ **Theater und Schauspiele** | Auffällig gegenüber dem, was bei uns üblich ist, stellt sich die besondere Rolle von **Theater, Schauspiel und sportlichen Spektakeln** dar: Sie sind Bestandteile öffentlicher Feste. Bei diesen war dann auch, wie schon gesagt, das festlichste Gewand, die Toga, gesellschaftliche Vorschrift! Bei uns ist noch unser Wort ›Musentempel‹, ein scherzhafter Ausdruck für ›Theater‹, ein letzter Reflex des oft religiösen Rahmens antiken Theaters (die Musen sind die griechischen Göttinnen der Künste und der Wissenschaften). Also: Theateraufführungen – ob hohe Kunst (ohnehin kaum vertreten, ▶ S. 66) oder plattes Belustigungstheater, ob Pferderennen, Tierhetzen oder Gladiatorenkämpfe: Sie wurden im Rahmen der

Rechts: Öffentlicher Festkalender in Form eines Marmorblocks vom Marsfeld in Rom (Nachbildung): So konnte man sich der Festtage bequem vergewissern.

öffentlichen lūdī (*Spiele, Feste, Spektakel*) religiös eingebettet – jedenfalls ursprünglich.

Tierschau und Tierkampf im Circus: Faszinierende Massenunterhaltung am laufenden Band. Mosaikdarstellung mit Elefant, Stier, Löwe und Kamel.

■ **Bewegliche Festtage** | Neben den in der Tabelle aufgeführten (und weiteren) Festtagen gab es auch zahlreiche, deren Datum beweglich war, sich also von Jahr zu Jahr ändern konnte.

▮ Zu den wichtigsten davon gehört das Fest der Lārēs Compitālēs (auch Lūdī Compitālēs; ▶ S. 44); es fand zwischen den Saturnalien (im Dezember) und Anfang Januar statt, ursprünglich an einem Tag, später über drei. Es handelte sich dabei eigentlich um ein rein bäuerliches Fest zu Ehren der Laren, das sind Feld-, Weg- und Hausgötter, ein Neujahrsfest gewissermaßen, bei dem sich Bauern und ihre familiae an den compita, das sind Kreuzwege, zwischen den bäuerlichen Anwesen trafen. Dort gab es Tempelchen oder – oft sehr viele – Altäre, und mit dem Fest nahm man nach der Winterpause die Feldarbeit wieder auf. Aber nicht nur das: Nach der Zäsur durch die dunklen Tage des Winters sahen Nachbarn sich an ein paar Tagen ohne Belastung durch Arbeit wieder und konnten gemeinsam feiern. Auch hier waren die Sklaven voll eingebunden, auch hier standen Opfer als Festschmaus im Mittelpunkt. Am Abend vor dem Opfertag wurden für jede familia wollene Puppen und Kugeln aufgehängt: Puppen (also Gestalten mit Köpfen) für die Freien, Kugeln (also Gestalten ohne Köpfe und Gliedmaßen) für die Unfreien bzw. Sklaven. Ein Erklärungsversuch für dieses Ritual besagt, dass sich dahinter vermutlich Menschenopfer aus Urzeiten verbergen, mit denen man die Geister der Felder besänftigen wollte.

▮ Die Compitālia waren aber auch ein wichtiges Fest der Stadt Rom: Nachdem die ursprünglichen Dörfer am Tiber mit ihren Wegekreuzungen zur Stadt zusammengewachsen waren, nahmen zunächst die etruskischen Könige, später die Beamten das Fest in städtische Regie, und so bildete sich daraus die Tradition eines Stadtteilfestes für die gesamte Stadt.

■ **Die Triumphzüge** | Rom ohne Triumphzüge? Undenkbar! Gefeiert wurden sie nach einem siegreichen Feldzug zu Ehren des siegreichen Generals; in der Kaiserzeit kamen für Triumphzüge bald nur noch die Kaiser selbst in Frage. Triumphzüge gab es nur in Rom.

▮ Die Einrichtung der Triumphzüge geht auch wieder auf die ▶ Etrusker zurück, ebenso wie die zugrunde liegende Bezeichnung *triumpe*, das im Marschruf der in die Stadt einziehenden römischen Soldaten iō triumphe! (etwa: *hoho zwei-drei!*) auftaucht (und wohl einen Marschschritt unter Musik bezeichnet). Auch die Siegeraufmachung des Triumphators stammt von den Etruskern: purpurne Toga, Gesicht voll rot geschminkt, goldene Krone, Szepter mit Adlerköpfen; er marschierte nicht mit, sondern fuhr auf einem Wagen.

▮ Aus ursprünglich recht schlichten Marschzügen der Soldaten mit dem Triumphator, die zum Kapitolstempel führten, wo ein Dankopfer an die Götter gespendet wurde, entwickelten sich mit der Zeit immer aufwändigere, prunkvollere, spektakulärere Aufzüge mit Volksfestcharakter. Und: Mit zunehmender Zahl der Kriege wurden es natürlich immer mehr. So kommt man für etwa 150 Jahre vom 2. Punischen Krieg ab 218 (▶ S. 90) bis zum Jahre 70 v. Chr. auf etliche hundert Triumphzüge.

▮ Ein Triumphzug musste vom Sieger beim Senat beantragt und von diesem genehmigt werden; es war auch möglich, dass die Volksversammlung dafür oder dagegen anders entschied. Die Genehmigung eines Triumphzugs war an verschiedene Bedingungen geknüpft: So musste der Gegner z. B. endgültig auf alle Zeiten besiegt sein, mindestens 5000 gegnerische Soldaten mussten umgebracht worden sein.

▮ Ein Triumphzug brachte eine prinzipielle Schwierigkeit mit sich: Innerhalb Roms durfte sich grundsätzlich keine Armee aufhalten (▶ pōmērium). Für den Tag des Marsches (manchmal dauerte er länger) wurde daher jedesmal eine Ausnahmebestimmung erlassen.

▮ Der Zug stellte sich auf dem Marsfeld auf und nahm dann einen festgelegten weiten Weg – um den Palatin herum und zurück über das Forum – zum Kapitol hinauf. Unterwegs wurde auch geopfert. Vornan schritten Senatoren und hohe Beamte, darauf marschierten Trompeter, und es folgte, auf Wagen zur Schau gestellt, die Kriegsbeute – Gefangene sowie jegliche Gegenstände, Kunstwerke, Gold, Ansichten der Kriegsschauplätze (Modelle oder Bilder), alles. Daran schlossen sich die geschmückten Opfertiere für Jupiter (weiße Ochsen). An dieser Stelle präsentierte man ggf. auch besonders bedeutende Kriegsgefangene, normalerweise in Ketten.

Dann aber folgte als Höhepunkt der Triumphator in seinem Ornat (s. o.) auf seinem weihrauchumwaberten Wagen, anschließend das Heer, das immer mehr zu *seinem* Heer geworden war (und ja auch aus ›seiner‹ Kriegsbeute bezahlt wurde). Eine auffällige Rolle nahm ein Sklave ein, der hinter dem Triumphator auf dem Wagen stand, eine goldene Krone über ihn hielt und in Abständen mahnend aussprach: ›Respice post tē, hominem tē mementō – *Sieh hinter dich und denk dran: Du bist ein Mensch!*‹ Bloß nicht ›abheben‹ (wie ein Gott) sollte

Der Triumphzug des Aemilius Paullus (167 v. Chr.)

Nach dem Sieg über den Makedonenkönig Perseus feiert der Sieger einen gewaltigen Triumphzug (eine Vorstufe zur Einverleibung ganz Griechenlands 20 Jahre später).

In den Theatern für Pferderennen, die sie Zirkusse nennen, und um den Markt schlug sich das Volk Gerüste auf, besetzte auch alle anderen Teile der Stadt, von wo man einen guten Blick auf den Festzug hatte, und schaute in sauberer Festkleidung zu. Jeder Tempel war geöffnet und voll von Kränzen und Räucherwerk, und viele Diener und Schutzleute drängten diejenigen, die ohne Ordnung in der Mitte zusammen- und durcheinanderliefen, beiseite und hielten die Straßen frei und offen. Der festliche Umzug war auf drei Tage verteilt, von welchen der erste kaum für die erbeuteten Bildsäulen, Gemälde und Kolossalstatuen ausreichte, die auf zweihundertfünfzig Wagen vorbeigefahren und zur Schau gestellt wurden. Am folgenden Tage wurden die schönsten und kostbarsten der makedonischen Waffen auf vielen Wagen vorgeführt, die an sich schon vom Schimmer neupolierten Erzes und Eisens glänzten und mit absichtsvoller Kunst so zusammengelegt waren, dass es aussah, als habe man sie beliebig, wie es kam, übereinandergeworfen: Helme neben Schilden, Panzer über Beinschienen, kleine kretische und geflochtene thrakische Schilde und Köcher vermengt mit Zaumzeug für Pferde, dazwischen blanke Schwerter hervorragend und lange Lanzen zur Seite angebracht, alle diese Waffen mit solchen Zwischenräumen angeordnet, dass sie beim Fahren zusammenstießen und wild und furchtbar klirrten und ihr Anblick auch, nachdem sie besiegt waren, noch Schrecken erregte. Hinter den Wagen mit den Waffen marschierten dreitausend Männer mit Silbergeld in siebenhundertfünfzig Gefäßen von je drei Talenten* Gewicht, deren jedes von vier Mann getragen wurde.

Andere trugen silberne Mischkrüge, Trinkhörner, Schalen und Becher, wohl geordnet für die Betrachtung und alle von außerordentlicher Größe und Schönheit der getriebenen Arbeit.

Am dritten Tage gleich frühmorgens zogen Trompeter auf, ... Hinter diesen wurden hundertzwanzig gemästete Ochsen mit vergoldeten Hörnern geführt, geschmückt mit Bändern und Kränzen. Die jungen Männer, die sie führten, schritten einher im Schmuck schöngewebter Schurze für die Opferhandlung und mit ihnen Knaben, die silberne und goldene Opferschalen trugen. Nach diesen kamen dann die Leute, welche die Goldmünzen trugen, in derselben Weise wie das Silbergeld auf Gefäße von je drei Talenten Gewicht verteilt. ...

* *Talent*: Gewichtsmaß, etwa 26 kg

Plutarch: *Aemilius* (32 f.); Übers.: Konrat Ziegler

Links: Kaiser Titus auf dem Viergespann beim Triumphzug aus Anlass der Eroberung Jerusalems 70 n. Chr. Hinter ihm die geflügelte Victoria. Relief auf seinem Triumphbogen auf dem Forum Romanum.

der General – genutzt hat die Mahnung nicht unbedingt, wie die Geschichte zeigt!

↪ Infolge der unermesslichen Beute nach dem hier beschriebenen Sieg des Aemilius Paullus bei Pydna (168 v. Chr.) wird für die Römer für immer die Vermögenssteuer abgeschafft.

> Beim Triumphzug konnten die Soldaten ihren Feldherrn auch mit Spottliedern aufs Korn nehmen. Auf Cäsar wird der Vers überliefert (Sueton, *Caesar* 51): ›Urbānī, servāte uxōrēs: moechum calvum addūcimus!‹ *(Städter, sperrt eure Frauen weg: Wir bringen hier den glatzköpfigen Lüstling!)*

:: Arbeit und ›ōtium‹

Natürlich gehörte auch bei den Römern Arbeit zum täglichen Leben, doch unterschieden sich deren Rolle und Bild in vielem ganz beträchtlich von dem, was sie bei uns darstellt:

↪ Es gab eine insgesamt geringe Zahl von Menschen, die nicht arbeiten mussten und dabei alles besaßen. Vor allem gehörten ihnen die meisten Menschen, die arbeiten mussten, als Besitz. Diese, die Sklaven, galten auch vor dem Gesetz als lebende Arbeitsmaschinen (▶ S. 125). Für den ›Nachschub‹ von Sklaven sorgten insbesondere ständige Kriege.

■ Wer sonst arbeitete, hatte in der Regel wenig oder kaum Ertrag von seinem Leben. Seine Position war in sehr vielen Fällen *faktisch* nicht viel besser als die von Sklaven. Es war aber auch nicht ausgeschlossen, dass mancher zu einem gewissen Wohlstand kam; grundsätzlich war das auch freigelassenen Sklaven möglich.

■ Arbeit, die diese Menschen verrichten, ist ausschließlich Arbeit mit den Händen; Ersatz durch Technik bzw. Maschinen gab es kaum.

■ Die Angehörigen der reichen Führungsfamilien Roms interessiert an der Arbeit der arbeitenden Menschen nur, dass sie sie nicht selbst tun müssen. Das bedeutet auch, dass praktisch alle Berichte über Arbeit, die wir besitzen, durch diese Brille gesehen sind. Das ist darum so, weil die, die arbeiteten, so gut wie keine Texte verfasst (ähnlich wie im Falle der Frauen, ▶ S. 188) und hinterlassen haben (nur manche zufällig erhaltenen Briefe enthalten Nachrichten).

> Wohlbefinden und glückliches Leben gibt es nicht für solche die arbeiten, sondern nur für die, die Muße haben [also für die, die nicht arbeiten müssen]. Denn wer arbeitet, tut das für irgendein Ziel, d. h. für etwas, das nicht da ist. Das eigentliche Ziel aber ist das glückliche Leben in der Muße, daher muss man auch lernen, die Muße richtig zu genießen. Was für die Arbeit gelernt wird, dient immer nur der Notdurft und etwas anderem [als dem Glück] *(der griechische Philosoph Aristoteles,* Politik *1338 a, stark gekürzt).*

> ↪ Der Hauptbegriff für die Arbeit dieser Menschen ist **labor**, eigentlich ›Anstrengung, Mühe, Strapaze‹. Es versteht sich fast von selbst, dass diese Art Arbeit mit den Händen, von der ja auch die Reichen lebten, von diesen gering geschätzt und für unwürdig gehalten wurde.

■ **Artes līberālēs– artēs sordidae** | In dem durch die Brille der reichen Römer gesehenen Welt-Bild werden menschliche Tätigkeiten daher in zwei Gruppen eingeteilt:

■ artēs līberālēs – Tätigkeiten/Fertigkeiten, die eines *freien* Menschen würdig sind (auch: artēs ingenuae, d. h. ›freie, anständige‹ Tätigkeiten);

■ artēs sordidae – ›schmutzige‹, also niedrige Tätigkeiten/Fertigkeiten, die nur ‹niederen‹ Menschen zukommen, insbesondere den prōlētāriī (▶ S. 96) und den Sklaven (auch: artēs illīberālēs).

> Es versteht sich, dass alle geistigen Tätigkeiten zu den **artēs līberālēs** zählen. Dieser Begriff wird daher schon im republikanischen Rom zur Bezeichnung einer festgelegten Reihe von Studienfächern, den **Septem artēs līberāles**, die zur Bildung eines freien Mannes gehören sollen: Grammatik, Rhetorik, Dialektik, Arithmetik, Geometrie, Musik, Astronomie. Sie bilden eine Art Grundstudium vor dem eigentlichen Fachstudium.
>
> Die *Sieben freien Künste* gelten bis in die Zeit des Mittelalters (▶ S. 252) als Grundlage wissenschaftlicher und theologischer Ausbildung, wobei sie jedoch inhaltlich manche Änderungen erfahren. Aus ihnen erwuchsen auch die Vorläufer der Fakultäten bzw. Fachbereiche der heutigen Universitäten.

Artēs sind also alle solchen Tätigkeiten, bei denen etwas mit dem Geist *oder* mit den Händen bewirkt wird.

■ **Ehrenwerte Berufe |** Ohne Einschränkung galten selbstverständlich diejenigen Berufe bzw. Beschäftigungen als ehrenwert und einem ›freien Römer‹ angemessen, die mit Politik und Verwaltung, öffentlichem Leben generell und natürlich: dem Geldverdienen (möglichst in großen Mengen) zusammenhingen.

▮ Wer Senator war, übte keinen Beruf im eigentlichen Sinne aus, sondern war im wahrsten Sinn des Wortes ›geborener Politiker‹, dessen Amt mit dem Tode endete. Er gehörte ōrdō (Stand) senātōrius an und war Landbesitzer. Eine berufliche Tätigkeit war ihm sogar gesetzlich verboten (▶ S. 37).

▮ Wer zu den paar hundert angesehensten Familien von Rom gehörte, durchlief eine relativ festgelegte **Ämterlaufbahn** in der öffentlichen Verwaltung bzw. der Staatslenkung, den sog. **cursus honōrum**. Einzelne gelangten dabei bis zum höchsten Staatsamt, dem des Konsuls (▶ S. 131).

▮ Priester zu sein ist kein Beruf, sondern ein öffentliches (staatliches) Amt, oft Ehrenamt.

▮ In diesem Umfeld öffentlicher Tätigkeiten wandten sich viele Römer der oberen Schicht der Tätigkeit als Anwalt, also als Jurist, zu. Dies war die angesehenste Beschäftigung nach der des Politikers. (Zu den Verpflichtungen gegenüber ihren ▶ clientēs gehörte, dass die Höherstehenden auch die Rechtsvertretung vor Gericht übernahmen.)

↳ Hier kam eine offenbar große Begabung der Römer zum Zuge: die Fähigkeit zur Gerichtsrede und zur öffentlichen Rede überhaupt, verbunden mit einem messerscharf analysierenden Verstand. Ihren unstrittigen Meister fand die römische Redekunst in ▶ Cicero: Bis in die Neuzeit hinein prägte er das sprachliche Stilverständnis und die Redekunst überhaupt. Die Rhetorik wurde zu einer der angesehensten Beschäftigungen im alten (republikanischen) Rom.

↳ Die Rechtskunde (oder Rechtswissenschaft) insgesamt ist demgemäß eine der bedeutendsten, weitestgehend eigenständigen Leistungen der Römer, die – als Privatrecht, öffentliches Recht und auch (in Ansätzen) Völkerrecht – die nachfolgenden Epochen über das Mittelalter bis heute maßgeblich geprägt haben (▶ S. 173 f.):

- **Privatrecht** (iūs cīvīle): regelt die Beziehungen der Einzelpersonen untereinander
- **öffentliches Recht** (iūs pūblicum): regelt die Maßnahmen, die der Staat gegenüber seinen Bürgern trifft, aber auch den Schutz der Bürger vor dem Staat
- **Völkerrecht** (iūs gentium): regelt die Beziehungen zwischen Staaten (oder Völkern) für Friedens- und Kriegszeiten, auch die Rechte von Einzelpersonen, die sich in fremden Staaten aufhalten

▮ Nicht weniger angesehen war man als Architekt, Ingenieur oder Arzt. Gerade die Bautechnik der Römer hat ihre zum Teil grandiosen Monumente ja bis heute hinterlassen (Architektur ▶ S. 200).

▮ Unstrittig ehrenwert war natürlich auch die Tätigkeit und das Ansehen des Soldaten; ›cīvis et mīles‹, *Bürger und Soldat,* in einer Person zu sein, galt offiziell immer als römisches Ideal. Dabei war es so, dass die hohen Posten unter den Offizieren bis zum General automatisch von den Begüterten eingenommen wurden (▶ S. 86).

■ In der späteren Kaiserzeit hatte das böse Folgen: Wer zu den Vornehmen gehört, gehört nicht automatisch zu den Fähigsten. Die Führung der Armee ging mangels geeigneter eigener Führungskräfte daher mehr und mehr in die Hände von Nichtrömern über.

▮ Zu den weiteren ›ehrenwerten‹ Beschäftigungen der Römer gehören insbesondere Schriftstellerei (vor allem Geschichtsschreibung), Dichtung, Philosophie und Beschäftigung mit den Wissenschaften.

↳ Diese Betätigungen übten die Römer jedoch in privater Zurückgezogenheit, sozusagen zur Erholung von den Tagesgeschäften, aus. Sie betrachteten sie als **ōtium**, d. h. als Freizeitbeschäftigung. Eigentlich ist damit ›freie Zeit, Ruhe, Nichtstun, Muße‹ gemeint, darf aber nicht als Faulenzerei missverstanden werden: Nur Handarbeit war ausgeschlossen – eigentlich bis hin zum Schreiben, denn üblicherweise diktierte man. Es handelt sich also *nicht* um Nichtstun, sondern um geistige Beschäftigungen (S. 111, Aristoteles).

▮ An der Spitze der angesehenen Tätigkeiten standen jedoch die – gesellschaftlich in höchstem Grade einflussreichen – Kaufleute. Damit ist hier nicht der ›Ladenbetreiber um die Ecke‹ wie bei uns im täglichen Sprachgebrauch, sondern derjenige gemeint, der über viel Geld verfügt und mithilfe dieses Geldes Geschäfte treibt. In erster Linie handelt er mit Waren, d. h. er kauft und verkauft Waren in großem Stil – egal welche: Möglichst viel Gewinn sollten sie abwerfen. Sein Risiko lag in erster Linie im Transport, bei dem Raubüberfälle, Schiffskatastrophen und andere Gefahren drohten. Zu dieser Gruppe Kaufleute gehören auch diejenigen, die als Bankiers reine Geldgeschäfte betreiben.

↳ Die Bezeichnung speziell für diese Art von Betätigung ist **negōtium** (neg-ōtium), also eigentlich ›Nicht-Muße‹, konkret gemeint: *Handels-* oder *Geldgeschäfte*.

▪ Der Kaufmann, der selbst etwa mit Lastkarren reist, um Waren einzukaufen oder direkt zu verkaufen, ist der mercātor (merx: *Ware*); der Händler mit Laden, auch der Großhändler, ist der negōtiātor; ▶ S. 121).

Das Rechtswesen: Die Rechtsanwälte | Das Rechtswesen, Gerichtsverfahren und Rechtsprechung unterschieden sich in vieler Hinsicht von den heutigen Verhältnissen, obwohl gerade hier die Römer bis heute geltende Grundlagen geschaffen haben (▶ S. 172 f.).

▮ Einen ganz großen Unterschied zu heute wies der (zu den angesehensten Berufen zählende) Anwaltsberuf auf: Aufgrund eines alten Gesetzes (lēx Cincia von 204 v. Chr.) durften Anwälte – weder im Falle von Hilfe bei der Anklage noch bei der Verteidigung – ein Honorar verlangen, sich also für ihre Dienste bezahlen lassen. Doch auch hier hatten die weltzugewandten Römer einen Ausweg parat: Schenkungen und Begünstigung bei der Erbschaft waren nämlich nicht verboten, und auch sonst wurde das Gesetz oft findig umgangen. Jedenfalls wurden in Rom nicht wenige Anwälte mehr als satt.

Links: Der sog. ›Arringatore‹ (ital. ›Redner‹), berühmte Bronzestatue eines Redners aus der Zeit der Republik.

> Da das römische Recht gewissermaßen nur Grundzüge zur Anwendung auf den konkreten Fall formulierte, kam es entscheidend auf **Redegeschick** und Argumentationsvermögen des Anwalts an – ein Feld sowohl für vorbildliche Rechtsanwendung wie für Tatsachenmanipulation! Die Römer verfolgten ihre Zivil- und Kriminalfälle offenbar mit größter Aufmerksamkeit.

Augustus verfügte als Strafe für angenommene Honorare das Vierfache des Eingenommenen.

▮ Das bedeutet aber auch: Gern betätigten sich finanziell unabhängige Männer der führenden Schicht als Anwälte; dabei verfolgten sie mit ihrer Tätigkeit politische Absichten: Als angesehener öffentlicher Redner hatte man besonders gute Karrierechancen. Das galt besonders für Rom, aber natürlich auch für die Städte des Imperium Romanum.

▮ Die Ausbildung von Anwälten war nicht staatlich kontrolliert (wie bei uns): Man eignete sich das nötige Wissen privat an, und zwar entweder für sich oder bei Rechtswissenschaftlern, welche die Sache aus privatem Interesse betrieben. Bis zum 2. Jahrhundert v. Chr. lag die Kontrolle des Rechts bei entsprechend zuständigen Priestern, ging dann aber vollends in privates Engagement über. Bald genossen die neuen Rechtsgelehrten eher noch mehr Ansehen als vormals die Priester.

▮ Diese Rechtsspezialisten erteilten aufgrund ihrer Kenntnisse (dazu studierten sie insbesondere frühere Gerichtsprozesse, dort vorgebrachte Argumente und die gefällten Urteile) bei Rechtsstreitigkeiten Gutachten; diese gewannen immer verbindlicheren Charakter, denn oft machten sie Prozesse unnötig. Um den privaten Rechtsgelehrten wieder etwas von der ihnen so zugewachsenen Macht zu nehmen, verfügte Augustus, dass man seine, des Princeps, Genehmigung *vor* der Einholung von Rechtsbescheiden einholen müsse.

▮ Diese Situation lud geradezu dazu ein, dass sich jeder Berufene und Unberufene zum Anwalt erklären konnte. Cicero meinte:

> Wer nicht Harfe spielen kann, wird Flötenspieler; wer die Redekunst nicht beherrscht, wird Anwalt.

In einer Umwelt, in der ›nackte Prozesssucht‹ die Verhältnisse nicht mehr angemessen beschreiben kann, erlebte Rom also auf der einen Seite die Star-

- advocātus: der (herbeigerufene Rechts-)Verständige, Sachverständige, Advokat (oft der, der sich als Freund die Sache zueigen macht)
- causidĭcus: der Rechtsanwalt
- patrōnus causae: der Prozessführer (der für seinen ▶ Klienten eintritt)
- dēfēnsor: der Verteidiger

anwälte, die sich in großer Begleitung auf der Straße von – auch bezahlten – Jublern applaudieren ließen, auf der anderen die kleinen Rechtshelfer, die sich ihre Kunden auf der Straße suchten.

- Mit nicht geringer Empörung nehmen römische Rechtsgelehrte öfter auf den Fall einer Carfinia Bezug, die ihre Emanzipation so zeigte, dass sie immer wieder Männer mit Prozessen überzog – in den höheren Kreisen war sie nicht die einzige. Schließlich wurde Frauen nur noch eingeschränkt das Prozessieren gestattet. Als ›unmäßige Schamlosigkeit‹ galt dabei, dass sie selbst beim Prätor erschien und keine Anwälte einsetzte, dass sie in trügerischer Rechtsverdreherei das Forum mit ›beständigem Bellen‹ überzog (Valerius Maximus 8.3.2).

Zum Rechtswesen insgesamt: ▶ S. 170.

Die Medizin: Wissenschaft und Magie | »Sechs Jahrhunderte lang lebten die Römer ohne Ärzte«, meinte Plinius d.Ä., der Flottenadmiral und Naturgelehrte, der durch den Ausbruch des Vesuvs ums Leben kam; in seiner ›Naturgeschichte‹ erfahren wir auch praktisch alles über antike medizinische Vorstellungen.

Natürlich war es nicht so, dass die Römer keine Ärzte brauchten, weil sie so gesund gewesen wären. Aber während die Griechen mit Hippokrates und anderen schon längst die wissenschaftliche Medizin begründet hatten (5. Jahrhundert v. Chr.), verließen sich die Bauern Latiums noch lange auf Hausmittelchen und Magie.

- Gegen Halsentzündungen hilft sehr schnell Gänsegalle mit dem Saft der Eselsgurke und Honig, mit dem Gehirn vom Steinkauz und mit der Asche einer Schwalbe, in warmem Wasser getrunken; Gewährsmann für dieses Heilmittel ist der Dichter Ovid.
- Honig, in dem Bienen umgekommen sind, gilt als besonders nützlich für die Augen. Wer das Junge eines Storches gegessen hat, soll im Verlauf von Jahren keine Triefaugen bekommen, ebenso wer den Kopf einer Riesenschlange (bei sich) hat.

Plinius d. Ä. XXX *33;* XXIX *28*

Der verwundete ▶ Äneas wird von einem Arzt versorgt. Wandmalerei aus Pompeji.

Magie und Heilbehandlung gehören überall auf der Welt seit jeher zusammen. Auch heute sind letztlich magische, in jedem Fall unwissenschaftliche Heilpraktiken weit verbreitet. So war auch im Falle der Medizin der Widerstand der bäuerlich geprägten Römer gegen griechisches Wissen anfangs sehr hartnäckig. Der schon öfter erwähnte ▶ Cato jedenfalls verbot seinen Söhnen, griechische Ärzte zu Rate zu ziehen:

›Glaube [mir], dass ein Wahrsager gesagt hat: Sobald jenes Volk uns seine Wissenschaften gibt, wird es alles verderben, noch um so mehr, wenn es seine Ärzte hierher schickt. Diese haben sich untereinander verschworen, alle Barbaren durch ihre Medizin zu töten; sie tun selbst aber dies um Bezahlung, damit man ihnen Glauben schenken und sie uns leicht zugrunde richten können. Auch uns nennen sie Barbaren und entehren uns durch die Bezeichnung *opikoi* (›Schwachköpfe‹) hässlicher als die anderen Menschen. Damit habe ich dir den Umgang mit Ärzten untersagt.‹ (bei Plinius d. Ä. XXIX 14)

Dabei hatten sich die Römer schon Anfang des 3. Jahrhunderts v. Chr. den griechischen Gott der Heilkunde, Asklepios – sie machten daraus **Aesculapius** –, nach Rom geholt und ihm auf der Tiberinsel einen Tempel errichtet. Grund dafür war eine Pest in

Zu diesen Gottheiten gehörten etwa
- Quartāna: sollte beim Viertagefieber helfen
- Mephītis: sollte die schädlichen Dünste der Erde abwehren
- Angitia: zuständig für Gegengifte
- Fessōna: für die Müden und Schwachen
- Ūnxia: wacht über die Wirksamkeit von Salben

Rom, und man dachte, durch Verehrung des ›richtigen‹ Gottes werde man der Pest beikommen – die eigenen Dutzende von Heilgottheiten nützten ja offenbar nichts.

Obwohl der Kult des Aesculapius nichts an den magischen, abergläubischen Heilpraktiken der Römer änderte, bereitete er nach und nach die Stimmung für die Einwanderung griechischer Ärzte vor (darunter waren auch bedeutende medizinische Gelehrte) – gegen den Widerstand bestimmter Kreise, wie gezeigt. Nach und nach entstand so ein wissenschaftlich ausgerichteter Ärztestand.

Römische Bürger selbst wurden aber nur selten Ärzte, meist waren es Ausländer (die Reichen hielten sich ausgebildete Sklaven) – die führenden Kreise bewahrten noch in der Kaiserzeit ihre Vorurteile:

> Die Heilkunde ist die einzige unter den wissenschaftlichen Leistungen der Griechen, der die Römer aus der Würde ihres Charakters heraus nicht nachstreben.
> Plinius d. Ä. XXIX 17

Wie die Vertreter der anderen Berufe, waren die Ärzte in collēgia (Verbänden) zusammengeschlossen. Ihrer Tätigkeit gingen sie in tabernae medicae (›Arztläden‹) nach. Hausbesuche waren ebenfalls üblich, und nicht wenige Ärzte, gerade auf dem Lande, zogen umher und praktizierten ›ambulant‹ (circulātōrēs). Lange Zeit stellten sie auch ihre Arzneien selbst her.

Unter den Ärzten gab es Spezialisten, seien es Chirurgen, Augenärzte, Zahnärzte, Frauenärzte u. a. Auch Masseure, iātraliptae, gehörten dazu. Selbstverständlich genossen die guten Ärzte größte gesellschaftliche Anerkennung; und: je höher das persönliche Ansehen, umso höher das Honorar.

> Als der freigelassene Arzt Antonius Musa den Kaiser Augustus, der schwer erkrankt war, mit einer Kaltwasserkur gesund gemacht hatte, wurde er in den Ritterstand erhoben; gleichzeitig wurden alle Ärzte von der Steuerpflicht befreit.

Ihre Ausbildung erhielten Ärzte privat als Helfer schon praktizierender Ärzte. In der Kaiserzeit gab es auch eine von den Kaisern unterstützte staatliche Ausbildung (etwa im von Vespasian gegründeten Athēnaeum). Auch in den Universitäten gab es später in der Kaiserzeit vermutlich die Möglichkeit, Medizin zu studieren.

Wie bei den Rechtsanwälten (▶ S. 113) war es aber auch im Fall des Arztberufes so: Jeder, der sich berufen fühlte, ein Abrakadabra daherbeten und ein paar Kräuter zu einer Salbe zusammenrühren konnte, durfte sich als ›Arzt‹ betätigen. Vielfach gibt es bei römischen Autoren amüsante Geschichten von diesen Kurpfuschern zu lesen:

> - Frisch gebadet war er bei uns, heiter speiste er, und dann | wurde er morgens tot aufgefunden, der Andragoras. | Warum er so plötzlichen Todes starb, Faustinus, fragst du? | Im Traum sah er seinen Arzt Hermocrates! (Martial VI 53)
> - Neulich war er noch Arzt, jetzt ist Diaulus Totengräber. | Was er als Totengräber machte, tat er auch als Arzt. (Martial I 47)
> - Gladiator bist du jetzt, Augenarzt warst du zuvor, | Und als Arzt tatest du, was du als Gladiator noch tust. (Martial VIII 74)

Neben der Verordnung von Medizin gehörten Operationen an allen Körperteilen (einschließlich des Schädels; das machten übrigens auch schon die Ägypter!) zu den üblichen Maßnahmen. Geradezu modern anmutend: Auch auf Gymnastik, Massagen und Diätverordnungen setzten die römischen Ärzte. In vielen Städten der Kaiserzeit gab es Kranken-

Hippokrates, der berühmte griechische Arzt, lebte etwa von 460 bis 370 v. Chr. Durch genaue Beobachtung von Krankheitssymptomen und der Lebensumwelt der Kranken legte er die Grundlagen für eine wissenschaftliche Medizin. Sein nach ihm benannter Eid, Kranke stets ohne Ansehung der Person und würdevoll zu behandeln, der **hippokratische Eid**, ist das Vorbild auch für das heutige Standesgelübde der Ärzte.

Der bedeutendste Arzt der römischen Zeit war **Galenus** (von Herkunft Grieche). Er lebte im 2. Jahrhundert n. Chr. und fasste alle wissenschaftlichen Erkenntnisse seiner Zeit zusammen. Er nahm auch Sektionen an Affen vor, um daraus eine Vorstellung vom menschlichen (!) Körper zu gewinnen.

häuser. Ihre Anlage mit großen Krankensälen wirkte bis ins Mittelalter und darüber hinaus fort. Daneben dienten die Kultstätten der Heilgötter (wie des Aesculapius) schon bei den Griechen als eine Art Sanatorien, in denen Kranke auf dem Wege des Heilschlafes Hilfe durch den Gott suchten (in Rom: auf der Tiberinsel).

▮ Als universal wirksame Medizin gegen alles – als Abführmittel wie zur Entfernung von Hühneraugen – galt der Wurzelsaft des Krautes lăserpīcium (lăser), das überdies noch als Küchengewürz beliebt war. Es wuchs nur in Nordafrika (Libyen) und wurde schon von den Griechen in unvorstellbaren Mengen gehandelt – bis die Pflanze zur Zeit Neros ausgestorben war; dann gab es nur noch ein ähnliches Gewächs aus Syrien und Persien von minderer Qualität. Auf deutsch ist die Pflanze als Stink-Asant oder Teufelsdreck bekannt und manchmal in Apotheken erhältlich. Lăserpicium war so teuer, dass es in Rom im ›Finanzministerium‹ zusammen mit dem Staatsschatz aufbewahrt wurde.

Haarwuchsmittel nach Plinius:
Kahle Stelle am Kopf mit Natron einreiben und dann lăser mit Wein und Safran oder mit Pfeffer, Mäusekot und Essig daraufgeben.
Plinius d. Ä. XXII 104

▮ Speziell von Augenarzneien weiß man, dass die Augenärzte (medicī oculāriī) sie mit ihren Stempeln und kurzer Gebrauchsanweisung versahen und so verkauften, sie auch beherzt hinsichtlich ihrer Qualität anpriesen (›anicētum, basilion, isotheon‹ – *unübertroffen, königlich, göttlich*; alles griechische Wörter):

Anweisung auf einer Augensalbenpackung
Epagathī diasmyrnēs post impetum lippitūdinis.
Myrrhensalbe von Epagathus, nach dem Hauptanfall der Augenentzündung zu nehmen

▮ Die Bezeichnung mĕdicus, allgemein ›Arzt‹, war allerdings auch für andere Berufe wie Krankenpfleger oder reine Arzneimittelhersteller üblich.

▮ In der Armee hielt man nicht viel von Scharlatanen, sodass das Ärztewesen hier schon früh entwickelt war: Die Legionen verfügten sehr früh alle über Ärzte (medicī ōrdināriī) und Lazarette (valētūdināria). Ärzte hatten auch die Gladiatorenkasernen.

▮ Wundert es bei dieser durchorganisierten medizinischen Versorgung, die das Imperium Romanum in der Kaiserzeit erreichte, dass sich an den Poststationen für den cursus pūblicus (▶ S. 217) auch veterināriī bzw. mūlomedicī, Tierärzte (mūlus: Maultier), um die Zugtiere kümmerten?

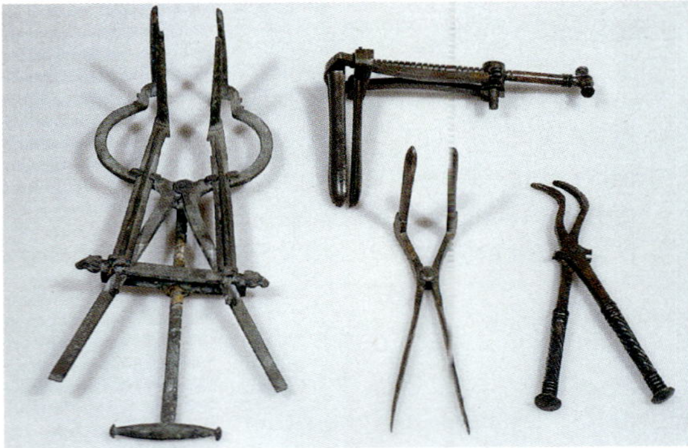

Verschiedene medizinische Instrumente (aus Pompeji)

Seit dem 1. Jahrhundert n. Chr. wurde für besonders verdienstvolle Ärzte der Titel **archiāter** eingeführt (griech. archiātrós: ›Erster Arzt‹. Als archiātrī populārēs, ›Volksärzte‹, wurden dann später die vom Staat unterhaltenen öffentlichen Amtsärzte in Rom und den Provinzstädten bezeichnet, die die Bevölkerung zu behandeln hatten. Die Armen mussten umsonst (!) behandelt werden.
↳ Aus diesem Wort archiāter ist unser deutsches Wort ›Arzt‹ geworden (vor über 1000 Jahren arzāt, dann arzet).

:: Die Arbeit in der Landwirtschaft

Immer wieder wurde hier schon angesprochen, dass die Römer sich ›in tiefster Seele‹ als Bauern fühlten; deren Tätigkeit galt daher durchaus als ehrenwert. Aber natürlich hieß das nicht, dass die Gutsbesitzer sich mit Arbeit die Hände schmutzig machten, sondern sie meinten eher die Prüfung der Kassenbücher (also der Geldeinnahmen), höchstens noch die Kontrolle des Gutsverwalters. Und auch Wandgemälde mit flötenspielenden Hirten gefielen ihnen gut.

▮ Tätigkeiten, Berufe, Leben auf dem Lande (▶ Seite 35 ff.).

▮ Was die Gerätetechnik und Anbaumethoden betrifft, macht die Landwirtschaft über die ganzen Jahrhunderte keinerlei wesentliche Fortschritte. Der

Als eines ihrer Vorbilder pflegten die Römer Lucius Quinctius Cincinnatus hinzustellen: Der lebte in den ganz frühen Zeiten der Republik (im 5. Jahrhundert v. Chr.) und wurde zweimal aus dem Schweiß der Arbeit auf dem Felde weg vom Senat zum Diktator gewählt und nach Rom geholt: einmal, um Krieg gegen Nachbarstämme zu führen, ein andermal, um einen Aufstand der ▶ Plebejer niederzuschlagen. Nach Erledigung dieser Aufgaben kehrte er auf den Acker an den Pflug zurück, um seine Familie zu ernähren.

vāllus (▶ S. 211), eine Art ›Mähmaschine‹, bleibt eine isolierte Erfindung. Man verlässt sich auf den vielfachen Einsatz billiger Menschen, der Sklaven. Die vermehrte Viehhaltung der Kaiserzeit führte hier und da zur Anlage künstlich angelegter Weiden. In den Obstplantagen werden zur Ertragsverbesserung Pfropf- (Okulier-) Methoden angewandt.

▮ Ein großes Problem der Produzenten ist die Konkurrenz, die ihnen ab dem Ende der Republik aus den gallischen Provinzen und aus Nordafrika erwächst. Die meisten Produzenten geben den Getreideanbau auf und verlegen sich stattdessen auf Weinbau und Obstbau. ›Qualität statt Masse‹ wird die Devise. Doch auch Griechenland, Gallien, Spanien produzieren gute Tropfen, die nach Italien importiert werden.

▮ Während der ursprünglich aus dem Vorderen Orient stammende Wein in Italien seit Urzeiten heimisch war, werden Oliven erst ab dem Ende der Königszeit (500 v. Chr.) in Italien angebaut; vermutlich wurden sie von den Griechen nach Süditalien eingeführt. Auch hierbei erwächst den italischen Produzenten starke Konkurrenz aus Griechenland, Kleinasien und Nordafrika.

Aber wer macht hier wem **Konkurrenz?** Nachdem sich die italischen Großgrundbesitzer, darunter die römischen Senatoren, das nutzbare Ackerland Italiens angeeignet hatten, kauften sie Land in den Provinzen und richteten dort riesige, noch rentablere Güter ein. Mit deren Produkten drängten sie wieder auf die italischen Märkte. Dieselben Leute machten also sich selbst Konkurrenz, und dabei blieben die Kleinsten und (zu) Kleinen auf der Strecke – wenn sie nicht neue Produktnischen wie begehrte Luxusartikel fanden.

:: Handwerk und Gewerbe

Natürlich wussten die Römer hervorragende Leistungen und fähige Menschen auf allen Gebieten zu schätzen und zollten ihnen Anerkennung. Nur musste man solchen Tätigkeiten ja nicht selbst nachgehen, denn im Zweifelsfall konnte man sie einkaufen (nicht nur z. B. fertige Kunstwerke, sondern auch die Künstler oder sonstwie gebildete Sklaven selbst).

- Die Einstellung der Römer zum Wert von Kunst – auch wenn manche Riesensummen für Bilder oder Statuen aufwandten – zeigt sich aber wohl eher etwa im Folgenden: Als General Mummius nach der Plünderung der griechischen Stadt Korinth (▶ 91) Unmengen an Statuen nach Italien verschiffen ließ, gab er die Weisung: Geht auch nur eine der Statuen verloren, muss sie durch eine gleiche ersetzt werden (er hatte also keine Ahnung vom – auch ideellen – Wert eines Originals gegenüber einer wertlosen Kopie).

▮ Die ›Arbeitskräfte‹ | Die Sklaven (Näheres dazu ▶ Kapitel S. 124), dazu die ›kleinen Leute‹ unter den Freigeborenen bildeten als Handwerker, Händler und Künstler das arbeitende Volk.

▮ Die Sklaven trugen die Hauptlast der Arbeit in allen Bereichen der Produktion und der Dienstleistungen. Die Reichen besaßen zum Teil große Sklavenmassen – so, wie man heute Maschinen oder LKWs besitzt und Arbeiter und Angestellte beschäftigt.

▮ Der übergroße Teil der Freien war auf die eigene Arbeit angewiesen; sie arbeiteten entweder als Selbständige (und beschäftigten dabei oftmals Sklaven) oder mussten als Lohnarbeiter ihr Auskommen bei einem anderen suchen, viele lebten als Tagelöhner, die unter Umständen überhaupt Arbeit fanden.

▮ Von ihrer eigenen Arbeit lebten in der Regel auch die ›Freigelassenen‹, lībertī oder lībertīnī genannt, das sind ehemalige Sklaven. Nicht wenigen gelang es, als erfolgreicher Unternehmer aufzusteigen, selbst Sklaven und Arbeiter zu beschäftigen und sich ein unabhängiges Leben zu gönnen. Einzelne stießen (in der Kaiserzeit) sogar bis in die Schicht der Allerreichsten vor.

▮ Neben den Etruskern spielten von Anfang an auch freie ›Ausländer‹, peregrīnī, eine nicht geringe Rolle im Wirtschaftsleben, sei es als Handwerker, sei es als Händler. Sehr früh gehörten dazu Griechen, auch Phönizier. Im Grunde übernahmen die Römer,

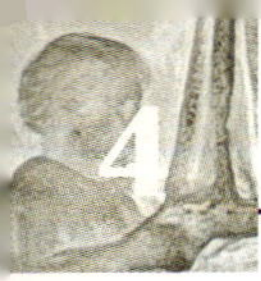

Ein Prinzip galt immer und überall: Wer es sich leisten konnte, kaufte sich **Sklaven** oder beschäftigte Lohnarbeiter und ließ diese arbeiten. Dieses im allgemeinen einträgliche Prinzip machte auch nicht wenige ursprünglich einfache Handwerker vermögend. Ein bekanntes Beispiel in Rom ist der ›Bäcker‹ (besser: Backwarenfabrikant) *Eurysaces*, dessen monumentales Grabmal erhalten ist und das dieser pānārium, *Brotkorb*, nannte (▶ S. 121/123).

die ja durchweg Bauern und Viehzüchter waren, in allen einschlägigen Handwerksberufen ihr Know-how von den Etruskern bzw. solchen ›Ausländern‹.

Die Überlieferung berichtet schon aus der Zeit des frühen, legendären Königs Numa von damaligen **Berufsverbänden** (collēgia). Deren Aufgabe: Interessenvertretung ähnlich unseren Gewerkschaften und Sorge für ein angemessenes Begräbnis. Genannt werden etwa die Organisationen der:

Musiker	Goldschmiede	Zimmerleute	Färber
Schuhmacher	Gerber	Kupferschmiede	Töpfer
ein Kollegium für die restlichen Berufe			

Die in der Familie ausgeübten Tätigkeiten (z. B. Backen) waren nicht in Verbänden repräsentiert.

Das neunte collēgium aus der Zeit Numas teilte sich nach und nach auf. Alle hielten regelmäßig Versammlungen ab.

In der Kaiserzeit kamen neue Berufsverbände hinzu, die vom Staat kontrolliert wurden. Zu ihnen hatten auch Sklaven und Freigelassene Zutritt.

↳ Auch für die Berufe gilt: So wie sich die Römer nach und nach fremdes Wissen aneigneten und teilweise perfektionierten (z. B.: Bautechnik), trugen sie es im Zuge ihrer Eroberungen auch wieder in die Welt hinaus. Damit ergänzten sie einerseits die Kenntnisse der eroberten Völker, andererseits entstanden dort so auch Unternehmenszweige, welche die Bedürfnisse der Römer, nicht nur der römischen Oberschicht, bis hin nach Rom belieferten und zufriedenstellten.

Berufsausbildung | Die Ausbildung in einem Beruf war Privatsache, es gab also für gewerbliche Tätigkeiten keinen staatlichen Ausbildungsrahmen (etwa Berufsschulen oder Fachschulen).

- Man bemühte sich, einen Sohn in die Lehre bei jemand zu geben, der in seinem Beruf anerkannt war, dann war er discēns, *Lehrling* Über die Ausbildung schloss der Vater einen Vertrag mit dem Ausbilder, in dem Rechte, Pflichten und Ausbildungsziel formuliert wurden. Oft genug gab es statt eines förmlichen Vertrags sicher auch nur einen Handschlag zwischen Vater und Meister.
- Die meisten Jugendlichen aus den unteren Schichten genossen vermutlich keine geordnete Ausbildung, sondern erwarben sich je nach Chance, die sich ihnen bot, diese oder jene Fähigkeiten.
- Diese Verhältnisse brachten es mit sich, dass Söhne in die Fußstapfen ihrer Väter traten. Bei Mitgliedern von collēgia wurde das sogar verpflichtend.
  - Nicht nur das: Mädchen mussten manchmal innerhalb der Berufsgruppe ihrer Väter heiraten.

In der späten Kaiserzeit wurden solche Einschränkungen allgemein verschärft: Auch Bauernsöhne *mussten* den Beruf ihrer Väter übernehmen und durften sogar den Hof nicht mehr verlassen (▶ 153).

- Mädchen erhielten keinerlei organisierte Ausbildung, außer in der Familie in Haushaltsdingen bzw. Weben, Spinnen usw.

↳ Hingegen war die Ausbildung der Söhne der Reichen umfassend geregelt und schloss häufig auch ein Auslandsstudium ein (▶ S. 182).

Gewerbliche Berufe | Gerade in den gewerblichen Berufen spiegelt sich die jeder Zeit eigentümliche Lebensumwelt (▶ Auswahl rechts).

Allgemeine Begriffe des Berufslebens

adiūtor	Handlanger, Gehilfe
discēns	Lehrling
faber	Handwerker, bes. der mit hartem Material (Holz, Steinen, Metall usw.) umgehende
fabrica	Handwerk, Geschick, Arbeitsstätte
mercennārius	Lohnarbeiter, Tagelöhner
opera	Arbeitskraft, Arbeiter
operārius	Arbeiter
opifex	(Kunst-)Handwerker
ostentātor	(aufschneidender) Marktschreier
redēmptor	Unternehmer, Lieferant
officīna	Werkstatt
vēnditor	Verkäufer

Faber est suae quisque fortūnae.
Jeder ist seines Glückes Schmied

Das häusliche Gewerbe | ›Do it yourself‹ – dieser bekannte Spruch beschreibt die Tatsache, dass auch heute viele Menschen privat selbst Tätigkeiten ausüben, die sie anderen übertragen könnten, oder mit denen sie Dinge herstellen, die man prinzipiell auch kaufen könnte. Das reicht von selbstgestrickten Strümpfen bis hin zu selbstgebauten Möbeln oder gar Häusern. Für den einen ist das ein Hobby, für den anderen eine Notwendigkeit: Selbstgemacht ist billiger.

Diesen Sachverhalt findet man überall vor, und man kann allgemein sagen: Je geringer eine Gesellschaft entwickelt ist, umso mehr werden die benötigten Dinge im Haushalt selbst produziert – Kleider oder Geschirr oder anderes.

Dies ist auch für die römische Gesellschaft kennzeichnend, in der die meisten darauf angewiesen waren, sich die lebensnotwendigen Dinge, so gut es eben ging, selbst herzustellen; da leistete jeder, der zur Familie gehörte, seinen Anteil. Das begann mit dem Weben von Stoffen oder Herstellen von hölzernem Gerät und ging bis zum Mahlen des Korns zum Brotbacken und selbstverständlich zur Errichtung der eigenen Lehm- oder Ziegelhütte.

Zu den Vorstellungen der Römer von einer ›anständigen‹ Frau gehörte es zu allen Zeiten (auch bei den Reichen), dass die Frauen zu Hause Wolle zu spinnen und Tuch zu weben hätten!

↪ Der große Unterschied zu unserer Zeit: Meist kauft man heute das benötigte Material und

Das unten hinterlegte Bild (▶ S. 101 oben) zeigt den Betrieb in der Werkstatt eines Kesselschmieds: Ein Mann wiegt etwas auf einer Waage, einer bearbeitet Metall auf dem Amboss, rechts poliert einer eine Platte. Ein dösender Hund leistet Gesellschaft. 2. Jh. n. Chr.

Männerberufe (Auswahl)

Alaunarbeiter *(Alaun: Salzart)* ▣ Schmuckhändler (für Ringe) ▣ Bauleute ▣ Goldschmiede ▣ Lastträger ▣ Buchhändler ▣ Goldschläger *(Blattgoldhersteller)* ▣ Ziseleure *(Gefäßverzierer)* ▣ Steinmetze ▣ Steinbrucharbeiter ▣ Schuhmacher ▣ Stiefelschuster ▣ Fleischer (Metzger) ▣ Wagner, Stellmacher *(Wagenbauer)* ▣ Lasttierführer *(die eintreffende Waren ausladen und abtransportieren)* ▣ Flößer ▣ Kneipwirte ▣ Lumpenhändler ▣ (Haar-)Teppichhändler ▣ Trödler *(kauft Waren auf und verkauft sie ambulant)* ▣ Reisewagenkutscher ▣ Kunsttischler ▣ Gerber *(Lederhersteller: Häute werden in Urin gegerbt)* ▣ Kranzbinder ▣ Reliefspezialisten *(Stuck, Gefäße)* ▣ Wachmann ▣ Zuckerbäcker *(Süßwaren)* ▣ Elfenbeinschnitzer, -künstler ▣ Sattler *(Sattelmacher)* ▣ Eisenschmied ▣ Silberschmied ▣ Glasaugenhersteller *(für Statuen)* ▣ Zimmermann, Tischler ▣ Flechtschuhhersteller (für Damen) ▣ Töpfer ▣ Modellierer *(Produkte aus Ton)* ▣ Gießer *(z. B. Metallgefäße)* ▣ Bleicher ▣ Obsthändler ▣ Getreidehändler ▣ Walker *(Reinigung schwerer Stoffe)* ▣ Lastträger, Verladeleute *im Hafen* ▣ Treidler *(ziehen Schiffe flussaufwärts)* ▣ Vergolder ▣ Fuhrmann *(mit Ochsengespann)* ▣ Ziegelmacher ▣ Frachtschiffer ▣ Konditoren ▣ Leinweber ▣ Kahnführer ▣ Gemüsehändler *(Hülsenfrüchte)* ▣ Fleischwarenhändler ▣ Sklavenhändler ▣ Schmuckhändler *(Perlen, Steine)* ▣ Marmorarbeiter ▣ Gruben- (Bergwerks-)Arbeiter ▣ Müller *(oft gleichzeitig Bäcker)* ▣ Münzarbeiter, (Geld-)Prägebeamter ▣ Maultiertreiber, -kutscher *(Transporteur)* ▣ Parfümerist ▣ Ölhändler *(Olivenöl)* ▣ Gemüsehändler ▣ Estrich- (Fußboden-)werker ▣ Kürschner *(Pelzmacher)* ▣ Melonenhändler, -züchter ▣ Wandmaler *(als Künstler)* ▣ (Wände-)Anstreicher ▣ Salbenhändler, Drogist ▣ Fischer und Fischhändler ▣ Bäcker ▣ Schiffsführer *(großer Schiffe)* ▣ Brokatwirker) ▣ Seiler *(Seilmacher)* ▣ Blumenhändler ▣ Ballastfahrer *(bringt Ballast zu Schiffen und holt ihn ab)* ▣ Sackträger ▣ Uniformschneider ▣ (Salz-)Delikatessenhändler ▣ Küstenschiffer ▣ Schildmacher ▣ Seidenwarenhändler ▣ Feinbäcker *(Backwaren aus Weißmehl)* ▣ Spiegelmacher bzw. -verkäufer ▣ Stallknecht ▣ Maurer ▣ Kalfaterer *(kalfatern: an Schiffen Fugen abdichten)* ▣ Abbrucharbeiter ▣ Mosaikhandwerker, Mosaizist ▣ Gastwirte ▣ Färber *(von Stoffen)* ▣ Barbier, Bartschneider ▣ Drechsler *(Möbeltischler, der Möbelteile mit gedrehten Formen verziert)* ▣ Schneider *(Alltags-, Festkleidung)* ▣ Flechtwerkwarenhändler ▣ Weinhändler *(mit Wagen umherziehend)* ▣ Totengräber ▣ Glasmacher, Glasbläser

Frauenberufe *(nur wenige Berufe sind bezeugt)*

Schreiberin ▣ Kranzbinderin ▣ Spinnmeisterin, Wollstoffhändlerin ▣ Sekretärin ▣ Ärztin ▣ Gemüsehändlerin ▣ Stenografin ▣ Amme ▣ Hebamme ▣ Erzieherin ▣ Fischhändlerin ▣ Schneiderin ▣ Seidenstoffhändlerin ▣ Friseurin ▣ Damenschneiderin

Ein besonders auffälliges, weil in die Nase stechendes, Gewerbe war das der **Walker**, fullōnēs. Fullōnicae waren das Pendant zu unseren Schnellreinigungen, es gab sie fast in jedem Viertel. Die meisten Gewänder der Römer, z. B. auch die Toga, waren weiß und bestanden aus Wolle: Da kann man sich den Reinigungsbedarf vorstellen!

Zunächst wurden auch die nach der Herstellung noch gräulich-bräunlichen Wollstoffe von den Walkern gebleicht. Die Hauptarbeit bei der Reinigung bestand darin, die Stücke in Bodenwannen, Zubern oder Bottichen einzuweichen, durchzukneten (daher ›walken‹) oder stattdessen mit den Füßen stampfend zu bearbeiten. Die Lauge enthielt u. a. auch Urin. Verschiedene Behandlungen folgten, zum Schluss wurde das Kleidungsstück glattgepresst.

Die meisten Walker waren freigelassene Sklaven und damit von Herkunft ›Ausländer‹. Die lateinischen Quellen berichten viel von Vorfällen bei diesem zentral wichtigen Gewerbe – Reklamationen, Feilschereien, Beanstandungen wegen Beschädigungen, des Gestanks der Betriebe usw.

Werkzeug etwa in Baumärkten, die ihrerseits aus Fabriken beliefert werden. Im ›alten Rom‹ suchte man sich zusammen, was man finden konnte – notfalls dies oder jenes auch beim Händler (falls man das Geld hatte).

Auch die Reichen hielten es prinzipiell nicht anders. Nur: Sie besaßen (so wie wir etwa Apparate haben oder ›Dienstleister‹ beauftragen) Menschen, oft gut ausgebildete, spezialisierte Sklaven, welche die gewünschten Tätigkeiten verrichteten – von privaten Köchen (coquī) oder Friseurinnen für die Damen (ōrnātrīcēs) bis hin zum Straßenbeleuchter (servus praelūcēns) oder dem ›servus ā libellīs‹, dem ›Bittschriftenannehmer‹ bei der morgendlichen salūtātiō (▶ S. 105). *Alle* denkbaren Aufgaben übertrugen sie ihren Sklaven. Erst recht galt das für den Betrieb von Landgütern (▶ S. 37 ff.), auf denen eigentlich alles eigenständig hergestellt wurde.

Handwerk und Gewerbe | In Rom selbst waren besonders solche Gewerbe vertreten, die der Lebensmittelversorgung der Großstadt dienten. Nicht weniger Bedarf herrschte an Bauhandwerkern und Baukünstlern, erst recht, als Rom seit Augustus aus einer aus ›Ziegeln gebauten Stadt zu einer Stadt aus Marmor‹ wurde.

Was überhaupt ein Kennzeichen der Stadt, besonders der Großstadt darstellt, ist dass sie Motor für immer neue Bedürfnisse und deren Erfüllung ist. Sowohl stellt die Versorgung besondere Ansprüche – die benötigten Wassermengen führten zur Konstruktion eines beeindruckenden Systems von Aquädukten – als auch ist es der Luxusbedarf der Reichen, der zu immer weiterer Verfeinerung der handwerklichen Produktion auf jedem Gebiet herausfordert.

Freilich konnten die römischen Handwerker und Gewerbetreibenden allein alledem nicht genügen. Importe – schon in frühester Zeit bezogen die Römer ihre Eisenwaren von den Etruskern – ergänzten die eigenen Aktivitäten. So gab es nicht anders als heute in verschiedenen Gegenden Zentren, die berühmt für ihre Erzeugnisse waren.

- Die Griechen hatten die künstlerische Keramik nach Süditalien gebracht: Diese Regionen blieben in Italien auf diesem Gebiet und überhaupt dem von Töpferwaren jeder Art führend.
- Ähnlich berühmt war die feinwandige rote Keramik (terra sigillāta) aus Arrētium-Arezzo (Norditalien); hier z. B. ist eine Werkstätte mit hundert Beschäftigten bezeugt.
- Puteoli (bei Neapel), überhaupt Kampanien, und

Beamte im heutigen Sinne als öffentliche Bedienstete mit besonderem eigenem Versorgungsrecht (wie Lehrer, Polizisten, Finanzbeamte usw.) hatten die Römer nicht. Diese Tätigkeiten, wenn es sie so überhaupt gab, wurden von Sklaven (z. B. Lehrer, Feuerwehr) oder Freien ausgeübt. Wenn bei den Römern von Beamten die Rede ist, sind damit politische Verwaltungsbeamte gemeint. Diese Posten übernahmen die führenden Schichten als ›Ehrenämter‹ (cursus honōrum, ▶ S. 130).

Rechts: Blick in die fullōnica des Stephanus in Pompeji. Stephanus, ein Freigelassener, hatte für seine ›Großreinigung‹ ein Patrizierhaus in einem Wohnviertel erworben, das durch das Erdbeben einige Jahre vor dem Vesuvausbruch beschädigt worden war, und umfunktioniert. In diesen Kübeln wurden die schweren Wolltücher und andere Kleidungsstücke u. a. in Urin getreten (›gewalkt‹) und so gereinigt.

Aquileja (im Nordosten an der Adria) waren wichtige Zentren der Glasherstellung.

- Die Provinzen rund um das Mittelmeer, die man sich ursprünglich des Sklavennachschubs und überhaupt der Rohstoffe wegen unterworfen hatte, wurden nach und nach ›romanisiert‹ (▶ S. 162) und erfuhren dabei eine zum Teil eigenständige gewerbliche Entwicklung, in der lokale Traditionen zum Zuge kamen. Auch später trugen sie maßgeblich zur Versorgung der Hauptstadt bei.
- Aus Ägypten kamen Papyrus, Silberwaren, hochqualitative Leinenstoffe (byssus z. B. war eine hauchfeine Qualität, die schon die Pharaonen schätzten) und andere Erzeugnisse; in Syrien wurden damals schon exquisite Messing-Metallartikel hergestellt. Nordafrika tat sich mit Lampen und Gebrauchskeramik für das ganze Reich hervor, das Rheinland mit auch künstlerisch außergewöhnlichen Glaswaren; Gallien lieferte zahlreiche Produkte nach Italien – nicht zuletzt Wein.

Vom Sklaven zum Großbäckerei-Unternehmer: Relief vom Grabmal des Eurysaces (▶ Seite 123) mit Darstellung der Arbeit in seinem Betrieb; die stolze Aufschrift lautet: EST HOC MONIMENTVM MARCEI VERGILEI EVRYSACIS PISTORIS REDEMPTORIS APPARET– *Dies ist das Grabmal des Bäckereiunternehmers in öffentlichem Auftrag Marcus Vergilius Eurysaces.*

›Salve, lucrum!‹ – *Sei gegrüßt, Profit!* lautete eine Begrüßungsinschrift am Eingang zu einem Händler in Pompeji.

Die Masse der Flüssigwürze, die auf keinem römischen Tisch fehlen durfte, das gărum (▶ S. 31), kam aus Fabriken an den Küsten Spaniens und Marokkos – zum Leidwesen der traditionellen namhaften Produzenten aus Pompeji und Umgebung.

Kaufleute und Kleinhändler | Die kleinen Kaufleute und Kleinhändler, welche die Bevölkerung mit allem Notwendigen versorgten, vom Kohl auf dem Markt bis zur Lampe im Spezialgeschäft, produzierten ihre Waren zum großen Teil selbst; sehr gern berichten römischen Autoren, dass sie es als geradezu als berufliche Verpflichtung verstanden, den Kunden möglichst übers Ohr zu hauen! Es war üblich, dass Händler mit Wagen über Land zogen, um Waren zu beschaffen und zu verkaufen.

Jagd und Fischfang | Alle Völker Italiens einschließlich der Römer waren Ackerbauern und Viehzüchter, doch ging man überall, wo es Natur und Umgebung ermöglichten, der Jagd und an Flüssen und Küsten dem Fischfang nach.

▮ Speziell war es Aufgabe von Sklaven, die Küche des Hauses mit Wild zu versorgen, nicht weniger aber oblag es ihnen, das Raubwild wie z. B. Wölfe oder Bären von den Herden abzuhalten. Infolge dieser Rollenzuweisung hielt sich bei den vornehmen Römern lange die Auffassung von der Jagd (vēnātiō) als servīle officium, als *Sklavenaufgabe*.

▪ Einzelfischer benutzten kleine Netze (iaculum) oder vorzugsweise eine Angel(schnur) (līnea) mit Haken (hāmus), auch mit Rute (arundō).

▪ Nicht selten verkauften die piscātōrēs (Fischer und Fischhändler) ihren Fang auch selbst auf den Fischmärkten der Städte.

▪ Siehe auch S. 108 (Tiber-Fischer).

Fischer mit Leine bzw. Netz. Als Sonnenschutz tragen sie den petasus, einen Hut mit breiter fester Krempe. Mosaik aus Nordafrika.

▮ Als mit zunehmendem Tafelluxus, also üppigen Ess- und Trinkgelagen, der Bedarf nach Wild- und besonders Fischdelikatessen immer mehr anstieg, verlegten sich viele Reiche auf eine einträgliche Fischzucht in Fischbecken (piscīna); piscīnārius wurde so geradezu zum Wort für ›Neureicher‹. Nicht weniger wurden überall Wildparks angelegt, in dem das begehrte Wildbret sozusagen unmittelbar vor dem Wurfspeer graste – ebenfalls oft gleichzeitig Hobby und einträgliches Geschäft reicher Leute (▶ S. 30).

Nicht anders war es mit der Vogeljagd, dem aucupium, die als Sonderbereich der Jagd in Italien schon in der Antike große Rolle spielte.

▮ Schon früh aber – man kann nicht genau sagen, seit wann – wurde die Jagd auch zur Freizeitbeschäftigung der Reichen und Vornehmen. Dabei galt die vēnātiō als Bewährung für ›Manneskraft‹, das aucupium war hingegen eine ruhige Betätigung hauptsächlich im Sitzen, bei der es auf List ankam.

↳ Jägerische Betätigung – häufig als Treibjagd mit Netzen durchgeführt – lässt sich bei den Römern also nicht recht als Beruf bezeichnen.

> Vēnārī, lavārī, lūdere, rīdere: hoc est vīvere!
> Jagen, baden, spielen, lachen: das heißt leben.
> *Römische Inschrift*

▮ Anders verhielt es sich mit dem Fischfang, der eine wichtige Erwerbsquelle gerade armer Leute darstellte; aber auch ihn betrieben viele, die es sich leisten konnten, zum Zeitvertreib.

▪ In Gruppen fischte man mit großen Schleppnetzen, die nicht viel anders aussahen als heute (ēverriculum, sagēna: Gewichte zogen das Netz nach unten, Schwimmkorken hielten die Ränder oben; auch Reusen (geflochtene Körbe mit engem Hals) kamen zum Einsatz.

Geistige und künstlerische Berufe | Wer als Römer frei und gebildet war, begab sich nicht als Abhängiger in die Dienste eines anderen Freien. So lebte der Dichter ▶ Martial anfangs in Rom in ärmlichen Verhältnissen und wurde von kunstinteressierten Sponsoren unterstützt. Als (im 2. Jahrhundert v. Chr.) die Patrizierfamilie Aemilius Scaurus völlig verarmte, wählte einer der Aemilii Scauri den Beruf des Köhlers und Kohlehändlers (später schaffte es einer aus der Linie allerdings bis zum Konsul).

▮ Auf der Grenze standen in verschiedener Hinsicht anspruchsvolle Berufe wie die eines Sekretärs (scriba) – sogar am kaiserlichen Hof (▶ Horaz lehnte ein entsprechendes Angebot des Kaisers Augustus ab);

›Jagdtriumph‹: Rückkehr von der Hasenjagd (Relief aus Trier).

Cicero fasst das gängige Bild der vornehmen Kreise von den Gewerbetreibenden gut zusammen:

›Verachtenswert sind zunächst jene Berufe, die von den Menschen verabscheut werden, wie die der Wucherer und der Zöllner. Unwürdig und tiefstehend sind die Berufe aller Lohnarbeiter, da man nicht ihre Geschicklichkeit, sondern ihre Arbeitskraft bezahlt; der Arbeitslohn aber nichts anderes ist als ein Vorschuss auf Sklaverei. Es ist ehrlos, von einem Händler etwas zu kaufen, um es sofort weiterzuverkaufen, denn solche Menschen könnten keinen Gewinn erzielen, wenn sie nicht auf Betrug aus wären. Es gibt aber nichts Verächtlicheres als das Betrügen. Alle Handwerker verrichten einen schmutzigen Beruf, schließlich ist in der Werkstatt kein Raum für erhabene Gedanken. Am wenigsten sind jene Berufe zu billigen, die Sinnesfreude und Lust dienen: Fisch- und Geflügelhändler, Metzger und Köche, die Kosmetikverkäufer, Tänzer und überhaupt alle Gaukler. Berufe hingegen, die besondere Fähigkeiten erfordern und nicht von mittelmäßigem Nutzen sind, sind ehrenhaft, wie die Heilkunst, die Baukunst und der Unterricht in den Wissenschaften. Der Kleinhandel ist ganz und gar zu verurteilen, der Großhandel jedoch, der aus allen Teilen der Welt vielerlei Waren einführt und diese, ohne zu betrügen, vielen zugänglich macht, ist nicht ganz zu verachten. […] Aber unter allen nutzbringenden Berufen übertrifft keiner die Landwirtschaft, keiner ist einträglicher, keiner angenehmer und keiner des freien Mannes würdiger!‹

(Cicero, *De officiis* I 150, 151; Übers. hs)

Der imposante Grabbau des Bäckereiunternehmers Eurysaces, entstanden am Ende der Republikzeit, etwa 50 – 20 v. Chr. Ganz oben verläuft ein Reliefband mit Darstellungen aus dem Backbetrieb, in der Mitte die Aufschrift (▶ S. 121). Das Grab zeigt eine für die antike Bauweise ganz ungewöhnliche Fassade, die fast an das 20. Jh. erinnert. Die runden Öffnungen sollen vielleicht an in die Erde eingelassenen Tonkrüge mit den Getreide- und Mehlvorräten erinnern – eine Idee, die einem Römer aus gehobenem Stand nie gekommen wäre.

je einflussreicher die Position, umso begehrter war sie auch bei Freien. Zumeist waren aber Freigelassene oder Sklaven selbst scribae.

▮ Wie die eben beschriebenen Berufe zählten auch Tätigkeiten im Umfeld des Theaters zu den artēs illīberālēs (▶ S. 111), ebenso die künstlerischen, da sie als Handwerke galten (▶ S. 120). Sie wurden vorwiegend von Sklaven, Freigelassenen oder Fremden ausgeübt. Wer sich ›unter Stand‹ betätigte, dem konnte es passieren, dass er seine Ehrenrechte verlor. So widerfuhr es einmal dem Autor von Boulevardstücken Decimus Laberius unter Julius Cäsar, als er – unfreiwillig – auf der Bühne auftrat (er durfte darum seinen goldenen Senatorenring nicht mehr tragen). Seine vor der Öffentlichkeit vorgetragene Beschwerde führte allerdings dazu, dass Cäsar einen Rückzieher machte und das Verbot zurücknahm.

▮ Dass Schauspieler, Sänger und Tänzer beiderlei Geschlechts in den höchsten Kreisen gesellschaftlich nichts galten, verhinderte weder ihre Beliebtheit beim noch die Verehrung durch das Publikum, es war auch keine Bremse für beste Verdienstmöglichkeiten: Von Spitzenverdiensten zwischen 600 000 und 200 000 Sesterzen pro Jahr ist die Rede. Zur etwa gleichen Zeit bekam ein öffentlich beschäftigter Flötenspieler 300 Sesterzen jährlich. Nun, diese Verhältnisse kennen wir doch?

↳ Auch beim **Starkult** sehen wir also, dass er keine neue Erfindung ist. Die Antike konnte es genauso – beim Theater (das in seiner Art dem heutigen Massenkino oder ›Soap‹-Fernsehen entsprach) nicht weniger als bei den Gladiatorenkämpfen (▶ S. 62).

5 Die römische Gesellschaft in Republik und Kaiserzeit

:: Klassen und Stände

In den vorhergehenden Kapiteln war an vielen Stellen von Reichtum und Armut, von Freien und Sklaven die Rede. Das ist deswegen so wichtig, weil in der Antike, anders als in unserer Zeit, wo die Menschen in den meisten Staaten vor dem Gesetz dieselben Rechte haben, Reichtum und Armut direkt mit dem gesellschaftlichen Stand, mit Freiheit, Unfreiheit und Sklaventum verbunden und die Rechte ganz ungleich verteilt waren.

Der römische Staat war wie alle antiken Staaten auf **Ungleichheit** der Menschen gegründet. Die einen waren frei, die anderen unfrei und damit Sklaven. Die Freien teilten sich in große Anzahl Arme und eine kleine Anzahl Reiche: Nur die Reichen genossen alle Rechte, die Sklaven besaßen keine (oder nur die wenigen, die die Freien ihnen ließen). Die armen Freien hatten in der Praxis keine Rechte der politischen Betätigung. Frauen genossen keine politischen, aber alle zivilen Rechte, Ausländer unterstanden – wie heute – einem besonderen Recht und besonderer Aufsicht.

↳ Diese Verhältnisse blieben die ganze Zeit der Antike über im Kern gleich, also bei den Römern etwa über 1200 Jahre.

■ **Die Freien |** Es ist sinnvoll, einerseits die Römer (und die Leute mit römischem Bürgerrecht) sowie die Völker und Gruppen, die nach und nach unter römische Herrschaft gerieten, getrennt zu betrachten:

- Römer: Freier war man zunächst einmal, wenn man frei geboren war. Von alters her schieden sich diese in Patrizier (patriciī), das sind Adlige, und Plebejer (plēbēī), das sind sonstige Angehörige des ›freien Volkes‹. Diese Trennung wurde später überlagert von der in reiche Patrizier und Plebejer einerseits und arme Plebejer andererseits. Maßgeblich wurde statt der adligen oder plebejischen Geburt das Vermögen, über das man verfügte. Das Vermögen bestimmte auch den Umfang der politischen Rechte.
- Angehörige unterworfener Völker: Hier war die Frage, ob die Römer diese (ganz oder teilweise) zu Sklaven machten oder nicht. Wer in Sklaverei geriet (meist durch Verkauf), und das konnte *jedem* (!) passieren, verlor eben alle seine Rechte. Die Übrigen behielten *innerhalb* ihrer Völkerschaft ihren Stand als Freie oder Sklaven – was sie eben gerade dort waren. Hinsichtlich des Bürgerrechts gab es eine unterschiedliche Behandlung (▶ S. 88), aber das bekamen normalerweise nur Freie.

■ **Die Freigelassenen |** Einen den Freien in vielerlei Hinsicht ähnlichen Status hatte man auch, wenn man als Sklave von seinem Herrn freigelassen, d. h. lībertus wurde, also Freigelassener. Man verfügte über die meisten zivilen Rechte, aber nicht über das Bürgerrecht; auch durften lībertī oder lībertīnī nicht gesetzlich heiraten, sondern nur im sog. concubīnātus leben. Das Bürgerrecht konnte der Staat aber dem Sohn eines Freigelassenen gewähren (cīvitātis dōnātiō). Gesellschaftlich konnten Freigelassene bis in die höchsten Kreise aufsteigen und auch enorme Reichtümer erwerben.

■ **Die Sklaven |** Der Ursprung der Sklaverei liegt vermutlich in der Gefangennahme im Krieg oder bei Raubzügen und anschließender ›Benutzung‹ des Gefangenen als Zwangsarbeiter oder anschließendem Verkauf an interessierte Käufer, die Arbeitskräfte suchten. Ein Motiv für die vielen Kriege, welche die Römer überall führten, war der Bedarf an Sklavennachschub. Die Griechen zuvor, die ja keinen Gesamtstaat hatten, überfielen sich gern gegenseitig und versklavten ganze Bevölkerungen griechischer Städte; so machten es in der Antike alle.

Sklave war man also infolge Gefangennahme und Verkauf. Neben der Gefangennahme im Krieg gab es auch ›friedliche‹ Versklavung (etwa indem Völker eigene Volksangehörige an die Römer verkauften) und Sklavenjagd mit anschließendem Verkauf. Größter Sklavenmarkt der Antike war die griechische Insel Delos, wo jedenfalls zeitweise täglich Tausende von Sklaven ›umgeschlagen‹ (also: gehandelt und verkauft) wurden.

Es waren die **Sklaven**, welche die Existenz der römischen Freien, speziell des Adels und der Reichen sicherten. Eine andere Lebensform konnte man sich nicht vorstellen, auch die Armen nicht und auch die Sklaven selbst nicht – Sklaven waren das, was heute Arbeiter, Angestellte oder Maschinen sind. Oft flohen die Sklaven, begingen Sabotage, nicht selten gab es Aufstände. Doch im Status von Freigelassenen kauften sich vormalige Sklaven dann selbst wieder ... Sklaven, um mit ihnen z.B. ein Geschäft zu betreiben.

In der Zeit der römischen Könige kannten die Römer auch noch die Versklavung infolge Verschuldung: Wer seine Schulden nicht bezahlen konnte, (das galt als kriminell) wurde – selbst oder mit Familie – zur Begleichung der Schulden vom Gläubiger verkauft. Auch das war bei vielen damaligen Völkern üblich, führte aber irgendwann zur Gegenwehr (Aufständen) der Betroffenen und damit zu Reformen und Verbot dieser ›Schuldknechtschaft‹.

Schließlich: Bekamen Sklavinnen Kinder, gehörten die als Sklaven dem Herrn; einen solchen im Haus geborenen Sklaven nannten die Römer verna (aus dem Etruskischen).

Sklavenhandel: Auf solchen Podesten wurden Sklaven feilgeboten – die ganze Antike kannte das Recht auf freien Handel mit Menschen. Außer dem Verkäufer ist ein Interessent zu sehen. Relief vom Grab eines Sklavenhändlers aus Capua

Eine römische Besonderheit: Wem etwa wegen Steuerhinterziehung oder Kriegsdienstverweigerung unehrenhaft das Bürgerrecht entzogen worden war (sog. capitis dēminūtiō māxima), der konnte auch in die Sklaverei verkauft werden.

Caput ›Haupt‹ bezeichnet in der römischen Rechtssprache die Einzelperson in ihrer Eigenschaft als Wesen mit Rechten, Persönlichkeitsrecht; dēminūtiō ›Verminderung‹ ≈ Aberkennung

Die colōnī | In der späten Kaiserzeit trat eine besondere gesellschaftliche Gruppe zwischen die Freien und die Sklaven, die colōnī, Kolonen (Pächter, eigentlich ›Bauern‹). Es handelt sich dabei um Menschen, die Freie – also nicht Sklaven – sind, andererseits das Landgut, auf dem sie arbeiten (das ihnen aber nicht gehört), nicht verlassen dürfen (▶ 153).

- In der Zeit des Mittelalters treten an ihre Stelle die ›Hörigen‹ oder ›Leibeigenen‹, die es in Europa bis ins 19. Jahrhundert hinein gibt! Sie arbeiten auf eigenes Risiko, haben aber dem Feudalherrn regelmäßige Pflichtzahlungen zu leisten.

Die Rechte der Freien | Jeder freie Römer, also jeder Freie mit römischem Bürgerrecht, besitzt Rechte, die im Zuge der politischen Kämpfe in der Zeit der Republik zwischen Patriziern und Plebejern, zwischen den führenden Kräften und dem

FREIE	**die Privilegierten:**	die Patrizier
	die Nicht-Privilegierten:	Klienten *(clientes)* Plebejer Freigelassene
UNFREIE	die Sklaven	

Die sozialen Schichten und Stände der römischen Gesellschaft

einfachen Volk, im Einzelnen festgelegt wurden. Sie bilden zusammen mit dem speziellen Wahlrecht die Grundlage für den speziellen Charakter der römischen Republik. Diese ist nie eine gleichberechtigte Demokratie aller Bürger gewesen. Aber ›Republik‹ bedeutet ja auch nur, dass kein König regiert, nicht, dass das Volk oder auch nur die Mehrheit herrscht.

- Politische Rechte (iūra pūblica):
  - Stimmrecht (iūs suffrāgiī), also das Recht, in der Volksversammlung abzustimmen und zu wählen
  - passives Wahlrecht (iūs honōrum), also das Recht, in ein Amt gewählt zu werden
  - Recht auf das Priesteramt (iūs sacrōrum)
  - Berufungsrecht vor der Volksversammlung bei Kriminalprozessen (iūs prōvocātiōnis)
- Zivile Rechte (iūra prīvāta):
  - Recht auf Geschäfte und damit auf Eigentum (iūs commerciī)
  - Recht auf Heirat (iūs cōnūbiī)
  - Recht auf Klageerhebung vor Gericht (iūs lēgis āctiōnis)
- Bürgerpflichten (mūnera)
  - Verpflichtung zum Zensus (cēnsus), d. h. staatliche Einkommensfeststellung
  - Wehrpflicht (mīlitia)
  - Pflicht (bis 167 v. Chr.) zur Tributzahlung (tribūtum)

Hat also *jeder* Freie das Recht, in ein Amt gewählt zu werden? ›Im Prinzip‹ ja – aber nur scheinbar: Einerseits war eine Wählerstimme umso weniger wert, je weniger der Betreffende besaß (das galt etwa für die Konsulwahl); andererseits hatten nur die, die schon Macht hatten, die Möglichkeit, Kandidaten vorzuschlagen. Im alten Rom gab es also *keine politischen Chancen* für einfache Leute (s. u.).

:: Die politischen Institutionen

Der Charakter der römischen Republik | Nach der römischen Überlieferung hatten die Römer ihre – zuletzt etruskischen – Könige vertrieben und eine Republik begründet: Sie wollten nicht mehr der Willkürherrschaft eines einzelnen rēx ausgeliefert sein. Gleichzeitig wollten die Adligen, denen es unter den Königen im Prinzip gut ging, ihre Vorrechte gegenüber den Nichtadligen nicht verlieren.

▮ In vielen Kämpfen und Auseinandersetzungen gelang es dem einfachen Volk, der plēbs, sich verschiedene politische Rechte zu erobern. Es gelang dabei aber auch dem Adel, alle politischen Einrichtungen so zu steuern, dass ihm die politische Führung des Staates und damit der entscheidende Einfluss zur Wahrung seiner Interessen – Macht und Geld – erhalten blieben. Entscheidend war, dass dem Adel die Kontrolle über die Volksversammlungen (und die dort stattfindenden Abstimmungen und Wahlen) sowie das Militär blieben.

Die Volksversammlungen | Schon in der Königszeit gab es eine ›Volksversammlung‹, (die comitia cūriāta; ›comitia‹, von com-īre), doch bestand da das ›Volk‹, pŏpulus, nur aus den Patriziern (adligen Großgrundbesitzern). Alle anderen Freien zählten nicht. Dieses Gremium gab es bis zum Ende der Republik, doch hatte es sehr bald keine rechte Bedeutung mehr (man traf sich zu würdevollen feierlichen Sitzungen).

▮ Mit dem politischen Umbruch von der Königszeit zur Republik gewannen die Plebejer Einfluss, den sie vorher nicht hatten. Das zeigte sich u. a. darin, dass sie nunmehr Militärdienst leisten mussten. In den politischen Kämpfen mit dem Adel erstritten sie sich die Einrichtung der **comitia centūriāta**. Der Name stammt von den für den Militärdienst in centūriae eingeteilten Gruppen der *gesamten* freien männlichen Bevölkerung.

▮ Die Gruppen (centūriae, insgesamt 193) waren auf der Grundlage von fünf Vermögensklassen so bemessen, dass die Reicheren über viele, die weniger Vermögenden über weniger, die Besitzlosen nur noch über eine Zenturie verfügten. Reiter + Schwerbewaffnete (also die Reichen der 1. Vermögensklasse) hatten so zunächst immer die Mehrheit (98 von 193), denn: Erst wurde die Meinungsmehrheit innerhalb *einer* Gruppe festgestellt, die einzelnen Gruppen hatten abschließend nur eine Stimme. (Nach einer späteren Reform fehlten bis zur Mehrheit nur fünf Zenturien).

↳ Entscheidend ist jetzt also nicht mehr die Herkunft (adlig oder nichtadlig), sondern Vermögen bzw. Grundbesitz.

Zur Zeit Ciceros gehörten zu der *einen* Zenturie der untersten Klasse so viele Leute wie zu den insgesamt 70 Zenturien der reichsten Klasse. Das Stimmverhältnis ergab also bei gleicher Zahl Köpfe also 70 : 1.

Diese *Zenturiatskomitien* wurden von den Konsuln (anfangs nur einer, der praetor hieß) einberufen und geleitet; außerdem brachten diese (nur sie) Gesetzesanträge ein, über welche die Versammlung nur mit Ja oder Nein abstimmen konnte. Die Konsuln wurden auch von dieser Versammlung (jährlich, s. u.) gewählt. Weitere Aufgaben:

- Abstimmung über Krieg und Frieden,
- Berufungsinstanz bei Strafurteilen gegen Bürger Roms (besonders Staatsverbrechen).
- Die Abstimmungen begannen bei den Reichsten; sobald eine Mehrheit erreicht war, hörte man auf: Die Ärmsten kamen also praktisch nie an die Reihe.
- Da die Zenturiatskomitien als formelle Heeresversammlung nur außerhalb der heiligen Stadtgrenzen (pōmērium) zusammentreten durften und relativ kompliziert zu organisieren waren, entwickelten sich aus den Versammlungen des einfachen Volkes (s. u.) die **comitia tribūta**, die *Tribus-Komitien.* An diesen nahmen ebenfalls Plebejer und Patrizier gemeinsam teil.

Die Tribus-Komitien waren mithin eine weitere Form der Volksversammlungen und waren sozusagen die zivile Variante der Zenturiatskomitien.

- Grundlage für ihre Zusammensetzung waren Roms tribūs, also die Stadtbezirke (vier städtische und später noch 31 ländliche), daher die Bezeichnung. Sie waren leichter zu organisieren und wurden von Magistraten (s. u.) einberufen und geleitet.
- Nachdem die ländlichen Tribus in der Mehrzahl waren, hatten dort die bäuerlichen Landbesitzer die Mehrheit und entscheidenden Einfluss.
- Bei Abstimmungen galt das gleiche Prinzip wie bei den Zenturiatskomitien: Jede Tribus hatte eine Stimme; zuerst wurde auch hier ermittelt, welche Meinung in jeder Tribus die Mehrheit hatte.
- Römische Bürger, die außerhalb Roms (auch in den Provinzen) lebten, wurden einer römischen Tribus zugeteilt; wollten sie wählen, konnten sie das nur in Rom tun (heute gibt es Briefwahl); manche, aber nur wenige, reisten dazu eigens dorthin.
- Die Tribus-Komitien zogen im Lauf der Zeit eine allgemeine Gesetzgebungsbefugnis an sich, nachdem sie zuerst weniger Aufgaben gehabt hatten.

Das Abstimmungsverfahren war bei allen Versammlungen zunächst der ›Hammelsprung‹ (gibt es noch heute im deutschen Bundestag): Der Abstimmende musste aus seinem ovīle (›Schafgehege‹, so hieß das eingezäunte Feld, in dem sich jede Gruppe aufstellte) über ein schmales Brett zur Gruppe Ja oder Gruppe Nein treten und wurde dabei gezählt. Weil man so sah, wie jeder abstimmte, wurde zum Schutz der Abstimmenden später auch die geheime Abstimmung mit Stimmtafeln eingeführt.

Stimmtafeln (tabellae):
VR (utī rogās) = JA *(wie du beantragst)*
A(ntīquō) = NEIN *(ich weise zurück)*

Die **Volksversammlungen** sind ein demokratisches Element der römischen Verfassung. Sie hatten Aufgaben wie ein Parlament in einem heutigen Staat. Allerdings: Die Mehrheitsverhältnisse waren bei den Zenturiatskomitien immer klar, und in allen Fällen waren es die Magistrate, welche die Versammlungen in ihrem Ablauf bestimmten. Die Versammelten selbst waren nicht berechtigt (und nicht gewöhnt), Anträge einzubringen. Jedoch war statt eines JA auch ein NEIN möglich – und das kam durchaus vor.

Senat und Senatoren | Der Senat bildete sozusagen ein zweites Parlament Roms (und später des Römischen Reiches). Er setzte sich aus den Sena-

Münze aus der Zeit des Kaisers Nerva: Sie zeigt Bürger beim ›Hammelsprung‹, d. h. sie gehen bei der Volksabstimmung einzeln über einen Steg, um ihre Stimmtafel einzuwerfen..

toren zusammen, ein Wort, das von ›sĕnex‹ (alter Mann [über 60]) abgeleitet ist. Es ist also dem Wort nach ein ›Ältestenrat‹.

- In der **Königszeit** wurden die Mitglieder vom König gewählt; er sollte den König beraten und die Beschlüsse der Versammlungen des pŏpulus (›Volk‹) kontrollieren, denen er zustimmen musste oder die er ablehnen konnte. Zum populus gehörten damals aber nur die adligen Patrizier (s. o.).
- Mit der **Republik** wird der Senat die eigentliche Führungsmacht im Staat. Ursprünglich besteht er nur aus Patriziern, die von den Konsuln eingesetzt werden; im Lauf der Zeit werden auch (reiche) Plebejer Senatoren.

Ab dem 4. Jahrhundert v. Chr. bestimmen die Zensoren, cēnsōrēs (s. u.), die Zusammensetzung des Senats; die Zensoren haben u. a. die Aufgabe, das Vermögen der Römer zu kontrollieren und danach ihre Zuordnung zu den Vermögensklassen vorzunehmen (s. o.). Jetzt ist Reichtum statt Herkunft (und vorherige Bekleidung eines Staatsamtes: Magistrat, s. u.) Voraussetzung zur Aufnahme in den Senat.

Die Größe des Senats nimmt im Lauf der Zeit zu: von 300 auf bis zu 1000 Mitglieder.

- Wie so oft, sind in einem Gremium aus Gleichen die einen oft gleicher als die anderen; im Senat zählten vorwiegend die Senatoren aus altehrwürdigem Geschlecht etwas; sog. hominēs novī (etwa ›politische Emporkömmlinge‹), wurden vom alten Adel mit Vorurteilen und oft mit Verachtung betrachtet. Im Senat durften diese auch erst nach den anderen reden und mussten sich bei Abstimmungen den ›Ehrwürdigeren‹ anschließen; sie trugen die hübsche Bezeichnung ›pedāriī‹, etwa ›Fußvolk‹. (von pes ›Fuß‹).

Während die Konsuln jährlich neu gewählt werden, scheiden Senatoren nur mit dem Tod aus dem Amt. Der **Senat** ist damit die *ständige, konstante* Führungskraft des Staates. In der Verfassung bildet er ein aristokratisches bzw. oligarchisches Element (Oligarchie: Herrschaft einer kleinen Gruppe), da er die Interessen der reichen Minderheit vertritt.

- Nach außen hin verabschieden nur die Volksversammlungen (s. o.) Gesetze; der Senat muss jedoch den Gesetzesvorhaben vor der Abstimmung in der Volksversammlung zustimmen (cōnsilium: ›Billigung‹). Daher ist der Senat die maßgebliche Kraft (Formel: **SPQR** – Senātus PopulusQue Rōmānus).

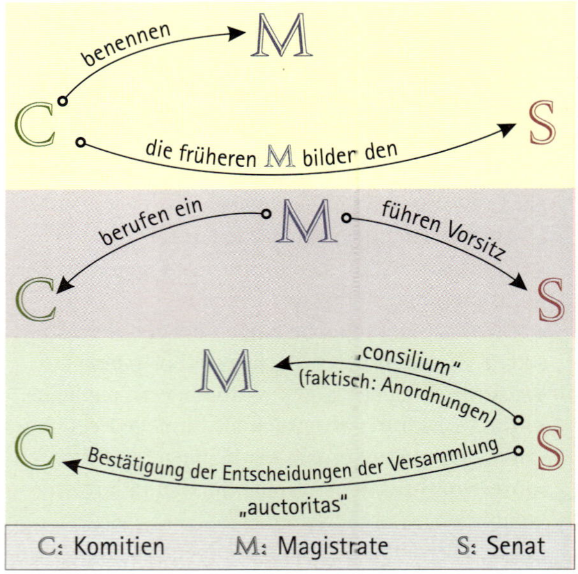

Zusammenspiel der politischen Kräfte zur Zeit der Republik

Dadurch und durch die beherrschende Rolle der Magistrate als Versammlungsleiter sind im Prinzip Vorrechte und Interessen der senatorischen Minderheit und mit ihnen der Reichen immer gesichert – sofern die sich einig sind.

↪ Doch im Zweifelsfall – siehe Bürgerkriege (▶ S. 97) – scherte sich auch damals mancher nicht um Recht und Gesetz, auch nicht um die Rechte der Senatoren!

- Die Vollmachten des Senats betreffen im Übrigen
  - Angelegenheiten der Religion, d. h. konkret: die öffentliche Ordnung,
  - Staatsfinanzen (Beschlüsse über Ausgaben),
  - Außenpolitik,
  - Kontrolle der Militärführer,
  - Kontrolle der Provinzen,
  - Ausrufung eines Ausnahmezustands bei Staatskrisen.

Das Konkurrenzdenken bzw. die unterschiedlichen persönlichen Interessen unter den Reichen und Vornehmen führten jedoch immerhin dazu, dass **Politik** weitgehend **öffentlich** blieb: Denn jeder politisch Ehrgeizige musste mit seinen Interessen in den Versammlungen öffentlich um das Volk werben. Das brachte in jedem Fall ein gewisses, wenn auch nicht einschneidendes Maß an Kontrolle. Es herrschte also keineswegs eine Willkür wie später in der Kaiserzeit oder wie in manchen Staatsformen der Neuzeit.

■ Tagungsort des Senats ist die Curia (auf dem Forum Romanum) oder ein Tempel. Erst ab Cäsar werden von den Sitzungen Protokolle veröffentlicht.
■ Die Senatoren genießen zahlreiche Vorrechte. Aber: Sie dürfen auch keine Geschäfte und keinen Handel treiben; Ausweg: Strohmänner (d.h. vorgeschobene Personen).

■ **Ein Zensus-Beispiel** | Der Zensus (also die von den Zensoren vorgenommene Vermögenseinteilung) verlangte im Jahr 129 v.Chr. beispielsweise für

- Senatoren: 1 000 000 Sesterzen Mindestvermögen (dafür musste ein Landarbeiter zu der Zeit fast 700 Jahre arbeiten)
- Ritter: 400 000 Sesterzen (Landarbeiter: 275 Jahre Arbeit)

Die **Magistrate** bilden sozusagen die Regierung. Die höchsten Magistrate mit besonderer Stellung sind die **Konsuln** (zwei). Aufgrund ihrer umfassenden Vollmachten übernehmen die Konsuln in gewisser Weise die Rolle des früheren Königs. Da es zwei sind, beide gleichberechtigt, ist eine Alleinherrschaft jedoch ausgeschlossen. Die Konsuln wechseln sich monatlich ab, jeder kann die Maßnahmen des anderen aufheben – also war es nur sinnvoll, wenn sie sich einig waren.

■ **Die Staatsbeamten (Magistrate)** | Eine Reihe von Staatsbeamten führt die laufenden politischen und sonstigen Geschäfte und sorgt dabei für die Durchführung und Anwendung der erlassenen Gesetze. Ihre Bezeichnung magistrātus (von magister ›Vorgesetzter, Leiter‹, darin ›măg-nus‹, → ›Meister‹) steht sowohl für das Amt wie für die Amtsperson.
■ Die Magistrate werden von den Volksversammlungen gewählt (sind vom Senat zu bestätigen) und führen dazu einen Wahlkampf mit weitgehend den gleichen Mitteln, wie das heute geschieht, vor allem Plakaten und Wahlveranstaltungen. (Nicht selten greifen vor allem in Unruhezeiten auch Schlägertrupps ein.) Der Amtsbewerber trägt eine weiße (›candida‹) Toga, daher noch unsere Bezeichnung Kandidat.
■ Der Kandidat für ein Amt muss ein Mindestalter vorweisen (in der letzten Zeit der Republik zwischen 31 und 43 Jahren, je nach Amt) und kann die Ämter nur in einer bestimmten Reihenfolge bekleiden (▶ cursus honōrum). Jede Amtszeit ist auf ein Jahr begrenzt und kann frühestens nach zehn Jahren erneut ausgeübt werden (Zensor-Amt nur einmal, anfangs für fünf Jahre, später für 1½ Jahre).
■ Staatsbeamte bekommen kein Gehalt, nur Aufwandsentschädigungen. Einige Ämter sind ›sakrosankt‹, d.h. die Inhaber sind vor Strafverfolgung geschützt. Die anderen, einschließlich der Konsuln, sind nur direkt der Volksversammlung (und nicht dem Senat!) verantwortlich.

■ **Organe des einfachen Volkes (plēbs)** | Wo bleiben bei diesen Verhältnissen die Interessen der einfachen freien Bevölkerung? Nun, die wusste sich innerhalb ihrer Rolle ohne besondere Vorrechte immer wieder durch Proteste, Aufstände, Streiks und anderes Gehör zu verschaffen. Es gelang den führenden Kreisen durch verschiedene Mittel, sie im wesentlichen ruhig zu halten, ohne selbst auf politische Vorrechte zu verzichten; diese Mittel waren:

■ **Politische Zugeständnisse:** Schon ein paar Jahre nach Einrichtung der Republik wird das Amt des Volkstribunen (tribūnus plēbis) eingeführt; ihn unterstützen zwei Ädilen (aedīlēs plēbis, das sind Aufsichtsbeamte mit Polizeirechten). Der Volkstribun ist Plebejer.

Oben: Die Cūria auf dem Forum Romanum, der Tagungsort des Senats (▶ Abbildung auf Seite 124 oben). Die Höhe dient der besseren Akustik. Der Bau blieb in dieser Gestalt aus der Zeit der Spätantike erhalten.

- Tribūnus ist ursprünglich der Vorsteher einer Tribus (▶ S. 75), dann wird daraus ein allgemeiner Titel für Ämter mit Kontroll- oder Befehlsaufgaben.

Der Volkstribun ist sakrosankt (▶ oben) und hat ein Vetorecht (Einspruchsrecht; vetō: ›ich verbiete‹) gegenüber allen Senats- und Magistratsbeschlüssen. Er soll also das einfache Volk gegen Senatswillkür schützen.

- Moralische Einflussnahme: Durch Wahlgeschenke, Veranstaltung von Festen und Spielen, Lebensmittelzuwendungen verschiedener Art suchten Senat und Adel, die Menschen ›bei Laune‹ zu halten.

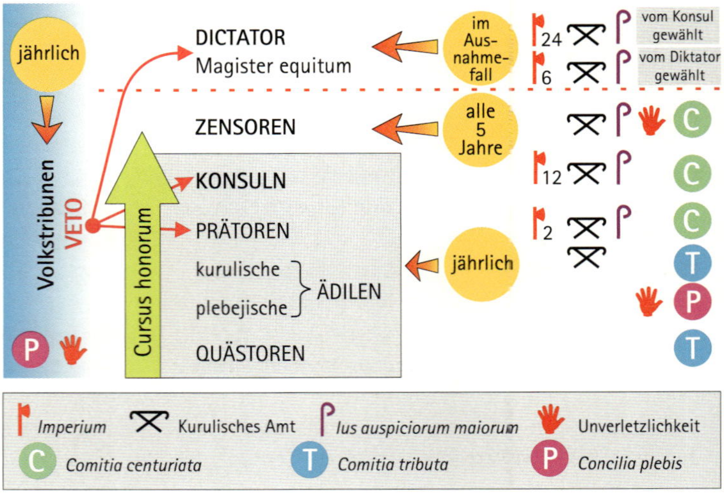

- Zuständig für die Wahl der Volkstribunen – anfangs zwei, später zehn – waren die **concilia plēbis**, also die Versammlungen der plēbs. Diese wurden ausschließlich von den Volkstribunen einberufen und geleitet.
- Diese Versammlungen stellten ursprünglich also eine Gegenmacht gegen den Senat und die Magistrate dar.
- Die concilia plēbis zogen mit der Zeit auch die Befugnis an sich, weitergehende Beschlüsse zu fassen, die plēbī(s) scītum oder plēbīscītum: ›Volksbeschluss‹ hießen (daher unser Wort Plebiszit). Wieder einmal nach Auseinandersetzungen mit den Patriziern wurde ein Gesetz geschaffen, das solche Beschlüsse auch für Patrizier bindend machte, also ihnen allgemeine Gesetzeskraft gab.

Mit ihren ›Plebisziten‹ auf den **concilia plēbis** hatten die Plebejer also durchaus einen zum Teil sogar nicht geringen Einfluss, konnten auch Senatsbeschlüsse niederstimmen. Allerdings hing das Ergebnis auch dieser Versammlungen weitgehend – wie in den anderen Fällen von den Magistraten – vom Volkstribunen ab (der eine solche Versammlung jederzeit einberufen und abbrechen konnte).

- Nachdem die plēbiscīta so allgemeine Bedeutung erlangt hatten, richtete man nach deren Vorbild die comitia tribūta (s. o.) ein, an denen auch die Patrizier teilnahmen, mithin die gesamte freie Bevölkerung.
- Der Volkstribun war Plebejer – doch irgendwann bildeten ja die reichen Plebejer eine Interessengruppe mit den Patriziern. Die Folge davon war, dass auch die Volkstribunen (wenngleich etwas gemäßigt) die Plebejer im eigenen politischen Interesse zu steuern suchten.

Die Ämter und der ›cursus honōrum‹ | Der cursus honōrum, d. h. die Ämterlaufbahn, die in einer vorgeschriebenen Reihenfolge absolviert werden musste, hat seine Bezeichnung daher, dass es sich um unbezahlte *Ehren*ämter handelte (honor: ›Ehre, Ehrenamt‹). Es handelt sich um (in der verpflichtenden Reihenfolge):

- das Amt des **Quästors** (quaestor, quaestūra), das sind **Finanzbeamte**, welche die Staatskasse unter Kontrolle haben und z. B. für Auszahlungen zuständig sind (an die Armen, an die Provinzverwaltungen usw.);
- die **Ädilen** (aedīlis, aedīlitās); es sind vier (darunter, s. o., zwei plebejische); sie bilden die oberste **Stadtverwaltung mit Polizeifunktion** und kümmern sich um das Straßenwesen, die Versorgung, die öffentlichen Spiele;
- die **Prätoren** (praetor, praetūra): Anfangs nur einer (praetor urbānus), unter Cäsar 16, sind sie für die **Recht-**

Links: Übersicht über die römischen Staatsämter und die offizielle ›Ämterlaufbahn‹, den cursus honōrum. Die Inhaber der ›kurulischen Ämter‹ hatten als besonderes Zeichen ihrer Würde einen kostbaren Klappsessel, die sella curūlis (Name von currus, *Wagen*, weil er mobil war).

sprechung verantwortlich; ist der Konsul nicht in der Stadt, wird er von einem praetor vertreten. Für **Ausländer** ist der praetor peregrīnus (Ausländerprätor) zuständig (sein Amt gab es nicht von Anfang an);

- die **Konsuln** (cōnsul, cōnsulātus): immer zwei (s. o.). Sie sind **die wichtigsten Männer im Staat** und berufen – neben den Komitien – auch den Senat ein und führen dort den Vorsitz; außerdem befehligen sie die Armee. Nach ihnen werden auch die Jahre benannt (die ja nicht gezählt werden, ▶ S. 104).

- Als weitere Amtsbezeichnung findet sich der **tribūnus**. Das sind verschiedene Posten, Angestellte der Quästoren, Oberste beim Militär oder insbesondere (s. o.) der Volkstribun.

- Für politische Notzeiten war das Amt des **Diktators** (dictātor; dictātūra) vorgesehen: Wenn der Senat den Ausnahmezustand ausruft, benennt ein Konsul einen früheren Konsul als dictātor. Sein Amt ist auf sechs Monate befristet, während der Zeit sind alle anderen Magistrate beurlaubt: Der Diktator hat – ganz in unserem Sinn des Wortes – *uneingeschränkte* Macht.

- Würde und Macht der Konsuln, Prätoren und des Diktators symbolisieren auf der Straße die **Liktoren** (līctōrēs). Das sind Leute aus dem einfachen Volk im Amt von Leibwachen (das Amt wurde wohl von den Etruskern übernommen). Sie gehen ihren Chefs (je nach Würde des Amtes in unterschiedlicher Zahl: 12–6–24) voran, um ihnen Platz zu machen, und tragen dabei ein sog. Rutenbündel, das ist ein Bündel von Ruten, die um ein Beil gewickelt sind (heute hat man Polizeieskorten mit Motorrad). Innerhalb der heiligen Stadtgrenzen Roms (pōmērium) durften sie das Beil nicht tragen. Außerdem vollzogen die Liktoren des Prätors Strafen wie Auspeitschen an solchen, die dieser zu einer entsprechenden Strafe verurteilt hatte.

Links: Ein republikanischer Liktor mit Rutenbündel (fascēs) und Axt, der Vertreter der Staatsgewalt. Seine fascēs wählte sich im letzten Jahrhundert (ab den 20er Jahren) die italienischen faschistische Partei als Symbol, daher das Wort Faschismus.

:: Staatsfinanzen, Geld und Münzwesen

Einnahmequellen | Ein Staat braucht Geld, um die nötigen Ausgaben für Straßen, öffentliche Bauten, seine Verwaltung und Bediensteten, das Militär usw. zu bezahlen. Bei uns dienen dazu die Steuern, die Privatpersonen oder Firmen zahlen, sowie eine Vielzahl von Gebühren, die man bei verschiedenen Gelegenheiten entrichten muss (z. B. in Ämtern oder als Autobahngebühren usw.).

- Die römischen Bürger zahlten nach der Eroberung Makedoniens (167 v. Chr.) überhaupt keine Steuern mehr; vorher zahlten sie nur zeitweise einen Beitrag für die Soldatenentlohnung, wenn Krieg geführt werden sollte, der aber oft zurückerstattet wurde.

- Nichtbürger im römischen Reich zahlten einen vom Einkommen abhängigen ›Zehnten‹ (Teil) davon.

- Ließ jemand einen Sklaven frei, musste er auf dessen Wert Steuern entrichten. Auch wenn man nicht heiratete, musste man dafür Steuern zahlen. Bürger ohne Erben vermachten ihr Eigentum oft als Schenkung dem Staat. Im Falle bestimmter Bestrafungen kam es auch vor, dass der Staat Vermögen beschlagnahmte.

- Viel Geld sprudelte auch aus der Verpachtung öffentlichen Raumes (etwa Marktplätze) oder der Benutzung von Brücken und Straßen sowie aus Hafenzöllen.

- Eine gewaltige Einnahmequelle war die Kriegsbeute, zum Teil unermessliche Reichtümer in jeder Form, die man unterworfenen Völkern raubte. Oft überließ man den Besiegten das beschlagnahmte Land zur weiteren Benutzung gegen Zahlung von Steuern.

Staatsausgaben | Die größten Posten bildeten die Finanzierung der religiösen Kulte, der öffentlichen Einrichtungen und – in Rom – die kostenlose Versorgung der Bevölkerung mit Lebensmitteln – ein wichtiges Mittel, um die Armen friedlich zu halten.

Finanzverwaltung | Steuern wurden nur von der Volksversammlung beschlossen. Wie das Geld ausgegeben wurde, bestimmte jedoch der Senat.

- Ähnlich, wie bei uns die Bundesbank (also die Staatsbank) über Goldvorräte verfügt (die im Wert einem Teil des Papiergeldes entsprechen; sie lagern

in Deutschland, Großbritannien und vor allem den USA in streng bewachten, festungsartigen Einrichtungen), gab es in Rom einen Ort für den ›Staatsschatz‹, das aerārium (das heißt etwa ›Kupferkammer‹ – das älteste Münzgeld war aus Kupfer, ▶ S. 134). Das war ein Kellergewölbe unter dem Saturntempel auf dem Forum Romanum; dort waren auch alle Staatsdokumente aufbewahrt.

- In dem lateinischen Wort aes (Gen. aeris), das zunächst ›Erz‹ bedeutet, spiegelt sich die menschliche Frühgeschichte aus dem Blickwinkel des Lateinischen. Es bezeichnet nämlich Kupfer und alle Erzmischungen wie Bronze, in denen Kupfer ist, sodann Kupfer-/Bronzegeld. ›Eisen‹ (lat. ferrum) ist damit *nicht* gemeint: Eisen lernte man in den verschiedenen Gegenden der Welt zu unterschiedlichen Zeiten zu gewinnen (›verhütten‹), in Italien etwa ab 800 v. Chr. Der Übergang von der *Bronzezeit* (davor verschiedene Phasen der *Steinzeit*) zur *Eisenzeit* bedeutete einen großen kulturellen Fortschritt, weil man jetzt Werkzeuge (und Waffen) aus dem viel härteren Eisen herstellen konnte. Das Wort aes geht also auf Zeiten vor der Kenntnis der Eisennutzung zurück. Gold, Silber, Blei zählten nicht zu den Erzen (wohl aber bei uns).

Beaufsichtigt und verwaltet wird der Staatsschatz von den Zensoren und Quästoren. Die Einnahme der Gelder erfolgte nicht etwa durch Finanzbeamte, sondern durch Privatleute, sog. pūblicānī, ›Steuerpächter‹ (Steuern konnten aber auch in ›Naturalien‹, d. h. Lebensmitteln, Waren, Rohstoffe bezahlt werden). Sie streckten dem Staat das Geld vor und hatten dann fünf Jahre lang das Recht, sich das Geld selbst wiederzuholen: Nicht wenige betätigten sich in den Provinzen als Blutsauger, denn sie konnten auch Gewinne machen. Da es sich um gewaltige Summen handelte, schlossen sich solche Privatleute auch oft zu einer Art Aktiengesellschaften zusammen.

Genauso waren es Privatleute, die sich als Bankiers (mēnsāriī, von mēnsa ›Tisch‹, oder argentāriī, von argentum ›Silber‹) betätigten, also Banken unterhielten. Im Wort ›Bank‹ ist noch der Ursprung dieses Geschäfts verborgen, denn es bezeichnet ursprünglich den Geldwechslertisch, die mēnsa (argentāria). Der mēnsārius-argentārius wechselte Geld, lieh Geld aus (gegen Zinsen), auch große Summen, wenn man z. B. in ein Geschäft investieren wollte. Man konnte bei den Banken sogar Geldüberweisungen in andere Städte vornehmen.

- Schon im 3. Jahrhundert v. Chr. hatten Geldwechsler ihre Tische am Forum Romanum. Da das Münzgeld aus Griechenland stammte, nannten auch die Römer diese Tische anfangs *trápeza* (≈ mēnsa) und die Wechsler trapezītae.

Ein römischer Bankier wird ägyptischer Minister
Der römische Bankier C. Rabirius (Zeit Cäsars) machte eine ganz besondere Karriere: Er wurde Minister in Ägypten. Der dortige König Ptolemaios XII. Auletes war vom Volk vertrieben worden. Mit römischer (auch militärischer) Unterstützung wollte er zurück auf den Thron. Dazu musste er die römischen Politiker bestechen – ein Fass ohne Boden. Das Geld dazu lieh ihm Rabirius. Damit dieser sein Geld zurückbekam, musste ihn Ptolemaios nach siegreichem Einmarsch in Ägypten zum Finanzminister machen, damit er die Summen aus den Ägyptern wieder herauspressen konnte. Jedoch nach Einkerkerung wegen seiner Geldgier und Flucht nach Rom wurde er dort wegen Bestechung angeklagt – weil er dem Pharao die Bestechungsgelder vorgestreckt hatte. Er wurde erfolgreich von Cicero verteidigt.

Der Staat kontrollierte die Bankiers und ihre Buchführung genau. Trotzdem gab es natürlich auch hier schwarze Schafe, und es kam wie heute zu Bankpleiten. Einer der vielen schönen Ausdrücke, die dafür überliefert sind, ist mergere, ›absaufen‹. Wer Bankrott machte (von italienisch ›banco rotto‹, *zerbrochener Tisch* des Geldhändlers) wurde mit Geschäftsverbot belegt.

Veränderungen in der Kaiserzeit | In der Zeit der Kaiser (▶ 148), nach Augustus, führten die Veränderungen der Politik auch zu Umwälzungen des Finanz- und Geldwesens. So verschob sich vor allem auch die Kontrolle der Finanzen und des Geldes vom Senat auf den Kaiser.

Rechts: Hölzerner Bankierstisch: Hier wurde Geld gewechselt (große gegen kleine Münzen und umgekehrt) und überhaupt Geldgeschäfte gemacht (Nachbildung).

Auch unmittelbar vor dem Eingang in die städtischen Markthallen stellten die Geldwechsler ihre Tische auf, hier in Pompeji – auch um Groß- und Kleingeld zu tauschen.

- Jetzt ist es der Kaiser, der die Steuern festlegt und bestimmt, wofür etwas ausgegeben wird. Dazu wird ein immer größer werdender Apparat von Beamten gebildet, der jetzt für die Einziehung der Steuern zuständig ist.
- Da der Kaiser auch persönlich der reichste Mann im Staat ist und er auch vieles finanziert – etwa seine Armee –, bildet sich neben dem alleinigen früheren Staatsschatz (aerārium) ein eigenes kaiserliches Finanzsystem mit der kaiserlichen Privatkasse, dem fiscus Caesaris (›Geldkorb des Kaisers‹); dafür gibt es eigene kaiserliche Bevollmächtigte.
- An Steuern werden (mit Ausnahmen) Kopfsteuern (tribūta capitis, Personensteuern) und Grundsteuern (tribūtum sōlī) auf Besitz von bebauten Grundstücken und Boden allgemein (sōlum), auf Gebäudebesitz und Einkommen erhoben. Abgaben wie Wegezölle bleiben, neu sind Steuern auf Verkäufe, insbesondere von Eigentum.
- Eine neue breite Schicht von Staatsbeamten muss bezahlt werden.
- Auch die staatliche Unterstützung von Armen (u.a. Kindern) und Arbeitslosen nimmt spürbar zu.
- Das Bankwesen bleibt im Wesentlichen so organisiert, wie es war.
- In der späten Kaiserzeit (etwa in den letzten zweihundert Jahren des Reiches) wird die Steuerschraube immer fester angezogen. Ausnahmen bei der Steuerzahlung werden abgeschafft. Da Kaiser und Staat jetzt ganz verschmolzen sind, bekommt der Fiskus, also das kaiserliche ›Finanzamt‹, die Rolle des früheren Staatsschatzes. Entsprechend dem, dass der Kaiser sich als gottgleich betrachtet und verehren lässt, heißt es jetzt aerārium sacrum, ›heiliges Schatzamt‹.

Ein römischer Bankiersangestellter wird Papst
Callixtus, 217 in Rom zum Papst gewählt, konnte (nach Jahren engagierter christlicher Arbeit) in dieses Amt nur gewählt werden, weil er durch Fürsprache aus seiner Lage als Bergwerkssklave auf Sardinien befreit worden war. Dieses Schicksal hatte ihn ereilt, weil er als Angestellter eines christlichen, gleichwohl hochbetrügerischen Bankiers in dessen unsaubere Geschäfte verwickelt war: Dabei hatte er nur Gläubigern zum Schluss das verlorene Geld wiederbeschaffen wollen, indem er an Mitglieder der jüdischen Gemeinde ausgeliehene Summen von diesen vorzeitig zurückforderte. Dazu suchte er sie beim Gottesdienst in der Synagoge auf, was verboten war – und ihn nach Sardinien brachte.

Über die gesamten 1000 Jahre des römischen Reiches ging es darum, den Ärmeren (den unterworfenen Völkern ohnehin) durch Steuern und Abgaben Besitz und Geld zu nehmen und es den Reichen zuzuführen. Unter den Kaisern wurde nach einer anfänglichen ruhigeren Phase dieser Prozess immer hemmungsloser. Daher ist es nicht übertrieben, wenn gesagt wird: ›Am Ende setzt sich die römische Gesellschaft nurmehr aus einigen Multimillionären und einer Masse von Bettlern zusammen.‹

Geld und Münzen | Erst gut 300 Jahre nach den Griechen (in Kleinasien im 7. Jahrhundert v. Chr.) führten die Römer das Geld ein, zunächst aes rūde, aes sīgnātum, aes grave (▶ Abb. S. 135), erst nach 300 v. Chr. geprägte Silbermünzen, und erst unter Cäsar gab es regelmäßig Goldmünzen. Mit Sicherheit kannten die Bewohner Roms ›Geld‹ als handliche Münzen schon früh zumindest von Kontakten mit den Griechen Süditaliens her (▶ S. 82). Offenbar bestand für diese ›allgemeine Ware‹, gegen die man alles und jedes eintauschen konnte und kann, kein Bedarf – die Römer waren ja noch relativ selbstgenügsame Bauern und kein Händlervolk. Als Handel sich ausweitete, schufen sie sich eigene Münzen.
- Es ist eigentlich schwer zu sagen, wozu die ersten unhandlichen, schweren ›Münzbrocken‹ konkret dienten.

Für die Zeit, bevor die Eisenverarbeitung aufkam (in Europa im 8. Jahrhundert v. Chr.) und überall Bronze (die

Unter Kaiser Trajan erlebten das Reich und seine Bürger eine längere Zeit des Wohlstands. Ärmere und Verschuldete erhielten von ihm Unterstützung. Hier werden Schuldbücher, in denen Schulden aufgeschrieben sind, zusammengetragen und verbrannt: Damit sind die Leute schuldenfrei. Der Kaiser ›verewigt‹ seine guten Taten natürlich gern in einem Relief auf dem Forum.

besteht hauptsächlich aus Kupfer) als Material zur Herstellung von Metallwaren verwendet wurde, kann man sagen, dass Bronzegegenstände wegen ihres Wertes den hohen Rang der Besitzer symbolisierten. Bronzegeschenke (auch in Barrenform) dienten daher häufig auch als Ehrengaben. Bronze galt also *zunächst* nicht als Zahlungsmittel, sondern als Ehrengeschenk. Auf der anderen Seite spielte Fleisch, v.a. auch Rinderfleisch, eine spezielle Rolle beim Opfer, galt dabei ebenfalls als Gabe, als Geschenk, an die am Opfer teilnehmende Gemeinschaft (Fleisch war also keine Ware, die man verkaufte oder kaufte, sondern symbolisierte soziale Ehrung). Vermutlich deswegen zeigen die ersten aus großen Kupferstücken bestehenden ›Geld‹formen der Römer (aes ≈ ›Kupfer‹ ›Geld‹), das aes sīgnātum (›markiertes Kupfer‹) Bilder z.B. von Rindern, Elefanten, Schweinen oder Waffen. So wurde aus pecus ›Vieh‹ am Ende pecūnia ›Geld‹.

▮ Nachdem also Rom zur Mittelmeermacht aufgestiegen war (nach 300 v. Chr.) wurden regelmäßig Münzen ausgegeben. Sie bestanden aus Kupfer bzw. Bronze oder Silber (Gold: s.o.), hatten unterschiedliche Größen und Wert und waren mit geprägten Bildnissen versehen. Anfangs waren das Götterporträts, später erhielten die Münzen Bilder mit ganz verschiedenen, meist politischen Themen. Die Kaiser ließen sich alle im Porträt abbilden; das war jeweils so genau (meist in der Frisur!), dass Archäologen danach die überall zahlreich erhaltenen Kaiserbildnisse in Marmor benennen konnten.

▮ Auf dem Kapitol (Hügel) in Rom befand sich auch der Tempel der Göttin Juno mit dem Beinamen Monēta, die ›Beraterin‹. In Nebenräumen dieses Tempels war die erste Münzwerkstätte; weil sie ›ad Monētam‹ lag, wurde dieser Name der Juno auf sie übertragen. Von diesem Namen stammt auch unser Wort ›Münze‹ sowohl für die Münzwerkstätte als auch für das Geldstück.

▮ Später gab es an vielen Stellen des Imperiums Münzprägestätten, auch Städte gaben eigene Münzen heraus. Das geschah unter Aufsicht des Senats bzw. des Senats und des Kaisers zusammen.

▮ Wo es Geld gibt, gibt es Geldfälscher, auch im alten Rom. An verschiedenen Stellen hat man gefälschte Münzen (erkennbar am minderwertigen Material) und auch Förmchen, in denen die Falschmünzen gegossen wurden, gefunden (Münzen wurden sowohl gegossen als auch mit einem Hammer geprägt). Am einfachsten war es, nach echten Münzen hohle Gussformen herzustellen, die mit minderwertigem Metall auszugießen, das Ergebnis nachzubearbeiten, dann zu versilbern oder zu vergolden und zum Schluss noch einmal zu polieren.

▮ Aber auch der Staat, besonders später bestimmte Kaiser, betrogen die Leute: Die umlaufenden Münzen wurden immer weniger wert, weil das Gewicht oder der Edelmetallanteil verringert wurde. Auch die Preise stiegen unaufhörlich. Im 3. Jahrhundert

Im ganzen römischen Staatsgebiet gab es also eine **einheitliche Währung** bzw. einheitliche Münzen (heute hat der Euro eine solche Rolle im europäischen Wirtschftsraum). Das erleichterte natürlich den Handel von Lissabon bis Trapezunt (Türkei) oder von Köln bis Damaskus ungemein. Überall findet man heute noch römische Münzen, die auch helfen, archäologische Funde zu datieren. Oft haben die Menschen auch ihre Schätze in Töpfen versteckt. Und wo man keine Münzen mehr findet, dort ging es auch mit dem römischen Reich zuende.

n. Chr. waren die Münzen dann nur noch mit einer hauchdünnen Silberschicht überzogen oder sogar nur geweißt. Eine (von manch weiteren) Währungsreformen folgte. Besonders Leidtragende von Inflation und Geldentwertung waren insbesondere die Armen, da auch ihre Arbeit entwertet wurde.

▮ Es ist sehr schwer zu berechnen, was das Geld wert war. Römische Schriftsteller berichten zwar höchst gern darüber, was etwas kostete und welches Vermögen Der und Der besaß. Also wissen wir ganz gut, wieweit man in verschiedenen Zeiten mit seinem Geld kommen konnte. Es ist aber nicht möglich, etwa einen ›Umtauschkurs‹ zwischen römischen Münzen und Euro oder Dollar anzugeben: Zu verschieden waren die Lebensumstände und Einkommensverhältnisse im Vergleich zu unserer modernen Welt. Folgende Berechnung aufgrund der antiken Angaben ist vielleicht annähernd zutreffend:

GELDENTWERTUNG

Zeit / Münze	124 v. Chr. ≈ €	Claudius ≈ €	Trajan ≈ €
Aureus	13,98	7,27	5,11
Denar	0,56	0,29	0,20
Sesterz	0,14	0,07	0,05
As	0,04	0,02	0,01

▮ Aus der Zeit des Kaisers ▶ Diokletian (Ende 3. Jahrhundert n. Chr.) gibt es ein Gesetz, mit dem er Höchstpreise für Lebensmittel und Dienstleistungen jeder Art, auch für Löhne vom Schauspieler bis zum Landarbeiter, vorschreiben wollte, um den Preisverfall zu stoppen. Er hatte mit der ellenlangen Liste – für uns ein höchst interessantes Dokument aus dem täglichen Leben der Leute! – offenbar kaum Erfolg, denn Warenverkäufer wussten auch damals, solche Vorschriften zu umgehen.

Rechte Spalte: Römische Münzen sind außer reinem Zahlungsmittel zum Teil rechte Kunstwerke. Aureus (aus Gold), dēnārius (Silber), sestertius (Silber, später Bronze, ab der Kaiserzeit aus Messing, bisweilen nummus genannt) und as (Bronze) haben absteigenden Wert und unterschiedliche Größen. Die Abbildungen rechts sind *nicht* in natürlicher Größe und *nicht* maßstabsgetreu wiedergegeben. – Ganz oben ein aes sīgnātum, im Original 16,5 × 9 cm (!) groß (etwa 280 v. Chr.), darunter links ein as ūnciālis aus ebenso früher Zeit, Durchmesser 6,5 cm, mit Ianus-Kopf. Rechts davon ein silberner ¾-Denar mit Darstellung der siegreichen Göttin Rōma. Weiter von links nach rechts und oben nach unten: Ein Aureus Cäsars, ein As des Augustus, ein Aureus des Augustus. Münzen dienten gern zur Verbreitung politischer Botschaften: Es folgt ein Denar Domitians mit der besiegten trauernden Germania (vor ihr ein zerbrochener Speer) – Domitian hatte in Germanien Siege errungen. Unten rechts schließlich ein Denar Cäsars: Dargestellt ist Äneas, der sich mit seinem Vater Anchises auf der Schulter und dem Palladion (Kultbild der Stadtgöttin Athena) in der Hand aus dem zerstörten Troja rettet, auf der anderen Seite Venus, Äneas' Mutter: So stellt Cäsar sich als Nachkommen des Äneas dar, dessen Sohn Ascanius-Iulus als Stammvater der Iulier-Familie galt.

:: Öffentliche Ordnung, Polizei, Kriminalität

Im alten Rom gab es keine organisierte, bewaffnete Polizei, und innerhalb des vom ▶ pōmērium gebildeten, als heilig geltenden alten Stadtkern Roms durften ohnehin überhaupt keine Waffen getragen werden (so auch von den ▶ Liktoren nicht). Ein zunächst überraschender Sachverhalt angesichts dessen, dass Militär und Militärdienst fast *den* zentralen Punkt römischen Lebens zu bilden scheinen.

Das eben Gesagte gilt für die Zeit der römischen Republik; in der Kaiserzeit änderte sich auch das – die Macht der Kaiser war eine Militärherrschaft.

Staat und familia | Die römische Republik war im Ursprung ein Zusammenschluss von Clans (Großfamilien) jeweils mit einem ▶ pater familiās als Oberhaupt. Durch die Befreiung von ihrem rēx (König) hatten sie jede Autorität über sich abgeschüttelt.

Für ›Recht und Ordnung‹ war damit im alten Rom das Oberhaupt jeder gēns zuständig, soweit deren Angehörige sich eines Vergehens oder der Übertretung einer Regel schuldig machten. Dies ist die sog. patria potestās, die also viel mehr umfasst als nur das Chef-Sein innerhalb einer Familie (▶ S. 7).

Vom ursprünglichen Verständnis her ist der Clan-Chef oder pater familiās daher also ein Element staatlicher Gewalt, er besitzt sozusagen staatliche Ordnungsfunktion. Entsprechend gebühren ihm der ›Respekt‹ nicht nur der engeren Familienangehörigen, insbesondere der Söhne, sondern genauso der Freigelassenen und der ▶ Klienten. Mit der Einhaltung der Regeln erfährt auch der Staat ›Respekt‹, und dieses Verhalten bezeichneten die Römer als pietās in patrem patriamque.

Das Recht des pater familiās ging so weit, dass er bei entsprechenden Vergehen die Todesstrafe (iūs vītae necisque, ›Recht auf Leben und Tod‹) oder die Verbannung aussprechen konnte. Ein Beispiel, in dem diese Verbindung von Familie (domus) und Staat (rēs pūblica) ganz deutlich wird:

Abgesandte der Provinz Makedonien beschwerten sich 142 v. Chr. beim Senat über die Amtsführung des Statthalters D. Silanus. Dessen Vater T. Manlius Torquatus bat die Senatoren, ihn die Sache untersuchen und Maßnahmen treffen zu lassen. Nach zwei Tagen des Nachdenkens zu Hause trat er wieder vor den Senat:

»Da mir erwiesen scheint, dass mein Sohn Silanus von den Verbündeten Geld genommen hat, befinde ich ihn für unwürdig sowohl des Staates wie meines Hauses und weise ihn an, sich hinfort aus meinem Anblick zu entfernen« (Valerius Max mus 5, 8, 3).

Das Prinzip Rache | Hinter der Bestrafung von Leuten, die sich eines Verbrechens schuldig gemacht hatten, standen bei den Römern weniger Rechtsprinzipien als das althergebrachte Prinzip der Rache. Dieses verschmolz zunehmend mit der Ahndung von Vergehen nach Recht und Gesetz; die Römer nannten das dann ›sē lēge ulcīscī‹, *sich mit dem Gesetz rächen.* Verwandte oder Freunde zu rächen gilt als officium, als *Pflicht.*

So blieben Mord und Sexualverbrechen nicht nur in der Republikzeit dem staatlichen Bereich entzogen, ihre Ahndung war Aufgabe der Sippe, Pflicht des nächsten Blutsverwandten (proximus cōgnātus). Öffentlich begangene Morde etwa von Messerstecherbanden, wie es sie in den Bürgerkriegen gab, wurden staatlich verfolgt. Auch der cliēns oder hospēs, *Gastfreund,* unterliegt dieser Pflicht.

Andererseits übten Politiker in Zeiten gewaltsamer Auseinandersetzungen, etwa der Bürgerkriege, sozusagen auch Rache nach solchen ›privaten‹ Maßstäben: Sulla lässt einen besiegten Gegner auf dem Grab eigener Anhänger zerstückeln; ein aufgespießter Kopf eines (vermuteten) Cäsar-Mörders wird öffentlich bei der Bestattung des Ermordeten mitgeführt; Oktavian, der spätere Augustus, lässt dreihundert Patrizier aus Perusia auf dem Grab Cäsars gleichsam als Menschenopfer abschlachten.

Die Bekämpfung und **Ahndung von Kriminalität** bei den Römern ist also eine in unseren Augen seltsame Mischung aus gesetzlicher Rechtsstaatlichkeit (nach damaligen Rechtsprinzipien) und Selbstjustiz, wie sie die bei vielen Völkern bekannte Blutrache darstellt.

So war denn auch in römischen Gerichtsprozessen der auslösende Gedanke oft der der Rache: Wo man sich z. B. in seiner Ehre gekränkt fühlte, suchte man nach Gründen für einen Prozess, auf diesen folgte meist ein weiterer, den die Gegenseite anzettelte usw.

So wie es keine Polizei in unserem Sinne gab,

existierte auch keine Behörde, die einen Beschuldigten verhaften konnte: Das machte der Geschädigte selbst, bemühte sich dabei um Zeugen und schleppte den Beschuldigten selbst vor Gericht. War der Staat betroffen, schritten staatliche Beamte mit Liktoren ein.
▶ Seite 138: *Recht, Gerichte, Richter, Anwälte*

Freiwillige Polizei und Feuerwehr | Wenngleich auf die beschriebene Weise sicher Vieles – oder das Meiste, man weiß das nicht – unter Kontrolle blieb, für die größer werdende Stadt reichte das auf Dauer nicht.

So wurde im 3. Jahrhundert v. Chr. ein Gremium aus drei Männern geschaffen, die sog. trēsvirī nocturnī (›Dreimännernachtkollegium‹) oder auch trēsvirī capitālēs (›Dreimännergremium für Schwerverbrechen‹). Deren Aufgabe war die Aufrechterhaltung öffentlicher Sicherheit und Ordnung, Einschreiten gegen Krawalle sowie die Gefängnisaufsicht. Wenn es die Notwendigkeit erforderte, stellte diese Behörde eine Art Freiwilligenpolizei zusammen.

Die von den genannten trēsvirī aufgestellte Truppe kontrollierte also gerade nachts die Stadt und war darüber hinaus für die Brandbekämpfung zuständig.

Da es in Rom wegen schlechter Bauweise und riskanten Umgangs mit offenem Feuer in den Wohnungen oft brannte – Rom ist mehrere Male fast ganz abgebrannt, nicht nur, wie bekannt ist, unter Kaiser Nero –, entdeckte hier Crassus (▶ S. 97), einer der Reichsten und Einflussreichsten, eine ›Marktlücke‹: Um sich immer mehr Grundstücke aneignen zu können, gründete er aus Sklaven eine private Feuerwehr. Die war immer schnell zur Stelle, begann aber erst zu löschen, wenn der Besitzer des in Flammen stehenden oder sich in Rauch auflösenden Hauses, nicht weniger diejenigen, die um ihre benachbarten Häuser bangten, ihre Anwesen an Crassus verkauft hatten: So wurde wenigstens etwas gerettet – und Crassus verfügte über immer mehr Bauland, auf das er selbst neue Mietshäuser setzte.

↳ Eine Polizei und Feuerwehr mehr nach unserem Verständnis schuf dann Augustus (▶ S. 144).

Ordnungsbehörden | Den Ädilen (aedīlēs, ▶ S. 129) unterstanden die städtischen Ordnungsbehörden. Ihr Amtssitz war der Castortempel auf dem Forum Romanum. Ließ etwa ein Hausbesitzer die Straße vor seinem Grundstück im Unrat verkommen, schritt der Ädil ein, der auf Kosten des Hauseigentümers eine Firma mit der Reinigung beauftragen konnte. Genauso überwachten die Ädilen, dass auf dem Markt die Vorschriften eingehalten wurden, mit den Gewichten nicht geschummelt, dass kein Falschgeld getauscht wurde oder dass beim Häuserbau kein Chaos eintrat. Desgleichen kontrollierten sie den Zustand der Verkehrswege, die Restaurants (Garküchen) und die öffentlichen Brunnen. Besonders wichtig war die ordnungsgemäße Getreideversorgung. Auch die Organisation öffentlicher Spiele und deren Beaufsichtigung lag in ihren Händen. In manchen Landstädten bildeten die Ädilen die einzige Behörde.

Kriminalität | Bei den römischen Schriftstellern gibt es manche Nachrichten über eine Unzahl von sicāriī (Mördern), effrāctōrēs (Einbrechern) und Räubergelichter (raptōrēs), welche – auch in organisierten Banden – gerade des Nachts die unbeleuchteten Straßen Roms im Schutz der Dunkelheit unsicher machten. Nur wenn es unumgänglich war, wagte man sich nachts hinaus – oder geschützt von Sklaven als Wachleuten. Gerade die kaiserzeitlichen Satiriker erfreuen sich an der Schilderung Roms als eines wahren kriminellen Sumpfes. Entführungen mit Lösegeldforderungen, Erpressung von Schutzgeldern, all das gehörte offenbar zum Alltag – eine wahre ›Mafia‹ hatte viele Menschen und ganze Gebiete im Griff.

Aber auch tagsüber war es im dichten Getümmel auf den Straßen ein Leichtes, sich als Dieb zu betätigen und im Gewimmel unerkannt und unergriffen zu verschwinden.

Wer diese Verhältnisse bedenkt, versteht die Bauweise besser, die bei den Römern herrschte: Alle Stadthäuser waren bach außen weitgehend fensterlos, erst recht waren die freistehenden Landhäuser und Bauerngüter von hohen Mauern umgeben und hermetisch verschlossen.
▶ Abb. Seite 19–24: Häuser

Höchst beliebt – selbstverständlich bei den Tätern – waren offenbar auch Giftmorde, besonders, so heben die (männlichen) Autoren gern hervor, bei Frauen (die brauchten keine Kraft, nur ›Hexenkräuterwissen‹ und List). Auch im Kaiserhaus waren Giftmorde geradezu an der Tagesordnung, und der Geschichtsschreiber ▶ Livius meint, behaupten zu dürfen, dass man während der Republikzeit 170 Mörderinnen durch Nachforschungen habe überführen und hinrichten lassen können.

Gerichte, Richter, Anwälte | Wenn ein Römer zu seinem Recht kommen wollte, musste er wie wir einen Prozess führen. Dazu musste er eine Klage beim praetor urbānus (jährlich neu besetztes Amt) anmelden. Nahm der Prätor die Klage (nur private Angelegenheiten, d. h. alles, was *nicht* den Staat betraf) an, ging die Sache vor einen Richter (iūdex) oder eine Gruppe von Richtern. Über alles, was die familia betraf, richtete der pater familiās. Über den wachten wieder die ▶ Zensoren (cēnsōrēs). Wie heute musste man möglichst Zeugen (testēs) und Sachbeweise (sīgna, indicia rērum) beibringen.

Szene vor Gericht: ›Das Urteil des Salomon‹. Rechts auf dem Podium sitzen die Richter, vor ihnen fleht eine Person kniend das Gericht an. Auf dem Block mit drei Füßen liegt ein Kind, das mit einem Schwert zerteilt werden soll; links steht eine Gruppe Zuschauer (▶ unten).

Der Prätor amtierte öffentlich auf dem Forum, auf einem Gerüst (tribūnal; davon ›Tribunal ≈ Gerichtshof‹) und auf einem speziellen Amtssessel; ihm zur Seite saßen die Richter, meist von ihm ausgewählte Freunde (später vom Kaiser ernannt).

Richter zu sein war also kein Beruf, auch kein Ehrenamt, sondern jeder freie Bürger konnte dazu berufen werden.

- Ähnlich ist bei uns die Einrichtung des Schöffen, eines Ehrenamtes (das man nicht ablehnen kann); Schöffen sitzen mit einem Berufsrichter zu Gericht und haben gleiches Stimmrecht wie dieser.

Weil die Prozesse auf dem Forum unter freiem Himmel stattfanden, erregten – gerade die großen, besonders die skandalumwitterten – Prozesse das Interesse der Öffentlichkeit: In Scharen drängten sich dann die Leute vor dem Tribunal – es gab ja nicht viele Ereignisse zum spannenden Zeitvertreib oder zur Belustigung, sodass Prozesse gleichsam ein öffentlicher ›Krimi-Ersatz‹ waren.

Einfache Bürger mussten bzw. durften sich vor Gericht von ihrem patrōnus vertreten lassen, umgekehrt war das dessen Pflicht seinem ▶ cliēns gegenüber. Je berühmter oder redegewaltiger nun der Prozessvertreter war und je spannender die Sache – vielleicht Erbschleicherei oder Betrug –, desto aufsehenerregender und spannender der Prozess. Oft wurden die Anwälte von johlenden Scharen zum Forum begleitet, je mehr Gefolge, um so höher sein Ansehen.

Natürlich kam bei dieser Art öffentlicher Gerichtsverfahren viel auf die Redekunst (▶ S. 191) der Prozessvertreter an – ein Grund dafür, dass diese Kunst in Rom eine große Blüte erlebte und viele berühmte Redner hervorbrachte.

Zumindest bei vielen Prozessen war vornehme Würde ein Fremdwort: Nach allen Regeln der Kunst wurde die berüchtigte schmutzige Wäsche gewaschen, versuchte man, die Richter durch Schmeicheleien oder Verdrehungen zu beeinflussen, übergoss man den Gegner mit Häme und boshaftem Spott – alles der berechneten Wirkung zuliebe. So findet

Zum Bild: Bei dieser Gerichtsszene handelt sich um ein außergewöhnliches Bildmotiv, denn dargestellt ist das ›Urteil des Salomon‹ aus dem Alten Testament, also eigentlich ein jüdisches Thema, doch war die Geschichte weit verbreitet und wird hier in römischer Szenerie dargestellt. Dass die Akteure karikaturistisch als Pygmäen wiedergegeben sind, zeigt, dass das Motiv möglicherweise über Alexandria, wo es eine große jüdische Gemeinde gab und von wo Bilder mit Pygmäen ihren Ausgang nahmen, nach Pompeji kam:

Zwei Prostituierte bekamen fast gleichzeitig ein Kind, eine erdrückte das ihre im Schlaf. Heimlich tauschte sie es gegen das lebende Kind der anderen aus. Die verlangte vor Gericht ihr Kind zurück. Salomon urteilte: ›Zerteilt das Kind mit dem Schwert!‹ Da verzichtete die richtige Mutter, die falsche rief, es solle zerteilt werden und so keiner gehören. Da sprach Salomon, der als Vorbild eines weisen Richters galt, der richtigen Mutter das Kind zu. Wandmalerei aus Pompeji

sich z. B. auch bei Cicero gegen einen Prozessgegner das ›Argument‹:

> ›Macht diese ganze Gestalt von den Fußnägeln bis zum Scheitel nicht den Eindruck des personifizierten Betrugs, von Täuschung und Lüge? Hat er nicht deswegen stets Kopf und Augenbrauen kahlrasiert, damit keiner sagen kann, er habe auch nur ein Haar von einem ehrenhaften Mann an sich?‹
>
> *Pro Roscio Comoedo* 20; hs

▮ Als jedoch unter den Kaisern die Rechtsprechung mehr und mehr von diesen gesteuert wurde, verfiel die öffentliche Redekunst – im Gegensatz zur Entwicklung der eigentlichen ▶ Rechtswissenschaft. Es wurden nämlich neue Gerichtsverfahren geschaffen, die ganz von Beamten, auch vom Kaiser selbst, durchgeführt wurden, ohne Richter. Parallel dazu wurden die Ärmeren faktisch auch immer rechtloser.

▮ War ein Urteil gefällt, musste im Fall der üblichen Geldstrafe jeder persönlich zusehen, dass er sich sein Recht holte: Dafür gab es keine zuständigen Amtspersonen (es gab ja auch keine Polizei, ▶ S. 137). Weigerte sich aber ein z. B. zu Schadenersatz Verurteilter durch Finten und Tricks, dem Urteil zu folgen, konnte der Geschädigte ihn persönlich verhaften und, jedenfalls in den ersten Jahrhunderten der Republik, notfalls etwa als Sklaven ins Ausland verkaufen. Auf viele schwere Vergehen stand die Todesstrafe (mortis poena), die von den triumvirī capitālēs (s. u.) vollstreckt wurde; Angehörige der Oberschicht kamen jedoch immer mit dem Leben davon und mussten z. B. ins Exil gehen.

▶ S. 170 *Das römische Recht*

▮ Briganten – ländliche Banden | Aus gesetzlicher Sicht Kriminelle, waren ländliche Räuberbanden, die man mit einem moderneren Begriff als *Briganten* (ital. ›Kämpfer‹) bezeichnet, eine soziale Erscheinung, also Ausdruck der verbreiteten Armut.

▮ Diese Banden machten insbesondere die Villen reicher Gutsbesitzer und Landstädte unsicher, in denen diese Gutsbesitzer oft lebten. Arme, meist Entrechtete, suchten sich ihren Anteil am zum Teil unvorstellbaren Reichtum der Oberschicht durch kriminelle Aktionen zu sichern – Überfälle, Raub, Diebstahl, Entführungen gegen Lösegeld, Vieh- oder Pferdediebstähle. Das Geschäft florierte, weil es genug Hehler – receptātōrēs – gab, die ihnen das Raubgut abnahmen, um selbst daran noch kräftig zu verdienen.

↪ Geschäft ist Geschäft – schon im alten Rom. Selbstverständlich pflegten solche Banden auch wieder Geschäfte gerade mit Reichen.

▮ Nicht selten genossen diese Räuberbanden – lātrōnēs – die Sympathien der armen Bevölkerung. Als das römische Reich am Ende zu kippen begann, war aus diesen Banden in manchen Gegenden – so in Gallien-Frankreich – eine regelrechte Aufstandsbewegung gegen den römischen Staat geworden.

▮ Der wohl berühmteste römische Straßenräuber, Felix Bulla (s. u.), kontrollierte zwei Jahre lang die Via Appia (▶ S. 169); von jedem Schiffspassagier, der in Brundisium an Land ging und weiterreiste, wusste er, welche Reichtümer er mit sich führte. Proculus wiederum, dessen Kaisertraum 281 n. Chr. nur kurz währte (er wurde von seinem Rivalen umgebracht), stammte aus einer Familie bei Albium Ingaunum (heute Albenga) an der Riviera, welche mit ihren Banden die Via Domitia von Gallien nach Spanien (den kürzesten Weg dorthin) kontrollierte; so verfügte er über 2000 Bewaffnete, die ihn zum Kaiser machen sollten.

▮ Ihr Rückzugsgebiet fanden diese Banden in Wäldern oder überall dort, wo ›die Arme des Staates‹ nicht hinreichten, also etwa in Berggegenden oder den Grenzgebieten des Reiches. Ganze Gebiete wurden praktisch stets von solchen Leuten kontrolliert, die sich der römischen Staatlichkeit nicht unterworfen hatten.

> **Einfache Problemlösung**
> ›Feinde (hostēs) sind diejenigen, die ihrerseits *uns* den Krieg erklärt haben oder denen *wir* den Krieg erklärt haben; alle anderen sind Banditen (lātrōnēs) oder Räuber (praedōnēs).‹
>
> *Digesten* L 60, 118

▮ Gefängnisse | Die genannten trēsvirī capitālēs (s. o.) hatten als trēsvirī carceris lautumiārum auch das Amt von Kerkermeistern oder Gefängnisverantwortlichen inne.

▮ Lautumiae, ›Steinbrüche‹ (ein griechisches Wort), nannten die Römer das in den Felsen am Forum Romanum gehauene Verlies für Gefangene, sowohl Verbrecher wie auch Kriegsgefangene, die im Triumphzug nach Rom geführt worden waren. Ein anderer, bekannterer Name eines Teils dieses Gefängnisses lautet Carcer Tulliānus oder einfach Tulliānum. Dabei handelt es sich um ein Felsverlies, das nur ein mit einer Steinplatte verschlossenes Loch in der Decke als Zugang aufwies. Hier warteten die zum Tode Verurteilten auf den Henker, der sie erdrosselte.

- Nach christlicher Legende soll hier auch der Apostel Petrus gefangen gehalten worden sein; nach Bekehrung der Wärter gelang es ihm zu fliehen, doch erschien ihm auf der Flucht Jesus nahe Rom. Petrus kehrte zurück und wurde gekreuzigt. Nach dieser Legende wurde der berühmte Roman *Quo vadis?* geschaffen, der auch verfilmt wurde (Peter Ustinov als Kaiser Nero). Der Kerker wurde später in eine Kapelle umgewandelt und ist heute noch zu besichtigen.

Das ›Tullianum‹, der Kerker am Forum Romanum (s. Text). Der christliche Altar wurde natürlich später eingebaut..

■ Ein weiterer Hinrichtungsort war – mindestens bis in die ersten Jahrzehnte der Kaiserzeit – der Tarpejische Felsen (rūpēs Tarpeia) am Südhang des Kapitols: Hier wurden Todesurteile z. B. wegen Meineids, Inzests und Verrats vollstreckt, indem die Täter vom Felsen hinabgestürzt wurden; genauso wurden hier Sklaven bestraft, die sich der Flucht oder des Verrats an ihrem Herrn schuldig gemacht hatten. Später wurde diese Art Hinrichtung an dieser Stelle verboten.

Links: Die ›furca‹ *(Gabel)*, in die ein Steinblock gespannt wurde, diente der Bestrafung von Sklaven oder straffällig gewordenen Freigelassenen. Deren Hände wurden an die Gabel gebunden, die Delinquenten durch die Straßen gepeitscht. Wie hier (ein Soldat) diente sie aber auch als ›normales‹ Hilfsmittel bei Bauarbeiten. **Unten rechts:** Ein Sklave wird mit dem flagellum ausgepeitscht. Zeichnungen (19. Jh.) nach einem Relief (links) bzw. bronzenem Kruggriff (unten)

■ **Felix Bulla |** Eine Gestalt, bei der man fast Züge eines Robin Hood, jedenfalls aber eines Schinderhannes entdecken kann, war der Straßenräuber Felix Bulla. Er sammelte bald nach 200 n. Chr. eine Bande von 600 Mann um sich und machte Italien von Nord bis Süd »vor den Augen der Kaiser und einer großen Menge von Soldaten« unsicher. Immer wieder gelangen ihm riskante Spielchen mit der Obrigkeit, bis er schließlich – durch Verrat seiner Geliebten! – gefangen genommen und hingerichtet wurde und seine Bande schnell zerfiel. Einmal nahm Bulla einen Centurio gefangen, hielt Räubergericht über ihn und »gab ihm den Auftrag: ›Melde deinen Gebietern: Ihr sollt euren Sklaven genug zu essen geben, damit sie nicht zu Räubern werden!‹«

Cassius Dio, 77, 10 (*Epitome Xiphilinos*; 372)

↳ Robin Hood war ein legendärer englischer Volksheld, der im 12. Jahrhundert Reiche beraubt haben soll, um Arme zu beschenken. Der ›Schinderhannes‹, ein Räuberhauptmann, der um 1800 in Hunsrück und Taunus sein Unwesen trieb, wurde mit 19 Kumpanen gefangen und in Mainz hingerichtet; über ihn gibt es ein Theaterstück, das – wie auch der Robin-Hood-Stoff – verfilmt wurde.

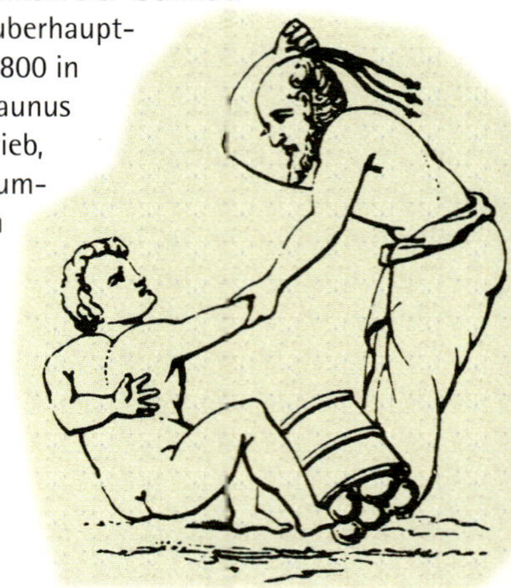

Intermezzo –

Augustus und die Verwandlung des Imperiums

:: Rom am Wendepunkt: Augustus

Die Einrichtungen der republikanischen Zeit hatten etwa 500 Jahre lang mehr oder weniger gut, mit zahlreichen Änderungen, aber im Kern unverändert, funktioniert. Gestützt auf kompromisslos geführte Kriege gegen Nachbarstämme und zunächst benachbarte, später entfernte Völker hatten diejenigen, die in dieser Zeit vom einfachen latinischen Bauern zu von griechischer Kultur geprägten Machtmenschen geworden waren, unzählige Erfolge erlebt, die ihnen Reichtum und Kultur verschafften. Mit den ›Römern‹ der Anfangszeit hatten sie noch so viel zu tun wie die heutigen Deutschen mit den Germanen. Davon profitiert hatten freilich auch oft die Ärmeren, die Sklaven jedoch zahlten für alles mit ihrem Leib und ihrer Person.

Schon immer hatten die Mächtigen in Rom den Staat als ihr Eigentum angesehen, doch das Volk von Rom hatte ihnen auch – auf seine Weise – Widerstand entgegengesetzt. Als nun die Republik im 1. Jahrhundert v. Chr. bald 400 Jahre nach der Gründung immer mehr zum Spielball rivalisierender Einzelpersonen und Gruppen geworden war und im Chaos von Bürgerkriegen versank, war es letztlich wieder die plēbs urbāna, das einfache Volk Roms, das die Leiden des unsicheren Lebens und des Terrors nicht mehr ertragen wollte und zunächst Cäsar, dann Augustus zur Macht verhalf. Natürlich spielten auch deren massenhafte Geldgeschenke eine Rolle, doch was das Volk in diesen Persönlichkeiten vor allem suchte, war jemand, der ihm die staatlichen Getreidelieferungen garantieren konnte. So trug das einfache Volk mit zum Ende der Republik bei, die ihm freilich ohnehin nichts mehr genützt hatte.

■ **Der erste ›Marsch auf Rom‹*** | Am 19. August des Jahres 43 v. Chr. geschah etwas, das die römische Republik vorher noch nie erlebt hatte: Gerade einmal vier Wochen vor seinem 20. Geburtstag (in einem Alter also, in dem bei uns viele soeben Abitur machen) marschierte Gaius Julius Cäsar Oktavianus, der Erbe Cäsars und spätere Augustus, mit einer siegreichen Armee auf Rom (was gegen das Gesetz war) und übernahm staatsstreichartig die Macht. Mit der Waffe in der Hand konnte er so den Senat zwingen, ihm die Führung der Staatsgeschäfte in die Hand zu legen.

■ Was folgte, war zunächst schlimmster Terror und politischer Mord, wie die Republik sie nicht einmal zu Zeiten ▶ Sullas erlebt hatte. Augustus führte noch fünfzehn Jahre Krieg gegen seine Gegner – darunter die Mörder Cäsars – außerhalb und innerhalb Roms, bis ihm der Senat im Jahre 27 v. Chr. die Alleinherrschaft zusprach.

■ Gleichzeitig erhielt er den Titel **Augustus**, der ›Hochheilige, Erhabene‹. Augustus selbst nannte sich **›Prīnceps‹**, ›Erster‹ (unter scheinbar Gleichen). Auch dies wurde zum Titel römischer Kaiser (und zu unserem Wort ›Prinz‹); die Herrschaftsform des Augustus und seiner Nachfolger heißt danach auch ›Prinzipat‹ (prīncipātus).

■ Diese Herrschaftsform zeichnet sich im wesentlichen dadurch aus, dass die für die Republik geschaffenen Ämter im Prinzip erhalten blieben, und es war auch nicht so, dass Augustus *alle* Ämter anstrebte und übernahm: Er war so gewieft, dass er

Oben: Wandmalerei aus dem Privathaus des Augustus auf dem Palatin: Der von Augustus zu seinem Schutzgott erwählte griechische Gott des Lichts, der Rationalität, und der Künste, Apollon, Bote des griechischen Geistes, spielt auf der Kithara.

* Am 28. Oktober 1922 stürzte die faschistische Partei Italiens durch einen ›Marsch auf Rom‹ Tausender Anhänger mit ihrem ›duce‹ (Führer) Mussolini an der Spitze die Regierung; Mussolini wurde, vom König ernannt, Chef der Regierung und errichtete mit seiner Partei eine Gewalt- und Unrechtsherrschaft. Hierfür ist der Ausdruck ›Marsch auf Rom‹ gebräuchlich. Den italienischen Faschisten folgten 1933 in Deutschland die deutschen Nationalsozialisten unter Hitler.

sich die aussuchte, die ihm die unumschränkte Herrschaft sicherten:

- Der entscheidende Punkt war natürlich der dauerhafte Oberbefehl über die Armee;
- zu Anfang wichtig war das Konsulat, aber später überließ er das auch anderen (ausgewählten) Personen;
- lebenslang ließ er sich das Amt des Volkstribunen, die tribūnicia potestās (Tribunsgewalt) übertragen: So gab es keine Instanz mehr, die gegen seine Beschlüsse Einspruch (›Vetō!‹) einlegen konnte (▶ 130); er selbst aber konnte in der Rolle des Volkstribunen alle anderen Instanzen stoppen und so unterbinden, was ihm nicht passte;
- Gesetze, welche die Komitien (▶ S. 126) – von ihm als Volkstribun einberufen und geleitet – beschlossen, galten für *alle*, also auch die Senatoren;
- dreimal war er Zensor – das reichte ihm: Als Zensor konnte er bestimmen, wer in den Senat kam (▶ S. 128), und den säuberte er dreimal gründlich, sodass dort nur noch ›Freunde‹, amīcī, saßen: Das war das gebräuchliche Wort für politische Anhänger;
- als cūrātor annōnae, ›Beauftragter für die Getreideversorgung‹, hatte er die Lebensmittelversorgung für die plēbs unter Kontrolle.
- Sehr nützlich war auch das Amt des obersten Priesters, des Pontifex māximus, das er nicht mehr hergab, nachdem er es übernommen hatte: Als Hüter der Religion hatte er ein besonders gutes Mittel der Einflussnahme auf das Verhalten seiner Untertanen in den Händen. Dieses Amt behielten daher alle Kaiser bis in die Spätantike.

↳ Augustus war damit faktischer Alleinherrscher über Rom und das Reich: Diktator oder ›König‹, doch diesen den Römern verhassten Titel übernahm er bewusst *nicht*.

Augustus als Reformer des Staates | Es gelingt eigentlich nicht, einen Staat auf Dauer oder auf längere Zeit gegen den Willen der Bevölkerung zu führen, es sei denn mit permanenter Terrorherrschaft. Eine solche Art Herrschaft hatte Augustus jedoch *nicht* im Sinn.

▪ Schon von Cäsar kann man offenbar sagen, dass er eine Vision hatte, d. h. das Bild einer neuen Zukunft: die Vision eines Staates, in der Gesetzlichkeit und Frieden herrschte. Das bedeutete natürlich, dass *alle* ihre Rolle akzeptieren sollten: Freie als freie Adlige und freie einfache Bürger, als freie Reiche und als freie Arme, Sklaven als Sklaven, unterworfene Völker als unterworfene Völker. Doch sollte alles, soweit möglich (wer aufmuckte, war zu bestrafen), ohne Gewalt und nach Gesetz funktionieren. Vor allem: Ein Riesenreich wie das römische konnte nicht wie eine Stadt regiert werden.

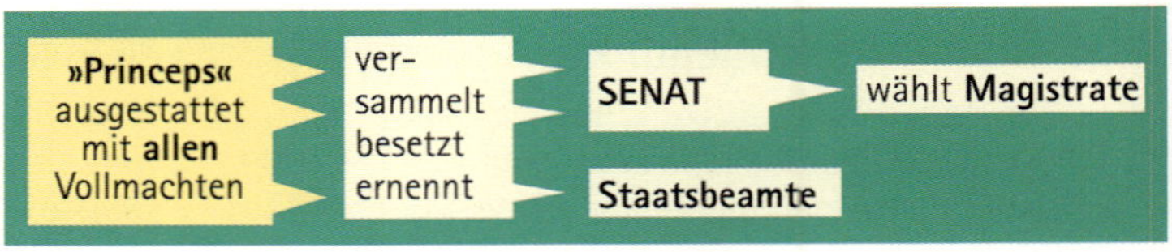

Dadurch, dass dem Princeps nach und nach *alle* Staatsämter auf Lebenszeit übertragen werden, werden Augustus und seine Nachfolger *faktisch* zu Alleinherrschern.

▪ Einer Vision folgte auch Augustus – und begann, den Staat ganz in seinem Sinne umzukrempeln. Die Idee, mit der er für sich warb: Alles sollte mindestens so gut werden wie in der ›guten alten Zeit‹ der Republik. Was er darunter verstand, hat jedoch nichts mit dem zu tun, was wir heute als freiheitlich oder demokratisch verstehen; seine Vorstellungen in allen Bereichen waren äußerst autoritär-konservativ.

▪ Die nötige Unterstützung verschaffte sich Augustus mit Brot, d. h. mit Zuwendungen an die Menschen, und mit Druck. Da er von 27 v. Chr. bis zu seinem Tode noch über vierzig Jahre herrschte, muss er wohl auch so viele Vorteile bewirkt haben, dass die fortdauernde, auch weiterhin gewaltsame Unterdrückung (mit Mord und Verbannung) seiner Gegner keinen ernsthaften Widersacher hochkommen ließ.

▪ Durch seinen Sieg in Ägypten über Antonius und Kleopatra (▶ S. 98; 100) war ihm der unermessliche Staatsschatz des Pharaonenreiches als Beute zugefallen. Diese gewaltigen Mittel nutzte er *auch* dazu, Land für seine Veteranen zu kaufen; diese neue, ihm dankbare Bauernschicht, war eine wichtige Stütze.

▪ Aber letztlich mochte sich der Princeps auf all das nicht verlassen: Er baute einen Geheimdienst und dann eine Geheimpolizei auf, welche die Bürger bespitzelten und in seinem Sinne unzuverlässige Gesellen denunzierte. Kein Wunder:

> Dum Alpes pacat immixtosque mediae paci et imperio hostes perdomat, dum [ut] ultra Rhenum et Euphraten et Danuvium terminos movet, in ipsa

urbe Murenae, Caepionis, Lepidi, Egnati, aliorum in eum mucrones acuebantur.
Während er die Alpenländer befriedete und die Feinde niederwarf, die mitten im Frieden in sein Reich eingedrungen waren, während er über Rhein, Euphrat und Donau hinaus die Grenzen ausdehnte, wurden in der Stadt selbst die Dolche des Murena, Caepio, Lepidus, Egnatius und anderer gegen ihn geschärft.

Seneca, *de brevitate vitae* 4,5

■ Zu Augustus' liebsten Projekten gehörten seine Ehegesetze: Ehepflicht (!) für Männer von 25 bis 60, für Frauen von 20 bis 50; Strafsteuern für Ledige; Kindergeld zur Kindervermehrung (aus Angst vor Überfremdung durch ›Fremdarbeiter‹, vor allem freigelassene Sklaven, daher auch Einschränkung von Freilassungen); Verbot der Teilnahme an öffentliche Spielen für Nicht-Folgsame und anderes mehr. Aber hier machten die Leute nicht mit!

■ Besonders die Frauen wollte Augustus auf den in seinem Sinne ›rechten Weg bringen‹: Bestrafung von Frauen bei Ehebruch (nicht von Männern); Väter wurden gezwungen, ihre Töchter zu denunzieren, wenn sie diese ›in flagranti‹ erwischten, Männer, wenn sie ihre Frauen beim Ehebruch ertappt hatten (denen dann das Erbe aberkannt wurde). Taten die Ehemänner es nicht, mussten es die Väter

Bei aufgeklärten Geistern machte Augustus sich also keine ›Freunde‹; aber ihre **Opposition** konnte nicht durchdringen. Was für die Mehrheit – vor allem der einfachen Leute und der Geschäftsleute, der equitēs insbesondere – hauptsächlich zählte, waren die nun tatsächlich durchgesetzte Ordnung und der Friede im Innern nach den mörderischen Jahrzehnten der Bürgerkriege. Man konnte sein wirtschaftliches Leben nun wieder mit Erfolg nach eigenen Bedürfnissen einrichten und vom wirtschaftlichen Aufschwung profitieren. Ein herausragender Zeuge dieser Opposition ist noch 100 Jahre später der berühmte Historiker ▶ Tacitus. Was mit dieser Opposition begann, wurde später folgenreich für das Schicksal des römischen Reiches: Wenngleich die Oberschicht ihre soziale und wirtschaftliche Stellung wahrte, begann sie auch selbst den Rückzug vom Interesse an der Staatsverwaltung; zum Schluss gab es praktisch nur noch Speichellecker der Kaiser und Verweigerer. So fehlten dem Reich schließlich mehr und mehr die unbestechlichen, kompetenten Führungspersönlichkeiten.

Sēcessī nōn tantum ab hominibus sed ā rēbus, et in prīmīs ā meīs rebus.
Zurückgezogen habe ich mich nicht nur von den Menschen, sondern auch von den Geschäften, insbesondere meinen eigenen.

Seneca, *Ad Lucilium* I, 8, 2

der Frau tun, und waren auch die unwillig, konnte jeder Beliebige, der von dem Vorfall wusste, Anzeige erstatten. Junge Frauen sollten nur noch in Elternbegleitung ins Theater gehen usw.

↳ Ein Beispiel für die neue unpolitische Einstellung ist der Dichter ▶ **Ovid**: Geboren in dem Jahr, als Augustus seinen ›Marsch auf Rom‹ durchführte (s. o.), lehnte er die übliche politische Laufbahn seiner Kreise ab und wurde stattdessen Dichter, ›schlimmer‹ noch: Er schrieb vor allem Liebesgedichte. Genaues weiß man nicht, aber offenbar kam er dem Augustus gefährlich vor: Er verbannte Ovid an den Rand des Reiches sozusagen in die Wildnis. Und natürlich ließ er die Bücher des Dichters aus den Bibliotheken entfernen (▶ 186).

Gerade die tapfersten Männer waren auf den Schlachtfeldern oder durch Ächtung gefallen. Der übrige Adel wurde, je bereitwilliger er zur Knechtschaft war, durch Reichtum und Ehrenstellung ausgezeichnet und zog, durch den Umsturz hochgekommen, die gegenwärtige Sicherheit den früheren Gefahren vor. Auch die Provinzen lehnten diesen Stand der Dinge nicht ab, weil ihnen die Herrschaft des Senats und des Volkes durch den Machtkampf der Großen und die Habsucht der Beamten verleidet war. Die Hilfe der Gesetze, die durch Gewalt, durch Einfluss, zuletzt durch Bestechung in Verwirrung gebracht wurden, war unwirksam geworden.

Tacitus, *Annalen*, I 2

■ **Die Erneuerung der Stadt Rom** | Nach außen hin baute Augustus Rom buchstäblich um (▶ S. 42); dabei griff er Pläne Cäsars auf.

■ Das Reich bekam eine Metropole, die allmählich mit anderen Weltstädten mithalten konnte. Aquädukte, das Augustusforum (in einer nie dagewesenen Marmorpracht), eine riesige Sonnenuhr, das Marcellustheater, unzählige neue und erneuerte Tempel (82 allein in Rom) sowie andere Bauten wie Säulenhallen, Bäder und Brunnen gingen, wörtlich zu nehmen, auf seine Rechnung (das Geld stammte

allerdings von seinen Eroberungen). Macht und Autorität fanden so einen Ausdruck, hinter dem die Menschen ihn erkannten. Überdies ließ er im ganzen Reich von sich so viele Porträts aufstellen wie kein Herrscher in der Geschichte nach ihm.

▮ Während Cäsar eine gigantische Neuplanung der Stadt im Auge hatte – er wollte sogar den Tiber umleiten und das alte Flussbett trockenlegen –, begnügte sich Augustus mit einer Um- und Neugestaltung des Bestehenden – wohl aus Rücksicht auf den Traditionssinn der Römer. Dazu nahm er eine neue Einteilung der Stadt in 14 Bezirke (regiōnēs) vor und ließ die verrotteten Straßen instandsetzen. Ausgebaut wurden die Einfallsstraßen nach Rom, an vielen Stellen wurden Ehrenbögen für den Kaiser und seine Familie errichtet.

▮ Großen Anteil an der Ausgestaltung Roms hatte Augustus' Freund und Schwiegersohn Agrippa. Auf ihn geht der Vorgängerbau des berühmten *Pantheon* zurück, des Tempels für ›alle Götter‹ (daher der griechische Name); in seiner heutigen Gestalt mit der größten Kuppel der Antike stammt es vom Kaiser ▶ Hadrian als Auftraggeber. Auch manche reiche Bürger beteiligten sich an der Umgestaltung und schufen ausgedehnte Parkanlagen (mit Privatvillen), die zum Teil noch heute das Stadtbild Roms prägen.

▮ Parallel zu grundlegenden Veränderungen in der Verwaltung der Hauptstadt und des Reiches (▶ S. 151) führte Augustus Maßnahmen zur Sicherheit und Ordnung in Rom ein. Zweifellos wurden diese von den Einwohnern gutgeheißen. Diese bestanden vor allem in der Schaffung militärpolizeiähnlicher Truppen, insgesamt sieben ›Wächter-Kohorten‹ (cohortēs vigilum; cohors: Gruppe, Trupp, Mannschaft) zu je 1000 Mann (bestehend aus Freigelassenen). Jede Kohorte hatte die Aufsicht über zwei Stadtbezirke und patrouillierte die ganze Nacht durch die Straßen, um kriminellen Handlungen vorzubeugen. Sie waren, über die Stadt verteilt, in Kasernen untergebracht.

▮ Die zweite Aufgabe der vigilēs bestand in der Brandbekämpfung (in Rom brannte es ja, wie schon geschildert, mehrmals täglich). Zur wirksameren Brandbekämpfung wurden in der Stadt mehrere Hundert Wasserreservoirs angelegt und in den Mietshäusern Löschwasserkübel untergebracht. Überall war auch das nötige Gerät – von Hacken bis zu ›Löschkissen‹ und Wasserspritzen – zum Löschen und Retten vorhanden, auch Ärzte waren zugeteilt.

▮ Die vigilēs traten in der Öffentlichkeit nicht bewaffnet auf: wahrscheinlich weniger aus Respekt seitens des Princeps vor dem republikanischen Verbot (das offiziell immer noch galt), nach dem in der Hauptstadt keine bewaffneten Truppen stationiert sein durften, als aus der Sorge heraus, das könnte gegen ihn politischen Widerstand bestärken.

▮ Augustus wusste auch hier, dass die Leute ihm seine Maßnahmen danken würden: Als in den ersten Jahren seiner Herrschaft jemand anders privat eine Feuerwehreinheit aufstellte, begriff Augustus das – richtigerweise – als *politische* Konkurrenz und ließ den Betreffenden einkerkern und umbringen.

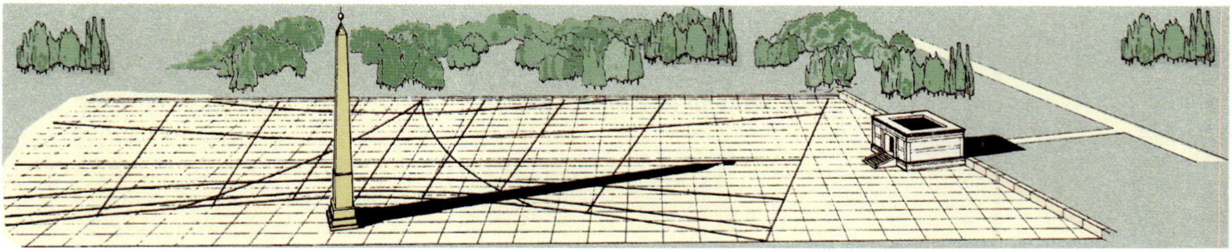

Im Nordteil des riesigen Marsfelds in Rom ließ Augustus einen 22 m hohen ägyptischen Obelisken als Sonnenuhr-Zeiger aufstellen; auf den Platten des Platzgrundes waren in Bronzelettern die Stunden angegeben. Dem Obelisken gegenüber (im Bild rechts) wurde der sog. Friedensaltar errichtet, am Nordende (hier oben) später sein Mausoleum – eine gewaltige, damals einzigartige herrscherliche Platzanlage.

Links: Politische Selbstdarstellung in allen Facetten: Das Statuenporträt bildet Augustus als Pontifex māximus, als höchsten Priester ab, dessen großes Ziel die Erneuerung der alten Staatsreligion in seinem Geist ist. Gut erkennbar die – an Alexander dem Großen angelehnte – Stirn-Zangenlocke.

Das kulturelle Leben unter Augustus | Im Zeitalter des Augustus trat eine Reihe von Dichtern und Schriftstellern auf den Plan, die zu den ›Großen‹ der Weltliteratur gehören, ihre Bedeutung nicht verloren und vielfach bis heute ihre Wirkung ausgeübt haben und ausüben.

Nicht zuletzt gehören sie zu denjenigen, die uns – jeder von seinem Standpunkt aus – die damalige Zeit, Ereignisse und Personen schildern. So befinden sie sich als Zeitzeugen und Beobachter auch mit uns heute im Gespräch (wenn wir sie lesen nämlich) und holen uns so in ihre Zeit hinein.

Auch im Bereich der bildenden Kunst und Architektur begann man unter Augustus, sich das von den Griechen Ererbte eigenständiger anzueignen und umzugestalten. Die jetzt gefundenen Ausdrucksformen hinterließen über alle folgenden Jahrhunderte ihre Spuren.

Gern umgab sich auch Augustus – wie das Herrscher seiner Art oft tun – mit Dichtern und Schriftstellern und trat als Förderer der Literatur auf (jedenfalls solange – s. u. zu Ovid – sie ihm nicht zu sehr ›gegen den Strich‹ gingen). Die einen befürworteten seine Herrschaft, andere arrangierten sich mit ihr auf irgendeine Weise und stellten die Schilderung von Privatem oder Allgemeinem, auch alter Mythen in neuem Gewand, in den Mittelpunkt. Kritiker brachten ihre Kritik möglichst unangreifbar, also etwa in versteckter Form, vor. Einige wichtige Namen (Genaueres: ▶ S. 194ff.):

- Vergil: *Äneis* (Epos zum Lobpreis des Augustus und der Macht Roms), Gedichte über das *Landleben;*
- Horaz (vielseitiger Dichter – Lyrik, Satire, philosophischer Anspruch);
- Properz: Liebesgedichte, Lyrik auf Rom;
- Ovid: Liebesdichtung, mythische Dichtung (›Metamorphosen‹, Festkalender mit Erklärung zu den dahinterstehenden Bräuchen);
- Tibull: Liebeslyrik, Naturgedichte.
- Schnell bergab ging es mit der *Redekunst*: Das Forum als Tribüne für eine freimütige Auseinandersetzung hatte ausgedient. Stattdessen erlebte die *Geschichtsschreibung* eine große Blüte – es war unverfänglicher, über die Vergangenheit und über frühere ›große Taten‹ als über die Gegenwart zu schreiben, aber genauso konnte man durch Schilderung der Vergangenheit herausarbeiten, dass die eigene Zeit und die eigenen Führer die größten sind:
- Livius: schreibt ›Geschichte als Roman‹ (bei der alles auf den großen Augustus hinausläuft).

Von der Malerei der Zeit zeugen erhalten gebliebene Werke wie die Wandmalereien in Augustus' eigenem Haus auf dem Palatin (Haus der Livia) und insbesondere die älteren Malereien aus Pompeji.

Die julisch-claudische Dynastie | Zur Sicherung seiner Herrschaft arbeitete Augustus frühzeitig an der Errichtung einer Familiendynastie, also an einer erblichen Nachfolge durch ein Familienmitglied. Sohn einer Nichte Cäsars, war er gesellschaftlich ein Nobody, bis ihn Cäsar mit 18 vom Lande nach Rom holte und zum Erben machte.

Cäsars Familie, die Iūliī, war eine uralte Sippe, die ihren Ursprung auf ▶ Äneas (einen der Helden aus dem Trojanischen Krieg, ▶ S. 74), zurückführte; mit ihm war die direkte Linie ausgestorben. Augustus wollte sie als Adoptivsohn Cäsars weiterführen,

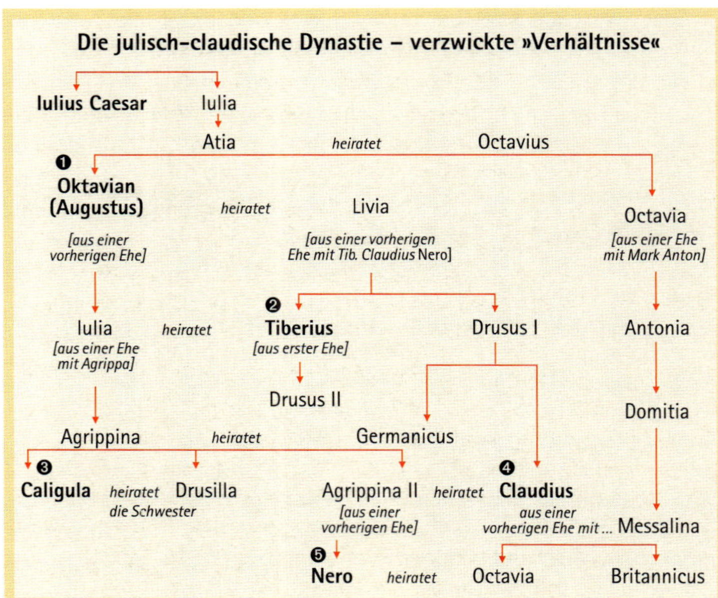

daher brauchte er einen Nachkommen aus eigener Linie – er hatte nur seine Tochter Julia aus zweiter Ehe, die als Frau nicht Herrscherin werden konnte. Die sollte ihm nun den Nachfolger bringen. Für sein Ziel vergaß er alles, was er mit seinen Sittengesetzen gepredigt hatte.

Scheidungen, neue Eheschließungen, Zwangsverheiratungen kreuz und quer, nichts ließ er aus, um an seinen Erben zu kommen: vergebens. Zerwürfnisse, Sterbefälle, Adoptionen, Verbannung der Tochter Julia, Angst, er könne vorzeitig sterben: Schließlich musste er den für diese Rolle nicht gewollten Tiberius, den Sohn seiner Frau Livia aus deren erster Ehe (mit einem Mitglied der hochnoblen, superreichen Familie der Claudiī), zum Nachfolger bestimmen – nach Adoption natürlich. Augustus war da 66 und Tiberius 45 Jahre alt.

Wegen dieser Abkunft von den Iūliī und den Claudiī heißt die von Augustus begründete Kaiserdynastie das julisch-claudische Kaiserhaus. Ihm entstammen (❶–❺) die römischen Kaiser Augustus, Tiberius, Caligula, Claudius und Nero. Diese etwas ›verzwickte‹ Dynastie herrschte 95 Jahre.

›Tellūs‹, die Mutter Erde. Teil eines der Reliefs an der Āra pācis, auf denen Augustus seine Familie und in bildlich-symbolhafter Form seine politischen Vorstellungen und Leistungen für den Staat verherrlicht. Tellūs symbolisiert hier die dank Augustus in Frieden lebende Erde, die den Menschen Glück und Segen bringt. Siehe auch Abb. S. 75. – Griechische Künstler schufen dieses Monument mit dem römischen Bildprogramm – so wie überhaupt griechische Künstler die neuen Bauten schmückten.

:: Graecia capta ...

Mit Ägypten hatte Augustus das letzte der Nachfolgereiche Alexanders des Großen (▶ 89) erobert, dem römischen Reich einverleibt und sich gleichzeitig ... als seine ›private‹ Provinz angeeignet. Ab da war der römische Kaiser in Ägypten (wo eine griechische Oberschicht herrschte) jedoch nicht einfach Beherrscher einer weiteren Provinz, sondern Pharao! In Rom durfte Augustus nicht König sein, wohl aber in Ägypten. Genauso war auch Alexander Pharao gewesen. Mit Alexandria lag das neben Athen größte kulturelle griechische Zentrum auf ägyptischem Boden. Beide Städte waren nun ›römisch‹. Römisch?

Rom war damit Erbin beider Zentren des Griechentums, Athens und Alexandrias, geworden. Damit bildete es einen Vielvölkerstaat, wie es ihn danach so nie mehr gegeben hat.

Graecia capta ferum victōrem cēpit et artēs intulit agrestī Latiō: *Das gefangene Griechenland fing den wilden Sieger ein und brachte Wissenschaft und Kunst in das bäuerliche Latium.* Mit diesen anderthalb Zeilen bringt der Dichter ▶ **Horaz** in eigenem Verständnis eines Römers auf den Punkt, welche Wandlung die Römer – ursprüngliche Barbaren, wie er es formuliert – durch ihre Eroberungskriege selbst erfahren haben: Kulturell sind sie durch die Wandlung zu Griechen geworden. Denn das, was sie jetzt prägt, ist ursprünglich griechisches Wissen und griechisches Können: Sie haben es sich zunächst durch Raub angeeignet und dadurch eine neue Identität gefunden. Doch nun werden sie das Angeeignete selbst wieder umprägen.

Der ›Hellenismus‹ | Alexander der Große führte seinen Eroberungszug nach Osten und schuf ein Riesenreich unter seiner Führung. Den Westen konnte er infolge seines Todes (▶ 89) nicht mehr erobern. Das hatten nun die Römer gemacht und so

... und 2007: Die Ara pacis als Kulisse einer Modeausstellung mit Mannequin-Puppen

in anderer Weise Alexanders Idee verwirklicht. Augustus war sich dessen wohl bewusst: In seinen Porträts ließ er sich durch eine markante scherenförmige Stirnlocke, die er Alexanders Haarform nachgebildet hatte, als neuen Alexander darstellen (▶ Seite 89, 100 und 144). Vor allem aber führte er planmäßig – und behutsam – die orientalische Idee des ›göttlichen‹ Alleinherrschers in Rom ein.

Die Zeit von Alexander bis zur Einverleibung Ägyptens in das römische Reich durch Augustus wird allgemein als ›Hellenismus‹ bezeichnet, d. h. als Zeit der Ausbreitung griechischer Zivilisation und Sprache über den riesigen Raum von Griechenland (einschließlich der von Griechen besiedelten Welt des westlichen Mittelmeers) über Persien bis Indien im Osten und bis nach Ägypten im Süden (›Hellas‹, ›hellenisch‹ ist die griechische Bezeichnung für *Griechenland, griechisch*). Aus vielerlei Gründen hatten die Römer aber nicht mehr die Kraft, ihre Eroberungen weit nach Osten zu führen. Sie waren voll damit beschäftigt, ihr Reich – zunächst erfolgreich und noch mit gewissen Erweiterungen – zu festigen ... und bald gegen seinen Zerfall zu kämpfen.

▮ In die Zeit des Augustus fällt – genaue Quellen aus der Zeit gibt es nicht – im Gebiet des römisch besetzten Palästinas die Geburt Jesu, von dem einige Jahrzehnte später Anhänger seiner Lehre zu berichten beginnen werden. Unter Augustus – wie noch oft in späterer Zeit – war Palästina ein großer Unruheherd mit politischen und religiösen Unabhängigkeitsbestrebungen. Als Vertreter der römischen Staatsgewalt ist in Palästina – einige Jahre nach Augustus' Tod – eine besonders grausame Gestalt bekannt: Pontius Pilatus. Ihn werden die christlichen Berichte (in erster Linie die ›Evangelien‹) als denjenigen schildern, der Jesus zum Tod am Kreuz verurteilt habe (eine damals übliche Form der Hinrichtung speziell für Verbrecher). Das aus dieser Lehre erwachsene Christentum wird seinerseits nach einigen Jahrhunderten eine bestimmende Rolle für das Schicksal des römischen Reiches spielen (▶ S. 231) – und zu einer der maßgeblichen Weltreligionen werden, die zunächst ganz Europa prägen wird.

Im Überblick: Rom und seine geschichtlichen Wurzeln

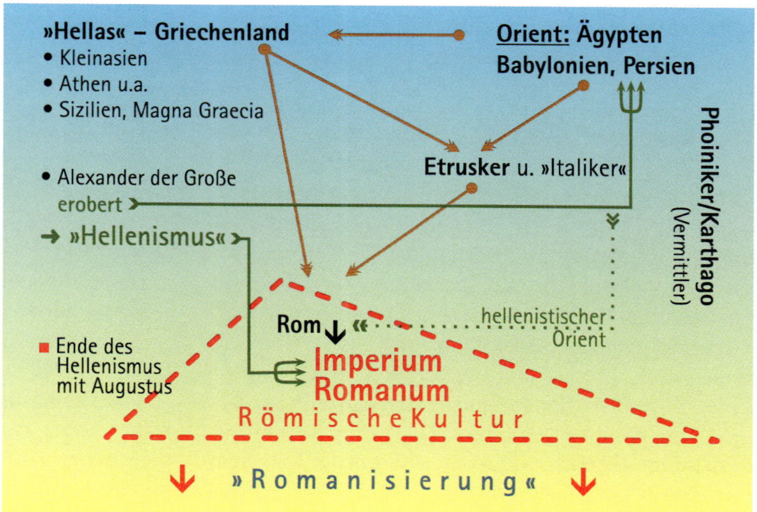

Die Römer prägen die Welt – die Kaiserzeit

Rom: erst Dorf, dann etruskische Stadt, dann eigener Stadtstaat und Staat, schließlich ein Weltreich: Während Alexander in den eroberten Gebieten ihm ergebene Generäle, aber auch einheimische Fürsten, als Verwalter einsetzte, Städte gründete, überall griechische Soldaten ansiedelte, aber auch persische Söldner zur Unterstützung anwarb, betrachtete Rom die eroberten Länder stets als das, was sie waren: als Beute. Es wurden gemäß der römischen Ämtertradition jährlich wechselnde Verwalter aus dem Senatorenstand dorthin geschickt, von deren Belieben, nicht selten Gier, es abhing, wie sie aus den Unterworfenen Reichtümer herauspressen konnten.

Ein wirksames Mittel der Ausgrenzung, Einbeziehung und Befriedung war dabei das je nach Stadt, Stamm, Gruppe oder auch Einzelperson ganz unterschiedlich übertragene römische ▸ Bürgerrecht (▸ S. 88). Lange Zeit war der stadtrömische Adel eifersüchtig darauf bedacht, Provinzialen (Provinzbewohnern) auch von ebenbürtiger Stellung aus jeder Verantwortung heraus- und damit von lockenden Profiten möglichst fernzuhalten. Die jedoch mochten sich nicht mehr damit zufrieden geben, dringende Änderungen waren also unumgänglich.

:: Prinzipat und Dominat

Mit der Gestalt des Augustus beginnt die römische Kaiserzeit – die Zeit, die unsere eigene Vorstellung von den Römern und vom Römischen Reich besonders geprägt hat: Soldaten in Brustharnisch oder Kettenhemden, mit Federbuschhelmen oder Lederkappen auf dem Kopf, bewaffnet mit Schwert und Lanze, als Kulisse Triumphbögen, Amphitheater und andere monumentale Marmorbauten mit Säulen und Rundbogen; Trompeter recken ihre Blasinstrumente in die Höhe und geben schmetternde Signaltöne von sich, davor schreiten würdige Männer in weißen Togen mit oder ohne Purpurstreifen; ebenso gekleidete Priester sprechen feierliche Worte, und aus goldenen Schüsseln steigt Rauch in den Himmel. Die Menge in bunten Tuniken jubelt, und der, dem dieser ganze Aufzug gilt, der erhabene Kaiser in

Das Kaisertum in Europa

Unser Bild von den römischen Kaisern hat seine Wurzeln darin, dass das römische Kaisertum ab dem Mittelalter – Karl der Große ließ sich im Jahre 800 in Rom zum Kaiser krönen – als Vorbild und Modell für die europäischen Kaiser diente, sei es Friedrich II. (um 1200), sei es Napoleon, sei es der russische Zar (Moskau sah sich als ›3. Rom‹ nach Rom und Konstantinopel (▸ S. 246, 248). Erst 1806 löste der östereichische Kaiser Franz II. das ›Heilige Römische Reich Deutscher Nation‹ auf; diese Bezeichnung galt schon unter Karl dem Großen (Rōmānum Imperium), später hieß es Sacrum Rōmānum Imperium. Teilweise nannten sich die deutschen Kaiser sogar ›Imperator Romanorum‹. Im Deutschen Kaiserreich von 1871 bis 1918 galt dieses ›Heilige Römische Reich Deutscher Nation‹ als ›erstes Reich‹, und nicht zuletzt durch Vermittlung des lateinischen Gymnasialunterrichts in der wilhelminischen Kaiserzeit (vor und um 1900), in dem die römischen Kaiser besonders wichtig waren, wurde die Idee des römischen Kaiserreichs in Deutschland weitergetragen. Aber zweifellos haben auch manche amerikanischen Historienschinken aus Hollywood mit zu dem vielfach verbreiteten Bild beigetragen.

Links: Augustus schuf auch die Idee von der ›Göttin‹ Rōma, hier mit Offiziershelm. So etwas hatte es vorher in Rom genauso wenig gegeben wie die Idee eines ›göttlichen‹ Kaisers. Die kam aus dem alten Orient, und Stadtgöttinnen erfanden erst hellenistische Städte des Orients in Gestalt der *Tyche* (griech. für: ›Fortuna‹). Relief aus Rom, 2. Jh. n. Chr.

prachtvollem Ornat, erhebt die rechte Hand zum huldvollen Gruß.

Etwa 450 Jahre nach Augustus endete das (West-) Römische Reich. Es scheint, als habe die Geschichte selbst sich hier einen Witz geleistet: Der Name dieses letzten – von Bedeutungslosigkeit strotzenden – römischen Kaisers war ausgerechnet ›Rōmulus Augustulus‹, ›Romulus Augustchen‹ (und Romulus war ja bekanntermaßen der legendäre Stadtgründer etwa 1250 Jahre zuvor).

Ein Kaisertum wird neu erfunden | Nach allem, was man weiß, hatte schon Cäsar genauere Vorstellungen von den notwendigen Änderungen, die Rom und das Römische Reich brauchten. Die packte jetzt Augustus an – sozusagen in einer gereinigten Atmosphäre nach den Gewittern der letzten Gefechte des Bürgerkrieges.

Aber: Pläne sind das eine, die Bedingungen, unter denen man sie verfolgen kann, das andere. Und auf die hatte auch Augustus nur sehr begrenzt Einfluss.

- Allein dass er keinen leiblichen Nachfolger (also einen eigenen Sohn) hatte, den er zur Begründung eines eigenen Kaiserhauses benötigt hätte, hatte unvorhersehbare Folgen (▶ S. 145).
- Rom und sein Reich waren 500 Jahre lang eine Republik gewesen, die den Abscheu gegenüber jeder Art von Monarchie gepflegt hatte. Daher gab es keine Tradition einer ›Königspartei‹ oder ›Kaiserpartei‹, keine entsprechenden Bräuche und Institutionen, auf die man sich hätte stützen können – außer den verabscheuten Modellen des Orients.
- Daher existierte auch lange (mehr versteckt) eine geistige Opposition gegen das Kaisertum (▶ S 143), und auch, als später in orientalischem Geist aus dem Kaiser offiziell ein ›Gott‹ geworden war, klebte auf seiner Herrschaft das uralte Etikett vom angeblich noch herrschenden Senātus PopulusQue Rōmānus, SPQR, aus der Zeit der alten Republik. Diese Illusion, die man (vergeblich) immer zu pflegen und bewahren suchte, ist ein spezielles Merkmal des gesamten römischen Kaisertums und der besonderen Stellung des römischen Adels.

Die genannten für Rom besonderen Ausgangsbedingungen hatten zur Folge, dass sich das römische Kaisertum (nach einer längeren weniger offen militärischen Anfangsphase, in der die Macht der Kaiser letztlich aber auch nur auf ihrem Kommando über das Militär beruhte) zu einer reinen **Militärdiktatur** entwickelte. Dabei gelang es den römischen Kaisern nur in wenigen Phasen, durch spezielle (auch manipulierte) Erbfolgeregelungen den Anschein eines ›normalen‹ erblichen Kaisertums aufrecht zu erhalten, das man gern gehabt hätte.

Woher kamen die ›römischen‹ Kaiser? | Falls nötig, hilft ein Blick auf eine Karte des Römischen Reiches, um zu sehen, welchen gewaltigen Raum dieses Gebilde einnahm: Man stelle sich vor, Schotten und Ägypter, Bulgaren und Marokkaner, Deutsche und Syrer, Griechen und Türken, Kroaten und Spanier, Schweizer, Araber, (Nord-)Afrikaner und Franzosen usw. (dazu mit all ihren verschiedenen Bevölkerungsgruppen) lebten alle in einem Staat mit einer Regierung. Einen solchen Staat hatten ein paar Familien, einige hundert Leute in Rom, lange Zeit allein zu beherrschen versucht.

- Durch Zuerkennung des ▶ Bürgerrechts (sozusagen der ›Staatsangehörigkeit‹, ▶ S. 88) wurden die maßgeblichen Rechte der Reichsbewohner immer wieder ausgeweitet, doch die Machtausübung blieb im wesentlichen den alten Kreisen vorbehalten. Erst unter Kaiser Caracalla (im Jahre 212) wurde *allen* freien Bewohnern des Reiches dieses Bürgerrecht zuerkannt – als es keine praktische Bedeutung mehr hatte (▶ S. 152).
- **Im 2. Jahrhundert n. Chr. waren in diesem Vielvölkerreich 80 Prozent der Einwohner Abkömmlinge ursprünglicher Sklaven.**

> Rechnete man die Freigelassenen ab, würde sich deutlich ein Mangel an Freigeborenen zeigen.
> Der Historiker Tacitus (55–115 n. Chr.), *Annales* XIV 27

- Daher verwundert es nicht, dass auch die wenigsten Kaiser ›echte‹ Römer (also Leute aus römischen Familien) oder auch ›nur‹ Italiker waren. Der bedeutende Kaiser Trajan beispielsweise war Spanier, später kamen ein Syrer, ein Afrikaner, ein Araber, Illyrer, Germanen und andere dazu. Wenn auch vor allem der alte Senatorenadel der Stadt Rom weiter von der kaiserlichen Politik profitierte, so veränderten sich die Verhältnisse in der Kaiserzeit doch gewaltig: Der alten herrschenden Schicht erwuchsen in den anderen Reichsteilen Konkurrenten, sie hatte sich mit ursprünglich ›Fremden‹ letztlich nicht weniger vermischt als das Volk.

Die Phasen der Kaiserherrschaft | Die Art der Machtausübung war also auch aus Mangel an Tradition bei den einzelnen Kaisern unterschiedlich, dazu kamen unterschiedliche Herkunft und unterschiedliche Ideen vom Kaiseramt. Dies und weitere Veränderungen, die das Reich unabhängig von den Persönlichkeiten der einzelnen Kaiser durchmachte, erlauben es, grob drei Abschnitte der römischen Kaiserzeit zu unterscheiden:

- die Zeit des Prinzipats und seiner Kaiserhäuser (mit Unterbrechungen),
- die Zeit der Soldatenkaiser,
- die Zeit des Dominats, d. h. der absoluten (ganz uneingeschränkten) Kaiserherrschaft.

Auf dem Weg zu einem neuen Staat | Obwohl in Rom mit Augustus der erste ›Kaiser‹ an die Macht kam, blieb dem Anschein nach im Staat zunächst – und sogar auf längere Sicht – alles beim Alten: Es gab weiterhin den Senat, die Volksversammlungen, das Amt der Konsuln, der Ädilen, Quästoren usw. Und ›Kaiser‹ – Caesar – war nichts anderes als ein ehrender Beiname. Dass Augustus mehrere Ämter auf sich vereinigte: Das war ja nur eine Ausnahme, auf seine Person zugeschnitten, die schließlich den Staat vor dem Untergang gerettet hatte – so sahen es wohl manche, und so stellte er es dar. Doch Augustus traf viele Maßnahmen, die er gut als Modernisierung darstellen konnte, und in der Tat wirkten sie sich positiv aus. Auf diese Weise wurden viele Veränderungen schleichend in Gang gesetzt.

■ Wo zuvor ein Amt oder eine Position eher nach Ehre, Ehrgeiz oder Ansehen besetzt wurde, kam es nun mehr und mehr zur Bevorzugung von Fachleuten und zum Aufbau und Ausbau regelrechter Fachbehörden oder Ausschüssen in allen maßgeblichen Bereichen.

■ Selbstverständlich waren das Fachleute, die Augustus (und später seinen Nachfolgern) auch ›ins Konzept passten‹, ihn also politisch unterstützten.

Auch eine Methode… oder ›Geld regiert die Welt‹
Im Chaos des Fünf-Kaiser-Jahres 193 n. Chr. trieben die Prätorianer, die kaiserliche Elitetruppe, deren Einfluss auf die Besetzung des Kaiseramtes beträchtlich war (etwa durch Erwartung von Bestechungsgeldern, oder sie brachten einen missliebigen Herrscher um), ihr Spiel mit der Ausrufung eines neuen Kaisers auf die Spitze: Sie versteigerten das Amt meistbietend. Den Zuschlag erhielt Didius Julianus, schwerstreicher Adliger, zeitweise Statthalter in Untergermanien und zuständig für Geldzuwendungen an die allerärmsten Bewohner Italiens, für 25 000 Sesterze pro Prätorianer – das waren bei 5000 Mann 125 000 000 (!) Sesterze. Diese öffentliche Entwürdigung des Kaiseramtes war zu viel; nach 66 Tagen ließ der Senat (mit einem Gegenkaiser im Nacken) Didius umbringen, seine letzten Worte: ›Aber was habe ich denn getan? Wem habe ich ein Haar gekrümmt?‹

Prinzipat: Augustus nannte sich Prīnceps (inter pārēs) – ›Erster (unter Gleichen)‹. Daraus wurde dann ein Titel der Kaiser (und bei uns das Wort ›Prinz‹). Augustus und seine Nachfolger betonten damit – gut 200 Jahre lang – ihre Stellung gegenüber den Senatoren und übten eine gewisse Rücksicht gegenüber diesen und den Equitēs (›Rittern‹), welche (jedenfalls in der Großzahl) die Kaiser stützten. Immerhin erst nach ihrem Tode ließen sie sich als ›göttlich‹ verehren und sich Tempel bauen.
Soldaten-(Militär-)Kaiser: Diese wurden ausschließlich vom Heer ausgerufen und nahmen auf keine anderen gesellschaftlichen Gruppen Rücksicht. Nicht selten proklamierten verschiedene Heeresteile konkurrierende Herrscher. Dass praktisch alle ermordet wurden, war aber nicht unbedingt etwas Besonderes – das kam vorher auch bei den ›Prīncipēs‹ vor.
Dominat: Ab Diokletian (▶ S. 206) präsentierten sich die Kaiser zunehmend offener im Stil der ursprünglich verhassten orientalischen Alleinherrscher, die auf nichts Rücksicht nahmen und so eine ›absolute‹ Herrschaft ausübten. Konstantin (▶ S. 206) übernahm von den Sassaniden (einem dieser orientalischen Herrscherhäuser, ▶ S. 208) die Idee der Staatsreligion und machte das Christentum zum einigenden Band. Anders als die Orientalen ließen sie sich nicht als ›Gott‹ verehren, betrachteten sich aber als von Gott eingesetzt und schwebten weit über den Menschen – am Hofe hatten sich vor ihnen alle ›in den Staub‹ zu werfen.

Das gelang ihm dadurch, dass er beispielsweise im Falle von Wahlen durch die Volksversammlung (die es zunächst noch gab) ihm genehme Leute vorschlug, was kraft seiner Autorität einer Ernennung gleichkam. Später ernannte der Senat Beamte – natürlich solche, die der Princeps vorschlug.

> In diesem Zusammenhang hat uns das Lateinische ein interessantes Wort geschenkt: **Ambition** (›Ehrgeiz‹). Eigentlich bezeichnet ambitiō nur das *Umhergehen* (amb-īre) oder *Außer-Haus-Gehen*, dann aber im politischen Bereich die Bemühungen eines an einem Amt interessierten Bewerbers, sich durch Auftritte bei maßgeblichen Leuten oder vor dem Volk für ein Amt zu profilieren. Damit erhielt das Wort ambitiō die Bedeutung *Ehrgeiz*, auch *Gunsterschleichung* oder *Eitelkeit*. Auch der Geschmack ›Amtserschleichung durch Bestechung‹ ist mit ihm verbunden.

- Augustus begann aber auch, selbst Behörden bzw. ›Ministerien‹ zu schaffen, die er jedoch mit gewissermaßen privaten Angestellten besetzte. Staatliche Maßnahmen gerieten so auch ganz direkt unter seine persönliche Kontrolle.

↳ Hierdurch wurden die Grundlagen für das geschaffen, was man staatliche Bürokratie nennt, d. h. einen Beamtenapparat, der die Menschen dirigiert, ohne dass sie Einfluss auf seine Regeln und Entscheidungen hätten. Diese Bürokratie erfasste in der letzten Phase des Römischen Reiches (Zeit des Dominats) *alle* Lebensbereiche.

Neuordnung der Provinzverwaltung | Weitere durchgreifende Veränderungen erfolgten in der Verwaltung der Provinzen. Provinzen waren reine Verwaltungsgebilde mit willkürlich gezogenen (und, wenn es nötig schien, auch willkürlich veränderten) Grenzen.

- Nicht anders machten es übrigens die Europäer, als sie sich Afrika unterwarfen und dort ›Kolonien‹ gründeten. Bei der Grenzziehung nahmen sie auf nichts Rücksicht, weder auf dort lebende Völker noch auf die Geografie, und so sind die heutigen afrikanischen Staaten – eben ganz künstliche Gebilde – entstanden.

Schon zu Beginn seiner Herrschaft hatten Augustus und der Senat sich die Provinzen des Reiches ›geteilt‹:

- **Senatorische Provinzen:** Der Senat bekam die Provinzen, in denen die römische Herrschaft gefestigt war; wie bisher (▶ S. 89) wurde einem hohen Beamten, dessen Amtszeit abgelaufen war, die Verwaltung einer Provinz als Statthalter übertragen. In diesen Provinzen waren dann auch keine Soldaten mehr fest stationiert, der Statthalter besaß keine militärische Befehlsgewalt mehr.
- **Kaiserliche Provinzen:** Hier herrschte noch nicht unbedingt ›römischer Friede‹ (d. h. es gab noch Widerstand und Unruhen). Das nützte Augustus und den Kaisern: Hier standen Soldaten, die der Kaiser befehligte. Die Statthalter ernannte der Kaiser – wen und solange es ihm beliebte; sie handelten nach seinem Auftrag. Natürlich gehörten Einkünfte (Steuern, Beute) aus diesen Provinzen dem Kaiser, er sammelte sie dort in eigenen Schatzkammern.
- In *allen* Provinzen wurde eine vom Kaiser kontrollierte, ins Einzelne hinein geregelte Verwaltung geschaffen. Die sah in einem noch ›barbarischen‹ Land wie Britannien freilich im Einzelnen anders aus

Die Phasen des römischen Reiches und der römischen Kaiserherrschaft

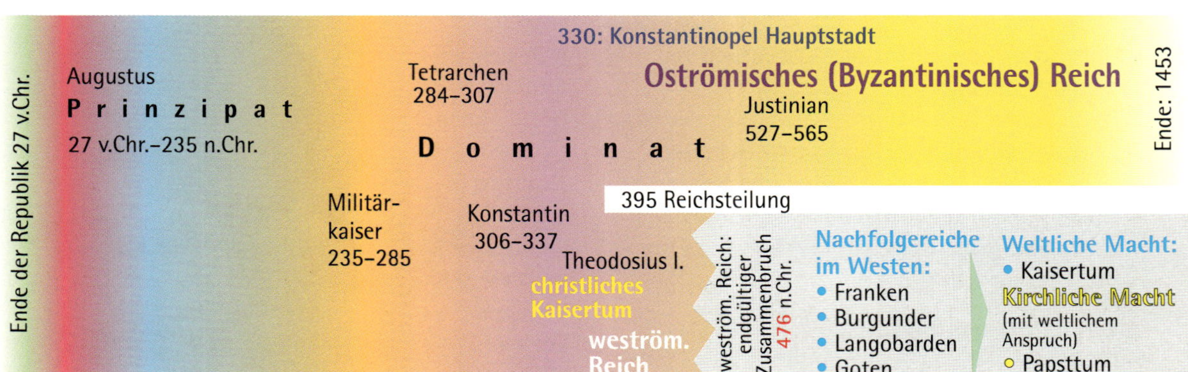

als etwa in Ägypten mit seiner Jahrtausende alten Pharaonen- (Königs-) Tradition und Hochkultur. Die Statthalter haben in jedem Fall dem Kaiser direkt – auch über Kleinigkeiten – Bericht zu erstatten, und in allen Angelegenheiten (das galt auch für Italien) behielt er sich das letzte Wort vor. Führten die Behörden der Städte ihre Geschäfte schlecht (oder lösten die Missbilligung des Kaisers aus), griff der Statthalter direkt ein.

Keilerei unter Schlachtenbummlern in Pompeji
Im Jahre 59 n. Chr. kam es im Amphitheater von Pompeji bei Gladiatorenkämpfen zu einer blutigen Keilerei zwischen Zuschauern aus Pompeji und der Nachbarstadt Nuceria, bei der es auch Tote gab. Daraufhin verfügte Kaiser Nero auf zehn (!) Jahre ein Verbot von Gladiatorenkämpfen in Pompeji (vgl. Abb. S. 62 !).

... und im Jahr 2007:

Catania (Sizilien). 3.2.07. Gestern ist es beim Spiel zwischen Catania Calcio und US Palermo zu schweren Ausschreitungen gekommen, bei denen ein 38jähriger Polizist ums Leben gekommen ist. Der kommissarische Präsident des Italienischen Fußball-Verbandes sagte daraufhin auf unbestimmte Zeit den Spielbetrieb in allen italienischen Profi-, Amateur- und Jugend-Ligen ab. So eine Entscheidung ist in Italien noch nie getroffen worden. Es wird nicht mehr gespielt, bis die Gewalttäter gefasst sind. ... Die Polizei musste Tränengas einsetzen. ...
(*nach* Sportheute.ch)

▮ **Italien** war keine Provinz und besaß Sonderrechte wie Steuerfreiheit auf Grund und Boden. Die Städte regelten ihre Verwaltung weiterhin weitgehend in eigener Verantwortung.

▮ Insgesamt wurde in den Provinzen jetzt eine durchsichtige, nicht mehr auf Willkür gegründete Finanzverwaltung eingeführt, die auch in den senatorischen Provinzen vom Kaiser kontrolliert wurde. Die mehr oder weniger brutale Ausbeutung von früher hatte ein Ende.

↳ Im Ergebnis führte die neue Verwaltung der Provinzen allmählich dazu, dass sie wirtschaftlich besser gestellt wurden als früher und bessere Entwicklungsmöglichkeiten erhielten. Nach und nach gewann das Reich so ein – so weit es beim unterschiedlichen Charakter der einzelnen Regionen möglich war – einheitliches Gesicht. Neben der Landwirtschaft als Motor, die ja überall das Leben bestimmte, waren es in allen Reichsteilen die Städte, die sich mühten, zu einem Rom ›im Kleinformat‹ zu werden; sie prägten dieses Gesicht (▶ 162), indem sie Roms Lebensart verbreiteten – pāx Rōmāna, *römischer Friede* überall.

▮ Im Jahre 212 n. Chr. erhielten durch Kaiser Caracalla alle freien Bürger das römische Bürgerrecht. Fast 1000 Jahre nach der legendären Gründung Roms durch Romulus war so aus dem römischen Stadt-Bürger ein römischer Staatsbürger geworden – der nun außer der Sprache (und nicht einmal dies uneingeschränkt) nichts mehr mit seinem Urahnen zu tun hatte und der (wieder nach der Legende, aber mit historischem Kern) einst Frauen des benachbarten Sabinerstammes geraubt hatte, um eine Familie gründen und fortexistieren zu können.

▪ Caracalla, der als größenwahnsinnig und brutal galt – nicht nur seinen Bruder ließ er ermorden –, ging es offenbar nur um mehr Erbschaftssteuern, die er dadurch auch von den Armen und Ärmsten erzielen konnte. Sein bedeutender Vater Septimius Severus (▶ S. 206) war Libyer und damit Punier (und soll Latein mit punischem Akzent gesprochen haben) – die Punier waren einst die erwählten Erzfeinde Roms im Kampf um das Mittelmeer gewesen (▶ S. 89 f.).

▮ Einmal jährlich wurde in den Provinzen ein concilium prōvinciāle zelebriert, eine ›Provinzversammlung‹. Dazu entsandten alle Städte von überall her Abgeordnete. In Gallien etwa traf man sich am Altar der Göttin Roma und des Augustus in Lugdunum (heute Lyon). Bei diesen Versammlungen konnten die

Rechts: Reiterstatue des Kaisers Mark Aurel (161–180 n. Chr.) auf dem Kapitol, das einzige derart ganz erhaltene Reiterbild eines Kaisers (auf Sockel; Abguss).

Städte auch eventuelle Beschwerden an den Kaiser in Rom richten.

In der Zeit des Dominats (also etwa ab 300 n. Chr.) wurden die senatorischen Provinzen faktisch abgeschafft: Der Kaiser zog die Ernennung der Statthalter an sich, der Senat war so ausgebootet. Auch wurden alle römischen Städte – in Italien wie anderswo – rechtlich auf den Stand einer ›eroberten Stadt‹ (▶ S. 88) herabgestuft und verloren so alle eigenständigen Rechte.

Wandel der Gesellschaft | Rein nach dem Gesetz kennt die römische Gesellschaft weiter Freie und Sklaven sowie Menschen mit Bürgerrecht und solche ohne Bürgerrecht. Da das ▶ Bürgerrecht nach und nach immer großzügiger verteilt wurde , die Masse der Menschen dabei nicht reicher, sondern ärmer wurde, blieb der Gegensatz zwischen Arm und Reich weiter der auffälligste.

Unter den Reichen schuf Augustus eine neue Einteilung, eine ›Ständeordnung‹, in der nun *ausschließlich* der Reichtum maßgeblich war:

- **ōrdō senātōrius** (Senatorenstand): ab 1 Million Sesterzen Vermögen;
- **ōrdō equester** (Ritterstand): ab 400 000 Sesterzen Vermögen.

Die Angehörigen beider ōrdinēs gelten als **honestiōrēs**, ›Ehrbarere‹. Ihnen stehen die **humiliōrēs**, die ›Niedrigeren‹ (**humus**: Erde) gegenüber. Die Angehörigen des Senatorenstandes und Ritterstandes genießen besondere Vorrechte, an denen sie (auch äußerlich: Kleidung) zu erkennen sind. Ihnen stehen die wichtigen Positionen in der Verwaltung und der Gesellschaft offen. Eine solche Ordnung, in der die Herrschaftsrechte von oben nach unten abgestuft verteilt sind, nennt man *Hierarchie*. Sie hatte es vorher in Rom rechtlich nicht gegeben. Die sonstige allgemeine rechtliche Gleichstellung nützte den Armen also nicht viel.

> ›Gleichheit vor dem Gesetz ohne Gleichheit des Eigentums ist ein Widersinn‹,
> *meinte der griechische Geschichtsschreiber Diodor aus Sizilien im 1. Jahrhundert v. Chr.*

Neue Bedingungen für die Sklaven | Mit den Bürgerkriegen und dem Machtantritt des Augustus war die Zeit der großen Eroberungen zunächst vorbei. Augustus fasste nach einiger Zeit den Plan, das Reich nach Norden hin zu erweitern und Germanien jenseits des Rheins zu unterwerfen: Nach der katastrophalen Niederlage seines Feldherrn Varus in der Gegend des heutigen Osnabrück (9 n. Chr.; von den Römern selbst wurde der Ort als ›Teutoburger Wald‹ überliefert) gab er das Vorhaben jedoch auf; Rom hatte sich hier die Zähne ausgebissen.

Eine schwerwiegende Folge der nunmehr ausbleibenden großen Eroberungen war der jetzt fehlende Nachschub an Sklaven. Was nun tun? Arbeitskräfte waren unverzichtbar! Und Ideen zu einer anderen Arbeitsweise als mit Heeren von Sklaven oder Landarbeitern hatten die Römer nicht.

Diese neuen Umstände verstärkten einen Wandel im Bewusstsein. Freilassung von Sklaven hatte es immer gegeben – nicht zuletzt waren sie als freie Arbeitskräfte auch motivierter als ohne die Würde der (gesetzlichen) Freiheit. Die Bewegung der Freilassung von Sklaven wurde immer stärker, so stark, dass von den Kaisern sogar einschränkende Gesetze erlassen wurden; sie selbst hielten sich jedoch nicht unbedingt daran und machten sogar Sklaven zu Bürgern, selbst zu Rittern.

Viele ehemalige Sklaven gelangten so zu Ansehen oder zu Reichtum. Im 2. Jahrhundert n. Chr. waren Sklaven ›auf der Straße‹ praktisch nicht mehr von Bürgern zu unterscheiden. In den Lebensverhältnissen war die Masse der armen Freien (mit Bürgerrecht) nicht selten schlechter gestellt als die noch verbliebenen unfreien Sklaven, und von den Freigelassenen (ohne Bürgerrecht) unterschied sie letztlich gar nichts mehr.

Da insbesondere die Großgrundbesitzer auf die freie Verfügbarkeit von Arbeitskräften angewiesen waren, standen sie so vor manchen Problemen. Die Lage in der landwirtschaftlichen Produktion verschlechterte sich zusehends. Das Arbeitskräfteproblem versuchten sie dabei so zu lösen, dass sie die freien armen Landarbeiter rechtlich dazu zwangen, lebenslang auf den Gütern und Höfen zu bleiben, auf denen sie arbeiteten.

Damit bildete sich aus dem colōnus (eigentlich ›Bauer‹, der ursprünglich Pächter eines Stücks Land war, das er *für sich* bewirtschaftete, der Stand des Kolonen heraus (›Kolonat‹), des Vorläufers der Leibeigenen des Mittelalters (▶ S. 125).

Das englische Wort *clown*, ursprünglich auch ›Bauer‹ geht auf colōnus zurück. Die Bedeutungsveränderung ist ein Beispiel für die herablassende Haltung gebildeter Städter, bei denen Landwirte als ›dumme Bauernlümmel‹ galten.

Es konnte nicht ausbleiben, dass sich viele Menschen dem Zwang des Kolonats zu entziehen suchten; nicht selten taten sie sich schon ab dem 3. Jahrhundert n. Chr., mit Sklaven, die zuhauf flohen, zusammen, um Banden zu bilden (▶ S. 139, Briganten, Felix Bulla). Besonders dieses Jahrhundert (mit seinen ›Militärkaisern‹) war von gewaltigen Wirren geprägt, in denen im Römischen Reich vieles ›drunter und drüber‹ ging.

Glanz und Pracht | Auf der anderen Seite führte die Kaiserzeit im ganzen Reich zu einer außergewöhnlichen Prachtentfaltung und materieller Blüte, von der vielfach auch einfachere Leute profitierten. Die Prachtentfaltung, mit der man die Weltmachtstellung nach außen kehren wollte, ist nicht zuletzt in der zum Teil imposanten Architektur sichtbar. In allen Reichsteilen zeugen davon ›moderne‹ Städte mit allen notwendigen, oft großzügigen Einrichtungen, etwas, was danach erst in der Neuzeit wieder erreicht wurde. Auch die perfekte Organisation eines derart riesigen Reiches etwa in puncto Handel und Verkehr, Rechtsprechung und Bildung, ist eine beeindruckende Leistung, mit der es den Römern tatsächlich gelang, es im Westen Alexander dem Großen gleich zu tun, der ähnliche Leistungen im Osten vollbrachte.

:: Das Heer, das die Welt eroberte

›Der Krieg ist der Vater aller Dinge‹, formulierte um 500 v. Chr. der griechische Philosoph Heraklit, ein Satz, der auch heute noch viel zitiert wird. Heraklit wollte als einer der ersten Philosophen das Werden und Vergehen auf der Welt mit Vernunftgründen erklären. Sein Satz sollte etwa bedeuten: ›Alle neuen Dinge entstehen aus [den] Gegensätzen [in der Welt].‹ Dass er das Wort ›Vater‹ wählte, bezog sich darauf, dass zu seiner Zeit in der Religion Zeus als ›Vater ≈ Herrscher‹ über Götter und Menschen angesehen wurde und in der Gesellschaft das Oberhaupt der Sippe als ›Vater‹ über seine Sippe herrschte, also ein Wort ohne den eher gemütlichen Klang wie bei uns.

Auf ›Krieg‹ bezog sich Heraklit und gebrauchte dieses Wort, weil Krieg damals als der *Normalzustand* unter den Menschen galt; ›Frieden‹ war der Ausnahmezustand, für den prinzipiell eigens Verträge abgeschlossen wurden; in der Regel war der Frieden damit zeitlich begrenzt. Kriege, Gewalttaten werfen die Dinge plötzlich und grausam um, die Lebenssicherheit war in der Antike äußerst gering. Natürlich war daher Friedenssehnsucht auch eines der bestimmenden Gefühle unter den Menschen; doch obwohl sich durchaus viele Menschen für den Frieden einsetzten, war Krieg eben *dauernde* Wirklichkeit. Allerdings, den allgemeinen Abscheu vor dem Krieg wie heute gab es noch nicht.

cīvis et mīles | So dachten auch die Römer und die anderen antiken Völker nicht negativ vom Krieg (wenngleich die Besiegten und Betroffenen ihn natürlich verabscheuten, wenn er da war). Es hat daher wenig Sinn, den antiken Völkern bzw. den Römern ihr kriegerisches Verhalten vorzuwerfen; aber wir können versuchen zu verstehen, warum sie so dachten und handelten, und müssen ihre Kriege nicht bejubeln, wie das nicht selten geschehen ist.

Was die Römer indes von den meisten Völkern der Antike (*nicht* von den griechischen Stadtstaaten) unterschied, war, dass sie sich *im offiziellen Selbstverständnis* als cīvis et mīles, ›Bürger und Soldat‹, betrachteten: Bürgerrecht war gleich der Pflicht, Militärdienst zu leisten.

Diese Verpflichtung hat später in der römischen Dichtung Verse hervorgebracht wie »dulce et decōrum est prō patriā morī«, »süß und ehrenvoll ist es, für das Vaterland zu sterben« (Horaz, *carmina* III, 2, 13). Auch wenn das bei ▶ Horaz, so erklären es manche, rein ironisch gemeint gewesen sein sollte: Der Satz griff eben ein offiziell allgemein anerkanntes Verständnis auf und wurde in späteren Zeiten, etwa unter dem deutschen Kaiser Wilhelm II. (1888–1918), gern wörtlich genommen (und auch in den Schulen so gelehrt).

In diesem Selbstverständnis des Römers, er sei cīvis et mīles, liegt zweifellos ein wichtiger Grund

Links: Der einfache römische Soldat, oft gregārius, wörtlich ›Herdenangehöriger‹, genannt, bewaffnet mit Helm, Kurzschwert, Schild, Brustpanzer, Beinschienen.

für die sprichwörtliche Disziplin des römischen Heeres: Der römische Soldat konnte das Gefühl haben, er kämpfe für das Wohl seiner Gemeinschaft, denn Krieg war eben ›Lebensprinzip‹. Und für die ersten Jahrhunderte der römischen Republik kann man tatsächlich sagen, dass jeder dadurch, dass er für ›sein Rom‹ kämpfte, auch für sein eigenes Überleben kämpfte, weil er sonst Opfer fremder Angreifer geworden wäre.

Gewiss ein nicht geringerer Grund für die Kampfbereitschaft war aber auch der, dass der Soldat vom Krieg durchaus profitierte, denn er hatte Anteil an der Kriegsbeute: Auf diesen Anteil hatten die Soldaten je nach Rang Anspruch (zur Steuerbefreiung für Italien ▶ S. 111).

Demgegenüber wurden von anderen Staaten der Antike Kriege hauptsächlich von Söldnern geführt; das waren Leute, die sich gegen Bezahlung zum Kriegsdienst verpflichteten. Die kämpften zwar auch oft genug siegreich, aber es war natürlich schwieriger, sie emotional für ein Kriegsziel zu begeistern.

Die andere Wirklichkeit | In den ersten Jahrhunderten der römischen Republik wurden Kriege nur vom Frühjahr bis zum Herbst geführt, nur im Kriegsfall wurden die Bürger – ohne Bezahlung – zum Militärdienst eingezogen (▶ S. 86).

Das hatte zur Folge, dass zu Hause die Felder nicht mehr gebührend bestellt werden konnten. Hierfür wurde dann recht früh als Ausgleich eine Soldzahlung eingeführt. Je mehr Kriege Rom jedoch führte, um so schlimmer wurde die Situation: Die zum Krieg eingezogenen Bauern verarmten; es war also nicht mehr leicht, ihnen die innere Zustimmung zur Kriegsführung schmackhaft zu machen. Überdies musste man damals zwanzig Jahre lang für den Kriegsdienst zur Verfügung stehen!

▶ S. 36: *Kritik des Tib. Gracchus (nach Plutarch)*

Zur Durchsetzung der Disziplin diente, wie in jeder Armee, aber auch ein abgestuftes System von Belohnung und Strafe. Während die Belohnung eher symbolischen Wert hatte (z. B. phalerae, Orden, oder corōnae, Kronen, aus Bronze, Silber oder Gold), reichten die Strafen von Streichung des Soldes über Auspeitschen bis zur Enthauptung. Der Zenturio trug stets einen Knüppel, um zu prügeln. ›Cĕdŏ alteram!‹, ›Noch einen her!‹, ist von einem solchen Rekrutenschinder überliefert, als sein erster Knüppel bei der ›Ausübung seines Amtes‹ zerborsten war; im Fall dieses Zenturio führte sein Verhalten zur Meuterei der Truppe.

Mit der Ausweitung des Reiches kam hinzu, dass die Soldaten die genannten langen Jahre über weit entfernt von der Familie und von zu Hause stationiert waren; in vielen Fällen kann man (in der Kaiserzeit) verfolgen, wie Soldaten von einer Ecke des Reiches in die entgegengesetzte verschoben wurden, etwa vom Wüstensand in die schneereichen Winter Germaniens. Dieses und anderes förderte nicht wenig die Unlust am ›Heldentod‹ und auch eine Demoralisierung unter den Soldaten.

Wie weit das genau ging, ist kaum zu fassen. Ganz gut Bescheid weiß man aber darüber, dass auch im alten Rom Kriegsdienstverweigerung verbreitet war – natürlich unerlaubt. Um dem Militärdienst zu entgehen, war Selbstverstümmelung – also etwa das Abhacken der eigenen Hand oder eines Fußes – ein häufiges Mittel. Andere verkleideten sich als Sklaven (die ja des Soldatseins nicht würdig waren), desertierten oder wählten den Freitod. Verweigerung gab es in der Zeit der Republik (so berichtet Livius, dass sich Tausende weigerten, der Einberufung zu folgen, als Hannibal vor den Toren Roms stand; ▶ S. 90); besonders verbreitet war sie in der Endphase des römischen Reiches, als die Germanen gegen das Reich drängten. Auf alledem lagen in der Regel schwerste Strafen: Ein Ritter, der seinen beiden Söhnen die Daumen abgehackt hatte, wurde von Augustus als Sklave verkauft, sein Vermögen enteignet; später wurden Verweigerer verbrannt, zwischendurch auch mal gnädiger behandelt (mit einer Art Ersatzdienst).

Reformen des Heeres | Die von Marius (ab 107 v. Chr.) vorgenommene Reform des Militärdienstes und des Militärs (▶ S. 96) bildete die Grundlage für die künftige, von anderen Völkern damals unerreichte Schlagkraft der römischen Armee, denn die Soldaten wurden in jede Richtung gedrillt und ausgebildet, das Heer in allen Einzelheiten konsequent durchorganisiert. Es erinnert in allen Zügen schon an eine professionelle ›moderne‹ Armee.

▮ Augustus baute die Armee – vor allem die Reiterei – nochmals weiter um. Die Bürger Italiens werden (obwohl sie theoretisch verpflichtet wären) nicht mehr zum Militärdienst herangeholt: Weil der Sklavennachschub dünner wurde, brauchte man im Mutterland andere Arbeitskräfte. Legionäre werden jetzt vor allem unter den römischen Bürgern der Provinzen angeworben; als Anreiz dienen ein ansehnlicher Sold und eine Pension. Einheimische können in sog. Hilfstruppen (auxilia) dienen, ihnen winkt am Ende der Dienstzeit (hier 25 Jahre!) das Bürgerrecht. (In den eigentlichen Legionen, legiōnēs, können nur römische Bürger Dienst tun.) Zweihundert Jahre später braucht man weitere Anreize: Jetzt dürfen Soldaten während der Dienstzeit heiraten.

▮ Nachdem Kaiser Caracalla allen Reichsbewohnern das Bürgerrecht zugesprochen hatte (▶ S. 152), gab es auch diesen Anreiz zum Militärdienst nicht mehr. Infolgedessen ging man verstärkt dazu über, Hilfstruppen aus den sog. Barbarenvölkern zu bilden. Die Kosten dafür wuchsen immens – und wurden wieder durch Steuern vorwiegend aus der armen Bevölkerung herausgepresst. Folge: Die Menschen betrachteten zunehmend ihren römischen Staat als Gegner. Weitere einschneidende Ereignisse in Italien waren z. B. Seuchen, welche die Bevölkerungszahl stark zurückgehen ließen und damit eine weitere Schwächung des Staates bedeuteten.

> Schon um 100 n. Chr. hatte der römische Geschichtsschreiber Tacitus (aus altem Adel stammend) in anderem Zusammenhang (und aus seiner Sicht) davon gesprochen, dass das Wissen von den Vorzügen der Republik mit dem Kaisertum abhanden gekommen war, weil sie ›fremd‹ geworden war (*Historiae* I, 1: īnscītia reī pūblicae ut aliēnae).

▮ Der Aristokratie, die sich zwar immer gern mit Offizierslametta geschmückt hatte, aber jetzt wegen Unfähigkeit in Sachen Heeresführung überfordert war, nahm Kaiser Gallienus (um 260) das uralte Vorrecht, die höchsten Kommandoposten zu besetzen: Er hielt erfahrene Berufssoldaten für geeigneter. So konnte z. B. ein Thraker Traianus Mucianus vom einfachen Rekruten zum dux (etwa: Brigadegeneral) aufsteigen. Folge der Maßnahme: Der (stadt)römische Adel verlor seinen Einfluss auf die Armee, der Einfluss von Kräften fremder Herkunft stieg.

▮ Die römische Armee war zwar weiterhin personell und technisch schlagkräftig, aber sie war unbeweglich geworden, weil sie an festen Garnisonsstandorten stationiert war. Dadurch war die Grenzverteidigung löcherig, es fehlte eine Verteidigung in die Tiefe des Landes; einfallende Angreifer kamen so auf den hervorragenden römischen Straßen flink voran. Gallienus führte daher ›mobile Einsatztruppen‹ ein, die schnell überallhin verlegt werden konnten. Dieses System wurde später systematisch weiter ausgebaut.

■ **Bellum iūstum** | Obwohl, wie dargestellt, Kriege im Zentrum der antiken Lebenswirklichkeit standen, war es nicht so, dass man einfach so wild losmarschierte und einen Gegner erledigte. Kriegseröffnung, Kriegshandlungen, Friedensschluss waren – gerade bei den Römern – in Regeln eingebunden, die zunächst einmal in religiöse Formen gekleidet waren: Nicht zuletzt wünschte man sich doch den Segen der Götter für das Gelingen des Krieges. Den Göttern galt Krieg ja auch nicht als Verfehlung, in ihrer Mitte befand sich nicht zuletzt Mars, der für alles Kriegerische zuständig war (aber auch Liebhaber der Venus, der Liebesgöttin).

▮ Aufgrund dessen existierte in Rom ein spezielles Priesterkollegium (die fētiālēs, Fetialen; in dem Wort steckt ein alter Begriff für ›Gesetz‹), das darüber zu wachen hatte, dass Krieg nach den verbindlichen Regeln – dem iūs fētiāle (Fetialrecht) – geführt wurde, von der Kriegserklärung über den Verlauf bis zum Friedensschluss. In diesem Fetialrecht steckt der Kern unseres modernen Völkerrechts, das heute in der öffentlichen Diskussion wieder eine große Rolle spielt.

▮ Da die Römer sich grundsätzlich im Recht fühlten, bestand eine zentrale Aufgabe der Fetialen darin, darüber zu wachen, ob fremde Staaten oder Völker nicht gegen die Römer rechtswidrig handelten – so, wie sie selbst das Recht verstanden. Daher nahmen sie auch Aufgaben der Außenpolitik wahr, etwa als Gesandte bzw. Botschafter bei fremden Völkern. Alle mit dem Krieg zusammenhängenden Handlungen vollführten sie in der Form festgelegter Zeremonien.

Heer und Reiterei bei einer Parade zu Ehren des Kaisers Antoninus Pius (138–161 n. Chr.). Auf dem Grabmonument des als friedliebender und gerechter Herrscher geltenden Kaisers

Kriegsziele und Kriegsfolgen | Bei Kriegen ging es in der Antike eigentlich immer um zweierlei: entweder um Eroberung oder um ›Bestrafung‹.

Das Ergebnis war in beiden Fällen – bis auf die Tatsache der Besetzung bei Eroberung – das gleiche: Die Landwirtschaft wurde verwüstet, Städte niedergebrannt, die Bevölkerung in Massen umgebracht (vorzugsweise die Männer) und/oder (oft nur Frauen und Kinder) in die Sklaverei verkauft.

Die Armeen wurden daher direkt von Scharen von Sklavenhändlern begleitet, welche die ›frische Ware‹ gleich übernahmen und ›in den Handel brachten‹. Im Übrigen ging es, wie schon angeführt (▶ S. 131, 155), um Kriegsbeute: Alles, was Wert hatte, wurde abgeschleppt.

In Einzelfällen – wie bei der griechischen Stadt Korinth oder dem punischen Karthago – wurden die Städte vollkommen plattgewalzt und verschwanden von der Bildfläche. Aus Korinth wurden dabei jedoch, soweit unbeschädigt geblieben, alle Kunstwerke nach Rom abtransportiert.

›Bestrafung‹ bedeutete, den Gegner so zu schwächen, dass er ›freiwillig‹ den Willen des Siegers befolgte, im Falle der Römer z. B., dass er sich Rom als Verbündeter anschloss. Selbstverständlich mussten für Kriege dieser Art Vorwände herhalten.

Die Angegriffenen wehrten sich in der Regel auch mit dem verzweifelten Mittel, ihre eigene Landwirtschaft oder auch Städte zu zerstören, um dem Angreifer die Versorgung mit Lebensmitteln zu erschweren bzw. selbst zu fliehen und sich in Sicherheit zu bringen.

Es gibt zahlreiche Schilderungen antiker Autoren von den unglaublichen Gemetzeln, welche die Sieger veranstalteten, während und auch nach der Schlacht. Wenn die römischen Sieger Menschen

Es war dann ▶ Cicero, der erstmals die Fragen der Regeln für einen Krieg systematisch untersuchte und erörterte, indem er fragte, was ein ›gerechter Krieg‹, ein bellum iūstum, sei. Diese Frage wird seitdem bis heute – mit unterschiedlichen Antworten, wie man sich denken kann – diskutiert.

Eine besondere Rolle spielte die Frage des ›gerechten Krieges‹ in der Antike nach der Christianisierung des Staates für die neuen christlichen Amtsträger und Religionsverantwortlichen: Das ursprünglich vehement gegen Kriegsdienst eingestellte Christentum (Christen wurden wegen ihrer Kriegsdienstverweigerung zuvor staatlich verfolgt und sehr oft mit dem Tode bestraft) musste sich nun, als höchste staatliche Würdenträger bis zum Kaiser Christen geworden waren, den herrschenden politischen Vorstellungen anpassen; und das tat es schließlich nach langen Diskussionen auch. Katastrophal wirkte sich dann aus, dass unter Christen Gewalt und Krieg gegen Christen mit abweichenden Glaubensvorstellungen für gerecht und richtig erklärt wurden: Die Auseinandersetzungen unter Christen über den richtigen Glauben nahmen schärfste Formen an (und hörten auch nie auf). Nicht weniger galt ihnen Krieg gegen Barbaren zur Bekehrung als erlaubt.

↪ Es lohnt sich, sich mit Ciceros Ansichten über die Gerechtigkeit von Kriegen zu befassen. Gerade aus der zeitlichen Entfernung lassen sich Theorien und Taten gut gegeneinander abwägen.

leben ließen, rechneten sie sich das als clēmentia (*Milde, Gnade*) an. Tatsächlich steckte aber immer ein gezielter politischer oder militärtaktischer Plan dahinter, wie die Römer verfuhren (Vernichtung bzw. Versklavung, ›Milde‹, Lebenlassen der Besiegten als Abhängige, Verbündete oder sogar mit Verleihung des Bürgerrechts an Ausgewählte).

Parcere subiēctīs et dēbellāre superbōs:
›Die sich unterwerfen zu schonen und die Hochmütigen zu bekriegen‹, darin formulierte der Dichter ▶ Vergil in einem berühmten Vers die (sich von ihnen selbst zugesprochene) Aufgabe der Römer (▶ S. 157 *Stimmen der Gegenseite*).

Aufbau und Organisation der römischen Armee | Die römische Armee blieb in ihrem Grundaufbau die ganze Zeit des römischen Reiches über unverändert. Was sich änderte, war hauptsächlich die zahlenmäßige Zusammensetzung der Truppenteile sowie die Herkunft von Offizieren und Mannschaften. Bewaffnung und technische Ausrüstung blieben sich im Wesentlichen auch immer gleich.

Wichtig ist der schon mehrfach erwähnte Umstand, dass im größten Teil Italiens im Prinzip keine Soldaten stationiert sein bzw. unter Waffen stehen durften. Wenn das passierte, handelte es sich um eine Revolte des Heerführers gegen den Staat (z. B. Sulla, Cäsar). Eine Ausnahme bildete in der Kaiserzeit (ab Augustus für etwa 300 Jahre) die kaiserliche Garde, die Prätorianer. Diese Leibwache (insgesamt 4500 Mann) war in und um Rom stationiert. In der Zeit nach Augustus wurde sie zu einem eigenen Machtfaktor, indem sie etwa Kaiser ermordete oder einsetzte; berüchtigt wurde sie auch wegen ihrer Schikanen gegenüber der Bevölkerung.

Offiziere und Soldaten

Wie alle organisierten Armeen ist die römische Armee *hierarchisch* aufgebaut, das heißt: Wie bei einer Pyramide gibt es oben eine Spitze und unten eine breite Basis. Von oben nach unten werden Befehle durch- und weitergegeben; auf den einzelnen Ebenen ist jeder gleichberechtigt. Bei den Römern in der Zeit der Republik sieht das so aus:

- 1 **Konsul** (oder Prätor) als **Oberbefehlshaber** (General); er befehligt die *gesamte* Armee, die aus mehreren Legionen besteht. Jede **Legion** hat
- 6 **Militärtribunen** (tribūnī mīlitum, höhere Offiziere); jeder von ihnen befehligt 10 Zenturien (centuriae; Zug; im Wechsel ist einer Befehlshaber der Legion (das zwingt zur Absprache und gegenseitigen Kontrolle).
- 60 **Zenturionen** (centuriōnēs: Hauptleute); zwei befehligen einen Manipel (manipulus; Kompanie), der besteht aus zwei Zenturien)
- zahlreiche Unteroffiziere (prīncipālēs; ohne Kommando); verschiedene Aufgaben: Schreibstube, Adjutanten, Versorgungsoffiziere, Baumeister, Feldzeichenträger, Militärärzte, Musikkapellmeister usw.
- die Masse der Truppe (und unterste Befehlsempfänger), sog. gregāriī (›Herdenangehörige‹, d. h. gemeine Soldaten)

In der Kaiserzeit

- ist der Kaiser der Oberbefehlshaber; da der indes nicht überall sein kann, wird ein
- **lēgātus Augustī** in der Funktion eines Provinzstatthalters sein Stellvertreter vor Ort; dem unterstehen auch die Legionen. Gibt es in der Provinz mehrere Legionen, werden die jeweils von einem

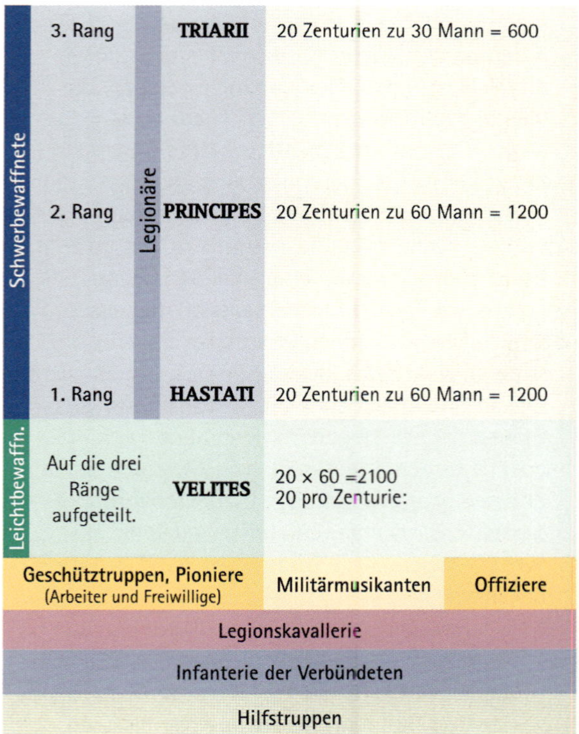

Rechts: Angehörige und Ränge der römischen Legion
Rechts S. 159: Die Befehlsstruktur der römischen Armee in der Kaiserzeit

- **lēgātus lēgiōnis** geführt; diesem unterstehen weiterhin
- sechs Militärtribunen.

Die Truppenteile

Die Truppen sind in einzelne Einheiten von unterschiedlicher Größe gegliedert:

- centuria (Zenturie): zu verschiedenen Zeiten unterschiedlich, zwischen 100 (centum) und 60–30 Mann;
- manipulus (Manipel): zwei Zenturien;
- cohors (Kohorte):
  - in der Republik: drei Manipel als Einheit
  - allgemein 10. Teil einer Legion;
  - in der Kaiserzeit auch: Kompanien aus Hilfstruppen zu 500–1000 Mann
- legiō (Legion; in heutigen Armeen etwa ≈ Division): die größte Einheit, zwischen 4000 und 6000 Mann Fußsoldaten (peditēs), gegliedert in 10 Kohorten, 30 Manipel und 60 Zenturien. Zusätzlich gehören dazu etwa 300 Reiter (equitēs) sowie der Tross (impedīmenta), das sind Gepäck- und Versorgungswagen (Verpflegung, Material zum Lagerbau, Werkzeuge und Waffen), Lasttiere, Handwerker, Packknechte usw. Jeder Soldat schleppt selbst neben der Bewaffnung noch ein Gepäck (Geschirr, Proviant usw.) von nicht weniger als 20 kg.
- Die Höchstzahl der Legionen (dazu kamen die Hilfstruppen, s. u.) betrug in der Kaiserzeit dreißig, also etwa 150 000 Mann.

Legionen und Hilfstruppen

Legionssoldaten sind grundsätzlich Römer, d. h. sie müssen das römische Bürgerrecht besitzen. Dieses Prinzip wurde erst aufgehoben, als das Reich seinem Ende entgegenging. Von Anfang an wurden die Legionstruppen durch Hilfstruppen (auxilia) ergänzt; die bestanden aus Angehörigen von Verbündeten (sociī) oder (später) aus angeworbenen (freien) Angehörigen fremder Völker. Oft waren das leichter bewaffnete Spezialeinheiten, z. B. Bogenschützen zu Pferde, Schleuderer oder überhaupt einfach Reitereinheiten, welche die Flügel (ālae) bildeten.

Die ›Pioniere‹ – fabrī

Ob auf dem Feldzug oder in kampflosen Zeiten: Außer Marsch, Kampf und Schlacht oder Manövern und Exerzieren stand eine Unmenge an Aufgaben an, die zu erledigen waren. Das begann mit dem Aufbau oder der Instandhaltung des Feldlagers (▶ S. 160) und ging über Wartung und Reparatur der Kriegsmaschinen (s. u.) und Waffen bis hin zum Bau von Brücken, wenn ein Fluss nicht an einer Furt (seichten Stelle) überquert werden konnte. Die zum Teil riesigen Kriegsmaschinen konnten auch nicht transportiert werden, also musste man sie am Kampfort bauen. Als Brücken dienten entweder aneinandergekoppelte Boote (wenn man die hatte), oder man fertigte Brücken aus Pfählen, indem man Flöße baute oder regelrechte Pfahlbrücken errichtete (▶ Abb. S. 160).

Diese Arbeiten wurden unter Teilnahme der Soldaten von technischen Truppen, den fabrī (›Handwerkern‹, heute: Pioniere) durchgeführt, welche das Heer begleiteten.

Ausrüstung und Kriegsmaschinen

In der Anfangszeit der Republik mussten die Soldaten ihre gesamte Ausrüstung und Waffen selbst mitbringen: Je reicher man war, desto besser die Ausrüstung. Irgendwann sorgte der Staat immerhin für einen Mantel, für Stiefel und Helme.

Aus unserer heutigen Sicht mit computergesteuerten Spezialraketen sieht antike Bewaffnung vielleicht eher nach Krieg-Spielen aus; um so erbitterter und blutiger wurde gefochten: Man verfügte über Waffen zum Stechen, Hauen, Schleudern und Werfen, dazu als Fernwaffe Pfeil und Bogen. Zur Verteidigung gegen solche Waffen eignen sich – neben dem genannten Helm – nur Panzerung (Leder, Kettenhemd, Metallharnisch) und Schilde. So besteht die Bewaffnung aus:

- pīlum, contus (Wurfspieß), hasta (Lanze), gladius (Kurzschwert); zusätzlich pūgiō (Dolch); arcus (Bogen), sagittae (Pfeile), funda (Schleuder);
- scūtum, parma (Schild), lōrīca (Brustpanzer), galea (Helm), ocrea (Beinschiene);

Diese Zeichnung einer Brücke über den Rhein, welche römische Pioniere bauten, wurde nach Cäsars Beschreibung in seiner Schrift Commentāriī dē bellō Gallicō angefertigt.

- So wie heute fortgeschrittenste Technik zunächst und besonders im militärischen Bereich Anwendung findet, war das Militärwesen der Antike im Prinzip der einzige Bereich, in dem man sich Gedanken über wirksame *Maschinen* zur Verbesserung der Schlagkraft machte, darunter Katapulte (ballista, ōnăger; als Vorläufer von Kanonen). Letztere dienten (schon seit dem 4. Jahrhundert v. Chr.) zum Schleudern von Steinen oder Abschießen von Pfeilen bzw. Lanzen, früh auch schon von Brandgeschossen. Auch hier waren wieder die Griechen Lehrmeister (▶ Abb. S. 162).

Der arabische Gelehrte Alhazen (so lat.; arab. Abu Ali al-Hasan Ibn Al-Haitham), um 1000 n. Chr., überliefert, dass der griechische Mathematiker und Techniker Archimedes (3. Jh. v. Chr.) römische Kriegsschiffe durch Spiegel in Brand gesetzt habe – das wäre das Prinzip der modernen Laserwaffen.

Das Lager

Truppen auf dem Marsch (pro Tag etwa 25 km) errichten jeden Abend am Etappenziel ein Lager (castra) nach dem immer gleichen Schema. Das ist rationell und vermeidet Unklarheiten. Der Lagerort wird möglichst am Wasser gesucht, bei der Errichtung folgt man einem religiösen Ritus wie bei einer Stadtgründung. Ein zentraler Platz mit Altar, Feldherrnzelt und Stabseinrichtungen (Stab: die Offiziere) befinden sich immer an derselben Stelle. Zelte für Mannschaften und Gerät werden an festgelegten Lagerwegen errichtet. Um das Lager wird grundsätzlich ein Verteidigungsgraben (fossa) gezogen und mit der Erde ein Wall mit Palisaden (vāllī) aufgeschichtet (beides zusammen: vāllum); das Lager hat stets vier Tore. Winterlager (castra hiberna) und Standlager (castra statīva) werden fester und solider angelegt.

- Das Wort für Heerlager, castra, ist ein Pluralwort (Genitiv castrōrum); der Singular castrum bezeichnet ein Kastell.

Das Leben um das Lager

An vielen Orten des Reiches wurden die Lager zu einer festen Einrichtung und entsprechend ausgebaut. Um die Lager herum siedelten sich Händler und Handwerker und allerlei sonstiges Volk an, ein Markt mit lebhaftem Treiben entstand; vielerorts entwickelten sich daraus auf Dauer Städte (▶ S. 44). In England z. B. weisen viele Ortsnamen mit dem Element *-chester* auf ihren Ursprung aus einem solchen Legionslager hin.

Das Heer auf dem Marsch

Die Anordnung der Truppen auf dem Marsch folgt festen Regeln; auch hier ist Disziplin oberstes Maß.

Der Tross

Jeder Soldat hatte zwar seine Waffen selbst zu schleppen, doch natürlich war im Kampf eine Unmenge an Ersatz nötig, nicht zuletzt brauchte man Wurfgeschosse für die Katapulte, zu denen auch Steine gehörten, und Pfähle für die Verschanzung; die Zelte bestanden aus Rinderhäuten. All das wurde auf mehreren hundert Wagen von gut 800 bis 1000 Maultieren gezogen – bei einer Legion; waren es mehr Legionen, vervielfachte sich diese Menge. Ebenso unverzichtbar war der Vorrat an Verpflegung. Ein solcher Zug (›Tross‹: impedīmenta) wurde mehrere Kilometer lang und war natürlich auch leicht angreifbar.

In besiedelten Gebieten oder solchen mit Landwirtschaft sorgten pābulātōrēs, Futterbeschaffer (›Furageure‹), für Tierfutter sowie für Nahrungsmittel generell – friedlich oder durch Beraubung der Bevölkerung.

▶ S. 165, 168: *Versorgung, Transport, Verkehr*

Das Heer in der Schlacht

In seiner langen Geschichte macht das römische Heer in der Kampftechnik eine Entwicklung durch. Schlussendlich gibt es auch hier eine bewährte Anordnung für die Truppen, die natürlich immer den taktischen Notwendigkeiten der Kämpfe angepasst wird.

Belagerungskrieg

Nicht selten wurden Kriege durch mehr oder weniger lang dauernde Belagerungen von Städten ent-

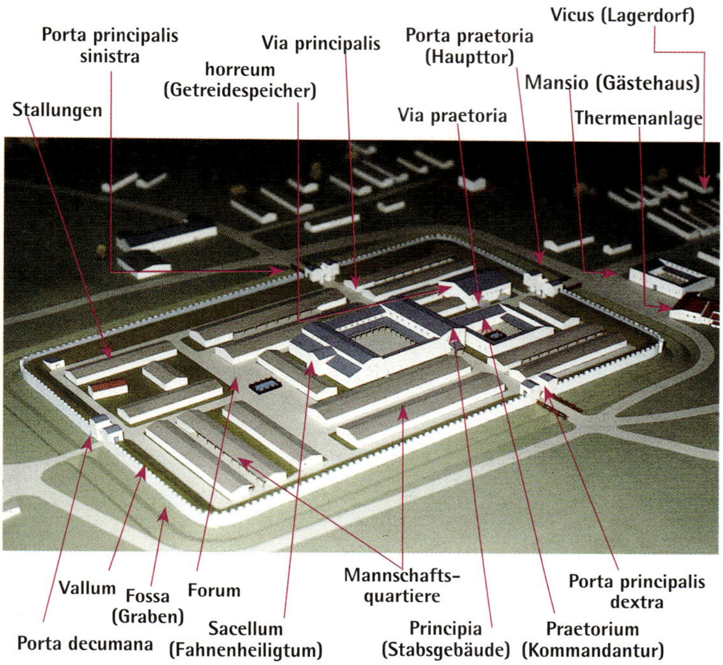

Modell eines römischen Standlagers (›castra statīva‹), des Legionslagers Saalburg in der Nähe von Frankfurt. – Die Anlage und Einrichtungen des beweglichen Lagers sind im Wesentlichen ähnlich, die Unterkünfte bestehen aus Zelten oder Hütten.

schieden. Dazu wurden um die belagerte Stadt herum ein Damm (agger) errichtet und auf diesem Türme und Wurfmaschinen aufgestellt. Zur Annäherung an die Mauern diente die sog. Schildkröte (testūdō) und zum Angriff auf Mauern oder Tor der Rammbock (ariēs: ›Widder‹, er war mit einem bronzenen Widderkopf versehen). Die Belagerung sollte die Verteidiger aushungern und demoralisieren. In der berühmt gewordenen Schlacht um Alesia (Gallien) ließ Cäsar Frauen und Kinder, welche die belagerte Festung verlassen wollten, nicht abziehen, sondern vor deren Augen verhungern.

Der Methode und Technik der Belagerung entsprechend waren die Verteidigungsanlagen eingerichtet, mit Mauern, Palisaden, Wehrtürmen, Wällen, Gräben, in die Erde versenkten Hindernissen aus Holz.

- Die letzten großen Belagerungen einer Stadt bzw. Festung erfolgten bei Stalingrad (2. Weltkrieg, 1941, Deutsche gegen Sowjetunion), Dien Bien Phu (1954, Vietnam; Franzosen gegen Vietnamesen) und Sarajevo 1996 (Serben gegen Bosnier; 1425 Tage – die längste Belagerung der Geschichte überhaupt).

Seekrieg und Marine

Der Weg vom Land aufs Wasser war den bäuerlichen Römern wohl wenig sympathisch, aber unvermeidlich. Für die Handelsschiffe (nāvēs onerāriae) kam man mit dem Kapitän, einigen Matrosen sowie vor allem Sklaven als Ruderern aus, Dienst auf Kriegsschiffen (nāvēs longae) war den Römern stets ein Graus. Erst vor den ›Punischen Kriegen‹ gegen die Karthager, in denen Rom die Herrschaft über das Mittelmeer gewann (▶ S. 89 f.), verfügten die Römer über eine regelrechte Flotte. Als Vorbild für ihren Schiffsbau diente ihnen ein karthagisches Kriegsschiff, das vor Italien gestrandet war und das sie einfach nachbauten.

Häufig setzten die Römer ihre Kriegsschiffe auch gegen Piraten ein, die den Seehandel empfindlich störten (▶ S. 91).

- Die Hauptkampftaktik der Römer zur See bestand darin, mit Enterhaken (corvus: ›Rabe‹) das eigene Schiff mit dem gegnerischen zusammenzukoppeln und dann gewissermaßen mit Boden unter den Füßen den Kampf Mann gegen Mann zu suchen.

▶ Abbildung auf Seite 90

- Als Marinehafen dienten z. B. Ostia und Lilybaeum (Sizilien), in der Kaiserzeit ist die Kriegsmarine in Misenum (gegenüber Neapel) und Ravenna (Norditalien) sowie in sechs weiteren Häfen an allen Enden des Mittelmeers stationiert.
- In der Republik steht die Flotte unter dem Kommando des Heerführers (!); erst in der Kaiserzeit bekommt sie eigene Führungsoffiziere.
- Die Besatzung besteht aus niederen Offizieren und Mannschaften sowie Ruderern (Sklaven); hier dienen oft auch Freigelassene. Da die Marine nicht

Ihren ersten Seesieg erfochten die Römer 338 v. Chr. vor Antium (südlich Roms) über die Latiner. Mit den Rammspornen der gegnerischen Schiffe, den rōstra (›Schiffsschnäbel‹), schmückten sie ihre Rednertribüne vor der Curia (Senatsgebäude) auf dem Forum, die danach die Bezeichnung **rōstra** erhielt und behielt.

Sturmleiter zum Angriff auf Stadtmauern. Solche zum Schutz der Angreifer überdachten Leitern wurden sowohl von Schiffen aus eingesetzt als auch wie hier – mit fahrbarem Gestell – zu Lande. Erfunden wurden sie von hellenistischen Ingenieuren. Modell von Otto Lendle, Marburg

so angesehen ist, sind Römer aus den höheren Schichten hier nicht auf die Offiziersposten aus.

▮ **Triumphzüge** ▶ S. 109–110

:: Die Urbanisierung des Reiches

Was in diesem Kapitel beschrieben wird, wird allgemein auch als Prozess der **Romanisierung** bezeichnet, d. h. *Römisch-Machen* bzw. *Römisch-Werden.*

■ Urbs, das bedeutet Rom | Von den Wörtern, mit denen die Römer die ›Stadt‹ bezeichneten (▶ S. 44), spielt urbs eine besondere Rolle: Allgemein wird darunter eine befestigte, mit Mauern umgebene Stadt verstanden, also meist eine größere, aber Urbs genügte – jedenfalls bei entsprechendem Zusammenhang – auch für sich als Bezeichnung für die Stadt Rom selbst, das caput mundī, das ›Haupt der Welt‹ (so erstmals beim römischen Dichter Lukan zu Beginn der Kaiserzeit).

▮ Darin zeigt sich auch, dass für die Römer – ob innerhalb oder außerhalb Roms ansässig – diese Stadt mit ihren Einrichtungen und ihrer Lebensart der Inbegriff, das Vorbild für Städte überhaupt war. Natürlich liegen darin sowohl eine gute Portion Nationalstolz wie auch Unwissen, denn größere und prächtigere Städte gab es schon längst im Orient oder gar im fernen Asien. Aber abwegig war der Gedanke nicht.

▮ Die Stadt Rom, das war das politische, kulturelle und geistige Zentrum Italiens geworden. Dort ›spielte die Musik‹, denn die Bedürfnisse der führenden reichen Schicht und einer stets wachsenden Anzahl von Menschen überhaupt brachten es mit sich, dass alle neuen Errungenschaften und Moden zuerst dort Fuß fassten, angeeignet und sodann weitergegeben wurden. Dorthin zog es Fremde und Künstler, dort fanden sich die Repräsentanten fremder Staaten ein, dort wurden Triumphzüge gefeiert. Die wichtigsten Tempel (allen voran das Heiligtum der Göttertrias* Jupiter, Juno und Minerva) standen in Rom, das Forum war seit Urgedenken anfangs Verkehrsschnittpunkt, dann *der* öffentliche und gesellschaftliche Mittelpunkt der Stadt. Theater, Versammlungshallen, prachtvolle Bäder, künstlerische und literarische Betriebsamkeit prägten die Stadt, lebhafte Straßen und Plätze, jedes Handwerk, Versorgung mit allem, all das und noch mehr machte Rom aus. Und natürlich waren dort die Macht und das meiste Geld.

* Trias (griech.) nennt man eine Dreizahl oder eine Dreiergruppe.

▮ Eine ›normale‹ römische Stadt verfügte daher entweder über alle oder die meisten der folgenden Einrichtungen:

- Forum (in griechischen Gebieten: *agorá*) als zentraler Platz und Marktplatz, meist auch
- weitere (Spezial-)Märkte
- Kapitol (Capitōlium) und weitere Tempel
- Cūria (Rathaus; griech. *bouleutérion*)
- Basiliken (basilicae: Versammlungs-, Gerichtshallen)
- Säulenhallen
- Brunnenanlagen
- Bäder (balnea, thermae: Thermen)
- Theater (oder/und Odeum ≈ Odeon, kleines Musiktheater)
- Amphitheater (viele Städte)
- macellum (meist offene Kaufhalle vorwiegend für Fleisch und Fisch)
- einander kreuzende cardō und decumānus māximus (▶ S. 49) als Verkehrs-Hauptachsen
- gepflasterte Straßen und Plätze
- īnsulae (Wohnblocks, Häuserkarrees)
- Sportanlagen (im Osten Gymnasien)
- Stadttore (viele Städte)
- Wasserversorgung durch Leitungen, bisweilen mit Aquädukten
- Schulen? Nein, das waren ganz unscheinbare private Einrichtungen, oft am Forum in Läden untergebracht.

Bei der Gründung einer Stadt waren bestimmte Riten verpflichtend: So musste mit Ochsen eine Furche zur Markierung der Stadtgrenze gezogen werden. Diesen Vorgang zeigt das abgebildete Relief (1. Jh. n. Chr.).

Urbanität – städtische Lebensart | Solche Vorstellungen also füllen das Wort urbs, und damit gefüllt hat das Lateinische dieses Wort uns in den Begriffen *urban, Urbanität, Urbanisierung* usw. weitergegeben.

Wie schon beschrieben wurde (▶ u. a. 84), hatten die Römer mit ihrem Reich auch die überall existierenden Städte erobert. Vor allem hockten ja gewissermaßen »wie Frösche um einen Teich« die griechischen Städte um das Mittelmeer herum, dazu kamen vor allem noch die zahlreichen phönizischen Städte im Westen und am Ostrand des Mittelmeeres.

Die Anlage vieler neuer Städte gerade in vormals einsamen Gegenden sowie die Ausgestaltung der vorhandenen Städte nach den Bedürfnissen der Römer machten aus dem Römischen Reich bei allen lokalen Unterschieden ein relativ einheitliches Ganzes.

Prōpūgnācula imperiī, *Bollwerke, Vorposten des Reiches* nannte ▶ Cicero die römischen Städte in den Provinzen. Diese versuchten allesamt, in Anlage und Lebensart ein **›Rom im Kleinformat‹** darzustellen, und auf diese Weise sorgten sie für die Verbreitung römischer Vorstellungen und Lebensweise im ganzen Reich – ohne Zwang: Denn was die anderen Völker taten, war den Römern herzlich egal; sie mochten ihre Götter anbeten und ihre Bräuche pflegen, nur Steuern mussten sie entrichten und (ab der Kaiserzeit) den Kaiser anerkennen.

Ob eine Ortschaft nun im römischen Sinn eine ›Stadt‹ war, hatte weder mit ihrer Größe noch der Art ihrer Bebauung zu tun, sondern hing allein von ihrer Rechtsstellung ab. Die Städte in den Provinzen waren rechtlich

- colōniae: *Koloniestädte*; dann hatten die Bewohner auch volles römisches Bürgerrecht, colōnia war ein Namensbestandteil der Stadt (direkt zum Namen geworden bei ›Köln‹); oder
- mūnicipia: *Stadtgemeinden* (›Munizipien‹); eingeschränkte Rechte.

Außer solchen offiziellen ›Städten‹ finden sich noch überall weitere Siedlungen unterschiedlicher Größe, die man zumeist vīcī nennt (ein Wort, das als zusammengehörig gesehene Häusergruppen unabhängig von deren Zahl bezeichnet, daher z. B. auch ein *[Straßen-]Dorf* oder ein *Stadtviertel*); das waren:

- Ansiedlungen bei oder in der Nähe von römischen Kastellen (Militärlagern), sog. canabae, in denen Händler und Handwerker ihre Geschäfte betrieben und auch Soldaten mit ihren Lebenspartnerinnen (heiraten durften sie nicht) wohnten;
- Marktorte als Handelsmittelpunkt von Dörfern und Gutshöfen (vīllae rūsticae);
- Ansiedlungen bei Heiligtümern oder Thermalquellen, bei Erzlagerstätten (wo die Erze verarbeitet wurden) oder anderen natürlichen Rohstoffvorkommen, die wirtschaftlich nutzbar waren.
- Oft entstanden Ortschaften an Furten (Flussübergängen), Straßenkreuzungen oder Poststationen;

Ein Zeitgenosse, der griechische Geograf **Strabon** *(± 63 v. Chr. bis nach 23 n. Chr.), beschreibt, wie Bevölkerungsteile in Spanien scheinbar unmerklich zu Römern wurden:*

Die Turdetaner dagegen, und besonders die um den Baetis [*Fluss, heute: Guadalquivir*] her wohnenden, haben ihre Lebensweise in eine völlig römische verwandelt und selbst ihre eigene Sprache vergessen. Die meisten sind lateinische Bürger geworden und haben römische Ansiedler [colōnī] erhalten, sodass nur wenig fehlt, dass alle Römer sind. Auch die jüngst angelegten Städte [...] und einige andere Kolonien zeigen die Umwandlung der genannten Völkerschaften deutlich. Daher werden auch alle Iberer, die diese Lebensweise angenommen haben, togātī* genannt. Unter ihnen sind selbst die Keltiberer, die einst für die wildesten von allen gehalten wurden (II 2, 15; Übs. nach Forbiger).

* *So nannten sich die Römer selbst (von: toga), ›Togaträger‹, das bedeutet ›Ur-Römer‹ oder ›echter Römer‹.*

- manche hatten später sogar Stadtmauern oder waren größer als offizielle ›Städte‹.

Verwaltet wurden sie von Kastellen oder den Städten aus, manche hatten auch eigene ›Dorfbürgermeister‹ (magistrī vīcī, ›Meister‹ aus magister).

- Ein anderes Wort für Dorf, pāgus, hebt in seiner Bedeutung mehr die Gemeinschaft der Menschen als die zufällige Aneinanderreihung von Gebäuden hervor. Daher nannten die Römer auch die gewachsenen Dörfer der unterworfenen fremden Stämme pāgī, ihre Bewohner pāgānī. Weil diese oft erst sehr spät zum Christentum übertraten, bekam das Wort später auch die Bedeutung ›Heiden‹ ≈ Nichtchristen.

Rekonstruktionszeichnung eines Vicus an einer Straße – häufig die Keimzelle einer Stadt. Charakteristisch sind die ›Streifenhäuser‹ mit schmaler Front nebeneinander, in denen ehemalige Soldaten und .Gewerbetreibende wohnten.

Die römischen **Bewohner** dieser Städte und Ortschaften waren zunächst die Veteranen des Heeres, also Offiziere und Soldaten nach ihrer Dienstzeit (▶ S. 96, 156). Entweder war ihnen vom Feldherrn bzw. Kaiser Land zugeteilt worden, oder sie machten von ihrem Ersparten und ihrer Pension einen Betrieb oder ein Geschäft auf.

Öfter wurden aber auch Einwohner Roms in die Provinzen umgesiedelt, um in der Hauptstadt dem Bevölkerungsdruck zu begegnen und so ›Luft‹ zu schaffen.

Ebenso ließen sich in den Orten römische Händler, Handwerker und andere nieder, viele Bauern lebten ebenfalls in den Städten. Und je mehr sich Eroberer und Eroberte einander annäherten – das erfolgte in erster Linie über den gegenseitigen Handel –, um so mehr Einheimische zogen in die Stadt.

Schließlich bestanden die Ortschaften aus einer regelrechten **Mischbevölkerung**. Spuren dieser Vermischung erkennt man insbesondere an den nichtrömischen Namen etwa auf Grabsteinen oder an Schreibfehlern oder Schreibeigentümlichkeiten auf Inschriften, in denen sich die Sprache der Einheimischen widerspiegelt.

Die **Verwaltung** der Städte lag in der Hand örtlicher ›Dekurionen‹, decūriōnēs, die zur Gruppe der honestiōrēs (▶ S. 153) gehörten. Wie in Rom musste man über ein Mindestvermögen verfügen, um zu den honestiōrēs zu gehören; das war dann auch gleichzeitig die Voraussetzung zur Bekleidung eines öffentlichen Amtes. Erst wer ein solches Amt innegehabt hatte, konnte dann decūriō werden. Der bestimmende Einfluss der Reichen war also auch hier sichergestellt. Zu Beginn der Kaiserzeit wurden die städtischen Beamten noch von der Bürgerversammlung gewählt, später einfach von den im Amt befindlichen Dekurionen eingesetzt. Die gewesenen Dekurionen bildeten dann wieder einen Stand für sich.

- Decūriō ist zunächst ein militärischer Rang (etwa ›Rittmeister‹); in colōniae und mūnicipia entsprachen Leute dieses Ranges dem, was in der Stadt Rom die Senatoren waren (doch standen sie rangmäßig unter diesen).

Die Kehrseite der Ehre des Reichtums war, dass die Angehörigen des Dekurionenstandes für die Finanzierung der öffentlichen Kosten (ob Straßenreparatur oder Errichtung von Gebäuden) aufkommen mussten und dass die späteren Kaiser von ihnen gnadenlos nicht mehr finanzierbare Leistungen forderten. So wurden schließlich alle Personen aus dieser Reichengruppe Dekurionen, auch Kinder (!) – was dann immerhin die Lasten auf mehr Personen verteilte.

Überall, wo Römer lebten, finden wir heute noch ihre unübersehbaren **Spuren**, häufig auch in den **Namen** der Orte. Viele Straßen in den Städten verlaufen noch heute so wie zu ihrer Zeit, oft haben ganze Gebäude ›überlebt‹, manche Gebäude werden bis heute genutzt. Und vielfach hat die **Archäologie** zum Teil imposante Reste frei gelegt. Vielerorts wurden Städte ganz oder teilweise ausgegraben – so wie Pompeji in Italien, Carnuntum in Österreich oder Kaiseraugst in der Schweiz –, häufig auch allein stehende Gebäude, insbesondere die überall verstreut liegenden vīllae rūsticae, nicht weniger Reste von Überlandstraßen und anderes mehr. In allen ›Römergegenden‹ lassen sich daher ausgegrabene Orte und Stätten besichtigen, oder es gibt **Museen**, in denen die interessantesten Funde anschaulich ausgestellt sind.

▮ Nach dem Vorbild der beiden Konsuln in Rom wurde die oberste Leitung einer Stadt in die Hände von duovirī iūrī dīcundō (›Zweimännerkollegium zur Rechtsprechung‹, sozusagen Stadtratsvorsitzende) und zweier Ädile (▶ S. 129) gelegt.

▮ Zu den Städten gehörte das ländliche Hinterland oder Umland (genannt territōrium), in dem Landwirtschaft betrieben oder Rohstoffe (Wald, Wasser u. a.) ausgebeutet bzw. genutzt wurden. Außer in den genannten vīcī lebten die Menschen hauptsächlich in den vīllae rūsticae (die das ganze Land überzogen), darunter oft kleinere Höfe, nicht selten auch imposante, weitläufige Landgüter mit jedem Luxus wie z. B. großen Thermen oder prachtvollen Mosaiken. Das jeweilige Umland sorgte für die Versorgung der zugehörigen Stadt mit allen notwendigen Gütern.

▮ Die Stadt war also das führende Zentrum, dem man sich zugehörig fühlte und das man mehr oder weniger oft (wenn man es sich von den Aufgaben her leisten konnte) zu Geschäften, religiösen und anderen Feiern oder sonstigen Vergnügungen aufsuchte. Erst mit zunehmender Verarmung des Hinterlandes, die im jedoch schon 2. Jahrhundert n. Chr. einsetzte, wurden auch die Kontakte zwischen Stadt und Land (dem territōrium) spärlicher, und es entstand ein wirtschaftliches und kulturelles Gefälle von der Stadt zum Land.

Das Versorgungsnetz und die Ausbreitung römischer Vorstellungen | Die persönlichen Bedürfnisse der Stadtbewohner und nicht weniger der Besitzer der reichen vīllae rūsticae, erst recht die der Offiziere und der Truppen in den Legionslagern, schlossen, zusammen mit den Bedürfnissen des Militärs und der Kriegführung, das Reich eng zusammen und verstärkten die Einheitlichkeit dieses riesigen Raumes: Man wollte in der Provinz nicht auf den gleichen Luxus wie in der Heimat verzichten, das Heer musste versorgt werden.

▮ Dazu wurde ein alles umfassendes, auch viele Winkel erreichbar machendes Straßennetz geschaffen, das den Transport aller Luxuslebensmittel und sonstigen Güter ermöglichte. Brücken über Täler und Flüsse waren nötig, Felsen mussten durchschnitten werden, all das leisteten römische Ingenieure und neben der Unzahl von Bauarbeitern vor allem die Soldaten (▶ folgender Abschnitt).

▮ Auch eine reichsweite kaiserliche Post (cursus

Einige Römische Städte in D-A-CH

Antunnacum	Andernach
Augusta Vindelicum	Augsburg
Augusta Rauricōrum	Augst
Augustonemetum Aventicum	Avenches
Aquae	Baden-Baden
Aquae Grannī	Aachen
Bonna	Bonn
Carnuntum	Deutsch-Altenburg
Genāva	Genf
Cambodūnum	Kempten
Cōnfluentēs	Koblenz
Colōnia Claudia Āra Agrippīnēnsium	Köln
Lauriacum	Lorch
Nōrēia	Magdalensberg
Mogontiacum	Mainz
Noviomagus	Neumagen
Novaesium	Neuss
Noviomagus Batavōrum	Nijmegen (Niederlande)
Castra Rēgīna	Regensburg
Sumelocenna	Rottenburg
Ārae Flāviae	Rottweil
Iuvāvum	Salzburg
Iūliomagus	Schleitheim
Noviomagus	Speyer (6. Jh.: Spira)
Argentorāte	Straßburg (F)
Augusta Treverōrum	Trier
NN (unbekannt; ▶ S. 213)	Waldgirmes (a. d. Lahn)
Ovilāva	Wels
Vindobona	Wien
Aquae Mattiacōrum	Wiesbaden
Vindonissa	Windisch
Borbetomagus	Worms
Vetera (Colōnia Ulpia Trāiāna)	Xanten
Virūnum	Zollfeld
Turicum	Zürich

- Mogon, Borbet: keltische Gottheiten
- Meist kann man gut erkennen, wo noch der römische Name weiterlebt. Was lässt sich bei ›Aquae‹ feststellen?
- keltisch *magos* ≈ Feld, Wiese

pūblicus), die an allen Straßen Stationen zum Pferdewechseln mit angeschlossenen Rasthäusern unterhielt, band das Reich zusammen.

▌ Von besonderer Wichtigkeit waren die Flüsse, die Schiffstransporte ermöglichten. Viele Funde von Schiffsresten und Spuren von Flusshäfen zeigen, wie leistungsfähig und hochentwickelt dieses System war (▶ S. 220).

▌ Wenngleich weder die damalige Orts- noch die Bevölkerungsdichte an die heutige Zeit herankamen, sorgte das planmäßig und zuverlässig ausgebaute **Netz von Verbindungswegen** zusammen mit dem intensiven, reichsweiten **Handel** – vom Roten Meer bis an die Nordseeküste, vom Atlantik bis ans Schwarze Meer – für eine intensive Durchdringung aller Gebiete mit römischen Lebensvorbildern und Kulturgütern, nicht zuletzt mit der lateinischen Sprache. In dieser Tiefe geschieht das ähnlich, aber auf anderen Wegen, erst wieder seit gut 50 Jahren, seit Ende des 2. Weltkriegs; gemeint ist insbesondere die letzte Phase, die sog. ›Globalisierung‹, also die wirtschaftliche Durchdringung aller geografischen Räume durch weltweit tätige Firmen, verbunden mit einer Durchdringung der meisten Sprachen mit dem Englisch-Amerikanischen.

Die wichtigste Bindung an eine zivilisierte Lebensform, welche die Römer empfanden, war die **Zugehörigkeit zu einer Stadt**, nicht etwa zu einer Provinz. Die andere damals bekannte Form sozialer Organisation war die Stammesgemeinschaft, die den Römern selbst seit Jahrhunderten fremd geworden war und die sie nun nur noch bei den unterworfenen ›Wilden‹ erlebten. Die Provinz, obwohl eine alte Verwaltungseinheit, besaß keinerlei oder kaum Bedeutung für das Selbstverständnis oder das politische Gemeinschaftsgefühl eines antiken Menschen zur Römerzeit. Nationalstaaten wie unsere – Deutschland, Italien, Polen usw. – gab es noch nicht.

Aber es muss wieder die übliche Einschränkung gemacht werden: Das Gesagte gilt im Wesentlichen für die reichen Schichten, die mit ihren Vorrechten in der Politik, Verwaltung, im Handel aktiv sein konnten und überhaupt etwas weiter ›draußen in der Welt zu Hause‹ waren. Für die einfachen Leute, vor allem auch wenn sie oder ihre Vorfahren vormals zu den unterworfenen Stämmen gehört hatten, war nach dem Fortfall der Stammesbindungen hauptsächlich die (Groß-)Familie ein zusammenschließendes Band, danach kamen Berufs- und sonstige Vereinigungen und Vereine (wichtig: Beerdigungsvereine) und später mit dem Christentum auch die religiöse Gemeinschaft mit einem Gemeindeleben (die gab es bei den Römern in der Form vorher nicht). Als es soweit war, war das römische Reich aber auch schon bald am Ende seiner Geschichte angelangt.

Das gesamte Leben, alle Einrichtungen, waren also auf die Existenz der Stadt bezogen, das Land diente der Stadt, und die übergeordneten Einrichtungen des Reiches – in erster Linie das Militär – hatten die Existenz der Städte zu ermöglichen und sicherzustellen – allen voran das Wohlergehen Roms.

Der Name ›Römer‹

Damit ist nun auch erklärt, warum die Römer den Namen ›Römer‹ und nicht irgendeines Landes tragen: Überall auf der Welt (d. h. überall in ihrem Reich) gab es die Stadt Rom, die Idee einer Stadt, eine (nach Jahrhunderten voller Kriege) nationenübergreifende cīvitās, eine Art Welt-Gemeinde.

Links: Rom in Afrika – Stadt am Rand des Reiches: Volūbilis in Marokko, Hauptstadt von Mauretānia Tingitāna. Blick vom Tingitaner Stadttor (Tingis ≈ Tanger) zum Triumphbogen des Kaisers Caracalla.– Nordafrika ist voller prachtvoller römischer (Ruinen-)Städte. Etwa 40% der lateinisch sprechenden Reichsbewohner lebten in Nordafrika. In Volubilis hielt sich Latein sogar bis zur Eroberung durch die Araber im 7. Jh. n.Chr.

■ **Stimmen der Gegenseite |** Die ▶ Romanisierung hatte als römische Politik Kriege und Eroberungen zur Grundlage. Von den römischen Gegnern sind nur ganz wenige Stimmen überliefert, und die kommen auch noch aus der Feder römischer Schriftsteller; diese scheuen sich nicht (sie schrieben ja für Römer!), den Gegnern sehr direkte Worte in den Mund zu legen. *Beispiel:*

> Oder weißt du nicht, dass die Römer, als ihnen ihrem Marsch nach Westen der Ozean eine Grenze setzte, ihre Waffen hierher gewendet haben? Und dass sie von Anfang an nur Gestohlenes besitzen: Heimat, Frauen, Land und Reich? Dass sie einst zusammengelaufen kamen ohne Vaterland und Väter, zum Verderben des Erdkreises geschaffen; dass sie weder Mensch noch Gott hindern kann, Bundesgenossen, Freunde, fern und nah Wohnende, Arme und Reiche zu berauben, zu vernichten und alles, was ihnen nicht dienen will ... als feindselig zu betrachten? Denn wenige wollen die Freiheit, ein Großteil will gerechte Herren. ... Die Römer haben Waffen gegen alle, die schärfsten gegen die, welche nach ihrer Besiegung die größte Beute liefern; durch Kühnheit und Täuschung und dadurch, dass sie Krieg an Krieg reihten, sind sie groß geworden; auf diese Weise werden sie alles auslöschen oder selbst zugrunde gehen.
> *Der König von Pontos (Kleinasien), Mithridates, in einem Brief an den Partherkönig Arsakes bei Sallust* (17–21; Übs. A. Lambert); ▶ *S. 215: Calgacus.*

:: Die Ingenieurleistungen der Römer

Wer solche Bauten selbst noch nicht vor Augen hatte, kennt sie meist von Abbildungen her, architektonische Werke wie das Kolosseum genannte Amphitheater in Rom, die Tempelterrasse von Terracina (Italien), die Porta Nigra zu Trier (▶ Abb. S. 212), den Aquädukt mit dem Pont du Gard in Südfrankreich oder den 16-bogigen *Puente Romano* (Römerbrücke) über den mächtigen Guadalquivir in Cordoba (Spanien): In der gesamten ehemals römischen Welt begegnen als Hinterlassenschaft der Romanisierung kleinere oder eben gewaltigere Bauwerke, die von den technischen Leistungen der Römer auf diesem Gebiet zeugen.

■ **Monumentalbauten und Bautechnik |** Die Römer haben weder die Monumentalbaukunst erfunden noch die größten Bauwerke der Antike errichtet (man muss nur auf die Pyramiden schauen).

▮ Wie auf anderen Gebieten waren auch in der Bautechnik die Etrusker die Lehrmeister der Römer; ihr Wissen hatten sie aus dem Orient übernommen: Insbesondere war es die Kunst des Gewölbebaus, welche die römischen Baumeister zur Perfektion weiterentwickelten. Ein **Gewölbe** ist eine gekrümmte Raumdecke (oder ein Bogen) aus zugehauenen Steinen, deren Last auf die Mauern geleitet wird, die sie tragen. Eine besondere Form des Gewölbes ist die runde **Kuppel**, auch deren Bau beherrschten schon die Etrusker. Die gewaltigste Kuppel der Römer besitzt das Pantheon in Rom (125 n.Chr.) mit einem Durchmesser von 43,3 Metern.

▮ Die Beherrschung dieser Technik war die Voraussetzung für die Verwirklichung der Monumentalbauten, welche allesamt Bögen und Gewölbe verwenden.

▮ Ebenfalls entscheidend für die Baukunst der Römer war ihre Perfektionierung von Gussmörtel zum sog. römischen Beton, dem opus caementīcium (›Bruchsteinbauweise‹; danach unser Wort *Zement*). Der bestand neben Kalk, Wasser und Sand eben auch aus Bruchgestein, was ihm spezielle Festigkeit und vielseitigere Verwendbarkeit verlieh (das genannte Pantheon gehört zu den ältesten Großbauten der Welt aus ›Beton‹).

▮ Auch das Bauen im opus laterīcium (›Ziegelbauweise‹; later: Ziegelstein) wurde zur Perfektion getrieben; mit Mörtel verfugt schuf man daraus alle denkbaren – kleinen und großen – Bauformen. Häufig beobachtet man das charakteristische opus reticulātum (›Gitterbauweise‹), bei dem die aneinandergesetzen Ziegel ein regelmäßiges Netzmuster ergeben.

▮ Neben Ziegelsteinen und Beton bildeten Marmor, Sandstein oder Granit das Baumaterial. Teurer Marmor (etwa aus Carrara in Norditalien) kam nur für Prachtbauten oder zur Verkleidung in Frage; als Imitat von Marmor dienten auch Stuckplatten oder Stuckverputz (aus Gips).

Während man sagen kann, dass in der griechischen Marmorbauweise Baugestalt und künstlerische Ausgestaltung bei vielen Bauten untrennbar waren (z. B. Säule, Giebel usw.), verlangte die römische Bauweise nach äußerer Verkleidung der Baukörper. Das Repertoire dafür entnahm man den Kunstformen, welche die Römer in der sich vereinheitlichenden Welt des ▶ Hellenismus vorgefunden, übernommen und zum Teil neu interpretiert hatten. So sind Säulen, Halbsäulen, Giebelverkleidungen u. a. in den dort vorhandenen Stilarten je nach aktuellem Geschmack verwendet.

Besonders wichtig wurde in der späteren Architektur die von den Römern geschaffene Bauform der **Basilika**: Zunächst Gerichts- und Versammlungshalle, wurde ihre Form für die christlichen Kirchen übernommen (▶ Abb. S. 45/46).

Obwohl nach dem Zerfall des römischen Reiches Bauten über Bauten zerfielen oder als Baustoff geplündert wurden, blieben von ihnen noch so viele ganz intakt oder in Ruinenform sichtbar. Insofern existierten auch in der Folgezeit für die Architektur immer Vorbilder, bis in der Renaissance ein bewusster, gezielter Rückgriff auf die römische Antike auch in diesem Bereich erfolgte (▶ S. 246: *Nachleben*).

Nicht nur Spuren in Stein hinterließen die Römer mit ihren Bauwerken: Auch unsere Sprache hat viel von ihnen geerbt. Wörter wie mūrus (*Mauer*), tegula ([Dach-]*Ziegel*), fenestra (*Fenster*), cellārium (*Keller*, im Lateinischen: ›Speisekammer‹), mortārium (*Mörtel*) u. a. zeugen – auch in den anderen europäischen Sprachen – von der Vermittlung der Römer in diesem Bereich.

▶ s. o. S. 50: *Aquädukte*
▶ s. o. S. 59, 64: *Theater und Amphitheater*
▶ s. u. S. 200: *Die Baukunst*
▶ s. u. S. 243: *Technik und Maschinen*

Im Pantheon zu Rom, dem gewaltigen Kuppeltempel: Die Kuppel hat einen Innendurchmesser von 43 m und ist ebenso hoch. Ursprünglich von Agrippa, Freund des Augustus erbaut, wurde der Tempel mehrmals restauriert, u. a. von Kaiser Hadrian. Die sieben Nischen – später und jetzt Altarnischen – waren den Göttern der sieben Planeten geweiht.

Straßenbau und Verkehrsnetz | Deutschland verfügt heute über ein Autobahnnetz von gut 12 000 km Länge. Die sog. Europastraßen (mit Nummer auf grünem Schild gekennzeichnet) umfassen ein Netz von 50 000 km Länge (und durchziehen nicht nur Europa, sondern auch Kleinasien und Zentralasien bis Kasachstan).

Die Römer ihrerseits hinterließen in ihrem gesamten Reich ein Fernstraßennetz von über 88 000 km Länge – und durchschnitten bzw. überquerten Täler, Berge und Flüsse oder legten Flachland trocken. Ihre Straßen bildeten nicht nur Verkehrsadern, sie waren – zusammen mit den Flüssen – buchstäblich die Lebensadern dieses Imperiums und stellen nicht nur eine mehr als imposante technische und kulturelle Leistung, sondern eine entscheidende Voraussetzung der ▶ Romanisierung dar.

Dieses Netz ist in der Antike nur dem ebenfalls gewaltigen Straßennetz im alten Reich der Perser

Mīlle viae dūcunt hominem per saecula Rōmam.
Tausend Wege führen den Menschen immerzu nach Rom.
Dieser bekannte Spruch stammt aus dem 12. Jh.

vergleichbar (zu dem Teile der Seidenstraße nach China und der ›Königsweg‹ von Susa/Südostpersien bis Sardes/Kleinasien gehörten; letzteren schlossen die Römer später an ihr Netz an).

▮ An vielen Stellen des römischen Reiches sind Reste dieses Straßennetzes noch sichtbar – zusammen mit Brücken, Tunneln und Bergdurchschnitten (etwa in den Alpen). In Italien liegt ein guter Teil der Eisenbahnstrecken auf alten römischen Straßen.

Der Bau der Via Domitiana

Wie viele Hände arbeiten dort zu gleicher Zeit!
Die hier fällen den Wald und legen die Berge frei,
diese glätten mit dem Eisen Blöcke und Balken;
jene verbinden die Steine und dichten die Fugen
mit Kalkmörtel und staubigem Tuffsand;
die hier trocknen daneben die Löcher voll Wasser
und leiten es dazu in kleinere Bäche zur Seite ab.

Der Dichter Statius (1. Jh. n. Chr.) hinterlässt hier einige der wenigen Zeilen der gesamten lateinischen Literatur, in denen von den einfachen arbeitenden Menschen die Rede ist (Silvae IV, 49–55; hs).

▮ Wie zu erwarten: Auch auf diesem Gebiet hatten die Römer Entscheidendes von den Etruskern gelernt bzw. waren ihre Nachfolger geworden. Wo es römischen Bedürfnissen entsprach, übernahmen sie die etruskischen Trassen (Straßenverläufe); anders als die Etrusker führten sie die Straßen aber möglichst schnurgerade durchs Land und an den Städten vorbei, jedenfalls bis sie auf ihren Zielpunkt trafen, den Säulen oder Stadttore markierten und der andersherum ihr Ausgangspunkt war.

▮ Die Römer bauten sowohl Schotterstraßen als auch nach allen Regeln der Kunst ausgetüftelte gepflasterte Schnellstraßen mit Wasserabfluss. Diese Straßen waren meist etwa vier bis sechs Meter breit und wiesen in regelmäßigen Abständen an den Rändern Ankersteine auf. Die älteste gepflasterte römische Straße ist die Via Appia von Rom nach Brundisium–Brindisi (312 v. Chr.), die rēgīna viārum, ›Königin der Straßen‹ (so der Dichter Statius).

▮ In der Republik waren die ▸ Zensoren (cēnsōrēs), später auch die Konsuln für den Straßenbau zuständig (und gaben ihnen den Namen); unter den Kaisern wurden sie aus der kaiserlichen Kasse bezahlt, für ihre Verwaltung waren cūrātōrēs viārum, Straßenaufseher, verantwortlich. Bau und Unterhaltung verschlangen Unsummen, nicht anders als heute. Zur Erteilung des Bauauftrags gab es (wie heute) eine Ausschreibung, der beauftragte Unternehmer beschäftigte vor allem Sklaven, auch freie Arbeiter. Soldaten kamen nur außerhalb Italiens zum Einsatz. Nach den hohen Baukosten zog man zum Teil auch Privatleute zu den ebenfalls insgesamt beträchtlichen Reparaturkosten heran; ihre Sponsorentätigkeit konnten sie sich durch Namensnennung auf den Meilensteinen feiern lassen.

▮ Im Abstand von jeweils 1 römischen Meile (ca. 1,5 km) zeigten Meilensteine (mīliāria) die Entfernung an, anders als bei uns nicht *bis* zu einem Ort, sondern *von* den Orten *her*. Auf dem Forum Romanum ließ Augustus das mīliārium aureum (›goldener Meilenstein‹) errichten, an dem die Entfernungen zu den wichtigsten Städten des Reiches abzulesen waren. Auch die Namen der für den Bau verantwortlichen Beamten bzw. Kaiser finden sich auf den Meilensteinen.

Römische Soldaten und Arbeiter beim Straßenbau., links ein Landvermesser bei der Arbeit. Man erkennt in der Rekonstruktionszeichnung gut die verschiedenen Schichten des Unterbaus und der Pflasterschichten der Straße. Auch an den Fernstraßen vorhandene Einrichtungen wie Rasthaus und Poststation hat der Zeichner berücksichtigt.

Obwohl Poststationen (zum Pferdewechsel) sowie Rasthäuser an den Fernstraßen verteilt waren und Polizeitruppen (beneficiāriī, das sind Soldaten mit Spezialaufgaben) sie überwachten, blieb Reisen auf den Straßen wegen Straßenräubern immer extrem gefährlich (▶ S. 140: Felix Bulla).

Auch der Straßenbau der Römer hinterließ seine Spuren in den europäischen Sprachen:
- viam sternere: *eine Straße pflastern ≈ bauen*; via strāta (›Pflasterstraße) → *›Straße‹*, engl. *street*, ital. *strada*;
- viam rumpere: *eine Straße schlagen (›brechen‹)*; via rupta → franz. *la route* (über Land);
- via calciāta (›Kalkstein-, Schotterstraße → franz./deutsch *chaussée/Chaussee*;
- dagegen franz. *la rue* (span. *la rua*): in der Stadt ← lat. ruga ›Falte, Rinne‹; allgemein *la voie* ← lat. via ›Weg, Straße (auch bildlich)

Um die Errichtung und den Verkehr auf den Straßen herum war bei den Römern alles seit frühester Zeit rechtlich penibel geregelt: allgemeine Mindestbreite, Breite in Kurven (damit zwei Karren einander passieren konnten), die Instandsetzung, vor allem auch die Einstufung der Straßen: So gab es außerhalb der Städte viae pūblicae (Staatsstraßen), viae mīlitārēs (Militärstraßen, ebenfalls öffentlich), viae prīvātae (Privatstraßen, mit iūs eundī et agendī – Recht zum Begehen/Befahren und Viehtreiben – für alle), viae vīcinālēs (Nebenstraßen zwischen Dörfern).

Ich bin aufgebrochen und bin auf dem Weg unter Räuber geraten; ausgeraubt und verwundet bin ich mit meinen Leuten entronnen.
Der Aquäduktbaumeister Nonius Datus auf einer Bauinschrift aus Algerien; CIL VIII 2728

:: Das römische Recht

▶ S. 113; 136–140: *Kriminalität, Richter, Anwälte*

Wenn es im Folgenden um ›Recht‹ geht, dann ist damit die Gesamtheit aller festgelegten, allgemein als gültig angesehenen Gesetze und Vorschriften gemeint, welche die Beziehungen der Menschen innerhalb einer staatlichen Gemeinschaft bestimmen und regeln. Die Befolgung der Regeln wird überwacht und ggf. bestraft. Diesem festgesetzten Recht entspricht nicht unbedingt, was jeder Einzelne als ›sein Recht‹ ansieht – dann gibt es unter Umständen Konflikte. Anders als bei uns hatten auch religiöse Vorschriften staatlichen Rechtscharakter.

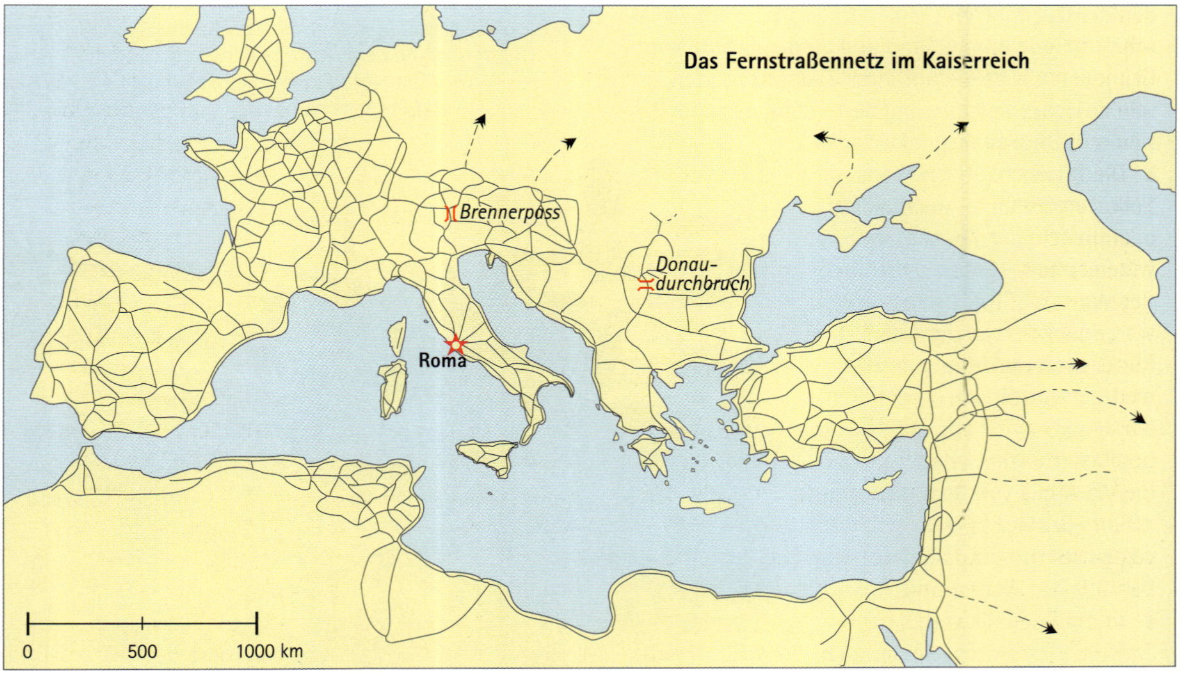

Kodifiziertes Recht | Wie bei anderen Völkern war auch bei den Römern das Recht anfänglich noch nicht aufgeschrieben; es existierte in Sprüchen und Formeln, für deren Bewahrung und Auslegung Priester zuständig waren. Im Zuge der politischen Kämpfe, die um 450 v. Chr. zwischen den Patriziern und Plebejern ausbrachen (▶ S. 85), erreichten die Plebejer, dass die geltenden Gesetze aufgeschrieben und öffentlich aufgestellt wurden; auf diese Weise wurden sie *kodifiziert*, d. h. in einer verbindlichen Form zusammengefasst und aufgeschrieben.

- Die erste bekannte Gesetzeskodifizierung erfolgte in Babylonien um 1700 v. Chr. unter dem König Hammurapi. Die Gesetze wurden auf einer (erhaltenen) Steinplatte eingemeißelt. In Griechenland wurden Gesetze von Drakon (um 621 v. Chr.) und Solon (594 v. Chr.) aufgeschrieben, wie in Rom als Folge innenpolitischer Kämpfe. Dort sollen sich auch römische Abgesandte Rat zur Abfassung der Zwölftafelgesetze geholt haben.

Die Kämpfe um die Gesetze sollten den römischen Priestern (die zu den Patriziern gehörten) die Möglichkeit nehmen, das (mündlich bewahrte) Recht zu manipulieren, also willkürlich auszulegen. Im Ergebnis wurden die Gesetze zunächst auf **Zwölf Tafeln** (aus Bronze) aufgeschrieben und auf dem Forum aufgestellt. Dazu waren sie von der Volksversammlung gebilligt worden. Schon 387 v. Chr. wurden die Tafeln beim Einfall der Gallier zerstört, ihr Inhalt freilich bewahrt. Diese Gesetze bildeten die Grundlage für die gesamte Entwicklung des römischen Rechts und damit der Entstehung der römischen Rechtswissenschaft.

Die Tatsache, dass sich in Rom die Plebejer, das Volk, eine Kontrollmöglichkeit über die Gesetze erkämpften, war höchst folgenreich: Immer wieder widersetzte sich das römische Volk zur Zeit der Republik Willkürmaßnahmen des Adels, sodass dieser gezwungen war, in irgendeiner Weise darauf Rücksicht zu nehmen. Grundlegende Gesetze mit weitreichenden Neuerungen oder Konsequenzen wurden infolgedessen in Volksversammlungen beschlossen. Obwohl der Adel Wege fand, die Gesetzgebungsverfahren stets in seinem Sinn zu steuern, konnte er nicht schrankenlos handeln. All das hatte eine gewisse Rechtssicherheit und die kontrollierte Anwendung der Gesetze zur Folge.

- Beispiele für Gesetze der Volksversammlung: Heiratserlaubnis zwischen Patriziern und Plebejern; Verbot des Besitzes großer Handelsschiffe für Senatoren; Einführung der Steuerpacht in der Provinz Asia.

Wer das römische Bürgerrecht besaß, konnte sich immer und überall auf die Geltung des römischen Rechts berufen. Dieses iūs cīvīle, *bürgerliche Recht*, wurde später um ein Recht zum Verkehr mit Ausländern (iūs gentium) erweitert, sodass auch diese in Rom klaren Rechtsvorschriften unterlagen, die zudem von ihnen vor Gericht einklagbar waren.

Die Rechtsprechung | Die Zwölf Tafeln waren aber nur *ein* Ausgangspunkt für die weitere Ausgestaltung des Rechts. Diese Ausgestaltung war ein langer, für unser Empfinden eigentümlicher Prozess.

Die Zwölftafelgesetze regelten nur die Dinge, die zu ihrer Zeit in einer überschaubaren Gesellschaft von Bauern bedeutsam waren: Familienstand (z. B. Ehe), Erbschaft, Eigentum, Vermögen, Straftaten (Körperverletzung, Tötung, Diebstahl). Für alles, was z. B. innerhalb einer familia vorging oder sonst privaten Charakter hatte, war entweder der pater familiās oder der Betroffene selbst zuständig, je nach Bedeutung der Sache auch gemeinsam mit Priestern oder Zeugen in einem feierlichen Rahmen.

Wer etwa bestohlen wurde, durfte den Dieb, wenn er ertappt wurde, ungestraft totschlagen oder konnte sich – unter Einhaltung bestimmter Regeln – das Diebesgut selbst wiederholen. Wenn jemand ermordet wurde, konnte dessen Familie oder irgendjemand anders den Mörder töten. Im Allgemeinen aber musste derjenige, der einen anderen einer Sache beschuldigte, diesen ›in iūs‹, an den Gerichtsplatz, bringen, wo ein Verfahren eingeleitet werden konnte – im Prinzip nicht anders als bei uns. Ein großer Unterschied: Das römische Rechtssystem kannte nicht das Amt des Staatsanwalts, der Vergehen ›von Staats wegen‹ verfolgte und unter Anklage stellte. Jeder Betroffene musste sich selbst um sein Recht kümmern.

›Aulus Agerius gegen Numerius Nigidius‹ | Mit diesen sog. Blankettnamen (statt ›der Soundso‹, von ›blank ≈ leer, bloß‹) bezeichnen die römischen Rechtsgelehrten in ihren Schriften den Kläger bzw. den Beklagten. Damit festgestellt werden konnte, auf wessen Seite das Recht lag, musste sich der jeweilige ›Aulus Agerius‹ an den zuständigen Beamten, den praetor, wenden und seine Forderung gegen den speziellen ›Numerius Nigidius‹ vortragen.

- In diesen Bezeichnungen kommt sogar im ernsten Rechtsbereich etwas vom sprichwörtlichen, häufig bissigen Humor der Römer zum Tragen: Aulus hat einen gewissen Anklang an augēre ›vermehren‹, d. h. hier ›sich etwas holen‹, in Agerius klingt agere an, d. h. ›eine Klage betreiben‹; in Numerius kann man numerāre ›hinzählen› ≈ ›bezahlen‹ hören, und Nigidius erinnert an negāre ›abstreiten‹ (was ja jeder Angeklagte gern tut, um nicht zahlen zu müssen). In diesen Namen wird das Wesen jedes Prozesses auf den Punkt gebracht (in den Texten erscheinen die Namen abgekürzt als AA bzw. NN).

Dazu hatte der Fordernde auf das i-Tüpfelchen genau von Priestern vorgegebene, aus den Zwölf Tafeln abgeleitete ›feierliche Formeln‹ (sollemnia verba) zu sprechen. Beim geringsten Fehler wies der Prätor die Klage ab.

Waren die Formeln fehlerfrei gesprochen, entschied er, ob er die Klage annahm; das heißt: Erst wurde entschieden, ob überhaupt über die Sache verhandelt wurde. Entschied er auf Ja, ging die Sache an einen iūdex, *Richter* (›Recht-Sprecher‹: iūs, dīcere). Diese zwei Stufen eines Prozesses gibt es noch heute, die Durchführung liegt aber in der Hand *eines* Gerichts.

Ein ähnlich strenges ›Formelverfahren‹ herrschte im Mittelalter, in folgendem Spruch festgehalten:
Quī cadit ā syllabā, cadit ā causā.
›Wer um eine Silbe fehlt, verfehlt den Prozess.‹

Je komplexer die römische Welt mit den Eroberungen sowie den neuen Erfahrungen und Lebensumständen wurde, um so weniger waren die überlieferten Formeln geeignet, die Rechtssache gültig vorzutragen, um so weniger die Gesetze inhaltlich ausreichend, um die Angelegenheiten angemessen zu behandeln. Immer häufiger kam es so zu ungerechten Entscheidungen. Die Folge war ein verbreiteter Unmut über die Rechtsprechung. Doch die Prätoren fanden einen Ausweg, um diese gefährliche Stimmung abzuwenden: Sie ließen Klagen ohne die altertümlichen Formeln zu und erweiterten die Klagemöglichkeiten. Damit wurde der Weg zu einer Anpassung der Rechtsprechung an die geänderten Verhältnisse frei. Jedes Mal, wenn der Prätor in einem noch nicht da gewesenen Fall die Klage zuließ, stellte er fest, dass auch in Zukunft danach verfahren werden solle: Das nannte man ēdictum, *Edikt* (›Erlass‹).

- Wie konnte ein Prätor so handeln? Im Grunde erließ er Gesetze aus freier Machtvollkommenheit. Tatsächlich erlaubte ihm das sein Amt, das ja imperium, *uneingeschränkte Vollmacht* in seinem Amtsbereich, bedeutete; freilich innerhalb der sonst gültigen Rechtsprinzipien.

Die Prätoren pflegten dann zu Beginn ihrer (einjährigen) Amtszeit in regelmäßigen ›Edikten‹ zu verkünden, was sie an Klagen zulassen würden. Dabei hielten sie sich immer an den Wortlaut ihrer jeweiligen Vorgänger, damit nicht der Eindruck entstand, sie brächen mit den bisherigen Gesetzen. Diese neu geschaffenen Rechtsgrundlagen nennt man iūs honorārium, weil die praetūra, das Prätorenamt, ein Ehrenamt (honor) ist. So sehr das dem Funktionieren des Rechtsvollzugs diente, so unübersichtlich wurde im Lauf der Zeit die Vielfalt der Edikte. Man begann, bei rechtskundigen Leuten *Gutachten*, respōnsa (›Antworten‹ auf Rechtsfragen), einzuholen. Das war der Ausgangspunkt für die römische Rechtswissenschaft (iūris prūdentia, ›Jurisprudenz‹). Die machte es sich nun zur Aufgabe, die Edikte zu sammeln, zu ordnen, zu kritisieren und in einen systematischen Zusammenhang zu bringen. Das beschriebene System der Rechtspflege hielt sich so im Großen und Ganzen bis zum Machtantritt des Kaisers Augustus (▶ S. 143). Jetzt wurde das Recht durch *kaiserliche* ēdicta sowie Senatsbeschlüsse angepasst, erweitert und geprägt.

Die römische Rechtswissenschaft | Die Rechtswissenschaft, ›die römischste aller Wissenschaften‹, war eine Angelegenheit, die vornehme Römer sozusagen aus privatem Interesse betrieben; es gab keine staatliche Juristenausbildung und keine entsprechenden Universitätsprofessoren (▶ S. 113). Diese Aktivitäten wie auch die Rechtsprechung überhaupt lagen also in den Händen von Adligen.

Auch hierin kommt wieder zum Ausdruck, dass der römische Adel die Stadt als sein Eigentum und das Reich als Erweiterung der Stadt verstand (so charakterisiert Cicero die Provinzen direkt als ›Vororte‹ – suburbānitās – von Rom). Da diese Leute durch die Vorstellungen griechischer Philosophie

Oben: Denar des Kaisers Hadrian von ca. 134 n. Chr. (hier etwa doppelte Größe). Dargestellt ist die ›kaiserliche Gerechtigkeit‹ (IVSTITIA AVG[VSTA]) als Frau, auf dem Kaiserthron sitzend.

geprägt waren, flossen in die Systematisierung des Rechts nun auch wieder Gedanken, besonders Begriffe, aus dieser Richtung ein.

- Ab Augustus, vom 1. bis zum 3. Jahrhundert, erlebte die römische Rechtswissenschaft ihre glänzendste Zeit. In zahlreichen Schriften wurden die vorliegenden Gesetzes- und sonstigen Rechtstexte untersucht und kommentiert, wurde die Geschichte des römischen Rechts erforscht und dargestellt. Dabei schufen die römischen Juristen eine höchst präzise Sprache, die sowohl grammatisch wie der Wortwahl nach jedes Missverständnis auszuschließen trachtete. Ganze Bibliotheken füllten sich mit dieser Literatur. Da von ihr viel überliefert ist, weiß man auch über unzählige Einzelheiten des römischen Alltags bestens Bescheid.

Wie ist die Rechtslage?
Ein von spielenden Kindern geworfener Ball trifft die Hand eines Friseurs, der darauf mit dem Messer einem Sklaven die Kehle durchschneidet, den er rasiert. Steht dem Besitzer des Sklaven Schadenersatz wegen Sachbeschädigung zu (ein Sklave ist eine Sache!)? – Einerseits: Die Schuld trifft den Barbier, wenn er sein Geschäft dort betreibt, wo regelmäßig Kinder Ball spielen. Andererseits: Den Geschädigten trifft eigene Schuld dann, wenn er zu einem Barbier geht, der an einem gefährlichen Ort (›locō perīculōsō‹) arbeitet (*Digesten* IX 2, 11).

In kaiserlicher Zeit, schon ab der Mitte des 2. Jahrhunderts n. Chr., entwickelte sich die **Anwendung des Rechts zusammen mit Änderungen elementarer Rechtsbestimmungen** zunächst stark zuungunsten der armen humiliōrēs (▶ S. 153), auch wenn sie das Bürgerrecht hatten. Recht existierte praktisch vorwiegend für die honestiōrēs, für die Reichen. Schließlich war es – etwa ab 200 n. Chr. – so, dass das Bürgerrecht für die einfachen Leute (außer für Soldaten und Veteranen: die brauchte der Staat) keine praktische Bedeutung mehr hatte. Kaiser Caracalla (▶ S. 152) konnte es also getrost an alle Freien verteilen.

Doch erfasste die Verschlechterung ihrer Rechtsstellung nach und nach auch Teile der Reichen, zunächst die am unteren Ende der Reichenskala, den ›Mittelstand‹, dann auch etwa die Dekurionen, ▶ S. 164. Der Genuss voller Rechte verlagerte sich immer mehr hin zur Spitze der Pyramide (▶ S. 93).

- In seinem Roman Verwandlungen – Der goldene Esel schildert der Autor Apuleius (±125 bis ±170 n. Chr.) in satirischer Verkleidung einen Grundstücksstreit zwischen einem Reichen und dessen ärmeren Nachbarn. Der Streit, in dem sich die Söhne des Armen auf ihre Rechte als cīvēs, ›Bürger‹, berufen, endet in einem blutigen Gemetzel, bei dem alle umkommen. Zwischendrin brüllt der Reiche die Söhne an: »Soll euch mit all euren Gesetzen die Pest holen!« Schon einige Jahrzehnte vorher beklagte etwa der Dichter Juvenal in einer seiner bissigen Satiren: Vor Gericht genießt »jeder nur soviel Glaubwürdigkeit, wie er Taler in seiner Geldtruhe hat«.

- Ab der Zeit des Kaisers Diokletian (um 300 n. Chr.) setzte auch auf dem Gebiet des Rechts ein tiefgreifender Wandel ein: Nun unter dem Dominat (▶ S. 150) waren die Reichsbewohner nicht mehr Bürger, sondern reine Untertanen, die Lebensverhältnisse verschlechterten sich insgesamt weiter, die Rechtsgrundlagen passten nicht mehr. Die Staatsbürokratie hatte kein Interesse mehr an ordentlicher Rechtsprechung. So wurden die Rechtstexte vereinfacht und umgeschrieben mit der Folge, dass das ausgetüftelte Rechtssystem zerbrach. Die einfachen Leute hatten ohnehin so gut wie *alle* Rechte verloren. Später versuchte man zwar, das Recht wieder neu zu ordnen, doch ohne positive Folgen, jedenfalls im Westreich.

- Starken Einfluss hatten die beträchtlich vereinfachten Rechtsformen dann auf die neuen germanischen Herrschaftsgebiete, die sich im Zuge der Völkerwanderung (▶ S. 245, 247) zunächst an den Rändern des Reiches herausbildeten; ihre Herrscher suchten, das römische Recht zu bewahren. Dadurch lebte das römische Recht hier und in den folgenden Jahrhunderten, vermischt mit germanischen Rechtsprinzipien, fort (die Germanen verfügten über eine eigene Rechtstradition).

- Zunächst Kaiser Theodosius, besonders aber im 6. Jahrhundert Kaiser **Justinian**, schufen neue umfassende Rechtssammlungen, in denen auch die Rechtsliteratur aus der früheren Blütezeit wieder gesammelt wurde. Der Rechtskodex Justinians, das **Corpus iūris cīvīlis** (›Korpus des bürgerlichen Rechts‹) hatte zu seiner Zeit (außer im Ostreich von Byzanz) aber keine eigentliche Wirkung mehr, doch dann in ungeahnter Weise im Mittelalter.

Wiederentdeckung im Mittelalter | Wenn auch die römische Rechtspraxis unterging, blieben sehr viele Handschriften der Rechtstexte erhalten, dar-

Beginn der **Īnstitūtiōnēs**, eines Rechtslehrbuchs, das zum Rechtskodex Justinians gehört (*Inst.* I 1):

›Gerechtigkeit ist stetiger, fortgesetzter [allgemeiner] Wille, der einem Jeden sein Recht zuerkennt. Jurisprudenz ist die Kenntnis göttlicher und menschlicher Angelegenheiten, das Wissen vom Gerechten und Ungerechten. …

Die [allgemeinen] Regeln des Rechts sind folgende: ehrenhaft zu leben, den Anderen nicht zu schädigen, Jedem das Seine zuzuerkennen.‹

unter – ein reiner Zufall – in einer *einzigen* Handschrift das Korpus Justinians. Als es Anfang des 12. Jahrhunderts wiederentdeckt wurde, nahmen die Gelehrten es sich begeistert vor.

Zum Zentrum dieser Studien wurde die Universität der italienischen Stadt Bologna, die älteste Universität Europas (1088). Da sich das Heilige Römische Reich (zu dem Bologna gehörte) als Nachfolger des Imperium Romanum verstand, betrachtete man das Corpus iūris cīvīlis als gültiges Recht und begrüßte nun dankbar diesen Fund, da die neue Zeit genauere Rechtsvorschriften brauchte, als sie die kirchlich dominierte Lehre bieten konnte.

Das alte ›neue‹ römische Recht wurde nun zunächst in Italien wirksam (maßgeblich aufgrund der Arbeit des Juristen Franciscus Accursius, ca. 1182–1265, der das Korpus umfassend erläuterte), von dort aus ergriff es Frankreich, England und vor allem auch Deutschland, dessen Gelehrte in Italien Recht studierten.

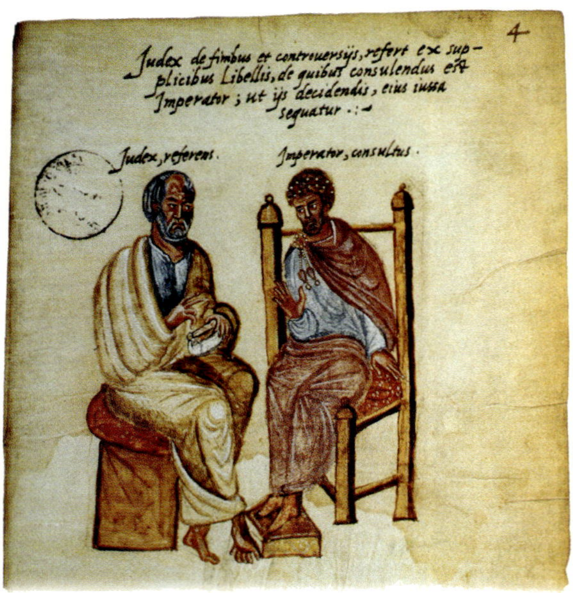

Auf diese Weise wurde das römische Recht zur Grundlage der Gesetze, des Rechtsverständnisses und der Rechtswissenschaft Europas, von dort aus der gesamten westlichen Welt. In verschiedenen Stufen und Formen wurde es mit eigenen Rechtsgrundlagen der europäischen Nationen vermischt und umgeformt. Auch das deutsche Bürgerliche Gesetzbuch (BGB), am 1. Januar 1900 in Kraft getreten (und seitdem vielfach angepasst), ist in diesem Sinn letztlich ein Nachfolgewerk der Zwölftafelgesetze des alten Rom – mit einer langen Spur in der Geschichte, deren Kenntnis grundlegend zum Verständnis auch unserer Gesetze verhilft.

:: Die lateinische Sprache

Die römische Herrschaft war auf dem Wege ihrer organisierten Verwaltung und Rechtsprechung überall so durchdringend, dass sie sich zwangsläufig in die Köpfe der Menschen einpflanzte und damit auch in ihre Sprache.

- Etwas ganz Ähnliches können auch wir heute beobachten: Scheinbar ›wie von selbst‹ dringen vor allem englische Wörter in unseren Wortschatz – nicht weniger in den anderer Sprachen – ein. Die grenzenüberwindende Lebenswirklichkeit, der Austausch von Waren und Gedanken, heute nicht zuletzt die Musik, bringt das mit sich. Und viele andere Gründe wirken zweifellos außerdem noch mit.

Eine große Ausnahme bildete demgegenüber im Römischen Reich eigentlich nur der griechische Osten: Hier war das **Griechische** im Vergleich zum Lateinischen so gut wie überall dominant geblieben, denn es war und blieb die Sprache der weiterhin anerkannten griechischen Weltkultur. Entsprechend kamen die immer stärker ›hellenisierten‹ Römer nicht umhin, sich schon sehr früh das Griechische als zweite Sprache anzueignen. Die ›führenden Kreise‹ der Römer waren und blieben stets zweisprachig, viele schrieben auf Griechisch, Griechisch war Pflichtstoff in der Schulausbildung.

Der Kaiser (rechts) konsultiert den Rechtsgelehrten. Buchmalerei aus einem Codex (Handschrift) des 9. Jhs. n. Chr., der u. a. Auszüge aus Justinians *Digesten* enthält. In der ›karolingischen Renaissance‹, die mit Karl dem Großen ihren Aufschwung nahm, erfolgte eine Rückbesinnung auf die Antike. Das Bildmotiv geht ebenfalls auf ähnliche antike Darstellungen und Illustrationen zurück.

■ Eine weitere (begrenztere) Ausnahme bildete das neuere **Ägyptisch** (›Demotisch‹) wegen seiner jahrtausendealten Geschichte und Tradition: Es gab eine Literatur, es gab Wissenschaften wie Mathematik und Medizin, es gab die Religion mit ihren Texten. Und: Da die letzten Herrscher (bis Kleopatra) Griechen waren, war auch in Ägypten das Griechische auf Staatsebene und unter den Gebildeten als Medium verbreitet.

■ Wer irgendwie am öffentlichen Leben teilnehmen wollte, musste sich im (west-)römischen Herrschaftskreis also wenigstens elementare Lateinkenntnisse aneignen. Die anderen Sprachen blieben – nicht alle, wie das Keltische in Gallien – bestehen und wurden gesprochen (Libysch-Berberisch in Nordafrika, Aramäisch in Syrien/Palästina u. a.), hatten öffentlich aber so gut wie keine Bedeutung.

■ Latein – Vom Dialekt der Latiner zur Verkehrssprache | Latein war ursprünglich die Sprache des Stammes der Latiner (und weiterer Stämme im Gebiet des sog. Latium). Zu ihnen gehörten eben auch die Bewohner Roms. Oben war davon die Rede, dass die Stämme nach Sippen (gentēs) gegliedert waren. Die ›lingua Latīna‹ war damit nur *ein* Dialekt unter mehreren, die miteinander verwandt waren.

Prinzipiell scheint das nicht anders als heute, wenn etwa in ›Unterdorf‹ ein anderer Dialekt gesprochen wird als in ›Oberdorf‹. Doch während es zur Zeit der Anfänge Roms im ganzen Mittelmeerraum (bis auf die Reiche des Ostens!) noch keine übergreifenden National- oder Verkehrssprachen gab, sprechen heute in den meisten Ländern *alle* zumindest eine Variante der offiziellen Standardsprache.

■ Im Bereich des alten Italien war (das wurde schon gesagt) das Etruskische – gemäß der Bedeutung der Etrusker – eine der wichtigsten Sprachen. Im 2. Jahrhundert n. Chr. war es – wie wohl alle anderen alten Sprachen Italiens auch – ausgestorben (aber erst dann) und vom Lateinischen abgelöst.

■ Parallel zum Erfolg der Römer in der Kriegführung und Eroberungspolitik entwickelte sich das Lateinische dann von einer Stammessprache zu einer raumübergreifenden **Verkehrs- und Verwaltungssprache**. In dieser Zeit schuf es sich einen passenden Wortschatz zur Aneignung der neuen kulturellen Erfahrungen und zur Beherrschung der neuen Welt und machte dabei auch zahlrei[...] änderungen durch – etwa in der Aussprach[...] der Grammatik; all das können wir jedoch n[...] bruchstückhaft nachvollziehen: Lateinische Sprachzeugnisse aus früher Zeit sind sehr, sehr selten. Einen recht guten Einblick in altes Latein bilden die Bruchstücke der Zwölftafelgesetze (▶ S. 171), den frühesten erhaltenen Text finden wir auf dem ›Lapis niger‹ (▶ Abb. S. 69).

■ Infolge der Kontakte, welche die Römer eingingen, übernahmen sie manche Wörter aus anderen Sprachen (wie circus oder triumphus aus dem Griechischen, carrus aus dem Keltischen; Etruskisch ▶ S. 81), vor allem aber von den Griechen. Durch die Aneignung der griechischen Kultur und Literatur wurden die Ausdrucksmöglichkeiten des Lateinischen überhaupt ausgeweitet und verfeinert. Ab dem Ende des 3. Jahrhunderts v. Chr. bildete sich allmählich eine lateinische Literatursprache heraus.

■ Latein – die Literatursprache | Das Latein, das die bedeutenden, namhaften lateinischen Schriftsteller schrieben, ist das Ergebnis einer starken Vereinheitlichung und Reglementierung der Grammatik sowie einer Auswahl aus dem Wortschatz. Um sich nach *ihrem* Verständnis angemessen kunstvoll auszudrücken, haben sich die römischen Schriftsteller und Dichter aus der gesprochenen Sprache das ausgesucht, was sie – nach ihrem jeweiligen Sprachgefühl – für besonders fein, vornehm oder würdevoll hielten; umgekehrt: Nichts sollte vulgär, nach Dialekt oder zu wenig edel klingen. Auch die Sprache sollte ›urbānitās‹ (▶ S. 163, 176) zeigen.

■ Es handelt sich bei dem Latein, von dem wir normalerweise reden, also eigentlich um eine in gewisser Weise künstliche, uns nicht selten gekünstelt erscheinende Sprachform, welche jedenfalls in der strengen literarischen Form tatsächlich nicht gesprochen wurde. Man kann sogar bezweifeln, dass wirklich jeder Text in dieser Sprache auch für einen lateinischen Muttersprachler spontan leicht verständlich war, insbesondere dichterische Texte.

> Von Kaiser Augustus wird z. B. berichtet, dass er zur nach seiner Ansicht besserer Verständlichkeit bei Ortsangaben entgegen der literarischen Vorschrift die Präpositionen hinzuzufügen pflegte. Er sagte also ad Athēnās proficīscī (statt nur Athēnās) oder in Rōmā manēre (statt Rōmae).

Wie konnte ein solcher Prozess der ›Normierung‹ ablaufen? Rom in der Anfangszeit war ja recht ›übersichtlich‹, jeder kannte sozusagen jeden, und wer von außerhalb Roms kam und gehört (oder gelesen) werden wollte, passte sich an. Die Sprache der Hauptstadt und von deren führenden geistigen Vertretern war also maßgeblich, und die waren wieder besonders von griechischen Redelehrern beeinflusst.

Unter den ›Intellektuellen‹ waren es dann in erster Linie anerkannte Sprachmeister oder Sprachkünstler, die zum Vorbild aufstiegen; eine fast zeitlose Sonderstellung nahm schließlich der Redner und philosophische Schriftsteller **Cicero** ein.

Neben der normierten Literatursprache existierte immer die normale Alltagssprache, die sich in vielen Einzelheiten der Grammatik und des Vokabulars von der gehobenen Schriftsprache unterschied. Wir wissen darüber ganz gut Bescheid, z. B. durch Inschriften auf Häusern, Briefe (erhalten z. B. im Wüstensand), Grabsteine. Aber auch ein Cicero benutzte in Privatbriefen diese Sprache und wählte z. B. gern einen *dass*-Satz (ut-Satz), wo er sonst den Akkusativ mit Infinitiv (AcI) vorzieht. Dazu findet man in der Literatur häufig Beispiele dieser anderen Sprachformen (oder: ›Fehler‹ der einfachen Leute), etwa wenn es darauf ankommt, dass der Autor die Sprechweise seiner Figuren nachahmt oder karikiert.

Der sog. **sermō vulgāris**, das Volkslatein (oft genannt: Vulgärlatein; vulgāris, -e *volkstümlich*) war also immer – in verschiedenen Ausprägungen (ganz wie z. B. beim Deutschen) – die gesprochene Sprache. Von ihr setzte sich der schriftliche **sermō pūrus** oder **sermō urbānus** ab (›Reinsprache‹, ›gepflegte Sprache‹).

Interessant ist, dass offenbar wenig aus fremden Sprachen übersetzt wurde: Griechisch konnte ›man‹ ja lesen; die (vor allem später aus ›musealem‹ Interesse zur Archivierung der Texte vorgenommenen) Übersetzungen aus dem Etruskischen sind allesamt verloren, ebenso die aus dem Phönizischen (man weiß vom Werk eines Karthagers Mago über die Landwirtschaft).

Relativ viel übertrug wieder Cicero von griechischen philosophischen Texten ins Lateinische. Damit bereicherte er in vieler Hinsicht den lateinischen Wortschatz um das dazu benötigte Vokabular und Ausdrucksmöglichkeiten und gilt daher nicht von ungefähr auch als eine Art ›Schöpfer‹ des Lateins.

Der Sprachtypus des Lateinischen | Latein gehört zu den sog. indoeuropäischen Sprachen, d. h. es ist mit den germanischen Sprachen – wie Deutsch oder Englisch –, den slawischen (Russisch u. a.), Griechisch, auch Persisch und Indisch und vielen anderen ›urverwandt‹ (▶ S. 7). Diese Verwandtschaft wurde im 19. Jahrhundert entdeckt und eingehend erforscht: Man fand und untersuchte in den verschiedenen Sprachen gleich oder ähnlich klingende Wörter sowie Gesetzmäßigkeiten bei Lautänderungen (so ist etwa lat. c ≈ /k/ im Griechischen meist auch k, im Germanischen h, im Indischen s).

Man bemühte sich auch, für die einzelnen so gefundenen Wortgleichungen passende ›Urbedeutungen‹ festzustellen, und kam zu tatsächlich verblüffenden Ergebnissen, z. B. bei Verwandtschaftsbezeichnungen. Von wem genau und wo jedoch diese Sprache, das Indoeuropäische, auch gesprochen wurde, darüber ist man sich nicht recht einig. Manche Sprachwissenschaftler halten auch noch weitergehendere Verwandtschaften unter den Sprachen für möglich (Sanskrit: altindische Sprache).

Sprachverwandte Wörter

dt.	engl.	lat.	griech.	Sanskrit
Mutter	mother	māter	mētēr	matar
Vater	father	pater	patēr	pitar
Knie	knee	genu	gony	janu
drei	three	trēs	treis	trayas
neu	new	novus	neos	navas
(Bahre)	bears	fert	pherei	bharati
isst	eats	edit/ēst	edei	atti
hundert	hundred	centum	hekaton	satem
Hund	hound	canis	kyōn	svan

Die Verwandtschaft dieser Sprachen beschränkt sich aber nicht auf die Wörter allein, sondern zeigt sich auch in der Grammatik sowie der Wortbildung, darunter dem sog. Ablaut (*singen – sang – gesungen*; tĕgere – tōga). In der Grammatik ist es u. a. die Flexion, also das Prinzip der Wortbeugung (Formveränderung durch verschiedene Mittel, besonders Anhängsel an die Wörter), das die indoeuropäischen Sprachen – in ganz unterschiedlicher Ausprägung! – gemeinsam haben.

›Sprachsystem‹ und ›Sprachnorm‹ | Diese und viele weitere Kennzeichen verbinden stark auch das Deutsche und Lateinische miteinander. Bei allen Verschiedenheiten verfügen Deutsch und Latein nun über das gleiche **Sprachsystem** – das Lateinische wirkt also nicht *völlig* fremd. Gleichzeitig ist es innerhalb der beiden Sprachen aber oft ganz unterschiedlich geregelt, welche vorhandenen Möglichkeiten wie stark oder vielleicht kaum genutzt werden, das ist die jeweilige **Sprachnorm**. Hier liegen, abgesehen von den unbekannten Wörtern, die Hauptprobleme des Verstehens.

↳ Es kommt beim Erlernen des Lateinischen also besonders darauf an, auf dessen Eigentümlichkeiten genau zu achten, um nach und nach sicherer darin zu werden, welche *anderen* Sprachmöglichkeiten das Deutsche eventuell dafür einsetzt. Auf diese Weise lässt sich leichter beim Übersetzen das einfache Nachbilden lateinischer Sprache vermeiden, was leicht – man glaubt es vielleicht nicht! – zu unverständlichen Ergebnissen führt.

In der Antike (bis ins Mittelalter) lasen die Menschen laut – auch für sich allein!

▌ Wenn diese Normunterschiede *bewusst* werden, liegt darin auch ein entscheidender Schlüssel zum besseren Verständnis literarischer oder dichterischer Texte.

■ Sprachkunst und Grammatik | Trotz prinzipieller Systemverwandtschaft ist etwa das Formensystem im Lateinischen noch viel ausgeprägter als im Deutschen. Gerade das reichhaltige Formensystem ist es aber, das – zusammen mit dem Fehlen des Artikels – besondere Formen von Sprachkunst hat entstehen lassen, die sich vor allem in der gegenüber dem Deutschen recht ›freien‹ (aber nicht beliebigen!) Wortstellung äußert: Zusammengehörige Wörter sind ja viel leichter erkennbar. Das Verstehen wurde – teils zum Ausgleich für diese Freiheiten – stark vom gesprochenen Satzrhythmus und von Wortfiguren unterstützt. Dafür dürfte uns (im Lateinischen) normalerweise im wörtlichen Sinn ›das Ohr fehlen‹. Um der Sprachkunst oder einfach den Formulierungen eines lateinischen Autors besser folgen zu können, müssen wir also beim Lesen höchste Aufmerksamkeit in alle Richtungen, besonders die Wortbedeutungen und das, was vom Sinn her zusammenpasst, walten lassen.

■ Latein – logisch? | Man hört vielfach die Meinung, Latein sei eine besonders ›logisch‹ ausgeprägte Sprache. Eigentlich ist das Gegenteil der Fall.

▌ Grundsätzlich ist zunächst einmal nicht eine Sprache logisch, sondern derjenige, der sich äußert, denkt und äußert sich logisch – oder eben nicht. Die Sprache stellt nur die Mittel dazu zur Verfügung, mit denen man sich ausdrückt. Sich logisch auszudrücken ist in allen Sprachen gleich möglich.

▌ Es ist aber auch so, dass hinter der genannten Meinung ein tiefgehendes Missverständnis steckt: Die Auffassung vom logischen Latein stammt aus dem Mittelalter; dort bezog sie sich aber auf den *Stil* (vor allem den *Satzbau*) der als vorbildlich geltenden lateinischen Autoren, *nicht* auf die Grammatik im engeren Sinn (wie man das heute meint).

▌ Gerade in puncto Grammatik *kann* man Latein eher als unterentwickelt ansehen, da es sich viel stärker auf den Sinn-Zusammenhang verlässt als andere Sprachen. Das gilt etwa für die Ausdrucksweisen, die logische Angaben *ganz* vernachlässigen (Partizipien einschl. Ablativus absolutus, Gliedsätze vor allem mit ut und cum, den Konjunktiv insge-

samt, Kasus ohne Präpositionen und manches mehr). Gerade hier hilft die Grammatik überhaupt nicht zum Verstehen. Zwar verfügt das Lateinische über eine Unmenge an Wortformen, aber die wenigsten von ihnen sind ein-deutig und bei den meisten ist der Kontext Verstehenshilfe.

- Bei all diesen Merkmalen kam es besonders auf das präzise Denken der lateinischen Autoren und ihre Beherrschung der Sprachmittel an, etwa wenn sie geradezu eine Kunst daraus machten, *Perioden*, d. h. lange, verschachtelte Sätze zu bilden, wofür sie berühmt (oder: berüchtigt) sind.

Epochen des Lateinischen	
bis 240 v. Chr.	Frühlatein
240–75 v. Chr.	Altlatein
75 v. Chr.–1. Jh.	Klassisches Latein
2.–3. Jahrhundert	Nachklassisches Latein
4.–8. Jahrhundert	Spätlatein
9.–15. Jahrhundert	Mittellatein
15.–17. Jahrhundert	Humanistenlatein
17. Jh. bis heute	Neulatein

Die Grenze zwischen Spätlatein und Mittellatein muss man als fließend ansehen; man kann sie auch gut ein Jahrhundert früher ansetzen.

Die Nachfolgerinnen des Lateins | Mit dem Ende des Römischen Reiches bzw. seiner Umwandlung in die Nachfolgestaaten (▶ S. 245) im 5. Jahrhundert n. Chr. begab sich das Lateinische auf zwei Wege:

- Das **Volkslatein** entwickelte sich je nach seiner Verwurzelung in den römisch beherrschten Gebieten weiter zu den sog. romanischen Sprachen (▶ S. 179 Tabelle ›Tochtersprachen‹). In diesen bildeten sich wieder verschiedene Dialekte aus. Die von den Menschen in den einzelnen Regionen tatsächlich gesprochene Sprache hing von der Bildung ab, und auch die vom Latein verdrängten oder zurückgedrängten einheimischen Sprachen machten sich bemerkbar und nisteten sich in verschiedener Weise in das sich verändernde Volkslatein ein: Die einheimischen Sprachen wirkten sich auf Aussprache, Wortschatz und auch Grammatik aus.

Alle diese Fortsetzerinnen des Lateins machten nunmehr wieder die gleichen Prozesse durch wie das Lateinische vor ihnen: Überall bildete sich – zum Teil sehr spät (und wie etwa in Italien oft im Kampf gegen das als kultivierter angesehene Latein) – wieder eine eigene Schriftsprache neben der gesprochenen Umgangssprache heraus.

- Das **literarische Latein (Schriftlatein)** konnte sich nicht ›natürlich‹ fortpflanzen, denn es war ja keine Muttersprache, sondern wurde in Schulen oder von Privatlehrern gelehrt. Sein Fortleben war also davon abhängig, wie viele und welche Menschen dieses Schriftlatein wo und wie gut beherrschten.

Aufgrund dessen, dass das Christentum zur Staatsreligion gemacht worden war (▶ S. 206) und sich daraufhin in einer Weise organisierte, welche die staatlichen Organisationsformen des römischen Reiches nachahmte, fasste es auch in sämtlichen Bildungseinrichtungen Fuß und wurde so fast automatisch zum Erben der alten römischen Bildung – was es aber nicht daran hinderte, all das auszumerzen, was ihm an überlieferten Gedanken nicht

Mönche in ihrer Bibliothek. Mittelalterliche Buchmalerei (1425). Durch die hingebungsvolle Arbeit des Abschreibens seitens der Mönche wurden unzählige antike Schriften für die Nachwelt bewahrt. Die Illustration ziert den Beginn des Kapitels ›De bybliotheca‹.

gefiel. So verschwand vieles – Texte und Kunst – von der Bildfläche, von anderem blieben nur blasse Vorstellungen, vieles wurde aber auch bewahrt: In den Klöstern wurden antike Texte gesammelt, immer wieder abgeschrieben und blieben so bis heute erhalten.

Die Orte, an denen das geschah, waren vor allem die Klöster, in denen Mönche (monachī, die *Einsamen* [griech.] oder Nonnen [lat.: eigentlich *Kinderfrau* oder *alte Frau*]) – wenn auch in verschiedener Weise – ein Leben nach den Lehren der Kirche führen wollten. Sie sprachen überall zumindest offiziell Latein.

Doch war dieses Latein mit den Volkssprachen der jeweiligen Gegend mehr oder weniger durchsetzt. So entfernte sich auch die Sprache der Gebildeten immer weiter vom alten Schriftlatein – nicht anders als die romanischen Volkssprachen, doch immer steckte der Versuch dahinter, dieses – so gut man gerade konnte – nachzuahmen.

- Dabei verzichtete man vor allem auf das, was man für kompliziert hielt. Und weil man neue Dinge oft mit alten Wörtern bezeichnete, sind mittellateinische Texte für uns trotzdem manchmal schwer zu verstehen, weil wir nicht wissen, was genau gemeint ist.

Die **Entfernung vom literarischen Latein** Ciceros und seiner Gleichgesinnten setzte schon früh ein. Das ist kein Wunder: Eine Sprache muss die Welt erfassen können, in denen ihre Sprecher oder Schreiber leben. Die Sprache ändert sich ganz zwangsläufig mit der Welt und denen, die sie benutzen.

So erfolgte (▶ oben Tabelle ›Epochen‹) eine Entwicklung der lateinischen Sprache hin zum sog. Mittellatein, das zwar eine Schriftsprache war, aber – in gebildeten oder kirchlichen Kreisen – auch gesprochen wurde. Latein, im Römischen Reich zur Verwaltungs- und Literatursprache eines riesigen Raumes geworden, hatte so zweierlei Art ›Töchter‹, wie gern gesagt wird:

- die natürlichen Töchter in Gestalt der romanischen Sprachen (s. u.);
- die mehr ›künstlich beatmete‹ Tochter ›Mittellatein‹. Diese Sprache wurde in einem Großteil des ehemaligen Römischen Reiches benutzt und verstanden – **einmalige Karriere einer Sprache**.

Mittellatein ▶ S. 247

Die Tochtersprachen des Lateinischen

Sprache	Verbreitung	Sprecherzahl
Spanisch (castellano, español)	Spanien, Südamerika, USA, Afrika u. a.	352 000 000
Portugiesisch (mit Brasilianisch; português)	Portugal, Südamerika, Afrika	216 000 000
Französisch (français)	Frankreich, Schweiz, Afrika, Kanada u. a.	77 000 000
Italienisch (italiano)	Italien u. a.	70 000 000
Rumänisch (mit Moldawisch und ›Wlachisch‹; romăna)	Rumänien, Moldawien, Griechenland u. a.	26 000 000
Sizilianisch (sicìliánu)	Sizilien	10 000 000
Katalanisch (català)	Spanien (Katalonien)	8 200 000
Galicisch (galego)	Nordspanien	3 000 000
Okzitanisch (occitan)	Südfrankreich	2 800 000
Franko-provenzalisch	Ostfrankreich, Schweiz, NW-Italien	[?]
Sardisch (sardo)	Sardinien	1 200 000
Furlanisch (furlan)	NO-Italien	350 000
Ladinisch (ladin dolomitan)	NO-Italien	40 000
Rätoromanisch (Bündnerromanisch; Rumantsch u. ä.)	Schweiz. NO-Italien	60 000
Aragonesisch (Aragonés)	Pyrenäen	30 000

Einige Nachfolgesprachen des Lateinischen sind zum Teil schon früh ausgestorben, z. B. im 11. Jahrhundert das Moselromanische im Gebiet von Bitburg (Eifel), Mosel und Saar. Das Frankoprovenzalische (▶ Tabelle) wird nur noch in wenigen Ecken seines ursprünglichen Gebietes gesprochen oder verstanden. Auch in Nordafrika (▶ S. 166, 215) gab es Tochtersprachen, die verschwunden sind. Vierzig Prozent der Latein sprechenden Menschen des Römischen Reiches lebten einmal in Nordafrika!

7 Das kulturelle Leben

:: Schulen und Bildung

Mit der Schrift – notwendige Voraussetzung zur Ausbildung einer umfassenderen Bildungskultur – waren die ersten Römer durch ihren Verkehr mit den Etruskern in Berührung gekommen. Während die jedoch schon längst ihre Grabsteine mit Aufschriften zu Ehren der Verstorbenen versahen und beispielsweise ihre heiligen Texte aufschrieben (die etruskische Religion war wie das Christentum und anders als die römische eine Offenbarungsreligion (▶ S. 82), fanden die Römer selbst noch keine rechte Verwendung dafür.

Die Aufstellung der Bronzetafeln mit den eingravierten ▶ Zwölftafelgesetzen auf dem Forum zeigt jedoch immerhin zweierlei: Offenbar gab es genügend Leute auch aus dem Stand der Plebejer, die lesen konnten. Denn sonst hätte die Veröffentlichung (die ja der Kontrolle der Einhaltung der Gesetze diente), wenig Sinn gehabt. Zum anderen weist auch dieser Akt auf, wie bedeutsam eine allgemein vorhandene schriftliche Bildung für die Entwicklung einer komplizierteren politischen Gesellschaft ist.

■ **Formen und Stufen der Bildung** | Die vielen ›Graffiti‹ (geritzte oder gemalte Aufschriften) auf Hauswänden, dazu Reklameaufschriften, auf Scherben eingeritzte Texte oder auch die zahlreichen erhaltenen Briefe zeigen, dass sicher zumindest ein Großteil auch der einfachen Menschen schreiben und lesen konnte – wie man weiß, auch nicht nur Stadtbewohner. Wie groß aber dieser Anteil genau war, lässt sich nicht sagen; immerhin fiel es im kaiserlichen Rom offenbar auf, wenn jemand nicht schreiben konnten, das steht zumindest fest.

■ In der Königszeit (▶ S. 74, vor 500 v. Chr.) wurden nur die Jungen zu Hause von den Vätern unterrichtet: Lesen und Schreiben standen im Mittelpunkt, aber auch auf Schwimmen und Kampfsport legte man wert. Für die Mädchen reichten als ›Lernstoff‹ die häuslichen Arbeiten wie etwa Wolle spinnen. Die erste öffentliche Schule Roms gab es schon im 5. Jahrhundert v. Chr. (es soll eine Mädchenschule gewesen sein!). Gegen Ende des 3. Jahrhunderts v. Chr. wurden viele neue öffentliche Schulen eingerichtet, also in der Zeit, als Rom immer mächtiger wurde (Kriege gegen Karthago) und die Welt besser zu beherrschen lernen wollte (▶ S. 92 f.). Diese Schulen waren ausdrücklich auch für die Ärmeren gedacht. Die Lehrer mussten aber von den Eltern bezahlt werden. In der Kaiserzeit werden die Herrscher später dafür sorgen, dass es im letzten Winkel des Reiches Schulen gibt! In der ganzen Zeit aber bleiben Stoff und Methoden so wie in den Urzeiten der römischen Schule.

↪ Diese umfassende Sorge für eine kulturelle Grundausbildung der Menschen ist – bei aller (zeitbedingten) Einfachheit – als große Leistung der römischen Zivilisation zu betrachten.

Antiker Abakus (Rechenbrett), Nachbildung eines Originals

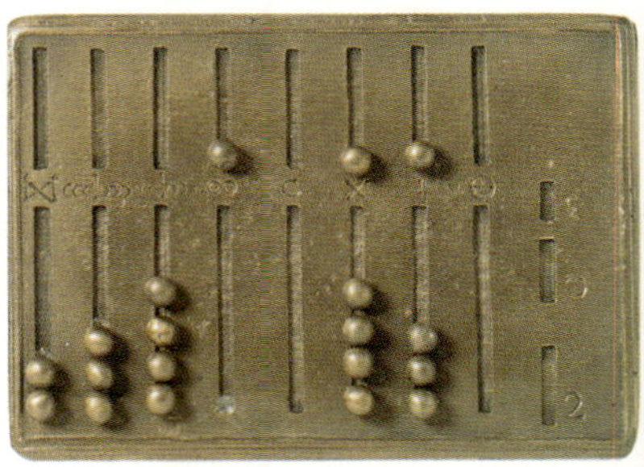

Mit ähnlichen Geräten lernte man auch bei uns noch vor wenigen Jahrzehnten hier und da rechnen. Die Position der Steine gibt den Wert an.

Links: Klapptäfelchen (pugillārēs, *Pl.*) mit Wachsschicht als ›Notizbuch‹ und eine capsa, eine runde Box zur Aufbewahrung von Schriftrollen (Malerei aus Pompeji).

▌ Unterrichtet wurden Jungen (von 7 bis 15) und Mädchen (von 7 bis 13). Die öffentlichen, aber von Privatleuten betriebenen Schulen waren keine Schulgebäude, sondern – meist am Forum – gemietete Räume oder Läden, die man in der Regel als pergula (etwa ›Bude‹) bezeichnete. Kinder der Reicheren wurden von paedagōgī (griech.: ›Kinderführer‹, davon unser Wort *Pädagoge*) in die Schule begleitet, d. h. von Sklaven, welche die Kinder auch zu Hause beaufsichtigten. In der Schul›bude‹ saßen die Schüler auf Bänken (ohne Tische) hintereinander, vor ihnen dozierte der Lehrer mit der Rute in der Hand. Die war wohl sein wichtigstes ›pädagogisches‹ Instrument: manum ferulae subdūcere, *die Hand unter die Rute halten*, war ein häufiger Befehl des Lehrers an die Schüler, um sie zu ›motivieren‹. Die Lehrer in dieser Schulstufe waren die lūdī magistrī, Schul›meister‹. Der Unterricht selbst wurde nämlich als lūdus bezeichnet, als ›Spiel‹.

▌ Mit interessantem, abwechslungsreichem Unterricht hielt man sich nicht auf: Einzeln oder im Chor sagte man das Alphabet von vorn oder rückwärts oder kreuzweise oder in Kombination von allem auf, dann folgte das gleiche mit Silben und Wörtern. Daneben galt es, Sprüche und Merksätze auswendig zu lernen – besonders solche, die nach gängiger Meinung kluge Lebensweisheiten enthielten.

▌ Auch Rechnen wurde – in den vier Grundrechenarten – gelehrt. Mit den römischen Zahlzeichen war das Rechnen nicht so einfach wie mit den heutigen ›arabischen‹ (ursprünglich aus Indien stammenden) Ziffern. Man lernte mit Händen und Fingern und legte die dabei nach festen Regeln übereinander. So konnte man jemand auch leicht ›ein X für ein U vormachen‹, d. h. für ein V (also *zehn* statt *fünf*). Die professionelle Methode war die, mit calculī, Rechensteinen, auf einem Rechenbrett (abacus) zu rechnen, gewissermaßen der ersten Rechenmaschine.

▌ Neben diesen Fächern erfolgte Unterricht in Musik (Erlernen eines Instruments mit Singen) und Sport.

▌ Die Reichen beschäftigten auch Hauslehrer. Diese waren Sklaven, zumeist Griechen: Griechisch wurde in den höheren Kreisen als ›erste Fremdsprache‹ gelehrt und gelernt. Diese Hauslehrer holte man sich in der ersten Zeit direkt als Kriegsgefangene aus Griechenland. Speziell für die Schicht der begüterten Römer wurde (im 2. Jahrhundert) eine weitere höhere Schulform in zwei Stufen geschaffen: Schüler von 12 bis 16 wurden vom grammaticus (Sprach- und Literaturlehrer) unterrichtet. Hier standen vor allem griechische Dichter und Philosophen wie Homer oder Platon im Mittelpunkt.
▶ *Homer;* ▶ *Platon*

▌ Von 16 bis 18 wurden die Jugendlichen der höheren Gesellschaftsschicht vom rhētor (griech.: Redelehrer) in griechischer Rhetorik unterwiesen. In der Regel waren das Griechen, die in Rom eine entsprechende (private) Ausbildung anboten. Was da vermittelt wurde, ging aber über reines ›Reden‹ weit hinaus: Man lernte, da man über nichts nicht reden kann (wenn man die Sache ernst meint), über wichtige (vor allem geschichtliche, politische, juristische und wissenschaftliche) Themen sowohl *inhaltlich* als auch in möglichst vollendetem Ausdruck am Beispiel berühmter Vorbilder (d. h. griechischer Redner) Reden zu halten. Dazu kamen Sprech-, Atem- und Vortragstechnik, einschließlich Gestik, d. h. Hand- und Körpergebärdensprache. Insofern bedeutete diese Stufe der Ausbildung auch die Beschäftigung mit wichtigen Bildungsinhalten (▶ S. 182 Universitätsbildung). Ein später ›Abkömmling‹ davon ist z. B. noch unser Deutschaufsatz.

Unterricht beim Privatlehrer. Ein Junge kommt gerade hinzu und wird begrüßt. Relief aus Trier

Der Adel stemmte sich gegen Rhetoriklehre auf

Latein, um nichtadligen Aufsteigern, die kein Griechisch gelernt hatten, den Zugang zu höherer Bildung und damit zur Politik zu erschweren. Im Jahre 92 v. Chr. wurden lateinische Rhetorikschulen, die nicht lange vorher für weniger reiche Römer der Oberschicht gegründet worden waren, verboten; erst Cäsar ließ sie wieder zu: Bildung ist für möglichst viele notwendig, erkannte er weitsichtig.

Die Mädchen, meinte man, hatten mit der Grundschule genug Ausbildung. Doch lernten die ›höheren Töchter‹ auch Griechisch, dazu singen, tanzen und Instrumente (z. B. Harfe) spielen.

Beim lūdīmagister in der öffentlichen Schule: Prügelstrafe durch den Lehrer. Wandmalerei vom Forum zu Pompeji

Zum Schreiben benutzte man meist Wachstafeln (pugillārēs), die man wieder freiwischen konnte, und Griffel (stilus, graphium), die älteren Schüler auch Schreibfeder (calamus) und Tinte (atrāmentum, von ater ›schwarz‹). Teures Papier (charta) kam in der Schule für die Jüngsten nicht in Frage – bei solchen Dingen liebten die Römer keine Verschwendung. Bücher für die Schüler waren in der Regel zu teuer, daher wurden Texte vom Lehrer vorgelesen, meist mussten Teile auswendig gelernt werden. Auch die ▶ Zwölftafelgesetze musste man aus dem Gedächtnis hersagen können. Hausaufgaben? Natürlich: Gern ließ man die Schüler zu Hause etwa kurze Gedichte schreiben.

›Universitätsbildung‹ | Auch die jungen Römer zog es hinaus ›in die Welt‹. Mit 17 galt man als erwachsen. Wer einen ehrgeizigen und vor allem reichen Vater aus der Oberschicht hatte, konnte sich ein Rhetorikstudium im Ausland (natürlich bei privaten Professoren) leisten. Das waren in erster Linie die Akademien in der griechisch sprechenden Welt (in der Tabelle mit *), besonders berühmt Athen, die Wiege von Philosophie und Redekunst. An diesen Orten ›im Ausland‹ wurde die eigentliche Elite ausgebildet. Diese Studierstätten verfügten auch über eigene Bibliotheken. Die wichtigsten **Universitätszentren** der späteren Kaiserzeit:

Italien und Gallien		Griechenland und Illyrien*	Asien*	Afrika
Rom	Marseille	Athen	Pergamon	Alexandria*
Mailand	Bordeaux	Rhodos	Antiochia	Karthago
Trier	Autun	Mytilene	Smyrna	
		Apollonia		

- Lateinische Namensformen: Mediolānum, Augusta Treverōrum, Massilia, Burdigala, Augustodūnum, Athēnae, Rhodus, Pergamum

▶ S. 191: *Die Rhetorik*

Athen in der Landschaft Attika in Griechenland wurde im 5. Jahrhundert v. Chr. zum maßgeblichen Zentrum der griechischen Kultur. Befördert von der – freilich auf erwachsene männliche Bürger mit städtischem Bürgerrecht beschränkte – Demokratie entstanden hier auf der Basis freier Rede und freien Denkens innerhalb weniger Jahrzehnte in einer Bürgerschaft von einigen Hundertausend Menschen das Theater mit Tragödie (Aischylos, Sophokles, Euripides) und Komödie (Aristophanes, Menander), entwickelte sich die Philosophie weiter (Demokrit, Platon, Aristoteles), wurden mit die großartigsten Kunstwerke der Griechen geschaffen. Unser Wort *Akademie* geht zurück auf die philosophische Schule Platons, das *Lyzeum* auf die Schule des Aristoteles und das *Gymnasium* auf die öffentlichen Unterrichtsstätten der Athener, in welchen Sport getrieben und geistige sowie musische Bildung vermittelt wurden. Die dort erbrachten Leistungen bilden die Grundlage für die kulturelle Entwicklung der westlichen Welt, und damit war Athen auch für die Römer das Zentrum von Bildung überhaupt. Erst 529 n. Chr., gut 900 Jahre nach ihrer Gründung, wurde die Athener Philosophenschule von Kaiser Justinian geschlossen, die Lehre der Philosophie verboten (▶ S. 186).

:: Bücher und Bibliotheken

Auch im alten Rom gab es nicht nur einen lebhaften privaten Buchhandel mit Verlegern, sondern auch öffentliche Bibliotheken – unter Augustus sind es drei, im 4. Jahrhundert achtundzwanzig. Bibliotheken – mit Lesesälen – dienten aber nicht nur der Nutzung der vorhandenen Literatur durch Lektüre, sondern in erster Linie auch dem Sammeln möglichst vieler Schriften. In der Antike waren das einmal Buchrollen (volūmina), später kamen cōdicēs (gebundene Bücher) dazu.

■ Die Technik der Buchherstellung | Die älteste Buchform der griechischen und römischen Antike ist die Buchrolle aus Papyrus (aneinandergeklebte Streifen der Papyrusstaude; davon unser Wort *Papier*). Diese zwischen etwa vier und (wohl häufig) zehn Meter langen Rollen wurden mit Tinte in Reihen (Kolumnen) beschrieben. Beim Lesen rollte man das Exemplar also von der einen Seite auf und von der anderen zu. Der cōdex (meist aus dem billigeren Pergament, lat. membrāna; trotzdem war ein cōdex teurer) sieht aus wie unsere Bücher, die aus einem *Buchblock* mit *Einband* bestehen. Cōdicēs waren zunächst nicht dicker als 300 Seiten, später gab es noch wesentlich dickere Exemplare (mit über anderthalbtausend Seiten). Pergament wurde aus Tierhaut hergestellt. Der Name stammt von *Pergamon*, der antiken Stadt in Kleinasien mit einer berühmten Bibliothek. Thematisch geeignete Bücher hatten auch schon Abbildungen, Sachzeichnungen genauso wie künstlerische Illustrationen.

▪ Die Vornehmeren scheinen lange Zeit die Buchrolle für die wertvollere Buchform gehalten zu haben, während die anderen mehr und mehr dem Kodex den Vorzug gaben. Man kann sagen, dass dieser einen ähnlichen Stellenwert bekam wie bei uns das Taschenbuch – in beiden Fällen kam es zu einer massenhafteren Verbreitung von Büchern. Übrigens gab es auch schon in der Antike nur zentimetergroße wirkliche ›Taschen‹bücher.

■ Verleger und Handel mit Büchern | Was macht jemand, der ein Buch geschrieben hat (manche wie Cicero oder Goethe pflegten zu diktieren) und es verbreiten will? Er sucht sich einen Verlag bzw. Verleger. ›Verlag‹ kommt von ›(Geld) vorlegen‹: Vor der Verbreitung steht die Vervielfältigung. Das geschah in der Antike über das Mittelalter bis in die beginnende Neuzeit durch Abschreiben, immer wieder unermüdliches Abschreiben.

▮ Auch im alten Rom gab es Verleger , an die sich ein Autor wenden konnte; der Verleger ließ dann auf seine Kosten abschreiben (die Abschreiber wurden nach Zeilen bezahlt, wie heute Journalisten für ihre Texte), die Bücher gingen in regelrechte Buchläden. Verleger ließen aber auch alte Schriften, ›Klassiker‹ und anderes, abschreiben und verkaufen. Reiche ließen sich auch persönliche Einzelexemplare für ihre Privatbibliothek abschreiben. manche Verleger sind uns sogar namentlich bekannt wie Ciceros Freund und Verleger Atticus oder ein gewisser Dorus, der ▶ Livius' Werke herausbrachte.

▮ Heutige Druckmaschinen produzieren in wenigen *Stunden* Zehntausende von Büchern. Man hat ausgerechnet, dass man in der Antike zur Herstellung (mit Material) einer durchschnittlichen Buchrolle etwa vier Tage ansetzen muss. Mit 100 Schreibern konnte man so 10 000 solcher volūmina in gut einem Jahr produzieren – gemessen an der Technik (Schreibrohr, Tinte und Hand) auch nicht schlecht.

▮ Nach dem Motto ›Wo *einer* etwas verkaufen kann, müssen auch zehn weitere dasselbe verkaufen können‹ gab es in Rom regelrechte Buchhändlerstraßen und Buchhändlerviertel, berühmt etwa das Argilētum am Forum oder der Vīcus Sandalārius (›Sandalengasse‹) hinter dem Libertas-Tempel, der eine öffentliche Bibliothek (▶ S. 186) beherbergte. Manche Buchhändler (bibliopōlae) verlegten sich ganz auf den Handel mit Prachtexemplaren oder seltenen Ausgaben, und nicht selten wurden Buchhandlungen (tabernae librāriae) geradezu zum Treffpunkt von Autoren und literarisch interessierten Geistesgrößen.

▮ Was an Literatur in Rom nicht so gut ging, landete gern bei Buchhändlern in der Provinz (die auch gut versorgt waren) oder bei fahrenden Buchhändlern; in einem Papyrus finden wir die Mitteilung des Sohnes an seinen Vater: »Deios war bei uns und zeigte uns sechs Pergament-Codices; ich habe aber keinen genommen«, und an anderer Stelle (Gellius IX 4, 1–5) lesen wir, dass man im Hafen von Brundisium gleichermaßen ›vermoderte‹ wie ›spottbillige‹ Bücher kaufen konnte, »voll von Wundern und Märchen, unerhörten, unglaublichen Geschichten«, doch von namhaften ›alten‹ Verfassern stammend. Hier wird greifbar, mit welchen Literaturwerken sich vermutlich die einfacheren Leute versorgten.

Was viele Menschen gerne lasen – Schmöker über ferne Länder:
Jene entferntesten Völker, die Skythen, welche tief im Norden wohnen, sollen Menschenfleisch genießen und vom Genusse dieser Nahrung (förmlich) ihr Leben fristen. [...] Außerdem fand sich ein überlieferter Bericht vor, dass in einem Lande am Ende der Erde, Albanien genannt, menschliche Geschöpfe leben, die schon in ihrer Kindheit grau werden und bei Nacht mehr und besser sehen, als am Tage. [...] Und es wird berichtet, dass es unter den Illyriern Menschen gebe, die durch ihren Blick alle töten, die sie längere Zeit scharf und zornig anblicken. [...] Auch soll es in den äußersten Gegenden des Morgenlandes Wundermenschen geben, die Monocoli (Einschenklige, Einfüßler) genannt werden und mit raschester Behendigkeit sprungweise auf einem Beine sich fortschnellen; [dazu ein] Menschenschlag am äußersten Ende Indiens, die am Leibe ganz struppig seien und nach Art der Vögel Federn bekämen, die keinerlei Speise zu sich nähmen, sondern sich nur vom Schlürfen des Blumenduftes ernährten (den sie durch die Nase einsögen).
Gellius, *Noctes Atticae* IX 4, 6–10; Ü nach F. Weiß

Die Geschichten über sonderbare Menschengestalten wurden bis in die Neuzeit weiterberichtet und ernstgenommen: Illustrationen dazu schmücken – wie diese – die ›Cosmographia‹ (Weltbeschreibung) des Humanisten Sebastian Münster (1489–1552), die erste auch in Deutsch herausgegebene wissenschaftliche Beschreibung der Welt (lat. 1552).

Öffentliche Lesungen | Die Verbreitung der Werke von Autoren über den Buchvertrieb war *ein* möglicher Weg; eine andere beliebte Form waren recitātiōnes, öffentliche Lesungen, die in auditōria, Vortragssälen, stattfanden; erhalten blieb etwa das große sog. *Auditorium des Seneca* in Rom.

Im 2. Jahrhundert v. Chr. entstehen in Rom die ersten literarischen Salons. Nach dem Geschmack der Zeit mit orientalischen Liegesofas eingerichtet, waren hier etwa der griechische Historiker Polybios oder der berühmte römische Komödiendichter Terenz zu hören. Ab Augustus wird der Besuch von auditōria zur großen Mode der höheren Kreise; hier werden auch ernste oder experimentelle moderne Theaterstücke vorgetragen (die in den Theatern keiner sehen will und die daher nie aufgeführt werden).

Private und öffentliche Bibliotheken | Nachdem die Römer ursprünglich Büchern nicht viel abgewinnen konnten, änderte sich das mit den Eroberungen vor 200 v. Chr., die auf allen Gebieten neue kulturelle Bedürfnisse entstehen ließen (▶ S. 93). So entdeckte man in Rom auch Bücher (bzw. Bibliotheken) als Ausstattungsstücke für das eigene Haus, mit denen man Kultur direkt vorzeigen konnte. Bücher waren ja teuer (eben von Hand abgeschrieben); deswegen hatten auch Gebildete häufig nur wenige davon.

›Beutebibliotheken‹: Was Sieger in heutigen Zeiten konnten und können, nämlich Kunstwerke und Bibliotheken des im Krieg Besiegten als Beutegut abschleppen, auch das hat bei den Römern ein unrühmliches Vorbild: Aemilius Paullus, der römische Feldherr, verschleppte nicht nur 150 000 Kriegsgefangene als Sklaven aus Griechenland nach Italien, er ließ auch die Bibliothek der Könige von Makedonien nach Rom verfrachten, ehe Rom (168 v. Chr.) Makedonien als Staat zerschlug. Auch Lucullus, Politiker und Feldherr, bekannt auch als kultivierter Feinschmecker, brachte aus dem Mithridatischen Krieg (75–67; Mithridates' Reich lag in der heutigen Nordtürkei; *Brief des Mithridates* ▶ S. 167) nicht nur die Süßkirsche nach Europa mit, sondern auch die Bibliothek des besiegten Königs. Aber auch untereinander war man nicht zimperlich: So wurden dem Universalgelehrten Varro (116–27), selbst Autor zahlreicher wissenschaftlicher Werke, während der politischen Verfolgung im Bürgerkrieg von eigenen Landsleuten die Bücherschränke geplündert.

Nachdem die Phase reiner Angeberei überwunden war – natürlich gab es aber auch von Anfang an seriöse an Kultur interessierte Menschen – und Rom eigene Gelehrte und Intellektuelle hervorgebracht hatte, galt es bei diesen als das Höchste, sich in der Bibliothek des Freundes umtun zu können:

»Wenn du dich nicht zu mir bemühst, so ich mich doch gern zu dir: Und wenn du noch einen Garten an der Bibliothek hast, wird mir nichts fehlen« (Cicero an Varro, *ad fam.* IX 4). Die falschen Freunde des Buches, die es freilich weiterhin gab, wurden von ihnen satirisch verspottet: *»Ich habe ganze* **drei** *Bibliotheken,* **eine** *griechische und* **eine** *lateinische«‹* (der neureiche Großprotz Trimalchio in Petrons Roman *Satyricon*, 48, 4, ganz nach dem Motto ›nicht bis drei zählen können‹).

> Neben Baderäumen und Thermenanlagen gehört zur notwendigen Ausschmückung des Hauses auch eine Bibliothek. Der Philosoph Seneca, *De tranquillitate animi* IX, 7

Eine private ›Bibliothek‹ konnte ganz unterschiedlich aussehen, von der einfachen Büchertruhe (scrīnium) über Wandschränke mit Regalen bis hin zu eigenen Bibliotheksräumen (wieder mit Regalschränken); dort lagen aufeinandergestapelt und sortiert die Buchrollen, die mit Etiketten versehen waren, welche Autor oder Titel vermerkten.

Öffentliche Bibliotheken existierten nicht nur in den großen Zentren, sondern auch in sehr vielen Provinzstädten. Manche gehörten zu den großen Thermenanlagen, ›Freizeitzentren‹, würde man heute sagen. Sie wurden von privaten Sponsoren errichtet. Alexandria in Ägypten besaß die größte und berühmteste Bibliothek der alten Welt, nach ihr folgten Pergamon und Ephesos, beide in Kleinasien. Die Bibliothek von Alexandria umfasste in der Zeit vor Augustus 700 000 Rollen, die von Pergamon 200 000. Insgesamt dürfte es in der Antike mehrere Millionen Buchrollen gegeben haben, wobei sich ein Titel meist auf mehrere Rollen verteilte. Von diesem Gesamtbestand an Rollen ist vielleicht ein Tausendstel erhalten!

Blick in die (rekonstruierte) Bibliothek der Villa der Scipionen in Herculaneum; hier fand man Unmengen verkohlter Papyri, die man heute – teilweise mit Erfolg – wieder lesbar zu machen versucht. Die Scipionen waren eine römische Familie, der – schon gleich nach den Eroberung Griechenlands im 2. Jh. v. Chr. – viel an der Förderung der Kultur lag.

Die Bücher wurden zunächst dadurch überliefert, dass sie auch nach ihrem Erscheinen immer wieder abgeschrieben wurden und in den Bibliotheken lagerten. Mit den Unruhen im römischen Reich seit dem 3. Jahrhundert n. Chr. ließ diese Tätigkeit immer mehr nach. Auch kam es vor, dass Bibliotheken verbrannten, so ein Teil der Bibliothek von Alexandria, als Cäsar dort die Flotte seiner Feinde mit Brandgeschossen attackierte und auch Bücherlager im Hafen traf, oder die von Augustus errichtete Bibliothēca Palatīna und andere in Rom. Hauptsächlich gingen die Bücher aber durch zweierlei verloren: Einmal zerstörten im 4. Jahrhundert n. Chr., als der römische Staat christlich geworden war, Christen viele Bibliotheken (darunter die von Alexandria) und andere Kultur- und Bildungsstätten. Es nützte nichts, dass sich einzelne wie der Kirchenvater* Augustinus (▶ S. 197) dagegen wandten (doch auch er wollte die nicht-christlichen Bücher hinter Verschluss sehen).

- Ab dieser Zeit durften auch nur noch Christen Lehrer werden; 300 Jahre später – das römische Reich existierte im Westen jetzt nicht mehr – konnten aus dem normalen Volk nur noch einzelne Menschen lesen und schreiben.

* Kirchenväter: So werden seit dem 4. Jahrhundert n. Chr. Theologen, also Lehrer der Religion, bezeichnet, die sich durch bedeutende Auslegungen der christlichen Lehre und eine besonders vorbildliche Lebensweise hervortaten.

Zum anderen wurden später von den christlichen Verantwortlichen in den Klöstern, in welche viele Bücher gelangt waren, nur noch ausgewählte abgeschrieben, nämlich solche, die man im christlichen Sinn noch für wertvoll hielt. Viele von diesen blieben dann bis zum Mittelalter erhalten (als man sie wiederentdeckte: ▶ 250), der Rest dürfte vermodert oder sonstwie abhanden gekommen sein. Manche Bücher wurden auch vor kriegerischen Ereignissen gerettet, so wurden z. B. Bücher aus Alexandria geschafft, bevor die Araber die Stadt eroberten.

- Im Jahre 2002 wurde in Alexandria unter internationaler Beteiligung eine grandiose neue Bibliothek mit

Forschungsstätte und modernster Einrichtung eröffnet, die in unserer Zeit die Idee der antiken ›internationalen‹ Bibliothek von Alexandria wiederaufnehmen soll.

Im Grunde ist also nur ein ›kläglicher Rest‹ der antiken Schriften und ihres Gedankenguts erhalten geblieben, mit dem wir uns heute beschäftigen und aus denen wir Informationen über die Antike erfahren können. Glücklicherweise sind darunter sehr viele, die man in der Antike selbst für wichtig hielt – andere wichtige fehlen aber.

In Rom erbaute Kaiser ▶ Trajan auf seinem Forum eine Basilika, der er eine Doppel-Bibliothek, eine lateinische und eine griechische anfügte (▶ Karte). Beide konnten mindestens 100 000 Rollen beherbergen. Diese, einer der bedeutendsten Bibliotheksbauten Roms, war noch um 450 n. Chr. in Betrieb. Bibliotheken, von denen wir danach in Rom hören, gehörten schon den Päpsten und enthielten wohl den ersten Bestand der heutigen Biblioteca Vaticana.

Zensur und Bücherverbrennung | Höchst modern anmutende Gedanken kamen dem Kaiser Tiberius, als er 25 n. Chr. das Werk des Historikers Cremutius Cordus, das republikanisches Gedankengut verbreitete, verbrennen lassen wollte. Der Historiker Tacitus (≈ 55–115) kommentiert später:

Seine Bücher sollten von den Ädilen verbrannt werden, beschlossen die Senatoren. Doch sie blieben erhalten, wohl versteckt und weitergereicht. Umso mehr muss man die Beschränktheit derer belachen, die glauben, dass durch ihre aktuelle Macht das Andenken an eine Sache auch für die folgende Zeit ausgelöscht werden könne. Denn im Gegenteil, wenn gute Köpfe bestraft werden, steigt ihr Ansehen, und sowohl ausländische Könige als auch solche, die ebenso gewütet haben, haben sich selbst nur Schande, jenen aber Ruhm gebracht.

Annales IV 35, 5; hs

Als erster hatte zu solchen Maßnahmen übrigens schon ▶ Augustus gegriffen, der die Werke des missliebig gewordenen Dichters ▶ Ovid aus den Bibliotheken Roms verbannte; ebenso ließ er die Schriften des jungen ▶ Cäsar aus den Regalen verschwinden; offenbar gefiel ihm ihr Inhalt nicht mehr.

Auch die Kaiser Domitian (1. Jahrhundert), Diokletian und Konstantin (›der Große‹; beide um 300 n. Chr.) reihten sich hier ein, nicht weniger Kaiser Valens (371–2) und vor allem am Ende der Antike der Kaiser Justinian (527–565): Er schloss 529 nicht nur die Athener Philosophenschule, sondern es wurden 562 auch die ›Bücher der Griechen‹, d. h. die der nichtchristlichen Philosophen, Grammatiker, Rhetoren, Juristen und Ärzte ›zum Tode verurteilt‹ und auf dem Platz verbrannt, wo sonst die Leiber hingerichteter Kapitalverbrecher fortgeworfen wurden.

Ein römischer Senator der griechischen Stadt Ephesos in Kleinasien ließ zu Ehren seines Vaters Celsus eine nach diesem benannte öffentliche Bibliothek errichten, die bis zu 12 000 Buchrollen enthielt (erbaut im 2. Jh. n. Chr.).

Ein Buch irrt in Rom umher und sucht Unterkunft:
Und auch Libertas, die Freiheit, ließ mich ihre Hallen nicht betreten,
die doch zuvor gelehrten Büchern offenstanden.

Ovid, *Tristien* III 1, 71f.; hs

(Gemeint ist der Tempel der Libertas; dort befand sich Roms älteste öffentliche Bibliothek.)

:: Literatur und Rhetorik: gestaltetes Wort

Wie schon an verschiedenen Stellen dieses Buches zum Ausdruck kam, hatte Literatur für die römische Gesellschaft lange keine Bedeutung: Das Beispiel zeigt, dass Literatur nicht automatisch zu einer Kultur gehört. In krassem Gegensatz zu den ersten Jahrhunderten der römischen Zeit steht etwa unsere

Zeit: Bücher, gestaltete Wörter, bestimmen unsere Welt, sei es direkt, in Form gedruckter Bücher, sei es indirekt etwa in Form von Fernsehfilmen verschiedenster Art, hinter denen ja zunächst immer erst Bücher stehen, die dann in bewegte Bilder umgesetzt werden. Dazu kommen in allen Bereichen gestaltete Wörter, die in Form von Reden oder Vorträgen vor Zuhörern vorgetragen (und dazu meist vorgelesen!) werden.

In all diesen Formen gestalteter Rede steht eines im Hintergrund: Ein Autor (oder auch eine Autorengruppe) wählt sich ein Thema (z. B. Liebe oder Hass, Krieg oder Abenteuer auf dem Meer), das er in Form eines dazu gewählten Stoffes mit Worten gestaltet. Eine Variante davon sind Sachthemen (z. B. eine bestimmte Zeit, Themen wie Vögel, Dinosaurier, das menschliche Glück, Möbel oder Grammatik), bei denen **Thema und Stoff** mehr oder weniger identisch sind (oder wenigstens scheinen).

Aber gleich, um welche Art von Darstellung es sich handelt: Der Autor wählt *immer* aus den Dingen aus, die er kennt, und wählt das, was *er* für wichtig hält. *Gleichzeitig* überlegt er sich, wie er sein Thema so ›in Worte kleidet‹, dass es seinen Leser bzw. Zuhörer interessiert, und er überlegt, wie er seinen Leser bzw. Zuhörer mit seinen Worten so ›mitnimmt‹ (oder: lenkt), dass der 1. bei der Stange bleibt und 2. den Autor für überzeugend hält. Wenn der Autor (oder Redner) dabei die Sprache nicht kunstfertig oder geschickt benutzt, hat der Leser/Hörer bald keine Lust mehr ›mitzugehen‹ bzw. ›sich mitreißen zu lassen‹. Daher schreiben Autoren meist auch für ein bestimmtes Publikum und nicht für alle Leute.

Die Erwartungen eines Lesers/Hörers an ein Buch (oder sonstige mit Worten gestaltete Darbietung) sind (auch innerhalb verschiedener Publikumsgruppen) verschieden: Sie sind z. B. von seinen speziellen Kenntnissen und seiner Bildung abhängig, in erster Linie von dem, was er als ausreichend neuartig und irgendwie gewinnbringend versteht. Wenn Literatur also ›ankommen‹ soll, muss der Leser ausreichend neugierig sein. Auch das Gegenteil gilt in bestimmten Fällen: In politischen Versammlungen etwa wollen viele ausschließlich hören, was sie schon kennen. Auch bei Ritualen jeder Art werden immer wieder dieselben Sätze und Gedanken geäußert.

» Die Literatur zur Zeit der Republik

Auch bei den Römern der frühen Zeit gab es, wie bei allen Völkern, das gestaltete Wort, und zwar in Form religiöser Sprüche und einfacher Lieder, die z. B. bei der Arbeit gesungen wurden. Spuren davon finden sich in verschiedener Art. Literatur in dem umfassenderen Sinn eines breiten Schrifttums tritt bei den Römern jedoch erst etwa Mitte des 3. Jahrhunderts v. Chr. in Erscheinung. Allerdings heißt das nicht, dass einzelne vorher nicht griechische Literatur gelesen und besessen haben.

■ Die Literatur von den Anfängen bis Augustus |

In diesem Abschnitt der Geschichte der lateinischen Literatur und Rhetorik spiegeln sich die Zeiten der neuen Stimmung, die mit den punischen Eroberungen verstärkt einsetzte und in der man sich umfassend – nicht zuletzt infolge von Eroberungen – mit Griechenland beschäftigte, bis hin zu den katastrophalen blutigen Wirren der Bürgerkriege und dem Ende der Republik.

■ Es ist bezeichnend, dass der erste für uns fassbare ›römische‹ Dichter ein Grieche aus Tarent ist, **Livius Andronicus** (▶ S. 93). Der Beiname Andronīcus (griech.) bedeutet ›besiegter Mann‹ und zeigt, dass es sich um einen freigelassenen Sklaven handelte, der zu den oben erwähnten gebildeten griechischen Kriegsgefangenen und Hauslehrern gehörte. Er kam nach Rom und übersetzte ▶ Homers Odyssee ins Lateinische (›Odusīa‹), dazu schuf er lateinische Bearbeitungen griechischer Tragödien und Komödien. Mit ihm beginnt die lateinische Literatur.

Im Jahre 2002 wurde in Alexandria / Ägypten unter internationaler Förderung die neue Bibliothek von Alexandria in Anknüpfung an die Idee der antiken Einrichtung eröffnet. Hier sollen z. B. auch sämtliche Internet-Dokumente gesammelt werden.

Auch mit Livius Andronicus' *Odusia* dürfte es zusammenhängen, dass Homer immer der Hauptautor der höheren römischen Schulbildung blieb.

▮ Als ebenfalls bezeichnend kann gelten, dass der erste original lateinische Dichter, **Ennius** (gestorben 169 v. Chr.), aus Kalabrien (damals die Halbinsel um Tarent im Südosten) stammte; dort war er in kulturell griechischem Umfeld aufgewachsen. Unter anderem dichtete er ebenfalls griechische Tragödien nach; als Hauptwerk mit römischem Stoff schrieb er eine *Geschichte Roms*, die mit dem Fall Trojas (▶ Trojanischer Krieg) beginnt. Dieser Stoff ließ die römische Literatur nicht mehr los.

▮ Ennius fand Zugang zu vornehmen römischen Kreisen, welche Kultur und Literatur der Griechen schätzten und in Rom förderten. Diesen Kreisen standen Leute wie der konservative **Marcus Porcius Cato** (der Ältere) gegenüber, der sich als Redner und Verfasser vieler Werke auch umfassend literarisch betätigte, der aber meinte, es genüge vollkommen, über Landwirtschaft und höchstens noch über Geschichte und Erziehung zu schreiben. Von ihm ist vieles erhalten. Als Angehöriger des stadtrömischen Adels ist er eine Ausnahme unter den Autoren.

▮ Unter den ersten bedeutenden lateinischen Schriftstellern bzw. Dichtern dieser Phase sind weitere, die von außen dazukamen: **Plautus** (zeitgleich zu Livius Andronicus) stammte aus einem Bergdorf in Umbrien (nördlich von Rom) und ist vielleicht der erste römische Autor, der Literatur schrieb, um davon zu leben. Er stammte aus einfachen Verhältnissen und schrieb nach griechischen Vorlagen Komödien, besser: volkstümliche, derbe Lustspiele, für das Theater. Sie machen bis heute Vergnügen. **Terenz** (Pūblius Terentius Āfer) stammte aus Nordafrika (Karthago; Beiname: ›Afrikaner‹), war Kriegsgefangener und Sklave. Freigelassen bekam auch er Zugang zu vornehmen intellektuellen Kreisen des Adels und schuf auch Komödien (ebenfalls nach griechischen Vorlagen), doch feinere, ›besinnlichere‹ (als aus Plautus' Feder), mehr nach dem Geschmack des Adels. Nach ihrer Wiederentdeckung

▪ Bücher und Bücherschreiben in der römischen Welt | In der römischen Welt besaß nur der Bücher, der sie sich leisten konnte und der, falls er lesen und schreiben konnte, überhaupt Zeit dazu hatte. (Die Zahl der Bücherbesitzer stieg aber im Lauf der Zeit spürbar an, ohne dass man an heutige Verhältnisse denken darf.)

Wichtiger aber ist noch: Bücher schreiben konnte nur, wer nicht arbeiten musste (also die **Oberschicht**) oder wer von kulturinteressierten Sponsoren unterhalten wurde; für den Bücherverkauf durch Verleger (▶ S. 183) erhielt man in der Regel kein Honorar. Das heißt auch: Die Bücher enthalten nur das, was diese Leute interessierte oder für wichtig hielten; Ausnahmen sind besonders bedeutsam (wie Plinius d. Ä, ▶ S. 196).

In einer Gesellschaft mit solch scharfen Unterschieden zwischen wenigen Reichen und vielen Armen, darf man demgemäß auch nicht übersehen, dass die **Unterschicht** mit ihrer Welt und ihren Sorgen in der Literatur, wenn überhaupt, zumeist nur am Rande oder indirekt vorkommt (mit spannenden Ausnahmen!); wenn diese Menschen einmal Thema sind, dann eher so, dass ihre Welt lieblich oder bunt oder satirisch dargestellt wird. Die später für diese Schichten verfasste Literatur (▶ S. 184) ist so gut wie gar nicht erhalten.

Das gleiche gilt für die **Frauen**: Im alten Rom waren sie zwar überhaupt nicht (wie damals im Orient oder in Griechenland) an das Haus gebunden, ihre Tätigkeiten waren aber zumeist auf das Haus beschränkt. Nur von ganz wenigen Frauen gibt es literarische Texte. In der von Männern geschriebenen Literatur kommen Frauen – so wie die ›alten Römer‹ waren – hauptsächlich als treue Ehefrauen oder als Geliebte vor.

Woher kamen die Dichter bzw. Buchautoren? So, wie aus dem Bauern-Römer der Anfangszeit im Lauf der Eroberungen der Reichs-Römer wurde, war die Betätigung von Menschen als Dichter oder Autor ein langer Entwicklungsprozess, in dem sich – gerade auch in der Anfangszeit! – viele von außerhalb Rom, viele auch Nicht-Römer, ›zu Wort‹ meldeten. Auf diese Weise wurde die lateinische Literatur bald auch eine Literatur von inter-nationalem Charakter (die aber im griechischen Osten nur von den recht wenigen Latein sprechenden Menschen dort gelesen wurde).

Weniger als 800 antike lateinische Dichter und Schriftsteller sind namentlich bekannt; von weniger als 150 dieser Autoren sind **Texte erhalten** geblieben, etwa 1000; davon liegen die meisten wieder nur in Bruchstücken vor.

Von diesen werden hier in diesem Buch wieder nur ganz wenige erwähnt.

in der Neuzeit hatten beide Einfluss auf Dichter wie den Engländer Shakespeare und den Franzosen Molière u.a. (Die werden hier erwähnt, weil sie wieder das neuzeitliche europäische Theater maßgeblich geprägt haben.)

Ungefähr gleichzeitig mit Terenz entsteht aus der Feder des Gaius **Lucilius** (wieder nicht aus Rom, sondern der Gegend um Neapel gebürtig) mit der *Satire* die erste ganz eigene Art römischer Dichtung: Der Name Satura bedeutet zunächst so viel wie ›Obstschüssel‹, d.h. der Inhalt dieser Dichtung sind ›vermischte‹ Themen, und zwar vorzugsweise aus allen nicht-ernsten Bereichen. Die Satire musste nicht von beißendem Spott geprägt sein, sondern beinhaltete oft heitere Kritik, die niemanden ernsthaft traf: Lucilius bewegte sich ebenfalls in den vornehmen Kreisen Roms, und da er selbst aus einer reicheren Familie stammte, war er unabhängig und konnte sich so manche Kritik herausnehmen.

Die römischen Satiren werden oft auch sermōnēs, *Gespräche*, genannt. Natürlich haben die Römer nicht den bissigen Spott als solchen *erfunden*, gemeint ist hier diese spezielle Form von Dichtung in Versen. Satire als (mehr oder weniger) bissiger Spott kann in jeder Art von Text auftreten, z.B. auch in Romanform: ▶ S. 196 Petron, S. 173 Apuleius. Heute ist besonders das Kabarett eine eigene Form der Satire.

Im Zuge ihrer mehr und mehr auch aktiven Aneignung der griechischen Literatur und Wissenschaft beginnt man, sich in Rom mit der Dichtung der Griechen von Alexandria (Ägypten) auseinanderzusetzen. Die hatten sich auf eine intellektuelle (gelehrte) Art von Dichtung verlegt, in der vorwiegend recht abseitige mythische, gelegentlich auch unverbindliche alltägliche Geschichten den Stoff bildeten – Dichtungen, die ganz von der realen Welt abgewandt waren.

Diese Dichter nahmen sich nun junge unkonventionelle Neuerer (die sog. ›Neoteriker‹) zum Vorbild für eigene lateinische Dichtungen. Damit traten sie in Opposition zu den ›gewichtigen‹, von vornehmem Ernst geprägten Stoffen der vorherrschenden Dichtung; andererseits ist es eine Flucht aus der täglichen Gewalt des Bürgerkriegs und den Parolen einer selbstsüchtigen Politik, die der Jugend keine Chance und Entfaltungsmöglichkeit ließ. So entsteht mit **Catull** (Gaius Valerius Catullus; ±58 bis ±54) aus Sirmio (am Gardasee) eine ganz persönlich (was nicht eigenes Erleben bedeuten muss) gemeinte Lyrik, vor allem Liebeslyrik, welche die Römer vorher noch nicht kannten. Zweifellos zeigte das die Freiheit eines jungen Nichtstuers und – gut wahrscheinlich: verzweifelten – Lebemenschen mit reichem Vater (eques), aber es weist auch aus, wie tief sich die römische Gesellschaft gewandelt hatte; sympathisch wirkt die selbstbewusste Haltung, die er sich gegenüber Höherstehenden (wie Cäsar) herausnahm.

„Ich hasse und liebe. Weshalb ich das tue, fragst du vielleicht?
Ich weiß es nicht. Doch ich spüre, dass es geschieht, und ich fühle mich gepeinigt."
Catull, *carmen* 85; hs

Ebenfalls mit ganz eigenständigen Schlussfolgerungen verarbeitete der mit Catull etwa gleichzeitige **Lukrez** (Titus Lucrētius Cārus; ±98 bis ±55) die aufgewühlte Zeit, doch in ganz anderer Weise: Lukrez versuchte sich an einer *philosophischen* Welterklärung, die er in seinem Werk Dē rērum nātūra, etwa ›Die Beschaffenheit der Welt‹ darlegt. Er verfasste dieses Werk in Versen (Hexametern, ▶ S. 190) und vermittelte den Römern damit die Form des sog. Lehrgedichts. In bildkräftiger Sprache zeigt er Anteilnahme an den Leiden seiner Zeit und macht dafür – in Abkehr von der offiziellen Auffassung seiner Zeit – die Götter verantwortlich, die sich nämlich *nicht* um die Menschen kümmern, weswegen er sie nicht brauche. Das schlimmste an den Göttern sei, dass sie sinnlose, blutige Opfer verlangten – die hatte ihm seine Zeit zur Genüge geboten. Zur Erklärung griff er auf die griechischen Philosophen Epikur und Demokrit (dessen Werke gingen bis auf Zitate ganz verloren, die Epikurs teilweise) zurück. Im Anschluss an diese bestehen Dinge und Lebewesen nach Lukrez' Auffassung aus Atomen, die ins Leere fallen und dabei zufällige Abweichungen ihrer Bahn vollziehen. In den Göttern und ihrem Wirken ist unschwer der Adel aus Lukrezens Zeit erkennbar, dessen moralischen Verfall er verurteilt.

Lukrez, dessen gottlose Auffassungen später den christlichen Kirchenverantwortlichen und Abschreibern ganz entgegenstanden, blieb vielleicht deswegen erhalten, weil er als ›heidnischer‹ Römer selbst gegen die römischen Götter polemisierte. Durch ihn wissen wir auch manches Konkrete über den bedeu-

Versdichtung und **Versmaß** sind ›ein Paar Schuhe‹, jedenfalls bis in die Neuzeit. Auch die Römer verfassten ihre Dichtungen – Poesie, Epen und ›Lehrdichtung‹ – in bestimmten Versmaßen. In den meisten Fällen folgten sie auch darin den Griechen, die ihnen dazu die Vorbilder lieferten.

Die antiken Versmaße sind eine teilweise komplizierte Sache, aber: **Keine Angst vor Versen!**

Während die Versmaße im Deutschen der Betonung der Wörter folgen, sind sie im Lateinischen (nach dem Vorbild der Griechen) an der langen oder kurzen Aussprache der Vokale bzw. der Silben ausgerichtet. Ein Dichter ›baut‹ seine Verse im Lateinischen also danach und *nicht* nach der Betonung der Wörter. Ein Vers ist also sozusagen ein akustisches Bild der Wortsilben nach gesprochener Länge und Kürze. Um das darzustellen, schreibt man:

— ≈ lang, ∪ ≈ kurz

Trotzdem lasen und sprachen die Römer ihre Verse nach der *Wortbetonung*, beachteten beim Vortrag aber exakt auch die Längen oder Kürzen der Vokale. Dabei zeigt sich, dass in der zweiten Vershälfte Versmaß und Wortbetonung meist stärker zusammenfallen. Das ist das ganze Geheimnis lateinischer Verse!

Nicht zuletzt wegen der Versdichtung ist es also wichtig, auch die Aussprache der Wörter gut mitzulernen. Genauere Einzelheiten des Vortrags lateinischer Verse werden hier übergangen: Die werden im Sprachlehrgang anhand von Gedichten behandelt. Nur so viel:

Ein sehr wichtiges Versmaß, insbesondere bei größeren Dichtungen, ist der **Hexameter**; nicht selten tritt dieser gepaart mit seinem Zwilling auf, dem **Pentameter**. Hexameter (griechisch) heißt: ›Sechs-Maß‹, Pentameter (ebenso): ›Fünf-Maß‹. Ein solches Paar heißt *Distichon* (griech.), ›Zweivers‹.

Das Grundmaß ist —∪∪, stattdessen kann auch (im Hexameter am Versende immer!) — — stehen.

Beispiel für ein Distichon (erste Zeile Hexamter, zweite Pentameter): ▶ *Seite 191 oben links.*

tenden Philosophen Demokrit, der ganz andere Auffassungen vertrat als die meisten Philosophen und wegen dieser Auffassungen vergessen wurde.

▪ Schon in der ganz frühen Zeit hatten die Priester (das waren Angehörige des Adels, die den Priestertitel bekamen) für eine Zeit-Ordnung gesorgt, indem sie einen Kalender (▶ S. 104) führten, ebenso eine Liste der jährlich wechselnden Beamten und Priester, außerdem schrieben sie die wichtigsten Ereignisse des Jahres auf. Damit leisteten sie, wenn auch unbewusst, wertvollste Vorarbeiten für die späteren lateinischen Geschichtsschreiber, die auf diese Annālēs, ›Annalen‹, d. h. *Jahresaufzeichnungen*, zurückgreifen konnten. Von den ersten wurden oben Ennius und Cato d. Ä. schon erwähnt.

▪ Interesse an ihrer **Geschichte** hatten die Römer also schon immer groß geschrieben, und parallel dazu, dass man sich durch die Eroberungen nun bedeutender fühlen konnte, entstand auch das Bedürfnis, es den Griechen nachzumachen, welche schon seit dem 5. Jahrhundert v. Chr. bis heute berühmte Geschichtsschreiber hervorgebracht hatten (die Benennung des Griechen Herodot als *Vaters der Geschichte*, pater histŏriae, wurde von Cicero geprägt). Es ist unmittelbar einsichtig, dass die blutigen Bürgerkriege, welche die römische Gemeinschaft im 2. und 1. Jahrhundert v. Chr. zerfleischten, auch Geschichtsschreiber auf den Plan rufen würden, deren jeweilige Sicht auf die Dinge ganz eigen ausgeprägt ist.

Was die lateinischen Autoren, die über die eigene Geschichte schrieben, etwa von den griechischen Geschichtsschreibern unterscheidet, ist: Aus welcher Sicht immer sie Personen und Ereignisse beschrieben, ihr Interesse galt nie einer *wissenschaftlichen* Darstellung, deren Ziel eine *irgendwie* geartete *Wahrheitsfindung* war, sondern sie übernehmen den Blickwinkel eines jeweils geschätzten großen Führers und schreiben aus der Haltung eines Rechts der Römer auf Weltherrschaft heraus. Die römischen Historiker sind also immer (Ausnahme: ▶ S. 196, Curtius Rufus) Sprachrohr einer politischen Richtung.

▪ **Cornelius Nepos** (±99 bis ±24 v. Chr.) aus dem gallischen Norditalien und Freund Catulls (▶ 189) schreibt u. a. Biografien *Über berühmte Männer* (Dē virīs illūstribus), erhalten sind Lebensbeschreibungen nicht-römischer Generäle. Er wendet sich an Leser, die eine schlichtere Sprache vorziehen und denen er die beschriebenen Heerführer als moralische Leitbilder – im Gegensatz zu manchen verkommenen, wie er meint, Gestalten der eigenen Zeit – nahebringen kann. Was andere Leser seiner

Thāis habet nigrōs, niveōs Laecānia dentēs.
— ∪ ∪— —— ∪∪— ——∪∪ ——
Quae ratiō‿est? Ēmptōs | haec habet, illa suōs.
— ∪∪— —— | — ∪∪ —∪ ∪—
Thais hat schwarze, Laecania weiße Zähne.
Was ist der Grund? Gekaufte | hat diese, jene die eigenen. Martial V 43

Zeit vielleicht an Aufgeblasenheit vermissten, ersetzte er durch interessante, lebendige Geschichten.

■ **Cäsar** (Gāius Iūlius Caesar; 100–44) ist ein ganz besonderer Fall in der römischen Geschichtsschreibung: Als politischer Führer schreibt er aus ganz eigenem Blickwinkel, nicht nur das: Cäsar ist selbst ›Geschichtschreiber Cäsars‹. Mit ungewöhnlicher sprachlicher Präzision (als Autor »meide ein ungewöhnliches und auffallendes Wort wie [der Seemann] die Klippe«) schreibt er Commentāriī dē bellō cīvīlī und dē bellō Gallicō, also über den römischen Bürgerkrieg und seine Eroberung Galliens. Statt in der Ich-Form zu schreiben, spricht er stets von *Caesar* bzw. *Er* – womit er sich eigentlich noch bedeutender macht als mit einem *Ich*. Seine Schriften stellen das Abbild des Denkens einer der wichtigsten Personen der Weltgeschichte dar, präsentieren sich schlicht, sind aber überaus raffiniert und müssen, der Leser immer auf der Hut, ›zwischen den Zeilen‹ gelesen werden. Seit dem 19. Jahrhundert, bis heute, ist Cäsar einer der wichtigsten Schulautoren (während man ihn vorher in der Schule nicht für bedeutsam hielt).

▶ S. 98: *Porträt: Cäsar*

Darstellung eines Dichters ›ohne Namen‹: Poeten wurden stets sozusagen in typischem ›Berufsoutfit‹ abgebildet (hier mit Harfe) und sehen sich immer mehr oder weniger gleich. Wandmalerei aus Oplontis

■ **Sallust** (Gaius Sallustius Crispus; 86–35), aus Amiternum in den Bergen des Apennin, war aktiv in der Politik engagiert und stand dabei aufseiten Cäsars. Entschieden nahm er gegen den alten Adel Stellung, den er für durch und durch korrupt erklärte. Nach Cäsars Ermordung ließ er von der Politik ab und begann, Bücher zu schreiben; als Thema wählte er sich verschiedene krisenhafte Phasen der jüngeren römischen Geschichte. Als erster versuchte er, in Nachahmung griechischer Geschichtsschreiber seiner Darstellung eine Art philosophischen Tiefgang zu geben; dazu erklärte er die beschriebenen Ereignisse aus der Beachtung oder dem Verrat der handelnden Politiker an den positiven Werten der Vergangenheit heraus. Seine Orientierung an dem, was er als Werte der alten Republik darstellte, kommt auch in einer bewusst altertümlichen Sprache zum Ausdruck – eine ausgesuchte Marotte. Er bemüht sich um spannende, Interesse weckende Schilderungen und Darstellungen, doch kann man das Gefühl gewinnen, dass den von ihm propagierten ›Werten‹ eher etwas Hohles und seiner Philosophie etwas Plattes anhaftet – nicht zuletzt deswegen, weil er diesen Werten offenbar in keiner Phase seines Lebens selbst gerecht geworden ist.

›› Die Redekunst zur Zeit der Republik – die Kunst des Forums

›Gestaltetes Wort‹ ist erst recht die ars ōrātōria, die Redekunst oder Rhetorik, und zwar eigentlich noch mehr als das geschriebene Wort, weil die Rede aus dem unmittelbaren, hörbaren Vortrag heraus lebt, bei dem der Redner – je nach Begabung – seine Stimme und Stimmführung dem Inhalt seiner Rede sachlich streng oder leidenschaftlich dramatisch und in allen Registern dazwischen ertönen lässt und dabei die Kunst seines Satzbaus, Wortwahl, grammatische Finessen durch Pause, Betonung, Rhythmus usw. hörbar macht.

■ **Die Wurzeln der römischen Rhetorik |** Die römische Redekunst hatte ihren ursprünglichen Platz auf dem Forum. Hier und nicht weniger im Senat diente die Rede dem freien, freimütigen Vortrag und dem Austausch von Ansichten und Argumenten, und so war sie stets – im positiven wie im negativen Sinn – Spiegelbild der Aktivitäten des öffentlichen Lebens in Rom und seiner maßgeblichen Menschen. Günstige öffentliche Bedingungen – Politik in Volksversammlungen, Rechtsprechung großenteils unter freiem Himmel – sowie lebhaftes italisches Temperament ließen eine Form von Sprachkunst heranreifen, die zu höchst kunstvoller Perfektion fand (▶ 138).

Dabei konnten die Römer – wieder einmal – auf eine schon bei den Griechen entwickelte und perfekt ausgearbeitete Technik und Theorie der Rede zurückgreifen (Umfeld dort: Demokratie in Athen seit 500 v. Chr. mit Volksversammlung, direkter Volksabstimmung und Volksgericht; die Rhetorik selbst entstand im griechischen Sizilien).

Im 3. Jahrhundert v. Chr. gelangten griechische Rhetoren nach Rom, um dort zu unterrichten. Zunächst von konservativen adligen Wortführern angefeindet, stießen sie auf mehr und mehr Interesse: Mit ihrem fast unnachahmlichen Blick für das Praktische erkannten die Römer den Nutzen der Rhetorik für ihr öffentliches Leben, das (damals) auf öffentlichem Disput aufgebaut war, insbesondere auch für die politische Ämterlaufbahn (▶ S. 130).

Weiter unten sollen gleich drei Persönlichkeiten kurz vorgestellt werden.

■ **Der Redner und die toga |** Die große öffentliche Bedeutung der Rede findet ihren Ausdruck auch in den geradezu pingelig genauen Vorstellungen davon, *dass* (selbstverständlich!) und *wie* (eine Kunst für sich) der Redner seine Toga, also gewissermaßen seinen Anzug, zu tragen habe. Sozusagen für jedes Krümmen eines Fingers gibt es Regeln. Quintilian, einer der bekanntesten Rhetoriklehrer (aus der frühen Kaiserzeit) legt z. B. dar – bevor er sich in Einzelheiten des Faltenwurfs und der Länge der Purpurstreifen an seinem Prachtgewand verliert:

> [Der Redner] muss achtgeben, dass Brust und Bauch nicht vorstehen und nach oben ausladen; alles, was hervorsteht, ist nämlich hässlich. [...]
> Trinken oder auch essen bei der Verhandlung, was bei vielen üblich war und bei manchen ist, soll meinem Redner fernsein! [...] Es gibt keine bestimmte Garderobe für den Redner, aber gerade auf ihm ruhen ja die Blicke. Daher soll er, wie es sich für alle ehrenwerten Leute gehört, adrett und männlich auftreten; denn es verdient Tadel sowohl, wenn er zu sehr auf Toga, Schuhwerk und Frisur achtet, als auch wenn er diese vernachlässigt.
>
> Quintilian, *Inst. orat.* XI, 122; 136 f.; hs

↳ Ihre Toga war den Römern überhaupt so wichtig, dass sie sich selbst als togātī bezeichneten, wenn sie sich von anderen Völkern abheben wollten; als togātī kehrten sie auch den *Zivilisten* in sich hervor (im Gegensatz zum Soldaten). Wer sich keine toga leisten konnte, war ein pullātus, ein Angehöriger des niederen Volkes (mit ungebleichter, ›schmutzig-grauer‹ Arbeitskleidung).

■ **Tiberius und Gaius Gracchus |** Als höchst wortgewaltige Politiker und Redner der Zeit der Republik weisen die Berichte die **Gracchen-Brüder** aus. Tiberius Gracchus (163–133) und Gaius Gracchus (154–121) spielten eine führende Rolle im Zusammenhang mit den politischen Kämpfen der rechtlos gewordenen Bauern, die infolge der Kriege der Römer ihr Land an die Reichen verloren hatten. Die Brüder wollten Reformen u. a. mit Landzuweisungen zugunsten der Armen durchsetzen, um so ›Ruhe an der sozialen Front‹ zu schaffen; doch wurden beide von Gegnern ermordet bzw. in den Tod getrieben (▶ S. 95). Durch ihre Art zu reden sprachen sie das Volk an, besonders Gaius (dessen Reden soll ein Flötenspieler rhythmisch begleitet haben); in Massen strömten die Menschen zum Forum, wenn die Gracchen sprachen. Ein gutes Bild von ihnen bietet der griechische Historiker Plutarch (▶ Redetext S. 36)

Porträt: Cicero

Marcus Tullius Cicero (106–43 v. Chr.), Anwalt, Redner, philosophischer Autor und Politiker, war ein sog. homō novus, d. h. aus der Sicht des alten Adels ein ›Emporkömmling‹. Der Begriff bezeichnet jemand, der als erster aus seiner Familie das Konsulamt erreichte. Er stammte aus der Stadt Arpinum an der Grenze Latiums zu Kampanien und machte in Rom Karriere als einer der angesehensten und erfolgreichsten Anwälte seiner Zeit und als Politiker bis zum Konsul. Auf dem Forum wurde er wegen seiner Reden gefeiert.

Wie Cäsar – dessen Zeitgenosse und politischer Gegner er war, dessen Sprache in Rede und Schrift er freilich als meisterlich einschätzte – gehört sein Name zu den ersten, die noch heute mit der Zeit Roms, insbesondere seiner kulturellen Leistungen, verbunden sind. Grund dafür sind seine tatsächlich einzigartigen Leistungen auf dem Gebiet der Redekunst (einschließlich der Redelehre), der Sprach-

In diesem Bildnis sehen viele ein Porträt Ciceros, doch streng genommen gibt es keinen verlässlichen Nachweis dafür.

kunst und der Bemühungen, den Römern griechisches Gedankengut näherzubringen und die römische Intelligenz damit zu bereichern. Auf ihn geht maßgeblich die Ausformung der lateinischen Sprache zurück, wie sie in der Folgezeit als Muster galt und noch heute nach seinem Vorbild nachgeahmt wird. Seine juristischen und politischen Reden ließ er veröffentlichen, sie sind noch heute spannend zu lesen. In manchen ›Einlagen‹ seiner Schriften zeigt er sich auch als meisterlicher Erzähler.

In der Beurteilung seiner Person ist man sich bis heute nicht einig – die einen halten ihn für einen eitlen Karrieristen, die anderen für einen standfesten Politiker mit hohen Idealen. Doch aus der Ferne muss man ja nicht Partei ergreifen: Cicero ist ein engagierter, kluger Zeuge seiner Zeit, der uns vor allem tiefreichende Einblicke in die Ereignisse und die Motive des Handelns der Menschen ermöglicht, welche die Ereignisse bestimmten, nicht zuletzt aber auch in die öffentlichen Diskussionen auf allen Gebieten, welche die Römer bewegten. Da er selbst nicht Hauptakteur war, sondern, wie man gesagt hat, ›aus den Kulissen heraus‹ beobachtete, sehen wir ihn bei allem persönlichen Engagement in einer gewissen Distanz zu den Dingen, was ihn zu einem doch seriösen Zeugen macht. Sein umfangreiches Werk blieb weitestgehend erhalten, darunter seine Briefe, die jedoch viele seiner persönlichen Schwächen aufdecken.

Als überzeugter Republikaner suchte er in den Wirren der Bürgerkriege nach dem Weg, der ihm die Erhaltung der Republik am besten zu garantieren schien. Dabei ›gelang‹ es ihm, sich immer wieder falsch zu entscheiden. So kam es, dass er, keinesfalls ohne Biss, doch eher ein ›harmloser Intellektueller‹, wie sein Gegner Cäsar von politischen Eiferern ermordet wurde. Sein Bestreben, private und staatsbürgerliche Pflichten auf ethischer Grundlage in Einklang zu bringen, nützte ihm auf dem intrigenreichen Parkett der Politik also letztlich nichts. Sein Satz

»Cēdant arma togae, concēdat laurea laudī!« (*de officiis* 1, 22, 27; ein Hexameter), »Weichen sollen die Waffen der Toga [d. h. dem Kleid des Zivilisten], es weiche der Lorbeer [des militärischen Triumphators] dem politischen Anstand!«‹

konnte in der Wirklichkeit seiner Zeit nicht bestehen.

Cäsar über seinen politischen Gegner Cicero:
›Sein Triumph, seine Lorbeeren sind höher zu bewerten als der Triumph und die Lorbeeren eines Feldherrn, denn wer die Grenzen des römischen Geistes erweitert hat, erhält den Vorrang vor dem, der die Grenzen der römischen Herrschaft erweitert hat.‹

... und Cicero über Cäsar:
Sklaven Cäsars sind die Römer, doch Cäsar ein Sklave der Umstände. (nach J. Köhn)

▶ S. 98: *Porträt Cäsar*

)) Die Bedingungen für die lateinische Literatur in ihrer Zeit

Halten wir kurz inne und überlegen: Nach Vertreibung der (etruskischen) Könige gelang es den Römern nicht, ein Zusammenleben auf wenigstens *formell* gleichen Grundlagen zu organisieren. Stets blieb der Gegensatz zwischen Patriziern (Adel) und Plebejern, später Reichen und Armen bestimmend. Die Ersteren lenkten alles ausschließlich nach ihren Interessen. So wurden viele entscheidende Kräfte darauf verwandt, zunächst (gerechterweise) die Gegner um sich herum abzuwehren, später (ungerechterweise) Italien und dann mehr und mehr von der Welt zu erobern. Die inneren Streitigkeiten führten schließlich zu den blutigen Bürgerkriegen.

Das waren alles keine günstigen Voraussetzungen für eine umfassende Entfaltung von Kunst und Literatur. Den breiten Schichten der Bevölkerung fehlte die Möglichkeit, ihre Interessen und ihre Talente zum Tragen kommen zu lassen, einfach weil sie sich um das bloße Leben sorgen mussten. Unter der geringen Zahl der tonangebenden Kreise Roms gab es wiederum nur begrenzt eigenständige Talente, doch dafür engagierte Literatur- und Kunstförderer.

An einem anderen Punkt des Mittelmeerraums vollzog sich zur selben Zeit (im 5./4. Jahrhundert v. Chr.) jedoch eine ganz andere Entwicklung: in Griechenland, vornan in **Athen**. Ähnliche innere Auseinandersetzungen wie in Rom führten dort ganz anders zum Sieg einer demokratischen Staatsform, in der prinzipiell alle Kräfte gleichwertig am öffentlichen Leben teilnahmen, sodass sich alle Talente entfalten konnten. Die Athener selbst bezeichneten den Kern ihrer Staatsform als ›isegoría‹, d. h. ›Redegleichheit‹, gemeint: das gleiche Recht für *jeden*, in der Volksversammlung zu sprechen (und abzustimmen). Die Folge dieser uneingeschränkten Freiheit des Denkens war etwas, das es seither auf der ganzen Welt nicht wieder gegeben hat: Auf kleinstem Raum, in einer Zeitspanne von wenigen Jahrzehnten, brachten höchstens einige Hundertausend Menschen in Kunst, Literatur, Philosophie und Politik das hervor, was bis heute als Beginn und Grundlage der genannten (und weiterer) kulturellen Bereiche und als Fundament demokratischen Lebens gilt.

In der römischen Kaiserzeit, die freilich zunächst auch viele neue Kräfte und Talente freisetzte, gab es für die Unterschicht ebenfalls keine breiteren Entfaltungsmöglichkeiten; doch jetzt kamen die vielen Neu-Römer aus den Provinzen hinzu, die allein schon die Zahl der kompetenten Stimmen erheblich vermehrten. Andererseits erstarrte das öffentliche Leben bald mehr und mehr, denn wer Recht hatte, das war der Kaiser, zu offene Opposition war ›ungesund‹. Unter den Reichen konnte sich mit Kultur nur befassen, wer das Interesse, (möglichst) Talent, und vor allem das Geld dazu hatte; sonst waren Angehörige der Oberschicht – wie z. B. Horaz oder Martial – auf Geldzuwendungen von Förderern (›Mäzenen‹) angewiesen.

Diese speziellen Bedingungen insbesondere bestimmten entscheidend den Charakter und den Umfang der literarischen und künstlerischen Produktion der Römer. Eine weitere wesentliche Bedingung war, dass die Römer schon die Werke der Griechen vorfanden, als sie sich diesen Dingen selbst umfassender zuwandten.

)) Die Literatur zur Zeit des Prinzipats

▶ S. 145: *Das kulturelle Leben unter Augustus*

In dem hier in den Blick genommenen Zeitraum von knapp 300 Jahren betraten selbstverständlich viele ganz unterschiedliche Persönlichkeiten (darunter nur eine Frau, s. o.) die Bühne der Literatur. Alle Literaturgattungen – von der persönlichen Lyrik bis hin zum Roman und Fachbuch finden ihre Vertreter, begrenzt nur die Theaterdichtung (Tragödie, Komödie). Was man gar nicht findet, ist Jugendliteratur.

Viele dieser Autoren gehören in die Reihe derjenigen, die man wegen ihrer Sprachkunst und der wegweisenden Gestaltung ihrer Themen zur ›Weltliteratur‹ zählt: d. h. diese Werke können auch heute noch international über die unvermeidliche Zeitgebundenheit ihres Stoffes hinaus als meisterhafte, in ihrer Art sonst so nicht übertroffene Gestaltungen gelten, und sie gewähren dazu einen Einblick in das Typische ihres eigenen kulturellen Umfelds. Und dies kann auch unabhängig von den in den Werken vermittelten Ansichten gelten – soweit sie nicht gerade von heutigem Denken endgültig überholt sind.

An dieser Stelle soll – in zeitlicher Reihenfolge – nur ein kurzer Blick auf einige dieser Personen und einen Teil ihrer Werke fallen; der Kaiser, zu dessen Zeit diese Autoren wirkten, wird jeweils in eckigen Klammern vermerkt.

Während die Autoren der Republikzeit ihre Werke noch vorwiegend in gedanklicher Auseinandersetzung mit ihren griechischen Vorbildern schufen, werden die lateinischen Autoren jetzt zunehmend selbstständiger. Im Ergebnis finden sie im endlosen Dialog der Literatur nach und nach ihre Anknüpfungspunkte in Vertretern der eigenen lateinischen Literatur, die sie jetzt auch als vorbildhaft zu begreifen beginnen. Aus der Republik ist das Cicero, aus der Zeit des Augustus sind es insbesondere Vergil und Horaz.

▮ **Vergil** (Pūblius Vergilius Marō; 70–19 v. Chr. [Augustus]): Dichter, stammt aus bäuerlichem Umfeld in Norditalien. Sein Hauptwerk ist das ▶ Epos Aenēis, dessen Hauptheld der Trojaner Äneas. Das

Epos schildert Äneas' Flucht aus Troja (▶ Trojanischer Krieg), seine Abenteuer auf der Flucht und seine Ankunft in Italien; in heftigen kriegerischen Auseinandersetzungen erringt er den Sieg gegen die einheimischen Italiker. Aus der Vereinigung der Trojaner und Latiner geht später Rom hervor. Mit seinem Epos schafft Vergil die große zu Augustus' Politik passende und diese unterstützende Dichtung. Augustus betätigt sich als sein Sponsor. Vergil schuf auch kleinere Epen, z.B. über das Landleben – ganz im Sinne von Augustus' Parole ›Zurück auf's Land!‹

In seinem sprachlich und kompositorisch meisterhaften Hauptwerk nimmt Vergil sich den großen Griechen Homer als dichterisches Vorbild (stofflich z.B. die Irrfahrten des Odysseus), fügt in diese Motive Überlieferungen über Roms mythische Vorgeschichte ein und verbindet das ganze mit den augusteischen Ideen zum Aufbau einer besseren Zukunft: Augustus ist das Ziel der Geschichte.

Bis in die frühe Neuzeit galt Vergil als der größte Dichter überhaupt. In seiner dramatischen Art vermittelt er in gewisser Weise das, was oft als typisch römisch betrachtet wird, nämlich den wie selbstverständlichen (weil von den Göttern vorherbestimmten) Wunsch nach Weltherrschaft.

Epos: Romanhafte Erzählung, jedoch in Versen (Hexameter, s.o.). Im Mittelpunkt stehen mythische Helden und deren Taten oder Abenteuer. Die erste epische Dichtung Europas bilden *Ilias* und *Odyssee* des griechischen Dichters Homer (um 7. Jahrhundert v.Chr.). Die Ilias handelt vom Kampf um Troja, die Odyssee von den Irrfahrten und der Heimkehr des Odysseus nach diesen Kämpfen.

Horaz (Quīntus Horātius Flaccus; 65–8 v.Chr. [Augustus]): Lyrischer Dichter, aus Süditalien, Sohn eines Freigelassenen. Horaz ist wie Vergil Anhänger der politischen Friedensziele des Augustus und lebt später in einer von Maecēnās (▶ S. 251) finanzierten Unabhängigkeit, die ihn jedenfalls vor einer Abhängigkeit von Augustus bewahrte. Als feinsinniger, intellektueller, philosophisch ausgerichteter Kopf schuf er Gedichte (und u.a. *Satiren*, ▶ S. 189 Lucilius) von faszinierendem, selbständigem Gedankenreichtum, oft voll Humor und Witz, und von immer wieder überraschender eigen-sinniger sprachlicher Gestaltung, die in ihrer Art modern anmutet.

Horaz bewahrt sich seine Integrität, d.h. Unbestechlichkeit, durch völligen Rückzug ins Private, den er in einer Neudeutung des griechischen Philosophen Epikur gedanklich untermauert. Von ihm, der die griechischen Vorbilder nicht nur aufgenommen, sondern eigenständig umgeformt hat, stammen der Gedanke und der Vers

»Graecia capta ferum victōrem cēpit et artēs intulit agrestī Latiō«, das heißt

Das besiegte Griechenland ergriff den wilden Sieger und brachte die Kultur ins bäuerliche Latium (▶ S. 146).

Livius (Titus Līvius; 59 v.Chr. bis ±17 n.Chr. [Augustus]): Geschichtschreiber, aus Norditalien.

Livius verfasste ein großes Werk über die römische Geschichte ›Von der Gründung Roms an‹ (so auch der Titel: Ab urbe conditā). Er arbeitete alle erreichbaren Dokumente durch, sein Ziel war: Das Werk sollte interessant wie ein Roman zu lesen sein. In seinem Werk erscheint Augustus' Herrschaft als Sinn und Ziel der römischen Geschichte.

Properz (Sextus Propertius; 47–16 v.Chr. [Augustus]): Verfasste Liebesgedichte und Dichtungen über Rom. Er singt einerseits ein Lob der Privatheit, andererseits bringt er positiv gestimmte Gefühle der neuen Zeit unter Augustus zum Ausdruck.

Ovid (Pūblius Ovīdius Nāsō; 43 v.Chr. – 17 n.Chr. [Augustus]): Ovid ist (neben Horaz) der unerreichte Meister virtuoser dichterischer Sprache mit auch heute ›anziehenden‹ Themen und entsprechender Gestaltung in Versen (▶ S. 145). Gefeierter Dichter, wurde er doch aus unklarem Grund von Augustus bis an sein Lebensende fern in die Verbannung geschickt; wohl war er Augustus unterschwellig zu aufmüpfig und in den Liebesgedichten zu unmoralisch. Seine *Metamorphosen* (▶ S. 235) liefern einen der buntesten Bilderbogen antiker Mythologie.

Celsus (Aulus Cornēlius Celsus; 25 v.Chr. bis ±50 n.Chr. [Augustus, Tiberius]): Als medizinischer Fachschriftsteller lange Zeit in seinem Fach maßgebend.

Seneca d.J. (Lūcius Annaeus Seneca; ±1 bis 65 n.Chr. [Nero]): Autor der stoischen Philosophie (▶ S. 241); höchst aufschlussreich für das naturwissenschaftliche Denken seiner Zeit sind seine Nātūrālēs quaestiōnēs (›Probleme der Naturlehre‹).

Phaedrus (14–54 [Augustus, Tiberius, Caligula, Claudius]): Phaedrus, Sklave, schrieb Fabeln und verkleidete darin die Weisheiten und Erfahrungen der kleinen Leute. Zu ihm bemerkte Quintilian (▶ S. 197): »Fabeln ziehen besonders Bauern und

Unkundige an«. Darin haben wir einen Anhaltspunkt für eine Leserschaft außerhalb der gebildeten Kreise.

▮ **Petron** (Titus Petrōnius Arbiter; ±14–66 n. Chr. [Nero]): Von ihm haben wir einen der beiden meisterhaften römischen Romane, das *Satiricon* (nur ein Teil ist erhalten). Auf einer Reise durch die ›unteren Etagen‹ der Welt der Römer erleben die Hauptfiguren allerhand Abenteuer – in einer von den Vornehmen als schamlos empfundenen Weise. Darin kommt massive Kritik an den ›inoffiziellen Seiten‹ der römischen Gesellschaft, ihres lotterigen Luxuslebens und ihrer, wie er darstellt, anmaßenden Oberflächlichkeit zum Ausdruck.

▮ **Plinius** der Ältere (Gāius Plīnius Secundus; 23–79 [Vespasian, Titus]) schrieb seine Enzyklopädie ›Nātūrālis historia‹ (›Weltkunde‹) ausdrücklich für Bauern. In diesem weitgespannten Kompendium des Wissens über alle Gebiete seiner Zeit, wissenschaftlich fundierte genauso wie im Aberglauben begründete, erfährt man Entscheidendes über die echten Grundlagen des Denkens und Verhaltens der Römer. Plinius kam, gelenkt von seiner naturkundlichen Neugierde, als Flottenadmiral 79 n. Chr. beim Vesuvausbruch im Golf von Neapel ums Leben. ▶ S. 256

▮ **Quintilian** (Mārcus Fābius Quīntiliānus; 35 bis ±96 [Galba, Vespasian, Domitian]): Rhetoriklehrer, ▶ S. 192, 197.

▮ **Lukan** (Mārcus Annaeus Lucānus; 39–65 n. Chr., Spanier [Nero]): Lukans Lebensauffassung ist die des Stoizismus (▶ S. 241). Das prägt die Gestaltung seines Epos Pharsālia, eines *historischen Dramas*, in dem die Auseinandersetzung zwischen Cäsar und Pompejus das Thema ist. Götter spielen in dem Epos über den Bürgerkrieg keine Rolle, seine Sympathie gilt den schließlich von Augustus endgültig besiegten Cäsar-Gegnern. Insofern liegt hier eine Stimme der politischen Opposition vor (von Nero zum Selbstmord gezwungen).

▮ **Curtius Rufus** (Quīntus Curtius Rūfus; 1. Jahrhundert n. Chr. [Claudius]): Er wendet sich als Historiker von der Zeitgeschichte ab (das Thema stellt unter den Kaisern ein gefährliches Risiko dar, ▶ S. 190) und wendet sich einer auch räumlich fernen Vergangenheit zu: Sein Thema sind die Taten und Erlebnisse Alexanders des Großen im exotischen Osten. Das Werk ist mehr ein Roman als eine Geschichtsdarstellung – eine bunte Quelle für das römische Wissen über die fernen Regionen des Ostens

▮ **Martial** (Mārcus Valerius Mārtiālis; ±40 bis ±104 [Titus, Domitian, Nerva, [Trajan]): Der satirische Dichter mit messerscharfem Witz und oft beißender Ironie. Er spießt die Schwächen seiner Mitmenschen in meist kurzen Gedichten, oft Zweizeilern, genussvoll auf – für uns ein Einblick unter die Haut des Römerlebens (seine ›Epigramme‹ bestehen aus mindestens einem solcher Zweizeiler; ▶ Beispiel auf S. 191).

▮ **Tacitus** (Pūblius Cornēlius Tacitus; ±55 bis nach 115 [Domitian, Nerva, Trajan]): Vornehmer Römer mit republikanischer Einstellung, ausgebildeter Redner und Literaturkritiker. In seinen Geschichtsdarstellungen liefert er ein kritisches, ganz *persönliches* gegen die offizielle Propaganda gerichtetes Bild von den Phasen der Durchsetzung des Kaisertums. Besonders interessiert ist er an der Psychologie der historischen Akteure, an ihren Triebfedern und Handlungsmotiven. Meisterhaft versteht er es, mit gezieltem sprachlichen Ausdruck indirekt präzise Aussagen unterzubringen.

▮ **Juvenal** (Decimus Iūnius Iuvenālis; ±60 bis ±130 n. Chr. [Domitian, Nerva]): Von einfachem Stand, verfasst Juvenal in der Nachfolge des Lucilius und Horaz *Satiren*. In etwas verdeckter Weise ist er scharfer Kritiker der idealisierten Römertugenden (▶ S. 244 f.) und stellt ihnen bissig die von ihm ganz anders gesehene Realität entgegen, Misstände allgemein, das unerträgliche Leben der kleinen Leute. Manchmal überspitzt er wohl bewusst, nicht selten hat man den Eindruck, die Satire kommt der Wirklichkeit gar nicht hinterher:

> Difficile est saturam nōn scrībere
> *Schwierig ist es, keine Satire zu schreiben*
> (Juvenal, Satirendichter).

▮ **Plinius** der Jüngere (Gāius Plīnius Secundus; 61 bis ±114 [Titus, Domitian, Trajan]): Plinius d. J. (Neffe von Plinius dem Älteren) ist auch bekannt als Statthalter in Kleinasien; in dieser Rolle hinterließ er einen Briefwechsel mit Kaiser Trajan über die Probleme gerechter Amtsführung dort. Plinius erfand die Gattung des **Kunstbriefs**. Das heißt: Kleine Abhandlungen über Aspekte der römischen Welt und des Römertums kleidet er in Briefform. Sie sind aufschlussreich zu lesen; für uns heute vermitteln sie eher die Ansichten eines ›drögen‹, spießigen Alt-Römers ohne rechte Lebenslust. So wirft er einem Freund vor, er habe eine Einladung zum Essen bei ihm verschmäht, wo es doch köstliche, gesunde

Rüben gegeben hätte, um stattdessen ein raffiniertes Bankett zu besuchen. Nicht anders sind etwa seine Bemerkungen über seine (viel jüngere) Frau, berühmt sein Brief über den Tod seines Onkels.

▮ **Sueton** (Gāius Suētōnius Trānquillus; ±70 bis 130/140 [Trajan, Hadrian]): Dieser Autor verfasste Biografien über die römischen Kaiser bis hin auf seine Zeit. Da die offiziellen Dinge seinem Publikum sattsam bekannt waren, suchte er, hinter die Kulissen zu blicken. Von dort aus berichtet er persönliche, zum Teil Klatschgeschichten über die Kaiser und ihre Familien; Morde im Kaiserhaus sind genauso sein Thema wie kaiserlicher Aberglaube (Augustus stand nie mit dem linken Fuß zuerst auf!).

▮ **Nemesian** (Mārcus Aurēlius Olympius Nemesiānus, 2. H. 3. Jahrhundert n. Chr. [Numerian, Soldatenkaiser]): Dieser Dichter (aus Karthago) soll hier nur als Beispiel dafür angeführt werden, was unter den Militärdiktatoren als Dichtung möglich war: z. B. gekonnte, aber süßliche Verse über das verfälschte Hirtenleben fern von *jeder* Wirklichkeit, die ihre Vorbilder 300–400 Jahre vorher haben.

▮ **Christliche Autoren**: Der namhafteste und am weitesten wirkende unter ihnen ist **Augustinus** (354–430, aus Thagaste/Nordafrika). Zunächst Rhetorikprofessor, wird er Christ und Bischof von Hippo Regius (Nordafrika). In seinem Werk ›Gottesstaat‹ (Cīvitās Deī) ist es sein Anliegen, Geschichte und christlichen Glauben aufeinander zu beziehen. Im weltlichen Staat sollen die Guten (also die Christen) die Schlechten (die Heiden) ersetzen. Wenn die Gerechten und Gläubigen gesiegt haben, ist der Gottesstaat erreicht. Viele philosophische Gedanken Augustins sind bis heute von nicht theologisch argumentierenden Philosophen aufgegriffen worden.

Viele christliche Autoren setzen sich naturgemäß mit dem römischen ›Heidentum‹ polemisch auseinander. Insofern bieten sie auch aufschlussreiche Informationen über die altrömische Welt – unter anderer Brille.

> In der Kaiserzeit war die Literatur im römischen Reich zweisprachig: Nicht nur Griechen verfassten weiterhin wichtige Werke auf griechisch, auch manche Römer wie z. B. der Kaiser Mark Aurel schrieben in griechischer Sprache. Die Gebildeten sprachen alle, wie schon öfter erwähnt, beide Sprachen. Die Römer bewahrten in ihren Bibliotheken daher nicht nur lateinische, sondern auch griechische Literatur auf, weil deren Werke das große Vorbild darstellten. So baute Trajan auch eine Doppelbibliothek für beide Sprachen (▶ Karte hinten).

)) Das Schicksal der Rhetorik in der Kaiserzeit

Die Kaiserzeit brachte bald im buchstäblichen Sinn ein ›Ende der Debatte‹: Unter der Diktatur der Kaiser starb die ›Kunst des Forums‹ (▶ S. 191) mit dem Ende der Redefreiheit einen abrupten Tod. Sozusagen als rhetorisches Schattenboxen fand sie ein neues Umfeld hinter den verschlossenen Türen: Die Juristen pflegten sie für ihre Prozesse, schmeichlerische Lobreden auf den Kaiser ersetzten das offene Wort, in der Ausbildung verlegte man sich auf absurde, unwahrscheinliche Redethemen mit ausgefeilter Effekthascherei. Als kulturelles Ereignis hörte man sich schöngeistige recitātiōnēs, Vorträge, an, eher zum Einschlafen geeignet.

Der Grund dafür war einfach: Den reichen Leuten, für welche die Rhetorikausbildung ja dagewesen war, waren die Berufe ausgegangen: Das waren die öffentlichen Ämter gewesen, die nun nicht mehr existierten (sie wurden hauptsächlich vom Kaiser mit Leuten besetzt, die ihm gefielen). Und andere, womöglich ernsthafte Arbeit? Das hatte für diese Schichten ja überhaupt das unverständlichste Fremdwort bedeutet. Höchstens eine Karriere als Rechtsanwalt kam in Frage.

▮ **Quintilian**: In dieser Situation war es der Spanier Mārcus Fābius Quīntiliānus (▶ S. 192) aus Calahorra (Calagurris), der sich unter Rückgriff auf den nun schon als unübertroffenes Vorbild geltenden Cicero dieser Entwicklung entgegenstellte: vergeblich. Auch seine Propagierung einer vereinfachten Lehre konnte da nichts bewirken. Sein erhaltenes Werk Īnstitūtiōnēs ōrātōriae fasst für uns das gesamte römische Wissen zur Redekunst zusammen.

)) Schauspiel und Theater

▶ S. 64 ff.: *Bühnenstücke – Bühnenkunst: Theater und Odeion*

Oben war von **Plautus** und **Terenz** die Rede (▶ 188), deren (erhaltene) Komödien bzw. Lustspiele für uns das römische Theaterspiel repräsentieren. Obwohl sonst hunderte von Titeln und viele Autorennamen bekannt sind, ist außer einzelnen Versen sowie einer Reihe von Tragödien **Senecas** (▶ 195) nichts erhalten geblieben. Das hängt sicher *auch* mit der Gegnerschaft des Christentums gegenüber Theateraufführungen generell zusammen (christliche Gelehrte und Mönche sorgten ja etwa ab 400 n. Chr. für das Vervielfältigen der antiken Literatur durch Abschreiben; ▶ 178). Vor allem aber führten Aufführungen seriöser Stücke auf römischen Bühnen schon sehr früh ein Schattendasein; ab Augustus konnten Aufführungen teilweise nur unter dem Schutz kaiserlicher Soldaten durchgeführt werden, weil das Publikum randalierte und sich regelrechte Schlachten lieferte; einmal gingen die Unruhen so weit, dass eine Schauspielertruppe aus Italien verbannt wurde.

Szene aus einer Komödienaufführung, es geht ›heftig zu‹. In der Mitte begleitet ein Flötenspieler die Handlung.

▪ Das italische und damit das römische Publikum war aus seiner Tradition her an ulkige, possenhafte Aufführungen zu komischen Alltagsereignissen gewöhnt. Es liebte den Mimus (operettenhafte Aufführungen solcher Stoffe mit Text) und den Pantomimus (das gleiche mit Musik, aber ohne Text).

- Das ›ernsthafte‹ (auch das lustige) Theater in unserem Sinn hatte seinen Ursprung im 5. Jahrhundert v. Chr. in Athen in Griechenland (▶ S. 194), erlebte dort eine lange Blüte und wurde sehr vom *ganzen* Volk geschätzt. Die Römer selbst hatten darin überhaupt keine eigene Tradition, sondern übernahmen die von ihnen geschätzten Formen aus anderen italischen Städten sowie aus Großgriechenland (d. h. Süditalien).

▪ Das intellektuelle Theaterpublikum zieht sich in elitäre Vortragssäle zurück, wo die ernsthaften, griechische Mythenstoffe aufgreifenden Dramen nicht gespielt, sondern im Lesevortrag aufgeführt werden. Diese Stücke sind abgehoben, rein schöngeistig und zeigen ihre Protagonisten gern in künstlich erdachten grässlichen Situationen, die an ebenso künstliche tiefe Gefühle appellieren sollen (Beispiel: **Seneca** ▶ S. 197).

:: Musik und Tanz

Für die ganz frühe Zeit geben uns etruskische Gemälde eine Vorstellung, wie man in dieser Zeit musizierte und tanzte. Wie antike Musik geklungen hat, kann man in engen Grenzen nachgestalten: Einige Musikstücke sind überliefert, z. B. solche von Mesomedes von Kreta, einem Griechen und Hofmusiker des Kaisers Hadrian (2. Jahrhundert n. Chr.). Griechische und lateinische Musik wiesen zweifellos ähnliche Merkmale auf, vor allem benutzten die Römer auch die gleiche Notenschrift wie die Griechen, man weiß auch von verschiedenen Tonarten. Lukian (Grieche, 120–180 n. Chr.) setzte sich sogar eingehend auf philosophischer Grundlage mit musischer Bildung und Tanz auseinander.

▪ Musik war auch bei den Römern immer eng mit dem Tanz und eng mit dem Theater verbunden, wenn man einmal von einsamer Hirten-Flötenmusik absieht. Auch bei Gladiatorenspielen traten Musiker auf, erst recht bei Feierlichkeiten wie religiösen Zeremonien, Hochzeiten, Bestattungen, vor allem: bei Gastmählern zur Hebung der Stimmung.

Dass man Musik ›für sich‹ praktizierte, war eher selten. Musikanten und Tänzer werden häufig in der Kunst dargestellt, sodass man sich von Instrumenten und der Bewegung eine gute Vorstellung machen kann. Auch Namen von Tänzen und Instrumenten sind überliefert – letztere reichen von der einfachen Flöte bis zur Wasserorgel (s. u.).

▪ In der Königszeit standen die Musiker ganz vorn unter den wichtigen Berufsgruppen; im Heer gab es eigene Musikantenkorps. Dort spielten Blasinstrumente – Trompete und Horn – selbstverständlich auch als Signalgeber eine große Rolle.

▪ Später waren auch (▶ S. 178) die Musiktradition und -instrumente der Römer Ziel der Abneigung der Christen; man versuchte, sie ganz in Vergessenheit geraten zu lassen – auf Dauer vergebens.

▪ Einige Instrumente:

- Saiteninstrumente: lӯra (Leier, verschiedene Formen und Größen), trigŏnum (Dreiecksharfe);

Flötenspieler mit Fußklapper und Tänzerin (Mosaik)

- Blasinstrumente: fistulae (Panflöte), tībiae (Doppeloboe), fistula (tībia) oblīqua (Querflöte), utriculus (Sackpfeife), tuba (Art Trompete, lang), lituus (Art Trompete, dicker); hydraulus (Wasserorgel mit Tastatur und bis zu 52 Pfeifen in vier Registern, gern von Patriziern zur Hausmusik gespielt; in der Kaiserzeit werden diese Apparate immer gewaltiger, man bezeichnet sie als regelrechte ›Türme‹);
- Schlaginstrumente: tympanum (Pauke), crotala (Klappern), cymbala (Zimbeln, das sind kleine Becken), sistrum (ägyptische Rassel).

:: Die römische Kunst

Nach der bewussten Wiederbegegnung mit der antiken Kunst im Mittelalter, stärker in der frühen Neuzeit, dauerte es eine ganze Weile, bis man die Frage nach ›römischer‹ Kunst stellte. Denn bis zu Goethe (um 1800) hatte man nur ›antike‹ Kunst gesehen und keinen Unterschied zwischen griechischer und römischer gemacht. Tatsächlich sehen für das ungeübte Auge viele Dinge auch ziemlich gleich aus.

Nochmals: Etrusker und Hellenismus | Die Etrusker, in deren Umfeld die frühen Dorf-Römer und Latiner lebten, waren in ihren künstlerischen Gestaltungen durchgreifend von den Griechen geprägt, sei es durch Importe, sei es durch Nachahmung. Als Rom wuchs, beschäftigte es etruskische und griechische Künstler.

So war römische Kunst tatsächlich immer irgendwie auch ›griechisch‹, und je intensiver Rom durch seine Eroberungen von der griechisch geprägten Umwelt selbst vereinnahmt wurde, um so mehr wurde es in diese Welt eingebunden, die als ›hellenistisch‹ bezeichnet wird (▶ S. 93, 147). Da die Römer Standes, wie öfter betont, aber selten selber zu schaffen, dafür sich vorzugsweise zu holen pflegten (Objekte oder Menschen, die sie machten), hatten sie aus ihren Gärten und Städten regelrechte Landschaften *griechischer* Kunst gemacht. Die Künstler, die für sie arbeiteten, waren auch später hauptsächlich Griechen mit entsprechender Ausbildung, wenn man sich ›Qualität‹ ins Haus holen wollte.

In allen Bereichen künstlerischen Ausdrucks – Baukunst (Architektur), Plastik und Malerei – hatten die Römer also hellenistische Künstler, Meister und Werke als Vorbilder. Oft kopierten sie diese Vorbilder; daher sind z.B. griechische Malereien (die fast alle verloren gegangen sind) oft in römischer Form erhalten, das gleiche gilt für die Plastik. Besonders auf dem Gebiet der Architektur passten sie das Neue jedoch den italischen Formen, Vorlieben und Techniken an.

Neue alte Wege ab Augustus | Mit der Übernahme der Herrschaft durch Augustus endet in unserer Sehweise auch der Hellenismus; jetzt dominiert Rom überallhin sichtbar. In der Kunstentwicklung hat das den seltsam erscheinenden Aspekt, dass Augustus – so wie er auch auf anderen Gebieten das öffentliche Leben gezielt steuern wollte – eigene Vorstellungen zur Kunst propagierte: Die Römer sollten sich jetzt bewusst an der Kunst des klassischen Griechenlands als Vorbild orientieren und sie nachahmen, an Athen zu dessen großer Zeit, an den als Vorbildern geltenden Meistern und Gestaltungen. Augustus selbst setzt dafür ein eigenes Zeichen: Seine Āra Pācis, der *Friedensaltar*, versucht, in diesem Sinne ›klassisch griechisch‹ (oder was man dafür hielt) zu sein, bis hin zur Wahl feinsten weißen Marmors. Eine geistige Bewegung wie die von Augustus propagierte nennt man ›Klassizismus‹ und bedeutet einen bewussten Rückgriff auf etwas, das man als ›klassisch‹ betrachtet, d.h. als unübertrefflich vorbildhaft.

Die Kunstpolitik des Augustus brachte verschiedene Werke in diesem Geiste hervor, war langfristig jedoch höchstens indirekt folgenreich: Es ist ja auch besser, wenn sich ein Staatsführer ganz aus dem

Kunstschaffen heraushält. Was sich im Anschluss an ihn herausbildete, war in jedem Fall eine permanente Aneignung und Nutzung der vorhandenen künstlerischen Mittel, ganz nach dem Geschmack der jeweiligen kaiserlichen oder senatorischen (usw.) Auftraggeber.

Nach Augustus gab es keine neue offizielle Kunst-Ausrichtung mehr; mit Festigung des Prinzipats aber hielt immer wieder neuer Pomp Einzug, der das vorhandene Repertoire nutzte und abwandelte.

)) Die Baukunst

▶ S. 167: *Monumentalbauten und Bautechnik*

Die Römer nutzen in vielfältiger Weise – öfter erwähnt – Gewölbe und Rundbogen; dadurch gelangen sie zu vielfältigeren Bautypen als die Griechen.

- Der römische (aus dem etruskischen) hergeleitete **Tempel** sieht ähnlich aus wie der griechische, hat jedoch einen ganz anderen Charakter und eine eigene Struktur: Der griechische Tempel ist ein allseits gleichwertiger Körper und wirkt ›luftdurchlässig‹; der typisch italische ist frontal ausgerichtet und an den übrigen Seiten abgeschlossen.
- Die **Basilika** bildet einen öffentlichen Versammlungsraum mit drei Schiffen (d. h. der Raum ist in drei längliche Abteilungen untergliedert). Sie ergänzt den öffentlichen Platz.
- Die **Portikus** (oder: Säulenhalle) hat ihr Vorbild bei den Griechen: Eine meist langgestreckte, eher schmale Halle ist nach einer Längsseite hin in Form einer Säulenstellung geöffnet. Sie umrahmt öffentliche Plätze, aber auch den Innenhof einer römischen Villa.
- Der **circus** (für Wagenrennen, auch Gladiatorenspiele) ist zwar dem griechischen Stadion nachempfunden, bildet in seiner späteren Ausgestaltung (ursprünglich nur ein langezogener Erdwall) aber eine eigene Form mit Sitzreihen, Ehrentribüne und an einer Seite Boxen für Pferdegespanne; in der Mitte wird er durch eine Mauer (spīna: ›Gräte‹) in zwei Hälften geteilt; die Mauer mit ihren Endpfosten (mēta: Zielsäule) muss umfahren werden. Am berühmtesten ist der Circus Maximus in Rom, der 200 000 Menschen fasste.

Abbildungen:
- Tempel ▶ **S. 81, 211**
- Pantheon ▶ **S. 168**
- Basilika ▶ **S. 45, 46**
- Theater ▶ **S. 64, 216**
- Circus ▶ **S. 43, 58**
- Amphitheater ▶ **S. 58, 59**
- Stadion ▶ **S. 60**
- Thermen ▶ **S. 53, 54, 55, 56**

- Das römische **Theater** setzt das griechische Theater in Architektur um: Während dieses in einen Hang eingebaut ist und die Sitzreihen (auch in Stufen) von vorn bzw. den Seiten betreten werden, wird beim römischen Theater der Hügel durch einen Unterbau sozusagen ersetzt. Grundsätzlich hat das römische Theater ein massives Bühnengebäude und wird von den Eingängen in der hinteren Rundung her betreten. Das erste steinerne Theater Roms wurde erst 55 v. Chr. von Pompejus erbaut.
- Eine rein römische Architekturform ist das **Amphitheater** (amphitheātrum: ›Rundherum-Theater‹). Gewissermaßen eine aneinandergefügte Verdoppelung des normalen Theaters, bildet die Arena (arēna: *Sand*) seine Mitte, umschlossen von der cavea (›Höhlung‹: Zuschauerraum). Gewaltige Unterbauten mit Verliesen, Käfigräumen und Abwasserkanälen liegen darunter. Eingänge mit Treppen nach oben gibt es auf allen Seiten, von den Treppen gibt es Verteilerflure zu den verschiedenen Rängen bzw. Ebenen. Amphitheater überzogen schließlich als Ausdruck des Römertums das ganze Römische Reich; das berühmteste ist das Kolosseum von Rom (Bezeichnung nach dem colossus, dem goldenen Riesenstandbild des Kaisers Nero).

Das ›römischste‹ aller römischen Bauwerke: der Triumphbogen, hier der des Kaisers Septimius Severus (193–211) in seiner Geburtstadt Lepcis Magna (Nordafrika).

■ Eine weitere typisch römische Architekturform ist der **Triumphbogen**: Er wurde ursprünglich zum Empfang eines triumphierenden Feldherrn aus Holz errichtet, später aus Stein bzw. Marmor gebaut. Nur Kaiser durften dann noch Triumphe durchführen und entsprechend nur sie Triumphbögen erhalten. Unzählige finden sich insbesondere an den Foren der Städte des Römischen Reiches. Die ganze Geschichte bis heute über gehört der Triumphbogen zu den beliebtesten Nachahmeobjekten der römischen Architektur, und zwar nicht nur bei Kaisern. So ist nicht nur der Arc de Triomphe (in Paris) ein Nachfahre des römischen Triumphbogens, sondern viele Bögen in aller Welt.

■ Eine einfachere Form der Ehrung erfolgreicher, angesehener Persönlichkeiten stellen die sog. **Ehrensäulen** dar, unterschiedlich hohe Säulen mit Inschrifttafeln und einem Standbild auf der Spitze. Ein imposantes Beispiel in Rom bildet die von unten bis oben spiralförmig mit Bildreliefs verzierte Säule des Kaisers Trajan. Im Bereich des römischen Germanien finden sich häufig die daran angelehnten sog. Jupitergigantensäulen. Möglicherweise sollen sie den (angestrebten) Sieg der Römer über das ›barbarische‹ Germanien in Szene setzen.

■ Gigantische Ausmaße erreichten teilweise die **Thermen**, die römischen ›Freizeitzentren‹, die ohne die römische Bautechnik nicht hätten errichtet werden können. Das Pantheon mit seinem Gewölbe findet bis in die Neuzeit nur selten seinesgleichen.

■ Einige Grundelemente der Architektur, die sog. Säulenordnungen (dorische, ionische, korinthische Ordnung; ▶ S. 202) blieben als griechisch-hellenistisches Erbe stets in Gebrauch. Vor allem sie sind es, die auch wir noch als ›typisch antik‹ empfinden.

›› Plastik und Porträtkunst

Im Bereich der Plastik führte der uralte Brauch der Römer, Masken ihrer Verstorbenen im Atrium aufzustellen, zu einem besonders ausgeprägten Interesse an der Porträtplastik.

■ Hier entwickelte sich sehr früh etwas ganz Eigenständiges: Während die Griechen versuchten, zunächst eher Idealbilder zu gestalten und später Individuelles mit allgemein Typhaftem zu verbinden, lag den Römern von vornherein an höchst realistischen Porträts, die nichts schön schminkten, sondern jede Warze oder Falte an ihrem Platz ließen.

■ Bei den Kaisern fand die römische Porträtkunst eine ganz spezielle Art ihrer Selbstverwirklichung: Alle Kaiser mühten sich, Altäre, öffentliche Plätze und Gebäude sowie private Wohnzimmer mit ihren Porträts zu füllen, die massenhaft erhalten sind. Da sie das Gleiche ganz penibel auch in Form von Münzbildnissen taten, sind wir in der Lage, praktisch *jedem* römischen Kaiser noch heute in die Augen zu sehen.

›› Malerei und Mosaik

Dieses individuelle Porträt soll Brutus, den ersten Konsul Roms (509 v. Chr.) darstellen. Es handelt sich um die älteste römische Bronzebüste.

In der Kette der natürlichen und menschengemachten Katastrophen ist der Ausbruch des Vesuvs 79 n. Chr. (wie am Anfang dieses Buches schon erwähnt, ▶ S. 6) in verschiedener Hinsicht für später lebende Menschen, seit sie sich dafür interessierten, ein Glücksfall: An vielen Ecken der Stadt kann man das Gefühl haben, die Bewohner seien gerade einmal fortgegangen, so (fast) intakt wirken Stadt und Häuser an vielen Stellen. Und tatsächlich wurde ja das Leben in einem Moment weniger Tage im August des Katastrophenjahres festgehalten. Nichts hatten die Menschen davon gewusst, dass der Vesuv ein gefährlicher Vulkan ist.

■ **Die Wandmalerei** | Besonders gilt das, wenn man plötzlich vor großen oder kleinen Wandgemälden in leuchtenden Farben steht, auf denen lebensnah und oft lebensecht abgebildete Gestalten zu agieren oder uns sogar direkt anzusehen scheinen. So sind wir über die Zeiten hin durch die Katastrophe enger mit diesen Menschen verbunden.

Zur Ausstattung eines (vornehmeren) Hauses gehörte die kunstvolle Bemalung der Wände von einfachen Mustern über kleine eingerahmt scheinende Bildchen bis hin zu wandfüllenden Großgemälden mit ganz verschiedenen Motiven, Landschaften mit exotischen Tieren über Szenen mit Menschen bis hin zu täuschend echt gemalten Architekturausblicken, aber auch tapetenähnlich wirkende Malereien gehören dazu. Diese Malereien wurden mit dazu geeigneten Farben auf den noch frischen Putz aufgetragen (weswegen man sie Fresko/Fresken nennt), mit dem sich die Farben beim Trocknen verbanden; daher blieben sie so gut erhalten.

Auch die Häuser und Wohnungen der einfacheren Leute weisen eine Ausstattung mit Malereien auf, die dann im Allgemeinen schlichter gehalten sind.

Pompeji und Herkulaneum sowie viele ausgegrabene Villen rund um den Vesuv vermitteln ein lebendiges Bild römischer Malerei von den Anfängen (ab etwa 200 v. Chr.: der Zeit, ab der die Römer luxuriöser leben wollten) bis zum Untergang dieser Städte. Von hierher ließ sich viel über die Entwicklung der Malerei ablesen – die wie so vieles andere auch ihren Ursprung bei den Griechen hatte.

- Die Malerei der Etrusker, von der auch viel seit frühesten Zeiten erhalten ist, hat die Römer anscheinend vom Inhalt her nicht inspiriert.

Vor allem aber bilden die Gemälde eine unvergleichlich reiche Illustration zu Leben, Vorstellungen und Träumen der Römer. Viele Themen finden sich in der Literatur wieder, immer wiederkehrende Bildchen von Feigen und Rundbroten zeigen, was sie überall und dauernd aßen. Kaum etwas Kriegerisches ist zu finden, wir stehen vor einer ruhe-durchzogenen Welt vor allem der Privatheit und des Reisens der Gedanken in ferne mythologische Zeiten, in bunte Gärten oder exotische Länder. Besonders Ägypten

Die von den Griechen entwickelten und zunächst an ihren Tempeln verwendeten Säulentypen wurden von den Römern ganz nach Geschmack an ihre eigenen Bauten angepasst.

Von links nach rechts: dorische, ionische, korinthische ›Ordnung‹

Gemütlich, wohnlich? Jedenfalls höchst repräsentativ: Eine solche Wanddekoration als ›Tapete‹ liebten die Römer im 1. Jh. n. Chr. Der Raum ist nicht etwa riesig, sondern relativ klein (Vettierhaus zu Pompeji)..

hat es den Römern angetan; für sie muss das Land am Nil so etwas dargestellt haben wie für den Mitteleuropäer vor noch gar nicht langer Zeit Italien und heute vielleicht eher die Karibik.

- Die Wandmalereien der Griechen sind weitgehend verloren. Aber dadurch, dass die Römer – wie bei Statuen – viele griechische Werke kopierten, sind sie in (oft auch umgearbeiteter und dem Geschmack angepasster Form) erhalten, sodass die Römer uns auch davon einen reichen Eindruck vermitteln.

Über Pompeji und die Vesuv-Orte hinaus wurden an vielen Stätten ebenfalls zahlreiche Wandmalereien gefunden und konserviert. Sie erlauben es uns, die Themen und Art der Malerei noch bis zur Zeit um 400 n. Chr. zu verfolgen. In der Zeit nach Pompeji werden die Themen dann um christliche Darstellungen erweitert (erhalten in den Katakomben, den unterirdischen Grabstätten der Christen).

Die Mosaikkunst | Aber Räume haben ja nicht nur Seitenwände, sondern auch Decken und Fußböden. In sehr reichen Häusern wurden Decken oft mit Stuckornamenten* geschmückt. Die Fußböden –

auch in den Wandelhallen der Gärten und auf anderen Gartenflächen – wurden mit Mosaiken verziert. Das waren oft nicht nur einfache schwarz-weiß gelegte Muster aus kleinen Steinchen, sondern sehr häufig auf den Boden platzierte Gemälde, zum Teil von beträchtlicher Größe. In dieser anderen Technik wiederholt sich dann ein Großteil des Repertoires der Wandgemälde, bald mit etwas gröberen Steinchen, bald in ganz feiner Arbeit. Auch hier werden manche griechische Vorbilder wiedergegeben wie etwa das berühmte Mosaik mit der Schlacht Alexanders des Großen gegen die Perser (▶ Ausschnitt S. 88) aus Pompeji.

* Stuck: Material aus Gips, Kalk, Sand und Wasser zum Modellieren

■ **Römische Künstler? |** Fehlanzeige! Wenn wir fragen, wer die römischen Kunstwerke geschaffen hat, ob Plastik, Malerei, oder Mosaiken: Nirgendwo stoßen wir auf Namen von Römern. Kein römischer Michelangelo, van Gogh, Dürer, Picasso, geschweige denn eine malende Frau. Den Römern war Kunst lieb und vor allem auch teuer, aber es war für sie Handwerk. So rührten sie weder Meißel noch Pinsel: Sie kauften Künstler als Sklaven oder ließen fremde Freigelassene malen oder bildhauern. Anders als im Bereich der Literatur – anerkannte Tätigkeit ohne Handarbeit – bewegten sie dafür keinen Finger. Hingegen kennen wir eine Unzahl griechischer Künstler mit Namen.

Erst durch die **Bilder** der römischen Kunst gewinnen die meisten **Texte** für uns Anschaulichkeit und Leben. Auf die Malereien stieß man durch Funde ab dem 16. Jahrhundert, also lange nachdem man sich schon mit den Texten beschäftigen konnte.

» Kunsthandwerk: ›Glas und Silber lieb ich sehr …‹

Künstlerische Gegenstände aus Glas oder Silber sowie Schmuck zählen bei uns zum sog. Kunsthandwerk, nicht zur Kunst – das hat also eine lange Tradition. Die uralte Glaskunst wurde auch unter den Römern weiterentwickelt und zu höchst vielfältigen künstlerischen Produkten weitergetrieben. Gefördert wurde das durch die Erfindung des Glasblasens in Syrien kurz vor der Zeit des Augustus (vorher nur Schmelzen und Gießen), und ab Augustus wurde Italien zu einem Zentrum geradezu industrieller Glasproduktion. Hauptzentrum war dort das Gebiet um Neapel, später machten insbesondere die Glasbläser in Gallien und vor allem auch um Köln den italischen Werkstätten Konkurrenz, was u. a. auch Probleme von Arbeitslosigkeit auslöste. Überall im römischen Reich blieben Zeugnisse der Glaskunst erhalten. Und auch zum Glas hinterließen uns die Römer einen Spruch:

Fortūna vitrea est – tum cum splendet frangitur.
Glück ist aus Glas – dann, wenn es glänzt, zerbricht es.
Publilius Syrus, Dichter (urspr. Sklave), 1. Jh. n. Chr.

In der Schmuckherstellung setzten die Römer die meisterliche Kunst ihrer Vorgänger, insbesondere der Etrusker, fort.

Wenn bei uns ein Braten einmal auf dem Silbertablett serviert wird: So haben es schon die Römer gemacht. In den reichen Familien gehörten umfangreiche Service aus schwerem Silber nicht gerade zum Alltag, aber zum Standard. Und wenn man sie sich nicht leisten konnte, wurden sie an die Wand gemalt. Manche spektakuläre Funde kompletter Silbergeschirrsätze bieten uns ein anschauliches Bild dieses Tafelluxus. Gern hätten die Römer diese Objekte grundsätzlich im Wohnzimmer auf Tischen zur Schau gestellt, aber die Angst vor Diebstahl verbannte diese Dinge doch eher in die Truhe. Nicht unberechtigt war diese Angst jedenfalls in den späteren Zeiten allgemeiner Unruhe: Zum Schutz vor befürchteten Plünderungen vergrub man Pracht und Prunk in der Erde – oft mit Erfolg: So kamen diese Dinge oft erst heute ans Licht. Keramikgeschirr bildete – in verschiedenen Qualitäten – freilich die normale Ausstattung; doch auf diesem Gebiet sind keine besonderen künstlerischen Anstrengungen zu vermelden, dort punkteten die Griechen in ihren besten Zeiten (vor den Römern) mit ihrer Vasenmalerei.

Vase aus blauem Glas mit undurchsichtigem weißen Glasdekor, der die Traubenernte darstellt.
Aus Pompeji

8 ›Nostrum mare‹ – Rom an seinen Grenzen

Nostrum mare, ›unser Meer‹, nannten die Römer spätestens seit Caesar (und Sallust) das Mittelmeer, auch mare internum, ›Binnenmeer‹ (im Gegensatz zum nach auch ihrer Meinung weltumspannenden Ōceanus; der Name Mare mediterrāneum ist erst um 600 n. Chr. bezeugt).

In Kapitel 3 wurde genauer gezeigt, wie die Römer bis zum Ende der Republikzeit bzw. bis zur Herrschaft des Augustus ihr Weltreich eroberten. Nachdem erst einmal Italien vereint war, konnten sich die Römer erst recht, wie ein Blick auf die Karte zeigt, als Mittelpunkt der (ihrer) Welt fühlen. Die Lage der Halbinsel begünstigte die militärische Überwachung der westlichen und der östlichen Hälfte des Mittelmeers und damit die Herrschaft über alle Teile und umliegenden Gebiete.

▶ S. 208: ›*Schlaglichter*‹; Karte Umschlag vorn

:: Ein Weltreich um das Mittelmeer

■ Größte Ausdehnung, Abwehrkämpfe, Zerfall | Augustus setzte die Eroberungen zunächst fort (vor allem Alpengebiete sowie, mit heutigen Namen, Österreich, Ungarn, Serbien, Teile des Balkans bis zur Donau). An den Germanen östlich des Rheins scheiterte Augustus empfindlich (vernichtende Niederlage des Varus im ›Teutoburger Wald‹), die Pläne zu einer Provinz Großgermanien bis zur Elbe wurden für immer aufgegeben. Trajan legte sich hundert Jahre später zwar wieder mit der zweiten großen Supermacht im Osten, den Parthern (▶ S. 208), an, und mit diesen Aneignungen fremder Gebiete und einigen weiteren Eroberungen erreichte das Imperium die größte Ausdehnung seiner Geschichte. Schon dessen Nachfolger Hadrian gab die neuen Gebiete im Osten jedoch wieder auf: Das Imperium hatte keine Kräfte mehr. Äußeres Zeichen für den **Umschwung zur Verteidigung** bilden die jetzt errichteten Grenzanlagen: Hadrianswall in Nordengland, Limes in Germanien (Rhein–Donau) und am Euphrat in Mesopotamien (heute Irak).

Obwohl wenige Jahrzehnte später Kaiser Mark Aurel die Markomannen (Germanen) an der Donau noch einmal in zwei Kriegen abwehren konnte, begann sich damit die Waage zuungunsten Roms zu neigen. Unter anderem hatte der römische Staat – der Kaiser – kein Geld mehr: Fand Mark Aurel zu Beginn seiner Herrschaft über 2,7 Milliarden Sesterzen in der Staatskasse vor, so waren es nach ihm und seinem Sohn, nach den teuren Kriegen vor allem auch gegen die Parther, nur noch 1 Million. Folge: Jetzt mussten mehr Steuern aus den Reichsbewohnern herausgeholt werden; deren rechtlicher und wirtschaftlicher Niedergang begann, an Tempo zuzunehmen. So siedelte Mark Aurel z. B. 10 000 Kriegsgefangene in Norditalien als colōnī an – nicht, um sie besser zu behandeln als früher (da wurden sie Sklaven), sondern weil es den freien Kolonen inzwischen nicht besser ging als zuvor den Sklaven. Doch sie hatten das Gefühl eines besseren Status und waren etwas besser geschützt.

Nach weiteren 300 Jahren unruhiger Geschichte war das Imperium zerfallen – im Westen. Im Osten lebte danach das ›Byzantinische Reich‹ fort (Bezeichnung nach dem alten Namen – Byzanz – von Konstantinopel, das Rom 330 n. Chr. als Hauptstadt ablöste).

■ Kaiser und Taten | In einem kurzen Überblick sollen einige aus der langen Reihe der Kaiser mit

ihren Taten vorgestellt werden: Da sie über die umfassende Macht verfügten, gestützt von einer immer kleineren Gruppe Superreicher, lag die Entscheidung über das Wohl und Wehe Roms und des Reiches in ihren Händen. Aber vielen ging es nur um den eigenen Ehrgeiz, und eigentlich versuchten sie immer nur, auf Geister zu reagieren, die sie selbst gerufen hatten, aber nicht mehr loswurden.

Ihr Hauptproblem wurde: mit schwindenden Mitteln das Reich zusammenzuhalten, um weiter Reichtum zu holen, wo eigentlich nichts mehr zu holen war. Ab dem 2. Jahrhundert n. Chr. gab es keinen richtigen Sklavennachschub mehr, dafür mussten die Ärmeren weiter entrechtet, ehemals Höhere ›heruntergestuft‹ werden. Materielle Reichtümer wurden immer knapper, dafür wurden sie auf immer weniger Menschen verteilt. Erfindungen, um solche Probleme zu lösen, gab es weiterhin nicht, da die Römer darauf keine Gedanken verschwendeten. Und: Viele von außen eindringende Völker oder im Innern revoltierende Menschen wollten sich holen oder zurückholen, was ihnen fehlte oder attraktiv erschien, ob Hirten in Ägypten oder Nordafrikaner in Spanien, ganz zu schweigen von den Germanenvölkern.

Viele Kaiser starben keines natürlichen Todes; hier bedeutet: † *ermordet;* †† *Selbstmord*

Julisch-Claudisches Kaiserhaus (▶ S. 145)

27 v. Chr. – 14 n. Chr.	Caius Iulius Caesar Octavianus **Augustus** ▶ S. 100: *Porträt Augustus*
14–37	**Tiberius** Caesar Augustus (Name vorher: Tiberius Claudius Nero) †?
37–41	Caius Iulius Caesar ›**Caligula**‹ †
41–54	Tiberius **Claudius** Nero Germanicus † ▪ Süd-Britannien wird erobert.
54–68	Tiberius Claudius **Nero** †† ▪ beliebt beim Volk, verhasst beim Adel; ▪ setzte angeblich Rom in Brand (64)

Flavische Kaiser (Flavier)

69–79	Titus Flavius **Vespasianus** ▪ Sohn eines Zenturio, erobert u. a. Germania Superior (Südwestdeutschland)
79–81	**Titus** Flavius Vespasianus ▪ zerstört Jerusalem und den den dortigen Haupttempel des Judentums ▪ Eroberung des restlichen Britanniens (ohne Schottland)
81–96	Titus Flavius **Domitianus** † ▪ brutale Herrschaft

Adoptivkaiser

98–117	Marcus Ulpius **Traianus (Spanier)** ▪ unterwirft Dakien (Rumänien)
117–138	Publius Aelius **Hadrianus (Spanier)** ▪ unterdrückt Aufstand in Judäa; Vertreibung des Judentums in alle Welt – Fortwirkung davon bis heute

» Trajan und Hadrian – lange Zeit des Friedens im Innern

Unter Kaiser Trajan – er führte zwar noch manche Kriege nach außen, mit denen das Römische Reich zu seiner größten Ausdehnung gelangte – erreichten Italien und das Imperium eine vorher noch nie dagewesene Zeit des Friedens. Sie setzte sich unter der Herrschaft Hadrians fort.

Von diesem Frieden und der wirtschaftlichen Blüte profitierten in unterschiedlicher Weise mehr oder weniger alle. So ist es nicht verwunderlich, dass Trajan bei Römern und der Nachwelt als ›bester‹ Kaiser galt. In Rom bieten sein Forum mit dem gewaltigen Kaufhaus (›Trajansmärkte‹), einer Basilika und der Lateinischen und Griechischen Bibliothek ein Beispiel für seine Tätigkeit (▶ S. 47, 186).

Hadrian fördert als Griechenfreund überall die griechische Kultur. In Athen vollendet er den schon viele Jahrhunderte im Bau befindlichen Zeustempel (›Olympieion‹). In Rom vollendet er das ▶ Pantheon. Verschiedene Aktivitäten verbessern die Rechtsgrundlagen im Römischen Reich.

Hadrian ist viel auf Reisen (›Reisekaiser‹), um die Verwaltung zu kontrollieren; ein besonderes Faible hat er auch für Ägypten (▶ S. 222), wo sein junger Freund Antinoos bei einer Nilfahrt ertrinkt. Der Kaiser wird in Rom in der ›Engelsburg‹, seinem Mausoleum am Tiber, begraben.

Die Antoninen

138–161	Titus Aelius Hadrianus **Antoninus ›Pius‹**
161–180	**Marcus Aurelius** Antoninus ▪ siegreiche Kriege gegen Markomannen (Germanen) und Parther, dann aber Verzicht durch Commodus; ▪ besonnene Herrschaft nach innen

161–169	**Lucius** Aurelius **Verus**
180–192	Lucius Aurelius Verus **Commodus** † ▪ gilt als Verrückter; wieder Brand Roms (191)
Die Severer	
193–211	Lucius **Septimius Severus** Pertinax (Afrikaner/Punier) ▪ ermordet Didius Iulianus, einen Senator und Bankier, der den Kaisertitel meistbietend ersteigert (!) hatte; ▪ den Parthern wird Mesopotamien (Irak) abgenommen; ▪ ist gegen alles Römische eingestellt.
211–217	Marcus Aurelius Antoninus **Caracalla** † (211–212 mit Bruder Lucius Septimius **Geta**) ▪ Komplex der Caracallathermen in Rom ▪ Friedensschluss mit den Parthern; ▪ Bürgerrecht für alle freien Römer (▶ S. 152)
218–222	Marcus Aurelius Antoninus ›**Elagabalus**‹ (Syrer) † ▪ führte ein den Römern völlig fremdes orientalisches Hofzeremoniell und orientalischen Gelageprunk ein
235–285	**Militärkaiser (›Soldatenkaiser‹)** zumeist †
	▪ Anarchie und Chaos, Kaiser und Gegenkaiser ▪ Germanenvölker dringen in das Reich ein und errichten eigene Herrschaftsgebiete; Kriege gegen Goten, Alamannen und Gallier. ▪ Das Perserreich beginnt Krieg gegen Rom.
253–268	Publius Licinius Egnatius **Gallienus** †
272	▪ Im Nahen Osten errichtet Zenobia, die Frau des ermordeten römischen Statthalters, ein selbstständiges Königtum, indem sie Syrien, Arabien und Ägypten besetzt; sie wird schließlich von Rom bezwungen, ihre Hauptstadt Palmyra, ein blühendes Handelszentrum zwischen Ost und West, zerstört. ▪ Franken fallen nach Gallien ein, Goten nach Rätien (heutige Schweiz), Perser nach Mesopotamien; alle werden zurückgeworfen.
284–307	**Tetrarchen (›Viererherrscher‹)**
284–305	Caius Aurelius Valerius **Diocletianus** (Illyrer aus dem heutigen Kroatien)
ab 285	▪ Mit der ›Tetrarchie‹ (= Viererherrschaft) ab 285 wird die Herrschaft über das Reich neu organisiert. Mit vier Herrschern will man den Schwierigkeiten der Verwaltung besser begegnen und die Kontrolle über das Reich besser in den Griff bekommen, schafft aber die Grundlagen für die Teilung des Reiches in West- und Ostreich. ▪ Komplex der Diokletiansthermen in Rom ▪ Diokletians gewaltiger Kaiserpalast in Aspalathus (Split, Kroatien)
293–395	▪ Trier Kaisersitz und Hauptstadt des Weströmischen Reiches
303	Christenverfolgung
306–363	**Konstantinisches Kaiserhaus**
306–337	Flavius Valerius **Constantinus**, **›Konstantin der Große‹** ▪ imposante Konstantinsthermen in Rom
313	▪ ›Edikt von Mailand‹: Alle Kulte dürfen frei ausgeübt werden (also jetzt auch das Christentum).
330	▪ *Konstantinopel wird Hauptstadt*
354	Verbot der alten römischen Religion
360–363	Flavius Claudius **Iulianus ›Apostata‹** ▪ Julian versuchte, wieder die altrömische Religion gegen das Christentum zu stärken und ganz durchzusetzen; er fiel im Krieg gegen die Perser (▶ S. 208) – man kann schwer sagen, was aus seinen Plänen hätte werden können. ▪ Seinen Beinamen ›Apostata‹ (griech.: der *Abtrünnige*) erhielt Julian später wegen seiner Religionspolitik. ▪ Die Franken dringen in römisches Gebiet (südliches Belgien) ein, dienen im römischen Heer, stellen hohe Offiziere.
379–395	Theodosius I. der Große (Spanier); *letzter Kaiser des Gesamtreiches* ▪ bekämpft als Christ das hergebrachte Römertum ▪ Das Christentum (eine Richtung wird gegenüber anderen per Beschluss als korrekt anerkannt) wird Staatsreligion (380). ▪ Ausübung der alten Religion gilt als ›Hochverrat‹. ▪ Im ganzen Reich werden Tempel und Heiligtümer zerstört, in Ägypten die berühmte Universität von Alexandria.

■ Theodosius siedelt auf dem Balkan im Reichsgebiet Goten (Ost-Germanenvolk) erstmals als foederātī (›Verbündete‹) an,
■ nimmt 395 die endgültige Teilung des Reiches vor (seine Söhne werden Herrscher).

395 Stilicho, ein Wandale (ostgermanisches Volk), oberster römischer Feldherr, wird Regent.

■ Zunehmend werden ›Barbaren‹ in die römischen Legionen aufgenommen.
■ Verstärkt greifen wieder Germanen die Reichsgrenzen an.

395 REICHSTEILUNG

406 ■ Sweben, Wandalen, Burgunder u.a. überrennen die Rheingrenze.

410 ■ Alarich (Westgote) erobert Rom zu Lande.

413 ■ Burgunderreich um Worms

■ Im heutigen Belgien, an Mosel und Rhein siedeln jetzt die Franken als Verbündete (foederātī) Roms; sie bilden das erste Germanenreich auf römischem Reichsgebiet, ihr Führer Chlodwig erweitert das Reich und setzt 486 der Römerherrschaft in Gallien ein Ende.

■ Aufstände (zum Teil religiösen Charakters unter Christen) in Nordafrika gegen Adel und Großgrundbesitzer

■ Sweben, Wandalen und andere ziehen nach Spanien und bis nach Nordafrika, wo sie auf römischem Gebiet eigene Reiche errichten und die Römerherrschaft beenden. Sie übernehmen meist römische Einrichtungen und Lebensart.

451 ■ Verbündet mit Franken und Westgoten besiegen die Römer in Nordfrankreich die Hunnen unter Attila: letzte große Abwehrschlacht Roms. Die Hunnen waren schon vorher aus den weiten Steppen Asiens herangezogen und lebten in der Balkangegend friedlich mit den Römern; sie hatten im Osten lebende Germanenstämme zur Flucht nach Westen genötigt.

455 ■ Geiserich (Wandalenkönig in Nordafrika) nimmt Rom vom Meer aus ein.

475–476 **Romulus** Augustus ›**Augustulus**‹
der letzte Kaiser West-Roms

476 ■ Odoaker (ostgermanischer Skire) erobert Rom: Ende des Kaisertums im Westreich

AUS DER ZEIT DER KAISER VON BYZANZ

508 Der Frankenkönig Chlodwig wird zum (letzten) römischen Konsul ernannt.

527–565 Justinian I.
■ erobert noch einmal einen Großteil der von Germanen besetzten Teile des Westreichs einschließlich Italiens und des östlichen Teils Nordafrikas zurück (gehen wieder verloren, zum Teil an die Araber)
■ unter ihm Schaffung der Gesetzessammlung Corpus iūris cīvīlis (▶ 173)
■ Bau der größten byzantinischen Kirche, der *Hagia Sophia*, die zur wichtigsten Kirche des östlichen Christentums wird (heute Museum); gewaltiger Kuppelbau wie das Pantheon (▶ 167) zu Rom
■ Der byzantinische Kaiser ist Herr über das Reich und Schutzherr der Kirche.

1204 ■ 4. Kreuzzug: Die Republik Venedig und andere bekämpfen als Christen das christliche Byzanz; verheerende Plünderung Konstantinopels (größte Plünderung des gesamten Mittelalters)

1453 ■ Eroberung des Restes des Byzantinischen Reiches mit Konstantinopel durch die Türken: **Ende des (Ost-)Römischen Reiches**

Mit dem christlichen Kaiser Theodosius findet das römische Reich als Gesamtheit sein Ende. Hier markiert er seine Heiligkeit mit der Lichtscheibe, die schon Jahrhunderte zuvor Zeichen des Sonnengottes war.

Perser, Parther, Sassaniden – Supermacht im Osten | Nachdem die Römer im 3. und 2. Jahrhundert v. Chr. in den Punischen Kriegen mit den Karthagern die große Rivalin im Mittelmeer bezwungen hatten, konnten sie sich als Supermacht gewissermaßen frei entfalten. Nicht ganz: Während im Norden unwegsame, unwirtliche Gebiete lauerten, im Westen der Ozean das Ende der Welt markierte, der Süden sich in die unendliche Wüste verlor (▶ Abb. S. 166), stand ihnen im Osten eine zweite große Macht entgegen: die Perser.

Schon vor 500 v. Chr. hatten sich die Perser, vom heutigen Iran ausgehend, ein riesiges Reich von höchster kultureller Entwicklung geschaffen. Mit ihrer Prachtentfaltung wirkten sie auch auf die Griechen der damaligen Zeit anziehend, gerieten aber auch mit ihnen in Konflikt, als sie ihr Reich nach Westen ausdehnen wollten. In der berühmten Schlacht von Salamis (Insel vor Athen, 480 v. Chr.) schlug das – im Vergleich zu den Persern: kleine – Häuflein Griechen die Großmacht zurück, die hinfort auf Eroberungen nach Westen verzichtete.

Dann gelang es Alexander dem Großen, das Perserreich zu unterwerfen und seinem Machtbereich einzuverleiben; dieses Reich zerfiel nach seinem Tode (▶ S. 89). Die griechische Kultur blieb dort trotzdem in vielem prägend.

Im Zusammenhang mit dem Zerfall des Alexander-Reiches gelang es einem anderen iranischen Volk, den Parthern, ein Nachfolgereich des Perserreichs zu begründen und sich auszudehnen. Dabei gerieten sie im Westen zwangsläufig mit den Römern in Konflikt. Dieser explodierte in zahlreichen, immer wieder neu aufgenommenen Kriegen mit wechselnden Erfolgen (Kämpfe vor allem um Armenien in Kleinasien und Mesopotamien). Unter Augustus erkannten die beiden gleichwertigen Mächte den Euphrat als Grenze an, trotzdem gingen die Auseinandersetzungen weiter (▶ Trajan, Hadrian). Es gelang den Römern nicht, die Parther in die Knie zu zwingen, sondern sie mussten schließlich unter enormen Ausgleichszahlungen, durch die sie weiter geschwächt wurden, einem Friedensschluss zustimmen (218).

Im Zuge häufiger innerer Kämpfe innerhalb des Partherreiches konnten schließlich neue Führer eine neue Dynastie und mit ihr das Neupersische Reich der *Sassaniden* errichten. Dieses hatte bis in das 7. Jahrhundert Bestand, bis es den Arabern unterlag. Obwohl Römer und Sassaniden im Wesentlichen ein Verhältnis der ›Koexistenz‹, also des akzeptierten friedlichen Nebeneinanderlebens, pflegten und Einigungen über strittige Gebiete erzielten, gingen die kriegerischen Auseinandersetzungen später weiter und setzten sich bis in die Anfänge des oströmischen (byzantinischen) Reiches fort. Im Kampf gegen die Sassaniden fiel auch Kaiser Julian ›Apostata‹ (▶ S. 206).

Insbesondere die Parther übten mit ihrer eigenständigen, griechisch geprägten Kunst nicht geringen Einfluss auf die römischen Reichsteile im Osten und auf diesem Wege auf Byzanz aus.

Von der Hauptreligion dieses Reiches, der Lehre Zarathustras (Zoroastrismus) sind offenbar auch manche Vorstellungen, insbesondere die von Himmel und Hölle, in das Christentum eingegangen.

Die zunächst vor allem unter römischen Soldaten, später über das ganze Reich stark verbreitete Mithras-Religion (▶ S. 231) hat ihren Ursprung im persischen Gott Mithra. Auch andere orientalische Kulte fanden ihre Anhänger im Westen, im römischen Reich, weil der Orient als kulturelles Vorbild insgesamt starke Anziehungskraft besaß.

:: Schlaglichter auf die Provinzen

Alle Gebiete innerhalb des Reiches außerhalb von Festland-Italien besaßen die Stellung von Provinzen, prōvinciae (▶ S. 89), prōvinciālēs waren ›Leute aus der Provinz‹ (Provinzialen). Und so wie die Römer das riesige Mittelmeerbecken als ›ihres‹ ansahen,

Die beiden Figuren mit ›Zipfelmütze‹ sind Parther – so sahen die Römer sie am liebsten: als Gefangene. Das gelang noch einmal Kaiser Septimius Severus, hier eine Darstellung von seinem Triumphbogen auf dem Forum.

meinten sie – von ihrem Standpunkt aus ganz folgerichtig – zu den Provinzen:

›Praedia populi Romani sunt ... prōvinciae [nostrae] – *[Unsere] Provinzen sind die Landgüter des römischen Volkes*‹ (Cicero, *In Verr.* II 7)

Das mochten manche andere dann freilich doch nicht genauso sehen (▶ S. 167, 215).

Die Provinzen im Überblick | Die folgende Liste gibt zunächst den Namen an, dann das Jahr der Eroberung (oder Gründung), am Ende den *heutigen* Staat, auf dem das Gebiet *überwiegend* liegt.

1. Sicilia	241 v. Chr.	Italien
2. Sardinia- Corsica	231	Italien/Frankreich
3. Hispania Citerior	197	Spanien
4. Hispania Ulterior	197	Spanien
5. Illyricum	167–45	Kroatien–Serbien
6. Macedonia-Achaia	146	Griechenland
7. Africa	146	Algerien–Tunesien
8. Asia	129	Türkei
9. Gallia Narbonensis	120	Frankreich
10. Gallia Cisalpina	81	Italien
11. Bithynia	74	Türkei
12. Cyrene-Creta	74–67	Libyen–Griechenld.
13. Cilicia-Cyprus	64–58	Türkei–Zypern
14. Syria	64	Syrien–Libanon
15. Gallia Transalpina	51	Frankreich–Schweiz
16. Aegyptus	30	Ägypten
17. Moesia	29 (?)	Rumänien
18. Lusitania *	27?	Portugal
19. Achaia *	27	Griechenland
20. Galatia	25	Türkei
21. Cyprus *	22	Zypern
22. Aquitania *	16?	Frankreich
23. Belgica *	16?	Belgien–Nordfrkr.–D
24. Raetia	15	Deutschland–Österreich
25. Noricum	15	Österreich
26. Alpes Maritimae	14 **v. Chr.** ↑	Frankreich
27. Pannonia	10 **n. Chr.** ↓	Ungarn
28. Cappadocia	17	Türkei
29. Germania superior	17	Deutschland–Schweiz
30. Germania inferior	17	Niederlande–Dtld.
31. Mauretania Tingitana	40	Marokko
32. Mauretania Caesariensis	40	Algerien
33. Pamphylia-Lycia	43	Türkei
34. Britannia	43	Großbritannien
35. Thracia	46	Bulgarien
36. Alpes Cottiae	Nero	Frankreich
37. Epirus *	Vespasian	Griechenland
38. Arabia	105	Arabien
39. Dacia	107	Rumänien
40. Armenia	115	Türkei
41. Mesopotamia	115	Irak
42. Assyria	115	Syrien
43. Alpes Poeninae	2. Jh.	Italien
44. Numidia *	193–211	Algerien

Die Provinzen mit einem * gehen aus einer Teilung früherer Provinzen, z. B. *Lusitania* aus *Hispania Ulterior* (Nr. 4), hervor.

Die Bedeutung der Provinzen | Waren die Provinzen einmal unter der Herrschaft Roms versammelt, wuchsen sie alle in eine unterschiedliche Rolle hinein. Ursprünglich dienten sie ja der Beschaffung von Menschen, Waren, Reichtümern. Je mehr Römer sich selbst ansiedelten oder von ihren Feldherren nach dem Kriegsdienst dort angesiedelt wurden, um so ähnlicher wurden die Bedürfnisse: Sie versorgten nicht mehr nur hauptsächlich Italien, sondern sich auch gegenseitig.

Die ▶ Romanisierung, vor allem in Gestalt der Urbanisierung (Stadtbildung), hatte ein kulturell relativ einheitliches Staatsgebiet mit einheitlicher Verwaltung, (weitgehend) gleichen Gesetzen und gleicher Währung zur Folge (▶ 134). Die ländlichen Gebiete überzogen ausgedehnte Latifundien (etwa in Sizilien oder Nordafrika), oder sie waren übersät mit vergleichsweise ähnlich angelegten vīllae rūsticae wie in Gallien, Germanien oder Britannien. Der Osten blieb sprachlich griechisch bestimmt.

Zwar waren die Provinzgrenzen rein willkürlich gezogen, doch entwickelten sich regionale Zentren, welche die spätere Entwicklung mitbestimmten. Am deutlichsten sichtbar blieb der griechische Charakter des Ostens durch die schon lange vor den Römern überall erfolgte Bildung von Städten und die dort kleinteiligere Landwirtschaft; der Westen war demgegenüber von insgesamt stärker ländlichem Charakter, weil er hauptsächlich größere landwirtschaftliche Güter aufwies. Beim späteren Zerfall des Reiches trug das mit zur schnelleren Verarmung der westlichen Provinzen bei, und sie erlagen leichter den eindringenden vor allem germanischen Stämmen.

Für folgende Rohstoffe, Fertigerzeugnisse und Nahrungsmittel sind schwerpunktmäßig einzelne Provinzen bekannt:

- Metalle (Eisen, Blei, Silber, Gold, Kupfer, Zinn): Spanien, Britannien, Gallien, Noricum, Dakien
- Kupferprodukte: Zypern
- Eisenprodukte: Gallien
- Glaswaren: Gallien
- Töpferwaren: Gallien, Nordafrika
- Papyrus: Alexandria/Ägypten
- Stoffe (Leinen, Seide): Syrien, Afrika; Syrien: Purpurfarbstoff (aus der Meeresschnecke Murex gewonnen)
- Wollstoffe: Spanien, Gallien
- Lebensmittel: Die Römer entwickelten in den Provinzen planmäßig den Anbau von Grundnahrungsmitteln für den Eigenbedarf.
- Getreide: Sizilien, Ägypten, Britannien
- Wein: Spanien, Gallien; Lesbos, Chios
- Öl: Spanien, Nordafrika
- *Spezialitäten:*
  Pontos, Spanien: Lachse; Spanien, Gallien: Schinken, Wurst; Karthago: Feigen; Attika, Sizilien: Honig; Lusitanien, Mauretanien: Garum (▶ S. 31); Bithynien: Käse; Provence: Käse; Germanien: Rüben; Afrika: Trüffel, Schnecken; dazu noch vieles andere.

Kleinasien – wo Europa entstand | In Kleinasien, der gewaltigen Halbinsel zwischen Mittelmeer und etwa dem nördlichen Verlauf des Euphrats, wurde nicht nur die älteste Stadt der Welt aus der Jungsteinzeit entdeckt (Çatal Hüyük, über 8000 Jahre alt; noch dreieinhalbtausend Jahre älter die ältesten Tempel der Welt in Göbekli Tepe), in Kleinasien sind auch die Ursprünge der Ideen beheimatet, aus denen Europa hervorgegangen ist: aus der Verbindung griechischen Kaufmannstums, der Erfindung des Münzgeldes in Lydien (nach 650 v. Chr.) und der Entstehung der griechischen Philosophie als von der *Vernunft* geleiteter Welterklärung (Thales, Anaximander, Anaximenes, Heraklit u. a.; ▶ S. 240).

Diese Ideen entstanden bei den Griechen im westlichen Kleinasien, die sich in engem Kontakt mit der angrenzenden persischen Welt (▶ S. 71) befanden, und erfassten von dort aus im 6./5. Jahrhundert v. Chr. die Städte im griechischen Festland. Ein noch früheres – mythisches (▶ S. 233) – Zeugnis bildet die Geschichte vom Trojanischen Krieg zwischen den Festlandsgriechen und der Stadt Troja in Bosporusnähe. Was immer hinter dieser Sage steckt (von der uns zuerst der aus Kleinasien stammende

- Celsus-Bibliothek zu Ephesos ▶ S. 186
- Stadion von Aphrodisias ▶ S. 60

erste europäische Dichter, der Grieche Homer, berichtet), hin und her wogte in der Geschichte die Auseinandersetzung um Kleinasien. Für die Griechen hieß das Land ›Anatolé‹, d. h. *Sonnenaufgang*, daher lat. Oriēns (und davon auch ›*Anatolien*‹).

Nach der Zeit Alexanders des Großen entstand in Kleinasien das Königreich von Pergamon. Hier war den Römern das Glück einmal besonders hold: Sie brauchten das Reich nicht zu erobern, es wurde ihnen geschenkt (per Testament vom König vermacht)! Dann eroberten sie jedoch auch weitere Teile im Osten und Süden.

Kleinasien war das Land mit kulturell hochentwickelten Städten, die jeden Luxus aufwiesen. Uralte Kulte – etwa der der Māgna Māter, der ›Großen Mutter‹ (▶ S. 230) und andere – waren dort beheimatet. Mit dem Artemis-Tempel von Ephesos, dem Koloss von Rhodos (▶ S. 221) und dem Grabmonument des Königs Maussollos, dem Maussoleion (≈ Mausoleum), in Halikarnass standen allein drei der sieben ›Weltwunder‹ der Antike in Kleinasien. Üppig blühende Felder versorgten die Bevölkerung. Naturwunder wie die Kalkterrassen mit Thermalquellen von Hierapolis kamen hinzu.

Nach Alexandria verfügte Pergamon über die zweitgrößte Bibliothek der antiken Welt. In Häfen wie dem von Ephesos herrschte lebhafter Warenaustausch mit internationalem Treiben. In Ephesos wurde dem römischen Statthalter Celsus zu Ehren als Grabmonument die berühmte Celsus-Bibliothek errichtet (Abb. ▶ S. 186). Die Kaiser Trajan und Hadrian unternahmen später besondere Anstrengungen bei der Weiterentwicklung der römischen Provinz Asia (Name von den Griechen nach einer Tochter des griechischen Meergottes Okeanós, lat. Ōcĕănus).

Nicht immer war es der Provinz so gut ergangen wie unter den Kaisern: Während der Republikzeit wurde Asia besonders hemmungslos vor allem durch die Steuerpächter (▶ S. 92) ausgebeutet. Eine Folge des gewaltigen Hasses auf die Römer, der daraus folgte, war die sog. ›Vesper von Ephesos‹ 88 v. Chr., ein Blutbad, bei dem über 80 000 Römer und Italiker umgebracht wurden.

Danach besann man sich in Rom und sorgte für eine Verbesserung der Zustände und eine kontrollierte Verwaltung. Unter den Kaisern kam es zu

Der besterhaltene römische Tempel steht in Nîmes (Nemausus) in der Provence (Südfrankreich). Im Hintergrund ein neuzeitlicher ›klassizistischer‹ Bau in ähnlichem Bautil.

neuer Blüte, auch wurde den Städten eine gewisse Selbstständigkeit (wie eigene Münzprägung) zuerkannt. Im 3. Jahrhundert n. Chr. fielen erstmals germanische Goten in den Küstengegenden ein. Die römischen Provinzen in der Region, darunter Asia, erlebten aber nie das gleiche Schicksal des allmählichen Verfalls wie die anderen Provinzen, sondern das Gebiet wurde zum Kernland des oströmischen bzw. byzantinischen Reiches und blieb bis zum 11. Jahrhundert n. Chr. weitgehend stabil.

▌ Im römischen Kleinasien fasste das Christentum recht früh und schnell Fuß; Reisen des Apostels Paulus führten u. a. nach Ephesos, und später legte man fest, dass dort auch Jesu Mutter Maria gestorben sei. Eine Grundlage für die bemerkenswert schnelle Ausbreitung der neuen Religion lag darin, dass man dort eben schon seit Urzeiten die Göttin Kybele, das ist die Māgna Māter (s. o.), verehrt hatte, woran das Christentum anknüpfte.

■ Die ›drei Gallien‹ | Die südlichste Region Frankreichs am Mittelmeer, um Narbonne und Marseille, hat in ihrem Namen ›Provence‹ die Tatsache bewahrt, dass die Römer die Region einfach ›prōvincia‹ nannten. Schon früh hatte Marseille, die ursprünglich griechische Stadt, Beziehungen zu Rom, und der Landstreifen am Mittelmeer gewann bald besondere strategische Bedeutung als Durchgang zum lange vorher eroberten Spanien. So führten wiederholte Überfälle einheimischer Stämme und Banden schließlich dazu, dass Rom diese prōvincia unter dem Namen Gallia Narbōnēnsis (nach der Stadt Narbō, jetzt Narbonne) zur eigenen Sicherheit gegen 121 v. Chr. eroberte und mit Aquae Sextiae (Aix-en-Provence) dort die erste römische Stadt gründete.

Zu den beeindruckendsten römischen Denkmälern der Provence gehören etwa der Aquädukt *Pont du Gard* oder das Amphitheater von Arles (Arĕlātĕ). Diese und die zahlreichen anderen Denkmäler zusammen mit dem mittelmeerischen Klima geben Plinius dem Älteren Recht, der meinte, dort sei »mehr Italien als Provinz«.

▌ Ab 58 v. Chr. eroberte Cäsar dann nach und nach in dem von ihm beschriebenen *Gallischen Krieg* die weiter nördlich gelegenen Teile Galliens, also Gebiete, in denen auch Kelten (▶ S. 212) lebten – einschließlich Belgiens und der heutigen Schweiz, die sog. Gallia Cōmāta (›Langhaariges Gallien‹ – wegen der Haartracht der Einheimischen). Die Gegenwehr der Gallier gegen Rom wird heute noch von manchen in Frankreich mit gewissem patriotischen Stolz beurteilt. Ähnlich wie ›Hermann dem Cherusker‹ in Deutschland wurde Vercingetorix, dem Anführer eines keltischen Stammes, der als Kriegsgefangener nach Rom verschleppt, im Triumphzug mitgeführt und dort erdrosselt wurde, in der Nähe des vermuteten Schlachtortes ein großes Denkmal errichtet. Als letztes kam die Gallia Belgica hinzu.

▌ Während die Provence stark städtisch geprägt war, war das übrige Gallien im Wesentlichen ländlich-agrarisch ausgerichtetet. Berühmt waren die Weine Aquitaniens (heute sind dort die Bordeaux-Weine wieder ebenso berühmt). Dort wurde auch eine wichtige Erfindung gemacht: Holzfässer für den Weintransport statt der sonst üblichen ›Schläuche‹ (d. h. Behältnisse aus Tierhäuten). Weithin begehrt war auch die feine Keramik Galliens.

Vermutlich wegen der ausgedehnten Ländereien und wegen Arbeitskräftemangels wurde eine der wenigen Erfindungen der Römerzeit in Gallien gemacht: der vāllus, eine Art Mähmaschine. Sie setzte sich aber nirgendwo weiter durch.

▌ Eine besondere Rolle in Gallien, in der Gallia Belgica, spielte Augusta Treverōrum – **Trier** – als Kaisersitz und zeitweilige **Hauptstadt** des Weströmischen Reiches mit imposanten kaiserlichen Baudenkmälern (Thronsaal Kaiser Konstantins, die sog. Basilika, Thermen, Porta Nigra, Römerbrücke, Amphitheater). Der Thronsaal Konstantins ist der größte

Saal, der aus der Antike erhalten ist, die Porta Nigra der größte römische Stadttorbau nördlich der Alpen. Von Trier aus wurden auch die ›duae Germāniae‹ in Finanzsachen verwaltet.

▮ So stark Gallien einerseits von der Romanisierung ergriffen wurde, so früh ging es dem Römischen Reich auch als eines der ersten Gebiete wieder verloren: Nachdem von Nordosten schon ab dem 3. Jahrhundert immer mehr Germanen (Franken) eingedrungen waren, konnte Rom diese zwar zunächst durch Bündnisverträge an sich binden. Da in Gallien jedoch schon immer starke Widerstandsbewegungen gegen Rom existierten (in der Spätantike etwa die Bagauden-Bewegung, über die der Zeitzeuge und Historiker Salvianus aus Trier oder Köln, etwa 400–480, eingehend berichtet), ließ sich Gallien schließlich nicht mehr halten; es entstand dort mit dem Frankenreich ein erster Vorläuferstaat der Staaten des neueren Europas auf römischem Boden.

Die Porta Nigra in Trier. Das mächtige Stadttor – hier von der Feldseite – zeugt von Triers Bedeutung als zeitweilige Hauptstadt des römischen Reiches.

Kelten und Germanen | Unter den Kelten, von den Römern Celtae oder meist Gallī genannt, verstand man in der griechisch-römischen Antike die Völker, die südlich sowie nördlich der Alpen beheimatet waren (außerdem die ›Galater‹ in Kleinasien, die im 3. Jahrhundert v. Chr. dorthin gezogen waren; um deren Gebiet entstand die römische Provinz Galatia).

▮ Anders als Römer und Griechen lebten Kelten und Germanen in Großfamilien in einer Stammesgesellschaft; sie besiedelten verstreut liegende, teils benachbarte Höfe, trieben Ackerbau und Viehzucht und gingen der Jagd auf Wild und dem Fischfang nach. Zur Verteidigung besaßen sie mit Palisaden und Wällen verschanzte Wehrburgen auf Anhöhen. In den Grenzgebieten zum römischen Reich lebten sie immer in engem Handelskontakt mit den Römern, weit von der Ostsee her kam z. B. sogar begehrter Bernstein (sūcinum) nach Rom.

▮ Für besonders wichtig hielten antike Autoren wohl die Information, dass die Kelten »viel Brot und viel Fleisch« essen, und dass sie das Fleisch »wie Löwen mit den Zähnen abnagen« – europäische Berichte aus früheren Jahrhunderten über ›Wilde‹ exotischer Länder sind nicht viel anders. Man erhält aber auch qualifizierte Auskünfte.

▮ Offenbar fasste man die als Kelten bezeichneten Völker wegen Ähnlichkeiten der Sprache und des Brauchtums zusammen; diese selbst benannten sich mit ihren Stammesnamen (wie die Germanen auch). Schon früh waren sie Angstgegner der Römer: Mit ihrem König Brennus fielen sie im 4. Jahrhundert v. Chr. in Rom ein und brandschatzten die Stadt. (Das diente den Römern bei ihrer Eroberung Italiens als Anlass, die Kelten aus Norditalien zurückzudrängen.)

▮ Ähnliche Angstgefühle hatte man gegenüber den Stämmen der Kimbern und Teutonen, die den Römern Ende des 2. Jahrhunderts v. Chr. auf ihrer Wanderung von Dänemark nach Süden in Südfrankreich empfindliche Niederlagen beibrachten, bis sie in Norditalien besiegt wurden. Allein ihr Name löste in Rom auch später noch Schock aus. Diese Stämme werden gemeinhin als Germanen betrachtet.

▮ Die Bezeichnung Germānī/Germānia ist jedoch keine Eigenbezeichnung der vielen von den Römern so genannten Stämme. Ihr einheitliches Merkmal war vermutlich eher negativ, d. h. sie gehörten sprachlich und kulturell *nicht* zu den Kelten oder Galliern (obwohl mit diesen verwandt). Wie viel an Gemeinsamkeiten die ›Germānī‹ überhaupt aufwiesen, ist nicht bekannt und nicht mehr zu ermitteln.

▮ Die Bezeichnung Germānia wurde erstmals von Cäsar für die östlich des Rheins lebenden Stämme gebraucht und nach ihm übernommen. Vermutlich ist Cäsar damit letztlich auch der ›Erfinder‹ der Germanen; wenn ja, war es eine sehr erfolgreiche Erfin-

dung, da der Name üblich geworden ist. Offenbar wird im Lateinischen insgesamt die Bezeichnung Germānī und der häufig auch verwendete Name Suēbī (›Schwaben‹) im Wesentlichen gleichwertig gebraucht.

▮ Vom römischen Historiker ▶ Tacitus ist eine Schrift mit dem *nicht* originalen Titel Germānia über die Germanen erhalten; wenn es sich hier auch um eine zweifellos nach bestem Wissen seriös gemeinte Schrift handelt, die auf verfügbaren Nachrichten beruht, bildeten diese letztlich aber ungeprüft zusammengetragene Meinungen über die ›germanischen‹ Stämme östlich des Rheins bis weit in den Nebel des unbekannten Ostens.

■ **Das römische Germanien |** Im Falle Germaniens muss man eigens das Adjektiv ›römisch‹ hinzusetzen, denn der größere Teil des auch von den Römern der Antike als Germānia bezeichneten Gebietes wurde nie römisch: Zwar wollte Augustus wohl das Reich bis an die Elbe ausdehnen und manche Expeditionsheere wurden bis weit in den Osten gesandt, römische Lager, auch zumindest eine Stadt (Waldgirmes/Lahn), auf diesem Territorium errichtet, doch die Römer besaßen offenbar nicht mehr genug Kraft (auch keine Finanzkraft?), um die Germanen östlich des Rheins und nördlich der Donau zu besiegen (▶ Karte hinten). Sie wurden von den Germanen militärisch zurückgeschlagen (9 n. Chr.).

Tacitus über die Germanen

Denn sie sind beinahe die einzigen unter den Barbaren, die sich jeder mit nur einer Frau begnügen. [...] Die Mitgift bringt nicht die Frau dem Mann, sondern der Mann der Frau. Zugegen sind die Eltern und Verwandten und mustern die Geschenke; (doch) handelt es sich nicht um Geschenke, die ausgesucht sind, um den Frauen Vergnügen zu bereiten, und nicht, um die Neuvermählte mit ihnen zu schmücken, sondern um Rinder, ein gezäumtes Ross und einen Schild samt Speer und Schwert. Für diese Geschenke wird die Frau entgegengenommen, und dafür überbringt sie ihrerseits dem Mann etwas zur Bewaffnung.

Als Getränk dient ein Saft aus Gerste oder Weizen, der zu einer gewissen Weinähnlichkeit vergoren ist. [...] Die Nahrungsmittel sind einfach: wildwachsendes Obst, frisches Wildbret oder dicke Milch. Ohne besondere Zubereitung, ohne Gewürze stillen sie den Hunger. (Aber) gegenüber dem Durst sind sie nicht so maßvoll; wenn man (also) ihrer Trunksucht Vorschub leistet und so viel herbeischafft, wie sie begehren, wird man sie leichter durch ihr Laster als durch Waffen besiegen können.

[18; 23; Übs.: G. Perl]

Bogen überspannt

Die Römer hatten gewisse Teile [Germaniens] in Besitz, nicht zusammenhängende Gebiete, sondern nur solche Bezirke, wie sie gerade unterworfen worden waren [...]. Die Barbaren selbst passten sich den neuen Sitten an, gewöhnten sich an die Abhaltung von Märkten und trafen sich zu friedlichen Zusammenkünften. Doch hatten sie noch nicht ihre alten Gewohnheiten, ihre angeborenen Sitten, ihr früheres ungebundenes Leben und die Macht vergessen, wie sie vom Waffenbesitz kommt. [...] Als jedoch Quintilius Varus Statthalter der Provinz Germanien wurde und [...] darauf drängte, die Menschen rascher umzustellen, erteilte er ihnen nicht nur Befehle, als wenn sie tatsächlich römische Sklaven wären, sondern trieb sogar von ihnen wie von Unterworfenen Steuern ein. Eine derartige Behandlung aber wollten sie sich nicht gefallen lassen.

Der griechische Geschichtsschreiber Cassius Dio
(IV 56, 18), *etwa 150 Jahre nach Varus*

▮ Das nicht von Römern besetzte, von ›Germanen‹ besiedelte Gebiet östlich des Rheins und nördlich der Donau bezeichnete man in der Antike als Germānia Māgna; nach der Weltkarte des Griechen Ptolemäus (Klaudios Ptolemaios) um 150 n. Chr. lässt sich das darunter verstandene Gebiet recht genau bestimmen: im Osten bis an die Weichsel, im Südosten bis Böhmen (Tschechien).

▮ Das gesamte von den Römern mit Germānia bezeichnete Gebiet ist nur teilweise mit **Deutschland** deckungsgleich. Das heutige Süddeutschland östlich des Rheins und südlich der Donau (vor allem Bayern) gehörte zur Provinz Raetia. Das heutige **Österreich** liegt auf dem Gebiet der Provinzen Raetia, Nōricum und Pannōnia, die **Schweiz** größtenteils in Raetia und Germānia Superior, einige Gebiete in den Provinzen südlich davon.

▮ Die (zeitweise) zum römischen Reich gehörenden als ›Germanien‹ bezeichneten Gebiete waren:

- **Germānia Īnferior** (Niedergermanien): Die etwa bis zur Höhe von Bonn westlich des Rheins liegenden Gebiete Deutschlands, Teile der Niederlande, Belgien;
- **Germānia Superior** (Obergermanien): Teile Südwestdeutschlands, der Schweiz und Nordostfrankreich; dazu sind zu rechnen die
- **Agrī Decumātēs** (›Zehntland‹): Das Gebiet öst-

lich des Rheins und nördlich der Donau über den Neckar (Nicer) hinaus; die Grenze bildet später der Obergermanisch-Rätische Limes, die unter Domitian begonnene Grenzbefestigung. Dieses Gebiet – Ende des 1. Jahrhunderts n. Chr. besetzt – wurde der Provinz Germania Superior angeschlossen und ging ab dem 3. Jahrhundert n. Chr. wieder an die Alamannen verloren.

▮ Die hier angelegte Grenzbefestigung, der **Limes** (līmes: ›Grenzlinie‹), verläuft über etwa 550 km und ist noch an vielen Stellen im Gelände zu erkennen; etliche Wachttürme und Kastelltore wurden rekonstruiert und sind zu besichtigen (**Tipp!**). Der Limes beginnt in Rheinbrohl (nördlich von Koblenz) und endet an der Donau am Kastell Eining (Abusina) bei Neustadt a.d. Donau. Ursprünglich eine Palisade aus Holz, wurde diese nach Verwitterung durch eine Kombination aus Wall und Graben ersetzt.

Ungefähr alle zehn Kilometer legten die Römer Kastelle für ihre Truppen an, besonders eindrucksvoll die sog. **Saalburg**, nicht weit von Bad Homburg, die vollständig rekonstruiert wurde (**Tipp!**). Dazwischen lagen in Sichtweite Wachttürme zur Beobachtung und Sicherung.

▮ Zwischen dem nicht besetzten Germanien und den angrenzenden römischen Provinzen herrschte lebhafter kleiner und großer Grenzverkehr mit Warenaustausch jeder Art; dazu gehörten, sehr beliebt, auch Sklaven – eigene Leute, z. B. straffällig geworden, die von Germanen an Römer verkauft wurden. Am Limes waren für diesen Verkehr kontrollierte Grenzübergänge vorhanden.

▮ Hauptort der Provinz **Germania Inferior** war die Colōnia Claudia Āra Agrippīnēnsium, das heutige **Köln**. Köln war, so wie Trier im keltischen, eine echte römische Großstadt (▶ 44) im germanischen Gebiet; die Stadt wurde von der Eifel her über einen Aquädukt (teilweise erhalten) mit Wasser versorgt. Für Köln wie für Mainz und auch andere Städte gilt, dass die Zerstörungen durch den 2. Weltkrieg und der folgende Wiederaufbau eventuell vorhandene Spuren der Römer weitgehend vernichtet haben.

▪ **Römische Orte** bzw. Kastelle in Germania Inferior: Nimwegen (Ulpia Noviŏmăgus Batavorum; NL), Xanten (Vetera), Neuß (Novaesium), Deutz (Dīvĭtia), Krefeld-Gellep (Geldŭba), Moers-Asberg (Asciburgium), Jülich (Iūliacum), Zülpich (Tolbiacum), Bonn (Bonna) – u. a.

▮ Statthaltersitz und Provinzhauptstadt der **Germania Superior** war ab 88/89 n. Chr. Mōgontiacum, **Mainz** – keine Stadtgründung der Römer, sondern ein römisches Doppellager (angelegt 13/12 v. Chr.) nahe einer germanischen Siedlung dieses Namens. Mainz war immer ein vorwiegend militärisches Zentrum, nie jedoch eine römische Großstadt mit allem, was dazu gehört. Wie Köln wurde jedoch auch Mainz durch einen Aquädukt (Reste erhalten) mit Wasser versorgt.

▪ **Römische Orte** bzw. Kastelle in Germania Superior: Remagen (Rigomagus), Ladenburg (Lopodunum), Wimpfen, Cannstatt (Stuttgart), Rottenburg (Sumelocenna), Rottweil (Arae Flaviae), Baden-Baden (Aquae), Wiesbaden (Aquae Mattiacorum, Frankfurt-Heddernheim (Nida), Worms (Borbetomagus), Speyer (Noviomagus), Dieburg (Med... ?) – u. a.

▮ Sowohl Unter- als auch Obergermanien erlebte vom 1. bis etwa zur Mitte des 3. Jahrhunderts eine von Einfällen germanischer Stämme fast freie 250-jährige Friedenszeit, in der sich insbesondere auch die Landwirtschaft mit den vielen vīllae rūsticae gut entwickeln konnte. Nicht nur Germanen profitierten von den Römern, sondern auch die Römer lernten, wie die Funde zeigen, manche nördlichen Gewohnheiten durchaus zu schätzen, und nach Ausweis der gefundenen Grabsteine begann auch eine regelrechte Vermischung der Bevölkerungsteile. Auch im Bereich von Religion und Kult ist eine Durchdringung festzustellen.

In den Unruhen und Kämpfen der Völkerwanderung brachen die Provinz spätestens um 400 n. Chr. herum zusammen.

▮ Anders als in den romanischen Ländern hinterließ die ▶ Romanisierung wenig bleibende Spuren in den römischen Germāniae und in der angrenzenden Belgica. Die deutlichste Hinterlassenschaft der Römer im Südwesten bildet vielleicht der Weinbau, den die Römer dorthin gebracht, entwickelt, gepflegt und weitergegeben haben. Der auch in der

▪ **Römische Orte** bzw. Kastelle im heute deutschen Teil **Rätiens**: Günzburg (Guntia), Augsburg (Augusta Vindelicōrum), Regensburg (Castra Regīna), Straubing (Sorviodūrum), Passau (Castra Bătăva), Künzing (Quīntāna), Donnstätten (Clārenna), Weißenburg (Bīriciānae), Michelsberg (Alcimoennis), Lauingen-Faimingen (Phoebiāna) – u. a.

Moselgegend noch wachsende Elbling-Wein (darin lat. albus ›weiß‹) ist die älteste Rebsorte Europas und wurde dort schon von den Römern angebaut. Das in dieser Region gesprochene ›Moselromanische‹ starb im Mittelalter aus.

▶ Karte der germanisch-römischen Gebiete und Provinzen auf dem hinteren Umschlag innen

■ **Britannien** | Als Cäsar Gallien eroberte, hatte er sich die Insel schon einmal von Gallien aus angesehen, um ›die Lage zu prüfen‹. Die Eroberung erfolgte später in zwei Stufen, wurde jedoch an der schottischen Südgrenze gestoppt – auch zwei weiter nach Norden führende Versuche brachten keinen Erfolg. Kastelle bauten die Römer, aber auch Städte (typisch der Namensteil *-chester* von castrum); viele vīllae rūsticae überzogen das Land, aber die meisten von kleinerem Zuschnitt. Die Römer wurden mit den Kelten dort nie so recht warm, und aus der Romanisierung wurde daher nie etwas. Sehr früh (60 n. Chr.) kam es zu einem breiten Aufstand gegen die Römer, und zwar bemerkenswerterweise unter Führung der Stammeskönigin Boudicca – einer der wenigen herausragenden Frauengestalten der römischen Antike, von der man weiß. Der Aufstand wurde gegen heftigsten Widerstand der Kelten von den Römern niedergeschlagen.

■ Auf der anderen Seite wurden die Kelten Britanniens die Römer Jahrhunderte später plötzlich los, ohne etwas gegen sie unternehmen zu müssen: 410 n. Chr. zog der letzte Truppenkommandeur Constantinus mit allen verfügbaren Truppen über den Ärmelkanal ab, um gegen den Westkaiser Honorius in die Schlacht zu ziehen (ein Großteil war schon früher zurückbeordert worden). Er kehrte nicht zurück. So waren die Römer Britanniens mitsamt den ansässigen Kelten auf sich gestellt, als im 5. Jahrhundert Angeln und Sachsen (aus Dänemark) in Britannien einfielen und es besiedelten, womit die nichtkeltische Geschichte Britanniens begann und die keltische Sprache zum angelsächsischen Englisch wurde.

■ Winkelzug der Geschichte: Nachdem die Normannen weitere etwa 600 Jahre später von Frankreich aus, wo sie die französische Sprache und das Christentum annahmen, Britannien erobert hatten, vererbten sie – statt der Römer – den nun Angelsachsen gewordenen Briten die romanischen Elemente der englischen Sprache.

■ Der Historiker ▶ Tacitus hinterließ eine Biografie seines Schwiegervaters Agricola (der Britannien in der zweiten Phase weitereroberte und eine wagemutige Schiffsumrundung ganz Schottlands durchführte). Wohl infolge der persönlichen Beziehungen zwischen diesen Persönlichkeiten wurden interessante Einzelheiten überliefert, so eine (von Tacitus nachempfundene) Rede des kaledonischen (schottischen) Anführers Calgacus an seine Leute vor einer entscheidenden Schlacht 83/84 n. Chr. gegen die Römer. Bemerkenswert ist, mit welch kühler Gelassenheit der adlige Römer die Gedanken dieses kämpferischen Gegners Roms anführt: »Wo sie [die Römer] Einöde schaffen, nennen sie es Frieden« (*Agricola* 30). Ähnliche Worte hatte Sallust dem König Mithridates in den Mund gelegt (▶ S. 167).

■ **Nordafrika** | Einen besonderen Blick verdient das römische Nordafrika: Schon früh hatten die Römer dort infolge der Kriege mit den Karthagern ›eigene Interessen festgestellt‹ und im Zuge späterer Auseinandersetzungen 146 v. Chr. die Provinz Āfrica (etwa heutiges Tunesien) eingerichtet.

- Volubilis ▶ **S. 166**
- Lepcis Magna (Triumphbogen) ▶ **S. 200**

■ Das Italien gegenüberliegende Afrika wurde für die Römer schnell zu einem begehrten und beliebten Ziel der Ansiedlung. Nach und nach kamen die anderen Provinzen, von der Cȳrenaïca (Libyen) bis Mauretānia (Marokko), hinzu. In der Kaiserzeit wuchs die römische und romanisierte Bevölkerung noch stärker an. Ungefähr 200 römische Städte überzogen das Gebiet – weit dichter als in einer der

Links: Nachbau eines römischen Wachtturms bei Rheinbrohl, dort, wo der Limes seinen Anfang nahm.

anderen Provinzen. Man schätzt, dass 40 Prozent – fast jeder zweite! – der insgesamt lateinisch sprechenden Reichsbewohner in Nordafrika lebten! Nirgendwo existierten (außerhalb Roms) derart prachtvoll ausgestattete Städte wie dort (▶ Karte S. 177).

Traumkulisse am (Mittel-)Meer: Das römische Theater von Lepcis Magna in Nordafrika (Libyen)

- Wenn auch in dieser Region, ganz ungewöhnlich, die anderen Lokalsprachen wie Berberisch und Punisch neben Latein offiziell weiterexistierten, ist doch auffällig, dass von der vorgenommenen Romanisierung – bis auf die zahlreichen mächtigen Ruinenstädte – garnichts übrig geblieben ist. Genauso verschwand das nordafrikanische Christentum vollständig, das dort sehr schnell Fuß gefasst und sich ausgebreitet hatte. Der Kirchenvater Augustinus (▶ S. 197) stammte aus Hippo Regius in Nordafrika.
- Unter der Oberfläche lässt sich jedoch erkennen, dass das von riesigen Landgütern bedeckte Nordafrika (eine der wichtigsten Kornkammern der Römer zur Versorgung Italiens) sehr schnell von noch schärferen inneren Gegensätzen und einer Verschlechterung der Lebenslage für die Mehrzahl der Menschen geprägt wurde als das Mutterland. Das und anderes führten schon ab dem 2. Jahrhundert zu lange anhaltenden Auseinandersetzungen, die in Nordafrika Sicherheit und Rechtssicherheit zerstörten. Besonders schwerwiegend war die Bekämpfung afrikanischer Juden und nichtoffizieller christlicher Strömungen durch Rom.

Auch als nach der vorübergehenden Wandalenherrschaft (▶ 207; die Wandalen übernahmen die Güter der Großgrundbesitzer gern) der oströmisch-byzantinische Kaiser Justinian das Gebiet für Byzanz (ebenfalls nur vorübergehend) zurückerobert hatte, änderte sich an den Grundverhältnissen und den krassen Gegensätzen ebenfalls nichts. Verschiedene große Erdbeben in der Folgezeit taten ein Übriges.

So stießen schließlich die Araber in ein Vakuum, als sie mit eigenen frischen Kräften in die Gebiete vordrangen und sie im Handumdrehen eroberten.

So scheint Nordafrika ein besonders gutes Beispiel für die außerordentlich prächtigen Entwicklungen und die organisatorischen Leistungen zu sein, zu denen das Römische Reich fähig war und deren Glanz gerade dort in einzigartiger Weise bis heute in den Ruinen sichtbar ist. Andererseits war man offenkundig nicht fähig, die Bedürfnisse einer zumindest ausreichenden Anzahl von Menschen zu erfüllen, sodass deren Entrechtung schließlich mit zum Zusammenbruch und Verlust beitrug.

:: Reisen und Transporte

Reisekutschen mit Pferden, von Ochsen oder Maultieren gezogene Fuhrwerke, Schiffe mit Ruderern und/oder Segeln, Boote, die auf Flüssen an Seilen vom Ufer aus gezogen werden, Kamelkarawanen in den Wüstengebieten, auch Pferde als Reittiere, Esel als Lasttiere, dazu vor allem die Fußsohlen: Das waren die Mittel, mit denen man sich in der Antike fortbewegte und Lasten transportierte. All das geschah auf dem beispielhaft organisierten Straßennetz zu Lande und den Wasserstraßen zu Meer und auf den Flüssen.

Da Reisen und Transporte auch in der Antike nicht ohne Geld möglich waren, sei hier erwähnt, dass man in allen Ecken des Riesenreiches mit derselben Währung auskam, etwas, das es seitdem so nicht mehr gegeben hat. Das nötige viāticum, die ›Reisekasse‹, in Gestalt eines marsūpium (Geldbeutel) musste also nur mit römischen nummī (Münzen, Bargeld: sestertiī, dēnāriī, aureī) gefüllt sein.

›› Der Verkehr zu Lande

Unterwegs auf den Straßen | Das römische Straßennetz (▶ S. 168) verband die Reichsteile miteinander, aber auch die einzelnen Regionen untereinander (so das gallische, spanische, britannische, balkanische, afrikanische und asiatische Netz). Neben dem Fernstraßensystem gab es natürlich noch zahlreiche andere Wege abseits der größeren Routen.

▶ Karte des Fernstraßennetzes S. 170

▮ Reisen heutzutage ist – jedenfalls in unseren Ländern – eine Selbstverständlichkeit für fast alle. Das war in der Antike längst nicht so. Die meisten Menschen waren auf ihr näheres tägliches Umfeld begrenzt. Wen es an fernere Ziele zog, der wählte die ihm zur Verfügung stehende Methode: Das hieß zunächst, sich auf die Wanderschaft zu Fuß zu machen.

Wer Glück hatte, fand einen Wagen, der ihn mitnahm. Mit ein wenig Gepäck im Bündel auf dem Rücken zog man los. Als Reisekleidung diente die paenula, ein einfacher Umhang mit einem Loch für den Kopf und einer Kapuze, als Kopfbedeckung der petasus, ein Hut mit breiter, steifer Krempe gegen Regen und Sonne.

Wer es sich leisten konnte, nutzte eine private Personenbeförderung in Gestalt einer Kutsche. Reiche besaßen natürlich ihre eigene (vierrädrige) raeda mit einem raedārius (Kutscher) oder ein zweirädriges carpentum. Für ›Spritztouren‹ reichte ein ebenfalls zweirädriges, leichtes cisium, sozusagen das Kabrio unter den Pferdegespannen, das von einem cisiārius gelenkt wurde und liebevoll im cisiārium geschützt abgestellt wurde. Bei kürzeren Strecken kam die von Sklaven getragene Sänfte (lectīca) zum Einsatz.

▮ Reisen war alles andere als bequem, auch in der Reisekutsche nicht: Dafür sorgten schon die nicht ganz ebenen Straßen und im Zweifelsfall die zwar etwas gefederten, aber eisenbeschlagenen Holzräder der Gespanne mit ihrem nervtötenden Gerumpel.

▮ So oder so, Reisen ging langsam vor sich: Höchstens 60 km am Tag kam man vielleicht weit. Für längere Reisen musste man also viele Etappen einplanen. Das warf die Frage der Unterkunft auf.

▮ Dafür standen überall Raststätten oder Gastwirtschaften (dēversōria) zur Verfügung (s. u.). Es war aber auch üblich, in seinem Reisewagen zu kampieren – ein im Allgemeinen unsicheres Unternehmen.

Oben: Geschlossene vierrädrige Reisekutsche (raeda), auf dem Bock sitzt der raedārius. Relief bei Klagenfurt

▮ Die tessera hospitālis | Günstiger war da eine private Unterkunftsmöglichkeit. Die nutzten vor allem reiche Leute, die vielerorts Gastfreunde hatten. Hier war eine tessera hospitālis höchst nützlich, eine ›Marke der Gastfreundschaft‹. Die diente u. a. dazu, sich gegenüber einer Familie oder Person als ›Gastfreund‹ auszuweisen. Es handelte sich dabei um die Hälfte einer zerteilten oder zerbrochenen Scherbe oder eines anderen Objekts mit einem Kennzeichen, die an ein Gegenstück passte, das der aufgesuchte Gastgeber besaß. Der Inhaber einer solchen tessera musste den Gastgeber gar nicht persönlich kennen, sondern konnte ein Verwandter oder Freund eines vormaligen Gastfreundes des Gastgebers sein, der ihm die Marke zur Reise überlassen hatte. Das ganze bildete eine gegenseitig unbedingt verpflichtende Abmachung, die auch Nachkommen gewöhnlich weiterpflegten. Wenn man dieses Verhältnis beenden wollte, musste es regelrecht gekündigt werden. So verfügten viele Reisende über ein weitgespanntes System, welches das Reisen erleichterte und bequemer machte und vor allem die Sicherheit erhöhte (s. u.).

▮ Der cursus pūblicus – Ursprung der ›Post‹ | Unter Augustus wurde im Römischen Reich der cursus pūblicus eingeführt, ein reichsumspannendes Postsystem, das Nachrichten, Personen, Gelder und Waren (bis hin zu Marmor) beförderte. Dieses System wurde weiter ausgebaut, bestand bis zum Ende des Römischen Reiches und wurde teilweise von den Nachfolgern übernommen.

▮ Wer den cursus wie benutzen durfte, wurde kaiserlich geregelt: Es hatte also nicht jeder Anspruch, sondern nur Beamte, Offiziere. Zur besseren Kontrolle wurden später Erlaubnisscheine ausgegeben, mit denen sich die Berechtigten auszuweisen hatten.

▮ Gemeinden und Privatleute an den Strecken wurden zwangsweise dazu verpflichtet, Pferdewechselstationen, Fahrzeugvermietung und (kostenlose) Übernachtungsmöglichkeiten einzurichten; dafür erhielten sie eine staatliche Entschädigung.

▮ Eilige Kuriere schafften – sich abwechselnd und mit Pferdewechsel – bis zu 150 km in 24 Stunden (ohne Pause).

Räuberische Gastwirte | Jede Zeit hat die Geschichten, die sie besonders gern erzählt. Vielleicht gehören dazu die vielen Berichte allerdings eher seriös wirkender römischer Autoren, die immer wieder von räuberischen Gastwirten an einsamen Landstraßen erzählen; besonders Reisende, bei denen auch nur ein kleiner Reichtum vermutet wurde, waren ihres Lebens offenbar nirgends sicher.

▮ Und natürlich machten diese Wirte aus ihren Mordopfern gern noch doppelten Profit, indem sie ihren Gästen Menschenfleisch statt Schweinefleisch (das Lieblingsfleisch der Römer) vorsetzten – ein im Prinzip völlig glaubwürdiger Autor weiß davon, dass ein Freund einmal in einer delikaten Suppe einen menschlichen Fingerknochen auf dem Löffel gefunden habe und wie einmal sogar ein Wirt mit seiner Frau beim Zerlegen einer Leiche überrascht worden sei...

▮ Nach einer Unmenge Berichte waren diese Landgasthäuser übelste Spelunken, die betuchte Leute mieden, um stattdessen (s. o.) lieber im Freien in oder neben ihren Reisekutschen zu kampieren oder einen hospĕs (Gastgeber) aufzusuchen.

▮ Nicht zuletzt waren diese Gasthöfe die reinsten Bordelle, in denen das weibliche Personal sozusagen mit zur Speisekarte gehörte. Viele kaiserliche Gesetze stellen sie daher tatsächlich mit Bordellen gleich.

Warentransporte | Ein Warentransport mit Ochsengespann schaffte am Tag nicht mehr als 15 km. Das Transportgewicht der Wagen war staatlicherseits aus Sicherheitsgründen wegen der nicht übermäßig stabilen Bauweise der Wagen auf ein Höchstmaß begrenzt (nicht mehr als 500 kg, das entspricht etwa 20 großen Säcken Kartoffeln). Zwölf Leute waren nötig, um einen Ochsenkarren voranzubringen. Solche Transporte waren also nicht nur langsam, mühsam, sondern wegen der Langsamkeit und Gewichtsbegrenzung auch teuer: Auf 500 km verdoppelte sich so der Preis von Getreide. Wo es möglich war, wich man daher auf Schiffe und Kähne, also den Wassertransport, aus.

▮ Ein Eindruck von der Größenordnung nötiger Transporte: Allein die Armee benötigte jährlich 100 000 *t* (Tonnen) Getreide (viermal so viel dann allein die Stadt Rom!), das sind nur für die Armee (bezogen auf die Höchstlast von Wagen) 200 000 Wagentransporte; für Zelte benötigte allein eine Legion (von ca. 30) 54 000 Rinderhäute.

» Auf Meer und Fluss: Die Schifffahrt

Der Überseehandel | Eine spannende Wissenschaft ist die Unterwasserarchäologie: Hunderte von Schiffswracks im Mittelmeer allein aus der römischen Zeit sind stumme Zeugen des lebhaften Handels auf dem Meer, aber auch von Tragödien, die er verursachte – und das, obwohl wegen der Herbst- und Winterstürme der Schiffsverkehr von Oktober bis März ruhte. Und in den meisten Fällen geben sie bis hin zu aufschlussreichen organischen Resten Auskunft über das, was und wie es transportiert wurde. Wo es möglich war, bewegten sich die Schiffe in Küstennähe, aber für die Ferntransporte über das Mittelmeer war das zu aufwändig.

▮ Schiffe segeln *mit* dem Wind; *gegen* den Wind muss man ›kreuzen‹ – das konnten die Schiffe in der Antike nicht. Daher waren im östlichen Mittelmeer die dort von April bis Oktober wehenden Nordwestwinde (›Etesien‹) ein großes Hindernis.

▮ War auch der Transport zu Lande wegen der Bedrohung durch Räuber immer gefährlich: Auf dem Meer drohten neben Schiffbruch – Piraten (▶ S. 91) und damit Verkauf als Sklave, wenn man überlebte. Fast war es jedoch schlimmer umzukommen: Dann wurde man nicht ordentlich begraben, als Toter konnte man, so glaubte man in panischer Angst, nie Ruhe finden und musste ewig umherirren...

> Nāvigāre necesse est; vīvere nōn est necesse.
> *Seefahren ist nötig, leben ist nicht nötig.*
> Mit diesem Spruch soll Pompejus (der auf dem Meer die Seeräuber bekämpfte und besiegte, ▶ S. 97) seine Matrosen zum Besteigen der Schiffe ermuntert haben, als sie sich aus Angst vor einem Sturm weigerten (Plutarch, *Pomp.* 50). Der Spruch wurde in neuer Zeit auf das Portal des *Hauses der Seefahrt* in Bremen übernommen.

▮ Auch die meisten Seewege führten nach Rom: Die Hauptstadt war das Ziel der meisten Warentransporte, allein schon wegen des Getreides aus Sizilien, Ägypten, Libyen usw. Aber auch zwischen den Provinzen gab es Direkttransporte, etwa von Gallien nach Kleinasien, und Getreide wird sogar

Im Hafen von Ostia: Man erkennt u. a. ein großes Lastschiff, das gerade entladen wird, dahinter das Feuer auf einem Leuchtturm. Die große Gestalt fast in der Mitte ist Neptun, der Meeresgott. Relief aus Rom

von Ägypten bis nach Britannien transportiert (das war, s. o., billiger als ein kürzerer Transportweg zu Lande). Neben dem Transport von Grundstoffen – außer Getreide auch Öl, Wein, Metalle, Keramik – diente der Handel vorwiegend der Versorgung der reichen Oberschicht mit den bei ihr begehrten Luxusartikeln. Sogar Routen über das Rote Meer bis nach Indien und Sri Lanka werden befahren, um Gewürze (Pfeffer) oder Parfums herbeizuschaffen; sogar Zucker und Reis wurden auf diese Weise schon in Rom bekannt. (Seide u. a. kommt über Land aus China.) Zur Zeit Mark Aurels (▶ S. 205) gelangen römische Seefahrer durch die Straße von Malakka bis nach China und finden – mit willkommenen Geschenken – Kontakt zum chinesischen Kaiser.

Handelsschiffe und Händler | Ihre Transporte besorgten die Römer mit gewaltigen, dickbauchigen Lastschiffen, nāvēs onerāriae, die bis zu 350 *t* brutto (d. h. Schiffsgewicht einschließlich Ladung) umfassten. Lang waren sie 25 bis 30 Meter, breit 8 bis 10 Meter. Sie waren behäbig und trugen am Hauptmast (mālus) nur ein Quersegel (Rahsegel), mit dem sie sich vorwiegend, abhängig natürlich vom Wind, bewegten (Ruder benutzte man nur zum Manövrieren oder in Ausnahmefällen bei Flaute).

- In der Antike gab man das Fassungsvolumen von Schiffen in Amphoren an (die bildeten neben Säcken das hauptsächliche Transportbehältnis). Konnte ein Schiff 3000 Weinamphoren fassen, bedeutete das das entsprechende Volumen und Gewicht.
- Ein bekannter Sonderfall, vergleichbar einem heutigen überdimensionalen Sondertransport auf der Autobahn: Caligula ließ einen etwa 500 Tonnen schweren Obelisken nach Rom transportieren. Dafür baute man ein Schiff, das zum Gewichtsausgleich zusätzlich 800 *t* Linsen als Ballast trug (das entspricht dem Gewicht von etwa 800 mittleren PKWs). In Ostia wurde es dann als ›Verschalung‹ für den Bau einer Mole des neuen Hafens versenkt.
- Die Fracht wurde im Schiffsbauch und auf Deck gestapelt; auf dem meist hochgebauten Heckkasten bediente der Steuermann (gubernātor) zwei Ruderblätter.
- Ein solches Schiff schaffte etwa 5 Knoten in der Stunde (9 km/h), heutige Schiffe bis 15, Superfrachter bis 25 Knoten (45 km/h). Damit brauchte man etwa für die Strecken

Tarragona (Spanien)	→	Ostia	4 Tage
Carthago	→	Cadix (Spanien)	7 Tage
Alexandria	→	Ostia	18 Tage
Rhodos (Ägäis)	→	Alexandria (Ägypten)	3 Tage
Brundisium (Adria)	→	Antium (südl. von Rom)	3 Tage
Lilybaeum (Sizilien)	→	Hippo Regius (Algerien)	2½ Tage

- Zur Navigation richtete man sich nach den Sternbildern, kannte aber auch schon – neben dem ›Astrolabium‹ zur Sternwinkelmessung – sextantenähnliche Geräte (zur Sternhöhenmessung). Außerdem halfen schon sehr früh genaue Küstenbeschreibungen mit Angaben zu Meerestiefen und -strömungen, Häfen, Ankerplätzen, Wasserstellen usw. Sie wurden auch von römischen Geografen zur Erdbeschreibung benutzt und bis in das Mittelalter abgeschrieben und angepasst.
- Zur Vorbereitung und zum Abschluss von Handelsgeschäften waren römische Händler (negōtiātōrēs) im ganzen Reich unterwegs und betrieben Kontore (Geschäftsstellen) sogar außerhalb der Grenzen des Reiches, etwa am Roten Meer, wo die Waren aus Indien eintrafen. An Reichtum und Einfluss konnten sie sich jedoch nicht mit den landbesitzenden Adligen vergleichen (den Senatoren waren Handelsgeschäfte verboten). Der Seehandel lag dabei ausschließlich in der Hand des Ritterstandes.

Häfen und Umschlagplätze | Viele der mehr oder weniger einfachen Ankerplätze der frühen Zeit wurden im Imperium Romanum durch große, durchorganisierte Hafenanlagen mit Molen, Docks, Werften, Lagerhäusern, Verwaltungsgebäuden, Wohnanlagen usw. ergänzt. Internationales Leben herrschte in den Häfen.

Rom selbst besaß keinen Hafen: Die Waren für Rom wurden in Putĕŏlī (bei Neapel; Ostia war lange Zeit nur für kleine Schiffe geeignet) und später in Ostia an der Tibermündung und in Centumcellae (Civitavecchia) nördlich von Rom gelöscht. Von dort wurden sie zum emporium, dem ausgedehnten Warenlager- und Umschlagquartier vor den Toren Roms, über den Tiber geschafft, und zwar durch Rudern oder Treideln: So nennt man das Ziehen von Schiffen an Seilen von Pfaden am Ufer aus.

Den von Cäsar geplanten großen Hafen verwirklichte Claudius; als Wahrzeichen wurde dort der erwähnte Obelisk (▶ S. 219) aufgestellt, das künstliche Hafenbecken durch einen Kanal mit dem Tiber verbunden. Die Anlage hieß einfach ›Portus‹. Doch schnell erwies sich der Hafen als zu wenig sicher vor Stürmen: Sehr bald wurden einmal 200 Schiffe zugleich zerstört. So baute Trajan in der Nähe einen noch größeren, sechseckigen Hafen (mit jeweils über 350 m Seitenlänge und 5 m Tiefe), der durch einen neuen Kanal ebenfalls mit dem Tiber verbunden wurde. Diese Maßnahmen der Kaiser förderten Wirtschaft, Versorgung und Wohlstand.

Das *Forum der Korporationen* (Schiffs- und Warengesellschaften) in Ostia vermittelt noch heute einen Eindruck von der Wirtschaftskraft, die hinter diesen Häfen steckte.

Der riesige Hafen von Alexandria in Ägypten mit allein kilometerlangen Dockanlagen war der Umschlagplatz für die Waren aus dem Orient. Größte Bedeutung besaß immer die kleine Insel Delos mitten im Ägäischen Meer, zunächst vor allem für den Sklavenhandel, später für alle gehandelten Waren; dort trafen sich Händler aus der ganzen römischen Welt. Massilia und Forum Iulii (Fréjus) in Gallien sind wichtige Häfen im Westen, im Norden später Londinium (London), in Nordafrika – mit prächtigen Kolonnaden – Lepcis Magna (Libyen). Die meisten ›Häfen‹ blieben aber einfache Anker- und Verladeplätze am Ufer bei einer Stadt, ohne besondere Einrichtungen. Vom wohl entferntest liegenden Hafen, Berenike am Roten Meer, weiß man, dass die spärlichen Anlagen aus Korallen- und Kalkblocks zusammengestückelt waren und kaum einmal repariert wurden – möglichst billig, war die Devise. Zwar arbeiteten die Römer auch mit Kränen, die meisten Waren wurden jedoch, notfalls durch das flache Uferwasser, mit Muskeln geschleppt.

Der Leuchtturm von A Coruña in Galizien (Nordspanien) ist als einziger römischer Leuchtturm vollständig erhaltene

Nach dem Vorbild eines der sieben antiken Weltwunder, des *Pharos* genannten Leuchtturms von Alexandria, erhielten manche Häfen **Leuchttürme**, so auch der Trajanshafen in Rom. Auf der Spitze dieser Türme loderten Feuer und wiesen so den Schiffen den Weg. Sie ergänzten damit die auch – allerdings bei Tage – meist weithin strahlenden **Tempel** auf Vorgebirgen, welche den Schiffen ebenfalls zur Orientierung verhalfen.

Die Fluss-Schifffahrt | Wenn die Römer die Grenzen ihres Reiches gern an Flüsse legten (wie Rhein, Donau, Euphrat), so geschah dies aus Gründen leichterer Verteidigung, aber auch aus Versorgungsgründen.

Daraus ergab sich, dass die Römer nicht nur große militärische Flotten an diesen Strömen unterhielten, diese waren auch lebhaft von Handelsschiffen befahren, die so die benötigten Waren, nicht zuletzt das Material für die Truppen, entlang den Flussläufen verteilten. Von dort wurden sie dann über zahlreiche Flusshäfen – teils ausgebaut, teils einfach das natürliche Flussufer nutzend – ins Landesinnere verteilt. Vielerorts wurden Reste solcher Hafenanlagen gefunden, auch zum Teil sehr gut erhaltene Schiffswracks. Einer der wichtigen Rheinhäfen war neben Köln der von Mainz, wo man vor einiger Zeit einen spektakulären Schiffsfund machte; in einem Museum (**Tipp!**) lassen sich dort originalgetreu nachgebaute Schiffe besichtigen.

Ein riesiges Reich, gewaltige Handelsströme, nicht gerade um den ganzen Erdball herum, aber fast den halben. Ähnliche Grundsätze wie heute: Rational und rationell geplante **Versorgung aller Winkel des Reiches**, überall ist alles verfügbar, möglichst billiger Transport für Massen-Gebrauchswaren, keine Scheu vor Kosten für erlesene Luxuswaren. Haben es die Römer irgendwie schon genauso weit gebracht wie wir?

■ **Schiffstypen** | Die Römer verfügten auf Meer, See und Fluss, nachdem sie den Hochseeschiffbau ursprünglich von den Phöniziern gelernt hatten, über hochentwickelte verschiedenartige Schiffs- und Bootstypen vom Schnellboot bis zu gemächlichen riesigen Lastkähnen.

)) Privatreisen, ›Dienstreisen‹ und Bildungstourismus

Da es in der Antike keinen Urlaub gab, machte auch niemand Urlaubsreisen. Gründe zum Reisen existierten gleichwohl genug: Wer nicht ein fernes Ziel ansteuerte, um dort sein Glück zu erkunden, der war dann in der Regel ›dienstlich‹ unterwegs, etwa fahrende Ärzte, Künstler, Ingenieure, Philosophen (als Lehrer), aber ebenso Wunderheiler, Magier und fremde Priester, in erster Linie jedoch auch Reichsbeamte oder staatliche Beauftragte verschiedenster Art.

■ Einer der wichtigsten Reisegründe für jeden römischen Bürger bestand allerdings darin, in Rom seine Bürgerrechte – z.B. Wahlen – wahrzunehmen oder (in bestimmten wichtigen Fällen) dort das Gericht anzurufen. Mancher aus der Provinz stammende Reichsbewohner kehrte auch nach einem längeren Wohnaufenthalt z.B. in Rom in seine Heimat zurück.

■ Ein guter Teil der Reichen pflegte im Sommer seine Sommervilla aufzusuchen; besonders beliebt und ›mondän‹ war der Küstenabschnitt um Antium (südlich von Rom) und fast noch mehr am Golf von Neapel.

■ Auch wissenschaftliche Forschungsreisen – wie es sie schon vorher gegeben hatte – wurden unternommen, etwa um die Nilquellen aufzuspüren (was erst 1893 endgültig gelang!) oder um Schottland herum (▶ S. 215).

■ Insbesondere das 2. Jahrhundert n.Chr., die Zeit der Kaiser Trajan und Hadrian sowie danach, war eine Zeit umfassenden Friedens für das Reich, von dem alle Gruppen profitierten. Kein Wunder, dass bei den vorhandenen exzellenten (wenn auch mühseligen) Reisemöglichkeiten diese nutzte, wer nur konnte. In erster Linie waren das freilich auch in diesem Fall die Reichen, sonst solche, die unabhängig genug waren und vielleicht ihr Glück anderswo suchen wolten. Die ›Auslandsstudenten‹ wurden schon oben erwähnt (▶ S. 182).

■ Besonders in dieser Zeit kam es zu einem regelrechten Reiseboom, einem Bildungstourismus, der sich in vielem nicht von unserem heutigen unterschied. Großes Beispiel wurde Kaiser Hadrian selbst, der als ›Reisekaiser‹ dauernd unterwegs war, wohl mehr aus Gründen der Regierungsgeschäfte, aber auch als ausgemachter Griechenfreund: Er veranlasste die architektonische Ausgestaltung vieler Städte Griechenlands (und Kleinasiens).

■ Reiseziele selbst waren natürlich das geliebte Italien, dann die großen Stätten der Geschichte und Kultur. Einzelne Leute waren jahrelang unterwegs. Eine sozusagen ›klassische‹ Tour begann in Griechenland – Olympia, Delphi, Athen usw. –, führte über die ›Trauminseln‹ der griechischen Ägäis nach Kleinasien (▶ S. 210), beginnend beim damals schon sagenumwobenen Troja–Ilion (es gab dort eine Stadt mit Namen Īlium, welche die Römer für die Stadt aus Homers *Ilias* hielten), dann die Küste hinunter über Ephesos bis Halikarnassos; von dort nach Rhodos, wo der Koloss, der colossus, stand, die Reste der 30 m hohen Statue des Sonnengottes über der Hafeneinfahrt, eines der sieben Weltwunder. Schließlich führte die Reise in das eigentliche Traumland der Römer, nach Ägypten.

■ Natürlich dienten Bildungsreisen nicht dem (reinen) Vergnügen: Wie Kirchen heute bei uns auf dem Programm stehen, besuchte der antike Reisende Tempel um Tempel. Eigene Museumsbesuche mit Kunst- oder Kuriositätensammlungen erübrigten sich dabei, denn solche Sammlungen waren in vielen Tempeln untergebracht. Die Ausstellungsstücke reichten dabei von altehrwürdigen oder höchst kostbaren Statuen bis hin zum Dolch, mit dem Kaiser Nero ermordet worden sein sollte.

■ Ägypten war um so mehr das geträumte Paradies, als viele Vorstellungen vom Land am Nil insbesondere über den Isiskult in die Köpfe der Römer hineingewachsen waren (seit dem ▶ Hellenismus hatte er

Wir bewundern die Asche von Troja, das von den Besiegten beweinte Pergamon und die mit ihrem Hektor ausgelöschten Phryger; was wir erblicken, ist der kleine Grabhügel eines großen Führers. Auch Achilles, der Unermüdliche, liegt hier und der besiegte Rächer des großen Hektor. [...]
Solches, meinst du, muss man sehen auf der Erde und dem noch gefährlicheren Meer? Betrachte doch lieber das gewaltige Werk der Natur, niemals wirst du in der Menge der Menschen ein derartiges Schauspiel sehen, besonders, wenn du aufmerksam bleibst.*

Aus dem Gedicht Aetna (1. Jh. n. Chr.), 590 ff.; hs

* Mit *Pergamon* (bedeutende Stadt in der Nähe Trojas) meint der Verfasser den Burgberg von Troja, die *Phryger* bezeichnen die Trojaner. Das zerstörte Troja ruft Tränen hervor (so bei Horaz). Das ›kleine Grab‹ ist dasjenige Hektors, mit dem ›besiegten Rächer‹ ist der Held Paris gemeint, der Achilleus tötete und von Philoktet getötet wurde. All diese Dinge sind schön und gut, aber was sind sie gegen die Pracht der Natur?

sich von Ägypten aus ausgebreitet und war schon zu Beginn der Kaiserzeit in Italien und Rom stark verwurzelt, ▶ S. 230). Wie heute unternahm man damals Nilfahrten, besuchte die Pyramiden oder die sog. ›Memnonkolosse‹: Diese beiden Statuen zeichneten sich dadurch aus, dass sie (wie man heute weiß: durch den Wind verursachte und durch Spalten im Stein hervorgebrachte) singende Geräusche von sich gaben.

Zeitweise schmückten Wandmalereien mit Nillandschaften und anderen ägyptischen Motiven fast jedes römische Haus. Kaiser Hadrian konnte sich da noch mehr leisten: In seiner riesigen Villa, einer halben Stadt, zu Tibur (Tivoli) bei Rom ließ er im Kleinformat den Canopus-Kanal nachbilden: Dieser verband die Stadt Kanopos in Ägypten (die als Inbegriff ausschweifenden Luxuslebens galt) mit Alexandria und bildete selbst eine Luxus-Vergnügungsmeile.

Was man heute auf Reisen mit sich führt, einen Band ›Reise-Know-how‹ oder einen anderen Reiseführer, kannte auch die Antike schon. Erhalten ist Pausanias' *Reiseführer durch Griechenland*; einmal berichtet er uns von zahlreichen inzwischen verlorenen Denkmälern, wir können daraus aber auch ablesen, was die ›Bildungsreisenden‹ der Antike interessierte.

Außer dem Steuerzahlen war in der Antike das meiste reine Sache persönlicher Initiative, so auch die Organisation von Reisen: Reisebüros gab es nicht, auch keine Personenschiffe. So musste man eine passende Gelegenheit suchen, auf einem Handelsschiff mitzureisen – außer man gehörte zu den Auserwählten, die eine trīrēmis lūsōria, einen ›Freizeitruderer‹ größeren Ausmaßes, heute: eine Luxusjacht, ihr Eigen nannten. Selten gab es auf den Frachtschiffen für Passagiere eine Kabine; Proviant und Kochgerät mussten sie selbst mitnehmen, auf manchen Schiffen sollen sich hunderte Passagiere gedrängt haben.

Ägyptische Fantasielandschaft am Nil mit einheimischen Tieren und Bauwerken. Pygmäengleiche Gestalten gehen am Fluss ihrem Vergnügen nach. Mosaik aus Rom

Kann [heute] nicht jeder überall dorthin gehen, wohin er will? Sind nicht alle unsere Häfen gut besucht? Sind die Berge nicht genauso sicher wie die Städte? Es gibt keine Flüsse, die nicht überbrückt worden sind, keine Meeresbuchten, die nicht per Schiff überquert werden können. Selbst die sandige Straße nach Ägypten bietet keine Hindernisse; kein angsteinflößender Bergpass, keine Sturzbäche oder Barbaren blockieren den Weg. Homer hat einst gebetet: ›Die Welt sollte allen Menschen offenstehen.‹ Dieser Wunsch ist nun Wirklichkeit geworden. Untertan des Kaisers – ein Römer – zu sein, ist der einzige Pass, den man braucht.

Der Redner und Autor Aelius Aristides, um 140 n. Chr.

Welt-Anschauung

9

So wie die Römer in der Frühzeit Bauern waren, bestimmte dieses bäuerliche Leben ihre Vorstellungen und Anschauungen von der Welt. Entsprechend waren die religiösen Einstellungen, die sie besaßen, von den Abläufen und Kräften geprägt, die ihr Leben ausmachten und mit denen sie sich auseinanderzusetzen hatten: Ihre Gottheiten und Geister waren von der bäuerlichen Welt bestimmt. Wenn man ihre Mythen und Sagen genau untersucht, kann man auch manche noch älteren Vorstellungen freilegen, doch das ist im Falle der Römer besonders kompliziert: Im Lauf der Geschichte erhielten ihre Mythen und ihre Götterwelt mehrfach Zuzug von außen, die Überlieferungen und Ansichten vermischten sich miteinander und überlagerten sich. Ihr Brauchtum und ihre Riten aber blieben im Kern gleich und damit auch frühere Zeiten lebendig.

:: Religionen im Römischen Reich

)) Religion, Riten und Priester

Ein Merkmal zeichnete die römische Religion immer aus: Mit ihr war keine nach innen gekehrte, stille Frömmigkeit verbunden, kein stilles Gebet, kein Bekenntnis zu einem Glauben, sondern sie bestand in als selbstverständlich empfundenen *Handlungen*, die der römische Mensch gegenüber der jeweils angesprochenen Gottheit vollzog. Aufgrund dieser Handlungen erwartete er sich ganz selbstverständlich eine Gegenleistung von der Gottheit.

■ **Ritus und Opfer |** Ob diese Gegenleistung nun aber eintrat (bzw. gewährt wurde) oder nicht: Das war abhängig vom Willen der Gottheit. Der gegenüber konnte man nur das tun, was *sie ihrerseits* erwartete: Das war die korrekte Beachtung und Durchführung religiöser Handlungen, in deren Mittelpunkt ein *Opfer* an die Gottheit stand. Als Opfer dienten Tiere, die dazu geschlachtet wurden, oder Gaben von Feld- oder anderen Früchten: je nachdem, was die Gottheit erwartete. Von Opfertieren – sie wurden eigens zum Opfer ausgewählt, vorbereitet und geschmückt – und Früchten wurde ein kleinerer Teil verbrannt (oder, je nach Umständen, etwa auch ins Meer geworfen), den größeren verspeisten die Opfernden beim Mahl. Der Rauch zog zum Himmel und sollte die Götter erfreuen.

▮ Geopfert wurde bei allen möglichen Gelegenheiten: vor der Ernte, nach der Ernte, zum Frühlingsbeginn, bei Antritt einer Reise, vor der Schlacht, nach der Schlacht, vor der Eheschließung, bei Geburt eines Kindes usw. Schlachtopfer waren seltener als solche von Ackererzeugnissen: Tiere waren teuer. Auch daran sieht man, dass die Religiosität selbst von praktischen Vorstellungen geleitet war. Manche Opferfeiern waren große Volksfeste.

▮ Gottheit: Geopfert wurde nicht einer beliebigen Gottheit, sondern es war genau festgelegt, welchem Gott oder welcher Göttin bei welcher Gelegenheit ein Opfer zustand. So wurden etwa der ländlichen Korngöttin Cerēs Getreideähren geopfert, dem Iūpiter Optimus Māximus bei wichtigen Staatsanlässen die suovetaurīlia dargebracht, d. h. Schwein (sūs), Schaf (ovis) und Stier (taurus).

Oben: Ein Stier wird zum Opfer vor den Altar geführt. Der Opferdiener (victimārius) links wird die Tötung vollziehen, ein Opferknabe und eine Opferdienerin (camillus, camilla) begleiten die heilige Hand mit Opferkrug und Opferschale. Wandmalerei, Trier

▮ Zuständig für die Opferhandlungen waren nicht grundsätzlich Priester (sacerdōtēs, ▶ 277), sondern im häuslichen Bereich der pater familiās (▶ 7), im öffentlichen Bereich der jeweils verantwortliche Magistrat ggf. zusammen mit bestimmten Priestern.

▮ Bei alledem hatten die Römer aber durchaus ein Wort, das wir – nicht ganz richtig – mit *Frömmigkeit* wiedergeben: pietās. Cicero definiert sie als iūstitia adversus deōs, als *Gerechtigkeit gegenüber den Göttern*. Allgemeiner bezeichnet das Wort aber die ›korrekte‹ Haltung eines Jeden gegenüber dem, der auf diese Haltung Anspruch hat: so auch Kinder gegenüber den Eltern (Ehrerbietung) oder – rein politisch – der Staatsbürger gegenüber seiner Heimat.

Die römische Religiosität bestand also im Kern in der peinlich genauen Beachtung der (zahlreichen) vorgeschriebenen Handlungen gegenüber den Göttern, d.h. im **Ritus** (rītus: etwa ›traditionelle Zeremonie‹), nicht in einem Glauben.

Interpretātiō Rōmāna | Mit der Art ihrer Religiosität hängt zusammen, dass die Römer nie ›missionarisch‹ waren oder wurden. Das heißt: Die Römer (wie etwa die Griechen auch) wollten nie andere zu ihren Göttern bekehren. Zudem war ja die Verehrung vieler Gottheiten im eigenen Bereich oder bei den Nachbarstämmen oder Nachbarorten etwas Selbstverständliches. Schon früh bauten Händler fremder Völker in Italien Tempel für die eigenen Götter. Im Zuge ihrer kriegerischen Expansion trafen die Römer dann überdies noch auf zahlreiche andere, zum Teil ähnliche Götter der anderen Völker. So setzte man schon früh Götter mit ähnlichen Merkmalen (vor allem: ›Aufgabenbereichen‹) einander gleich; sie trugen eben nur andere Namen oder waren (in der Vorstellung) anders gekleidet. Das galt gegenüber ägyptischen Göttern genauso wie gegenüber keltischen oder germanischen oder anderen.

- Einmal (186 v. Chr.) kam es in Rom jedoch zum Verbot eines Kultes, vorgeblich wegen fremdartiger orgiastischer, ekstatischer Riten (mit Alkohol- und Drogenexzessen), welche die Römer als unmoralisch empfanden. Tatsächlich handelte es sich bei diesen mit Kybele (▶ S. 230) verbundenen Bacchus- (Weingott) Festen jedoch wohl um Veranstaltungen von Mitgliedern von Geheimbünden, denen man zumindest staatsfeindliche Ziele *vorwarf*. 7000 Männer und Frauen sollen hingerichtet worden sein.

↳ Diese Haltung gegenüber fremden, als ähnlich verstandenen Gottheiten nennt man heute mit einem lateinischen Begriff interpretātiō Rōmāna, also etwa ›Umsetzung ins Römische‹.

Die einheimischen Gottheiten | Die meisten der einheimischen römischen Gottheiten haben also ursprünglich etwas mit Ackerbau und Viehzucht zu tun; ihre Feste liegen an entsprechenden Punkten im Jahr. Zu Ihnen gehören:

- **Mārs**: Ackerbau, Viehzucht, Frühling; nach ihm ist daher der Monat März benannt
- **Faunus**: Hirtengott, Schutzgott des Viehs
- **Venus**: Gärten, Weinbau
- **Liber**: Weinbau, Wein
- **Saturnus**: Gott der Saaten (Saturnalienfest im Dezember vor der ersten Aussaat zur Wintersonnenwende, ▶ S. 108)
- **Cerēs**: Getreide
- **Terminus**: Gott der Grenzsteine bzw. Feldgrenzen
- **Ops**: Gemahlin des Saturnus, Feldfrüchte, Fruchtbarkeit
- **Carmenta**: Quellen, Weissagung
- **Cōnsus**: Unterweltsgottheit
- **Palēs**: Hirtengöttin, Feldgottheit, Beschützerin des Viehs
- **Pōmōna**: Göttin des Obstes
- **Silvānus**: Wald und Feld
- **Priāpus**: Baumfrüchte, Garten und Weinberge, Fruchtbarkeit
- **Pīcus** (›Specht‹): Gott der Weissagung
- **Iānus**: uralter römischer Lichtgott, Gott des Tageslichts, Gott der Türen und Tore (sein heiliger Monat war der *Januar*), Gott der Schifffahrt
- **Iūpiter**: allgemein Himmelsgott, aber auch als Weingott verehrt (mit Weinfest)
- **Diāna**: Göttin des Mondes und der Fruchtbarkeit, Beschützerin der Frauen, Jagdgöttin; in dieser Eigenschaft uralter Kult, anfangs mit Menschenopfern, in der alten Stadt Aricia (Latium)
- **Quirīnus**: urspr. Schutzgott der alten Sabiner-Hauptstadt Curēs, dann Name des vergöttlichten Romulus
- **Bona Dea**, die ›gute Göttin‹: Fruchtbarkeit, Wachstum, Wohlergehen

▮ Die Hauptrolle im praktischen Leben der Römer spielten aber wohl die dī minōrēs, die ›kleineren Götter‹; deren Zahl war so unübersehbar, dass die Römer – auch die Priester – sich nicht einmal mer-

Priester des Mars schlagen auf ein Wildschweinfell. Mars war in Italien ursprünglich ein Ackergott. Im Hintergrund eine Statue von ihm als Kriegsgott. Mosaik, Rom

ken konnten, ob Gott oder Göttin, sodass sie bei der Anrufung dazu sagten: »Sīve deus, sīve dea« (»ob du nun Gott oder Göttin bist«).

Da gab es etwa Forculus (für Türflügel zuständig), Vāticānus (erste Kinderschreie), Potīna (dafür zuständig, dass Kinder trinken), Carna (die lebenswichtigen Organe des Menschen) usw. Auf dem Schulweg wurden Kinder von Iterdūca und Domīdūca beschützt (›Weggeleiterin‹, ›Heimführerin‹).

■ ›Mē Dius Fidius‹ riefen die Römer bei allen Gelegenheiten, wo man bei uns ›ach du meine Güte ≈ oh mein Gott, Jesses (≈ Jesus), um Gottes willen‹ sagt, oder ›mehercle/meherculēs‹ als Beteuerung für ›bei Gott‹. Im täglichen Leben spielten die ›großen‹ Götter eher keine Rolle, sie waren mehr eine Sache der gebildeten Literatur. Eine Anrufung Jupiters z. B. im privaten Leben war mehr eine Art theatralische Geste. Wenn der Römer sub Iove sagte, meinte er ›unter freiem Himmel‹, und ›sub Iove frīgidō‹ hieß ›bei kaltem Wetter‹. Nahe dagegen waren ihnen die genannten einheimischen lokalen Geister und Gottheiten, die eher eine Rolle wie heute etwa die Heiligen der katholischen Kirche spielten. Viele von ihnen füllten konkret die Rolle einer ›großen‹ Gottheit aus, etwa Libitīna (▶ S. 15), eine Todesgöttin, die auch als Beiname ausgerechnet der Venus vorkommt. – ▶ S. 16: *Häuslicher Kult*

■ **Zuzug im Götterhimmel |** Durch ihre Nachbarschaft zu bzw. ihr Zusammenleben mit den Etruskern erlangten die Römer schon früh Bekanntschaft mit den griechischen Göttern, die im Zuge der Hellenisierung der Etrusker in deren Götterhimmel Einzug gehalten hatten und teilweise mit deren Gottheiten verschmolzen.

■ Die Mitglieder des griechischen ›Götterolymps‹ stellten dabei aber für die Römer nicht allesamt neue ›Bekanntschaften‹ dar, sondern einzelne gehörten teilweise – mit anderen Aufgaben – schon immer zu ihrer religiösen Vorstellungswelt oder zu derjenigen der unterworfenen Nachbarn.

Das zeigt sich etwa bei Iū-piter (›Iovi-pater‹), dessen Name mit Zeus (< Djevs) urverwandt ist; auch für Iūnō, die Hera der Griechen, gilt das: Beide waren uralte Muttergöttinnen und damit auch Beschützerinnen der Ehe. Ein Gott wie Mārs (Māvors), später Kriegsgott wie der griechische Ares (s. u.), war in Italien zunächst beim Stamm der Sabiner (Nachbarn der Römer) ein Schutzgott der Landwirtschaft.

■ Infolge der Vermittlung durch die Etrusker erfolgte auch bei den Römern eine immer stärkere Umformung der eigenen Gottheiten nach dem Vorbild der griechischen. Je mehr die Römer dann bei der Bildung ihres Reiches selbst ›hellenisiert‹ wurden, desto umfassender wurde die Angleichung.

■ Die Etrusker hinterließen den Römern auch ihren ersten monumentalen, massiven Tempel auf dem Kapitol in Rom: Er war der etruskischen Dreiheit Tinia, Uni und Menrva geweiht, auf römisch Jupiter, Juno und Minerva (seltsam für Römer: zwei Göttinnen!). Er wurde zum Staatstempel der Römer und des Imperium Romanum (▶ Abb. S. 5).

In den Vorstellungen der Griechen wohnten die zwölf wichtigsten Götter in einem Palast auf dem Berg **Olymp**, dem höchsten Berg (im Norden) Griechenlands. In Saus und Braus lebten sie dort und gingen ihren Vergnügungen nach – nicht anders, als sich die Griechen das Leben ihrer adligen Helden der Frühzeit vorstellten. Von daher tragen ihre obersten Götter den Namen **Olympische Götter** mit Zeus als ›Oberhaupt der Götter und Menschen‹.

Die zwölf Götter des griechischen Olymps mit ihren lateinischen Namen		
lateinisch	*griechisch*	*Bereich; Attribut*
Iūpiter	Zeus	Göttervater; Blitz, Donner
Iūnō	Hera	Familie; Granatapfel u. a.
Neptūnus	Poseidon	Meer, Erdbeben; Dreizack
Cerēs	Demeter	Erdgöttin, Muttergöttin; Ährenkranz, Fackel
Apollō (Phoebus)	Apollon/Phoibos	Dichtung, Musik, Wahrsagekunst Sonne; Kithara
Diāna	Artemis	Jagd, Mond; Pfeil und Bogen, Mondsichel
Minerva	Athena	Weisheit, Kunst, Wissenschaften: Eule, Helm
Mārs	Ares	Krieg; Helm, Fackel
Venus	Aphrodite	Liebe, Schönheit; Schwan, Muschel, Apfel
Mercūrius	Hermes	Diebe, Händler, Götterbote; Flügelkappe, Heroldsstab
Vulcānus	Hephaistos	Schmiedekunst, Vulkane; Schmiedehammer
Vesta		Heim und Familie (verehrt am Herdfeuer)

Als Hauptgötter erwähnt bei den Römern zum ersten Mal der Dichter Ennius (▶ S. 188, 2. Jh. v. Chr.) die hier aufgeführten ersten zwölf Gottheiten.

Später findet man für Vesta im Olymp

Bacchus (Liber)	Dionysos	Wein, Ekstase; Thyrsosstab, Traube, Ranke, Pantherfell

Ebenfalls eine wichtige Rolle spielen die griechisch-römischen Gottheiten:

Herculēs	Herakles	volkstümlichster Halbgott; Löwenfell, Keule
Plūtō (auch: Orcus)	Hades	Herrscher über den Orcus, die Unterwelt; Füllhorn, (raubte Proserpina)
Proserpina	Persephone	Königin der Unterwelt; Fackel

▮ Eine weitere Besonderheit römischer Göttervorstellungen sind rein abstrakte Gottheiten, denen man sogar Tempel baute, so Pāx, Spēs, Virtūs, Fortūna, Iūstitia (Frieden, Hoffnung, Tapferkeit, Glück, Gerechtigkeit). Zu diesen ›Göttern‹ existierten keine Geschichten, aber sie ließen sich darstellen (als Frauengestalten), und man konnte ihnen opfern.

■ Götterbilder, heilige Stätten und Priester | Der Vorstellung, dass eine Gottheit ein nūmen ist, eine unpersönliche, übernatürliche Kraft, entspricht es, dass die Römer ursprünglich auch keine Götterbildnisse kannten; diese schufen sie sich dann ebenfalls unter dem Einfluss der Anpassung an etruskische bzw. griechische Gewohnheiten. Daneben ließen jedoch die Bauern nie davon ab, Götter in Steinen und Baumstümpfen zu verehren.

▮ Als ›Tempel‹ reichte den Römern ursprünglich ein freier, abgegrenzter Platz aus (das bedeutet ›templum‹), auf dem Weissagungen aus der Vogelbeobachtung heraus vorgenommen wurden. Nachdem sie ihren wichtigsten Tempel, den Kapitolstempel (templum Capitōlīnum) in Rom von den Etruskern geerbt hatten (▶ S. 225), bauten sie auch anderen

Mänade und Satyr, Begleiter des Dionysos-Bacchus mit Thyrsosstäben: Der Thyrsosstab besteht aus dem Stängel des Riesenfenchels mit einem Pinienzapfen und ist bei Bacchus auch noch mit Weinranken umwunden. Griechische Vase des 5. Jhs. v. Chr. (Paris)

Nach dem Vorbild des griechischen Zeus gestalteten die Römer die Bildnisse Jupiters. Plastik in Rom (Vatikan)

wichtigen Göttern solche Monumente. Von deren Vorhalle aus fand jetzt die Beobachtung des Vogelflugs statt (▶ S. 81).

Ein Capitōlium und weitere Tempel gehörten seitdem zu jeder römischen Stadt des Reiches. Dazu kamen Tempel und Heiligtümer in der freien Natur, in Hainen z. B. oder an Vorgebirgen.

▮ Die Verwaltung, Beaufsichtigung und Pflege der Tempel und Götterbilder lag in der Hand von jeweils zuständigen Priesterschaften. Priester (sacerdōs) war bei den Römern kein Beruf, sondern ein öffentliches Amt, das übertragen oder in das man gewählt wurde und um das man sich bewerben konnte. Die Priester waren also Staatsbeamte – in dieser Rolle auf Lebenszeit – und in Priesterkollegien mit bestimmten Zuständigkeiten organisiert:

- **Pontificēs**: u. a. für Kalender und Festtage zuständig; der pontifex māximus hatte überhaupt die Oberaufsicht über Religionsfragen;
- **Fētiālēs**: Umgang mit Nachbarvölkern (▶ 156);
- **Vestālēs**: zur Ehelosigkeit verpflichtete Priesterinnen der Vesta; sie hatten ein Haus auf dem Forum;
- **Flāminēs**: So hießen die Priester der einzelnen Götter, der wichtigste ist der flāmen diālis, der Jupiterpriester;
- **Frātrēs Arvālēs, Lupercī** (Arvalbrüder, Luperker): Priester für Ackerbaukulte;
- **Saliī** (Salier, ›Springer‹): Priester für Mars und Quirinus, Kult aus Tänzen und Gesängen;
- **Augūrēs**: Ihnen oblagen Beobachtung des Vogelflugs (auspicium: ›Vogelschau‹) sowie des Verhaltens auch anderer Tiere, woraus sie Weissagungen ableiteten; sie waren die schlechtest angesehenen Priester, weil Weissagungen natürlich ein ›schwieriges Geschäft‹ waren und ihr Ergebnis überprüft werden konnte. Cicero meinte, dass sich die Auguren, wenn sie sich begegneten, einander zulächelten, weil die Menge so leichtgläubig sei.

↳ **Weissagungen und Vorzeichen** waren im täglichen Leben der Römer eine Sache von höchster Bedeutung. Diese Bräuche stammten von den Etruskern und waren schon bei ihnen bis ins Kleinste geregelt. Vor allen wichtig erscheinenden Dingen – ob Marsch in die Schlacht oder Bau eines Hauses – wollte man sich vergewissern, dass die Vorzeichen günstig sind. Das hielt die Römer aber nicht davon ab, im Zweifelsfall auf die Vorzeichen zu pfeifen: Dem Feldherrn Appius Pulcher wurde vor einer Seeschlacht gemeldet, die heiligen Hühner wollten nicht fressen. Er ließ sie ins Meer werfen: »Dann sollen sie eben saufen!« Er verlor die Schlacht …

- **rēx sacerdōtum** (›Priesterkönig‹): Ihm war die Durchführung von Opfern übertragen. Im Titel rēx, König, überlebt wohl die Aufgabe des Königs als oberster Priester der Königszeit.

Ein seltsames Priesteramt (bis in das 2. Jahrhundert der Kaiserzeit), das nicht leicht zu besetzen war, bekleidete der

- **rēx nemorēnsis** (›Waldkönig‹): Er bewachte den Hain der Diana in Aricia (▶ S. 224); jeder, der dieses Amt übernehmen wollte, konnte den Amtsinhaber mit dem Schwert umbringen – weswegen er beständig in dem Hain Wache hielt, um sich zu schützen (daher meist ein Sklave!).

▮ Bis auf den letztgenannten Fall können nur römische Vollbürger Priester werden, ursprünglich nur Patrizier, später auch Plebejer (▶ S. 86). Die Massen der einfachen und armen Leute hatten mit diesen Ämtern ebenfalls nichts zu tun.

Tod – und danach? | So wie römische Religion keine Sache des ›Glaubens‹ war (sondern der sorgfältigen Erfüllung religiöser Vorschriften), gab es auch keinen ›Glauben‹ an ein ‹Leben nach dem Tod‹. Worauf es ankam, war, dass ein Verstorbener ordentlich bestattet wurde; geschah das nicht, geriet seine Seele – die Seele galt als unsterblich – unter die ›bösen Geister‹ und irrte rastlos umher. Ihre Grabsteine widmeten die Römer nicht den Verstorbenen, sondern den ›dīs mānibus‹ (auf Inschriften DM), den ›göttlichen Geistern‹ des Toten. Die stellten sie sich durchaus in Verbindung mit den Lebenden vor, wie Grabinschriften zeigen, in denen Vorbeigehende von der bestatteten Person angesprochen und um Gedenken oder einen Gruß gebeten wurden.

Einen Totenkult etwa mit ritueller Grabpflege gab es nicht, wohl aber jährliche öffentliche Gemeinschaftsfeste, in denen der Toten – auch der ›bösen‹ Geister zu deren Besänftigung – gedacht wurde (▶ S. 16, 109).

Auf der anderen Seite finden sich jedoch auch Gedanken an eine Unterwelt (orcus), auch an eine Art Paradies (Ēlȳsium). Beide Vorstellungen stammten von den Griechen. Das Elysium lag hinter dem Ōceanus, dorthin gelangten die vorbildlich tugendhaften Menschen, in den Orkus die Schlechten. Aber das waren keine allgemein verbreiteten Gedanken, eher literarische.

Im Orkus (griech. Hades) herrscht der Gott der Unterwelt, Plūtō oder Orcus oder (häufig) **Dīs (Dīs pater)** genannt. Bezeichnend ist, dass Dīs (›der Reiche‹, ≈ dīves, Übersetzung von griech. Pluton) in Rom auf dem Marsfeld eine Art unterirdischen (!) Altar besaß, eine Grube, die nur dreimal jährlich anlässlich öffentlicher Opfer aufgedeckt wurde. Diese Grube trug den Namen mundus, also eigentlich ›Welt‹ (um den Gott nicht zu beleidigen), der sie schließende Stein war der lapis mānālis, der ›Manenstein‹; wenn man ihn fortschob, war der Zugang zur Unterwelt geöffnet. Auch hier sieht man die Bedeutung des Ritus: Dreimal (an den Tagen der Totengötter) öffnen reichte, dann waren diese besänftigt. Einen solchen mundus zur Kommunikation mit den Totengöttern kannten auch die Etrusker, und ebenso soll Romulus bei der Gründung Roms unter Anleitung etruskischer Religionsgelehrter nicht nur die Stadtgrenze bestimmt, sondern auch den mundus haben ausheben lassen.

Doch waren die Etrusker zur Frage eines ›Lebens nach dem Tode‹ ganz anders als die Römer eingestellt: Die Gräber ihrer Toten bilden – je reicher, desto prunkvoller – regelrechte Wohnungen nach, in

Ein Wanderer sucht Auskunft bei einer Zauberin, die vor ihrer Hüte sitzt. Wandmalerei aus Pompeji

denen sie nach dem Tode, mit allem Nötigen ausgestattet, weiterleben und vor allem auch: ihre Bankette weiterfeiern konnten.

■ Verwünschung, Zauber, Aberglaube | Die Vorstellungen vom unerklärlichen Wirken überirdischer Mächte, die man sich für die Erfüllung seiner Wünsche dienstbar zu machen hofft, gehen bei den Römern weit über die eigentliche Religion hinaus. Deren Riten wurden in der Regel im Kreis einer Gemeinschaft vollzogen. In den kleinen Dingen des täglichen Lebens jedoch, wo man auf sich allein gestellt war, verlässt man sich lieber auf Geister und Dämonen, von der die Welt, so dachte man, voll war – mochten es die Seelen nicht bestatteter Verstorbener sein, die umherirrten und in Häusern herumspukten, mochten es Hexen oder Zauberinnen sein, die ihr Unwesen trieben. Da galt es, immer auf der Hut zu sein und mögliche böse Vorzeichen nicht zu übersehen! Niesen zum falschen Zeitpunkt konnte schon gefährlich werden, auch, wenn man mit dem linken Fuß zuerst aufstand oder über eine Türschwelle stolperte. Nicht nur schlichte Gemüter, wie man meinen könnte, sahen sich von diesen Mächten umzingelt, nein, genauso

Text eines Zaubertäfelchens
Prima Aemilia Narcissi agat, quidquid conabitur, quidquid aget, omnia illi inversum sit. Amentita surgat, amentita suas res agat. Quidquid surget, omnia interversum surgat. Prima Narcissi aga(t): como haec carta nuncquam florescet, sic illa nuncquam quicquam florescat.

›Der Prima Aemilia, [der Geliebten] des Narcissus, soll es [so] ergehen: Was sie auch versucht, was sie tut, alles soll für sie verkehrt sein. – Wahnsinnig soll sie werden, wahnsinnig soll sie ihre Sachen tun. – Was auch immer passiert, alles soll verkehrt passieren. – Prima, der Geliebten des Narcissus, soll es so gehen: Wie dieser Brief niemals Gutes bringen wird, so soll jene niemals Gutes erfahren.‹

Vom Isis-Tempel in Mainz

gebildete Menschen. Als höchst abergläubisch wird z. B. auch Kaiser Augustus geschildert.

Was lag also näher, als sich diese Geister nutzbar zu machen? Das konnte man auch heimlich, unbemerkt von anderen, tun – was besonders angezeigt war, wenn man dem Anderen etwas Schlechtes wünschte! So trachtete man danach, mit Abrakadabra und Verwünschungen Einfluss auf das Schicksal zu nehmen, indem man Magie betrieb und Gegenzauber übte. Nicht weniger versuchte man Träume zu deuten (dazu gibt es ganze ›Lehrbücher‹), erst recht – seit Urzeiten schon – die Sterne zu befragen.

Eine beliebte Form, seine Zauberwünsche und Verfluchungsgedanken zu äußern, war, sie aufzuschreiben und im Tempel einer Gottheit zu hinterlegen, sozusagen ein ganz privater Akt gegenüber der Gottheit. Zahlreiche solcher Zaubertexte sind erhalten und gewähren uns einen hübschen Einblick in die geheimsten Seelenwinkel antiker Frauen und Männer.

Der staatliche Kult | Es gab in Rom also keine ›Trennung von Kirche und Staat‹, wie das in vielen modernen Staaten beginnend ab der Französischen Revolution (1789) geregelt ist (in Deutschland seit Beginn des 20. Jhs). Mehr noch: Der römische Staat sorgte über den häuslichen Kult des Einzelnen hinaus selbst dafür, dass bestimmte Kulthandlungen aus bestimmten Anlässen durchgeführt wurden.

Zu diesen Anlässen gehörten neben vielen öffentlichen Festen, an denen die staatlichen Priester vor den Tempeln Opferhandlungen durchführten, insbesondere Aufbruch in den Krieg und Heimkehr aus dem Krieg. In der Kaiserzeit – der Kaiser war ab Augustus auch Pontifex Maximus – vollzog dieser selbst die Opfer unter Beteiligung von Hilfspersonen (victimāriī: Opferdiener).

Augustus nahm die Angelegenheiten der Religion jetzt schärfer unter staatliche Aufsicht, indem er eine Religionsreform durchführte. Die bestand, wie auch auf anderen Gebieten, in Verboten und polizeilicher Aufsicht: Alle fremden Kulte wurden in Rom verboten, die Tempel der altrömischen Götter erneuert oder neu gebaut. Als äußeres Zeichen der religiösen Hoheit des Kaisers ließ er den Wohnsitz des Pontifex Maximus in seinen Palast auf dem Palatin verlegen und einen neuen, damit verbundenen Vestatempel bauen: Der (inoffizielle Fastgott-) Kaiser residierte so zwischen Vesta und Apollo (dessen Tempel lag ebenfalls dort). Damit war der Kaiserpalast (inoffiziell) das religiöse Zentrum des Staates.

- Augustus verkannte, dass die zeitgebundenen Einstellungen der Menschen stärker waren als sein rückwärtsgewandter autoritärer Wille und seine Ideen: Seine Reformen gingen an den Menschen vorbei, die Religionen entwickelten sich gegen ihn, die Verbote konnten so keinen Bestand haben.

Links: Nachzeichnung des oben wiedergegebenen Zaubertäfelchens aus Mainz.

Auf dem Text des Täfelchens sind volkssprachliche Wörter zu erkennen, so etwa ›amentīta‹ (›verrückt‹) oder ›cōmo‹, das ist im Standardlatein ›quōmodo – *wie*‹ (vgl. älteres Italienisch sowie spanisch *como* und italienisch *come*).

Kaisertum und Religion in einer Person verkörpert: Augustus als Augur (▶ S. 227), zu seinen Füßen ein Huhn.

▮ Eine besondere Ausprägung erfuhr der staatliche Kult durch Augustus im **Kaiserkult**. Das Kaisertum als solches war ja ein ›Import‹ aus dem Orient: Dort wurden die Herrscher seit Urzeiten mit Tempeln, Altären und Opfern als Götter oder als gottgleich verehrt. Augustus sträubte sich zunächst nach außen hin, ließ dann seine Verehrung gemeinsam mit der **Dea Rōma**, der symbolisch vergöttlichten Stadt Rom, zu – aber nur außerhalb Italiens; dort wurden gemeinsame Tempel für beide errichtet. In Italien durfte (zunächst) nur Cäsar als Dīvus Caesar verehrt werden.

▮ Den *verstorbenen* Kaiser zum Gott zu erheben, war überhaupt ein Ausweg. Dazu musste ein Senator bezeugen, er habe den Kaiser zum Himmel aufsteigen sehen. So wurde auch Augustus ein Dīvus Augustus, ein *Göttlicher Augustus*; nach ihm wurde Dīvus ein Attribut der verstorbenen Kaiser generell. Dieses Ereignis, **Apotheose** genannt (griechisch: Vergöttlichung), wurde in der lateinischen Literatur sogar verulkt (›Apokolocyntosis‹: ›Verkürbissung‹, ein anoymes satirisches Dichtwerk gegen Kaiser Claudius, das Seneca (▶ S. 195) zugeschrieben wird). Solcher Spott war später nicht mehr möglich.

▮ Ab dem 3. Jahrhundert verlangten die Kaiser ausdrücklich Opfer an sie als Stärkung ihrer Stellung in den unruhiger werdenden Zeiten. Konsequent war, dass sie sich nun auch mit Dominus et Deus, *Herr und Gott*, anreden ließen. So sollte der Kaiser unabhängig von der Einzelperson als unangreifbar erscheinen – was ihm nicht viel nützte.

▮ Nach der Anerkennung des Christentums war es nicht mehr möglich, den Kaiser selbst als Gott anzusehen. Jetzt wird der Kaiser *absoluter*, d. h. über alles gebietender Herrscher – eine Stellung jedoch, die auf Erden der Herrschaft Gottes über die ganze Welt, das ›All‹, entsprach.

▪ Ab dem 4. Jahrhundert findet sich das Wort ›Pantokrator‹ (griech.: *Herrscher über alles, über das All*) als Ehrentitel für Jesus, während der römische Kaiser der alles gebietende Herr auf der Erde ist. Ab dem 6. Jahrhundert wird Christus in byzantinischen Kirchen als Pantokrator dargestellt: als mächtige Figur, die auf der Weltkugel thront.

›› Götter aus dem Orient

Dem Handel mit Waren folgen die Götter: Auf italischem Boden finden sich schon bei den Etruskern in deren Häfen Heiligtümer fremder Gottheiten von Händlern und Seeleuten, die mit ihnen Handel trieben. Die Einwanderung fremder Götter war insofern eine uralte Selbstverständlichkeit, die sich mit dem Ausgreifen der Römer in die bekannte Welt fortsetzte und verstärkte. Zunächst hatten sich solche Gottheiten bei den Etruskern, dann bei den Griechen Süditaliens ausgebreitet. Auch in Griechenland selbst waren ausländische Kulte, etwa ägyptische wie der der Isis, schon früh (in hellenistischer Zeit) anzutreffen.

▮ Der Gott der Hebräer, also der jüdische Gott, sprach die Römer nicht an. »Du sollst keinen anderen Gott haben neben mir«, so der hebräische Jahwe im Alten Testament – damit konnten die Römer nichts anfangen. Aus diesem Gebot erwuchsen daher auch den Christen besondere Schwierigkeiten (▶ S. 232). Überdies war die jüdische Glaubensausübung an die fremde hebräische Sprache gebunden.

Auch kein Interesse gab es für die ›barbarischen‹ Götter der Kelten oder Germanen.

Von besonderer Bedeutung für die Römer und Italien waren dagegen die oben schon genannte Kybele (Māgna Māter, ▶ S. 210), die ägyptische Isis und der (ursprünglich) persische Mithras (▶ S. 231).

▮ Kybele besaß in Rom ab dem 2. Jahrhundert v. Chr. einen Tempel auf dem Palatin, ihr zu Ehren wurden im April die ausgelassenen Lūdī Megalēnsēs begangen, dabei schmückten Frauen und Mädchen einen Pinienstamm, ähnlich unseren Maibäumen, der von jungen Männern aufgestellt wurde. In Kybele, der *Großen Mutter*, verehrte man eine uralte, ursprünglich mit dem Ackerbau verbundene Fruchtbarkeitsgöttin, die einem hübschen jungen Mann nachstellte, der deswegen unter einer Pinie den Tod suchte. Die Göttin, die in ihn verliebt war, erweckte ihn jedoch wieder vom Tode zum Leben. Es war die Idee ewigen Lebens, nach welcher der Tod durch das im Frühjahr neu aufblühende Leben überwunden wurde, welche die Anhänger dieses Kultes anzog. Auch der – orientalische – Dionysos gehört zu denjenigen Gottheiten, die mit Kybele verbunden sind und vom Tode wiederauferstehen.

▮ Die ägyptische Isis besitzt Heiligtümer in unzähligen Städten des Römischen Reiches, ausgegraben etwa in Pompeji, aber auch vor wenigen Jahren weit nördlich der Alpen in Mainz (s. o. Zaubertafel). Ihr Hauptmerkmal ist, dass nur ›Eingeweihte‹ zu diesem Kult zugelassen waren.

Die ägyptische Göttin Isis (mit Kobra, Krokodil und ihrem Söhnchen Horus; hinter ihr Priester und Priesterin) begrüßt Io, eine griechische Nymphe, die vor Hera aus Griechenland geflohen ist. Links ist ein Flussgott einbezogen. Malerei aus dem Isis-Tempel zu Pompeji

Isis war die Göttin der Liebe, die Mutter des Göttlichen und der Götter, eine Zauberin und eine Himmelsgöttin, eine Fruchtbarkeitsgöttin. Sie ist auch Schwester und Gemahlin von Osiris, der von seinem Bruder Seth umgebracht wurde. Isis versuchte, Osiris wiederzubeleben, was sie freilich auch mit Hilfe nicht schaffte; als Ausgleich bekam sie jedoch noch über einen Zauber einen Sohn von Osiris, den Knaben Horus. Horus ist ein Gott des Lichtes und Beschützer der Kinder.

Viele Darstellungen der Isis mit dem Horus-Knaben auf dem Schoß zeigen sie als Vorbild der Gestaltung Mariens mit dem Jesuskind.

Es ist gut verständlich, dass die Isisreligion in der damaligen Zeit mit ihren vielen Göttern und eigentlich dauerhaft großen Problemen vielen Menschen eine Geborgenheit wenigstens in ihrer Vorstellungswelt geben konnte und so Anhänger auch außerhalb Ägyptens fand. Dazu kommt, dass sie in Ägypten als dem Traumland schlechthin (▶ S. 221 f.) beheimatet war. Der Charakter der Religion als Mysterien-(Geheim-) Kult wirkte sicher besonders anziehend, weil er die Menschen in eine eigene, abgeschlossene Welt entführte.

▮ Die Mithras-Religion wurde von Soldaten aus dem Osten (Kleinasien) mitgebracht und blieb ein reiner Männerkult (aber auch Frauen beteten zu Mithras). Mithras ist ein Sonnengott. Über den Kult weiß man nicht viel, da es sich auch bei ihm um einen Mysterienkult, also einen geheimen Kult, wie im Falle der Isis handelt. Der Kult wurde in Höhlen, in Städten dann in abgeschiedenen Kellerräumen ausgeübt, die man auch in vielen Teilen des Reiches – selbst in Germanien, z. B. Heidelberg-Neuenheim – finden und ausgraben konnte.

Reliefs und Wandgemälde zeigen den Gott, wie er, von Sternbildern des Firmaments umgeben, einen Stier tötet. Auch der Stier ist ein Sternbild. Man könnte die Geschichte so deuten, dass die Sonne die Sterne besiegt und sich so als Lebenskraft darstellt (umstritten; Sternbeobachtung gibt es in vielen Religionen). Auch dieser Kult zeigt die Suche nach einem allgemeineren Prinzip, hier die Sonnenkraft, in dem der Mensch sein Leben aufgehoben sieht.

Der Kult des Mithras war im römischen Reich stark verwurzelt (einer von Mithras' Namen war Sōl Invictus, ›Unbesiegte Sonne‹). Wie zum Christentum gehörten zur Mithrasreligion Taufe und Abendmahl. Beide Religionen standen später in einer solchen Konkurrenz zueinander, dass man Christus oft wie Mithras darstellte und mit demselben Namen bezeichnete; vor allem legte man den Tag von Jesu Geburt, das Weihnachtsfest, auf das Geburtsdatum des Mithras in die Zeit der Wintersonnenwende im Dezember (▶ S. 103).

›› Das Christentum – Abschied von einer alten Zeit

Das Christentum ging bekanntlich aus dem jüdischen Glauben hervor, dies geschah in der damals römischen Provinz Iūdaea ab der Zeit des Kaisers Augustus. Vor allem durch Missionstätigkeit und Missionsreisen zunächst der ›Apostel‹ breitete es sich von Judäa ausgehend aus (die ›Apostel‹ hatten den Religionsstifter Jesus persönlich gekannt).

▮ Hinter der Entstehung der neuen Religion stand eine ›Verheißung‹, d. h. Ankündigung innerhalb der heiligen Schriften des Judentums, dass ein ›Erlöser‹ kommen und die Welt retten werde. Als dieser Erlöser erschien den später Christen genannten Anhängern des neuen Glaubens Jesus, der Christus genannt wurde, ›Gesalbter‹, auf hebräisch ›Messias‹, auf griechisch ›Christós‹ und lateinisch Chrīstus.

▮ Unter Rettung verstanden zumindest viele der ersten Christen die Befreiung von Unterdrückung.

Daher fand der Glaube zunächst stark bei Angehörigen der Unterschichten Anhänger. Da aber – wie die Beispiele oben der Kybele, der Isis, des Mithras u.a. zeigen – überall viele Menschen auf der Suche nach neuem Sinn ihres Lebens anstelle der Anbetung der hergebrachten Götter waren, erreichte der Glaube auch bald viele – und immer mehr – Menschen aus anderen Schichten.

In Italien selbst finden sich keine frühen Spuren von Christen. Berichet wird, dass Kaiser Nero sie verfolgt habe (s. u.). Bis zum Ende des 2. Jhs n. Chr. hatte sich das Christentum über das gesamte Römische Reich ausgebreitet. Über die Anfangszeit wissen wir ausschließlich aus christlichen Schriften Bescheid, woanders wird davon nicht berichtet. Man muss dabei bedenken, dass die gebildeten schreibenden Römer erstens keinen Unterschied zwischen Juden und Christen machten und sich zweitens auch nicht dafür interessierten – es gab ja zahllose religiöse Strömungen im Römischen Reich.

Ab etwa 200 n. Chr. bestatteten die Christen (Platz war knapp) wie andere ihre Toten in unterirdischen Grabstätten, sog. Katakomben. Dort findet man Christen und Nichtchristen nebeneinander. Nachdem zuvor bildliche Darstellungen verboten waren, begann man jetzt, die Katakomben mit Malereien auszuschmücken: Römische Kunst mit christlichen Themen; dies leisteten sich die Reicheren, die das Christentum inzwischen auch erreicht hatte.

»Du sollst keinen anderen Gott haben neben mir« – dieses Gebot des Judentums galt auch für das Christentum, beide waren *monotheistische* Religionen, die nur *einen* Gott statt vieler kannten bzw. anerkannten. Das führte schnell zu Konflikten mit dem römischen Staat, insbesondere dem Kaiserkult: Wofür sich die Römer interessierten, war Treue zum Kaiser und zum Staat. Da die Christen den Kaiser nicht als göttlich verehren wollten, kam es häufig zu Verfolgungen, staatlich organisiert, bei denen viele Christen den Tod fanden. Sie wurden dann als ›Märtyrer‹ verehrt. Das griechische Wort *martyr* oder *martys* heißt ›Zeuge‹, d. h. die Märtyrer hatten durch ihren Tod bezeugt, dass sie zu ihrem Glauben standen. Von diesen Verfolgungen gibt es später viele Berichte von christlichen Autoren.

Verstärkt ab dem 3. Jahrhundert erlebten auch viele vorher hochgestellte Römer nach und nach einen Abstieg in Stellung und Ansehen. Das ließ auch sie, die vorher das Christentum als Unsinn abgelehnt hatten, sich der neuen Religion zuwenden. So nahmen immer mehr römische ›Führungskräfte‹ Abstand von den traditionellen römischen Vorstellungen und wuchsen in Führungsrollen der christlichen Kirche hinein. Jetzt war das Christentum nicht mehr vorwiegend eine Religion der Unterdrückten wie ganz zu Anfang, sondern von jedermann. Das bedeutete auch, dass der Gegensatz zum Staat immer mehr verschwand, und auch innerhalb der Christen gab es den scharfen Gegensatz von Reich und Arm.

Im Ergebnis hatte sich das Christentum zunächst als gleichberechtigte Religion durchgesetzt; mit der Förderung der christlichen Kirche durch Kaiser Konstantin begann die Zeit der Kaiser, die sich zum Christentum bekannten (Konstantin selbst ist wohl nie offiziell zum Christentum übergetreten, sondern taktierte zwischen den Religionen). Nun waren es ihrerseits christliche Vertreter des Staates, welche begannen, die alte Religion und andere Kulte zu verfolgen und zu verbieten (▶ S. 206). Im Zuge der chaotischen Verhältnisse ab dem 5. Jahrhundert übernahmen auch eindringende fremde Völker bzw. deren Führer, zunächst die Franken, das Christentum, sodass es sich bald vollends durchsetzte. Das byzantinische Reich war von Anfang an ein durch und durch christlicher Staat, der byzantinische Kaiser der auf Erden herrschende Sachwalter Gottes.

In Rom selbst, das ja seit 330 n. Chr. nicht mehr Hauptstadt des Reiches war (sondern Konstantinopel), wurde nach und nach der dortige Bischof zur führenden Persönlichkeit unter den kirchlichen Amtsträgern. Das gründet sich darauf, dass Petrus, einer der Apostel (▶ S. 231), nach christlicher Überlieferung der erste Bischof Roms war, wo er 67 n. Chr. den Märtyrertod erlitten habe. Seine Nachfolger bezogen daraus die Begründung für ihre besondere Ehrenstellung. Anfang des 4. Jahrhunderts wird ein Bischof von Rom erstmals als papa

Links: Christus in Gestalt des Sōl Invictus, des ›Unbesiegten Sonnengottes‹. Erst nach und nach schufen sich die Christen ihre eigenen Bilder und griffen dabei auf die vorhandenen Gestaltungsweisen zurück (3./4. Jh. n. Chr.)

(nach griechisch *pappas*: Vater) bezeichnet, um 600 wird dieser Titel von der Kirche amtlich für den Bischof von Rom festgelegt.

Mitte des 5. Jahrhunderts übernimmt ein Papst einen weiteren Titel, der zuvor dem Römischen Kaiser zukam: Pontifex Maximus. Insgesamt passt die Kirche ihre Organisation nahtlos der verfeinerten Verwaltungsgliederung des Reiches an, die ab Diokletian (Ende 3. Jahrhundert) geschaffen worden war. Längst saßen auch Christen in den führenden Ämtern, ihre Priester und Würdenträger wurden inzwischen sämtlich vom römischen Staat bezahlt – nicht wenig Geld für viele Leute, die direkt nichts zur Wirtschaft beitrugen (wobei die Höhergestellten weiter ihre eigenen Güter besaßen und ihr Einkommen daraus schöpften).

▮ Die Führungsrolle, die dem Papst in Rom über die Kirche insgesamt zuwächst bzw. die er beansprucht, beansprucht im Osten, in Konstantinopel, der dortige Patriarch. Aus dieser Konstellation: ›katholischer‹ Papst im Westen, ›orthodoxer‹ Patriarch im Osten, Wiederbegründung des Kaisertums mit Karl dem Großen (Krönung 800 in Rom durch den Papst) erwachsen in der Folgezeit zahlreiche, Jahrhunderte während Konflikte zwischen den Kirchen sowie zwischen römischem Papst und weltlichem Kaiser, die einen Großteil des Mittelalters bestimmen werden und zum Teil bis heute nicht überwunden sind.

▮ Die Konflikte rühren zum guten Teil auch daher, dass der römische Papst neben seiner Rolle als Oberhaupt der Kirche auch Herrscher des Kirchenstaates, des heutigen Vatikans, wurde. So wie in der römischen Kaiserzeit reiche Adlige ihren Besitz dem Kaiser vererbten, vererbten viele Reiche ab dem 4. Jahrhundert ihre Ländereien der Kirche. Im Ergebnis war der Bischof von Rom ab dem 6. Jahrhundert einer der größten Grundbesitzer Italiens. In diesem Besitz liegen die Anfänge des Kirchenstaates.

Nichtchristliche Religionsausübung lebte in Italien auf dem Lande noch länger fort, in den neuen Reichen des Nordens zum Teil noch viel länger. In Nordafrika schwächten blutige Gegensätze unter Christen die Religion, es wurde mit den Arabern islamisch. Was mit den ersten christlichen Gemeinden in Kleinasien begann und dann das Schicksal des Römischen Reiches mitbestimmte, die Entwicklung und Ausbreitung des Christentums, führte schließlich mit zum Eintritt in eine neue Welt, der des christlich geprägten Mittelalters. Obwohl die Römer nun ›abgelöst‹ waren, blieben sie und ihre Sprache dennoch in vielem lebendig: Ihre Sprache nicht zuletzt deswegen, weil sie zur internationalen Sprache des Christentums und ihrer Amtsinhaber wurde. Das im Zuge seiner Geschichte inter-national gewordene Römische Reich fand in Christentum und Kirche so einen inter-nationalen Nachfolger – mit einer neuen Geschichte. Dazu mehr: ▶ S. 246.

:: Mythen: Götter, Menschen und Geschichten

In Mythen (Einzahl: Mythos) begegnen uns Gestalten von Menschen (oft vollführen sie ungewöhnliche, teils großartige Heldentaten) und Göttern oder göttliche Personen, deren Welt meist irgendwo in der Vorzeit liegt. In jedem Fall stellt die Vorstellung sie außerhalb der nachweisbaren Geschichte; für Personen oder Ereignisse der Geschichte können mehr oder weniger genaue Jahreszahlen angegeben werden, nicht für mythische Erzählungen. Trotzdem gelten Mythen für diejenigen, welche diese Geschichten *ursprünglich* erzählten, als wirkliche Geschichte im Sinn von Historie, als Wahrheit: *als ob* die Dinge so passiert wären.

Mythen werden erzählt, immer wieder erzählt und so weitergegeben. Dabei werden sie oft verändert. Das liegt daran, dass der Mythos dazu dient, etwas zu erklären. Man will mit ihm also nicht mitteilen: *So und so ist es gewesen*, sondern: *Hört zu, das und das hat sich begeben, und das ist der Grund für das, was dabei herausgekommen ist.*

Durch die erzählten Handlungen und Ereignisse werden also **Erklärungen** oder **Deutungen** zu Ereignissen, Geschehnissen oder einem bestimmten Verhalten mitgeteilt und überliefert. Diese Erklärungen und Deutungen dienten ihrerseits als Orientierung und als Richtschnur der Gemeinschaft für ihr Verhalten in der Welt.

Bei vielen Völkern – eigentlich besitzen alle Völker Mythen – werden diese irgendwann aufgeschrieben. Von da an werden sie zu fest geformten Geschichten, die ein Einzelner gerade *so* und nicht anders gestaltet hat. Damit beginnen sie, aus ihrem *ursprünglichen* Umfeld, in dem eine *ganze* Gemeinschaft (ein Stamm, ein Dorf…) diese Geschichten *gemeinsam* ›verantwortete‹, herauszutreten: In ihnen war das *gemeinsame* Weltbild enthalten.

Innerhalb zusammengehöriger Gemeinschaften (wie Stamm oder Dorf) sieht man dann, dass diese oft teils gemeinsame, teils unterschiedliche Mythen haben: So besitzen z. B. Bauern oder Fischer, Handwerker oder adlige Krieger zumeist ihre eigenen mythischen Geschichten. Dabei können in diesen aber durchaus auch ähnliche oder gleiche Figuren auftreten, mit ähnlichen oder verschiedenen Namen. Auch die Ereignisse können ähnlich sein: In einem Fall spielt eine Geschichte in einem Gebirge, im andern – ähnlich – auf dem Wasser. Darin kommt ein gemeinsamer Ursprung der Geschichten zum Ausdruck, der in gemeinsamen Lebenserfahrungen liegt.

Sobald diese *mündlich* erzählten Geschichten aufgeschrieben werden, zeigt das, dass ein Wandel eingetreten ist, dass sich innerhalb der jeweiligen Gemeinschaft etwas verändert hat. Der Anfang ist gemacht, dass aus *mythischen* Geschichten *Unterhaltungsstoff* wird. Das bedeutet nicht zwangsläufig, dass der Inhalt der Geschichten sogleich nicht mehr geglaubt wird. Aber der Weg wird frei für *Kritik* an den Mythen: Ergebnis einer solchen Kritik am Mythos ist die griechische Philosophie (▶ S. 240).

Die Griechen und ihre Mythologie | Die Griechen schufen ein reiches Panorama von Menschen, Göttern und Heroen und erzählten deren Geschichten. Diese Geschichten erklärten die Entstehung der Welt aus einem Chaos oder beschrieben etwa, wie sich der junge Mann Narkissos, als er sein Spiegelbild im Bachwasser sah, sich in sich selbst verliebte. Hauptsächlich erzählte man Taten von Göttern, kriegerische Geschichten oder tragische Geschichten von Menschen, die mit dem Willen der Götter zusammenstoßen.

Als Erster fasste bei den Griechen der Dichter **Homer** (aus Kleinasien) Geschichten aus der Mythologie zusammen: Die *Ilias* erzählt zehn entscheidende Tage aus dem zehnjährigen Krieg um Troja, in den Menschen und Götter verstrickt waren; die *Odyssee* erzählt von den zehnjährigen Irrfahrten des Odysseus und seiner Heimkehr nach dem Trojanischen Krieg. In der Odyssee tritt der ›Sänger‹ Demodokos auf, der solche mythischen Geschichten zur Unterhaltung seiner Zuhörer vorträgt: Wir sehen vielleicht darin, wie sich der Erzähler der Odyssee selbst in seine Erzählung einbaut.

Nach Homer schrieb **Hesiod** in zwei Dichtwerken über die Entstehungsgeschichte der Welt und der Götter sowie über die Arbeit des Menschen und das Wirken der Götter. Nach Homer und Hesiod sind die Werke der griechischen Literatur voll von mythischen Themen und Erzählungen, die immer wieder neu gestaltet werden.

Von mythischen Erzählungen gibt es keine ›gültige Urfassung‹. Die mythischen Stoffe, ursprünglich mündlich weitererzählt, werden später von Dichtern und Schriftstellern immer sozusagen ›frei ausgeschlachtet‹ und an die Themen ihrer Werke angepasst (›Stoff‹ und ›Thema‹: ▶ S. 187). Weil das so ist, leben die mythischen Geschichten bis heute fort und werden in der bildenden Kunst (Malerei und Plastik) sowie der Literatur immer wieder an aktuelle Themen angepasst. Nur ein Beispiel: ›Antigone‹ von Sophokles (5. Jahrhundert v. Chr.) und ›Antigone‹ des Franzosen Anouilh (1944). In beiden Stücken geht es um den Bereich der Freiheit des Einzelnen gegenüber der staatlichen Herrschaft – dazwischen liegen fast 2500 Jahre.

›› Einige Gestalten und Szenen aus der griechischen Mythologie

Die Gestalten und Themen der griechischen Mythen sind so vielfältig, wie es die Menschen selbst und ihre Handlungen sind, im Guten wie im Bösen, in der Wirklichkeit und in der Fantasie. Wir wollen hier auf einige Erzählungen den Blick werfen.

PROMETHEUS

Prometheus ist Sohn zweier Titanen, das sind Kinder der Erde und des Himmels, und Vetter des Zeus. Zeus hatte die Titanen entmachtet und die Herrschaft übernommen; nun wollte er auch die Menschen vernichten, weil sie nicht vollkommen genug seien. Dazu beschließt er, die Menschen auszuhungern: Die besten Teile ihrer Nahrung will er als Opfer verlangen. Das will Prometheus nicht hinnehmen, denn er hatte die Menschen geschaffen (aus Ton geformt) und ist daher Freund der Menschen, außerdem erfindungsreich und listig. Alle Fertigkeiten, über die Menschen verfügen, hat er sie gelehrt. Prometheus

> [Erde] mischte der Sohn des Iapetus [≈ Prometheus] mit Flusswasser | und formte sie nach dem Bildnis der alles lenkenden Götter, | und während die übrigen Lebewesen vornüber geneigt zur Erde schauen, | gab er dem Menschen ein nach oben ragendes Gesicht und ließ ihn zum Himmel hinaufsehen | und zu den Gestirnen das aufgerichtete Antlitz erheben. | So verwandelte sich Erde, die soeben noch roh und ohne Form gewesen war, | und nahm [zuvor] unbekannte Gestalten von Menschen an.
>
> Ovid, *Metamorphosen* I 82–88; hs

lässt nun eine Versammlung der Götter und Menschen stattfinden, auf der die Sache geregelt werden soll. Er selbst ist Schiedsrichter. Um nun die Götter zu täuschen, lässt er aus dem Festbraten, einem Ochsen, zwei Haufen aufschichten: Einer, der größere, besteht aus den Knochen, den Fettstücken und den Eingeweiden; über ihn legt Prometheus die Haut des Tieres – herrlicher Bratenduft! Der andere, kleinere, besteht aus dem gebratenen Fleisch der Opfertiere. Zeus soll wählen und greift nach dem größeren Haufen. Seither essen die Menschen das Fleisch der Opfertiere.

Zeus, voller Zorn, will es nun den Menschen anders heimzahlen: Ihnen soll das Feuer vorenthalten werden. Dem widersetzt sich Prometheus, stiehlt das Feuer und bringt es den Menschen. Vom Olymp herab sieht Zeus überall Brandfeuer leuchten. Sein

Prometheus formt Menschen aus Ton; rechts prüft Minerva das Ergebnis. Von einem römischen Sarkophag

Beschluss: Prometheus muss bestraft werden. Er lässt ihn an einen einsamen Felsen im Gebirge ketten, wo ihm ein Adler (der Vogel des Zeus) beständig die Leber ausfrisst – die aber nachwächst. Am Ende, nach einem Sturz in die Unterwelt hinab, wird Prometheus von Herakles befreit und erlöst.

So wurde Prometheus zum Sinnbild der Auflehnung gegen ungerechtes Götterhandeln, überhaupt zum Sinnbild der Auflehnung gegen Mächtigere.

HERAKLES–HERCVLES

›Hercle‹ oder ›Mehercle‹, ›Beim Herkules!‹ riefen Römer (Männer) beim Schwören aus (die Frauen schworen bei Juno). Er ist das große Vorbild für Tatkraft, die keine Grenzen kennt: So sähe sich jeder Mann gern. Herakles bzw. Hercules ist die populärste Gestalt in der antiken Mythologie überhaupt. Seine Taten, wie sie erzählt werden, überschreiten alles Menschenmögliche – und spiegeln doch das, wozu Menschen an Leistungen fähig sind. Herakles ist Sohn des Zeus, den dieser mit seiner sterblichen Geliebten Alkmene hatte. Schon aus der Wiege heraus bringt er zwei Schlangen um, die Zeus' eifersüchtige Frau auf ihn gehetzt hatte, mit acht Jahren tötet er einen gewaltigen Löwen. Er schafft es sogar, den Unterweltsgott Hades und die Göttin Hera mit seinen Pfeilen zu verwunden. Er leitet Flüsse um und holt den dreiköpfigen Höllenhund Kerberos aus der Unterwelt. Viele Taten dieser Art vollbringt er, von denen zwölf im Auftrag eines königlichen Dienstherrn als die *Zwölf Taten (Arbeiten) des Herakles* immer wieder erzählt wurden. Herakles' Einstellung formuliert Ovid (▶ S. 195), als der Held mit dem Flussgott Acheloos kämpft: »Besser als meine Zunge weiß ich meine rechte Hand zu gebrauchen! Siege ich im Kampf, so behalte du nur immer mit Worten den Sieg!« – Reden ist Silber, zupacken ist Gold.

Die Römer erzählten, dass Herkules bei der Rückkehr von einer seiner *Arbeiten*, bei der er aus dem fernen Westen (Spanien) eine Rinderherde zu holen hatte, auch über Italien kam und in Rom Station machte. Dort stahl ihm der dreiköpfige, feuerspeiende Riese Cācus, Sohn des Vulcānus, die Kühe seiner Herde und versteckte sie in den Höhlen des Aventins (eines der Hügel Roms). Am Morgen begannen die Stiere zu brüllen, so entdeckte Herkules den Diebstahl. Ohne Mühe rollte Herkules die Felsen beiseite, welche die Höhle versperrten, widerstand den Feuerschlünden des Cacus und zog mit seiner Herde weiter. Neben vielen anderen Taten, die Herkules dann auf seinem Weg bis nach Süditalien vollbrachte, baute er in Kampanien auch eine Straße und gründete, neben vielen anderen Städten, auch Herculāneum, das seinen Namen trägt. Ein junger Stier (lat. vitulus) soll an der Stiefelspitze Italiens davongestoben und schwimmend die Meerenge nach Sizilien durchquert haben, daher der Name Itālia zunächst für die Gegend an Italiens Südwestspitze (Bruttium), später für ganz Italien (▶ S. 84).

DIE KENTAUREN

Die Kentauren – Wesen mit Kopf und Oberleib Mann, mit Hinterleib Pferd; manchmal sagt man auch noch nach lat. Centaurī ›Zentauren‹ – stellen ganz eigentümliche Figuren dar. Es handelt sich um aggressive, rüpelhafte Gestalten ohne jede Intelligenz, die mit Steinen und Ästen, Keule und Bogen jagen und Krawall machen; sie sind schnell betrunken und handeln dann völlig unkontrolliert. Sie fressen nur rohes Fleisch, leben in der Wildnis und vergehen sich an allem, was ihren Weg kreuzt. Bekannt ist ihr Versuch, im Vollrausch bei einer Hochzeit, alle anwesenden Frauen zu vergewaltigen und sogar die Braut zu rauben (wobei sie jedoch den Kürzeren zogen; ›Kampf der Lapithen und Kentauren‹). Diese Zwitterwesen finden sich auch im Gefolge des Weingottes Dionysos–Bacchus.

Vielleicht geht die Gestalt der Kentauren ursprünglich auf Berichte von mit Piken ausgerüstete Rinderhüter auf Pferden zurück, die Wanderer in einsamen Gegenden angriffen; so lässt sich jedenfalls ihr Name sprachlich erklären.

▶ Ovid schildert auch das Schicksal einer Kentaurenfrau »Hylonome, des reizendsten Zentaurenmädchens, das je in den tiefen Wäldern daheim war. [...] Sie weiß sich auch zu schmücken, wie es ihre Gestalt eben erlaubt: Glatt gekämmt ist ihr Haar, bald mit Rosmarin, bald mit Veilchen oder Rosen durchflochten, bald auch mit silberglänzenden Lilien bekränzt. Zweimal am Tag wäscht sie in den Quellen, die auf den Höhen des Pelion entspringen, ihr Antlitz, zweimal taucht sie den Leib in den Fluß. Nur kleidsame Felle von auserlesenen Tieren wirft sie sich über die Schultern und läßt sie zur Linken hinabhängen.«

Ovid, *Metamorphosen* XII, 405–415
Übs. *A. von Rode/G. Fink*

Hylonome kämpfte mit ihrem Kentaurengatten bei der oben erwähnten Hochzeit; der wurde tödlich getroffen, darauf tötete sie sich selbst. Hier ist gut deutlich, wie Ovid einen Mythos ›gegen den Strich‹ ausgestaltet, denn auch der ungesetzlich handelnden Kentaurenfrau gehört durchaus seine Sympathie.

Unter den Kentauren sind zwei jedoch ganz anderer Natur, einer davon ist Cheiron (lat. Chīrō, Gen. Chīrōnis). Diese beiden sind ausgesprochene Freunde der Menschen, liebenswürdig und vor allem weise. Cheiron ist Fachmann in Musik, Heilkunde und Wahrsagekunst. In der Mythologie ist er der Erzieher Apollons (Gott auch der Medizin), des Asklepios (Gott der Medizin), aber auch des Achilleus, des griechischen Helden aus dem ▶ Trojanischen Krieg.

Bei einem anderen Kampf gegen die wüsten Kentauren ist Herakles beteiligt; versehentlich verletzt er den ebenfalls anwesenden Cheiron tödlich mit einem giftigen Pfeil. Der Kentaur erleidet unsägliche, nicht endende Qualen, kann aber als unsterblicher Sohn des Titanen Kronos eben nicht aus dem Leben scheiden. Er bietet Prometheus, der sterblich ist, im Tausch gegen die Erlösung von seinen Qualen die Unsterblichkeit. So wird Prometheus unsterblich, und Cheiron findet die Ruhe des Todes.

Ein Kentaur rächt seine von Wildkatzen getötete Gefährtin. Mosaik aus der Villa des Kaisers Hadrian bei Tibur (Tivoli, bei Rom), vermutlich nach hellenistischem Vorbild. Um 120 n. Chr.

ARTEMIS-DIANA

Artemis ist die Tochter des Zeus und der Leto, mit der dieser fremd ging (weswegen Zeus' Frau, Hera, auch auf Artemis nicht gut zu sprechen war). Ihr Bruder ist Apollon, mit dem sie auch gegen Ungeheuer kämpfte. Hephaistos und die Kyklopen schmiedeten ihr Pfeile und Bogen, mit denen sie auf die Jagd ging: Sie lebte in einsamen Wäldern und Bergen. Ihrem besonderen Schutz unterstanden junge Frauen vor der Ehe, auf deren guten Ruf sie achtete und die sie vor der Zudringlichkeit von Männern schützte. Darum sind ihre Priesterinnen unverheiratete Frauen. Wenn eine junge Frau heiratete, opferte sie der Artemis ihr Spielzeug, ihre Puppen und Locken von ihrem Haar – jetzt gehörte sie nicht mehr zum Schutzbereich der Artemis. Mädchen, die sich moralisch unanständig verhalten, werden von ihr bestraft. Aber auch gegen hochmütige verheiratete Frauen wandte sich die Göttin: Als Niobe, ebenfalls eine Geliebte des Zeus, Artemis' Mutter Leto beleidigte, weil diese nur zwei, sie selbst aber vierzehn Kinder habe (sieben Mädchen und sieben Jungen), brachte sie alle Kinder mit ihrem Pfeil um.

Eine Geschichte von Artemis erzählt ausführlich ebenfalls Ovid (s.o.): Versehentlich beobachtete sie ein Jäger namens Aktaion, wie sie sich in einer Waldgrotte an einer Quelle, umgeben von den sie begleitenden Nymphen, nackt wusch. Die Nymphen entdeckten ihn, erhoben lautes Geschrei und umringten die Göttin, um sie vor den Blicken des Mannes zu schützen. »Wie gern hätte Artemis nun ihre Pfeile zur Hand gehabt!« So bedrohte sie ihn nur; der flüchtet und wundert sich, wie flink er ist. Zufällig bemerkt er beim Blick in ein Wasser... dass die Göttin ihn in einen Hirsch verwandelt hatte, der nun von seinen eigenen Jagdhunden verfolgt wird. Diese – Jagdhunde sind Tiere der Artemis – waren nun noch flinker als er, stellten ihn und ›zerreißen ihren Herrn in der trügerischen Erscheinung eines Hirsches‹. So rächte sich die Göttin an dem Frevler – obwohl der ohne Absicht gehandelt hatte.

In einer anderen Version dieser Geschichte heißt es, die Jagdhunde hätten über das Verschwinden ihres Herrn unendlich getrauert. Darauf habe der Kentaur Cheiron von Aktaion eine Statue von ihm geschaffen, die ihm so ähnlich war, dass die Hunde sich wieder beruhigten.

In Rom wurden ›verdiente Hunde‹ (ēmeritī canēs) am Festtag der Diana, den Iden des August, zu ihren Ehren speziell belohnt, wilde Tiere genossen Jagdschutz (Statius, *Silvae* III I, 55 ff.).

Lesetipps:

Vernant, Jean-Pierre: *Griechische Mythen, neu erzählt*

Sachse, Günter: *Die schönsten Sagen der Griechen*

Fühmann, Franz und Angela Hampel: *Prometheus. Die Titanenschlacht*

Lechner, Auguste: *Herkules*

■ **Mythen und Sagen bei den Römern |** Die Themen der griechischen Mythen wurden auch von den Römern interessiert und wissbegierig übernommen. Den Anfang hatten in Italien hier wieder die Etrusker gemacht, auf deren Gemälden man Gestalten aus der griechischen Mythologie findet (etwa Herakles) und in deren Pantheon (›Götterwelt‹) viele griechische Götter aufgenommen wurden.

■ Gleiches vollzog sich auch bei den Römern: Einerseits (und zunächst) fand die griechische Götterwelt Eingang in ihre eigene religiöse Welt (▶ S. 225), denn beider Völker Lebenswelt war ja recht ähnlich, und überdies hielten die Römer ihre griechischen Nachbarn ja in allen kulturellen Angelegenheiten für überlegen. Andererseits ›rezipierten‹ (übernahmen, ein Wort für ›kulturelle Aneignung‹) die Römer mit Beginn ihres dicherischen Schaffens (▶ 188) auch in ihrer Dichtung die mythische Welt der Griechen. Eines der großartigsten, bilderreichsten, spannendsten Panoramen dieser Art sind Ovids ›Metamorphōsēs‹ (›Verwandlungen‹, ▶ S. 195).

■ Die Römer selbst verfügen über keine mythische Welt wie die Griechen, über die sie sich Natur und Weltgeschehen oder menschliche Verhaltensweisen erklärten. Man kann nur sagen, dass es ihnen bis zu den Eroberungen genügte, ihren Acker zu bebauen und mit den dafür zuständigen Göttern zu verkehren (▶ S. 224). Alle Geschichten, die sich jedoch möglicherweise darum rankten, sind im Dunkeln verborgen und allenfalls in Spuren greifbar.

■ Parallel zur Überlieferung der alten römischen Gottheiten existieren in Italien aber auch Spuren von Erzählungen, die auf sehr frühe Kontakte mit dem Osten zurückgehen, bei denen Griechen, ihre Vorläufer aus Mykene und auch andere Völker, über das Meer kommend, in Italien anlandeten. Es gibt dazu auch frühe archäologische Funde, die solche Kontakte beweisen.

▌ Auf diesen beiden Überlieferungssträngen bauen Geschichten auf, die sich die Römer irgendwann (zur Zeit der Republik) als eine Art mythologische Geschichten als Gegenstück zu den griechischen Erzählungen formten. Das gilt etwa für die Geschichte der Gründung der Stadt Rom durch Romulus und Remus als auch für die Gestalt des Äneas als ›Stammvaters‹ der Römer.

Der ›Stammvater‹ war der Urahn der Familien einer gēns, also einer Sippe, und genoss besondere, geradezu göttliche Verehrung. Diese Gedanken finden sich bei allen Völkern, die in Stämmen organisiert sind. Bei den Römern blieb der Ahnenkult einer der wichtigsten Elemente ihrer Religion. Während sie noch keine Götterbilder herstellten, ließen sie schon lange Zeit Bildnisse (später waren es Totenmasken) von ihren Ahnen herstellen.

▌ Außer den genannten Themen Romulus und Remus sowie Äneas existieren in der römischen Überlieferung zahlreiche Erzählungen aus der eigenen Geschichte, in denen als hervorragend, beispielhaft angesehene Männer (auch einzelne Frauen) eine Rolle spielen. Diese Gestalten stehen für die römische Wertewelt der adligen, kriegerischen Welt ursprünglicher Bauern. Beispiele:

- Im Kampf gegen die Etrusker 507 v. Chr. schien Rettung nur möglich, indem die Brücke über den Tiber abgerissen wurde. Während das geschah, verteidigte Horatius Cocles heldenhaft allein die Brücke und wehrte die Angreifer ab. Zum Schluss sprang er in den Tiber und rettete sich auf die römische Seite – um mit Ehrungen und einem Landgeschenk überhäuft zu werden (andere Version: er ertrank).

Hinter dieser Erzählung steckt ein berühmt gewordenes Ereignis der griechischen Geschichte, die Verteidigung des Thermopylen-Passes durch 300 Spartaner unter Führung ihres Königs Leonidas gegen die Perser bei der alle ihre Leben opferten.

- Collatinus sprach beim Wein mit etruskischen Freunden lobend über seine Frau Lukretia: viel anständiger sei sie als die anderen. Man wollte den Beweis: Dazu beobachteten die Freunde heimlich abends ihre Frauen. Während die Etruskerinnen tanzten und tranken, saß die Römerin am Spinnrad und spann Wolle. Einer der Freunde fing Feuer, machte sich an Lukretia, als sie allein war, heran, und wollte sie verführen. Sie wies ihn ab; daraufhin drohte der Mann, er werde sie mit dem Schwert töten und sie neben einen ebenfalls getöteten Sklaven legen – als Beweis für gemeinsamen Sex. Da ließ sie es passieren. Zwar wurde sie von ihrer Familie freigesprochen (Familiengericht, ▶ S. 136), doch trotzdem brachte sie sich mit dem Schwert um – für die Römer Vorbild einer Frau.

Auf diese Weise kamen die Römer zu einem Gegenstück zur Penelope, der treuen, ebenfalls wollespinnenden Frau des Odysseus, die zwanzig Jahre auf ihn wartete und alle Ehebewerber zurückwies.

▌ **Äneas** galt als Sohn der Göttin Venus (und des Menschen Anchises), **Romulus** als der des Gottes Mars, als direkt miteinander verwandt gelten beide über Äneas' Sohn Ascānius (den die Römer in Iūlus, d. h. Iovulus, *kleiner Jupiter*, umbenannten). Von ihm als Stammvater leitete sich Cäsars Familie, die Iūliī, *Iulier*, her.

Äneas war über seine Heirat mit Kreusa, einer der Töchter des Königs von Troja, Priamos, auch mit diesem verwandt. Nach der Niederlage und Beendigung der Kämpfe um Troja stach er mit einer Gruppe Trojaner in See, um eine neue Heimat zu finden (darin, dass Gruppen aus Kleinasien nach Westen segelten, liegt zweifellos ein historischer Kern). Über verschiedene Stationen (eine darunter war die Stadt Karthago in Nordafrika) landete Äneas in Italien an der Tibermündung. Viele Dinge, auch kriegerische Auseinandersetzungen, geschahen dort, bis Äneas die Tochter des einheimischen Königs Latinus zur Frau bekam, Lavinia. Ihr zu Ehren gründete er die Stadt Lavinium, sein Volk nannte er Latiner.

Nach seinem Tod gründete sein Sohn **Ascanius** die Stadt Alba Longa, die zur Hauptstadt Latiums wurde. Nach mehreren Generationen von Königen wurde die Königstochter **Rhea Silvia** – ihr Vater war von seinem Bruder gestürzt, ihr eigener Bruder vom

Lesetipp:
Die Gründer Roms. Die Welt der römischen Antike, erzählt und illustriert von Ph. Castejon und V. Desplanche

Niederhäuser, Hans Rudolf: *Die schönsten Sagen der Römer*

Lechner, Auguste: *Aeneas*

Onkel umgebracht worden – Vestalin und damit zur Ehelosigkeit verpflichtet. Das konnte den Gott Mars nicht zügeln: Sie bekam von ihm die Zwillinge **Romulus und Remus**. Statt die unerlaubten Kinder umzubringen, setzte sie sie auf dem Tiber aus, wo sie strandeten und von einer Wölfin gefunden und genährt wurden. Sie wurden gefunden und von einem Hirtenehepaar aufgezogen.

Mit 18 Jahren erfuhren sie von dem Geheimnis ihrer Auffindung. Es gelingt ihnen, ihre wahre Herkunft zu enthüllen, stürzen den Onkel vom Thron und setzen den rechtmäßigen König wieder ein.

Die Brüder beschließen, mit einem Gefolge von Albanern und Latinern eine neue Stadt zu gründen. Sie wählen in der Nähe eines Tiberknicks (▶ S. 72 – der Kern für Roms Namen) den Hügel Palatin. Bei den üblichen Gründungsriten kommt es zum Streit unter den Brüdern, Romulus gewinnt, bringt Remus um, die Stadt bekommt nach ihm (Rōm-ulus, eine Koseform) den Namen **Rōma**.

Tatsächlich fanden sich auf dem Palatin Reste von Hütten aus dem 8. Jahrhundert v. Chr., welche das Vorhandensein einer Ortschaft an der Stelle damals belegen. Manche andere Einzelheiten aus späterer Überlieferung lassen sich dort und anderswo ebenfalls nachweisen. Die Ortsgründung auf dem Palatin als solche ist also eine historische Tatsache. Die Geschichten um die Gründung können in vielen Einzelheiten historisch *interpretiert* werden, d. h. hinter ihnen verbergen sich oft wirkliche Fakten in bildhaft gewordener, oft auch verzerrter Form.

Bei den römischen mythischen Geschichten der beschriebenen Art handelt es sich also nicht wie im Falle der alten griechischen Mythen um Erklärungen und Deutungen der Welt aus mehr oder weniger grauer Vorzeit. Die Römer haben sich diese Mythen nach und nach in dieser Form geschaffen, weil auch sie Bedarf an einer würdigen Vorgeschichte hatten.

- Etwas Ähnliches geschah zum Beispiel auch in Deutschland im 19. Jahrhundert, als man sich zur Begründung des deutschen Nationalbewusstseins mit germanischen Sagen befasste.

Besonders deutlich ist das bei Augustus fassbar, der seine eigene ›mythische‹ Geschichte planvoll konstruierte und überall auch in Kunstwerken ›in Szene‹ setzte. Auf diesem Boden entstand aber auch mit Vergils **Äneis** ein großes, beeindruckendes literarisches und sprachliches Kunstwerk, mit dem er – und das gelang ihm meisterhaft – dem griechischen Vorbild Homers etwas Ebenbürtiges zur Seite stellte.

Als Augustus das Kaisertum begründete, verfügte er mit Venus, Äneas, Iulus, Romulus als ›Verwandten‹ (er selbst war ja von Cäsar adoptiert) über ein hervorragendes Ideengebäude nach den Denkweisen seiner Zeit, mit dem er für sich und seine Zwecke bestens Propaganda machen konnte.

:: Die Philosophie der Römer

Philosophie, das sind die Gedanken, die sich eine Zeit über sich macht. Ein schwieriger Satz? Ja und nein. Auf jeden Fall aber selbst eine Art ›philosophischer‹ Satz. Denn wie kann sich ›eine Zeit‹ Gedanken machen? Gemeint ist: In jeder Zeit machen sich *Menschen* Gedanken über *ihre* Zeit, um herauszubekommen, was für die Menschen, ihr Handeln und ihr Denken, wichtig und richtig ist. Dazu blicken sie auch in ferner zurückliegende Zeiten hinein – doch immer sind ihre Vorstellungen und Ideen dabei zwangsläufig von ihrer *eigenen* Zeit geprägt.

Was man dabei herausbekommt oder erblickt, kann man einfach oder kompliziert beschreiben. Bei den Römern war das Philosophieren eher weniger kompliziert: Sie waren Menschen, die eigentlich immer das Praktische, Machbare, Vernünftige im Sinn hatten. Für Spekulation hatten sie nicht viel übrig. Aber trotzdem: *Gedanken bleiben Gedanken – und sind nicht die Wirklichkeit selbst.* Nicht zuletzt deswegen werden sich ja auch Philosophen untereinander oft nicht einig. Daher: Über die Philosophie erfährt man etwas von den Gedanken, die sich ›eine Zeit‹ über sich selbst macht.

Links: Äneas rettet seinen Vater Anchises und seinen kleinen Sohn Ascanius aus dem brennenden Troja – Vorbild römischer pietās (▶ S. 245). Anchises hält auf dem Schoß ein Behältnis mit den Penaten, den Hausgöttern. Tonstatuette aus Pompeji, iulisch-claudische Zeit.

Den Anspruch von Philosophie (griechisch: ›Liebe zur Weisheit‹) erfüllt man aber nicht, wenn man sich irgendwie Gedanken über die Welt macht – das tut wohl jeder. Zur Philosophie gehört, dass man diese Gedanken in ein Vorstellungs-*System* einordnet, seine Gedanken *systematisch* aufeinander bezieht und ordnet. In diesem Sinne haben sich auch nur recht wenige Römer mit ›Philosophie‹ befasst.

Welt-Verstehenshilfe für die Römer: Die griechische Philosophie | Da schon das Wort *Philosophie* griechisch ist, ist klar, dass auch die Sache selbst von den Griechen herkommt (lat. philŏsŏphia). Ihr Ursprung liegt, wie oben (▶ 210) schon gesagt wurde, in Kleinasien. Im nahen Kontakt zu den Kenntnissen und dem Wissen des Orients, etwa der dort begründeten Astronomie (Sternkunde, mehr im Sinne von Astrologie, also Sterndeutung, praktiziert) und Mathematik, begannen die Griechen, neue Fragen zu stellen. Bis dahin waren Fragen wie die nach der Entstehung der Welt und der Existenz von Göttern durch mythische Geschichten beantwortet worden. Dies befriedigte die Griechen in einer Zeit nicht mehr, in der sich alles änderte.

Ausdruck dieser Veränderungen ist z. B. die Besiedlung (Kolonisation) des Westens (Süditalien, Sizilien) oder des Schwarzen Meeres durch die Griechen (überallhin brachen sie mit ihren Schiffen auf) und die dortige Gründung von Städten, aber auch die Überwindung der Adelsherrschaft und die Begründung der Demokratie in den griechischen Städten: neue Horizonte, neue Fragen, neues Denken.

▮ Den Beginn machten die Philosophen Ioniens (im westlichen Kleinasien), welche die Natur nunmehr nur mit dem Verstand ergründen und ›das Denken auf die Erde holen‹ wollten (Thales, Heraklit u. a.). Die Erklärungen der Mythen genügten ihnen nicht mehr. Die gleichen Fragen mit anderen Antworten stellten griechische Philosophen in Süditalien. Hieraus erwuchsen Strömungen, fußend auf Denkern wie **Demokrit** (der die Welt aus zusammengesetzten *Atomen* erklärte; *átomon* heißt ›unteilbar‹), welche die neuen Gedanken unter die Leute bringen, ihnen vermitteln wollten (die *Sophisten*).

▮ Was die Sophisten lehrten, war anderen intellektuellen Köpfen aus deren Sicht nicht ernsthaft genug, nicht richtig philosophisch. Der wichtigste von ihnen, **Platon**, schickte die Philosophie wieder an den Himmel zurück: Nur dort existierten in Gestalt der Fixsterne, so lehrte er, die wahren ›Ideen‹, die man ergründen müsse. Das könnten aber nur die Philosophen. Ähnlich dachte laut Platon auch sein Lehrer **Sokrates**. Obwohl beide auch viele praktische Fragen des Lebens durchdachten, blieb ihre Philosophie rein abstrakt. Platon trat überdies für eine strenge Trennung in Sklaven – Bürger – ›Wächter‹ – Philosophen ein. Sokrates ging es v. a. darum, dem Menschen zu helfen, ›gut‹ zu werden. Beide bestimmten von nun an das philosophische Denken..

▮ Platons Schüler **Aristoteles** versuchte, Platons Ideen erneut ›auf die Erde‹ zurückzuholen, indem er praktisch alle erfassbaren auf der Welt existierenden Dinge in sich und aus sich erklären und in einen Zusammenhang bringen wollte, von der Biologie bis zur Dichtkunst, von der Politik bis zur Redelehre. All das stellte er – hier kommt wieder Platon zum Zuge – in einen Zusammenhang, von dem aus er alles *logisch*, also vom Denken her, begründen wollte. Seine ›Logik‹ ist das, was die Denker des Mittelalters am meisten faszinierte, mit ihr wollten sie dann die Ideen des Christentums verbinden (▶ S. 250).

▮ Die folgenden philosophischen Richtungen und ihre Vertreter in der Zeit des ▶ Hellenismus bewegten sich im Grunde alle auf der Grundlage, die ihnen von Demokrit, Sokrates, Platon und Aristoteles vorgegeben war. Sie versuchten, jeweils ihre eigene Zeit von dieser Grundlage her zu verstehen. Hier kommen Philosophen wie **Epikur** und **Zenon** von Kition (auf Zypern) zum Zuge. Ihre Lehren, genannt **Epikureismus** bzw. **Stoizismus**, wurden die maßgeblichen Denk-Bezugspunkte für die meisten Römer, auch und gerade im *praktischen* Leben – wenn sie nicht ihren eigenen auf den Zweck gerichteten Vorstellungen folgten. Dazu kam Pyrrhon von Elis mit dem **Skeptizismus** (das bedeutet: man soll grundsätzlich skeptisch sein, grundsätzlich an *allem* zweifeln und *alle* Auffassungen genau prüfen).

Der Vermittler Cicero | Zur Aneignung der griechischen Welt und Denkwelt gehörte bei den Römern von Beginn an auch die Philosophie. Sie studierten sie intensiv und setzten sich mit ihr auseinander: Sie hatten ja vieles nachzuholen.

▮ Auch in diesem Bereich war es Cicero, der für die Römer maßgebliche Arbeit leistete. In seinen philosophischen Schriften ging es ihm darum, sich das philosophische Denken der Griechen anzueignen

Auf römischen Porträts trägt ein Philosoph einen Bart (hier ausnahmsweise sehr kurz), hat zerfurchte Haare und einen ›vergeistigten‹ Blick. Dieses Bildnis galt einmal als Darstellung Senecas.

und für seine Gesprächspartner und Leser verständlich zu machen – natürlich aus seiner zeitgeprägten Sicht. Dabei interessierten ihn Platon, der Stoizismus und der Skeptizismus. Seine Hauptthemen sind:

- ›Acadēmica‹ (›Akademische Fragen‹): Erkenntnistheorie; ›Dē fīnibus bonōrum et malōrum‹ (›Maßstäbe des Guten und Bösen‹): Ethik (verantwortungsvolle Lebensführung); ›Tusculānae disputātiōnēs‹ (›Gespräche in Tuskulum‹): allgemein philosophische Diskussion; ›Dē officiīs‹ (›Vom pflichtgemäßen Handeln‹); ›Catō māior dē senectūte‹: ›Über das Alter‹; ›Laelius dē amīcitia‹: ›Über die Freundschaft‹; ›Dē nātūrā deōrum‹ (›Über das Wesen der Götter‹): Religion aus philosophischer Sicht; ›Dē dīvinātiōne‹: ›Über Wahrsagung‹; ›Dē fātō‹: ›Über das Schicksal‹.

Weltvorstellungen ohne Götter | Die Philosophie stand von Anfang an in einem *Spannungsverhältnis* zur Religion. Viele Philosophen kamen ohne Götter aus, andere sahen ›göttliche‹ Kräfte in der Welt, ohne sie mit einem Gott oder Göttern zu verbinden. Andere versuchten, Philosophie und Religion miteinander verträglich zu machen.

Wie aus der Darstellung zum römischen Staatskult (▶ S. 229) hervorgeht, ist die Einstellung jedenfalls der führenden, gebildeten Schicht der Römer zur Frage der Götter und Religion eher eine politische Frage. Die Geschichten vom Wirken z. B. der Olympischen Götter sind Stoffe für die Literatur. Gebildete führten Gespräche über die Existenz der Götter, aber – das geht aus den Schriften hervor – sie kamen bestens ohne einen Glauben an sie aus. Das veranschaulicht gut eine Äußerung Ciceros:

> Wie immer man über die Auspizien [Vogelschau] denken mag, so müssen wir doch an ihnen festhalten, um das Volk nicht in seinem Glauben zu verletzen, außerdem wegen der Dienste, die sie dem Staat leisten können.

Stoa und Epikureismus | Der Stoizismus hat seine Bezeichnung von den griechischen *Stoïkern*, Philosophen, die ihren Namen danach bekamen, dass sein Begründer Zenon öffentlich in Wandelhallen (griech.: *stoá*) philosophierte. Im Kern der stoischen Lehre steht die Auffassung, dass die gesamte Welt göttlichen Charakter habe und alles in einem göttlich bestimmten Zusammenhang stehe. Das gilt auch für den Menschen, der sich einsichtig in diesen Zusammenhang einfügen und alles geduldig ertragen solle – in dieser Einsicht bestehe Weisheit. Besonders komme es darauf an, unter den Menschen das Prinzip der Humanität zu verwirklichen – eine Forderung, die sich auch an die Kaiser als Herrscher und an Höherstehende in ihrem Verhalten gegenüber den Untenstehenden richtet.

Diese Auffassungen verbreitete zur Zeit Kaiser Neros besonders **Seneca**, ein reicher spanischer Römer, der auch mit großem Einfluss am Kaiserhof wirkte. Seine Werke wurden die meistgelesenen Schriften eines Stoikers. Seneca beging ›in stoischer Gelassenheit‹ Selbstmord, als Nero ihn wegen einer Verschwörung dazu aufforderte, obwohl er gar nicht daran beteiligt war.

Ein weiterer wichtiger Name ist der des etwas später lebenden **Epiktet**. Auch ihm, obwohl freigelassener Sklave, kam es – genauso wenig wie Seneca – nicht in den Sinn, sich gegen die Einrichtung der Sklaverei zu wenden. Insofern passt gut auf ihn einer seiner Leitsätze: ›Sustine et abstinē‹ – *›Ertrage und entsage!‹*.

Als Kaiser war **Mark Aurel** von den humanen Gedanken der Stoiker beeindruckt und verfasste selbst eine Schrift über das moralisch richtige Handeln eines Kaisers.

> Alexander der Große und sein Maultiertreiber sind [nach ihrem Tode] beide an denselben Ort gelangt. Denn entweder wurden sie in dieselben Lebenskeime der Welt aufgenommen oder der eine wie der andere lösten sich in ihre Atome auf.
>
> Mark Aurel, *Selbstbetrachtungen*, VI, 24).

Die stoische Lehre war unter römischen Gebildeten stark verbreitet. Mit ihren Auffassungen von einem human bestimmten Leben bereitete sie die Ausbreitung des Christentums unter den Römern mit vor, da die Vorstellungen von einer richtigen Lebensführung starke Berührungspunkte zueinander aufwiesen.

Demgegenüber ist **Lukrez** mit seinem Lehrgedicht Dē rērum nātūrā (›Über die Natur der Dinge‹, ▶ S. 189) ein überzeugter Vertreter der Lehren des Griechen Epikur, des **Epikureismus**. Die Tatsache, dass er auf die blutigen Tragödien der republikanischen Bürgerkriege persönlich erlebt hat und diese Zeit begreifen will, verleiht seinen Darstellungen besondere Lebendigkeit und Schärfe.

Anders als die Stoiker lehrte **Epikur**, dass alle, auch scheinbar wundersame, Vorgänge in der Welt aus natürlichen Gründen, d.h. aus der sich selbst bewegenden Materie heraus, zu erklären sei. Daher gab es in diesem Modell keinen Platz für Götter. Aber nicht das war das Hauptproblem für seine Gegner, sondern seine Auffassung, dass der Mensch nach Freude am Leben strebe und alles, was Schmerz und Trauer bereite, zu umgehen trachte. Der Tod bereite aber keinen Schmerz:

»Solange wir da sind, ist der Tod nicht da, wenn aber der Tod da ist, dann sind wir nicht da.«

So unterstellten ihm seine Gegner, er trete für hemmungslose Lustausübung ein – das Gegenteil ist aber der Fall: Epikur war der Meinung, allein schon die Erfüllung der Grundbedürfnisse, etwa Essen, Trinken und Kleidung, bedeute Freude:

»Schicke mir ein Stück Käse, damit ich einmal gut essen kann.«

Diese Vorstellungen harmonierten gut mit den Auffassungen derjenigen Römer, die eine schlichte Lebensart propagierten, weswegen der Epikureismus als Gegenpol oder auch Ergänzung zum Stoizismus Anhänger fand. **Cicero** versuchte, aus beiden Denkrichtungen zusammen mit Platons Philosophie ein großes Ganzes zu schmieden. Mit seinem Gedichtmotto »Carpe diem – *genieße den Tag*« griff ▶ **Horaz** die Vorstellungen des Epikureismus in populärer Formulierung auf. Sein ›Glück‹ besteht im ungestörten Leben auf seinem Landgut. Erst die christlichen Kirchenlehrer lehnten Epikur wegen seiner Gott-Losigkeit ab und gehörten zu denen, die ihm – fälschlicherweise – ein ausschweifendes, unmoralisches Lebensideal vorhielten.

Insgesamt reichte es den meisten Römern, dass all diese Überlegungen im abgeschiedenen Raum der Philosophie stattfanden. Auf das Leben hatten sie kaum direkten Einfluss. Kein Wunder: Durch die abgesicherte Herrschaft der Kaiser, die festen Grenzen unter den sozialen Gruppen sowie die eigenen Interessen derer, die sich mit Philosophie befassten, schien die Wirklichkeit absolut fest gefügt.

:: Weltbild und Wissenschaft

Eine dritte Säule, über die man seine Welt begreifen lernt, ist die Anwendung von Erkenntnissen auf praktische Dinge und die Bestätigung der Erkenntnisse, wenn die Dinge funktionieren – anders ausgedrückt: das Experiment. Systematisches Experimen-

In der griechischen Mythologie trug der Titan Atlas das Himmelsgewölbe. Auf dieser Skulptur (ursprünglich in der Bibliothek Trajans in Rom aufgestellt) schleppt er einen Himmelsglobus mit Darstellung der Sternzeichen. Diese geht auf den griechischen Astronomen Hipparchos (2. Jh. v.Chr.) zurück, der den Himmel wissenschaftlich erforschte.

tieren gibt es aber erst seit einigen hundert Jahren, vorher, speziell in der Antike, stand dafür die Beobachtung, die Betrachtung der Dinge, woraus man Schlussfolgerungen zog und Berechnungen anstellte. ›Beobachten‹ heißt lateinisch mit einem Wort ›speculārī‹, davon deutsch *spekulieren* und *Spekulation*. Eine besondere Form des speculārī ist das In-Augenschein-Nehmen durch Reisen.

Die ›spekulative‹ Wissenschaft der Griechen | Es wird niemand mehr wundern, dass auch die wissenschaftlichen Vorstellungen der Römer von den Vorarbeiten der Griechen abhängig sind. Die Römer haben sie auch in keinem Punkt weiterentwickelt. Dafür war einerseits nicht die Notwendigkeit gegeben (man stieß auf keine richtig neuen Bedürfnisse), andererseits fehlte den Römern die spezielle ›spekulative Neugier‹ der Griechen; ihre *eigene* Neugier war eher auf rein Praktisches gerichtet. Die Griechen suchten Erkenntnisse auf dem Wege der ›Spekulation‹, der Beobachtung der Natur und des Zusammentragens daraus gewonnenen Wissens (woraus man weitere Schlussfolgerungen zog: ▶ S. 240 Aristoteles) sowie durch Forschungsreisen.

Forschungsreisen als Prinzip in fast alle Richtungen, um alles Wissbare vor Ort nachzuprüfen, unternahm als einer der Ersten im 5. Jahrhundert v. Chr. **Herodot** (aus Kleinasien). **Euklid** entwickelte die Geometrie weiter; **Archimedes** als eine Art Universalgenie (aus Syrakus auf Sizilien) war Mathematiker, Physiker und Ingenieur, machte viele Erfindungen und gelangte zu vielen Erkenntnissen (Hebelgesetze, spezifisches Gewicht usw.) Bei ihm findet man auch Ansätze von Experimenten.

Eratosthenes (wirkte in Alexandria) errechnete als erster den Erdumfang mit einer erstaunlichen Genauigkeit. Dabei nahm er die Maße des Schattenwurfs der Sonne an zwei verschiedenen Orten (Alexandria und Syene/Assuan in Nord- bzw. Südägypten) zur Grundlage seiner Berechnung. Dazu musste er davon ausgehen, dass die Erde eine Kugel war, während man sonst in der Antike stets an eine vom Ozean umflossene Scheibe dachte. Ein Ausgangspunkt seiner Erkenntnis war z. B., dass die Masten von Schiffen bei ihrer Entfernung von Häfen immer kürzer erschienen.

> Die Menschen der Antike waren nicht dümmer als wir, wenn sie z. B. die Erde für eine Scheibe hielten. Immer, wenn sie ihre zunächst vertrauten Grenzen überschritten, passte sich ihr Wissen an und weitete sich aus. Trotzdem bleibt erstaunlich, welche Leistungen die Griechen durch reine Überlegungen erzielten. Ein Beispiel ist der Gedanke des Atoms, den Demokrit (▶ S. 240) entwickelte: Ganz real ist *unsere* Zeit vom Atom bestimmt (von dem wir viel mehr bzw. anderes wissen als Demokrit oder Lukrez).

Wissenschaftlich zu nennende Erkenntnisse gab es in der Medizin schon bei den Ägyptern, dann bei den Griechen. Die römischen Ärzte lernten ihr Wissen wieder von diesen (▶ Celsus).

Wissenschaft und Technik | Ihre hauptsächliche technische Anwendung fand Wissenschaft in der Kriegstechnik (▶ S. 160). Aber davon fiel nichts für das normale Leben im Frieden ab.

Auch die Wirkung von Dampfkraft und Wasserkraft entdeckten die Griechen. Dampfkraft (s. u.) wurde aber nur zum Betrieb eines Spielgeräts benutzt, nicht weiterentwickelt. Mit Wasser angetriebene Räder zum Antrieb von Mahlmühlen für Getreide benutzten die Römer hier und da, doch wurde das Prinzip weder weiterentwickelt noch umfassend angewendet. Eine große Mühlenanlage wurde in Gallien (Südfrankreich: Barbegal, 4. Jahrhundert) entdeckt: Diese konnte *täglich* 27 Tonnen Mehl (das wären heute über 1000 Säcke), ausreichend für 12 500 Menschen, produzieren.

Eine frühe Form des **Programmierens** entwickelte **Heron von Alexandria** (wohl 1. Jahrhundert n. Chr.); damit ließen sich die ersten programmierten Automaten betrieben. Dabei handelte es sich z. B. um einen dreirädrigen Theaterwagen, der sich mittels eines ausgetüftelt berechneten Zusammenwirkens von Seilen verschiedener Länge, die aufgerollt oder gespannt waren, von selbst nach dafür programmiertem Plan bewegte. Bedeutendes leistete Heron auch auf dem Gebiet der Optik (Wissenschaft vom Licht) und der Mathematik; vor allem aber baute er das erste Modell einer funktionierenden Wärmekraftmaschine (Dampfmaschine). Erst ab dem 18. Jahrhundert wurde dieses Prinzip nach Neuentdeckung nutzbar gemacht und war der Auslöser für die Entwicklung der modernen Maschinenindustrie.

Einen Eindruck vom theoretischen und praktischen Wissen der Römer im Bereich der ›Maschinentechnik‹ bietet das Werk des römischen Ingenieurs (Kriegsmaschinen unter Cäsar) und Fachschriftstellers Vitruv. Er erfand z. B. auch solche Dinge wie einen ›Taxameter‹ für Kutschen.

Der ›Mechanismus von Antikythera‹ | Wie abhängig unser Wissen von Zufällen ist, zeigt der Zahnradmechanismus aus Bronze (1. Jahrhundert v. Chr.), der schon 1900 im Meer bei der Insel Antikythera (vor Kreta) in einem Wrack gefunden wurde und erst in den letzten Jahren genau untersucht werden konnte. Dieser älteste ›Computer‹ der Welt ist ein feinmechanisches Gerät (33×17×10 cm), mit dem sich offenbar höchst präzise Berechnungen der Bewegungen von Himmelskörpern vornehmen ließen. In minimal kleiner Schrift ist auf die Teile eine Bedienungsanleitung aufgetragen, die zurzeit noch entschlüsselt wird (▶*Abbildung rechts, Nachbau*).

Der Mechanismus von Antikythera zeigt, dass man in der Beurteilung des antiken Wissens vorsichtig sein muss. Allgemein gilt aber, dass technischer Fortschritt so gut wie nicht existierte. Warum? Einmal gab es genug Sklaven oder Arme zum Arbeiten, zum zweiten gab es zu wenig Menschen mit mittlerem Vermögen, die sich massenhaft produzierte Artikel hätten kaufen können. Und die wenigen Luxusartikel für die wenigen wirklich Wohlhabenden konnten wenige Handwerker herstellen.

:: Wie die Römer sich sahen oder selbst sein wollten

» Vita Romana – Zwei Stimmen aus dem alten Rom

- Balnea, vīna, venus corrumpunt corpora nostra. Sed vītam faciunt b(alnea) v(īna) v(enus).
  Bäder, Wein und Liebe verderben unseren Körper. Doch was lässt uns leben? Bäder, Wein und Liebe!
  Grabinschrift aus Rom, 1. Jh. n. Chr.)
- Rōmam cūncta undique atrōcia aut pudenda cōnfluunt celebranturque.
  In Rom strömen von überall her alle Schrecklichkeiten und Laster zusammen und werden gefeiert.
  Tacitus, *Annales*, 1. Jh. n. Chr.

» Römische Werte und Ideale – Beispiele

Jede Gesellschaft hat viele Leitwörter, die bei ihr in Ansehen stehen, die man als Richtschnur des Handelns versteht und in denen man sein Verständnis von sich selbst ausdrückt. Allerdings sind Leitwörter auch Leid-Wörter: Manche mögen nicht, was damit ausgedrückt wird oder bezeichnen sie als unehrlich, andere ziehen andere Leitgedanken vor. Um ›Leitwörter‹ kann man trefflich streiten.

Das war bei den Römern im Prinzip weniger der Fall: Ihre Schriften sind voll solcher Begriffe, und zumeist bedeuten sie zumindest Ähnliches. Kein Wunder: Diejenigen, welche sie benutzen, sind in der Regel Römer gleichen Standes mit grundsätzlich ähnlichen Zielen. Um so wichtiger ist es, wenn man römische Schriften liest, genau zu prüfen, was mit solchen Begriffen ganz konkret gemeint ist.

Hier werden nur ein paar wichtige Begriffe von vielen beschrieben, die eine große Rolle spielen:

- **gravitās** ›Gewicht‹: Das Wort bezeichnet das würdevolle Benehmen, eine gewisse Reserviertheit und Selbstkontrolle; auch die Haltung des Erfahrenen (Älteren), der das Leben kennt sowie eine würdevolle, tadellose Lebensführung. Das sind alles Eigenschaften, die römische Patrizier eigentlich nur sich selbst zugestehen, insofern gelten sie auch als Ideal.
- **humānitās** ›Menschlichkeit‹: Zunächst meint dieses Wort im Wesentlichen den Status des gebildeten Menschen, der sich vornehm aufführt. Bei Cicero bekommt das Wort den Schwerpunkt der Haltung des gebildeten Angehörigen der Aristokratie, der Geschmack und Stil hat und sich durch Weltoffenheit, Feingefühl, feines Verhalten, literarische Bildung auszeichnet. Humānitās zeigt sich vorwiegend durch die Betonung der *privaten* Interessen und die Haltung innerer Unabhängigkeit von öffentlichen Verpflichtungen. Zu ihr gehören Gewandtheit und Flexibilität im Umgang mit anderen.

In der Kaiserzeit wandelt sich die Bedeutung des Wortes (▶ S. 241: Stoizismus): Es meint jetzt ein menschliches, d. h. nicht grobes Verhalten des

Höherstehenden, besonders der Vertreter des Staates, gegenüber einfachen Bürgern.

- **mōrēs māiōrum** ›Sitten der Vorfahren‹: Ein Begriff, der ganz allgemein das umfasst, was im Verständnis des aristokratischen Bürgers das traditionelle ›wahre‹ Wesen des Römers ausmacht: Einfachheit, Sparsamkeit, Besinnung auf das eigene Römische. Anders gewendet: Es ist der positive Ausdruck für konservative, auch reaktionäre Einstellungen gegenüber allen neuen Einflüssen, die das ›Römische‹ gefährden könnten. Dabei wird dem Fremden durchaus seine Berechtigung im eigenen Umfeld gelassen. In der Kaiserzeit meint der Begriff auch die ›gute alte Zeit‹ der Republik, als der Adel noch eine von Kaisern nicht beeinträchtigte Stellung hatte. Für Vertreter der mōrēs māiōrum ist der Begriff novum, rēs novae, ›Neues‹, gleichbedeutend mit umstürzlerischen Gedanken.
- **officium** ›Pflicht, Amtsgeschäft‹: Beim officium kommt es sehr darauf an, von wem und wem gegenüber ›Pflicht‹ verlangt wird. Ursprünglich meint das Wort nur ganz konkret die Arbeitsleistung des Handwerkers. Daraus wird dann die sachgerechte Erfüllung von Amtsaufgaben (z. B. des Konsuls) oder ein korrektes Verhalten, das sich aus einer sozialen Stellung ergibt. So ist das officium einer Frau gegenüber ihrem Mann die ehrerbietige Unterwürfigkeit, das von Besiegten die Unterwürfigkeit unter den Sieger. Bei Cicero gewinnt das Wort philosophischen Gehalt und bezeichnet das *ethisch* pflichtgemäße Handeln in Erfüllung vorgegebener moralischer Maßstäbe. Die Maßstäbe sind freilich für einfache Leute anders als für Hochstehende.
- **pietās**: ▶ S. 136, 224. Auf politischer Ebene wird pietās auch gegenüber dem Vaterland eingefordert, d. h. man soll tun, was das Vaterland verlangt (was immer alles Mögliche sein kann); hierbei wird ein Wort der Religion rein politisch verstanden.
- **virtūs**: Dieses oft so gut wie unübersetzbare Wort ist eine Ableitung von vir ›Mann‹ und bedeutet damit eigentlich zunächst ›alle guten Eigenschaften, die in einem Manne stecken‹ (schlechte also ausgeschlossen). Allgemeiner kann man damit aber die ›gute Qualität‹ von Lebewesen oder Dingen ausdrücken, also etwa *Tüchtigkeit* oder *Brauchbarkeit.* Bei Soldaten ist das *Tapferkeit*, bei Schwierigkeiten *Standhaftigkeit.* Damit wird das Wort zu einem allgemeinen Begriff für *Charakterfestigkeit, moralische Festigkeit.* Die zeigt sich dann etwa auch in der *Unbestechlichkeit* bei der Erfüllung eines officium. Die höchste virtūs des römischen Volkes zeigt sich in seinen Eroberungen und ist Ausdruck der virtūs ihrer politischen Führer.

Da mit all diesen Begriffen stets alles Mögliche bezeichnet werden kann, bleibt virtūs meist ein sehr ›schwammiges‹ Wort, hinter dem sich all das verbirgt, was der jeweilige römische Benutzer unter *echtem Römertum* versteht; es kommt in der Bedeutung also nahe an die mōrēs māiōrum heran.

Die Antike und der Weg hin nach Europa

Das Schaubild rechts verdeutlicht den durch die Völkerwanderungszeit (5. Jh. n. Chr.) verursachten kulturellen Bruch und Stillstand im Westen und die Kontinuität der Antike im Byzantinischen Reich und der arabischen Welt. **Im letzten Kapitel (ab S. 246):** Im Mittelpunkt von Wissensstreben und Bildung stehen in den verschiedenen Phasen der ›Wieder-Aneignung‹ der Antike die ›Septem artēs liberālēs‹ nach antikem Vorbild (▶ S. 252). Das Bildmotiv des Kapitels (S. 246) stammt aus der ersten von einer Frau, Herrad von Landsberg, um 1190 auf Latein verfassten Enzyklopädie, Titel: ›Hortus dēliciārum‹, *›Garten der Köstlichkeiten‹*; in dem Ausschnitt sieht man links die Astronomia, oben die Grammatica, unten rechts die Philosophia.

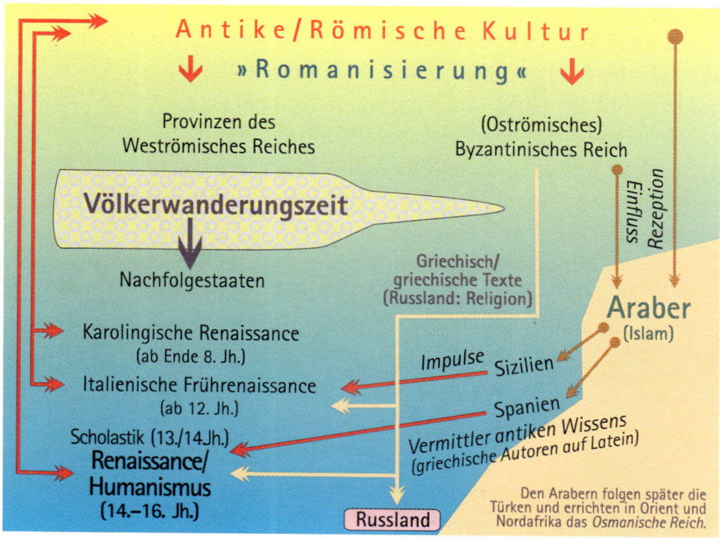

10 Roms Ende ... und Nachleben

:: Der Zusammenbruch

In verschiedenen Abschnitten ist schon immer wieder das Ende des Römischen Reiches, sein Zusammenbruch, wie man es nennt, zur Sprache gekommen. Über Gründe und Ursachen wird viel diskutiert.

Die ersten Anfänge sind schon am Ende des 2. Jahrhunderts mit dem Einfall der Markomannen zu beobachten. Sie werden zwar zurückgeschlagen, aber später werden sich die Einfälle verstärken.

Im Innern übernahmen im 3. Jahrhundert die sog. Soldatenkaiser die Herrschaft, die rein diktatorisch brutal über das Reich herrschten. Mit ihnen verschärfte sich im Innern die soziale Ausblutung der Ärmeren, die immer zahlreicher wurden.

Mit Verlegung der Hauptstadt nach Konstantinopel im Jahre 330 n. Chr. gaben die führenden Adligen und Reichen, die sich inzwischen auch aus vielen Völkern des Reiches zusammensetzten, die mit Rom verbundene Idee eines einheitlichen Reiches auf. Konstantinopel bekam einen Parallel-Senat, der italische Adel war nicht mehr die führende Kraft. Das Ostreich wurde immer stärker zu einem eigenen Gebilde, bis 395 das Reich geteilt wurde.

Viele Adlige und die Armen ohnehin fühlten sich immer weniger mit dem Reich verbunden und wandten ihre Interessen dem persönlichen Überleben wie der privaten Reichtumssicherung zu. Die Gliederung der oberen Gesellschaft wurde mit stets neuen Ehrentiteln verfeinert, denen neue Vorrechte für die obersten Ränge entsprachen. Da kein neuer Reichtum von außen geholt werden konnte, wurden die Steuern für alle erhöht und so, besonders für die Ärmeren, immer unerträglicher.

In den Nordprovinzen gingen immer mehr Führungsstellen an Germanen über, auch die Führung der Armee. Das führte zu weniger Widerstand gegen die eindringenden germanischen Stämme. Schließlich herrschten germanische Heerführer direkt in Rom. Die Franken gründeten in Gallien den ersten großen Staat auf vormals römischem Boden.

Mit dem christlichen Kaisertum ging das Reich konsequent neue Wege, ein Neuanfang wurde versucht. Der gelang aber nur im Osten, wo die persönliche Stellung der Menschen – bis auf Italien – schon immer besser gewesen war. Im Westen jedoch führte auch das zu weiterer Verschärfung: Durch Verbote der alten Religion, Zerstörung von Tempeln usw. gingen weitere Grundlagen der Reichseinheit verloren. Völker wie die Langobarden eroberten Italien, es kam überall zu einem allgemeinen Umbruch. In erster Linie ging – schon seit dem 3. Jahrhundert – die Wirtschaftsproduktion weiter stark nach unten. Alle Gebiete verarmten, das Reich war ausgeblutet und wurde von neuen Kräften übernommen.

> Die alten Römer waren überaus mächtig; jetzt sind wir ohne Kraft. Sie waren gefürchtet; jetzt sind wir die Ängstlichen. Die Barbarenvölker zahlten *ihnen* Tribut; jetzt sind *wir* die Tributpflichtigen der Barbaren.
>
> Salvianus Presbyter, 5. Jh. n. Chr.

)) Eine neue Führerin: Die Kirche

Trotz allem fand das Westreich eine Fortsetzerin in anderer Gestalt: in der (katholischen) Kirche. Der ging es nicht um staatliche Einheit, sondern um eine Einheit im Glauben. Unter ihr konnten unterschiedliche Staaten bestehen, was den neuen Bedürfnissen neuer (und alter) Völker entsprach. Diese Einheit wäre wohl kaum möglich gewesen, wenn die Kirche diesen Völkern von einer Fremdherrschaft übergestülpt worden wäre. Aber diese schon inter-natio-

nale Kirche verfügte über ein Band der Einheit: die lateinische Sprache, die auf ihrem Gebiet weitgehend bekannt und vertraut war. So konnte eine neue Vielfalt mit einheitlicher Führung entstehen, die nicht – jedenfalls nicht direkt – politisch war.

Zwar blieb die Sklaverei noch Jahrhunderte im Prinzip bestehen, war aber nicht mehr das tragende Element in Landwirtschaft und Handel. Es sollten noch einige Jahrhunderte vergehen, bis sich etwa zwischen 800 und 1000, je nach Gebiet, neue Verhältnisse eingependelt hatten. Im Ergebnis gab es wieder bzw. immer noch Adlige hier, Bauern dort, die Städte mit Handwerkern erholten sich langsamer. All das ist eine eigene Geschichte.

:: Das Nachleben der Antike in der lateinischen Sprache

Im Römischen Reich von Byzanz war, wie schon vorher in dem Bereich, stets das Griechische die führende Sprache gewesen. Doch wirkte trotzdem der römische Reichsgedanke als einigende Kraft. Innerhalb dieses Reiches, ebenfalls ein Vielvölkerstaat, betrachteten sich auch die Griechen als Römer, *Rhomaioi* auf griechisch. Noch heute bedeutet in Griechenland ›Romeïká sprechen‹ Griechisch sprechen, und ›Romii‹ könnte man auch die Griechen nennen. Für die Türken sprechen die im heutigen Istanbul (Konstantinopel) verbliebenen wenigen Griechen und auch die übrigen ›Rumca‹ (sprich: *rumdscha*). Das Lateinische verschwand in diesem Bereich völlig.

▌ Wie dargestellt, wurde Latein infolge der Rolle der ›römisch-katholischen Kirche‹ im Westen zur übergeordneten Religions- und Bildungssprache des Mittelalters. Diese Rolle bewahrte es bis in die Neuzeit und insbesondere als Wissenschaftssprache noch bis in das 19. Jahrhundert.

▪ Dass das Lateinische direkt und über die romanischen Sprachen unseren Wortschatz stark geprägt hat und bis heute mit neuen Wörtern prägt (die jetzt oft aus dem Englischen kommen, früher aus dem Französischen, in der Musik und im Bankwesen aus dem Italienischen), ist bekannt. Das gleiche gilt aber nicht weniger für die deutsche Grammatik selbst: Als sich das Deutsche im Mittelalter zur heutigen Sprache entwickelte, waren es im Lateinischen geschulte Menschen, die Humanisten, welche Texte übersetzten und Lösungen für lateinische Ausdrucksweisen finden mussten. Am Ende stand die Bibelübersetzung – aus dem Griechischen und Hebräischen – Martin Luthers.

Das **Mittellatein** wurde zur Schriftsprache im ganzen Westen Europas und darüber hinaus. Es war die Sprache der Kirche und Theologie ohnehin, dann der Verwaltung, der Rechtswissenschaft, der Wissenschaften überhaupt, aber auch der Literatur. Gebildete konnten es fließend sprechen, und so hatte (West-)Europa auch in diesem ganzen Jahrtausend eine (weitgehend einheitliche) Kultur, die sich in einer Sprache äußerte. Ab dem 12./13. Jahrhundert erhoben auch die Volkssprachen Anspruch auf die Domäne der Literatur, die ersten größeren Dichtungen in diesen Sprachen entstanden. Unter der Oberfläche bilden sich nun ganz allmählich die europäischen Nationen heraus. **Latein** ist damit der Verstehensschlüssel zu weiteren eintausend Jahren europäischer Geschichte.

Hier wollen wir jetzt jedoch nur noch Spuren des Lateinischen ausschließlich im Mittelalter folgen und einen Blick auf das sog. Mittellatein werfen.

■ **Hintergrund: Ein Blick auf das europäische ›Mittelalter‹ von West bis Ost |** Als Mittelalter bezeichnet man die Epoche etwa seit 500 n. Chr. bis um 1500. Diese Zeit ist auf der einen Seite durch das Ende des Weströmischen Reiches markiert (Romulus Augustulus, ▶ 207), auf der anderen Seite durch das Ende des Oströmischen (Byzantinischen) Reiches (Eroberung Konstantinopels durch die Türken 1453). Das Ende des Mittelalters begann mit der Renaissance (▶ 250), der Begriff stammt von den in dieser Zeit lebenden Humanisten (▶ 250).

▪ Die Zeit der Umwälzungen in Europa (und darüber hinaus) war lang. ›Spätantike‹ und ›Frühmittelalter‹ gehen ineinander über (400–900). Zunächst gerieten viele Völker Nordost- und Mitteleuropas in Bewegung (›Völkerwanderung‹) und bedrängten das Römische Reich; im Osten entstand der Islam und rückte nach Westen vor. Dem Zerfall des (West-)Römischen Reiches folgte eine lange Zeit des Verfalls und allgemeiner Armut, die meisten Städte versanken in Bedeutungslosigkeit, viele verschwanden. Um 900 setzte ein Aufschwung ein, ab 1100 erstarkten auch die Städte wieder und wurden wieder zu führenden Zentren.

▪ Etwa ab 1250 begann mit der immer eigenständigeren und rasanteren Entwicklung der Städte (zunächst in Italien) der Übergang zur Neuzeit.

Hauptkennzeichen des Mittelalters

- In der Landwirtschaft gibt es die Grundherrschaft (Grundherren und Hörige). Hörige dürfen Eigentum haben, aber kein Land besitzen. Grundherren sind Könige, Adlige oder z.B. Klöster.
- Nach und nach entwickeln sich Rittertum und Lehnswesen. Lehnswesen bedeutet: Es gibt keinen Staat, sondern Grundbesitzer (ganz oben: der König) verleihen Grund und Boden (oder Ämter) an sog. Gefolgsleute, die ihnen verpflichtet sind. Dieses System umfasst viele Stufen von Abhängigkeit, dabei gleichzeitig Rechte und gegenseitige Pflichten. Ganz unten stehen die Bauern. So entsteht eine noch perfektere hierarchische Gesellschaft als die im Römischen Reich (▶ S. 153).
- Kulturelle Zentren sind zunächst die Klöster, später die Städte. Die Städte unterstehen einem Landesherrn (König oder Fürst), erhalten oder erkämpfen sich dann eigene Rechte. Mit Entwicklung der Städte gewinnen Handwerker, deren Zünfte (Vereinigungen) und Kaufleute (die Handel treiben) ein eigenes, immer stärkeres Gewicht in der Gesellschaft und haben damit immer mehr eigene Interessen. Erst jetzt wird Geld wieder bedeutsam, gibt es wieder eine umfassendere Geldwirtschaft (vorher hauptsächlich Tausch von Waren).
- Als Erbschaft des Römischen Reiches sind die Verhältnisse überall zunächst recht gleich. Zur Rolle des Lateinischen: ▶ S. 174 ff. Es gibt aber (außer in Byzanz!) keine zentrale Regierung mehr. Nur der Papst in Rom bestimmt zentral über die Kirche (allerdings nur im Westteil des ehemaligen Römischen Reiches; im Osten bestimmt der Patriarch von Konstantinopel).
- Im Mittelalter beginnt ebenfalls die Herausbildung der Staaten West-Europas; dabei bilden sich allmählich auch die (west-)europäischen Nationen heraus.

Im Osten lebt das Römische Reich mit Konstantinopel als Hauptstadt in Gestalt des **Byzantinischen Reiches** fort. An der Spitze steht bis zum Schluss ein Kaiser, der die römische Tradition fortsetzt. Das Reich umfasst zunächst auch noch Gebiete in Nordafrika und Teile Osteuropas. Sein Gebiet einschließlich Griechenlands (wo zeitweise auch Franken und Venezianer herrschen) erobern bis 1453 (▶ S. 151) die Türken. Deren Herrschaft in Teilgebieten des Byzantinischen Reiches dauerte bis vor 100 Jahren.

Griechische Bildung im römischen Reichsgebiet

- Ab der Zeit um 300 n. Chr. – unter den Kaisern Diokletian und Konstantin – brach die prinzipiell zweisprachige Bildung der führenden Kreise allmählich zusammen. Im Osten (Konstantinopel–Byzanz) blieben die kaiserlichen Bibliotheken erhalten, Klöster gründeten neue. Die Kultur wurde wieder rein griechisch, die griechische Literatur wurde gesammelt und bewahrt.
- Im Westen verschwanden im 5. Jahrhundert die öffentlichen Bibliotheken, ihre Rolle übernahmen Klöster und Mönche. Die Bestände wurden von dem, was nicht gefiel, gesäubert, oder es wurde vernachlässigt. Die Kenntnis des Griechischen ging praktisch verloren, die griechischen Texte konnten nicht mehr gelesen werden.
- Ein Umschwung setzte unter **Karl dem Großen** ein, die sog. **karolingische Erneuerung** (▶ Abb. S. 174). Von seinem Hof aus strahlten die Aktivitäten in das gesamte Frankenreich: Gelehrte aus allen Landen wurden zusammengerufen, Bibliotheken neu eingerichtet, dazu Texte gesammelt und wieder abgeschrieben. (Darunter bemühte man sich auch um eine verlässliche Fassung des Bibeltextes, der ja der Haupttext des Christentums war.) Durch diese Bewegung wurde insgesamt ein kultureller Aufschwung eingeleitet.

Bewahrer des antiken Erbes wurden auch in einem anderen Bereich aktiv: dem des Islams. Auch die **Araber** fanden in den von ihnen eroberten Gebieten das Erbe des Römischen Reiches vor. Sie übernahmen nicht nur die Kultur der römischen Stadt mit deren Einrichtungen (wie z.B. die Thermen), sondern eigneten sich auch umfassend Philosophie und Wissenschaften der Griechen und Römer an; dazu übersetzten sie viele Texte ins Arabische, die auch nur auf arabisch erhalten blieben.

- Nach Westen hin drangen die Araber über Nordafrika bis nach Spanien (kurze Zeit bis nach Frankreich) vor und herrschten dort über mehrere Jahrhunderte. Sie gründeten auch manche Städte und erschlossen weite Ländereien. In Städten wie Cordoba oder Granada gelangte über ihre Bildungseinrichtungen verlorenes antikes Bildungserbe nach Europa zurück. Erst Ende des 15. Jahrhunderts kapitulierten die letzten arabischen Gebiete in Spanien vor den Spaniern. Vom ebenfalls zeitweise eroberten Sizilien aus regten sie mit ihrem Wissen über die Antike die italienische Frührenaissance des 12. Jahrhunderts an (wichtig: Kaiser Friedrich II.)
- Die (westliche) Kirche sah es als ihre Aufgabe an, zusammen mit den ›weltlichen Herren‹ die Araber allerorts zu bekämpfen, da die schließlich Jerusalem eingenommen hatten. Tatsächlich ging es aber nur um Macht und Herrschaftsgebiete. So richteten sich denn die sog. ›Kreuzzüge‹ nicht nur gegen Araber, sondern genauso gegen Christen. Mit dem Patriarchen (Oberhaupt der byzantinischen Kirche) in Konstantinopel stritt man in Rom ohnehin immer wieder aufs erbittertste, und schon seit langem hatten sich die westliche (päpstliche) Kirche von der östlichen in Liturgie und religiösen Fragen voneinander entfremdet. Erst 1965 hob die katholische Kirche eine gegenseitige ›Exkommunikation‹ (Ausschluss

Ibn Sina (lat. **Avicenna**; ±980–1037, Perser) gilt als der größte moslemische Gelehrte (Philosoph und Arzt) des frühen Mittelalters. Er war philosophisch von Aristoteles beeinflusst, seine Werke wurden ab dem 12. Jahrhundert ins Lateinische übersetzt und von europäischen Philosophen wie Thomas von Aquin aufgenommen. Mit seinen wissenschaftlichen medizinischen Lehren galt er in Europa bis in das 17. Jahrhundert als Autorität.

Ein ganz hervorragender Vertreter der islamischen Gelehrten des Mittelalters ist **Ibn Ruschd** (lat. **Averroës**; 1126–1198). Geboren in Cordoba, war für ihn Aristoteles der größte Kopf, der je gelebt hat. Seine Lehren über diesen griechischen Philosophen wurden auch im christlichen Europa, wo Aristoteles ebenfalls nach der Bibel als die größte Autorität galt, lebhaft aufgenommen (wieder in lateinischer Übersetzung) und waren von größtem Einfluss.

Dass Averroës in der Tradition des Aristoteles die Rolle des menschlichen Verstandes hervorhob, führte aber auch zur Kritik durch bedeutende Theologen wie Thomas von Aquin und in Paris zu einem Lehrverbot gegen Vertreter des ›Averroismus‹.

Manche andere wie **al-Farabi** (lat. **Alpharabius**), befassten sich schon lange vor den Gelehrten des Westens umfassend mit griechischen Philosophen.

aus der kirchlichen Gemeinschaft) aus dem Jahre 1054 auf.

- Auf dem **4. Kreuzzug** plünderten lateinische Kreuzfahrer im Jahre 1204 Konstantinopel und nahmen dabei sogar Kirchen nicht aus. Für etwa sechzig Jahre machten Franken und die Republik **Venedig** aus Konstantinopel ein ›Lateinisches Kaiserreich‹ (1263 von Byzanz zurückerobert). Als Folge der gewaltigsten Plünderungen, die das Mittelalter erlebt hat, wurden riesige Schätze, nicht zuletzt kirchliche Reliquien, nach Süd- und Westeuropa verschleppt.

- Die Republik Venedig (vormals byzantinisch) war Hauptkonkurrentin Konstantinopels im Osthandel gewesen und unterhielt intensive Kontakte dorthin; es existierte auch eine nicht unbeträchtliche Kolonie konstantinopolitanischer **Griechen in Venedig**. Mit der Beute gerieten nunmehr auch griechische Handschriften aus Bibliotheken nach Venedig – und das bildete wohl die Keimzelle für das Studium und eine neue Aneignung der griechischen Literatur der Antike im Westen.

- Diese Geschehnisse fielen in eine Zeit, in der in den wirtschaftlich und kulturell führenden Städten Norditaliens – voran Florenz, Bologna und als Seemacht neben Genua auch Venedig – eine **neue geistige Bewegung** einsetzte, die sich von der bewegungslosen, kirchlich dominierten und auf Jenseitiges gerichteten mittelalterlichen Denkwelt lösen wollte, insbesondere der **Scholastik** (▶ S. 250). Diese Bewegung war Folge des aufblühenden städtischen Handwerks und Handels und des Erstarkens der Kaufmannschaft. Man verfiel nun auch auf das erneute Studium der alten römischen Literatur und gewann – ganz allmählich – auch Interesse an der alten griechischen Literatur, von der die römischen Autoren ja durchweg sprachen. Eine bedeutende Rolle in dieser Bewegung spielte die drittälteste Universität Italiens in der zu Venedig gehörenden Stadt Padua.

- Ende des 15. Jahrhunderts – jetzt hatten Griechen auf der Flucht nach der türkischen Eroberung Konstantinopels an Handschriften gerettet, was sie konnten – existierte in Venedig die größte Sammlung griechischer Texte in Europa. Aus diesem Fundus werden erstmals antike **griechische Texte gedruckt** und von hier aus verbreitet.

- Das ab dem 13. Jahrhundert aufkeimende neue Denken, weltzugewandt und gegen kirchliche Denkverbote gerichtet, mündete schließlich in die italienische **Renaissance** und den sich in deren Rahmen bildenden **Humanismus**, die beide nach und nach zur gesamteuropäischen Erscheinung bzw. Bewegung wurden (▶ S. 250) und praktisch alle Länder, im Süden wie im Norden, im Osten wie im Westen, erfassten.

Die an der Antike interessierten Menschen der Zeit der Renaissance und des Humanismus sahen diese Zeit als Einheit mit ihren beiden Seiten, der lateinischen und der griechischen. Daher wird im Folgenden außer vom Lateinischen auch etwas von der Neuentdeckung des Griechischen die Rede sein.

Die Mittellateinische Literatur | Das meiste, was wir über das Mittelalter wissen, erfahren wir aus dem Schrifttum – Geschichtswerken, kirchlichen und fürstlichen Urkunden, Dichtung, Abhandlungen –, das seine Autoren in Latein verfasst haben. Etwa: Geschichten vom Reich der Langobarden (Völkerwanderungszeit), von den Einfällen der Hunnen, vom Leben Karls des Großen, von den Vorstellungen der Menschen über Gott und Teufel, über Himmel und Erde, vom Leben in den Klöstern, über das Schachspiel, über die Stadt Rom und andere Städte im Mittelalter, aus dem Universitätsleben und wissenschaftlichen Diskussionen, Geschichten über Heilige; von den Kreuzzügen gegen Christen selbst wie gegen Moslems; eine Äbtissin aus dem heutigen Niedersachsen schrieb die ersten mittelalterlichen Theaterstücke; es gibt Lieder fahrender Sänger,

Kirchenlieder, unterhaltsame Geschichten aus dem täglichen Leben genauso wie philosophische Abhandlungen usw.

Die Scholastik | Mit der zielstrebigen Rückkehr zur antiken Bildung entwickelte sich nach der karolingischen Renaissance (▶ S. 174) an den Kloster- und Domschulen die sog. Scholastik, die dann im Mittelalter auch an den europäischen Universitäten Einzug hielt und die dortige Forschungs- und Lehrweise prägte.

Ein scholasticus ist in der klassischen lateinischen Sprache ein Professor der Beredsamkeit, der Redelehre sozusagen als ›Trockenübung‹, ganz losgelöst von praktischen Fragen und Bedürfnissen, rein ›formalistisch‹ betreibt (statt wie ursprünglich etwa zur Anwendung in der Politik oder vor Gericht); später dient das Wort auch als Bezeichnung für ›Gelehrter‹, gemeint ist aber immer ein rein theoretisch arbeitender Stubengelehrter.

So wurde ›Scholastik‹ zur Bezeichnung mittelalterlicher Gelehrsamkeit, die ausschließlich an Theorien, nicht aber am praktischen Leben Interesse hatte. Es ging ihr formal um sauberes, logisches Denken, inhaltlich wollten diese Gelehrten das Denken der antiken Philosophen, allen voran Aristoteles, mit den Lehren der Kirche (Grundlage: die Bibel) in Einklang bringen; anders ausgedrückt: ›Glauben‹ (Religion) und ›Vernunft‹ (Logik) vereinen. Aristoteles und die Bibel galten als ›Autoritäten‹, die nicht angezweifelt werden durften.

Die Methode war oft die, dass man widersprechende Meinungen einander gegenüberstellte, um dann zu versuchen, rein über logisches Denken, aber aufgrund der anerkannten (Glaubens-)Voraussetzungen, zur ›Wahrheit‹ zu gelangen. Damit war zumeist gemeint: die Wahrheit der Religion zu beweisen. Wie oben beschrieben (▶ S. 249), führten sie auch intensive Auseinandersetzungen mit islamischen Gelehrten. Eine andere Richtung versuchte, die Möglichkeit der Existenz *zweier* Wahrheiten nachzuweisen, einer secundum ratiōnem *(nach der Vernunft)*, einer secundum fidem (*nach dem Glauben*). So wollte man Ärger mit der Kirche aus dem Wege gehen, zog ihn aber trotzdem auf sich.

Während man solchen Überlegungen und Disputen nachging und sich viele hervorragende Gelehrte (Albertus Magnus, Thomas von Aquin, Roger Bacon u. a.) mit den Fragen abstrakter Wahrheit befassten, suchte sich jedoch das Leben außerhalb dieser Studierwelt eigene Wege. Dort erschufen z. B. geniale Baumeister erhabene Kathedralen, ohne etwas von der Mathematik der Universitäten zu verstehen.

Großes Verdienst erwarben sich die Scholastiker z. B. durch die Erarbeitung von Kommentaren (Interpretationen) zu antiken (griechischen wie lateinischen) Autoren und nicht zuletzt durch die Abfassung von Lehrbüchern, in denen sie ihren Stoff vor allem methodisch präzise darstellen wollten. Insbesondere durch sie wurde ein entscheidender Teil des antiken Wissens überliefert und weitervermittelt; die Sprache, in der sie schrieben, war natürlich (Mittel-)Latein. Nicht zuletzt wurden insbesondere an den Klöstern geduldig immer wieder antike Schriften mit der Hand abgeschrieben und so vervielfältigt – die Buchdrucktechnik wurde (in Europa) ja erst im 15. Jahrhundert von Johannes Gutenberg nicht erfunden, aber technisch praktizierbar gemacht (▶ S. 252: Aldus Manutius).

In dieser Welt außerhalb der scholastischen Gelehrsamkeit wuchsen die Humanisten heran, entstand die Renaissance; die Humanisten wurden zum Teil schärfste Gegner der Scholastik, etwa Erasmus von Rotterdam (▶ S. 252).

Humanismus und Renaissance | Für das Nachleben der lateinischen Sprache und Literatur spielen sodann die Zeit des Humanismus bzw. der Renaissance eine ganz besondere Rolle, und zwar im Sinn einer Neuentdeckung, die teilweise Züge einer **Wiederbelebung** zeigt. Da von dieser Bewegung auch die griechische Sprache und Literatur betroffen sind, muss man sogar von einer Wiederbelebung des Interesses an der gesamten antiken Literatur sprechen. Der mit diesen Begriffen umfasste Zeitraum reicht vom Beginn des 14. Jahrhunderts bis in die Mitte des 16. Jahrhunderts.

> **Caesarius von Heisterbach** (±1180–nach 1240) war Mönch im Kloster Heisterbach bei Bonn und Verfasser zahlreicher Schriften und einer Chronik von Köln. Besonders sein Werk Dialogus mīrāculōrum (›Dialog über Wundergeschichten‹) bildet einen Spiegel zu Sitten und Kultur des täglichen Lebens seiner Zeit, zwar von strengem religiösen Standpunkt aus geschrieben, aber mit vielen erheiternden Geschichten, die auch ein lebenszugewandtes Bild vom Mittelalter zeigen.

▮ Die Grundlagen für die neue Strömung sind vielfältig. Die wesentlichen Ursachen liegen im Aufschwung der Städte und dem Heranwachsen eines städtischen Bürgertums mit einer Ausweitung der Handwerksproduktion und des Geschäftslebens, verbunden mit stets weiter ausgreifenden Handelsaktivitäten. Diesen Menschen, die alte Grenzen überwinden und neue Räume erschließen wollten, reichten die engen Vorstellungen des mittelalterlichen Kirchenglaubens nicht mehr, das auf Klosterleben, Landwirtschaft unter Feudalherrenkommando und weltabgewandtem Studierstuben-Gelehrtentum (der Scholastik, ▶ S. 250) beruhte.

▮ Die Träger dieser neuen Bewegung waren vor allem Laien (d.h. Menschen ohne Kirchenamt) und Leute bürgerlichen Standes; durch ihre Bildung eröffneten sie sich auch den Zugang zu öffentlichen Positionen.

▮ Für diese Menschen stellte die (Neu-)Entdeckung der Antike etwas Unvorstellbares dar: Sie erfuhren von Zeiten ohne Adelsherrschaft, von etwas, das (in Griechenland) ›Demokratie‹ und in Rom ›Republik‹ hieß, erfuhren von der Entstehung von Philosophie und Wissenschaften in Griechenland durch neugieriges Fragen und unbefangene Beobachtung der Welt, lernten bei den Römern, wie die sich dieses Wissen angeeignet und angepasst hatten, entdeckten die Vielfalt, zu der menschlicher Geist und Tatendrang fähig ist (was als durch die Macht der Kirche und die betonierte Stände-Gesellschaft verschüttet empfunden wurde), gewannen nicht einen neuen, sondern überhaupt erst einen Begriff von ›Freiheit‹: Dies alles vollzog sich nach und nach, auch gegen viele Widerstände, aber die sich neu gestaltende Zeit bedurfte eines neuen Denkens. Beschäftigung mit der Antike in deren Texten hieß also nicht ›Büchergelehrsamkeit‹ (wie bei den Scholastikern), sondern hatte zum Ziel, die eigenen Erfahrungen durch fremde zu erweitern, um die Welt neu erklären und beherrschen zu lernen. Auch viele Fürsten förderten als ›Mäzene‹ neue unabhängige Geister.

▪ Maecēnās war ein römischer Ritter und Vertrauter des Kaisers Augustus, der mit seinem Reichtum Dichter förderte. Nach ihm werden auch heute private Sponsoren *Mäzene* genannt.

▮ Während mit ›Humanismus‹ mehr die intellektuelle Bewegung gemeint ist, in deren Interessensmittelpunkt die antiken Sprachen und Literaturen stehen (erstmals wird jetzt auch von Nicht-Juden Hebräisch als Sprache des Alten Testaments der Bibel gelernt), bezeichnet ›Renaissance‹ in allgemeinerem Sinn die gesamte genannte Zeit mit ihren Ausprägungen im Lebensgefühl, der Architektur, der Malerei, der Kultur überhaupt: Alles soll der menschlichen Vernunft unterworfen und von ihr gelenkt sein.

▪ Der Begriff ›Renaissance‹ wird auch mit Zusatz für andere Zeiten verwendet, z.B. ›karolingische Renaissance‹ (▶ S. 174).

▮ Die Bezeichnung **›Humanismus‹** wurde erst wesentlich später eingeführt (erstmals 1808); gemeint ist damit, dass sich das Selbstverständnis des Menschen (lat. homō; humānitās etwa ›Menschentum‹, ›Menschlichkeit‹) an seiner *Vernunft* und seiner *Würde* ausrichtet. Der Begriff humānitās spielte eine große Rolle in der römischen Philosophie, u.a. bei ▶ Cicero, daher suchte man die Maßstäbe für das neue Denken in der Antike. Man wandte sich nicht gegen die Religion als solche, wollte jedoch auch sie neu verstehen.

↳ *Eine* Folge dieser Bewegung war die **Reformation** (Thomas Müntzer, Martin Luther, Johannes Calvin, Ulrich Zwingli) mit der Trennung in katholische und evangelische Kirche.

▮ **›Renaissance‹** (franz.) bedeutet ›Wiedergeburt‹ und meint ›Wiedergeburt der Antike‹ im Sinne einer Wiedergewinnung der Kenntnisse aus der und über die Antike – dies aber nicht aus Freude am Entdecken, sondern um dem herrschenden mittelalterlichen Denken (Vorherrschen einer rein religiösen Welterklärung, nach der Gott alles lenkt und der Mensch seinem Willen ausgesetzt ist) neue Gedanken entgegenzusetzen: In deren Mittelpunkt sollte statt Gott der Mensch und *seine* Tatkraft stehen. Nicht zuletzt spielten Machtstreitigkeiten zwischen den weltlichen Fürsten und kirchlichen Würdenträgern eine große Rolle, zunächst in Italien.

▪ Zur Erinnerung: Im Mittelalter herrschten überall Kaiser, Könige und Fürsten, außerdem die Kirche mit ihren Würdenträgern, vornan den Bischöfen. Der Kirche gehörten auch viele landwirtschaftliche Güter.

▮ **Agere et intellegere** | ›Handeln und erkennen‹ (so formulierte der bedeutende Italiener Gianozzo Manetti, 15. Jahrhundert) betrachteten die Huma-

nisten als Auftrag an den Menschen. Gemäß ihren Grundauffassungen stand für die Humanisten das Studium des Lateinischen und seiner Literatur, zusätzlich des Griechischen im Mittelpunkt. Mit diesem Rüstzeug stand für sie die klassische Bildung im Vordergrund. Damit war gleichzeitig eine Kritik am mittelalterlichen Latein (auch dem der Scholastiker) verbunden, das sie als barbarisch empfanden. Man eignete sich die Sprache auf der Grundlage der antiken Texte ganz neu an, neue lateinische Grammatiken wurden erarbeitet, auf ihrer Grundlage wiederum Latein gelehrt. Damit entstand das **Neulatein**, mit dem man dem Latein Ciceros möglichst nahekommen wollte. In diesem neuen Latein verfassten die Humanisten ihre Schriften.

▮ Erstmals wurde (von dem byzantinischen Griechen Manuel Chrysoloras, 1353–1415) auch eine griechische Grammatik erarbeitet, die es im Westen zuvor nicht gegeben hatte. Neben manchen anderen erwarb sich Chrysoloras' Schüler, der Italiener Giovanni Aurispa (1376–1459), das Verdienst, schon einige Jahrzehnte vor dem endgültigen Fall Konstantinopels dort einige hundert griechische Texte zu erwerben und nach Westen zu bringen. Manche Humanisten (wie J. Reuchlin aus Pforzheim, ▶ S. 253) lernten die griechische Sprache in Konstantinopel. Für die, die kein Griechisch konnten, wurden die griechischen Texte – von Homer bis Platon und darüber hinaus – ins Lateinische übersetzt.

▮ In den Mittelpunkt ihrer Studien stellten die Humanisten die der Antike und ihren Bildungswegen nachempfundenen **Septem artēs līberālēs**, die ›Sieben freien Künste‹, mit Dialektik, Grammatik und Rhetorik im Zentrum, dem Trīvium (›Dreiweg‹). Auf dieser Grundlage befassten sie sich mit Philosophie, Politik, Recht, Medizin und Naturwissenschaften, aber auch mit der Religion, um auf die Fragen der eigenen Zeit Antworten zu formulieren: Sie trieben also keine rückwärts gewandten Studien zur Geschichte, sondern waren auf die eigene Zeit gerichtet. Die Auseinandersetzung mit der Religion war ganz unterschiedlich ausgeprägt, sie reichte (in geringerem Maße) von Ablehnung bis zu Versuchen der ›Versöhnung‹ von Vernunft und Glauben; manche machten sogar aus Cicero – der lebte ja *vor* der Zeit Christi – einen Vertreter christlicher Glaubensideale.

▪ Artēs līberālēs: Die Fächer der antiken Bildung; zu den drei genannten kam noch das Quadrivium (›Vierweg‹) aus Arithmetik, Geometrie, Astronomie, Musik (▶ S. 198). ›Dialektik‹ meint Logik, auch die logische Beweisführung im Gespräch.

▮ Da im Zentrum aller Bemühungen die Sprache (gemeint: Latein, dann Griechisch, auch Hebräisch) als Quelle der Erkenntnis stand, lag das Ideal der Humanisten in sprachlicher Bildung. Sie wurden damit zu den Begründern der Idee der klassisch sprachlichen Bildung. Auf dieser Idee fußt die Einführung des ›humanistischen‹ (altsprachlichen) Gymnasiums Anfang des 19. Jahrhunderts in Deutschland, und sie ist bis heute der Grund für die Lehre des Lateinischen an Gymnasien und Universitäten; auch Griechisch wird aus diesem Grund noch gelehrt.

▮ Nicht weniger als von den Texten ließen sich die Humanisten, in erster Linie die Renaissance-Künstler, von **antiken Kunstwerken** inspirieren, die man jetzt mit anderen Augen zu sehen begann. Die Entdeckung der hellenistischen Statuengruppe des **Laokoon** (im Jahr 1506) löste Begeisterungsstürme aus und wurde anregend für Künstler wie Michelangelo.

▮ Zu einer Modeerscheinung wurde die Latinisierung bzw. Gräzisierung von Familiennamen: Aus einem Platen wurde so ein *Platenius*, aus einem Schneider ein *Sartorius*, aus Bauer *Agricola* oder aus einem Schwarzert ein *Melanchthon* (griech. melan- ›schwarz‹; chthōn ›Erde‹), aus Heune–Hüne ein *Gigas* (gigās ›Riese ≈ Hüne‹).

■ **›Klassizismus‹** | Beginnend mit der Renaissance (▶ S. 251) erlebte die antike Baukunst eine Wiederbelebung in Form der Nachahmung von Bauformen und Architekturelementen (zuerst: Andrea **Palladio**, 1508–1580). Das geschah in ganz verschiedenen Strömungen; sie alle lassen sich als **›Klassizismus‹** bezeichnen. Neben dem Barock (in den meisten Ländern Europas) ist der direkt so genannte Klassizismus des 19. Jahrhunderts eine Phase, die Bauten entstehen ließ, welche in allen westlichen Ländern das charakteristische Gesicht antiker Gebäude zeigen, z. B. Säulen, Bogentore, tempelartige Vorbauten. Es handelt sich um Herrschervillen genauso wie um Bankgebäude, Schulen, Rathäuser oder Privatvillen. Sie sind Ausdruck einer Orientierung an Vorbildern der Großartigkeit, hinter der im einzelnen jedoch wieder ganz verschiedene Vorstellungen stecken.

Erasmus von Rotterdam (1466 [1469]–1436) schuf ein umfassendes gelehrtes Werk u.a. zu theologischen, philosophischen, politischen und auch sprachlichen Fragen. Als Sprachgelehrter begründete er die neuzeitliche Methode der Beschäftigung mit Sprache. Er wandte sich gegen kirchliche Missstände, blieb aber beim katholischen Glauben. Schon zu seiner Zeit hatte er eine große Wirkung. Manche Texte dienten auch als Schulbücher und geben einen interessanten Einblick in die Alltagswelt seiner Zeit.

Von **Johannes Reuchlin** (1455–1522), dem bedeutendsten deutschen Humanisten neben Erasmus, soll hier nur erwähnt werden, dass er sich gegen die vorgesehene Verbrennung jüdischer Schriften (außer der Bibel freilich) wandte, die von katholisch-kirchlichen Kreisen betrieben wurde. Er musste sich dafür gegenüber der Inquisition (einer Art kirchlicher Glaubens-Geheimpolizei) als ›Ketzer‹ verantworten. Man muss dazu wissen, dass die über ganz Europa verstreut lebenden Juden als schuldig am Tod Christi galten. Ihre Vertreibung ging auf den römischen Kaiser Hadrian nach dessen Zerstörung Jerusalems zurück – also auch hier ›wieder die Römer‹.

Philipp Melanchthon (1497–1560), der bedeutende Weggefährte Martin Luthers, war Universitätslehrer mit Interessen in vielen Wissensgebieten, vor allem dem Griechischen, und vielen hinterlassenen Schriften. Insbesondere maß er der Pädagogik größte Bedeutung zu. Großen Einsatz widmete er daher Reformen im Bereich der Schul- und Universitätsbildung, war beliebt auch bei seinen Studenten. Auf ihn geht letztlich die lateinische Grammatik in der Form zurück, wie sie heute zumeist noch gelehrt wird.

Aldus Manutius (Aldo Manuzio, ±1450–1515) war Buchdrucker in Venedig. Ohne sein Wirken hätten die Humanisten nicht die Grundlagen gehabt, die sie brauchten: In seinem Hause versammelte er einen Kreis von Gelehrten, welche antike Texte kritisch begutachteten. In seiner Druckerei gab er zahllose, vor allem auch griechische, Werke heraus, die gründlich durchgesehen und auf Richtigkeit des Textes geprüft waren. Er entwickelte eine moderne Druckschrift (in der Art heute noch üblich!), ein Mitarbeiter von ihm schuf die erste griechische Druckschrift. Auch für die heute noch geltende Zeichensetzung schuf Manutius die Grundlagen. Bei seiner Arbeit konnte er auf die hunderte griechischer Handschriften zurückgreifen, die sich in Venedig seit der Plünderung Konstantinopels 1204 (▶ S. 207) in dortigen Bibliotheken angesammelt hatten. Nicht unwesentlich für den geradezu revolutionären Erfolg seiner Bücher war deren künstlerische Ausgestaltung bei handlichem Format und erschwinglichem Preis.

■ **›Vicipaedia‹** | Natürlich gibt es heute, in der Zeit des Internet, unzählige von Lateinliebhabern auf lateinisch verfasste Seiten im Internet. Stellvertretend für alle wird hier hingewiesen auf die lateinische Version der Internet-Enzyklopädie **Wikipedia**: http://la.wikipedia.org Auch lateinische Texte findet man auf vielen Seiten, darunter bei **Vikifons** (in lateinischer Sprache): http://la.wikisource.org

:: Roma aeterna – das Gesicht der Zeit in einer Stadt

›Ewiges Rom‹ – ein floskelhafter Ausspruch wie ein unübersehbares Faktum. Die Geschichte Roms und Italiens im Mittelalter und danach ist ein Thema (oder zwei Themen) für sich. Gerade Rom aber verbindet auf besondere Weise in unserem Weltteil die Zeiten über 2700 Jahre miteinander – so wie keine andere Stadt auf der Welt.

■ Während Rom nach und nach zur Führerin des Römischen Reiches und damit (▶ Kap. 3 und 6) eines übernationalen staatlichen Gefüges geworden war, wurde dieses caput mundī nach dem Zerfall des Reiches durch die Rolle des Bischofs von Rom, des Papstes, zur Führerin einer inter-nationalen Gemeinschaft, die sich jetzt als Gemeinschaft des Glaubens verstand und versteht. Dies gilt wegen der Spaltung der Kirche in West- und Ostkirche nur für den westlichen Teil unserer Welt.

■ Die katholische Kirche begriff sich dabei von Anfang an als Fortsetzerin des Erbes der Antike (Einschränkung: soweit es ihren Auffassungen nicht zu sehr widersprach) und überführte viele Hinterlassenschaften in ihre Kirchen, Klöster und Amtspaläste, wo sie – wie die Bücher – gepflegt oder zumindest aufbewahrt wurden. Erste große Kirchen wurden gebaut.

■ Die Stadt Rom selbst erlebte – besonders nach den Zerstörungen Mitte des 5. Jahrhunderts – einen beträchtlichen Bevölkerungsrückgang, viele Bauten verfielen oder wurden überwuchert (im Mittelalter weideten auf dem Forum die Schafe). Aber wie es die Umstände erlaubten, wurden die Einrichtungen nach und nach wieder in Besitz genommen: Das Theater des Pompejus aus dem 1. Jahrhundert v. Chr. blieb bis heute auf die Weise erhalten, dass Menschen es zu Wohnungen umgestalteten. Ein Komplex wie das Kolosseum war so riesig, dass man nur

Kritische Überlegung | Humanismus und Renaissance stellen ›Würde‹ und ›Freiheit‹ des Menschen in den Mittelpunkt ihrer Auffassungen. Doch was ist darunter zu verstehen? Die Renaissance-Vertreter dieses Denkens hatten dabei ein abstraktes Bild vom Menschen, das sich in der Vielfalt der Wirklichkeit gar nicht wiederfindet, und so schufen sie sich auch ihr eigenes Bild von der Antike und deren Menschen. In dem erkannten sie sich dann selbst wieder. Manche dachten ganz eitel auch nur an sich selbst oder redeten ihrem Mäzen (▶ S. 251) nach dem Munde. Tatsächlich kann man unter ›Würde‹ und ›Freiheit‹ ja sehr Unterschiedliches verstehen.

Der Begriff ›Humanismus‹ ist insofern offen für viele Interpretationen, und daher gibt es ganz unterschiedliche Strömungen und – bis heute – unterschiedliche Auffassungen.

Unabhängig von allen Unterschieden unter den Humanisten schufen sie die Voraussetzungen für einen weiteren wichtigen Denksprung in der europäischen Geschichte, die **Aufklärung** (17./18. Jahrhundert): Neben den Gedanken der Vernunft und der Freiheit trat hier ganz neu der Gedanke der Demokratie, der bis heute bestimmend ist. Der Wahlspruch der Aufklärung war ein – natürlich, muss man sagen: – lateinisches Motto (nach dem römischen Dichter ▶ Horaz [*Epist.* 1,2,40]): **Sapere audē** – »Hab Mut, Verstand zu haben«; in der Fassung des großen Philosophen der Aufklärung **Immanuel Kant** (1724–1804): »Habe Mut, dich deines eigenen Verstandes zu bedienen«.

einen Teil seiner Steine für andere Bauten abtragen konnte.

▮ Als mit der Renaissance und dann besonders ab dem 16. Jahrhundert, nachdem man das ›Goldene Haus‹, den Palast Neros, entdeckt hatte, das Interesse an der gesamten Antike wieder aufkam, begann man auch, die vorhandenen Reste gezielt zu bewahren. Geplante Ausgrabungsmaßnahmen folgten – bis hin zu solchen Projekten, dass man im 20. Jahrhundert das ganze Forum Romanum wieder freilegte.

▮ Zuvor – 1870, bis dahin gehörten dem Papst noch die ganze Stadt Rom und Latium – wurde der Vatikan im Zuge der Gründung des italienischen Staates von italienischen Truppen besetzt. Was der römischen Kirche blieb, war (erst 1929 offiziell geregelt) der Vatikan als Rest des Kirchenstaates im Bereich des mōns Vaticānus, einem Gebiet, in dem in der Antike der Circus des Caligula gelegen hatte. Kaiser Konstantin hatte einen Teil des Hügels abtragen lassen, an der Stelle wurde die erste Petersbasilika errichtet. Dort liegt der Petersdom weiterhin über dem – angenommenen – Grab des Petrus, der als erster Bischof von Rom gerechnet wird. In den Vatikan zogen die Päpste nach ihrer Rückkehr aus Avignon (Frankreich, dort hatten sie längere Zeit residiert) im 14. Jahrhundert.

Wenn man heute durch Rom streift und hinsieht – meist fallen einem die antiken Bauten ja unübersehbar direkt ins Auge – ist die Geschichte der Römer, ihrer Ambitionen und Erfolge, ihrer Leistungen und ihrer schließlichen, im Neuen jedoch aufgehobenen Niederlage überall gegenwärtig. Aber Steine sprechen nicht selbst, sie sind stumm. Sie sprechen nur durch das Wirken derer, die in ihren Mauern gesprochen und geschrieben haben, und durch das Wirken derjenigen, die die Kenntnis der Sprache der Römer in einer langen Kette bis heute bewahrt und weitergegeben haben und weitergeben: des Lateins.

Der Titan Atlas (▶ S. 245) mit dem Himmelsgewölbe in der ›Neuen Welt‹ (Statue von ca. 1930 in New York)

Weitere Stichworte zum Inhalt dieses Buches

Zum Auffinden eines Haupt-Themas oder Haupt-Stichworts dient zunächst das Inhaltsverzeichnis. Dieser ›Wegweiser‹ hier bietet danach die Möglichkeit, gezielter ergänzende Stichwörter aufzufinden, stellt aber *kein* Gesamtregister dar.
Stichwörter mit * sind solche, auf die im Text mit einem ▶ ohne Seitenzahl verwiesen wird.
Angegeben werden in der Regel nur ausgewählte Stellen.

Nātūrae vērō rērum vīs atque māiestās in omnibus mōmentīs fidē caret, sī quis modo partēs ēius ac nōn tōtam complectātur animō.

Die Macht und Großartigkeit der Dinge der Welt bleiben in jeder Hinsicht tatsächlich unerklärt, wenn man sie nur in Teilen und nicht in ihrer Gesamtheit im Geist erfasst.

Plinius der Ältere, *Naturalis historia* VII, 17 (zu S. 196)